东方编译所译丛

大国政治的悲剧（修订版）

THE TRAGEDY OF GREAT POWER POLITICS
(UPDATED EDITION)

JOHN J. MEARSHEIMER

［美］约翰·米尔斯海默　著

王义桅　唐小松　译

上海人民出版社

Shanghai People's Publishing House　Century Publishing Group

现实主义是西方基督教世界的理论(代译序)

王义桅

国际关系理论是西方理论,因为国际关系的概念、体系、逻辑都源于西方,反映西方思维,这一点本毋庸置疑。可是具体分析起来,人们往往忘记了这一点,甚至产生国际关系理论"源于西方而属于世界"的错误认识,潜意识中认为西方"发现"了国际关系理论,理论的解释、运用则超越西方,具有普世性。这反映出中国人对理论的渴望——传统中国文化不善于产生西方那样的理论,对中国特色理论的向往,更重要的是对西方、对现代性的迷信。

对国际关系理论最原始、最经典的现实主义理论分析表明,西方并非发现而是发明了现实主义理论,并在西方遭遇非西方世界冲击时产生出自由制度主义、建构主义等流派,然而本质上我们仍然生活在西方世界或西方化世界,故种种关于现实主义国际关系理论的争论都是西方基督教世界内部的分歧。

一些人以乌克兰危机进一步证实现实世界仍然是现实主义世界,其实应补充一句:这仍然是西方基督教内部世界,因为俄罗斯的东正教也是基督教的一支(另两支是天主教、基督新教),俄欧(美)矛盾仍然是西方基督教世界内部矛盾。美国试图通过乌克兰政变消除俄罗斯从文明道统上挑战基督教文明的合法性及俄罗斯复兴的可能性。俄罗斯自称"第三罗马帝国",笃信东正教,不受教皇管制,有自己独立而分散的教派体系。俄罗斯的历史和宗教发端于"基辅罗斯"。没有作为俄罗斯文明发源地的乌克兰,俄罗斯在文明道统上便无法挑战西方。苏联解体以后,美国不断挤压俄罗斯复兴空间。乌克兰是"俄罗斯帝国的钥匙",也是华盛顿"策反"乌克兰的主要动机。美国外交战略家布热津斯基曾一针见血地指出乌克兰对俄罗斯的地缘政治意义:"失去了乌克兰,俄罗斯将不再是个帝国;有了听从使唤且服从(俄国)意志的乌克兰,俄罗斯自动成为帝国。"[1]美国通过乌克兰内部变更政权,试图赶走俄罗斯黑海舰队,使之在克里米亚无法立足,砍断俄罗斯借此影响中东事务的地缘-军事途径,导致俄罗斯策动克里米亚公投入俄及东乌克兰脱乌运动,演变为乌克兰危机。

西方舆论所谓中俄伊(朗)联盟挑战西方霸权的说法,再次证实了现实主义理论乃基督教世界理论的看法。西方担心来自非基督教文明的挑战,并将世界的现实主义性回归怪罪于它们,言下之意就是"我们超越了现实主义逻辑,你们将世界带回到现实主义"。其实,是世界的现实主义性在回归,并非什么现实主义理论回归。全球金融海啸爆发后,后西方世界崛起的提法一度甚嚣尘上,现在西方舆论又在炒作世界回归现实主义,其实都是表明世界不再是西方世界内的循环,西方理论作为地方性理论的本质日益明显。[2]

中国学界对现实主义理论的探讨并未跳出西方的逻辑,认清其本质。现实主义理论不是被证实或证伪的,它只能被超越。中国能否和平崛起,便是这种超越的集中诘问。

国际关系理论的西方性

国际关系理论的西方性,在最原始、最经典而流行最广的现实主义理论身上得到最鲜明的体现,集中在以下方面。

思维起点:神性—人性—国家性

现代西方国际关系起源于民族国家(nation-state)概念的诞生,也就是先有"国"再有"际"。三十年战争(1618—1648)后所诞生的威斯特伐利亚体系,确立了民族国家、主权、外交、国际法等基本概念,使得国际关系概念产生于欧洲,并传播至亚洲、非洲、美洲等地。

葡萄牙是西方第一个民族国家,最早实现王权-教权分离——把恺撒的给恺撒,把上帝的给上帝,此后便迈入对外扩张的征程。可以说,国际关系是西方基督教内部关系,在"均势—打破均势—均势"间维持动态平衡,但其背景则是基督教的向外扩张。因此,尽管欧洲之外的地区也存在势力均衡现象,但并非近代欧洲的均势;产生于欧洲的均势论,也就不适用于其他地区。

文艺复兴、启蒙运动推动人性从神性中解放出来,三十年战争又将国家性予以释放,诞生现代国际关系理念。这就是现实主义国际关系理论的思维起点:人性本恶,故权力本恶;国内是三权分立、权力制衡,国际是民族国家林立,势力均衡。人是自私的、理性的,故国家是利己的、理性的。人的欲望是无穷的,国家对权力、利益、安全的追求也是无止境的,导致权力、利益、安全的稀缺性。人性的张扬导致国家性张扬,西方基督教内部是血腥拼杀,对外则是野蛮扩张、掠夺、殖民。这就产生出现实主义国际关系理论基本逻辑:以权力追求安全,以实力争取利益。

思维方式:国内-国际二分法

为了表明人性张扬导致的国家性张扬合法性,现实主义国际关系理论杜撰出一个先验论——无政府状态(anarchy),以便将国际政治与国内政治区别开来——其本质是国际关系缺乏像国内那样的中央政府权威,并非真正的无政府(chaos)或无序(disorder)。望文生义的翻译常常导致对西方理论的误解。其实国际关系中仍然是有法则的,古典现实主义推崇实力均衡法则就是对自然界平衡法则的延伸。因此,现实主义国际关系理论描述的国际社会并非无法无天,现实主义各流派对国际法、国际道德、国际规范也是承认和尊重的,只是从根本上不相信它们能维护安全、保护利益而已——权力才是根本的。假定"无政府状态"是为了引进"自助体系"(self-help)概念。民族国家的结盟(alliance)、跟着强者走(bandwagon)、均势(balance of power)等逻辑就是在"天助自助之人"的信念下展开的。这种假说在柏拉图的"原初状态"、罗尔斯的"无知之幕"假说中一再得以体现,是非常基督教式的思维方式。

现实主义的挑战者——制度主义、建构主义等其他国际关系理论流派——在修正"无政府状态"假定和"国内-国际"二分法,然而本质上并未动摇其逻辑,而是国际关系不完全是西方基督教世界内部关系的折射及西方无法主导世界的反映,但毕竟国际社会迄今未走出西方世界或西方化世界的影子。因此,现实主义仍然是最有说服力的,在中国也是信徒云集。

思维过程:原罪论导致宿命论

现实主义理论反对线性进化论思维,认为世界历史走不出某种循环,颇具宿命论色彩,更证实了基督教的原罪假定。

如前所述,人性本恶的原罪假定,导致国家权力本性与国际社会无政府状态的假定。人与人如狼、国与国如狮的霍布斯状态,使得战争成为国际关系的常态。尽管按照米尔斯海默的分类,现实主义国际关系理论有所谓人性现实主义、防御性现实主义、进攻性现实主义理论流派,但其共同属性仍为宿命论,只是应对宿命论的方法不一。米尔斯海默的进攻性现实主义便公开宣称,中美冲突不可避免。

思维结果:你是现实主义的,我是自由主义的

现实主义国际关系理论是西方发明的,理论来源于西方,却是为别人发明的。米尔斯海默在《大国政治的悲剧》中对此做了很好的阐述。他写道:"(美国人)认定美国是世界政治中的慈善力量,而把美国现实或潜在的敌人看成误入歧途或胸怀恶意的麻烦制造者。"[3]

欧洲的情形更进一步,笃信线性进化论,以后现代—现代—后现代眼光看世界,觉得其他国家尚生活在自己的历史中,还在玩现实主义那套,而自己则要去规范它们。因此,在欧美学界产生"中国只懂现实主义逻辑"那种鄙视性认识。一些中国学者也因此盼望中国尽快以康德、洛克而非霍布斯思维看待世界,似乎在力争上游。

自美国崛起为西方首强,国际关系的西方性就呈现出鲜明的美国性。美国的国际关系理论家以理论性替代理论,正如以普世性装扮普世价值

一样,试图主导国际话语权。这一点,在米尔斯海默的进攻性现实主义理论中表现得尤为明显。米尔斯海默以美国基督教强烈的天定命运观——开始是开发西部,后来是让其他国家人民皈依美国基督教——直接奠定了进攻性现实主义的逻辑基础,即最大权力才能获得最大安全,而最大权力不可企及。米尔斯海默说的是海洋的阻遏作用使全球霸权不可能——其实是国家非上帝,不可能获得最大权力——因而不可能获得最大安全,故此产生大国政治的悲剧。

超越西方：国际关系的理论性

有人提出古印度、古代中国也涌现了众多的现实主义理论家,现实主义理论怎么只是基督教世界内部理论呢？ 其实,英国学派代表赫德利·布尔和一些华裔美国学者挖掘古印度、古代中国的现实主义理论思想,只不过是自我实现的预言,是为了证实西方理论乃普世理论而已。

就拿现实主义最经典的理论——均势论来说,不同历史文化背景下都有均势术,而无西方均势论。古印度孔雀王朝时期（公元前321—184年）奠基者月护王的顾问考底利耶（Kautilya）在其经典著作《政事论》（亦译作《实利论》）（Artha-sastra）中即提出了两大政治现实主义原理或策略,即弱肉强食或曰大鱼吃小鱼（law of the fish）及远交近攻。[4]在古代中国,战国时期的"合纵连横"和三国时期蜀汉联吴抗魏都是均势术的极好演绎。古人云：天下之势,合久必分,分久必合。这句话极好地揭示了均势律的真谛,也蕴含了丰富的东方智慧,如孔子的"中庸之道"、老子的"无为而治"。但是,由于东亚以朝贡体制为主要特征的国际体系与西方民族国家体系存在本质的不同,均势术上亦有很大差异。故而人们倾向于认为均势有其特定的条件与环境,主要是近代欧洲大国的游戏。在古代中国,战国时期、三国时期,甚至清末民初的军阀体系比较接近于近代欧洲国家体系,故有均势术之运用。但是,由于无主权观念,甚至无国家概念,因而与欧洲均势有所不同,主要是一种军事均势,而且充其量也只是天子精神制约下的诸侯游戏,天下归一的概念和欧洲封建林立的秩序根本不同,更不用说东方的国家概念与近代欧洲的民族国家概念也不是一回事儿。[5]

梁鹤年先生在《西方文明的文化基因》一书中指出,"洋为中用"之前,先得搞清楚"洋为洋用"是怎么一回事。[6]基督信仰与希腊理性的结合,也是西方现实主义国际关系理论的文化基因。因此,要超越国际关系理论的西方性,必须首先明白国际关系何以为理论。

笔者曾提出"国际关系的理论性"命题,认为,国际关系理论作为一门学科已经到了追本溯源、反思其主体性的时候了。从回答"国有际吗"、"国际有关系吗"、"国际关系有理论吗"这三个基本问题入手,反思了国际关系理论的自身维度问题(即国际关系的理论性),探讨了国际关系理论的先天不足与终极趋向。[7]

的确,国际关系的提法是值得推敲的,何谓国,何谓际?西方基督教语境下的 international relations 其实是 interstate relations("失败国家"就称为"failed state"而非"failed nation")。换言之,国际关系并未涉及国民关系层面——近年来公共外交大行其道就是为了弥补这一遗憾吧。Nation-state 在日文里翻译为"国民国家",的确更贴切。此外,"际"是否为"inter",而不是"intra-national"、"trans-national"或"super-national"relations 呢?

作为世俗文明的中国不会产生西方那样的国际关系理论,这就不足为怪了。[8]所谓中国特色国际关系理论,只是模糊认识;本质上,在中国,国际关系的理论性,是需要重新思考的问题。不以 nation-sate 为基本单元探讨国际关系理论,这就有待后西方世界的真正来临。

现实主义何以回归现实世界

人的认识往往滞后于时代变迁,国际法则也往往滞后于权力结构的变化。我们仍然生活在西方化世界,故此现实主义大行其道不足为奇。所谓西方化世界,是指其他地方仍然依照西方法则、在西方影响下行事。比如东亚,传统体系是以中国为中心的垂直"天下"体系,近代以来西方传入以主权国家为核心的横向威斯特伐利亚体系,造成东亚纷争不止。要让亚洲成为亚洲,这是亚洲远离西方现实主义的前提基础,而非美国人所担心的"门罗主义"。

打破西方话语霸权、引领后西方世界来临的希望集中在以中国为代表的新兴国家崛起身上,关键的问题是"中国能否和平崛起"。《大国政治的悲剧》修订版将第十章改写为"中国能和平崛起吗",是将中国能否和平崛起作为进攻性现实主义理论的最终检验。他就中国崛起后亚洲出现战事的必然性做出了论述:"简而言之,我的看法是如果中国在经济上继续增长下去,它会希望像美国统治西半球那样统治亚洲。而美国会百般阻挠中国实现这种区域霸权。北京的多数邻国,包括印度、日本、新加坡、韩国、俄罗斯和越南,都会和美国联手来遏制中国的势力。这样一来就会有一场激烈的安全竞赛,战争的可能性相当大。"《纽约时报》的评论附和说,这是21世纪的核心战略问题:"在历史中,我们很少看到权力从一个霸主转向另一个霸主的过程是和平的。"9且不说俄罗斯联手美国来遏制中国的情形与当今世界事实多么相悖,就说中国统治亚洲的想象多么不靠谱。习近平主席在上海亚信峰会上指出:"任何国家都不应该谋求垄断地区安全事务,侵害其他国家正当权益。"10

其实,不是中国能否和平崛起的问题,而是西方(主要是美国)能否接受中国和平崛起的问题,或西方基督教世界能否接受世俗文明崛起的问题。美国的天定命运观与例外论在这个问题上是自相矛盾的。美国政府领导人口口声声说欢迎中国的和平崛起,但当中国真正和平崛起为像美国那样的国家时,美国无论如何是无法接受的。正如奥巴马总统2010年4月15日在接受澳大利亚电视台采访时所言:"如果超过十亿的中国居民也像澳大利亚人、美国人现在这样生活,那么我们所有人都将陷入十分悲惨的境地,因为那是这个星球所无法承受的。所以中国领导人会理解,他们不得不做出决定去采取一个新的、更可持续的模式,使得他们在追求他们想要的经济增长的同时,能应对经济发展给环境带来的挑战。"11

现实主义的源于西方基督教世界的内部循环,止于多元世界的来临。现实主义国际关系理论的命运是与西方基督教世界的命运密切联系在一起的。随着西方基督教世界不再成为主导,现实主义也就如决斗一样过时,像青铜器、纺织机一样要放在历史的博物馆了。

　　说中国能否和平崛起在证实或证伪现实主义理论,那是太抬举现实主义理论了。中国崛起,推动世界回归正常的多样性状态,超越了西方理论,特别是现实主义理论。因此,无论是美国华裔学者许田波、王元纲,还是一些中国学者,以中国的历史来验证西方现实主义理论(往往是"自我实现的预言")或提出中国的古代现实主义理论,要么削足适履,要么沦为与西方一般见识,忽视中国并不只是国家,而是有别于西方基督教世界的独立文明体系。

2014 年 5 月 22 日

于中国人民大学静园

注　释

　　1. 参见[美]兹比格纽·布热津斯基:《大棋局》,中国国际问题研究所译,上海人民出版社 1998 年版。

　　2. 王义桅:《超越国际关系:国际关系理论的文化解读》,世界知识出版社 2007 年版,序,第 7 页。

　　3. [美]米尔斯海默:《大国政治的悲剧》,王义桅、唐小松译,上海人民出版社 2002 年版,第 19 页。

　　4. *The Encyclopedia Americana*, *International Edition* (Danbury, Connecticut: Crolier Incorporated, 1997), Vol. 2 p. 397; vol. 16, p. 336.

　　5. 参见王义桅:《超越均势:全球治理与大国合作》,上海三联书店 2008 年版,第三章。

　　6. [加]梁鹤年:《西方文明的文化基因》,生活·读书·新知三联书店 2014 年版,序。

　　7. 王义桅:《国际关系的理论性》,载《世界经济与政治》2007 年第 4 期。

　　8. 详见王义桅、韩雪晴:《国际关系理论的中国梦》,载《世界经济与政治》2013 年第 8 期。

　　9. [美]罗杰·科恩:《中国把"门罗主义"用到亚洲》,《纽约时报》中文网,2014 年 5 月 10 日。

　　10. 习近平:《积极树立亚洲安全观　共创安全合作新局面——在亚洲相互协作与信任措施会议第四次峰会上的讲话》,2014 年 5 月 21 日,上海。

　　11. Interview with Barack Obama, 15 Apr 2010. http://www.news.com. au/national/president-barack-obama-says-prime-minister-kevin-rudd-is-smart-humble/story-e6frfkvr-1225854306896

中 文 版 前 言

《大国政治的悲剧》一书的中心思想是,国际体系是一个险恶而残忍的角斗场,要想在其中生存,国家别无选择,只得为权力而相互竞争。即便满足于和平生活的国家也会被指责参与了无情的权力竞争。

这种安全竞争的根源在于,当一国受到另一国威胁时,没有供它们求助的更高权威。在国际体系中没有守夜人。而且,国家永远无法确信其他国家对它们不怀敌意。因此,它们必须作好准备,应付来自各方的危险。我的邻居是我的朋友吗?今天的朋友会不会成为明天的敌人?我是否有足够的实力击退别国的攻击?在国家意图不明的世界里,大国必须尽可能多地获取权力来保护自身,以防任何国家的挑衅。

理想的结果是成为体系中的霸权国,因为拥有如此多相对权力的国家,其生存几乎可以得到保证。相反,软弱只能招致麻烦,因为强国往往会占弱国的便宜。中国读者应该不难体会到这一点:1840 年至 1949 年间,中国软弱且四分五裂,饱受世界列强的欺凌。

但是,没有哪个国家能获得全球霸权,主要原因在于,它们难以越过如大西洋、太平洋那样的大片水域而投送力量。即便当今如此富强的美国,也不能支配全球。然而,国家可以获得地区霸权,正如美国在西半球的所作所为。这样,任何大国的最终目标都是支配其所在的区域,确保世界的另一地区不会有大国成为霸权国。故此,美国曾全力阻止德意志帝国、纳粹德国及苏联支配欧洲,阻止日本支配亚洲。事实上,美国在击溃所有这四个野心勃勃的对手的过程中,扮演了关键角色。

　　我称之为"进攻性现实主义"的这一国际政治理论,对未来的中美关系有着重要的启示。特别是,如果中国在未来数十年内仍然保持其令人瞩目的经济增长,它也可能会建立起庞大的军事力量,像美国支配西半球一样支配亚洲。中国将会寻求地区霸权,因为优势地位是生存的最好保证。如果说美国的战略利益在于不让远处大国插手西半球的事务(这正是门罗主义所表明的),那么中国的利益所在无疑是将美国军队赶出亚洲。

　　当然,美国将竭力阻止中国获得地区霸权,因为美国不能容忍世界舞台上存在与之匹敌的竞争对手。其结果便是中美之间激烈而危险的安全竞争,这种竞争类似于美苏在冷战期间的那种对抗。

　　最后,我认为,尽管大国几乎总是按现实主义行事,但它们经常宣称自己受更高的道德目标而非均势的考量所驱使。而且,它们把对手描绘成邪恶或不道德的另类。这种行为模式在美国身上表现得尤其明显。在世界舞台上,美国常常举止粗蛮,却总是口口声声称自己的行为是道德的、正确的,而其对手的行为是邪恶的、错误的。这大概会引起许多中国读者的共鸣。他们一定已注意到,美国的精英们常常用理想主义术语谈论外交政策,却以现实主义方式行事。

　　有理由相信,如果中国日益强大,其精英们将仿效美国,使用理想主义的辞令来描绘中国的外交政策。然而,中国会像美国一样,最大限度地占有世界权力。如果生存是其最高目标,那么中国便别无选择;这正是大国政治的悲剧。

约翰·米尔斯海默

John J. Mearsheimer

2002 年 4 月 22 日于芝加哥大学

英文修订版前言

　　1991 年底苏联解体,我便开始写作本书,一写便写了十年。十年间很多美国人包括美国学者对国际政治的未来都十分乐观。因为既然冷战确实已经结束,未来便似乎不会再有大国战争,均势一类概念也就完全可以进博物馆了。取而代之的是,我们可以期待今后世界各国间将会出现更多的合作。而我等现实主义者失去了栖息地,必将为时代淘汰,步恐龙的后尘。

　　但我不服,便写书来打破天下太平的迷梦。依笔者所见,世界仍然危机四伏,现实主义也仍然是认识世界的有力工具。本书大部是笔者原创的国际政治理论,虽然同是现实主义,但与汉斯·摩根索(Hans Morgenthau)和肯尼思·华尔兹(Kenneth Waltz)的理论都大不相同。创制理论还要以理服人,所以书中也用不少篇幅解释进攻性现实主义为什么适用于 21 世纪的世界。

　　本书 2001 年一经面世,并未大受欢迎,因为 21 世纪头几年众人仍然往往认为未来世界必定河清海晏、歌舞升平。但 2004 年伊拉克战争扩大,美国在伊拉克和阿富汗两线作战,进退维谷。公众又逐渐醒悟,发现反恐战争结束其实遥遥无期。20 世纪 90 年代弥漫全社会的喜悦便烟消云散,人们开始既思考国际政治的惨淡现实,更思考美国向何处去。于是时至今日,美国人大都已经明白当代世界暗流涌动,而长治久安的办法不是子虚乌有,就是远在天边。

　　人们是该醒悟了,冷战结束 25 年来,美国已打了六仗。1991 年海湾战争,之后 1995 年和 1999 年又在波斯尼亚和科索沃打了两仗。2001 年打阿富汗至今未完,伊拉克战争从 2003 年打到 2011 年倒是已经结束,但美国刚离开伊拉克,同年却又出兵利比亚。所以 1989 年以来美国每三年里就有两年要用兵。但这六场战争对手都是小国。美国不用担心大国强力干预。

但现在中国崛起,事情正在起变化。中国经济如果再迅速增长几十年,就要变成冷战后美国的第一个对手。而且中国崛起也确实震动了世界,最近皮尤公司全球态度调查研究了 39 个国家,其中 23 国受访者要么大多认为中国能取代或者已经取代美国的地位成为超级大国中的超级大国,要么虽意见纷纭,但持上述观点的人数最多。[1]美国人也意识到了中国崛起,调查中美国受访者有 47% 认为将来中国是世界第一,而不这么想的人也正好是 47%。

中国崛起是事实,问题在于能不能和平崛起。20 世纪 90 年代末我就注意到中国可能成为超级强国,所以本书第一版曾讨论这个问题。我认为,中国继续崛起,就要走强军路学美国统治西半球来称霸东亚。因为国家要生存,最好、最保险的办法无非是做地区霸主。但中国的邻国和美国一定会设法遏制中国,阻止其称霸。这就会引起安全竞争,最终威胁亚洲安全。

本书 2001 年出版之后,我在各种场合一直反复强调中国不能和平崛起。在别国这样讲,在中国也照样讲,2004 年还曾与前总统卡特(Jimmy Carter)的国家安全顾问兹比格纽·布热津斯基(Zbigniew Brzezinski)辩论过这一问题。[2]头几年不管我费多大口舌,听众不是无人相信,就是半信半疑。但是 2008 年以后便不然,因为其时中国一方面继续崛起,一方面挟积累下来的实力开始活动筋骨,结果既吓坏了邻国,又惊动了美国。如今我再讲中国不能和平崛起,未来中美关系险恶,大家已经很能听进去了。

既然中国崛起大概算 21 世纪最大的大事,而这件大事又很可能是战事,那重写本书最后一章详谈这件大事便是题中之义。初版最后一章虽然涉及中国能否和平崛起,但也只是涉及,与诸多内容并列,并不突出。笔者其他著作和文章又都未详谈此事。所以新版最后一章专谈中国崛起,要原原本本、扎扎实实,论述为什么中国实力大增,亚洲就有危机。

本书修订版重写了前言和第十章,其他内容大体不变。而进攻性现实主义理论更不变。有些读者读到这里可能惊诧,因为进攻性现实主义在学界早已为人熟知,许多学者都从不同角度加以分析,甚至是严厉批评。各界学人关注该理论,我感念在心,对于批评乃至批判,也事无巨细,悉心听取。毕竟,自己的理论有人研究正是学者最大的光荣。但我相信自己的理论经得起批评。世界上固然没有终极真理,进攻性现实主义理论有朝一日也要功成身退。但本书第一版建立的理论框架历经十余年风雨仍然坚固。

修订版最后一章便用进攻性现实主义理论回答中国能不能和平崛起这个广大学者、决策者及各国大众都十分关心并且要一直关心下去的问题。我也希望中国和平崛起,所以答案终究是:不能。

修订版最后一章的写成,并非我一人之功,首先有赖各位友人群策群力,各抒己见。他们是杰西卡·阿尔姆斯(Jessica Alms)、查尔斯·格拉泽(Charles Glaser)、迈克尔·J.里斯(Michael J. Reese)、玛丽亚-依芙·芮妮(Marie-Eve Reny)、迈克尔·罗利(Michael Rowley)、卢克·舒马赫(Luke Schumacher)和王元纲(Yuan-Kang Wang)。而斯蒂芬·沃尔特(Stephen Walt)更对我帮助良多。芝加哥大学国际政治经济与安全(PIPES)项目举办研讨会,也曾讨论本书初稿。与会诸学者惠赐意见,更教益无穷。我对所有这些帮助深表感谢。若尚有不周之处,我当负全责。

最后还要感谢诺顿出版社编辑罗比·哈灵顿(Roby Harrington),出版修订版本书原本是他的建议。本来预定2011年初版十周年时付梓,但几经雕琢,最终还是好事多磨。正如本书初版十年磨一剑,所费的工夫也是大大超过笔者预期。我们相识已有25年,友情甚笃,我久蒙关照,受之颇为有愧。而除罗比之外,另有一位编辑丽莎·卡姆纳·麦凯(Lisa Camner McKay)具体负责本书修订版,此书能与读者见面,全赖她兢兢业业。

注 释

1. "America's Global Image Remains More Positive Than China's: But Many See China Becoming World's Leading Power," *Pew Research Global Attitudes Project*, Washington, Dec. 8, 2013.

2. 辩论详情请见:Zbigniew Brzezinski and John J. Mearsheimer, "Clash of the Titans," *Foreign Policy*, No. 146(January-February 2005), pp. 46—49。

英文初版前言

20世纪是一个国际社会充斥着大规模暴力行为的世纪。第一次世界大战（1914—1918年）使差不多900万人葬身欧洲战场。第二次世界大战（1939—1945年）期间有大约5 000万人丧失了生命，其中半数以上是平民。二战结束后不久，整个世界又陷入了冷战的泥潭。在冷战对峙中，苏联及其华沙条约组织盟国从未直接与美国及其北大西洋公约组织盟国作战，但成百万的人死于朝鲜、越南、阿富汗、尼加拉瓜、安哥拉、萨尔瓦多等地的"代理人战争"；这一时期的其他一些战争，尽管规模小，但也异常激烈，夺去了数百万人的性命，包括1904年至1905年及1939年的日俄战争、1918年至1920年协约国对俄国内战的干涉、苏波战争（1920—1921年）、一系列的阿以战争及1980年至1988年的两伊战争。

如此暴力的循环往复，在新的千年里还远未终结。和平的愿望可能仍不会实现。因为塑造国际体系的大国相互提防，其结果是争权夺利。实际上，它们的最终目标是去取得凌驾于他国的支配性权力，因为拥有支配性权力是确保自身生存的最好方式。力量确保安全，最大的力量确保最大程度的安全。面对这一驱动力的国家注定因此相互冲突，因为每个竞争对手都想取得压倒他人的竞争优势。这是一种悲剧。除非塑造这种体系的国家同意组成世界政府，否则便难以逃脱这种悲剧。然而发生巨大转变的前景几乎是不存在的，因此冲突与战争注定会持续不断，成为世界政治突出而持久的特征。

当然，你可以不同意这种悲观论调，而是强调随着冷战的终结，20世纪以和平的方式结束了,并且注意到进入 21 世纪时,大国关系还相当平静。事实的确如此,但简单地从当前推断未来,这种分析并非合理。

让我们设想一下,如果使用这种方法,处于前两个世纪开端的观察家们会预测到些什么。1800 年,欧洲处于法国大革命与拿破仑战争之间。后者持续了 23 年,那个年代所有大国都卷入其中。从那种血腥岁月往后推断,可以料到 19 世纪肯定充满了大国的纷争。而事实上,它是欧洲历史上冲突最少的时期之一。相反,1900 年,欧洲并无大国卷入的战争,很少有迹象表明一场大战即将爆发。从平静的岁月推断,人们会以为 20 世纪欧洲的冲突会很少。我们都知道,结果恰恰相反。

国际政治的一般理论提供了预测未来的有效工具。其中最有效的理论将描述大国通常如何打交道并解释它们的行为。有效的理论还以很好的篇幅解释大国过去的行为,包括解释为什么有些历史时期的冲突比其他历史时期要多。满足这些要求并帮助我们回顾和理解过去的理论,应该可以帮助我们展望和预知未来。

本书中,我试图提出这样一种理论,我把它称之为"进攻性现实主义"。在本质上它是现实主义的;它归属于 E. H. 卡尔(E. H. Carr)、汉斯·摩根索(Hans Morgenthau)、肯尼思·华尔兹(Kenneth Waltz)等现实主义思想家的传统,其组成要素很少并能从简单的命题中提炼出来。例如,我强调大国追求使其所分得的世界权力最大化。我还认为,包含一个特别强大的国家,换句话说,包含一个潜在霸权国家的多级体系,特别倾向于导致战争。

本书的上述和其他观点将是有争议的。为支持我的观点,我试图表明支撑它们的逻辑是合理的和令人信服的。我还用历史记录检验了这些观点。为清楚起见,我主要关注 1792 年以来的大国关系。最后,我用此理论来预测未来大国关系的可能模式。

本书既是写给学者们看的,也是写给那些有兴趣了解大国行为是受何种力量驱使的老百姓看的。为此,我尽量使我的观点更清楚也更易于理解,使那些尚未沉浸在学术界的行话与争论中的人也能读懂。有一句话我总是牢记在心,就是文学学者莱昂内尔·特里林(Lionel Trilling)曾告诉杰出的社会学家赖特·米尔斯(Wright Mills)的那句话:"假定你被邀请就你所熟知的某题材作一演讲,听众有来自名牌大学各系的老师与学生,也有附近城市中各种各样有兴趣的人;假定你面对这样的听众,他们有知道的权利,而你又想使他们知道些什么,那么开始写吧!"我期盼读者得出结论说,我遵循这一建议的努力卓有成效。

致　谢

　　本书的观点都是我所原创,但最终成书仍然有赖各方添砖加瓦。

　　首先许多学者同侪在百忙之中审读本书并不吝赐教,修订版处处凝聚着他们的心血。各位同仁校读一番,或指出内容疏漏,或佐证书中观点,或提出全新见解,每每让笔者受益良多。可以说,如果没有各方学人群策群力斧正本书原稿,修订版书中会有多少贻笑大方之处殊难想象。但意见虽然宝贵,我却有主见,并不盲目接受,修订版成书中的瑕疵,我亦决意自负其责。

　　我首先谨感谢柯林·艾尔曼(Colin Elman)、迈克尔·德施(Michael Desch),彼得·利伯曼(Peter Liberman)、卡尔·穆勒(Karl Mueller)和马克·特拉赫滕贝格(Marc Trachtenberg),而斯蒂芬·沃尔特(Stephen Walt)笔者更是感激不尽。以上6位不仅通读手稿,各抒己见,而且对其中重点难点更反复斟酌,力图改进。罗伯特·阿特(Robert Art)、黛博拉·阿万特(Deborah Avant)、理查德·贝茨(Richard Betts)、戴尔·科普兰(Dale Copeland)、迈克尔·克雷斯威尔(Michael Creswell)、迈克尔·多伊尔(Michael Doyle)、戴维·埃德尔斯坦(David Edelstein)、本杰明·弗兰克尔(Benjamin Frankel)、海因·戈曼斯(Hein Goemans)、杰克·戈德史密斯(Jack Goldsmith)、约瑟夫·格里科(Joseph Grieco)、阿尔曼·格里高利(Arman Grigorian)、戴维·赫尔曼(David Herrmann)、埃里克·拉布斯(Eric Labs)、卡尔·劳滕施拉格(Karl Lautenschlager)、克里斯多弗·莱恩(Christopher Layne)、杰克·利维(Jack Levy)、迈克

尔·曼德尔鲍姆（Michael Mandelbaum）、卡伦·明斯特（Karen Mingst）、西恭之（Takayuki Nishi）、罗伯特·佩普（Robert Pape）、巴里·波森（Barry Posen）、达里尔·普雷斯（Daryl Press）、辛西娅·罗伯茨（Cynthia Roberts）、罗伯特·罗斯（Robert Ross）、布莱恩·施密特（Brian Schmidt）、杰克·斯奈德（Jack Snyder）、斯蒂芬·范·埃弗拉（Stephen Van Evera）和亚历山大·温特（Alexander Wendt）也曾阅读手稿，惠赐意见，在此一并致谢。我写作期间得到各界学者帮助甚多，虽努力尽录姓名于此，难免挂一漏万，若有遗漏，当属无意，还请见谅。

我的研究助理们多年胼手胝足，辛勤工作，堪称幕后英雄。值修订版成书之际，谨向罗什那·巴拉苏布拉曼尼安（Roshna Balasubramanian）、戴维·埃德尔斯坦（David Edelstein）、丹尼尔·金斯伯格（Daniel Ginsberg）、安德里亚·杰特（Andrea Jett）、赛斯·琼斯（Seth Jones）、凯尔·利伯（Keir Lieber）、丹尼尔·马西纳克（Daniel Marcinak）、贾丝廷·罗森塔尔（Justine Rosenthal）、约翰·施卢瑟（John Schussler）和斯蒂文·韦伊（Steven Weil）深表谢意。特别是亚历山大·唐斯（Alexander Downes）不仅深入研究书中讨论的诸多问题，广积资料供笔者参考，本书图表也大部分出自他手，我万分感谢。

本书倒数第二稿完成之时，我蒙纽约外交关系委员会厚爱，被选为1998—1999年度惠特尼·H.谢泼德森研究员（The Whitney H. Shepardson Fellow）。该项目本来旨在帮助学者完成著作。所以在我当选之后，外交关系委员会便在纽约三次召集学者讨论书稿。纽约的三次会议，都由理查德·贝茨任主席，会上名家云集，罗伯特·杰维斯（Robert Jervis）、杰克·利维、吉迪恩·罗斯（Gideon Rose）、杰克·斯奈德（Jack Snyder）、理查德·乌尔曼（Richard Ullman）、肯尼思·华尔兹和法里德·扎卡里亚（Fareed Zakaria）都曾参与。对本书不足与会专家必定直言不讳，我亦广泛听取，受教良多，终稿遂成。委员会曾请作者在旧金山和华盛顿特区宣读本书内容，以上专家也都有精彩评论。

每逢纽约会后，我必乘车赶赴哥伦比亚大学，再参加阿尔曼·格里高利和霍尔格·施密特（Holger Schmidt）两位同学的研究生学术论坛，讨论当天会上所读章节。各位同学也颇如初生牛犊，畅所欲言之际，使我获益匪浅。

　　本书能够写成，离不开芝加哥大学的支持。本校素以学风严谨闻名，赞助研究又十分热心。学者在此任教治学著作，可谓无比舒畅，无限便利。各位研究生更后生可畏，本书中理论几经改进，才能招架诸生的唇枪舌剑，而和学生思想交锋，又让笔者在国际关系理论和国际关系史方面温故知新、教学相长。且政治学系的凯西·安德森（Kathy Anderson）、海蒂·帕克（Heidi Parker）、米米·沃尔什（Mimi Walsh）及其他管理人员在我写作期间，多年不辞辛劳、鼎力支持，在此亦表感谢。

　　但此时此刻我最不能忘记的还是四位恩师。多年前在西点军校，是威廉·施瓦茨（William Schwartz）领笔者走进国际安全研究之门。后来在南加州大学读研，又幸蒙查尔斯·鲍威尔（Charles Powell）教导。到了康奈尔大学，又有乔治·奎斯特（George Quester）和理查德·罗斯克兰斯（Richard Rosecrance）二位指导毕业论文。我所以走上学术之路，今日又写出本书修订版，全赖恩师和母校栽培，必将永远感念于心。

　　我写作本书修订版，本来是遵从老友诺顿出版社编辑罗比·哈灵顿建议，而写作本书花费的时间和精力远远超出我们二人预计。但他却能有始有终，一路从容不迫，巧解难题，直到全书大功告成。之后又有赖特雷西·纳格尔（Traci Nagle）出色的编辑工作，艾弗里·约翰逊（Avery Johnson）和罗伯·怀特塞德（Rob Whiteside）掌管装帧印刷，本书才能与各位读者见面。

　　说完众友人，我便要感谢家人耐心支持。众所周知，写书既要耐力，也要体力。日日起床提笔，我便感到有如和狗熊掰腕子般吃力，何况不仅要一掰一天，还要日复一日。若要熊口余生，学界友人的热心帮助和家人的耐心支持缺一不可。我最想感谢的还是爱妻帕梅拉（Pamela），对她，我亏欠甚多。所以只有献上本书，以期聊补万一。

目 录

第一章

导　　论

西方许多人似乎认为,大国间的"永久和平"就要降临。这一观点认为,冷战的结束标志着大国关系的极大改变,我们已进入了这样一个世界:大国为安全而竞争的可能性几乎为零,更不用说战争了,因为战争已经成为"淘汰行业"。用一位著名学者的话说,冷战的结束把我们带入了"历史的终结"。[1]

该观点还指出,大国不再把彼此看成潜在的军事对手,而是国际大家庭或有时被称为"国际共同体"的成员。在这个能把与日俱隆的繁荣与和平带给所有大国的令人向往的新世界里,四处洋溢着合作的前景。即便一直以来对大国和平前景持悲观态度的现实主义的某些信徒,也似乎萌生了强烈的乐观主义情绪。20世纪90年代中期一篇题为《作为乐观者的现实主义者》[2]的文章就充分说明了这一点。

实际上,那种认为国际体系中的大国安全竞争与战争已经消亡的观点是荒谬的。许多证据表明,对大国间永久和平的许诺如同胎死腹中的婴儿。我们不妨看看以下事例:尽管苏联的威胁不复存在,但美国在欧洲的驻军仍达10万之众,在东北亚也驻扎着相当数目的兵力。美国之所以这样做,是因为它意识到一旦自己撤出军队,危险的对手很可能从该地区的大国中突然出现。还有,几乎所有欧洲国家,包括英国和法国,它们虽然默默无声,但心中仍藏着根深蒂固的忧虑:一个未受美国权力约束的德国可能重染侵略恶习;东北亚地区对日本的畏惧也许更加深刻,这一话题无疑会被经常提起。最后,美中在台湾问题上可能的冲突也并非遥不可及。这并不是说此类战争一定会爆发,但其存在的可能性提醒我们,大国战争的威胁尚未消失。

悲哀的是,国际政治从来就是一项残酷而危险的交易,而且可能永远如此。虽然大国竞争的烈度时有消长,但它们总是提防对方,彼此争夺权力。每个国家压倒一切的目标是最大化地占有世界权力,这意味着一国获取权力是以牺牲他国为代价的。然而,大国不止是为了争当大国中的强中之强,尽管这是受欢迎的结果;它们的最终目标是成为霸主(hegemon),即体系中唯一的大国。

国际体系中没有维持现状的国家,除了那种想对潜在的对手保持支配地位的一时霸主。大国很少对眼前的权力分配感到心满意足,相反,它们时刻怀着以自己利益为中心的求变动机。它们几乎总是拥有修正主义意图,倘若能用合算的代价达到目的,它们会以武力改变均势。[3] 有时,当大国认为改变均势的成本过于高昂时,它们不得不坐等更有利的形势,但猎取更多权力的欲望不会消隐,除非一国达到了最高的霸权(hegemony)目的。然而,由于任何国家都不可能取得全球霸权,因此整个世界充斥着永久的大国竞争。

这种对权力的无情追逐意味着大国可能倾向于伺机使世界权力的分配朝有利于大国的方向改变。一旦具备必要的实力,它们就会抓住这些机会。简言之,大国存有进犯的预谋。然而,一个大国为了获取权力不但要牺牲他国利益,而且会不惜代价阻止对手获得权力。因此,当权力隐约出现有利于另一国的变化时,大国会极力捍卫均势;而当有可能出现有利于本国的变化时,它就会抓住机会,想方设法打破平衡。

为什么大国会如此表现呢? 我的答案是,国际体系的结构迫使一心寻求安全的国家彼此采取侵略行为。国际体系的三个特征一并导致了国家间的相互提防:(1)缺乏一个凌驾于国家之上并能保护彼此不受侵犯的中央权威;(2)国家总是具有用来进攻的军事能力;(3)国家永远无法得知其他国家的意图。有了这一担心——不可能完全一劳永逸地消除——国家认为实力愈是强于对手,自己生存的几率就愈高。毫无疑问,生存的最高保证是成为霸主,因为再没有其他国家能严重威胁此类巨无霸。

没有人有意预设和构想这种局面真是一个悲剧。虽然大国没有理由彼此攻击——它们只关心自己的生存——但在该体系中,它们除了追求权力和征服其他国家之外别无选择。这一困境早在 19 世纪 60 年代就被普鲁士政治家奥托·俾斯麦（Otto von Bismark）以残酷而直率的言辞作了表述。当时，并非独立国家的波兰正想夺回自己的主权。对此，俾斯麦说："无论以何种形式恢复波兰王国都无异于给任何想要攻击我们的国家塑造了一个盟友。"因此他主张，普鲁士应该"痛击那些波兰人，直到他们丧失希望、一个个倒毙在地；虽然我对他们的处境非常同情，但是我们要想生存，除了铲除他们别无他法"[4]。

尽管我们认识到大国的这种思维和行为令人沮丧，但是我们也理应看到这个世界的本来面目，而不是想要它如何发展。譬如，美国面对的外交政策的一个关键问题是，如果中国经济快速增长下去，变成一个巨大的香港（第十章将讨论究竟会不会这样），那么它可能采取什么样的行为。许多美国人相信，倘若中国实行民主制并融入全球资本主义体系，它就不会好斗，而会对东北亚的现状感到满足。按照这一逻辑，美国应该接触中国，加快后者进入世界经济一体化的进程，这是一项鼓励中国向民主过渡的政策。倘若接触政策获得成功，那么美国就能与一个富裕民主的中国协同努力，推进世界和平。

不幸的是，接触政策注定要失败。如果中国成为一个经济增长中心，它必然会把经济实力转化为军事能力并主宰东北亚。无论中国实行民主并深深融入全球经济体系还是成为专制和自给自足的国家，这都无碍于它的行为表现，因为民主国家与非民主国家一样在乎安全，况且霸权是任何国家确保自己生存的最佳手段。当然，当中国不断增加权力时，中国的邻国和美国谁也不会袖手旁观，而会采取行动遏制它，很可能通过组建一个均势联盟的方式达到此目的。结果是中国与其对手进行激烈的安全竞争，大国战争的危险常常环绕在它们头上。简单地说，当中国的权力增长后，美国与中国势必成为对手。

进攻性现实主义

本书阐述一种国际政治现实主义理论，它对在大国关系问题上颇为流行的乐观主义观点提出了挑战,包含着三个具体任务。

首先,我阐述了该理论的核心要件,我称之为"进攻性现实主义"。关于大国关系的互动,我提出了一系列观点,特别强调它们寻求机会来攫取权力,损人利己。另外,我区分了最易和最难引发冲突的情况。譬如,我认为多极体系比两极体系更容易导致战争,而含有特别强大的国家,或曰含有潜在霸主的多极体系是众体系中最危险的体系。但我不只是提出诸如此类的论点,我也试图为居于这一理论核心的行为和结果提供可信的解释。换言之,我将提供因果逻辑或推理,以支持我的每一个论点。

这一理论关注的是大国,因为大国对国际政治所发生的变故影响最大。[5] 所有国家——不管是大国还是次大国——其命运都从根本上取决于那些最具实力国家的决策和行为。例如,1945—1990 年间,世界上几乎每个角落的政治都深受美苏角逐的冲击。冷战之前的两次世界大战也对全世界的地区政治产生了相似的影响。其中的每一场冲突都是大国对抗,都给全球各地投下了长久的阴影。

大国主要由其相对军事实力来衡量。一国要具备大国资格,它必须拥有在一场全面的常规战争中同世界上最强大的国家进行一次正规战斗的军事实力。[6] 候选国家不一定具备打败领先国家的实力,但它必须具有把冲突转向消耗战并严重削弱优势国家的潜能,即便优势国最终赢得战争的胜利。在核时代,大国不但要拥有令人生畏的常规力量,而且还必须具有能承受他国核打击的核威慑力。但也不排除这一可能:一国拥有超过其他所有对手的核优势,它非常强大,在该体系中独霸天下。如果体系中出现了核霸权,那么常规武力均势在很大程度上就显得无关紧要。

本书的第二项任务是想说明,该理论告诉我们很多关于国际政治的历史问题。检验任何理论的最终手段是看它能否很好地解释现实世界中的事件,所以我花了大量笔墨将我的观点与历史记录进行对照,着重讨论自 1792 年法国革命和拿破仑战争以来至 20 世纪末期的大国关系。[7] 我更关注欧洲大国,因为在过去 200 年的大部分时间里,它们一直支配着世界政治。确实,在日本和美国分别于 1895 年和 1898 年获得大国地位之前,欧洲一直是世界所有大国的发祥地。不过,本书也用了大量篇幅探讨东北亚政治,特别论及了 1895—1945 年间的日本帝国以及 20 世纪 90 年代的中国。美国也是我在用进攻性现实主义检验过去的事件时必须重点考察的国家。

我打算揭示的历史疑点主要如下：

（1）如何解释现代史上三次历时最长、最残忍并把所有大国都卷入其中的战争——法国大革命和拿破仑战争（1792—1815 年）、第一次世界大战（1914—1918 年）以及第二次世界大战（1939—1945 年）？

（2）如何解释 1816—1852 年、1871—1913 年、特别是 1945—1990 年冷战期间欧洲出现的一段相当长的和平时期？

（3）19 世纪中期，英国是世界上最富裕的国家，为什么它当时没有建立一支强大的军队并主宰欧洲呢？换句话说，拿破仑法国、威廉德国、纳粹德国以及苏联都把自己的经济能力变成了军事力量，而英国为何没有这样做？

（4）为什么俾斯麦德国（1862—1890 年）在 1862—1870 年间极具侵略性——它与另两个大国打了两次大战，并与一个较小的国家进行了另一场战争——但在 1871—1890 年期间却根本不显侵略性，而是远离战事，寻求维护欧洲的现状呢？

（5）为什么在第一次世界大战前英国、法国和俄国结成了反对威廉德国的均势联盟，却未能组成一个反对纳粹德国的有效联盟呢？

（6）为什么日本和西欧国家在冷战的早期与美国联手反对苏联，而美国当时已从二战中一跃成为世界上最富强的经济大国并拥有核垄断？

（7）如何解释 20 世纪美国军队在欧洲和东北亚承担的义务？例如，为什么美国要等到 1917 年而不是 1914 年 8 月第一次世界大战爆发时参加战争？还有，为何 1914 年之前美国不派兵赴欧洲去阻止战争呢？同样，为什么 20 世纪 30 年代美国不派军队反对纳粹德国或于 1939 年 9 月之前派兵去欧洲阻止二战的爆发呢？

（8）美国和苏联都拥有针对对方的第二次核打击能力，为什么它们仍不断扩建核武库呢？一个双方具有"确保摧毁"能力的世界被认为是稳定的，它的核均势也难以颠覆。然而，两个超级大国都耗费数十亿美元和卢布，力图赢得第一次打击优势。

第三，我用这一理论预测 21 世纪的大国政治。这种尝试可能让一些读者迷惑不解,因为如同其他社会科学,国际关系的研究建立在比自然科学更为脆弱的理论基础上,加之政治现象非常复杂,因此,如果我们不具有比目前所掌握的更高明的理论工具,要作出精确的政治预言是不可能的。这样一来,所有政治预测势必错误百出。那些如同我现在一样进行冒险预测的人,应该怀着谦恭的姿态,不必盲目自信,还要承认将来回过头来看这些问题时很可能会发现惊喜和纰缪。

尽管有诸多险阻,社会科学学者还是应该用其理论预测未来。预测有利于辨识政策,因为它有助于我们了解周围世界所发生的事态。通过廓清争执点,作出清晰的预报,使那些满腹歧见的人茅塞顿开。况且尝试预测新事物是检验社会科学理论的最好方法,因为理论家不是事后诸葛亮,所以他们不可能矫正自己的观点以与证据相吻合(因为还不可能达到这一点)。简单地说,世界可被看作一个实验室,它决定哪种理论能最好地解释国际政治。据此精神,我运用进攻性现实主义来展望未来,并牢记推测事件的有益一面和危险所在。

理论的价值与局限

显而易见,本书是一部表达个人观点的理论专著。然而,在学术的大墙之外特别是在政策世界里,理论的名声并不好。社会科学理论常被描绘成如坠云雾的学术空想,与"现实世界"毫无牵连。例如,冷战时期美国著名的外交政策制定者保罗·尼采(Paul Nitze)写道:"二战以来,大多数由美国人所著和所教的所谓'政治科学'……就其对政治的实际指导意义而言,即便不起负面作用,其价值也是非常有限的。"[8] 根据这一观点,理论只能局限于单纯的学术层面,而决策者应根据常识、本能和实际经验来履行他们的义务。

这显然是顽固透顶的论调。事实上,没有理论,我们谁也无法弄懂我们所处的世界或作出明智的决定。无可否认,国际政治学的所有研究者和实践者都靠理论来领悟他们周围的环境,只是有些人意识到了,有些人没有;有些人承认它,有些人不承认。但不管怎样,我们都无法回避一个事实,那就是如果不简化理论,我们就不可能认识周围复杂的世界。比如说,克林顿政府的外交政策内涵大体上可以用国际关系的三个主要自由主义理论来解读：(1)经济上相互依赖的繁荣国家彼此不可能发动战争的"经济相互依赖和平论"；(2)民主国家彼此不打仗的"民主和平论"；(3)国际制度能使国家避免战争并集中建立合作关系的"国际制度和平论"。

想一想20世纪90年代克林顿及其幕僚如何为北约的扩大提供各种理由。克林顿总统认为，北约东扩的一个主要目标是"守住中欧的民主成果"，因为"民主国家以和平方式解决它们的分歧"。他指出，美国应该培育一个"开放的贸易体系"，因为"我们的安全维系在其他民族自由开放的繁荣基础上，美国应与其携手并进，而不应该反对它们"。[9]克林顿在牛津大学的同窗、常务副国务卿斯特罗布·塔尔博特(Strobe Talbott)对于北约扩大问题也提出了相似的观点："随着冷战的结束，构建一个对开放的社会和市场分摊责任且愈益联合的欧洲已变得可能。"他认为，北约东扩有助于"巩固对民主和市场变革的民族共识"，这一变革已存在于匈牙利和波兰等国之中，并因此有助于加强本地区的和平前景。[10]

同样，国务卿玛德琳·奥尔布赖特在赞扬北约缔造者时指出："他们的根本贡献在于开创……以法制为基础的制度网络以及维和安排。"但是她警告说："这一成绩还不完满……我们今天的挑战是完成后冷战时代的构造任务……拓宽世界领地，让美国的利益和价值观遍地开花。"[11]

这些事例表明，有关世界如何运作的普遍性理论在决策者辨识他们所追求的目标和选择达到这些目标的手段时起着重要作用。当然，这并不是说我们应该全盘接受任何得到普遍认可的理论，不管它多么受欢迎，因为理论有优劣之分。譬如说，有些理论只解决一些微不足道的问题，而另一些理论则晦涩难懂，几乎让人无法理解。还有一些理论的基本逻辑自相矛盾，而另一些则不具任何解释力，因为世界并不按他们预测的方式发展。问题的关键在于区分有效的和残缺的理论。[12]本书的目的就在于令读者相信，进攻性现实主义是一个饱满的理论，它能清晰地解剖世界的运作。

当然，与所有理论一样，进攻性现实主义的解释力也有其局限性。有若干个案与该理论的主要观点相抵触，这些个案是进攻性现实主义本应解释但却不能作出解释的现象。所有的理论都存在此类难题，尽管理论越好，异常现象便越少。

　　与进攻性现实主义思想相抵触的一个事例是关于 1905 年的德国的。当时，德国是欧洲最强大的国家，它在大陆的对手是法国和俄国。大约在此前 15 年，法俄曾建立过遏制德国人的联盟。英国当时只有一支很小的军队，因为它指望法国和俄国钳制德国。当 1904—1905 年日本出乎意料地大败俄国并暂时把后者从欧洲均势圈驱逐出去后，法国不得不孤单地面对巨大无比的德国。此时是德国征服法国并夺取欧洲霸权的绝好机会，因此德国在 1905 年而不是 1914 年挑起战争无疑更为合理。但 1905 年的德国甚至没有认真考虑过战争问题，这与进攻性现实主义的预计是背道而驰的。

　　理论之所以会遇到难以解释的现象，原因在于它们把现实简单化了，只重视某些因素而忽视了其他变数。进攻性现实主义认为，国际体系强有力地塑造了国家的行为。我认为，结构因素如无政府状态和权力分配等是解释国际政治的最关键部件。该理论对个人或意识形态等一些国内政治因素几乎不予关注，它往往把国家当作黑匣子或台球一样看待。再看上述例子，1905 年的德国无论是受俾斯麦、威廉二世（Kaiser Wilhelm）还是阿道夫·希特勒（Adolf Hitler）的统治，也无论德国是民主抑或专制国家，这都对该理论无关紧要。该理论关心的是，当时的德国拥有多少相对权力。然而，这种被忽视的因素不时支配着一国的决策过程。在这种情形下，进攻性现实主义是起不到正常的解释作用的。简言之，简化现实是要付出代价的。

　　另外，进攻性现实主义不可能回答国际政治中出现的所有问题，因为在有些案例中，该理论只与数个可能的结果相吻合。一旦出现此类情况，就不得不运用其他理论作更精确的解释。社会科学学者会说，用一个理论解释这些案例是"难以奏效"的，这种情形对于像进攻性现实主义这种不存偏见的理论来说并非不正常。

　　用进攻性现实主义不能确切解释的另一难题是，为什么冷战中的大国安全竞争在 1945—1963 年要比 1963—1990 年更为剧烈。[13]该理论也无法解释北约应采取进攻型还是防御型军事战略来遏止中欧的《华沙条约》。[14]要解答这些问题，有必要运用更为细化的理论，如威慑理论等。但是，那些理论及其导出的答案与进攻性现实主义并无抵触，只是对后者进行补充。简而言之,进攻性现实主义如同黑屋子中的一道耀眼的亮光:即便不能照亮每一个角落和缝隙,但在大部分时间内它仍是引导人们穿越黑暗的极好工具。

从这一讨论中我们可以清楚地看到,进攻性现实主义主要是一种叙述性理论。它解释大国过去如何表现以及将来可能怎样行动。但它也是一种指导性理论。国家"应该"按照进攻性现实主义的指令行事,因为它展现了国家在险恶的世界里求生存的最好办法。

有人可能会问,既然该理论描述大国怎样行动,为何还要说明它们"应该"怎样行动呢? 该体系中强有力的强制因素使得大国毫无选择,只能像这一理论所指明的那样行动。虽然把大国比作陷入囚笼的罪犯有很大的真实性,但事实仍然是,它们有时——虽然不是经常如此——采取有悖于该理论的行动。这就是上面所说的不规则现象。如同我们所见到的,这类鲁莽行为一向具有消极影响。简言之,大国要想生存,它们应当总是像正常的进攻性现实主义者一样行动。

追逐权力

理论方面已说得够多,有必要更多地谈谈我的论点的实质,即"权力"的核心概念。对于所有现实主义者来说,盘算权力是国家考虑周围世界的关键所在。权力是大国政治的货币,国家为之争斗。权力对于国际关系的意义正如货币之于经济学。

本书围绕六个问题对权力展开讨论。第一,为什么大国想要权力? 国家争夺权力的根本逻辑是什么? 第二,国家想要多少权力? 多少权力才是足够的? 这两个问题至关重要,因为它们关系到大国行为的最根本问题。如上所述,我对这些问题给出的答案是,国际体系的结构鼓励国家追求霸权。

第三,什么是权力? 这一核心概念是如何定义和度量的? 有了好的权力参照点,才可能确定个别国家的权力水平,然后我们就能描绘该体系的架构,特别是认定哪些国家具备大国资格。这样,我们就很容易确定此体系是霸权(由单一大国主导)、两极(由两个大国控制)还是多极(由三个或更多大国主宰)体系,而且我们还可得知主要大国的相对力量。我们尤其想弄清它们的权力是否或多或少地得到了均衡分配或存在极大的不对称性，特别是体系内是否存在一个潜在的霸主——一个比它的任何大国对手都强大得多的国家。

同时，明确地定义权力还可为我们考察国家行为提供一个窗口。如果充分了解权力的内涵，一旦国家为权力竞争，我们对竞争的属性就懂得更多，进而得知国家展开竞争的原因。概言之，更多地了解权力的真实本质有助于揭示大国之间如何竞争。

第四，当一个大国威胁要打破均势时，其他国家以何种策略获取或维持权力？讹诈和挑起战争是国家获取权力时所采取的主要策略，建立均势（balancing）和推卸责任（buck-passing）是大国面对危险对手时用以维持权力分配的主要手段。通过建立均势，受威胁的国家承担起阻遏对手的重任，并投入大量资源以实现这一目标。而通过推卸责任，处于危险中的大国设法让另一国承担起阻止或打败威胁国的重任。

最后两个问题集中讨论国家最大化地占有世界权力的关键策略。第五，战争的原因是什么？何种权力因素使安全竞争的加剧及进而导致的公开对抗更容易或更难以发生？第六，在什么情况下，受威胁的大国会采取均势策略以对抗危险的敌手，又何时企图把责任推卸给另一受威胁的国家？

我将为这些疑问提供清晰可信的答案。但应该强调的是，对于其中任何一个问题，现实主义者都没有一致的意见。现实主义具有悠久的丰富传统，现实主义者对基本问题的争论向来是司空见惯的。在后面的章节里，我不想过多讨论其他现实主义理论。我只解释进攻性现实主义与其主要现实主义对手之间的区别，并挑战这些对手在某些问题上的观点，主要目的在于阐明我自己的论点。但我不打算系统地考证任何其他现实主义理论，而是重点阐述我的进攻性现实主义理论，用它解释过去、预测未来。

当然，本书也没有忽视国际政治中许多其他非现实主义理论，稍前已提及三种不同的自由主义理论和其他非现实主义理论，本书只讨论社会建构主义和官僚政治两种流派。第十章简要分析国际政治中代表主流自由主义理论的经济相互依存理论和代表文化理论的儒家和平主义，以探讨中国能不能和平崛起。但囿于篇幅,我不准备对这些非现实主义理论进行全面评述。总之,我研究的重点是为进攻性现实主义设置一个分析框架。

无论如何,只有从学术和政策两个层面去分析支配国际关系思想的理论,并将进攻性现实主义与主流现实主义以及非现实主义进行比较,这项研究才有意义。

自由主义与现实主义

在国际关系理论谱系上,自由主义和现实主义是两个主要的理论流派。大多数国际关系学者的知识论战要么越过了现实主义与自由主义的分界线,要么在那些流派内部展开。[15] 为了说明这一点,我们可以看看20世纪最具影响力的三部现实主义著作:

● 卡尔的《二十年危机,1919—1939》,该书在二战爆发后不久(1939年)出版于英国,至今仍深受读者青睐。

● 汉斯·摩根索的《国家间政治》,冷战初期在美国首次出版,在随后至少二十年时间里,它一直主导着国际关系领域。

● 肯尼思·华尔兹的《国际政治理论》,自冷战后期(1979年)首次出版以来,一直支配着这一领域。[16]

所有这三位现实主义大师在其作品中都批评了自由主义的某些方面。比如说,卡尔和华尔兹对自由主义关于经济相互依存提升和平的观点提出了质疑。[17] 更笼统地说,卡尔和华尔兹不断指责自由主义的政治乌托邦思想,认为这种观点若得以采纳,必然把国家引向灾难。同时,这些现实主义者在一系列重要问题上的看法也不尽相同。如华尔兹挑战摩根索关于多极比两极体系更为稳定的论点。[18] 另外,虽然摩根索认为国家努力争取权力是由其本能的贪欲使然,但华尔兹却坚持认为,国际体系的结构迫使国家追求权力以提高它的生存前景。这些事例只是现实主义思想家众多分歧的缩影。[19]

现在我们近距离地考察一下自由主义和现实主义。首先从各理论的核心要点开始,然后集中讨论个别自由主义流派和现实主义理论的分歧。

自由主义

自由主义的传统可上溯至18世纪欧洲的启蒙运动,当时的知识分子和政治领导人怀有一种强烈的意识,认为可以运用理智把世界变成更美好的居所。[20]因此,自由主义对世界的和平与安全前景抱有信心。大多数自由主义者相信,极大地减少战争灾难、促进国际繁荣是可能的。有鉴于此,自由主义理论常常被贴上"乌托邦"或"理想主义"的标签。

自由主义对国际政治的乐观之见建立在三个核心信念之上,这些信念是该理论所有流派耳熟能详的共识。第一,自由主义者把国家看成国际政治中的主要行为体。第二,他们强调,国家的内部属性存在很多变数,其差异对国家的行为产生深刻的影响。[21]此外,自由主义理论家常常认为,有些内部安排(如民主)天生优于其他因素(如专制)。因此,对自由主义者来说,国际体系中存在"好"与"坏"的国家。好国家寻求合作政策,彼此很少发生战争;而坏国家则挑起与其他国家的争端,倾向于用武力解决问题。[22]因而,通向和平的钥匙在于让好国家遍布全球。

第三,自由主义者相信,权力的多寡几乎不可能解释好国家的行为,它们对其他形式的政治和经济盘算更具重要性,尽管不同理论对盘算的方式各有不同。坏国家可能受贪欲驱使,为猎取权力而牺牲他国利益,但这只是因为它们被误导罢了。在一个只有好国家的理想世界里,权力基本上无关紧要。

在自由主义大旗下衍生出的种种理论中,前面提到的三个主要论点颇具影响力。第一,"经济相互依赖和平论"指出,国家间经济的高度相互依存使它们不可能彼此发动战争。[23]根据这一理论,稳定的根基在于创设和维持一个自由的经济秩序,允许国家开展自由的经济往来。这种秩序使国家更加繁荣,进而促进和平。因为繁荣的国家更能在经济上获得满足,而满足的国家更爱和平。许多国家投入战争是为了获得或保护财富,而国家一旦富足,就很少萌生战争动机。更何况,相互依存的富裕国家彼此厮杀势必造成繁荣局面的丧失,这等于是对财富的恩将仇报。简言之,如果国家建立广泛的经济联系，它们就会避免战争，而专注于财富的积累。

第二，"民主和平论"声称，民主国家不会对其他民主国家发动战争。[24]因此，只包含民主国家的世界将是一个没有战争的世界。这种观点并非指民主国家不如非民主国家好战，而是指民主国家之间不会彼此发动战争。对于民主和平论有很多种解释，孰是孰非仍没有定论。然而，自由主义思想家确实认为民主和平论对现实主义提出了直接挑战，并为和平开出了极具药力的治疗偏方。

第三，"国际制度和平论"强调，国际制度提升国家间的合作前景，并能极其有效地减少战争的可能性。[25]制度不是凌驾于国家之上的独立政治实体，不能迫使国家按可接受的方式行事。相反，制度是一整套让国家彼此合作和竞争的法则。它们列出可接受的和不能被接受的国家行为类别。这些法则不是由某一万能的权威强加给国家的，而是由国家磋商后共同遵循之，因为这样做符合它们的利益。自由主义者还认为，制度或法规能从根本上改变国家的行为，打消国家对私利的计较，使它们认识到每一丝利己动机对其相对权力地位的影响是何其大，这样制度就会使国家远离战争，并推动和平。

现实主义

与自由主义者相比，现实主义者悲观地看待国际政治。现实主义者认为，创造一个和平的世界是令人向往的，但要逃脱这种充满安全竞争和战争的严厉世界并非易事；建设一个和平的世界无疑是一个有吸引力的思想，但它并不现实。正如卡尔指出的，"现实主义强调现存力量和趋势的不可抗力，并坚持认为最明智的选择是接受，并使自己适应这些力量和趋势"[26]。

这一国际关系悲观论由三个核心要件组成。第一，和自由主义者一样，现实主义者也把国家看成世界政治中的主要行为体。但现实主义者重视大国，因为这些国家主宰和塑造着国际政治，同时也引发致命的战争。第二，现实主义者认为，大国行为主要受其外部环境而不是内部属性的影响，所有国家必须面对的国际体系的结构在很大程度上塑造着它们的外交政策。现实主义者一般不对国家的"好"或"坏"进行明确划分,因为任何大国无论它的文化和政治体系如何,也不管它由谁来掌控政府,都会按照相同的逻辑行事。[27]因此,国家很难被区分开来,惟独相对权力的差异例外。实质上,大国犹如台球,只是型号不同而已。[28]

第三,现实主义者认为,对权力的追求支配国家的思维,国家为权力而竞争。有时,竞争使战争成为必需品,战争被视为一种可接受的治国手段。用19世纪军事战略家卡尔·冯·克劳塞维茨(Carl von Clausewitz)的话说:"战争是政治以另一种方式的继续。"[29]最后,竞争具有零和属性,有时非常惨烈和不可饶恕。当然,国家彼此也有偶尔的合作,但它们从根本上具有相互冲突的利益。

虽然许多现实主义理论者都讨论不同类别的权力概念,但其中两个流派尤其突出:一个是人性现实主义,摩根索在《国家间政治》一书中对其作了分析。另一个是防御性现实主义,主要体现在华尔兹《国际政治理论》一书中。这些著作非常重要并具有争议性,与其他现实主义著述的区别在于它们为上述基本问题提供了答案。特别是,它们分析了为什么国家追求权力,即对安全竞争的原因给出了说法,而且对一国可能追求多少权力的问题都提出了自己的论点。

其他一些著名的现实主义思想家也强调大国极其在乎权力,但它们并不打算解释国家为什么争夺权力或何种水平的权力会使国家感到满意。实质上,他们为现实主义方法进行了一般性辩护,但他们却拿不出自己的国际政治理论。卡尔和美国著名的外交家凯南(George Kennan)就属此类。卡尔在他的具有开创性的现实主义小册子《二十年危机》中以很长的篇幅批评了自由主义,认为国家的动机主要受权力驱使。然而,他对国家为什么在乎权力以及它们想要多少权力的问题几乎只字未提。[30]坦率地说,该书没有理论。凯南的名作《美国外交,1900—1950》[31]也属同一格调。而摩根索和华尔兹却提出了自己的国际关系理论,这就是为什么他们在过去50年里主导国际政治著述的原因。

人性现实主义,有时又被称作"经典现实主义"。从20世纪40年代晚期摩根索的著作吸引大量读者开始到70年代早期为止,它一直主宰着国际关系的研究。[32]它的基本命题是,国家受人性支配,人生来就具有"权力欲望".[33]亦即国家对权力拥有无法填补的胃口,用摩根索的话说就是"对权力贪得无厌",意思是它们不断寻找机会采取进攻姿态,企图控制其他国家.[34]由于所有国家都"充满敌意",所以没有任何根据对国家侵略的强弱作出区分,因而在这一理论中也就不应存在任何维持现状的国家.[35]人性现实主义者认定国际无政府状态——大国之上不存在治理权威——导致国家对均势的担忧。但是这一结构限制因素被视为引起国家行为的次要原因。国际政治中的主要驱动力是体系中每一国家的内在权力意志,它促使国家争夺霸权。

防御性现实主义又常被称为"结构现实主义"。20世纪70年代后期华尔兹所著的《国际政治理论》一书标志着该理论的问世.[36]与摩根索不同,华尔兹并未假定大国因为被灌输了权力意志而具有内在的侵略性,相反,他假定国家的目标只是为了生存,追求安全是其最优先的考虑。不过,他强调,国际体系的结构迫使大国极为关注均势,特别是无政府状态使得追求安全的国家彼此争权夺利,因为权力是生存的最佳手段。可见,在摩根索的理论中,人性是安全竞争的深层原因,而在华尔兹的理论中,是无政府状态在扮演那一角色.[37]

但是,华尔兹认为,国际体系并不是大国以鲁莽行动获取权力的很好理由,他似乎提出了相反的观点:无政府状态鼓励国家采取防范措施,促使它们维持而不是打破均势。他说:"国家的首要顾虑是维持它们在体系中的位置."[38]这似乎像国际关系理论家兰德尔·施韦勒(Randall Schweller)所说的,华尔兹的理论存在一种"现状偏好"(status quo bias).[39]

华尔兹承认,国家具有以牺牲对手而获取权力的动机,而且一旦时机成熟,按照上述动机行动就是很好的战略考量。不过,他没有对这一论点展开详细讨论。相反,他强调,当大国采取侵略行动时,潜在的受害国常常会通过建立均势的方式反对侵略者,阻止后者猎取权力的企图.[40]简言之,对华尔兹来说,建立均势截断了进攻的后路.[41]另外,他还强调,大国应忌讳获取太多的权力,因为"过多的力量"容易引起其他国家联合起来反对它,这比它放弃增加权力的局面更加糟糕.[42]

华尔兹关于战争诱因的观点进一步反映了其理论对现状的偏好。在他的理论中,战争没有深刻的原因。他没有说明战争可能带来重要的利益。实际上,他很少论及战争的原因,只强调战争主要是由不确定性和误断而引发的结果。换言之,如果国家更清楚地了解局势,它们就不会发动战争。

罗伯特·杰维斯(Robert Jervis)、杰克·斯奈德(Jack Snyder)以及斯蒂芬·范·埃弗拉(Stephen Van Evera)通过集中关注名为"进攻—防御平衡"的结构概念为防御性现实主义的个案提供支持。[43] 他们指出,无论何时,军事力量都被划分为要么偏重进攻要么倾向于防御两类。倘若防御明显高于进攻,征服变得困难,那么大国就不会萌发用武力攫取权力的动机,而是集中保护它们已经拥有的权力。当防御占优势时,保护已有的权力就更为容易。相反,倘若进攻更易于得手,国家就非常渴望征服他国,那么体系中出现频繁的战争也就在所难免。不过,防御性现实主义者认为,"进攻—防御"平衡常常向防御的方向严重倾斜,从而让征服变得极其困难。[44] 总之,建立充分的均势加上防御比进攻所具有的自然优势,应该能打消大国寻求侵略性战略的念头,而使其成为"防御的倡导者"[45]。

我的进攻性现实主义理论也是国际政治中的结构理论。与防御性现实主义一样,我的理论认为,在一个没有机构来保护国家相互安全的世界里,大国主要考虑如何生存。它们很快就意识到,权力是其生存的关键。进攻性现实主义在国家需要多少权力的问题上与防御性现实主义分道扬镳了。对防御性现实主义者而言,国际结构几乎不为国家提供任何寻求权力增生的诱因,相反它促使国家维持现有的均势,守住权力而不是增加它才是国家的主要目标。而在进攻性现实主义者看来,国际政治中几乎看不到维持现状的国家,原因是国际体系为国家牺牲对手以获得权力创造了巨大的诱导因子,当利益超过成本时,它们就会抓住这一机会。一国的终极目标是成为体系中的霸主。[46]

很明显,进攻性现实主义与人性现实主义都将大国刻画成无情的追逐权力者。二者的关键区别在于进攻性现实主义者反对摩根索关于国家天生具备 A 型性格的观点。相反,他们相信,国际体系迫使大国最大化地扩充它们的相对权力,因为这是获得最大安全的最佳途径。换一句话说,生存催生侵略行为。大国具有侵略行为并不是因为它们想要这样做或具有内在的支配欲望,而是因为它们要想获得最大的生存机会,就不得不寻求更多的权力。表1.1概述了主要现实主义理论是如何回答上述基本问题的。

表 1.1　主要现实主义理论

	人性现实主义	防御性现实主义	进攻性现实主义
引起国家争夺权力的原因是什么? 国家想要多少权力?	国家内在的权力欲望 所有能得到的 国家使相对权力最大化 把霸权作为终极目标	体系结构 不多于所拥有的 国家注重维持均势	体系结构 所有能得到的 国家使相对权力最大化 把霸权作为终极目标

没有文章或著作像摩根索、华尔兹那样分别提出理由来说明人性现实主义和防御性现实主义,并对进攻性现实主义作过有说服力的分析。尽管有的现实主义者确实提到过体系给了大国采取侵略行为的理由。也许我们可以从一战期间一位英国学者、"国联"的早期倡导人洛斯·迪金森(Lowes Dickinson)所著的一本简短而晦涩的书中找到对进攻性现实主义最轻描淡写的概述。[47]他在《欧洲无政府状态》一书中说,第一次世界大战的根本原因"既不是德国也不是其他大国,真正的罪魁祸首是欧洲的无政府状态,这一无政府状态对于那些"出于安全和控制双重动机而企图压倒其他国家"的国家产生了巨大的诱惑力"[48]。但是,迪金森等人没有提出全面的理由说明进攻性现实主义。[49]我写此书的目的就是想填补这一空白。

自由美国的权力政治

无论现实主义对诠释现实世界的政治有多大的贡献,也无论现实主义对外交政策的形成有多大的指导作用,它在西方都不是一种受欢迎的思想流派。现实主义的核心思想——为国家自私地追逐权力提供绝好的凭据——不具有广泛的吸引力。很难想象一个现代政治领导人会公开地要求其国民为改善均势而拼死一战。欧洲或美国的领导者在世界大战或冷战中都没有这样做。大多数人更愿意把本国与敌国间的战争看成善与恶的较量,认为自己站在天使一边,而对手与恶魔为伍。因此,领导者常把战争描绘成一场道德十字军讨伐或意识形态之争,而不是为权力而战。所以,现实主义很难推销。

美国人似乎对均势思想特别反感。例如,20 世纪的总统言辞中充满了攻击现实主义的调子。伍德罗·威尔逊(Woodrow Wilson)也许是这一观点的最著名代表,因为他在一战期间及刚刚结束之时发动过具有感召力的反均势政治运动。[50]然而,威尔逊并非独一无二,其后继者不断地重复他的观点。例如,在二战末年,富兰克林·罗斯福(Franklin Roosevelt)声称:"在未来的世界里,滥用'权力政治'术语中的权力不能成为国际关系中的主导因素。"[51]更近的事例是比尔·克林顿提出的与其惊人相似的观点,他声称:"在这个自由而不是专制向前推进的世界里,对纯权力政治愤世嫉俗的盘算不可能成气候,它不适合新的时代。"[52]1997 年,他在为北约东扩作辩护时又重复了同样的主题,指出,那种认为北约东扩政策将孤立俄罗斯的观点是建立在一种错误的认识基础上的,即"20 世纪的大国领土政治将主导 21 世纪"。相反,克林顿强调了他的信念:"开明的利己主义和共同的价值观一道将驱使国家以更具建设性的方式界定自己的伟大……将驱使我们以更具建设性的方式进行合作。"[53]

为什么美国人不喜欢现实主义

美国人对现实主义怀有敌视倾向,因为它与美国的基本价值观相冲突。现实主义有悖于美国人对自身及大千世界的看法。[54]尤其是,现实主义与遍及美国社会的根深蒂固的乐观主义和道德准则不相吻合。而自由主义则与这些价值观非常匹配。无怪乎,美国的外交政策辞令听起来宛如自由主义的训词。

美国人基本上是乐观主义者。[55]无论是国家抑或国际层面的进步,他们都视为既可遇亦可求。正如法国作家托克维尔很久以前所言,美国人相信"人被赋予一种不确定的改善本能"[56]。相比而言,现实主义对国际政治的观点是悲观的,它把世界描绘为充满安全竞争和战争的场所,认为"不论采取何种措施,都难以逃避邪恶的权力"[57]。这种悲观主义与美国强有力的信念相矛盾。美国人的信念是,假以时日和努力,理智的个人可以联合起来解决重要的社会问题。[58]自由主义对世界政治抱有更大的希望,美国人认为它比现实主义所刻画的恐怖幽灵更具吸引力。

美国人也倾向于认为,道德应在政治中发挥重要作用。著名的社会学家西摩·马丁·利普塞特(Seymour Martin Lipset)写道:"美国人是乌托邦式的道德家,他们试图让德行制度化、铲除邪恶的人并消灭邪恶的制度和实践。"[59]这种看法与现实主义精神相斥,后者认为战争是国际体系生活中的固有部分。大多数美国人把战争看成丑恶的行为,最终应从地球上被彻底消灭。战争固然可以被用来服务于自由主义的崇高目标,如反对专制、普及民主,但是如果战争仅仅是为了改变或维持均势,从道德层面来说,这就是不正确的。这就使克劳塞维茨式的战争概念为大多数美国人所诅咒。[60]

美国这种道义化倾向也与下列事实相悖:现实主义不对国家好坏作出评判,而主要依据它们相对权力的多寡来分辨。比如,用全然的现实主义解释冷战,就很难对冲突期间美国和苏联背后的动机差异作出有意义的区分。按照现实主义理论,美苏双方都为均势的考虑所驱使,每一方都力图使自己的权力最大化。但大多数美国人不愿接受这种对冷战的解释,因为他们相信,美国是受善意驱使,而苏联则不然。

当然,自由主义理论者是将国家区分为好坏的,他们常常认为具有市场经济的自由民主国家最值得称道。无怪乎,美国人更喜欢这一观点,因为它认定美国是世界政治中的慈善力量,而把美国现实的或潜在的敌人看成误入歧途或心怀恶意的麻烦制造者。可以肯定的是,这一思想极大地鼓舞了苏联解体和冷战结束带给美国人的那种惬意感。当"邪恶帝国"解体时,许多美国人(以及欧洲人)得出结论认为,民主之花将遍及全球,世界和平会突然出现。此类乐观主义在很大程度上是建立在"民主的美国是道义的国家"这一信条基础上的。如果其他国家效仿美国,那么善良的国家将遍布全球,这种进步只能意味着国际冲突的终结。

言辞与实践

因为美国人不喜欢权力政治,所以在公开场合他们常常以自由主义的口吻谈论美国的外交政策。政策精英的言辞也涂上了浓重的乐观主义和道德主义色彩。美国学术界特别擅长提升思想市场中的自由主义成分。然而，关起门来，筹划国家安全政策的精英们却满口权力语言，而不是什么法则；在国际体系中，美国也在按现实主义逻辑行事。[61]实质上，他们的公开言论与美国外交政策的具体操作之间存在明显的鸿沟。

著名的现实主义者经常批评美国的外交过于理想化，并抱怨美国领导者对均势关注不够。譬如，凯南在1951年写道："我发现，我们过去政策制定的最严重错误在于通过'守法与说教'的方式解决国际问题。这种方式在我们过去50年的整个外交政策中简直一团糟。"[62]按照这一说法，美国的自由言论与其外交政策行为之间不存在真正的差距，因为美国实践的正是它所鼓吹的。这种观点是不正确的，下面我将详细论证这一问题。美国的外交政策向来受现实主义逻辑支配，虽然其领导者的公开言论可能让人产生相反的理解。

聪明的观察者应该清楚地注意到，美国是说一套，做一套。实际上，其他国家的决策者总在评论美国的这种外交政策倾向。例如，卡尔早在1939年就说过，欧洲大陆国家把讲英语的民族看成是"在善良的外衣下掩盖其自私的国家利益的艺术大师"，"这种伪善是盎格鲁—撒克逊人思维中的特有怪癖"[63]。

另外，美国本身对言辞与实际之间的这种差距是视而不见的。两种因素可以解释这一现象。首先，现实主义政策有时与自由主义的要求是一致的，即当追求权力与追求法则并不冲突时，现实主义政策可以名正言顺地装点上自由主义的花言巧语，而无须讨论根本的权力事实。这种一致性有利于外交政策的推行。试举一例，美国在二战中抗击法西斯主义和在冷战时期反对共产主义都主要源于现实主义原因。但是，两次反击又都与自由主义法则相一致，因而，决策者几乎不费吹灰之力就把它们当成意识形态冲突推销给了公众。

其次，当美国出于权力考虑不得不采取与自由主义相冲突的行动方式时，"抬轿人"（spin doctors）就会出现，并会讲述一个与自由理想极为匹配的荒诞故事。[64]例如，19世纪晚期，美国把德国看成是值得效仿的进步的宪制国家。但是，在一战爆发前十年中，随着两国关系的恶化，美国对德国的看法改变了。直到 1917 年 4 月美国对德国宣战时，美国才不得不承认德国比它的欧洲对手更加专制好战。

同样，20 世纪 30 年代晚期，许多美国人把苏联看成魔鬼国家，部分原因是由于斯大林在国内实施清洗政策以及他在 1939 年与纳粹德国签订臭名昭著的互不侵犯条约。可是，当美国在 1941 年末与苏联联合抗击德意志第三帝国时，美国政府展开了一场大规模的公关运动，以清理美国这一新盟国的形象，使其符合自由主义理念。苏联此时已被描绘成最民主的国家（proto-democracy），斯大林也成了"约瑟夫大叔"（Uncle Joe）。

如何摆脱这种言辞与政策之间的矛盾呢？多数美国人容易接受这些理性的东西，因为自由主义在他们的文化土壤里扎下了深深的根基。因此，他们容易相信自己在按照珍爱的原则而非冷酷和蓄意的权力考量行事。[65]

本 书 的 构 想

本书的以下章节主要回答我上述提出的关于权力的六大问题。第二章可能是本书最重要的一章。它阐明了我的理论，即国家为什么争夺权力和追求霸权。

在第三章和第四章里，我给权力下了定义，并解释如何度量权力。这主要是为检验我的理论做铺垫。不弄懂什么是权力以及国家为了极大地占有世界权力所采用的不同策略，就无从确定国家是否按照进攻性现实主义的旨意行事。我首先对潜在的权力与实际的军事实力进行了区别，然后指出国家对这两类权力都非常在意。第三章集中讨论潜在权力，主要包括一国的人口规模及财富数量。第四章讨论军事实力。这一章很长，因为我探讨的是"地面力量的首要地位"和"水域的阻遏力量"这两个既新颖又可能引起争议的问题。

第五章主要探讨大国为获取和维持权力所运用的策略。用较大的篇幅讨论战争对获取权力的实效性。同时，我还重点讨论了建立均势和推卸责任等主题，这是国家面对那些想打破均势的对手的威胁时所采用的主要策略。

在第六章和第七章中,我对历史记录进行考证,看是否存在支持本理论的证据。我特别对 1972—1990 年之间的大国行为作了比较,并检查这些行为是否符合进攻性现实主义的预测。

在第八章中,我提出了一个简单理论,解释大国何时建立均势以及何时选择推卸策略,然后运用历史记录检验该理论。第九章讨论战争的诱因。在这一章里,我也提出了一个理论,然后以实证记录检验它。

第十章研究中国崛起。中国崛起是 21 世纪以来最重要的国际政治问题,而我要讨论这个最重要问题里最最重要的问题,那就是中国能不能和平崛起。所以这一章将用进攻性现实主义理论预测崛起的中国会怎样面对其他亚洲国家和美国。而预测的结果并不乐观,中美两国安全竞争将愈演愈烈,周边国家大多会联合美国制衡中国。而且虽然很多人预测中美不会打仗,我却认为两国很可能爆发战争。

注 释

1. "永久和平"一词因伊曼纽尔·康德(Immanuel Kant)的提出而闻名。参见 Hans Reiss, ed., *Kant's Political Writings*, trans. H. B. Nisbet (Cambridge: Cambridge University Press, 1970), pp. 93—130。同时参见 John Mueller, *Retreat from Doomsday: The Obsolescence of Major War* (New York: Basic Books, 1989); Michael Mandelbaum, "Is Major War Obsolete?" *Survival* 40, No. 4 (Winter, 1998—1999), pp. 20—38; Francis Fukuyama, "The End of History?" *The National Interest*, No. 16 (Summer 1989), pp. 3—18, 这是弗朗西斯·福山《历史的终结和最后一个》[Francis Fukuyama, *The End of History and the Last Man* (New York: Free Press, 1992)]一书的基础。

2. Charles L. Glaser, "Realists as Optimists: Cooperation as Self-Help," *International Security* 19, No. 3 (Winter 1994—1995), pp. 50—90。

3. 均势是一个具有多种意义的概念。参见 Inis L. Claude, Jr., *Power and International Relations* (New York: Random House, 1962), chap. 2; Ernst B. Haas, "The Balance of Power: Prescription, Concept, or Propaganda?" *World Politics* 5, No. 4 (July 1953), pp. 442—477。我用它表示体系中大国间军事资源的实际分配。

4. 引自 Lothar Gall, *Bismarck: The White Revolutionary*, vol. 1, 1851—1871, trans. J. A. Underwood (London: Unwin Hyman, 1986), p. 59。

5. 但是,该理论对较小的大国也是适用的。华尔兹对此作了很好的说明,他写道:"一个国际政治的一般理论……一经著述而成,它同时也适用于较小国家,因为它们的活动范围隔离于体系中其他大国的干预,不管是由于后者的相对漠不关心还是由于通讯和交通困难所致。"参见 Waltz, *Theory of International Politics* (Reading, MA: Addison-Wesley, 1979), p.73。

6. 大国的其他定义,参见 Jack S. Levy, *War in the Modern Great Power System*, *1495—1975* (Lexington: University Press of Kentucky, 1983), pp.10—19。

7. 对于 1792—1990 年间哪些国家具备大国资格的问题,学者的意见基本一致。参见 Levy, *War*, chap.2; J. David Singer and Melvin Small, *The Wages of War*, *1816—1965*: *A Statistical Handbooks* (New York: Wiley, 1972), p.23。我接受常规的理解,因为它似乎与我的大国概念总体上是一致的。如果在"逐一考察个案的基础上"分析每个潜在大国,"在时间和资料上都是不允许的,而且到头来,无法对其进行区别"。参见 Levy, *War*, p.26。俄罗斯(1917—1991 年为苏联)是唯一一个在整个时段都称得上是大国的国家。英国和德国(1870 年前为普鲁士)在 1792—1945 年期间是大国,法国从 1792 年到 1940 年被纳粹德国击败并占领为止,属大国。有学者把 1945 年后的英国、法国和德国也划为大国,而把强大得多的苏联和美国划为超级大国,我没有发现这种划分有什么价值。虽然我有时把美国和苏联称为超级大国,但是它们在冷战期间是体系中的大国,而当时英国、法国和德国(还有中国和日本)缺乏成为大国的军事实力。有人把 1861 年到 1943 年在二战中溃败的意大利看成大国。奥匈帝国(1867 年前为奥地利)从 1792 年到 1918 年解体时止,算得上大国。日本从 1895 年到 1945 年被视作大国,而 1898 年至 1990 年间的美国常被看成大国。至于 1991 年至 2000 年这一时段,中国(从 1991 年开始被看成大国)、俄罗斯和美国被视为大国,原因在第十章中讨论。

8. 引自 Stephen Van Evera, *Causes of War*: *Power and the Roots of Conflict* (Ithaca, NY: Cornell University Press, 1999), p.2。

9. William J. Clinton, "Commencement Address," United States Military Academy, West Point, NY, May 31, 1997. 也可参见 *A National Security Strategy of Engagement and Enlargement* (Washington, DC: The White House, February 1996)。

10. Strobe Talbott, "Why NATO Should Grow," *New York Review of Books*, August 10, 1995, pp.27—28. 也可参见 Strobe Talbott, "Democracy and the National Interest," *Foreign Affairs* 75, No.6 (November-December 1996), pp.47—63。

11. Madeleine Albright, "A Presidential Tribute to Gerald Ford," speech at Ford Museum Auditorium, Grand Rapids, MI, April 16, 1997. 也可参见 Madeleine Albright, "Commencement Address," Harvard University, Cambridge, MA, June 5, 1997; Richard Holbrooke, "America, A European Power," *Foreign Affairs* 74, No.2 (March-April 1995), pp.38—51。

12. 关于一种好理论由什么组成，参见 Stephen Van Evera, *Guide to Methods for Students of Political Science* (Ithaca, NY: Cornell University Press, 1997), pp.17—21。

13. 这一主题的重要著作是：Marc Trachtenberg, *A Constructed Peace: The Making of the European Settlement, 1945—1963* (Princeton, NJ: Princeton University Press, 1999)。

14. 尽管整个冷战期间北约在与华约的对抗中采用了防御战略，但是，塞缪尔·亨廷顿(Samuel P. Huntington)在一篇文章中认为是进攻战略，这一文章在安全共同体内引发了大辩论。参见 Samuel P. Huntington, "Conventional Deterrence and Conventional Retaliation in Europe," *International Security* 8, No. 3 (Winter 1983—1984), pp.32—56。

15. 关于这一点，参见 Michael W. Doyle, *Ways of War and Peace: Realism, Liberalism, and Socialism* (New York: Norton, 1997); Brian C. Schmidt, *The Political Discourse of Anarchy: A Disciplinary History of International Relations* (Albany: State University of New York Press, 1998)。

16. E. H. Carr, *The Twenty Years' Crisis, 1919—1939: An Introduction to the Study of International Relations*, 2d ed. (London: Macmillan, 1962; the first edition was published in 1939); Hans Morgenthau, *Politics among Nations: The Struggle for Power and Peace*, 5th ed. (New York: Knopf, 1973; the first edition was published in 1948); Waltz, *Theory of International Politics*.

17. Carr, *The Twenty Years' Crisis*, chap.4; Kenneth Waltz, "The Myth of National Interdependence," in Charles P. Kindelberger, ed., *The International Corporation* (Cambridge, MA: MIT Press, 1970), pp.205—223; Waltz, *Theory of International Politics*, chap.7.

18. 参见 Morgenthau, *Politics among Nations*, chaps.14, 21; Kenneth N. Waltz, "The Stability of a Bipolar World," *Daedalus* 93, No.3 (Summer 1964), pp.881—909。

19. 关于这些分歧的更进一步证据，参见 *Security Studies* 5, No.2 (Winter 1995—1996, special issue on "Roots of Realism," ed. Benjamin Frankel); *Security Studies* 5, No.3 (Spring 1996, special issue on "Realism: Restatements and renewal," ed. Benjamin Frankel)。

20. 参见 F. H. Hinsley, *Power and the Pursuit of Peace: Theory and Practice in the History of Relations between States* (Cambridge: Cambridge University Press, 1967), pt. I; Torbjorn L. Knutsen, *A History of International Relations Theory: An Introduction* (New York: Manchester University Press, 1992), chap.5; F. Parkinson, *The Philosophy of International Relations: A Study in the History of Thought* (Beverly Hills, CA: Sage Publications, 1977), chap.4。

21. 参见 Andrew Moravcsik, "Taking Preference Seriously: A Liberal The-

ory of International Politics," *International Organization* 51, No. 4 (Autumn 1997), pp. 513—553。

22. 参见 Michael Howard, *War and the Liberal Conscience* (New Brunswick, NJ: Rutgers University Press, 1978)。

23. 特别参见 Norman Angell, *The Great Illusion: A Study of the Relation of Military Power in Nations to Their Economic and Social Advantage*, 3d rev. and enl. ed. (New York: G. P. Putnam's, 1912); Thomas L. Friedman, *The Lexus and the Olive Tree: Understanding Globalization* (New York: Farrar, Straus and Giroux, 1999); Edward D. Mansfield, *Power, Trade, and War* (Princeton, NJ: Princeton University Press, 1994); Susan M. McMillan, "Interdependence and Conflict," *Mershon International Studies Review* 41, Suppl. 1 (May 1997), pp. 33—58; Richard Rosecrance, *The Rise of the Trading State: Commerce and Conquest in the Modern World* (New York: Basic Books, 1986)。

24. 关于民主和平理论的重要著作有: Michael E. Brown, Sean M. Lynn-Jones, and Steven E. Miller, eds. , *Debating the Democratic Peace* (Cambridge, MA: MIT Press, 1996), pts. I and III; Michael Doyle, "Liberalism and World Politics," *American Political Science Review* 80, No. 4 (December 1986), pp. 1151—1169; Fukuyama, "End of History?"; John M. Owen Ⅳ, *Liberal Peace, Liberal War: American Politics and International Security* (Ithaca, NY: Cornel University Press, 1997); James L. Ray, *Democracy and International Conflict: An Evaluation of the Democratic Peace Proposition* (Columbia: University of South Carolina Press , 1995); Bruce Russett, *Grasping the Democratic Peace: Principle for a Post-Cold War World* (Princeton, NJ: Princeton University Press, 1993)。有些学者认为,民主国家比非民主国家更和平,而不管它们的对手是何种政治体制。然而,这种论点是站不住脚的。有更多的证据表明,民主的和平效果局限于民主国家之间的关系。

25. 特别参见 David A. Baldwin, ed. , *Neorealism and Neoliberalism: The Contemporary Debate* (New York: Columbia University Press, 1993); Robert O. Keohane, *After Hegemony: Cooperation and Discord in the World Political Economy* (Princeton, NJ: Princeton University Press, 1984); *International Organization* 36, No. 2 (Spring 1982, special issue on "International Regimes," ed. Stephen D. Krasner); Lisa L. Martin and Beth A. Simmons, "Theories and Empirical Studies of International Institution," *International Organization* 52, No. 4 (Autumn 1998), pp. 729—757; John G. Ruggie, *Constructing the World Policy: Essays on International Institutionalization* (New York: Routledge, 1998), chaps. 8—10。体制和国际法(regimes and international law)与制度(institution)是相近的,因为它们都是国家彼此协商达成的必要法则。

26. Carr, *Twenty Years' Crisis*, p. 10.

27. 虽然现实主义者相信,国际体系不允许大国外部行为的任何变化,但是,他们意识到,有时在政府如何应付它们自己的人民的问题上存在极大分歧。例如,虽然苏联和美国在冷战中针对对方的行为是相似的,但是毫无疑问,两个超级大国各自的领导人对待他们的国民是有根本区别的。因此,当人们评估内部行为时,很容易区分好国家和坏国家。然而,这种区分几乎没有告诉我们国际政治方面的任何知识。

28. 对于这第二个观点,摩根索似乎是一个例外。如同其他现实主义者一样,他不区分好国家和坏国家,而且,显然他认为,外部环境决定国家的行为;但是,权力欲望(他把它看成国家行为背后的主要驱动力)是国家的内在属性。

29. Carl von Clausewitz, *On War*, trans. and ed. Michael Howard and Peter Paret (Princeton, NJ: Princeton University Press, 1976), esp. books 1, 8. 也可参见 Richard K. Betts, "Should Strategic Studies Survive?" *World Politics 50*, No. 1 (October 1997), pp. 7—33, esp. p. 8; Michael I. Handel, *Masters of War: Classical Strategic Thought*, 3d ed. (London: Frank Cass, 2001)。

30. 迈克尔·史密斯(Mike Smith)在《从韦伯到基辛格的现实主义思想》[*Realist Thought from Weber to Kissinger* (Baton Rouge: Louisiana State University Press, 1986)]一书中指出,卡尔没有解释"为什么政治总是涉及权力,这种解释对任何试图将权力行使纳入与一个有序的社会存在相协调的轨道来讲是至关重要的。对权力的贪欲是人的本性(尼布尔和摩根索的观点)吗? 或者说,这就是安全竞争的结果吗?"(p. 93)

31. George F. Kennan, *American Diplomacy*, 1900—1950 (Chicago: University of Chicago Press, 1951). 史密斯写道:"凯南没有对国际政治提供一个系统的解释方法,也没有提出他总的政治哲学:他是一位由外交家转变而来的史学家,并不是一个理论家或政治理论家,他既不关心提出人性学说,也没有以准理论的方式提出一个周而复始的国际政治真理。"参见 Smith, *Realist Thought*, p. 166。

32. 20 世纪 70 年代早期,人性现实主义失去了许多吸引力,原因有多种。反越南战争的冲击波导致了它的死亡,因为到 1970 年止,任何把军事权力看作不可避免的理论都是不受校园欢迎的。[具有讽刺意义的是,摩根索早先是越南战争的有力批评者。参见 Hans J. Morgenthau, *Vietnam and the United States* (Washington, D. C: Public Affairs, 1965); "Bernard Johnson's Interview with Hans J. Morgenthau," in Kenneth Thompson and Robert J. Myers, eds., *Truth and Tragedy: A Tribute to Hans J. Morgenthau* (New Brunswick, NJ: Transaction Books, 1984), pp. 382—384.]另外,1971 年布雷顿森林体系的崩溃、1973 年的石油冲击以及跨国公司力量的增加,使很多人认为经济问题已比安全问题更重要了,而现实主义特别是摩根索的理论几乎没有谈到国际政治经济问题。20 世纪 70 年代早期,有人甚至认为,跨国公司和其他跨国力量正威胁着国家本身的完整性。"主权陷入困境"(sovereignty at bay)是当时广泛使用的一个词语。最后,人性现实主义本质上是一种与行为革命不同步的哲学理论。20 世纪 70 年代早期,行为革命支配着国际政治的研究。摩根索很不喜欢现代社会科学理论，但是，在这一战争思想方面，他已失去了多数人的支持，而且其理论丧失了它的正统性。关于摩根索对社会科学的观点，参见 Hans Morgenthau, *Scientific Man vs Power Politics* (Chicago：University of Chicago Press，1946)。关于最近数量不多的人性现实主义例子，参见 Samuel P. Huntington, "Why International Primacy Matters," *International Security* 17，No. 4 (Spring 1993)，pp. 68—71。也可参见 Bradley A. Thayer, "Bringing in Darwin：Revolutionary Theory, Realism, and International Politics," *International Security* 25，No. 2 (Fall 2000)，pp. 124—151。

33. 参见 Morgenthau, *Politics among Nations*，以及 Morgenthau, *Scientific Man*。虽然摩根索是最著名的人性现实主义者，但是，莱因霍尔德·尼布尔(Reinhold Niebuhr)也是这一流派的主要力量。参见 Niebuhr, *Moral Man and Immoral Society* (New York：Scribner's，1932)。早在 20 世纪 40 年代中期摩根索发表他对国际政治的观点之前，弗里德里克·迈内克(Friedrich Meinecke)就对人性现实主义作了详细的个案研究。参见 Meinecke, *Machiavellism：The Doctrine of Raison d'Etat and Its Place in Modern History*，Trans. Douglas Scott (Boulder，CO：Westview，1984)，该书最早于 1924 年在德国出版，直到 1957 年才出版英文版。根据摩根索的学生肯尼思·W. 汤普森(Kenneth W. Thompson)1999 年 8 月 9 日与作者的通信，摩根索是在德国接受的教育，他对《马基雅弗利主义》一书很熟悉。也可参见 Christoph Frei, *Hans J . Morgenthau：An Intellectual Biography* (Baton Rouge：Louisiana State University Press，2001)，pp.207—226。

34. Morgenthau, *Scientific Man*，p. 194。同时参见 Morgenthau, *Politics among Nations*，p.208。

35. Morgenthau, *Scientific Man*，p.192。尽管摩根索认为"获得最大化权力的欲望是普遍存在的"(*Morgenthau*，*Politics among Nations*，p.208)，但他在他的著作中还是对现状大国和修正主义大国作了区分(*Morgenthau*，*Politics among Nations*，pp.40—44，64—73)。但是，这里有一个明显的问题：如果所有国家都有一种"欲壑难填的权力野心"(*Morgenthau*，*Politics among Nations*，p.208)，那么世界上怎么会有现状大国呢？ 再有，虽然摩根索强调追求权力的驱动力在于人性，但他同时也承认，国际体系结构为国家追求进攻创造了强大的诱因。例如，他写道："由于……所有国家时刻担心它们的对手会在适当的时候掠夺它们的权力地位，因此，所有国家的至高利益是期望这种情况发生在其他国家头上，而且不希望其他国家对它们这样做。"(*Morgenthau*，*Politics among Nations*，p.208)然而，如果当机会出现时，所有国家都把利用彼此当作至高的利益，那么该体系中怎样才有现状大国呢？ 的确，这种具有诱惑力的结构似乎没有为满足的大国留有余地。还有，摩根索没有为这种明显的自相矛盾提供解释。阿诺德·沃尔弗斯(Arnold Wolfers)也提到摩根索著作中同样的问题。参见 Wolfers, *Discord and Collaboration：Essays on International Politics* (Baltimore，MD；Johns Hopkins Uni-

versity Press，1962)，pp. 84—86。

36. 华尔兹(Kenneth Waltz)其他关于现实主义的重要著作包括：*Man*，*the State*，*and War*：*A Theoretical Analysis*（New York：Columbia University Press，1959)；"Theory of International Relations，" in Fred I. Greenstein and Nelson W. Polsby，eds.，*The Handbook of Political Science*，vol. 8，*International Politics*（Reading，MA：Addison-Wesley，1975)，pp. 1—85；"The Origins of War in Neorealist Theory，" in Robert I. Rotberg and Theodore K. Rabb，eds.，*The Origin and Prevention of Major Wars*（Cambridge University Press，1989)，pp. 39—52；"Reflections on Theory of International Politics：A Response to My Critics，" in Robert Keohane，ed.，*Neorealism and Its Critics*（New York：Columbia University Press，1986)，pp. 322—345。与摩根索的《国家间政治》不同，华尔兹的《国际政治理论》明显称得上是一部现代社会科学著作（特别是该书第一章）。

37. 结构现实主义强调，国际体系结构严重限制大国的行为，并迫使它们以相似的方式行动。因此，我们应该找到大国的共同模式，并促使它们以相似的方式行动。因而，我们应该找到无政府体系中的大国共同模式。然而，无政府体系本身有不同的配置，它取决于大国的数目以及它们之间如何分配权力。正如后文所讨论的，那些结构差异有时引起国家行为的重大变化。

38. Waltz，*Theory of International Politics*，p. 126. 也可参见该书 pp. 118，127；Joseph M. Grieco，"Anarchy and the Limits of Cooperation：A Realist Critique of the Newest Liberal Institutionalism，" *International Organization* 42，No. 3（Summer 1988)，pp. 485—507，该文直接建立在华尔兹的论点之上，即国家主要关注维护世界权力的配额。

39. Randall L. Schweller，"Neorealism's Status-Quo Bias：What Security Dilemma?" *Security Studies* 5，No. 3（Spring 1996，special issue)，pp. 90—121. 也可参见 Keith L. Shimko，"Realism，Neorealism，and American Liberalism，" *Review of Politics* 54，No. 2（Spring 1992)，pp. 281—301。

40. Waltz，*Theory of International Politics*，chaps. 6，8.另外，斯蒂芬·沃尔特(Stephen M. Walt)的著作强调国家具有抗衡侵略的强烈倾向，参见 Stephen M. Walt，*The Origin of Alliances*（Ithaca，NY：Cornell University Press，1987)。

41. 参见 Waltz，*Theory of International Politics*，chaps. 8；Waltz，"Origins of War"。

42. Waltz，"Origins of War，" p. 40.

43. 重要著作包括：Robert Jervis，"Cooperations under the Security Dilemma，" *World Politics* 30，No. 2（January 1978)，pp. 167—214；Jack L. Snyder，*Myths of Empire*：*Domestics Politics and International Ambition*（Ithaca. NY：Cornell University Press 1991)，esp. chaps. 1—2；Van Evera，*Causes of War*，esp. chap. 6. 也可参见 Glaser，"Realists as Optimists"；Robert Powell，*In the*

Shadow of Power：States and Strategies in International Politics（Princeton，NJ：
Princeton University Press，1999），esp. chp. 3；George Quester，*Offense and
Defense in the International System*（New York：Willey，1997）。后一著作是关于
进攻—防御平衡的重要之作，尽管该书作者不被看作防御现实主义者。对于本主
题的评论，请参见 Sean M. Lynn-Jones，"Offense-Defense Theory and Its Crit-
ics," *Security Studies* 4（Summer 1995），pp. 660—691。

44. 关于这一点，杰维斯有一种比斯奈德和范·埃弗拉更恰当的观点。参见
Snyder，*Myths of Empire*，pp. 22—24；Van Evera，*Causes of War*，pp. 118，191，
255。

45. Grieco，"Anarchy and the Limits of Cooperation," p. 500.

46. 有些防御性现实主义者强调，大国追求最大化的安全，而不是相对权力。
华尔兹写道："国家的最大担心不是为权力而是为安全。"参见 Waltz，"Origins of
War ," p. 40。毫无疑问，大国最大化地获取安全，但是，这种观点本身非常模糊，
而且不能洞察国家的实际行为。重要的问题是，国家如何最大化地获得安全？我
的答案是：通过最大化地占有世界权力的份额。防御性现实主义者的答案是：通
过保护好现有的均势。斯奈德在《帝国的迷思》（*Myths of Empire*）一书中很好地
论述了这一点。他在书中说，进攻性现实主义者和防御性现实主义者都接受这一
观点："在国际无政府状态下，安全是国家最强大的驱动力，但是它们对于获取安
全的最有效途径持相反的观点。"（pp. 11—12）

47. G. Lowes Dickinson，*The European Anarchy*（New York：Macmillan，
1916）；也可参见 G. Lowes Dickinson，*The International Anarchy，1904—1914*
（New York：Century Company，1926），esp. chap. 1。

48. Dickinson，*European Anarchy*，pp. 14，101.

49. 埃里克·拉伯斯（Eric Labs）、尼古拉斯·斯巴克曼（Nicholas Spykman）
和马丁·怀特（Martin Wight）也在他们的著作中对进攻性现实主义作了个案分
析，尽管他们都没有提出任何详细理论。参见 Eric J. Labs. "Offensive Realism
and Why States Expand Their War Aims," *Security Studies* 6 No. 4，pp. 1—49；
Nicholas J. Spykman，*America's Strategy in World* Politics：*The United States
and the Balance of Power*（New York：Harcourt，Brace，1942），introduction and
chap. 1；Martin Wight，*Power Politics*，eds. Hedley Bull and Carsten Holbraad
（New York：Holmes and Meier，1978），chaps. 2，3，9，14，15。我们也可以在赫
伯特·巴特菲尔德（Herbert Butterfield）的书中见到该理论。参见 Herbert But-
terfield，*Christianity and History*（New York：Scribner's，1950），pp. 89—91；
Dale C. Copeland，*The Origins of Major War*（Ithaca，NY：Cornell University
Press，1981），pp. 87—88；John H. Herz，"Idealist Internationalism and the Se-
curity Dilemma," *World Politics* 2.，No. 2（January 1950），p. 157；John H.
Herz，*Political Realism and Political Idealism*（Chicago：University of Chicago
Press，1951），pp. 14—15，23—25，206；A. F. K. Organski，*World Politics* 2d

ed. (New York: Knopf. 1968), pp. 274, 279, 298; Frederick L. Schuman, *International Politics: An Introduction to the Western State System* (New York: McGraw-Hill, 1933), pp. 512—519; Fareed Zakaria, *From Wealth to Power: The Unusual Origins of America's World Role* (Princeton, NJ: Princeton University Press, 1998), passim。最后,兰德尔·施韦勒(Randall Schweller)的重要著作有些方面与进攻性现实主义相符。参见 Schweller, "Neorealism's Status-Quo Bias"; Randall L. Schweller, "Bandwagoning for Profit: Bringing the Revisionist State Back In," *International Security* 19, No. 1 (Summer 1994), pp. 72—107; Randall L. Schweller, *Deadly Imbalances: Tripolarity and Hitler's Strategy of World Conquest* (New York: Columbia University Press. 1998)。但是,正如吉迪恩·罗斯(Gideon Rose)所说,很难把施韦勒划为进攻性现实主义者。参见 Gideon Rose, "Neoclassical Realism and Theories of Foreign Policy," *World Politics* 51, No. 1 (October 1998), pp. 144—172。

50. 参见 Inis L. Claude, *Power and International Relations* (New York: Random House, 1962); August Heckscher, ed., *The Politics of Woodrow Wilson: Selections from His Speeches and Writings* (New York: Harper, 1956); James Brown Scott, ed. *President Wilson's Foreign Policy: Messages, Addresses, Papers* (Oxford: Oxford University Press, 1918)。

51. 引自 Wight, *Power Politics*, p. 29。

52. William J. Clinton, "American Foreign Policy and the Democratic Ideal," campaign speech, Pabst Theater, Milwaukee, WI, October1, 1992.

53. In Clinton's Words: "Building Lines of Partnership and Bridges to the Future," *New York Times*, July 10, 1997.

54. 参见 Shimko, "Realism, Neorealism, and American Liberalism"。

55. 参见 Seynour Martin Lipset, *American Exceptionalism: A Double-Edged Sword* (New York: Norton, 1996), pp. 51—52, 237。还可参见 Gabriel A. Almond, *The American People and Foreign Policy* (New York: Praeger, 1968), pp. 50—51。

56. Alexis de Tocqueville, *Democracy in America*, Vol. II, trans. Henry Reeve (New York: Schocken Books, 1972), p. 38。

57. Morgenthau, *Scientific Man*, p. 201。

58. 参见 Reinhold Niebuhr, *The Children of Light and the Children of Darkness: A Vindication of Democracy and a Critique of Its Traditional Defense* (New York: Scribner's 1944), esp. pp. 153—190。

59. Lipset, *American Exceptionalism*, p. 63。

60. 参见 Samuel P. Huntington. *The Solider and the State: The Theory and Practice of Civil-Military Relations* (Cambridge, MA: Harvard University Press, 1957)。

61. 例如,从对冷战早期的档案研究中可以发现,美国决策者在应对苏联时,主要是从权力政治而不是意识形态考虑的。参见 H. W. Brands, *The Specter of Neutralism: The United States and the Emergence of the Third World*, 1947—1960 (New York: Columbia University Press, 1989); Thomas J. Christensen, *Useful Adversaries: Grand Strategy, Domestic Mobilization, and Sino-American Conflict*, 1947—1958 (Princeton, NJ: Princeton University Press, 1996); Melvyn P. Leffler, *A Preponderance of Power: National Security, the Truman Administration, and the Cold War* (Stanford CA: Stanford University Press, 1992); Trachtenberg, *Constructed Peace*。还可参见 Keith Wilson, "British Power in the European Balance, 1906—14,"in David Dilks, ed., *Retreat from Power: Studies in Britain's Foreign Policy of the Twentieth Century*, vol. 1, 1906—1939 (London: Macmillan,1981), pp. 21—41。该书描述了英国决策者如何在私下里"经常采用权力政治概念"(p.22),而在公开的言辞中采用更具理想主义色彩的表述。

62. Kennan, *American Diplomacy*, p. 82.强调这一主题的其他现实主义者的例子,参见 Walter Lippmann, *U. S. Foreign Policy: Shield of the Republic* (Boston: Little, Brown, 1943); Hans Morgenthau, *In Defense of the National Interest: A Critical Examination of American Foreign Policy* (New York: Knopf, 1951); Norman A. Graebner, *America as a World Power: A Realist Appraisal from Wilson to Reagan* (Wilmington. DE: Scholarly Resources, 1984); Norman A. Graebner, *Cold War Diplomacy: American Foreign Policy*, 1945—1975, 2d ed. (New York: Van Nostrand, 1977)。

63. Carr, *Twenty Year's Crisis*, p. 79.这种伪善不只局限于盎格鲁—撒克逊人,参见 Markus Fischer, "Feudal Europe, 800—1300: Communal Discourse and Conflictual Practices," *International Organization* 46, No. 2 (Spring 1922), pp. 427—466。

64. 关于这一主题的重要作品有:Ido Oren, "The Subjectivity of the 'Democratic' Peace: Changing U. S. Perceptions of Imperial Germany," *International Security* 20, No. 2 (Fall 1995), pp. 147—184。有关该事例的其他证据,参见 Konrad H. Jarausch, "Huns, Krauts, or Good Germans? The German Image in America, 1800—1980,"in James F. Harris, ed., *German-American Interrelations: Heritage and Challenge* (Tubingen: Tubingen University Press,1985), pp. 145—159; Frank Trommler, "Inventing the Enemy: German-American Cultural Relations,1900—1917," in Hans Jurgen Schroder, ed., *Confrontation and Cooperation: Germany and the United States in the Era of World War Ⅰ*, 1900—1924 (Providence, RI: Berg Publishers, 1993), pp. 99—125; John L. Gaddis, *The United States and the Origins of the Cold War*, 1941—1947 (New York: Columbia University Press,1972), Chap. 2。关于两次世界大战期间英国决策者如何努

力清除俄国形象的讨论，参见 Keith Neilson，*Britain and the Last Tsar：British Policy and Russia，1894—1917*（Oxford：Clarendon，1995），pp. 342—343；P. M. H. Bell，*John Bull and the Bear：British Public Opinion，Foreign Policy and the Soviet Union，1941—1945*（London：Edward Arnold，1990）。

65. 关于自由主义观点对美国思维的重大影响，参见 Louis Hartz，*The Liberal Tradition in America：An Interpretation of American Political Thought since the Revolution*（New York：Harcourt，Brace and World，1955）。

第二章
无政府状态与权力竞争

我认为,大国总在寻找机会攫取超出其对手的权力,最终目标是获得霸权。除非存在一个非同寻常的占有绝对优势的国家,这种观点不允许维持现状国家(status quo powers)的存在,相反,体系中到处是心怀修正主义(revisionist)意图的大国。[1]本章将展现一个解释这种权力竞争的理论。特别是,我想阐述支持我观点的一种令人信服的逻辑,即大国谋求最大限度地占有世界权力。在本章中,我不打算用历史记录检验进攻性现实主义,这一重要任务将留待后面的章节讨论。

国家为什么追逐权力

大国为什么彼此角逐权力和争夺霸权?我对它的解释源自国际体系中的五个命题。其中任何一个单独的命题都不能确保国家表现出竞争行为。这些命题加在一起则可以刻画出这样的世界:在这里,国家有充分的理由考虑采取侵略行为。特别是,该体系鼓励国家寻找机会最大化地夺取权力。

命题的现实性具有多大重要性?有些社会科学者认为,支持理论的命题无须与现实相吻合。确实,经济学家米尔顿·弗里德曼(Milton Friedman)说过,最好的理论"往往不能恰当地反映现实。一般而言,理论越是重要,其命题越是不切实际"[2]。按照这一观点,解释力是一个理论的全部价值所在,不合现实的命题如果能衍生出一个理论,告诉我们世界是怎样运作的,那么这些潜在的命题是否具有现实性并不重要。

我反对这一说法。尽管我赞同估价理论的最终标准是看它的解释力,但我同时也相信,一个建立在非现实或错误命题上的理论,不可能充分解释世界的运作情况。[3]健全的理论建立在有效的命题之上。因此,这五个命题中的每一个都合理地展现了国际体系中的一个重要方面。

基本命题

第一个命题是,国际体系处于无政府状态。这并不意味它四处充满混乱和无序。我们很容易得出这一结论,因为现实主义描述的是一个以安全竞争和战争为特点的世界。但是,就概念本身而言,现实主义关于无政府状态的概念与冲突毫无关系;这一概念说明的只是一种序列状态原则,即国际体系由众多独立国家组成,但并不存在任何凌驾于这些独立国家之上的中央权威机构。[4]换句话说,这些国家的主权是与生俱来的,因为国际体系中没有更高的统治机构。[5]政府之上不再有政府。[6]

第二个命题是,大国本身具备某些用于进攻的军事力量,为其彼此伤害甚至摧毁提供必要的资本。虽然有些国家比其他国家更具军事实力,并因此更加危险,但国家本身就是彼此潜在的危险。一国的军事力量常常等于任其摆布的特殊武器,即便没有武器,那些国家的个人也会以拳脚为工具攻击另一国的人民。说到底,他们是用两只手卡别人的脖子。

第三个命题是,国家永远无法把握其他国家的意图。尤其是,任何国家都不能肯定另一个国家不会以进攻性军事力量攻击它。这并不是说国家非得怀有敌视意图。确实,体系中的所有国家也许都非常仁慈善良,但它们不可能确信这一判断,因为意图不能得到百分之百的保证。[7]导致侵略的原因有多种,任何国家都无法肯定另一个国家不会因其中一个原因而产生侵略动机。[8]另外,意图稍瞬即变,一国的意图很可能今天是善意的,明天却是敌意的。意图的这种非确定性是无法避免的,这意味着国家永远无法断定其他国家在具备进攻能力的同时不会心怀进攻的意图。

第四个命题是,生存是大国的首要目标。具体而言,国家力图维护自己的领土完整和国内政治秩序的自治。生存支配其他动机，因为一旦国家被征服，它就没有资格追求其他目标。早在 1927 年战争恐怖时期，苏联领导人约瑟夫·斯大林就很好地领悟了这一道理："我们能够而且必须（在苏联）建立社会主义，但是，要达到这一目标，首先必须生存。"[9] 当然，国家能够而且确实在追求其他目标，但安全是其最重要的目标。

第五个命题是，大国是理性的行为体。它们清楚自己的外部环境，并从战略高度考虑如何从中求得生存。尤其是，它们考虑其他国家的优先选择和本国的行动会怎样影响其他国家的行为，以及那些国家的行为会怎样影响自己的生存战略。另外，国家既关注自己行为的短期后果，也关注中长期的影响。

前面已强调过，上述五条中的任何单一命题都不能千篇一律地保证大国彼此"应该"采取侵略举动。很可能是，某一国家抱有敌视意图，但处理这种所有国家都司空见惯的个别动机的唯一假设是：它们的首要目标是为了生存。求生存本身是一个绝对无害的目标。不过，当五个命题同时具备时，它们就为大国萌发并采取针对他国的进攻行为创造了强大动力，尤其可能出现三种总的行为模式：畏惧（fear）、自助（self-help）和权力最大化（power maximization）。

国家行为

大国彼此畏惧。它们以怀疑的眼光看待对方，担心战争迫在眉睫。它们预测危险。国家之间几乎没有信任的余地。当然，畏惧的程度因时空而不同，但不可能降至微不足道的水平。任何大国都认为所有其他大国是潜在的敌人。这一点可以从英法对冷战后德国统一事件的反应得到体现。尽管这三个国家已是 45 年之久的亲密盟友，但英国和法国突然对统一的德国的潜在危险感到担心。[10]

这种国家彼此畏惧的基础是，在大国拥有攻击彼此的能力并可能具有进攻动机的世界里，任何关注生存的国家至少对其他国家存有疑心，不敢掉以轻心。如果再加上"911"难题＊，即缺乏一个使受威胁的国家向其

＊　"911"是美国的报警电话号码，正如中国的"110"。——译者注

寻求帮助的中央权威,因此,国家彼此间具有更大的防范动机。另外,除因涉及本身利益而可能出现的第三方,没有任何机构可以惩罚侵略者。因为有时很难遏止潜在的侵略者,所以国家很不信任他国,而是做好与它们战争的准备。

成为侵略牺牲品所造成的可能后果,进一步增加了畏惧在世界政治中作为一种驱动力的重要性。大国彼此不竞争就好比国际政治仅仅是一个经济市场。国家之间的政治竞争比单纯的经济往来要危险得多。前者可能导致战争,战争常常意味着战场上的杀戮和对平民的大屠杀。更有甚者,战争可能毁灭国家。有时,战争的可怕后果不但使国家视彼此为竞争者,而且可能成为潜在的死敌。简言之,政治对抗常常是惨烈的,因为赌注巨大。

国际体系中的国家也以确保自己的安全为目标。由于他国是潜在的威胁,而当国家拨打911时,没有更高的权威赶来救援,所以它们不能依靠其他国家保护自己的安全。每个国家都把自己看成孤单且易受攻击的一方,因此,它为自己的生存提供保障。在国际政治中,天助自助之人。强调自助并不排除国家结成联盟。[11]但联盟只是图一时之便的权宜结合(marriage of convenience):今天的联盟伙伴可能是明天的敌人,今天的敌人也可能是明天的联盟伙伴。例如,在二战中,美国与中国和苏联并肩反对德国和日本,但随后不久,美国的敌人和伙伴角色转换了,在冷战期间,它又联合联邦德国和日本抗衡中国与苏联。

在一个自助的世界里运作的国家总是按照自身的利益行动,不会把自己的利益从属于其他国家的利益,或从属于国际共同体的利益。道理很简单:在一个自助的世界里,自私是有好处的。无论从眼前利益还是长远利益看,这一点都是正确的,因为国家一朝受损,可能长时间难以恢复元气。

国家意识到其他国家的终极意图并清楚自己生活在一个自助体系后,很快就会懂得确保自己生存的最佳方式是成为体系中最强大的国家。一国的实力越是强于对手,对手攻击和威胁其生存的可能性就越小。较弱的国家不太可能挑起与较强国家的争端,因为前者可能遭受军事失败,任何两国的实力差距越大,较弱一方进攻较强一方的可能性就越小。比如,加拿大和墨西哥都不会站出来反对美国,后者比其邻国要强大得多。理想的情况是成为体系中的霸主。正如伊曼纽尔·康德所说,如果可能的话,通过征服整个世界来达到永久的和平状态正是每个国家或其统治者的欲望。[12]这样,生存也几乎可以得以保证了。[13]

因此,国家极其关注权力如何在它们之中得以分配,并尽力使自己占有的世界权力最大化。特别是,它们伺机牺牲潜在对手的利益为自己添加额外的权力,以此改变均势。国家采用各种各样的手段如经济、外交和军事等,对均势进行有利于自己的改变,即使这种做法使其他国家产生怀疑甚至敌意。由于一国所得为另一国之所失,所以大国彼此在打交道时带有一种零和心理。当然,这种诡计旨在成为竞争中的胜者,统治体系中的其他国家。因此,我们说国家最大化地追求权力,就等于说国家彼此间怀有一种进犯的倾向,即使它们的最终动机只是为了生存。一句话,大国具有侵略意图。[14]

甚至当一个大国取得明显高于其对手的军事优势时,它仍会继续寻找机会增加权力。只有当一国获得霸权后,它才会停止追求权力。那种认为一个大国只需拥有"适量"的权力而无须支配体系就可以高枕无忧的观点是难以令人信服的。[15]原因有二。第一,在一国感到安全前,很难估算它必须具备多少高于其对手的相对权力。两倍权力是适度的极限,还是三倍权力才算诱人的量?问题的根本在于,单是计算权力无法裁决哪一方将赢得战争。比如,高明的战略有时能让次强的国家打败更强大的敌人。

第二,当大国考虑今后 10 年或 20 年内如何分配权力时,更难确定多少权力是足够的。单个国家的能力随着时间的推移会变化,有时变化很大,常常难以预测均势变化的程度与范围。我们记得,在苏联解体之前,西方很少有人预见到它会解体。事实上,在冷战的前半叶,西方许多人担心,苏联的经济将最终生产出多于美国的财富,造成不利于美国及其盟国的权力转移。中国和苏联的未来会怎样以及 2030 年的均势又将出现何种局面,是很难预见的。

鉴于很难确定多少权力才算是今天和明天够用的权力,因此,大国认识到,保证自己安全的最佳办法是当前就争取成为霸主,这样就消除了任何其他大国挑战的可能性。只有糊涂的国家才会感到它已获得了足够的生存权力，而不愿抓住机会争做体系中的霸主。[16] 然而，即使一个大国不拥有获得霸权的资本（这是常见的情况），它仍会采取进攻姿态，尽可能多地敛聚权力，毕竟，拥有较多权力而不是较少权力会让国家感到好过些。简单地讲，在完全控制体系之前，国家是不会成为维持现状的国家的。

所有国家都受这一逻辑的影响：它们不但寻找机会利用对方，而且保证其他国家不会利用自己。毕竟，对手也受同一逻辑的驱使，而且大多数国家很可能意识到，自己在策划动机时，其他国家也在采取行动。简言之，国家基本上既注意进攻又关注防御。它们本身考虑征服问题，并力图阻止侵略国以它们为代价获得权力。这就无情地产生了一个无休止的安全竞争的世界：如果国家能获得超过对手的优势，它们就不惜撒谎、欺诈甚至动用粗暴的武力。如果有人把和平定义为宁静及彼此和睦相处的状态，那么在这个世界里是不可能看到和平的。

"安全困境"是国际关系文献中最著名的概念之一，它体现了进攻性现实主义的基本逻辑。该困境的实质是，一个国家用来增加自己安全的测度标准常常会减少他国的安全。可见，一个国家在不威胁其他国家的安全的情况下增加自己的生存机会是困难的。1950 年，约翰·赫兹（John Herz）在《世界政治》期刊上发表的一篇文章中，首次提出了安全困境的概念。[17] 在讨论国际政治的无政府属性后，他写道："为了从……进攻中获得安全，（国家）被迫攫取越来越多的权力，以避免他国的权力冲击。这又反过来使其他国家感到更不安全，并迫使后者作最坏的打算。由于在一个充满竞争单元的世界里没有任何国家能感到彻底安全，因此权力竞争相继而生，敛聚安全的恶性循环也接踵而至。"[18] 赫兹的意思很清楚，即在无政府状态下，一个国家的最佳生存之道是利用其他国家，牺牲他国之利，为自己获取权力。最好的防御就是一种有效的进攻。由于这一信息被普遍认同，因此，无休止的安全竞争连绵不断。不幸的是，只要国家生活在无政府状态中，就几乎不可能采取任何措施改善安全困境。

从这一讨论中可以一目了然地看出，我们说国家是追求权力的最大化者就等于说它们在乎的是相对权力而不是绝对权力。这里有一个重要区别，因为关心相对权力的国家与对绝对权力感兴趣的国家表现不同。[19]

最大量地占有相对权力的国家主要关心物质能力的分配。特别是,它们试图尽可能多地夺取超出其对手的权力优势,因为在险恶的世界里,权力是生存的最好手段,因此,受相对权力考虑驱使的国家可能会为了较小的但却能给自己带来较对手更多的权力优势的国家利益,而放弃自己权力中较大的利益,如果这种较大的利益会给对手带来更大的权力的话。[20]另一方面,追求绝对权力最大化的国家只在乎自己利益的大小,不关心他国利益的多少。它们不受均势逻辑的驱使,只关心权力的集聚,不在乎其他国家控制多少权力。它们会抓住巨大利润的机会,即使对手在该交易中获得了更多的利益。根据这一逻辑,权力不是达到目标(生存)的手段,而是目标之本身。[21]

估算侵略

显然,在国家伺机猎取权力的世界里,几乎不存在维持现状大国的余地。不过,大国不能总是按照它们的进攻意图行事,因为行为不但受国家所需要的东西影响,而且受制于它们实现这些欲望的能力。所有国家都想成为山中之王,但并非每一个国家都有资本竞争这一尊贵地位,更不用说获取它。这在很大程度上取决于军事力量在大国中如何分配。一个比其对手拥有明显权力优势的国家可能更具侵略性,因为它不仅具有采取此类行动的动机,而且还具有采取此类行为的能力。

相比而言,面对强大对手的大国一般较少考虑采取进攻行动,而是更关心保护现存均势免受更强大对手的威胁。然而,假如让那些较弱国家拥有一个以自己利益为中心来修正均势的机会,它们就会利用它。斯大林在第二次世界大战结束时把这一点阐述得很深刻:"每一个国家都把自己的体制强加于它的军队力所能及的地方,绝不会背道而驰。"[22]也许国家有能力获得多于其对手的优势,但它们认为,进攻代价太高,无法保证获得预期的利益。

简单地说,大国并非无头脑的侵略者,它们不只是鲁莽地冲锋陷阵,直到输掉战争或追求得不偿失的胜利(Pyrrhic victory)。相反,大国采取进攻行动之前,会仔细考虑均势以及其他国家对它们行动的反应。它们将估算进攻的代价、危险与可能的利益之间的得失。倘若利益不足以抵消危险，它们会按兵不动，等待更有利的时机。国家从来不会发动不可能提高它们总体地位的军备竞赛。正如第三章将会详细讨论的那样，国家有时限制防御开支，要么是因为较大的开支不会带来战略优势，要么是因为它将削弱经济、损害国家的长远实力。[23] 用克林特·伊斯特伍德（Clint Eastwood）的话说，一国必须知道它在国际体系中的生存限度。

不过，大国也不时会出现误算，因为它们总是根据不完整的信息作出重要决定。国家对它们面对的任何形势几乎都没有完整的信息。这一难题有两个方面。潜在的对手有虚报它们自己的实力和弱点、隐藏真实目标的动机。[24] 试举一例，一个较弱国家试图阻止一个较强国家的进攻，前者可能夸大它的实力，以打消潜在侵略者的进攻念头。另一方面，一个打算采取侵略行动的国家可能突出它的和平目的，而夸大自己的军事弱点，以使潜在的受害者疏于建立它的军备，处于被动挨打的局面。也许没有哪一国的领导人比阿道夫·希特勒更会玩弄这种伎俩了。

然而，即使假情报不是问题，大国也常常无法肯定敌我双方的军事力量在战场上将如何表现。譬如，有时，很难事先确定新式武器和未经战争洗礼的战斗部队如何在敌人的火力面前发挥作用。和平时期的军事演习和兵棋推演虽然有益，但是无法准确表现实战中可能发生的一切。打仗是一项复杂的赌博，常常难以预料结果。我们还记得，虽然 1991 年早期美国及其盟国在对伊拉克一战中轻而易举地赢得了胜利，但是，当时大多数专家认为，伊拉克的军队是令人恐惧的敌人，在它们最终屈服于美国的军事实力之前，将顽抗到底。[25]

有时，大国也既吃不准盟国的想法，也无法确定对手的意志。比如，德国相信，如果它在 1941 年夏攻打法国与苏联，那么英国很可能会置身于战外。萨达姆·侯赛因（Saddam Hussein）在 1990 年 8 月入侵科威特时，也估计美国会袖手旁观。两个侵略者都猜错了，但二者都有充分的理由认为自己当初的判断是正确的。20 世纪 30 年代，阿道夫·希特勒相信，他的大国对手很容易被利用和孤立，因为每一个对手都没有兴趣同德国交战，因而会下定决心让其他人挑起这一重担。他猜对了。总之，大国不断发现自己面对一个不得不依靠不完整的情报作出重要决策的情形。难怪它们有时作出错误判断并以严重伤害自己收场。

有些防御性现实主义者甚至认为,国际体系的限制因素之强足以令进攻无功而返,侵略者势必落到遭受惩罚的下场。[26]他们强调:(1)受威胁的国家会建立针对侵略者的均势,并最终击溃它们;(2)存在一个经常朝防御严重倾斜的攻守平衡,这使征服变得极其困难。因此,大国应该对自己现有的均势感到满足,不应以武力改变它。毕竟,一国挑起自己可能输掉的战争是没有丝毫意义的,是自取灭亡的行为,因此,更好的做法是维护均势。[27]另外,由于侵略者很少能得逞,国家应该认识到安全是充足的,因此,没有什么好的战略理由把争取更多权力的目标放在首位。在一个采取征服行动得不偿失的世界里,国家彼此之间应该怀有相对良性的意图。这些防御性现实主义者认为,如果它们做不到这一点,其原因很可能在于恶性的国内政治,而不是因为国家精确地估算了自己如何在一个无政府世界中确保安全。

无疑,体系因素制约侵略特别是受威胁国家的均势。但防御性现实主义者夸大了那些限制力量。[28]确实,很少有历史记录证明他们关于进攻很少得逞的观点。一项研究估计,1815年至1980年间发生了63场战争,其中发动战争的一方赢了39次,有60%的胜算率。[29]再看看具体事例,奥托·冯·俾斯麦于1864年、1866年和1870年分别赢得了对丹麦、奥地利和法国的军事胜利。我们今天所知道的美国在很大程度上也是通过19世纪的征服建立起来的。在这些事例中,征服当然获得了巨大红利。纳粹德国分别在1939年和1940年赢得了对波兰和法国的战争胜利,却在1941年至1945年输给了苏联。最终,征服没有为第三帝国带来福祉。然而,假如在攻陷法国后,希特勒能控制住自己,不去侵略苏联,那么征服很可能会为纳粹带来不薄的收获。概言之,历史记载表明,进攻有时会成功,有时不会成功。关键在于,最大化地觊觎权力的国家要决定何时出手,何时收场。[30]

霸 权 的 极 限

正如我所强调的,大国试图获得超出其对手的权力,并希望成为霸主。一旦国家获得了那一尊贵的地位,它就成了一个维持现状的国家。然而,这里有必要更多地讨论霸权的内涵。

霸权是指一个非常强大的国家统治体系中所有其他国家。[31]其他任何国家都不具有能承受起与之进行重大战争的资本。实质上,霸主是体系中唯一的大国。一个只比体系中其他国家更强大的国家不算霸主,因为严格地说,它还面对其他大国。例如,19世纪中期的英国有时被称作"霸主"。但它并非霸主,因为当时欧洲还有其他4个大国——奥地利、法国、普鲁士和俄国——而英国没有以任何有意义的方式统治过它们。事实上,当时英国把法国看成是均势的最大威胁。19世纪的欧洲属多极而非单极格局。

霸权意味着对体系的控制,这一概念通常被理解为对整个世界的统治。不过,我们可以更狭义地使用体系中的这一概念,用它来描述一些特定地区,如欧洲、东北亚以及西半球等,因此,人们可以将支配世界的"全球霸主"和统治某特定地域的"地区霸主"区别开来。美国至少在过去100年里一直是西半球的地区霸主。美洲的其他国家都不具备向它挑战的足够军事能力。这就是美国被公认为该地区唯一大国的原因。

在接下来的章节里,我要详细讨论这一观点,除非一国可能获得明显的核优势,任何国家都不可能成为全球霸主。统治世界的主要障碍在于,国家要跨越世界海洋到大国对手的领土上谋取权力非常困难。譬如,美国是当今地球上最强大的国家。但它没有以控制西半球的方式支配过欧洲和东北亚,而且它也从未打算要征服和控制这些遥远的地区,主要原因就在于水域的阻遏力量。我们确实有理由认为,在今后的10年内,美国可能会逐步减少在欧洲承担的义务。总之,过去从来没有出现过全球霸主,最近的将来也不会有。

大国能得到的最好结果是成为地区霸主,并可能控制在陆地上与之毗邻或易于到达的另一地区。美国是现代历史上唯一的地区霸主,尽管其他国家为了寻求地区霸权打过许多大仗:如东北亚的日本帝国、欧洲的拿破仑法国、威廉德国和纳粹德国等,但没有一个获得成功。冷战期间,地跨欧洲和东北亚的苏联也威胁过要统治这两个地区。苏联也许还尝试过征服与之接壤的、具有丰富石油的波斯湾地区。然而即使莫斯科能统治欧洲、东北亚和波斯湾（从未梦想成真），它也无法征服西半球而成为一个真正的全球霸主。

取得地区霸权的国家，常常试图阻止其他地区的大国续写它们的辉煌。换句话说，地区霸主不需要与之匹敌的对手。因此，美国在阻止日本帝国、威廉德国、纳粹德国和苏联获得地区霸权的过程中起过关键作用。地区霸主之所以试图阻遏其他地区出现有野心的霸主，是因为它们担心一个控制本地区的大国对手将是一个特别强大的敌人，实质上，后者能在前者的后院自行其是地制造麻烦。地区霸主宁愿其他地区至少出现两个大国，因为两个大国接近的地理位置迫使它们把注意力集中在彼此身上，而不会关注远处的霸主。

此外，如果两个大国中冒出一个霸主，那么那一地区的其他大国本身可能牵制它，使远处的霸主安然无恙。当然，假如本地区大国不能完成这一使命，远方的霸主可能采取恰当的措施应对这一威胁国。如上所说，美国在 20 世纪四个不同的时机挑起过那一重担。这就是为什么它通常被称作"离岸平衡手"（offshore balancer）的原因。

总之，任何大国的理想局面是成为世界唯一的地区霸主。那一国家将是一个维持现状的国家，它可以尽情地保护现有的权力分配。今天的美国就处于这种令人垂涎的位置，它支配着西半球，而且世界上其他地区都没有霸主。但如果一个地区霸主面对一个可与之匹敌的竞争对手，那么它就不再是维持现状的国家。无疑，它一定会竭尽全力削弱甚至消灭它的远方对手。当然，两个地区霸主都会受到那一逻辑的驱使，它们之间必然发生剧烈的安全竞争。

权 力 与 畏 惧

大国彼此畏惧是国际体系中普遍存在的核心问题。但如我所指出的那样，畏惧的程度因情形不同而各异。例如，苏联在 1930 年对德国的担心就明显少于 1939 年。国家在多大程度上彼此惧怕关系重大，因为它们之间的畏惧程度在很大程度上决定着它们之间发生战争的可能性,也决定着它们之间安全竞争的烈度。恐惧越深,安全竞争就越是强烈,越是可能出现战争。这种逻辑一目了然:感到恐惧的国家特别卖命地寻找提高自己安全的出路,它倾向于用危险的政策达到那一目的。因而,弄懂是什么引起国家彼此或多或少地畏惧对方非常重要。

大国间的彼此畏惧来自这一事实:它们总是具备一定用来抗击彼此的进攻性军事能力,而且任何国家都永远无法肯定其他国家不打算用这一能力来反对自己。此外,由于国家在无政府状态下运作,万一另一大国进攻它们,没有任何守夜人为它们提供帮助。虽然无政府状态和对其他国家意图的不确定性造成国家间无法消减的畏惧程度,导致追求权力最大化的行为,但是它们不能解释为什么有时恐惧程度要高于其他时候。原因在于无政府状态和辨别国家意图的困难是生活中常有的事实,常量是不可能解释变化的。然而,国家威胁彼此的能力因情况不同而各有区别,而且它是驱使恐惧程度或高或低的关键因素。特别是,一国获得的权力越多,它令对手产生的恐惧就越深。试举一例,20世纪30年代后期,德国要比这十年的早期强大得多,这就是为什么苏联在这十年中对德国的恐惧不断加深的原因。

对于权力怎样引起恐惧的讨论,引出了这样一个问题,即什么是权力。区别潜在的权力与实际的权力很重要。一国的潜在权力建立在它的人口数量和财富水平上。这两种资源是军事能力的主要支柱。拥有大量人口的富裕对手通常能建立令人胆寒的武装部队。一国的实际权力主要体现在它的陆军和直接支持它的空军及海军力量上。陆军是军事力量的核心成分,因为它是征服和控制领土(在一个以领土国家为特征的世界里极为重要的目标)的主要工具。简言之,即便在核时代,军事能力的核心成分也是陆上能力。

权力因素在三个主要方面影响恐惧的程度。第一,一个拥有能经受核打击并实施报复的核对手与它不具有核武器时相比,前一种情况造成彼此恐惧的程度要小一些。例如,在冷战期间,假如当时核武器还未问世,那么超级大国之间的恐惧程度很可能要高得多。个中道理很简单。因为核武器能在短时间内给对方造成毁灭性破坏,所以装备核武器的双方不愿相互攻击，这意味着，每一方惧怕对方的理由要少于相反的情况。但正如冷战所表明的那样，这并不意味着核大国间不再有战争，它们仍有理由相互提防。

第二，当大国被巨大的水体分隔时，它们常常不具有相互攻击的强大进攻能力，不管其军队的相对规模有多大。巨大的水体是一个可怕的障碍，给进攻军队的力量投掷带来了难题。例如，水域的阻遏力量可以很好地解释为什么英国和美国（自 1898 年成为大国以来）从未被另一大国入侵。它同时也可以解释美国从未幻想过征服欧洲和东北亚领土以及英国从未试图统治欧洲大陆的缘由。位于同一大陆的大国则处于彼此攻击和征服的更有利位置。这一点尤其适用于拥有共同边界的国家。因而，被水体分隔的大国，可能不如在陆地上相通的国家那样相互提防。

第三，国家之间的权力分配也会极大地影响恐惧的程度。[32]关键的问题在于，大国间的权力是否或多或少地得到了平衡分配，或是否存在极大的权力不对称性。产生最大恐惧的权力结构是多极体系，它包含一个潜在的霸主，我称之为"不平衡多极"（unbalanced multipolarity）。

一个潜在的霸主不仅仅是体系中最强大的国家。它是个具有巨大实际军事能力和很大潜力的大国，很可能支配和控制它所在地区的所有大国。一个潜在的霸主不一定立即拥有攻击它所有对手的资本，但必须具备击败单个对手的可观前途，并有逐个击败其中一些敌手的大好前景。其核心关系在于体系中的潜在霸主与次强国之间的权力鸿沟——它们之间一定存在显著的差距。要成为潜在的霸主，一个国家在本地区所有国家中不仅必须——以相当的差距——拥有最大的潜在权力，而且还要拥有最庞大的军队。

两极体系是最不容易引起大国彼此恐惧的权力结构，尽管这一恐惧并非微不足道。两极下的恐惧并非剧烈，原因在于，该体系中，两个大国常常保持大致的均势。不存在潜在霸主的多极体系，我称之为"平衡多极"（balanced multipolarity），这种体系中的成员之间仍可能存在权力的不对称性，尽管这些不对称性不像体系中出现潜在霸主时那样明显。因此，平衡的多极可能比不平衡的多极体系产生的恐惧要少，但比两极体系引起的恐惧要多。

关于大国间恐惧的程度如何随权力分配的变化而改变,而不是随国家对每一方意图的估测而变化的讨论,引出了一个相关的问题。当一国考察它的环境,以决定哪些国家对自己构成威胁时,它主要关注潜在对手的进攻能力,而不是它们的意图。前面已经强调,意图是根本无法得知的,所以,为生存担心的国家必须对其对手的意图作最坏的假设。而力量却不一样,它不但可以被度量,而且能够决定一个对手是否为严重的威胁。总之,大国针对能力而非意图建立均势。[33]

显然,大国抗衡拥有庞大军事力量的国家,因为那种进攻性军事能力是它们生存的有形威胁。然而,大国对于对手控制多少无形权力也非常关注,因为人口众多的富裕国家通常能够而且事实上也建立了强大的军队。因而,大国常常提防拥有大量人口、经济增长快速的国家,即使这些国家还未把它们的财富转化为军事能力。

国家目标的层级

按照我的理论,生存是大国的首要目标。但是,在实际中,国家也追求非安全目标。例如,大国总是寻求更大的经济繁荣以提高其公民的福利。有时,它们试图在海外推行某种特定的意识形态,如冷战期间,美国试图在世界范围内散播民主思潮和苏联试图在世界各地推销共产主义思想就属这一类。有时,国家统一是激发国家的另一目标,就像19世纪的普鲁士和意大利以及冷战后的德国一样。大国也偶尔试图在全球范围内改进人权问题。国家既可能追求一系列其他非安全目标,也可能寻求其中任何目标。

进攻性现实主义无疑也认识到,大国可能追求这些非安全目标,但很少论及它们。但也有一点例外:只要必要的行为与均势逻辑不相冲突,国家就可以追求这些目标,而且常常如此。[34]确实,追求这些非安全目标有时补充了对权力的猎取。试举一例,纳粹德国向东欧扩张是基于意识形态和现实主义两方面的原因。冷战期间,超级大国彼此间的较量也出于相似的原因。另外,较繁荣的经济总是意味着较多的财富,这对安全具有重要的意义,因为财富是军事能力的基础。富裕的国家能负担起强大的军事力量,它提高一国的生存前景。正如五十多年前政治经济学家雅各布·瓦伊纳(Jacob Viner)所说,财富和权力之间"具有长期的和谐性"[35]。国家统一通常是弥补权力追求的另一目标。例如,1871 年出现的统一德国比它所取代的普鲁士更为强大。

有时,追求非安全目标对均势几乎没有任何影响。人权干涉常常属于这种情况。因为它们往往是小规模的行动,代价很小,也不会减损一个大国的生存前景。无论好坏,国家很少愿意以流血耗财的方式,保护外国人免受虐待甚至大清洗。例如,尽管美国声称其外交政策充满着人道准则,但是,索马里事件(1992—1993 年)是过去 100 年来美国唯一一次为了执行人道主义使命而让自己的士兵丧身异域。在这一事件中,1993 年 10 月的一次不光彩的交火只丢掉了 18 名美国士兵的性命,却重创了美国决策者,他们不得不立即从索马里撤出美国所有的军队。随后,1994 年春,当卢旺达的胡图族对其临近的图西族大肆清洗时,美国拒绝出兵干预。[36]对美国而言,阻止那种大屠杀也许轻而易举,不会对自己的均势地位产生实质性影响。[37]但它未采取任何行动。总之,现实主义虽然没有规定必须实施人道干预,但也未必禁止这样做。

然后,有时,追求非安全目标与均势逻辑相抵触,在这种情况下,国家常常按现实主义的旨意行事。比如说,尽管美国承诺在全球传播民主,但在冷战中,美国却推翻一些民选的政府,扶植独裁政权,因为美国决策者认为这些行动有助于遏制苏联。[38]在第二次世界大战中,自由民主国家把对共产主义的嫉恨抛置一边,联合苏联抗击纳粹德国。富兰克林·罗斯福说:"我不能接受共产主义",但为了击败希特勒,"我愿与魔鬼携手"。[39]同样,斯大林也不断表示,当他对意识形态的偏爱与权力考虑发生冲突时,会优先考虑后者。他最显著的现实主义例子是,1939 年 8 月苏联与纳粹德国签订互不侵犯条约,即臭名昭著的《莫洛托夫—里宾特洛甫协定》,希望这一协定至少能暂时满足希特勒在东欧的领土野心,使他的国防军对准法国和英国。[40]总之,当大国面对严重威胁时,一旦需要寻找联盟伙伴,它们很少顾及意识形态。[41]

当安全与财富这两个目标相冲突时,前者重于后者,正如亚当·斯密(Adam Smith)在《国富论》中所言,"防御比财富要重要得多"[42]。当国家被迫在财富和权力之间作出选择时它将如何表现,斯密对此作了很好的描述。1651年,英国出台了一部著名的《航海法案》,这一保护贸易的立法旨在重创荷兰的商业,并最终削弱荷兰的经济。该法案规定,所有进口到英国的货物要么用英国船只要么以货物原产国的船舶运送。由于荷兰本身很少生产货品,因此这一措施将严重损害其经济成功中的核心成分(造船业)。当然,《航海法案》也损害了英国的经济,主要是因为它剥夺了英国的自由贸易利益。斯密写道:"《航海法案》对于对外贸易和由此产生的财富增长都没有好处。"但是,斯密把这一立法视为"英国所有商业法规中最明智的一个",因为它对荷兰经济造成的损害要大于对英国经济的损伤,何况,17世纪中期,荷兰是"唯一能危及英国安全的海上强国"。[43]

创造世界秩序

有观点认为,大国可以集体创建一个能超越现实主义逻辑、培育和平与正义的国际秩序。世界和平似乎只能增进一国的繁荣和安全。20世纪,美国的政治领导人对这一论点开出了大量的空头支票。比如,1993年9月,克林顿总统在联合国演讲时说:"48年前,这个组织诞生时……来自许多国家富有才华的一代领导人为了安全和繁荣,毅然把世界的力量团聚起来……现在,历史赋予了我们更大的机会……让我们下定决心把梦做大……让我们确保传给我们子孙的是一个比我们今天居住的更健康、更安全和更富裕的世界。"[44]

尽管这样说,大国不会为促进世界秩序而一同合作来促进世界秩序。相反,每一个国家都力求最大量地占有世界权力,这很可能与创造和维持一个稳定的国际秩序的目标相冲突。[45]这并不是说大国从不想阻止战争与维持和平。相反,它们竭尽全力阻止使自己可能成为牺牲品的战争。然而,在这种情况下,国家行为主要受狭隘地计较相对权力的动机所驱使,而不是为了创设一种独立于一国自身利益的世界秩序而承担义务。例如,冷战期间,美国花费大量的资源阻止苏联在欧洲发动一场战争,并不是因为某种改进全球和平的深刻承诺,而是因为美国领导者担心一种苏联式的胜利将导致均势出现危险的改变。[46]

无论何时,某种国际秩序的出现,大体上都是体系中大国自私行为的副产品。换句话说,体系的构造是大国安全竞争的无意识结果,而不是国家采取集体行动构建和平的结局。欧洲冷战秩序的建立就说明了这一点。既非苏联亦非美国有意去建立它,它们也没有去共同创造它。事实上,在冷战的早期,每一个超级大国都极力以牺牲对方为代价来获得权力,并阻止对手这样做。[47]二战结束后,欧洲出现的体系是超级大国间激烈的安全竞争产生的偶发结果。

尽管随着 1990 年冷战的结束,超级大国的激烈对抗已经消失,但俄罗斯和美国仍未联手在欧洲创立目前的秩序。譬如,美国已经拒绝俄罗斯提出的关于建立"欧洲安全与合作组织"(以取代美国主导的"北约组织")这一欧洲安全核心支柱的各种建议。另外,俄罗斯强烈反对北约东扩,将它视为对俄罗斯安全的严重威胁。但是,美国深知俄罗斯的虚弱,不可能进行任何报复,因此它置俄罗斯的担心于不顾,继续推进北约东扩,接纳捷克共和国、匈牙利和波兰为该组织的成员。俄罗斯也反对美国过去十年在巴尔干半岛的政策,尤其是 1999 年北约发动对南联盟的战争。美国再一次不顾俄罗斯的担心,采取它认为必要的步骤在那一不稳定的地区缔造和平。最后,值得注意的一点是,虽然俄罗斯坚决反对美国导弹防御体系,但一旦美国觉得技术成熟,它很有可能部署这种系统。

诚然,正如冷战时的情况,大国对抗有时会产生一个稳定的国际秩序。然而,大国将继续寻找机会,增加其分得的世界权力,一旦出现有利形势,它们会站出来打破那一稳定的秩序。我们看到,20 世纪 80 年代后期,美国非常卖力地削弱苏联,并在冷战后期推翻欧洲已经出现的稳定秩序。[48]当然,权力丧失已成定局的国家将起来抵御侵略,维持现存的秩序。但它们的动机是自私的,是出于均势逻辑考虑,而不是出于某种对世界和平的义务。

有两个原因可以解释大国不可能为了一个和平的世界秩序承担义务。首先,国家不可能为增进和平的一般性规则达成协议。诚然,对这一蓝图应该是何种状况,国际关系学者从未达成一致。事实上,解释战争与和平的理论与从事这一主题研究的学者几乎一样多。但更重要的是,决策者不能对如何创造一个稳定的世界秩序达成一致意见。比如,在第一次世界大战后的巴黎和会上,在如何创立欧洲稳定问题上的重要分歧,使乔治·克里孟梭(Georges Clemenceau)、戴维·劳合·乔治(David Lloyd George)和伍德罗·威尔逊分道扬镳了。[49]特别是,在莱茵地区问题上,克里孟梭打算比劳合·乔治和威尔逊对德国提出更苛刻的条件。而劳合·乔治是主张分割德国的强硬派。因此,《凡尔赛条约》在改进欧洲的稳定问题上无功而返也就不奇怪了。

再看看美国在冷战早期是如何考虑争取欧洲稳定的。[50]早在20世纪50年代,一个稳定而持久的体系所需的关键因素就已经准备就绪。它们包括分裂德国、美国地面部队驻扎在西欧以抵抗苏联的进攻、确保联邦德国不发展核武器等。但杜鲁门政府对于一个分裂的德国可能带来和平还是战争的问题,没有形成一致意见。例如,位居国务院重要位置的乔治·凯南和保罗·尼采认为,一个分裂的德国将是不稳定的根源,而国务卿迪安·艾奇逊(Dean Acheson)却不同意这种看法。20世纪50年代,艾森豪威尔(Eisenhower)总统试图结束美国对欧洲的保护义务,并向联邦德国提供核武器,让后者拥有自己的核威慑力量。虽然这一政策从未实施过,但它极大地造成了欧洲的不稳定性,直接导致了1958—1959年和1961年的"柏林危机"。[51]

其次,大国不可能置权力考虑于不顾,而着手增进国际和平,因为它们无法肯定它们的努力能否成功。倘若努力失败,它们必将为忽视均势付出惨重的代价,因为一旦侵略者来到家门口,它们再拨打911,是得不到回应的。很少有国家会冒这种风险。因此,这种谨慎态度要求它们必须按现实主义逻辑行事。这些理由告诉我们,呼吁国家摒弃狭隘的均势考虑而按国际共同体的更广泛利益行事的集体安全计划,不可避免地要夭折。[52]

国家间的合作

也许有人会从以上讨论中得出结论,认为我的理论排除了大国间任何形式的合作。这个结论是错误的。国家能够合作,虽然有时合作难以实现,而且总是难以持久。两类因素制约了合作:对相对收益的顾虑和对欺诈的提防。[53]从根本上而言,大国处在一个竞争的世界中,在这里,它们至少把彼此看成潜在的敌人,因而它们希望以牺牲对手为代价获取权力。

任何两个试图合作的国家,都必须考虑在它们之间如何分配收益。它们可能按照绝对或相对收益(前面已对追求绝对权力和相对权力作了区别,这里的概念是一样的)的标准来考虑分配问题。在绝对收益情况下,每一方关心的是自己最大化地占有利益,毫不在乎他国在交易中的得失。只有当他国行为影响到自己对权力的最大化占有时,各方才会在乎对方。而另一方面,在相对收益的情况下,每一方不但考虑自己的个体收益,而且关心己方是否获得了较他方更多的收益。

由于大国非常注重均势,因此,当它们考虑与其他方合作时,集中考虑相对收益问题。每个国家无疑想使自己的绝对收益最大化。但对一个国家来说,更重要的是确保它在任何协议中都不会亏待自己,而且做得更好。然而,当国家把着眼点转向相对收益而不是绝对收益时,合作就变得更为困难了。[54]这是因为,关心绝对收益的国家必须保证,一旦馅饼做大后,它们至少能得到增加部分的份额,而关注相对收益的国家必须对馅饼的分配特别留心,这就使合作的努力复杂化了。

对欺诈的担心也会妨碍合作。大国常常不愿参加合作协议,担心其他方会在协议中要欺骗手段,以获得可观的优势。这一担心在军事方面尤其敏感,并会引起"背信弃义的特殊危险",因为在均势情况下,军事装备的属性是快速变化的。[55]这种变化可以为国家创造一个机会,让其运用欺骗方式,使它的受害者遭受决定性的失败。

尽管合作存在诸如此类的障碍,但现实主义世界中的大国确实也存在合作。均势逻辑常常促使大国结成联盟,联合反对共同的敌人。譬如,在二战之前和二战中,英国、法国和苏联就是反对德国的盟国。国家有时集结起来对付第三国,就像 1939 年德国与苏联联合对付波兰一样。[56] 最近的事例是,塞尔维亚和克罗地亚协议,由双方占领和分割波斯尼亚,尽管美国和它的欧洲盟国阻止其通过协议。[57] 对手和盟友都会合作。毕竟,只要这些交易能大体反映权力的分配和消除对欺诈的担心,就可以成交。冷战期间,超级大国签订的各式军备控制协定就说明了这一点。

不过,它的底线是,合作发生在一个以竞争为内核的世界中,在这里,国家具有利用他国的强烈动机。第一次世界大战前的 40 年里,欧洲的政治状况可以很好地说明这一点。虽然这一时期大国频繁合作,但是,那种合作并没有妨碍它们在 1914 年 8 月 1 日走向战争。[58] 第二次世界大战期间,美国与苏联也有极好的合作,但德国和日本战败后不久,这一合作未能阻止冷战的爆发。也许最令人惊讶的是,在纳粹军队进攻红军前的两年里,德国与苏联进行过很好的经济和军事合作。[59] 合作的多少不可能消除安全竞争的主导逻辑。只要国家体系仍处于无政府状态,就不可能出现真正的和平,世界总是充满安全竞争。

结　　论

总之,我的观点是,是国际体系结构而不是国家个体的属性促使它们以进攻的方式思维、行动和追求霸权。[60] 摩根索认为,国家不可避免地表现出侵略行为,是因为它们具有一种内在的权力意志。我不接受他这种观点。相反,我认为,大国行为背后的首要动机是生存。然而,在无政府状态下,对生存的渴望促使国家实施侵略行为。因此,我的理论从不以国家的经济和政治体系为依据,进而把它们划分为侵略性强或弱的国家。进攻性现实主义只是提出了关于大国少数假设,这些假设同样适用于所有大国。除了在每一国家控制多少权力问题上的差异外,该理论对所有国家一视同仁。

我已阐明了这一逻辑，即为什么国家追求尽可能多地占有超出其对手的权力，但对这种追求的目标即权力本身还未涉及。接下来两章将详细讨论这一重要主题。

注 释

1. 许多现实主义学者在他们的理论中允许非霸权现状大国的存在。他们认为，至少有些国家可能对均势感到满足，没有改变它的动机。参见 Randall L. Schweller，"Neorealism's Status-Quo Bias：What Security Dilemma?" *Security Studies* 5，No.3（Spring 1996，special issue on "Realism：Restatements and Renewal，" ed. Benjamin Frankel），pp.98—101；Arnold Wolfers，*Discord and Collaboration：Essays on International Politics*（Baltimore，MD：Johns Hopkins University Press，1962），pp.84—86，91—92，125—126。

2. Milton Friedman，*Essays in Positive Economics*（Chicago：University of Chicago Press，1953），p.14. 也可参见 Kenneth N. Waltz，*Theory of International Politics*（Reading，MA：Addison-Wesley，1979），pp.5—6，91，119。

3. 特里（Terry）对简化现实的命题（如本身现实但忽略不必要的细节）同那种与现实明显相反的命题（如直接违背经得起推敲的真理）作了有效的区别。参见 Moe，"On the Scientific Status of Rational Models，" *American Journal of Political Science* 23，No.1（February 1979），pp.215—243。

4. 无政府状态及它对国际政治的影响是由洛斯·迪金森（G. Lowes Dickinson）首先表述的，参见 G. Lowes Dickinson，*The European Anarchy*（New York：Macmillan，1916）。关于对无政府状态更详细的论述，参见 Waltz，*Theory of International Politics*，pp.88—93；Robert J. Art and Robert Jervis，eds.，*International Politics：Anarchy，Force，Imperialism*（Boston：Little，Brown，1973），pt. I；Helen Milner，"The Assumption of Anarchy in International Relations Theory：A Critique，" *Review of International Studies* 17，No.1（January 1991），pp.67—85。

5. 尽管本研究的重心是国家体系，但是现实主义的逻辑也适用于其他类型的无政府体系。毕竟，它们角逐权力是由于缺乏中央权威而不是任何国家的特质所致。比如，马库斯·费希尔（Markus Fischer）把这一理论运用到中世纪的欧洲，即1648 年国家体系出现之前。参见 Fischer，"Feudal Europe，800—1300：Communal Discourse and Conflictual Practices，" *International Organization* 46，No.2（Spring 1992），pp.427—466。该理论也可以用来解释个人行为，论述这一方面的最重要的著作有 Thomas Hobbes，*Leviathan*，ed. C. B. Macpherson（Harmondsworth，UK：Peguin，1986）。同时参见 Elijah Anderson，"The Code of the Streets，" *Atlantic Monthly*，May 1994，pp.80—94；Barry R. Posen，"The Secu-

rity Dilemma and Ethnic Conflict," *Survival* 35, No. 1 (Spring 1993), pp. 27—47; Robert, J. Spitzer, *The Politics of Gun Control* (Chatham, NJ: Chatham House, 1995), chap. 6。

6. Inis L. Claude, Jr., *Sword into Plowshares: The Problem and Progress of International Organization*, 4th ed. (New York: Random House, 1971), p. 14.

7. 认为国家具有良好意图的观点只是一个初始命题。我随后指出,当你梳理这一理论的五个命题时,国家被摆在一个彼此强烈敌视的位置。

8. 我的理论最终认为,大国以进攻姿态对待彼此,因为在一个无政府世界里,这是保证它们安全的最好办法。但是,这里的命题是,除了安全外,还有很多原因可以解释国家为什么对彼此采取侵略姿态。事实上,难以确定那些战争的非安全原因是否在起作用,或者在推动大国担心生存,进而采取进攻行为。单纯对安全的担心不可能引起大国采取侵略行为。至少一国对非安全因素的考虑,也可能是进攻性现实主义和其他预测安全竞争的国际政治结构理论的必要情形。施韦勒把这一点阐述得很好:"如果国家只追求本身的生存,那么它们有什么理由感到威胁呢? 它们为什么要采取建立均势的行为呢? 在一个从来没有罪恶的假想世界里,安全概念是没有意义的。"参见 Schweller, "Ncorealism's Status-Quo Bias," p. 91。赫伯特·巴特菲尔德(Herbert Butterfield)也持相同的看法,他写道:"倘若所有的人都是基督教圣徒,那么战争根本不可能发生,也许除了自我牺牲外,他们彼此没有什么可竞争的。"参见 C. T. Mcintire, ed., *Herbert Butterfield: Writings on Christianity and History* (Oxford: Oxford University Press, 1979), p. 73。也可参见 Jack Donnelly, *Realism and International Relations* (Cambridge: Cambridge University Press, 2000), chap. 2。

9. 引自 Jon Jacobson, *When the Soviet Union Entered World Politics* (Berkeley: University of California Press, 1994), p. 271。

10. 参见 Elizabeth Pond, *Beyond the Wall: Germany's Road to Unification* (Washington, DC: Brookings Institution Press, 1993), chaps. 25—26; Philip Zelikow and Condoleezza Rice, *Germany Unified and Europe Transformed: A Study in Statecraft* (Cambridge, MA: Harvard University Press, 1995), chap. 4。

11. 弗雷德里克·舒曼(Frederick Schuman)在以下这本书中介绍了自助的概念:Frederick Schuman, *International Politics: An Introduction to the Western State System* (New York: McGraw-Hill, 1933), pp. 199—202, 514,尽管是华尔兹的《国际政治理论》(*Theory of International Politics*, Chap. 6)一书使这一概念闻名于世。关于现实主义和联盟,参见 Stephen M. Walt, *The Origins of Alliances* (Ithaca, NY: Cornell University Press, 1987)。

12. 引自 Martin Wight, *Power Politics* (London: Royal Institute of international Affairs, 1946), p. 40。

13. 如果一国获得霸权,该体系就不再是无政府状态,而变成了等级体系。进攻性现实主义承认国际无政府状态,它对等级制度下的政治几乎没有涉及。但如后所论,任何国家要想成为全球霸主是绝对不可能的,尽管地区霸权有可能实现。因此,除了关注被一霸主统治的某一地区内所发生的一切,现实主义也可能对可见的将来的世界政治提供重要的参考。

14. 虽然大国总是怀有侵略意图,但是它们并不总是侵略者,主要因为它们有时不具备采取侵略行为的能力。我在全书中都使用"侵略者"一词,是表示大国具有按自己意图行事的物质能力。

15. 肯尼思·华尔兹认为,大国不应该追求霸权,而应以控制"适度"的世界权力为目的。参见 Waltz, "The Origins of War in Neorealist Theory," in Robert Theodore K. Rabb, eds., *The Origin and Prevention of Major Wars* (Cambridge: Cambridge University Press, 1989), p. 40。

16. 下列假设说明了这一点。假如美国决策者被迫在西半球从两种不同的均势中作出选择:第一种情况是当前的权力分配,美国是一个霸主,它那一地区没有任何国家敢提出军事挑战;第二种情况是,中国取代加拿大,而德国取代墨西哥。即使美国比中国和德国的军事优势大得多,也很难想象有任何美国战略家会选择第三种情况置于西半球的美国霸权之上。

17. John H. Herz, "Idealist Internationalism and the Security Dilemma," *World Politics* 2, No. 2 (January 1950), pp. 20, 88.

18. Herz, "Idealist Internationalism," p. 157.

19. 参见 Joseph M. Grieco, "Anarchy and the Limits of Cooperation: A Realist Critique of the Newest Liberal Institutionalism," *International Organization* 42, No. 3 (Summer 1988), pp. 485—507; Stephen D. Krasner, "Global Communications and National Power: Life on the Pareto Frontier," *World Politics* 43, No. 3 (April 1991), pp. 1303—1320。

20. 参见 Michael Mastanduno, "Do Relative Gains Matter? America's Response to Japanese Industrial Policy," *International Security* 16, No. 1 (Summer 1991), pp. 73—113。

21. 华尔兹认为,在摩根索的理论中,国家把追求权力当作目的本身,因此,它们关心绝对权力而不是相对权力。参见 Waltz, "Origins of War," pp. 40—41; Waltz, *Theory of International Politics*, pp. 126—127。虽然摩根索偶尔提出一些似乎肯定华尔兹观点的表述,但是摩根索的著作中有足够的证据表明,国家主要关心追求相对权力。参见 Morgenthau, *Politics among Nations: The Struggle for Power and Peace*, 5th ed. (New York: Knopf, 1973)。

22. 引自 Marc Trachtenberg, *A Constructed Peace: The Making of the European Settlement, 1945—1963* (Princeton, NJ: Princeton University Press, 1999), p. 36。

23. 简言之,评估进攻性现实主义的关键问题并不在于国家是否不断企图征服其他国家或在防御方面竭尽全力,而在于国家是否经常放弃获得多于对手权力的大量机会。

24. 参见 Richard K. Betts, *Surprise Attack: Lessons for Defense Planning* (Washington, DC: Brookings Institution Press, 1982); James D. Fearon, "Rationalist Explanations for War," *International Organization* 49, No. 3 (Summer 1995), pp. 390—401; Robert Jervis, *The Logic of Images in International Relations* (Princeton, N J: Princeton University Press, 1970); Stephen Van Evera, *Causes of War: Power and the Rooms of Conflict* (Ithaca, NY: Cornell University Press, 1999), pp. 45—51, 83, 137—142。

25. 参见 Joel Achenbach, "The Experts in Retreat: After-the-Fact Explanations for the Gloomy Predictions," *Washington Post*, February 28, 1991; Jacob Weisberg, "Gulfballs: How the Experts Blew It, Big-Time," *New Republic*, March 25, 1991。

26. 杰克·斯奈德(Jack Snyder)和斯蒂芬·范·埃弗拉(Stephen Van Evera)以最大胆的方式提出这一论点。参见 Jack Snyder, *Myths of Empire: Domestic Politics and International Ambition* (Ithaca, NY: Cornell University Press, 1991), esp. pp. 1, 307—308; Van Evera, *Causes of War*, esp. pp. 6, 9。

27. 另外,一些防御性现实主义者在解释安全困境时说,国家为了提高自己的安全所采取的进攻举措,迫使对手作出相同的反应,使所有国家比它们什么也不做的情况不会好多少,甚至更糟。参见 Charles L. Glaser, "The Security of Dilemma Revisited," *World Politics* 50, No. 1 (October 1997), pp. 171—201。根据对安全困境的这种理解,理智国家之间几乎不会发生任何安全竞争,因为试图获得超过对手大国的优势毫无价值,也许还起反作用。的确,很难理解为什么在一个侵略行为就等于弄巧成拙的行为的世界里,国家会面对"安全困境"。所有国家放弃战争并和平地生活似乎更有意义。当然,当赫兹在 1950 年提出这一概念之时,他并不是这样描述安全困境的。他对这一概念的最初解释是对进攻性现实主义的概述。

28. 尽管受威胁的国家有时能有效地以均势抗衡侵略者,但是它们却经常不为成功的进攻创造机会。这一问题将在第八章和第九章中详细讨论,斯奈德似乎清楚这一问题,他加上一个重要的限定条件,他说:"至少从长远来看,国家会形成抵制侵略者的均势联盟。"参见 *Myths of Empire*, p. 11。但是,侵略者将受到引诱,并在短期内赢得胜利,希望使它们的成功转化为自己的长远优势。至于进攻—防御平衡,这是一个不定形的概念,学者和决策者难以对其下定义和进行评估。参见 "Correspondence: Taking Offense at Offense-Defense Theory," *International Security* 23, No. 2 (Winter 1998—1999), pp. 179—206; Jack S. Levy, "The Offensive/Defensive Balance of Military Technology: A Theoretical and Historical Analysis," *International Studies Quarterly* 28, No. 2 (June 1984), pp. 219—238; Kier A. Lieber, "Grasping the Technological Peace: The Offense-Defense Balance and International Security," *International Security* 25, No. 1 (Summer 2000), pp. 71—104; Sean M. Lynn-Jones, "Offense-Defense Theory

and Its Critics," *Security Studies* 4, No. 4 (Summer 1995), pp. 672—674; John J. Mearsheimer, *Conventional Deterrence* (Ithaca, NY: Cornell University Press, 1983), pp. 24—27; Jonathan Shimshoni, "Technology, Military Advantage, and World War I: A Case for Military Entrepreneurship," *International Security* 15, No. 3 (Winter 1990—1991), pp. 187—215。更重要的是,几乎没有证据表明,防御总是比进攻具有绝对优势。诚如本章余下部分所论及的,国家进攻有时会失败,而有时则会获胜。

29. John Arquilla, *Dubious Battles: Aggression, Defeat, and the International System* (Washington, DC: Crane Russak, 1992), p. 2. 另请参见 Bruce Bueno de Mesquita, *The War Trap* (New Haven, CT: Yale University Press, 1981), pp. 21—22; Kevin Wang and James Ray, "Beginners and Winners: The Fate of Initiators of Interstate Wars Involving Great Powers since 1459," *International Studies Quarterly* 38, No. 1(March 1994), pp. 139—154。

30. 虽然斯奈德和埃弗拉认为,征服很少获得报偿,但是,二者也承认,侵略有时也会获得成功。例如斯奈德对扩张(成功的进攻)和过度扩张(不成功的进攻)作了区别,这是他要解释的行为。例如,他对 1868—1945 年的日本扩张进行了探讨,参见 *Myths of Empire*, pp. 114—116。埃弗拉则认为,进攻—防御平衡会发生变化,在某些时段,征服是可能得手的。参见 *Causes of War*, chap. 6。当然,认为侵略能取得成功与他们的核心观点是相互抵触的,即进攻几乎不能取得成功。

31. 参见 Robert Gilpin, *War and Change in World Politics* (Cambridge: Cambridge University Press, 1981), p. 29; William C. Wohlforth, *The Elusive Balance: Power and Perceptions during the Cold War* (Ithaca, NY: Cornell University Press, 1993), pp. 12—14。

32. 接下的章节在讨论度量权力分配时(见第四章),会考虑力量投掷与巨大水体的联系。但这里把两个方面分开来看,只是为了突出海洋对大国行为的巨大影响。

33. 关于反对意见,可参见 David M. Edelstein, "Choosing Friends and Enemies: Perceptions of Intentions in International Relations," Ph. D. diss. University of Chicago, August 2000; Andrew Kydd, "Why Security Seekers Do Not Fight Each Other," *Security Studies* 7, No. 1 (Autumn 1997), pp. 114—154; Walt, *Origins of Alliances*.

34. 参见本章注释 8。

35. Jacob Viner, "Power versus Plenty as Objectives of Foreign Policy in the Seventeenth and Eighteenth Centuries," *World Politics* 1, No. 1 (October 1948), p. 10.

36. 参见 Mark Bowden, *Black Hawk Down: A Story of Modern War* (London: Penguin, 1999); Alison Des Forges, *"Leave None to Tell the Story": Genocide in Rwanda* (New York: Human Rights Watch, 1999), pp. 623—625; Gerard

Prunier, *The Rwanda Crisis: History of a Genocide* (New York: Columbia University Press, 1995), pp. 274—275。

37. 参见 Scott R. Feil, *Preventing Genocide: How the Early Use of Force Might Have Succeeded in Rwanda* (New York: Carnegie Corporation, 1998); John Mueller, "The Banality of 'Ethnic War,'" *International Security* 25, No. 1 (Summer 2000), pp. 58—62。如果美国干预卢旺达,会拯救多少生命的乐观观点,可参见 Alan J. Kuperman, "Rwanda in Retrospect," *Foreign Affairs* 79, No. 1 (January-February 2000), pp. 94—118。

38. 参见 David F. Schmitz, *Thank God They're on Our Side: The United States and Right-Wing Dictatorships, 1921—1965* (Chapel Hill: University of North Carolina Press, 1999), chaps. 4—6; Gaddis Smith, *The Last Years of the Monroe Doctrine, 1945—1993* (New York: Hill and Wang, 1994); Tony Smith, *America's Mission: The United States and the Worldwide Struggle for Democracy in the Twentieth Century* (Princeton, NJ: Princeton University Press, 1994); Stephen Van Evera, "Why Europe Matters, Why the Third World Doesn't: American Grand Strategy after the Cold War," *Journal of Strategic Studies* 13, No. 2 (June 1990), pp. 25—30。

39. 引自 John M. Carroll and George C. Herring, eds., *Modern American Diplomacy*, rev. ed. (Wilmington, DE: Scholarly Resources, 1996), p. 122。

40. 尼基塔·赫鲁晓夫就二战期间斯大林对蒋介石的政策作了同样的表述:"尽管蒋介石与中国共产党有冲突,但仍在反对日本帝国主义。因此,斯大林乃至苏联政府把蒋介石视作进步力量。日本是我们在东方的头号敌人,所以支持蒋介石符合苏联的利益。当然,我们支持他,只是因为到目前为止我们还没有看到他被日本打败,这与从苏联诞生第一天起就是我们的敌人的丘吉尔足够明智地支持我们反对希特勒,是一回事。"

41. 参见 Walt, *Origins of Alliances*, pp. 5, 266—268。

42. Adam Smith, *An Inquiry into the Nature and Causes of the Wealth of Nations*, ed. Edwin Cannan (Chicago: University of Chicago Press, 1976), Vol. 1, p. 487。本段所有的引证都出自该书第 484—487 页。

43. 关于英荷敌对的评论,参见 Jack S. Levy, "The Rise and Decline of the Anglo-Rivalry, 1609—1689," in William R. Thompson. ed., *Great Power Rivalries* (Columbia: University of Carolina Press, 1999), pp. 172—200; Paul M. Kennedy, *The Rise and Fall of British Naval Mastery* (London: Allen Lane, 1976), chap. 2。这一例子对稍早讨论的相对权力与绝对权力问题有直接的意义。尤其是,如果没有《航海法案》,英国和荷兰很可能会获得更大的绝对收益,因为它们的经济可从开放的贸易中获利,但英国很可能得不到比荷兰更多的相对优势。而有了《航海法案》,英国获得的相对优势要比荷兰多得多。但是,双方都损失了绝对利益。其底线是,对相对权力的考量驱使大国的行为。

44. William J. Clinton, "Address by the President to the 48th Session of the United Nations General Assembly," United Nations, New York, September 27, 1993. 也可参见 George Bush, "Toward a New World Order: Address by the President to a Joint Session of Congress," September 11, 1990。

45. 布拉德利·塞耶(Bradley Thayer)考察了获胜的大国能否在拿破仑战争、第一次世界大战和第二次世界大战之后创建并维持稳定的安全秩序,以及它们是否会像现实主义预言的那样,彼此为权力竞争。特别是,他看到了欧洲的一体化、国联和联合国的运作情况,据说,它们限制(如果不是消除的话)了大国的现实主义行为。塞耶认为,尽管胜利的大国会花言巧语,但它们丝毫不会改变以损人利己的方式为自己争夺权力的决心。参见 Bradley A. Thayer, "Creating Stability in New World Orders," Ph. D. diss., University of Chicago, August 1996。也可参见 Korina Kagan, "The Myth of the European Concert," *Security Studies* 7, No. 2 (Winter 1997—1998), pp. 1—57。她认为,欧洲的一体化"是一个脆弱而低效率的机构,与大国行为没有大的关系"(p. 3)。

46. 参见 Melvyn P. Leffler, *A Preponderance of Power: National Security, the Truman Administration, and the Cold War* (Stanford, CA: Stanford University Press, 1992)。

47. 关于美国试图破坏苏联对东欧控制的分析,可参见 Peter Grose, *Operation Rollback: America's Secret War behind the Iron Curtain* (Boston: Houghton Mifflin, 2000); Walter L. Hixson, *Parting the Curtain: Propaganda, Culture, and the Cold War, 1945—1961* (New York: St. Martin's, 1997); Gregory Mitrovich, *Undermining the Kremlin: America's Strategy to Subvert the Soviet Bloc, 1947—1956* (Ithaca, NY: Cornell University Press, 2000)。

48. 关于 20 世纪 80 年代后期美国对苏联政策的概述,参见 Randall L. Schweller and William C. Wohlforth, "Power Test: Evaluating Realism in Response to the End of the Cold War," *Security Studies* 9, No. 3 (Spring 2000), pp. 91—97。

49. 一本关于《凡尔赛条约》的主要著作的编者写道:"该书中最后的重新评估,构成了和会研究的新综合体。研究结果呼吁人们注意美国及联盟阵营内部的不同和平目的,并强调谈判代表本身在多大程度上把《凡尔赛条约》视作进步。"参见 Manfred F. Boemeke, Gerald D. Feldman, and Elisabeth Glaser, eds., *The Treaty of Versailles: A Reassessment after 75 Years* (Cambridge: Cambridge University Press, 1998), p. 1。

50. 参见 Trachtenberg, *Constructed Peace*; Marc Trachtenberg, *History and Strategy* (Princeton, NJ: Princeton University Press, 1991), chaps. 4—5。也可参见 G. John Ikenberry, "Rethinking the Origins of American Hegemony," *Political Science Quarterly* 104, No. 3 (Autumn 1989), pp. 375—400。

51. 冷战早期,美国决策者不懂得欧洲的安全竞争会走向何方,关于这一点,特拉亨伯格(Trachtenberg)作了总结,他自问自答地说:"有人曾预测到此类体系会出现吗? 有谁预测到它会为持久的和平提供基础呢?"他的答案是:"这种预测作为一种规则出现后向相反的方向变化了,那就是,德国不可能永远受制于人;德意志联邦共和国最终……想拥有属于自己的核武器;没有料到美国会留在欧洲……然而,所有这些预测没有一个被证明是正确的。"参见 Trachtenberg, *History and Strategy*, pp. 231—232。另请参见 Trachtenberg, *Constructed Peace*, pp. vii—viii。

52. 关于集体安全陷阱的进一步讨论,请参见 John J. Mearsheimer, "The False Promise of International Institutions," *International Security* 19, No. 3 (Winter 1994—1995), pp. 26—37。

53. Grieco, "Anarchy and the Limits of Cooperation," pp. 498, 500.

54. 关于相对收益考虑阻碍国家间合作的证据,参见 Paul W. Schroeder, *The Transformation of European Politics*, *1763—1848* (Oxford: Clarendon, 1994), chap. 3。

55. Charles Lipson, "International Cooperation in Economic and Security Affairs," *World Politics* 37, No. 1 (October 1984), p. 14.

56. 参见 Randall L. Schweller, "Bandwagoning for Profit: Bringing the Revisionist State Back In," *International Security* 19, No. 1 (Summer 1994), pp. 72—107。也可参见本章注释 59 中引用的著作。

57. 参见 Misha Glenny, *The Fall of Yugoslavia: The Third Balkan War*, 3d rev. ed. (New York: Penguin, 1996), p. 149; Philip Sherwell and Alina Petric, "Tudjman Tapes Reveal Plans to Divide Bosnia and Hide War Crimes," *Sunday Telegraph* (London), June 18, 2000; Laura Silber and Allan Little, *Yugoslavia: Death of a Nation*, rev. ed. (New York: Penguin, 1997), pp. 131—132, 213; Warren Zimmerman, *Origins of a Catastrophe: Yugoslavia and Its Destroyers-America's Last Ambassador Tells What Happened and Why* (New York: Times Books, 1996), pp. 116—117。

58. John Maynard Keynes, *The Economic Consequences of the Peace* (New York: Penguin, 1988), chap. 2; J. M. Roberts, *Europe*, *1880—1945* (London: Longman, 1970), pp. 239—241。

59. 关于 1939 年 8 月的《莫洛托夫—里宾特洛甫协定》方面的资料以及那些大国之间随后的合作,参见 Alan Bullock, *Hitler and Stalin: Parallel Lives* (London: Harpercollins, 1991), chaps. 14—15; I. C. B. Dear, ed., *The Oxford Companion to World War II* (Oxford: Oxford University Press, 1995), pp. 780—782; Anthony Read and David Fisher, *The Deadly Embrace: Hitler, Stalin, and the Nazi-Soviet Pact*, *1939—1941* (New York: Norton, 1988); Geoffrey Roberts, *The Unholy Alliance: Stalin's Pact with Hitler* (Bloomington: Indiana University Press, 1989), chaps. 8—10; Adam B. Ulam, *Expansion and Coexistence: Soviet*

Foreign Policy, *1919—1973*, 2d ed.（New York：Holt，Rinehart，and Winston，1974），chap.6。

60. 华尔兹认为，结构理论能解释国家结果，例如，两极或多极体系是否更可能发生战争。但是，华尔兹认为，这些理论不能解释个别国家的外交政策行为。他认为，这一任务需要一个单独的外交政策理论。参见 *Theory of International Politics*，pp.71—72，121—123。科林·埃尔曼（Colin Elman）对华尔兹的这一观点提出了挑战。他认为，没有理由表明，为什么体系理论不能被用作外交政策理论。埃尔曼认为，关键问题在于，特定的结构理论是否有助于了解国家作出的外交政策决策。我想说明，进攻性现实主义可同时用来解释个别国家的外交政策和国际结果。参见 Colin Elman，"Horses for Courses：Why Not Neorealist Theories of Foreign Policy?"；Kenneth N. Waltz，"International Politics Is Not Foreign Policy"；Colin Elman，"Cause，Effect，and Consistency：A Response to Kenneth Waltz，" *Security Studies* 6，No.1（Autumn 1996），pp.7—61。

第三章
财 富 和 权 力

权力是国际政治的核心，但是，对于什么是权力以及如何度量权力，学界仍存在很大分歧。在本章和下一章里，我将给权力下定义，并展示测度权力的大致而可靠的方法。特别是，我认为，权力以国家拥有的某些物质能力为基础。因此，权力均势是一个有形资产的函数，这些有形资产包括每一个大国控制的装甲师和核武器等。

国家有两种权力：潜在权力和军事权力。这两种形式的权力紧密相联，但并不等同，因为它们源自不同类别的资产。潜在权力指的是，用来构筑军事权力的社会经济要素。它主要以一国的财富和总的人口规模为基础。大国需要资金、技术和人员来建设军队并实施战争，一个国家的潜在权力是指它与对手竞争时所能调动的潜能总和。

然而，在国际政治中，一国的有效权力是指它的军事力量所能发挥的最大作用，以及与对手的军事实力对比的情况。冷战期间，美国和苏联是世界上最强大的国家，因为它们的军事设施让其他国家相形见绌。日本算不上当今的大国，尽管它经济富足。因为它的军事实力相对弱小，靠美国来保护它的安全。因此，均势在很大程度上等同于军事权力均势。我主要从军事角度来定义权力，因为进攻性现实主义把这种力量看成国际政治的最后手段。[1]

军事权力的基础是一个国家的陆军规模、实力以及与之相配的海空力量。即使在一个核世界里，陆军也是军事权力的核心成分。单独的海军和战略空军力量不能用于抢占领土，也无法来胁迫他国作出领土让步。虽然它们有助于赢得一次成功的战役,但大国间的战争主要通过地面战获得胜利。故此,最强大的国家是指那些具有非常庞大的地面部队的国家。

尽管军事权力具有以上优势,但国家也特别在乎潜在权力,因为充足的财富和众多的人口是建立庞大军队的先决条件。例如,冷战期间,美国领导人非常担心苏联的经济增长,尤其对苏联的科技进步(如 1957 年发射的人造卫星)感到震惊。他们把这些看成是苏联的潜在能力有朝一日可能超过美国的迹象。今天,美国对中国越来越感到担忧,不是因为它相对弱小的军事,而是因为中国有 12 亿多人口以及快速增长的现代化经济。一旦中国变得特别富裕,它很容易成为一个军事超级大国,并挑战美国。这些事例说明,国家既关注潜在权力均势,也在乎军事权力均势。

下一节将讨论为什么从物质能力而不是从结果这一学者青睐的方法来给权力下定义更具意义。我也会解释,为什么均势不能很好地保证军事胜利。接下来的三节着重探讨潜在权力。首先,我讨论了财富对建立强大军队的重要性,然后描述我用来获取潜在权力的财富标准。其次,我运用一些历史范例证明,在过去两个世纪里,大国的兴衰在很大程度上是由于国际体系中主要行为体之间财富分配的变化。第三,我解释了为什么财富和军事权力虽然紧密相联,但并不等同。我还说明了,财富不能被用来作为军事实力的测度标准。最后,我认为,有必要为潜在权力和军事权力分别设立一个参照体。

权力的物质基础

就其最基本的层次而言,权力可以用两种方式来定义。根据我对它的定义,权力不过是国家所能获得的特殊资产或物质资源。但是,其他人从国家间的互动结果来定义权力。他们认为,权力的全部涵义是指对其他国家的控制和影响,是指一国迫使另一国去做某事。[2] 罗伯特·达尔(Robert Dahl)就是这一观点最著名的倡导者,他认为:"A 对 B 的权力达到 A 迫使 B 做某事的程度,而反过来 B 却不能这样做,这就叫权力。"[3] 根据这一逻辑,只有当一国实施控制和影响时,权力才存在,因而,只有当结果确定后,它才能得以度量。简单地说,最强大的国家就是在一场争端中占上风的国家。

这两种定义之间似乎不存在意义上的差别。毕竟,当两个大国产生冲突时,难道具有较强物质实力的一方不应占上风吗?一些国际政治学者似乎认为,在战争中,拥有较多资源的国家几乎大部分时间里都可以赢得胜利,因此,均势应该能很好地预示战争的胜利。例如,大量的研究运用了各种权力测度方式,试图解释国家间的冲突结果。[4]这一观点同时也支持了杰弗里·布莱内(Geoffrey Blainey)的著名论点,即战争的爆发很大程度上是由于国家不能就均势达成一致,而随之而来的战争则"在胜利者和失败者之间建立了权力的有序梯级"[5]。他指出,如果敌对的国家事先都认识到了这一真正的平衡,那么就不会有战争。双方应该早就预测到这一结果,并达成以现存权力为基础的和平方案,而不是打一场血腥的战争来达到同样的目标。

但是,也不可能把权力的这些定义合二为一,因为均势不是军事成功的可靠预言者。[6]原因在于,有时非物质因素对其他因素具有决定性的优势。这些因素包括战略、情报、意志、天气以及疾病等。虽然单有物质资源不能决定战争的结局,但成功的几率无疑极大地受资源均势的影响,特别是在旷日持久的消耗战中,每一方都试图依靠物质的优势拖垮对方。[7]国家当然想拥有多于而不是少于对手的权力,因为一国拥有可自由支配的资源越多,它越有可能在战争中占据优势。这就是为什么国家试图最大限度地占有世界权力的原因。然而,成功的可能性增加并不意味着成功就会唾手可得。事实上,在许多战例中,胜利者要么弱于要么与失败者一般强大,但胜利的一方取得优势,是由于非物质因素所起的作用。

战略是指一个国家如何部署它的军队对付敌对国家。这可能是非物质因素中最重要的要素。有时,聪明的战略使弱于或不强于战场对手的国家取得胜利。[8]例如,1940年春,德国采用闪电战击败了英法军队,后者的力量和规模与德国军队相差无几。[9]而1914年著名的"斯里芬计划"却未能帮助德国打败相同的对手,尽管事后的证据表明,该计划的原版比最后执行的方案要大胆得多,并能为击败法国和英国提供蓝图。[10]可见,有时战略更重要。[11]

1812 年，俄国对拿破仑的决定性胜利，展示了这些非物质因素如何能帮助缺枪少炮的防御者赢得战争。[12]1812 年 6 月 23 日，法国军队首先进犯俄国，它与俄国的前线部队之比是 44.9 万对 21.1 万。[13]算上后备役部队，拿破仑共拥有 67.4 万可调遣的部队来与俄国战斗，而俄国在战争之初总共只有 40.9 万名正规军。另外，法国军队在质量上优于俄国军队。然而，俄国人在随后的 6 个月内彻底击败了拿破仑军队，并赢得了决定性的胜利。不可思议的是，47 万名法国战士丧命俄国，另有 10 万人成了战俘。相比之下，俄国总共才损失 15 万名士兵。

天气、疾病和俄国的聪明战略击败了拿破仑。俄国不在西部边界投入进攻力量，而是把部队向莫斯科方向后撤，在向东部移动的过程中实施一项焦土政策。[14]法国军队则试图追赶撤退的俄国部队，并决心在战斗中击溃之。可是，恶劣的天气阻碍了拿破仑的野心计划。在法国入侵的头几周内，暴雨夹杂着燥热的天气阻碍了部队的进攻，让俄国人得以逃逸。士兵的疾病和开小差很快就成了法国军队的一大难题。最后，拿破仑决定在斯摩棱斯克(8 月 17 日)和博罗季诺(9 月 7 日)与后撤的俄国军队大战一场。法国赢得了这两场战斗的胜利，但它们只是得不偿失的胜利：法国损失惨重，俄国军队拒绝投降，这样，法国军队更深地陷入俄国而不能自拔。9 月 14 日，拿破仑占领莫斯科，但当俄国人仍然拒绝放弃战争时，他被迫于 10 月中旬撤军。随后的西撤是法国军队的灾难，尽管法国军队与俄国的追兵坚持战斗，但已溃不成军。[15]随着冬天的降临，天气也帮了后撤法军的倒忙。尽管在 1812 年战役中，俄国从未赢得一次大战，但弱小的俄军击溃了更为强大的法军。

很清楚，布莱内的观点是错误的，他认为，如果国家能精确地测度均势就不会有战争，因为较弱的国家有时也能打败较强的国家。[16]因此，较弱的国家有时会首先发起对较强国家的战争。同样的逻辑也适用于实力几乎相当的国家。而且，较弱的国家有时会奋起抵抗威胁要进攻它的较强的国家，因为防御者有充分的理由认为，尽管它们在数量上不占优势，但能够打仗，并能取得胜利。

实质上，我们不可能把有形资产的均势与战争结果划上等号，因为非物质因素如战略等有时会极大地影响结果。因此,我们在定义权力时,必须在物质力量和结局之间作出选择,作为定义的基础。后者有效地结合了军事成功的非物质因素和物质成分。

有三个原因表明权力并不等同于结果。首先,当强调结果时,就不可能在冲突之前评估均势,因为只有在我们看到哪一方赢得胜利后,均势才能被确定。其次,这种方法有时导致虚假的结论。譬如,1812 年,俄国也许应该彻底打败拿破仑军队,但俄国不如法国强大。然而,倘若从结果来定义权力,就会毫无疑问地使人认为,俄国比法国更为强大。另外,谁也无法否认美国要比北越强大得多,但在越南战争中(1965—1972 年),较弱的一方却能打败较强的一方,因为非物质因素颠覆了均势。第三,国际关系中最有趣的方面之一是,权力作为一个手段如何影响政治结局这一目的。[17]当权力和结果难以辨别时,就更不用多说了。如果是这样的话,手段和目的之间就不再有区别,我们就只剩下自圆其说的论点了。

人口与财富:军事权力的原动力

潜在权力构筑一国用来建立军事力量的社会资源。[18]尽管这种资源的类别有多种,但一国的人口和财富规模是产生军事能力的两种最重要的要素。人口规模关系重大,因为大国需要一支庞大的军队,这只能从人口大国中产生。[19]只有少量人口的国家不可能成为大国。例如,只有 770 万人口的以色列和 910 万人口的瑞典不可能像分别具有 1.42 亿、3.17 亿和 13.5 亿人口的俄罗斯、美国和中国那样在世界上取得大国地位。[20]人口规模还具有重要的经济影响力,因为大规模的人口能产生大量的财富,是另一种形式的军事力量集聚。[21]

财富很重要,因为如果一国没有金钱和技术来准备、训练,并不断使其战斗部队现代化,它就不可能建立强大的军事力量。[22]兼之,发动大国战争的代价非常巨大。例如,参加第一次世界大战(1914—1918 年)的所有国家的直接损失之总和大约为 2 000 亿美元。[23]单是美国在 1941—1945

年抗击轴心国,就耗费了约3 060亿美元,这一数字是它1940年国民生产总值的三倍。[24]因此,国际体系中的大国总是处在世界最富裕的国家之列。

虽然人口规模和财富是军事能力的必要成分,但我只用财富一项来衡量潜在权力。这种强调财富的做法,并不是因为它比人口重要,而是因为财富涵盖了权力中的人口和经济规模。正像前面所分析的那样,一国必须有大量人口来产生财富。因而,有理由认为,拥有充足财富的国家同时也是具有大量人口的国家。简而言之,我并不忽视人口规模问题,只是认为我用来衡量财富的尺度包含了它。

用人口规模本身度量潜在权力更为容易些,因为衡量一个国家的人口比度量其财富要简单些。但是,我们不能用人口规模来度量潜在权力,原因是,人口数目常常不能体现国家间的财富差距。譬如,中国和印度在冷战期间比苏联和美国的人口都要多,但中国和印度都未能获得大国地位,因为它们根本不如超级大国富裕。实际上,人口众多并不能确保产生大量财富,但巨大的财富需要一个巨大的人口规模。因此,只有财富本身才能被用作衡量潜在权力的尺度。

财富的概念有多种意义,可以用不同方式度量。但我认为有必要选定一个能体现一国潜在权力的财富指标。特别是,我必须注重一国的可支配财富(mobilizable wealth)和它的技术发展水平。"可支配财富"指的是,一国可随时调动建立军事力量的经济资源。它比财富总量更重要,因为重要的不是一国如何富裕,而是它有多少财富可资利用。同时,拥有能生产最新和最先进技术的产业也非常重要,因为它们总是能转化成最先进的军备。例如,19世纪中叶钢铁业的发展和20世纪喷气式飞机的问世极大地改变了大国的军备状况。它使得当时大国的一些产业发生了翻天覆地的变化,并理所当然地帮助它们建立了庞大的军事力量。

国民生产总值代表一个国家一年的总产值,它可能是衡量一国财富的最常见的指标。事实上,如下所述,我用它来估算1960年后的财富情况。然而,国民生产总值并非总是潜在权力的很好指标,如果借用得不恰当,它就很难真实地体现潜在权力的面貌。问题的关键在于,国民生产总值主要是一国财富总值的标尺,并不总是体现不同国家在可支配财富和技术精度方面的重大差异。

但是,当相关大国处于同一经济发展水平时,国民生产总值确实能很好地衡量这两类财富的规模。试举一例。两个高度工业化的经济国,如1890年的英国和德国或1990年的日本和美国,很可能具有相似的快速发展工业,其财富总和与可支配财富之比也大致相同。比较两个大的农业国,如1750年的普鲁士和法国,这一逻辑也是适用的。

但是,当相比较的国家处于不同经济发展水平时,国民生产总值就算不上一个好的潜在权力指标。当国民生产总值用来衡量一个半工业化国家和一个高度工业化国家时,想一想会发生什么。国民生产总值代表一个国家在某特定时间里所有商品和服务业的市场价值,是一国劳动力规模及生产力的函数。一国劳动力的规模与人口规模有直接的关系,而其劳动力的生产效率与国家的经济发展水平有直接的关系。因此,很可能两个国家拥有相同的国民生产总值,但人口规模不同,工业化水平也迥异。譬如,一国工业基础薄弱,但人口规模较大,其中大部分人口从事农业,而另一国高度工业化,但人口要少得多。[25]

从1815年拿破仑溃败到1914年第一次世界大战爆发这100年间,英国和俄国正属于这一情况。这期间,它们的国民生产总值相近,尽管英国的工业生产总值遥遥领先于俄国(参见表3.1)。但是,俄国能保持自己的国民生产总值,因为19世纪的俄国农业人口快速增长。

表 3.1 1830—1913 年间英国与俄国财富和人口对比

	1830 年	1860 年	1880 年	1900 年	1913 年
国民生产总值(10 亿美元)					
英国	8.2	16.1	23.6	36.3	44.1
俄国	10.6	14.4	23.3	32.0	52.4
占欧洲财富的比例(百分比)					
英国	53	68	59	37	28
俄国	15	4	3	10	11
能源消费量(相当煤的百万立方吨)					
英国	—	73.8	125.3	171.4	195.3
俄国	—	1.0	5.4	30.4	54.5

（续表）

	1830 年	1860 年	1880 年	1900 年	1913 年
铁或钢产量（千吨）					
英国	690	3 880	7 870	4 979	7 787
俄国	190	350	450	2 201	4 925
占世界生产量（百分比）					
英国	9.5	19.9	22.9	18.5	13.6
俄国	5.6	7.0	7.6	8.8	8.2
总工业潜力（1900 年,英国＝100）					
英国	17.5	45.0	73.3	100.0	127.2
俄国	10.3	15.8	24.5	47.5	76.6
人口（百万）					
英国	23.8	28.8	34.6	41.2	45.6
俄国	57.6	76.0	100.0	135.7	175.1

资料来源：国民生产总值按 1960 年的美元价格计算。Paul Bairoch, "Europe's Gross National Product：1800—1975,"*Journal of European Economic History 5*，No. 2（Fall 1976），p. 281. 有关占世界产量的百分比的资料出自 Paul Bairoch, "International Industrialization Levels from 1750 to 1980," *Journal of European Economic History* 11，No. 2（Fall 1982），p. 296。把 1900 年英国的指数定为 100 的总工业潜力数据也出自同一处，第 292 页。能源消费指数、钢/铁产量指数以及人口数据出自 J David Singer and Melvin Small, *National Material Capabilities Data*，*1816—1895*（Ann Arbor，MI：Inter-University Consortium for Political and Social Research，February 1993）。占欧洲财富比数据参见表 3.3。

　　然而,像英国与俄国之间的工业能力差异,对潜在权力均势有重大的影响。首先,高度工业化的国家总是比半工业化国家具有更多用来防御的盈余财富,主要原因在于,农民的许多劳动产品由当地农民自产自销。第二,只有拥有最先进工业的国家,才能生产出使武装部队在战争中赖以生存的大量先进军备。[26]

　　但只单独考察国民生产总值,会使人觉得 1815—1914 年间的英国和俄国是欧洲经济实力最强的国家,认为它们拥有建立巨大军事力量并主宰该地区的政治资本。因为比较表 3.1 和表 3.2 就可以发现,在这一阶段的大部分时间内,英国和俄国在国民生产总值方面都领先于欧洲其他大国。实际上,这一结论是错误的。[27] 在 19 世纪特别是其中叶的几十年里,英国无疑比其他任何欧洲国家的潜在权力都要大,这一时期常被称作"英国治下的世界"。[28]但正如下面要讨论的,至少从19世纪中期到20世纪20年代,俄国的经济一直处于贫弱状态。这一时期,俄国的潜在权力相对弱小。这就可以极好地解释为什么俄国在克里米亚战争(1853—1856年)、日俄战争(1904—1905年)和第一次世界大战(1914—1917年)中遭受重大的军事失败。[29]总而言之,国民生产总值不能对工业国和半工业国之间潜在权力的明显区别作出适当的说明。

把当今的中国与日本和美国进行比较,也会出现同样的问题。尽管在过去20年中,中国的经济发展迅速,但它仍然是一个半工业化国家,约10%的财富依赖于农业。[30]而日本和美国是高度工业化的国家,只有1%的财富来自农业。但中国的人口数量是美国的5倍,约为日本的10倍。因此,如果选择国民生产总值作为指标的话,那么这三个国家之间的潜在权力均势必然对中国不利。也许,这一问题会随着时间的推移而改变,因为随着中国经济的现代化,中国的农业基础会进一步缩减(1980年它占财富的30%)。但对现在而言,这种因素必须计入到任何以国民生产总值来分析中国潜在权力的结果中去。

可见,国民生产总值有时是一种理想的潜在权力指标,有时则不然。在后一种情况下,我们要么选择能更好地度量潜在权力的指标,要么采用国民生产总值并加上其他恰当的标准。

表 3.2　1830—1913 年间法国与普鲁士/德国的财富和人口情况对比

	1830 年	1860 年	1880 年	1900 年	1913 年
国民生产总值(10 亿美元)					
法国	8.6	13.3	17.4	23.5	27.4
德国	7.2	12.8	20.0	35.8	49.8
占欧洲财富比例(百分比)					
法国	21	14	13	11	12
德国	5	10	20	34	40
能源消费(等于煤的百万立方吨)					
法国	—	13.2	29.1	48.0	62.8
德国	—	15.0	47.1	113.0	187.8
铁或钢产量(千吨)					
法国	270	900	1 730	1 565	4 687
德国	60	400	2 470	6 461	17 600

（续表）

	1830 年	1860 年	1880 年	1900 年	1913 年
占世界产量比例(百分比)					
法国	5.2	7.9	7.8	6.8	6.1
德国	3.5	4.9	8.5	13.2	14.8
总工业潜力(1900 年,英国＝100)					
法国	9.5	17.9	25.1	36.8	57.3
德国	6.5	11.1	27.4	71.2	137.7
人口(百万)					
法国	32.0	37.4	37.5	38.9	39.7
德国	12.9	18.0	45.1	56.0	67.0

注：1830 年和 1860 年的"德国"指的是普鲁士，此后年份才是德国。资料来源同表 3.1。

在衡量 1792 年至 2000 年这一相当长的历史时期的潜在权力均势时，我们不可能找到一个简单而可靠的财富指标。首先，缺乏 1792—1815 年间的经济数据。这一点带来的难题在第八章得以体现，这一问题是，拿破仑法国是否比它的大国对手特别是英国具有更多的潜在权力。我通过描述历史学家对英国和法国相对财富的记载，同时考察人口规模和其他军事权力的集聚方式，力图解决这一问题。这些资料粗略但可能恰当地描述了拿破仑年代的潜在权力均势。

我用一种直截了当的复合指标度量 1816—1960 年间的潜在权力，把一国的钢铁产量和它的能源消费看得一样重要。该指标能有效地体现一国的工业实力，很好地反映那一相当长的时段内的可支配财富和技术发展水平。[31] 自 1960 年至今，国民生产总值一直被用来衡量财富问题。我改变1960 年的指标有两个原因。[32] 第一，我的复合指标不适用于 1970 年以后的情况，因为当时钢铁在主要工业经济国中的作用已经严重下滑。[33] 因此，对于 1970 年以后的年代，需要一个不同的指标衡量潜在权力。国民生产总值是明显的选项。第二，对于当时体系中的苏、美两大国，我们最容易得到的国民生产总值数据来自于 1960 年到冷战结束这一阶段。[34] 所以，在考察冷战最后 30 年(1960—1990 年)和后冷战阶段的头 10 年(1991—2000 年)时，我采用国民生产总值作为指标。同时注意到，在评估当前中国的潜在权力指标时,国民生产总值存在局限性。[35]

军事权力的经济基础

简单回顾上两个世纪欧洲三大国的兴衰,就可以证明我的观点:财富是军事权力的基础,财富本身是潜在权力很好的指标。19 世纪,法国和德国(1870 年前为普鲁士)之间均势的深刻变化以及 1800—2000 年间俄国均势地位的变化,充分说明了财富是决定权力的关键因素。

1793—1815 年间,拿破仑法国是欧洲最强大的国家。事实上,它差一点控制了整个欧洲大陆。普鲁士很可能是当时大国中最为弱小的一个。1806 年,它被拿破仑军队击败,直到 1813 年,它被完全逐出欧洲均势圈。此后,它利用俄国给法国以毁灭性打击之机加入了均势联盟,并最终在 1815 年滑铁卢一战中击溃了拿破仑。然而,到 1900 年,局面却完全颠倒过来了,威廉德国一跃成了欧洲下一个潜在霸主。当法国需要联盟伙伴帮助其遏制德国这一邻国时,它于 1914 年和 1939 年与盟国一道投入了与德国的战争,以防止后者支配欧洲。

滑铁卢战争后的 100 年间,法国和德国的相对财富的变化很大程度上解释了它们之间军事权力的转移。表 3.2 清楚地显示,从 1816 年到 19 世纪 60 年代晚期奥托·冯·俾斯麦将普鲁士变成德国时,法国比普鲁士要富裕得多。实际上,普法战争爆发时的 1870 年,德国的钢产量首次超过法国。[36]从这以后到第一次世界大战爆发,法国和德国之间的财富差距不断朝着有利于后者的方向扩大。至 1913 年,德国的富裕程度大约是法国的三倍。

法德相对财富的显著变化,部分是由于 19 世纪晚期和 20 世纪早期德国的工业化快于法国。但主要原因是,它们各自的人口规模出现了很大变化,这说明了财富的改变如何引起人口的变化。从表 3.2 可以看出,1830 年,法国对普鲁士的人口优势大约是 2.5∶1,但到 1913 年,德国取得了对法国约 1.7∶1 的人口优势。这一数据之所以完全颠倒过来,是两方面因素作用的结果。一是法国在 19 世纪的出生率特别低,而德国的出生率是欧洲最高的;二是俾斯麦在普鲁士基础上建立起来的统一德国,比普鲁士本身的人口数目大得多。例如,1865 年普鲁士的人口是 1 930 万,而 1870 年德国的人口是 3 460 万。[37]

另一个例子是俄国,它在均势中的地位也极大地受其经济富裕程度的影响。俄国当时可能是拿破仑法国最可怕的军事对手。确实,1812—1815 年间,俄国军队在击溃法国的过程中起了关键作用。随着法国的崩溃,欧洲国家甚至担心俄国可能会支配欧洲。[38]可是,1815 年后,俄国并没有急于追逐霸权。相反,在随后的一百多年里,它在欧洲均势中的地位下滑了。如前所述,俄国在这一时期与其他大国打了三次战争——克里米亚战争、日俄战争和第一次世界大战,而且它在每一场战争中都遭受了耻辱性失败。

对比俄国在拿破仑战争、第一次世界大战和第二次世界大战中的表现可以发现,到 1914 年时,它已变得何等虚弱。每一次冲突都是由一个入侵俄国的潜在霸主所主导。虽然拿破仑法国和纳粹德国不得不在其他战场部署一些部队,但它们都能集中优势兵力对付俄国。[39]然而,俄国却决定性地击败了这两个入侵者。但在第一次世界大战期间,德国在西线部署了近 2/3 的战斗部队抗击英法军队,而用剩下的 1/3 对付东线的俄国。[40]虽然德国把最具优势的力量留在了后方,但它仍然击败了俄国,并把后者逐出了战争,这一战绩既非拿破仑亦非希特勒所能轻而易举地达到的。

在第一次世界大战后的若干年内,俄国的实力已滑到了最低点,当时,波兰侵入了新生的苏联并取得了重大胜利。[41]在波兰重新获得主动并赢得有限胜利之前,苏联红军暂时扭转了局势。但从 20 世纪早期开始,苏联开始构建令人敬畏的军事机器,并在 1939 年的一次小规模战争中击败了日本军队,然后在第二次世界大战中打败了狂妄的纳粹军队。1945 年后的苏联已变得非常强大,只有美国能阻止它支配欧洲。从希特勒溃败到 1991 年苏联解体为 15 个独立的国家时为止,苏联的庞大军事权力持续了 40 多年。

在过去的两个世纪里,俄国军事权力的兴衰,很大程度上可以用它在财富梯级中的地位变化来加以解释。虽然对于 1800—1815 年间的大国财富,我们并没有很多资料,但英国和法国是欧洲最富强的经济国家,这一点是清楚的。[42]不过,没有明显的证据表明,这期间,俄国就一定不如英国和法国富裕。[43]即便如此,俄国的经济仍然能承担起抗击拿破仑法国的军事所需,尽管在这场冲突中,俄国多次接受过英国的补给。总之,没有证据证明,法军强于俄军是因为法国比俄国富裕。[44]

拿破仑失败后的75年间,俄国在财富均势中的地位跌落得很厉害(参见表3.3),主要由于俄国的工业化步伐慢于英国、法国和德国。俄国缺乏工业能力这一点带来了重要的军事后果。例如,在第一次世界大战前的20年内,俄国没有能力在其西部地区建立起巨大的铁路网,这使它很难快速向俄德边境线上调遣军队。反观德国,它拥有极其先进的铁路系统,因此,它能够迅速向同一边境调集部队。为了弥补这种不对称的实力对比,法国与俄国结盟抗击德国,并帮助俄国修筑铁路系统。[45]实际上,第一次世界大战前夕,俄国是一个准备向高度工业化的德国开战的半工业化国家。[46]

表3.3 1816—1940年间欧洲财富分布情况

年 份	1816	1820	1830	1840	1850	1860	1870	1880	1890	1900	1910	1913	1920	1930	1940
英国	43%	48%	53%	64%	70%	68%	64%	59%	50%	37%	30%	28%	44%	27%	24%
普鲁士/德国	8%	7%	5%	5%	4%	10%	16%	20%	25%	34%	39%	40%	38%	33%	36%
法国	21%	18%	21%	16%	12%	14%	13%	13%	13%	11%	12%	12%	13%	22%	9%
俄国/苏联	19%	18%	15%	9%	7%	4%	2%	3%	5%	10%	10%	11%	2%	14%	28%
奥地利—匈牙利	9%	9%	7%	6%	7%	4%	5%	4%	6%	7%	8%	8%	—	—	—
意大利	—	—	—	—	—	0%	1%	1%	1%	1%	2%	2%	3%	5%	4%

注:这里的"财富"是一个直接的综合指数,它把钢/铁以及能源消费看成一样重要。我特别确定了所有大国在某特定年份内的钢/铁总量,然后算出各大国占有该总量的百分比。对能源消费量也采用相同的计算方式。然后,我一并计算出每一国所占钢/铁和能源的平均百分比。但1830—1850年期间的百分比只以钢铁产量为依据,因为缺少能源消费方面的数据。注意,此处以及全书对欧洲财富的计算只以相关大国的数据为依据,不包括次大国,如比利时和丹麦等。最后,必须注意1870年前的德国为普鲁士。*

资料来源:所有数据都出自 Singer and Small, *National Materials Capabilities Data*。

---

* 1867—1918年的奥地利—匈牙利为奥匈帝国。——译者注

无怪乎,俄国的经济不能满足军队的需要。由于它的步枪产量少得可怜,因此,1915年,"只有部分军队得到了武装,其余的人正等候伤亡的士兵腾出武器"[47]。直至1917年,俄国的大炮也非常缺乏。当时,德国拥有1 819门大炮,而俄国只有1 430门。据乔纳森·阿德尔曼(Jonathan Adelman)估计,在此次战争中,俄国最多只有30%的军备需求得到了满足。考察俄国难题的另一种办法是,对1914—1917年这一阶段进行比较:

(1)飞机:德国47 300架;俄国3 500架。

(2)机枪:德国280 000挺;俄国28 000挺。

(3)大炮:德国64 000门;俄国11 700门。

(4)步枪:德国8 547 000支;俄国3 300 000支。

因此,在第一次世界大战中,德国只用不到一半的兵力就能击败整个俄军就一点都不令人意外了。

20世纪30年代,斯大林坚定而有效地使苏联经济走向了现代化,所以在第二次世界大战开始时,德国只比苏联稍占财富方面的优势(参见表3.3)。[48]因而,在二战中,苏联的战时经济能有效地与德国的战时经济对垒。从1941年到1945年,实际上苏联在任何武器门类方面的产量都多于德国:

(1)飞机:苏联102 600架;德国76 200架。

(2)机枪:苏联1 437 900挺;德国1 048 500挺。

(3)步枪:苏联11 820 500支;德国7 845 700支。

(4)坦克:苏联92 600辆;德国41 500辆。

(5)迫击炮:苏联350 300台;德国68 900台。[49]

无怪乎,红军能在东线打败纳粹军队。[50]

虽然苏联经济在二战中遭到重大破坏(参见表3.4),但它从这次战争中一跃成了欧洲最强大的经济国。[51]因此,它在20世纪40年代已具备支配该地区的军事实力也就不足为奇了。然而,比苏联富足得多的美国(参见表3.5)坚决要遏制苏联成为欧洲霸主。二战后的头30年,随着苏联从战争中恢复元气,它的经济开始快速增长,与它的两极对手之间的财富差距极大地缩小了。1956年,赫鲁晓夫吹嘘苏联能"埋葬"美国的说法可能并不假。[52]

表 3.4　1941—1944 年欧洲财富分布情况

年　　份	1941	1942	1943	1944
美　国	54%	58%	61%	63%
德　国	22%	23%	23%	19%
苏　联	12%	7%	7%	9%
英　国	9%	9%	9%	9%
意大利	3%	3%	—	—

注：本表采用表 3.3 一样的综合指数衡量"财富"，只是这里用能源产量取代了能源消费。尽管美国不属于欧洲大国，但也被列入此表，因为二战期间，它深深地卷入了欧洲的战争。

资料来源：美国的能源和钢数据出自 B. R. Mitchell, *International History Statistics：The Americas，1750—1988*，2nd ed.（New York：Stockton Press，1993），pp.356，397。英国和意大利的数据出自 B. R. Mitchell, *International History Statistics：Europe，1750—1988*，3rd ed.（New York：Stockton Press，1992），pp.457—458，547。苏联的数据来自 Mark Harrison, *Soviet Planning in Peace and War，1938—1945*（Cambridge：Cambridge University Press，1985），p.253。德国的数据需要解释一下，因为我们使用的数据取决于哪一领土被视为德国的一部分。大致有三种选择：（1）"较老的德国"包括 1938 年前的边界；（2）"较大的德国"包括奥地利、苏台德区以及在战争中占领的地区，如阿尔萨斯—洛林和波兰的奥尔萨（Olsa）与东布罗瓦（Dombrowa），所有这些地区都并入了德意志第三帝国；（3）"较大德国加上占领的国家"是德国借以增加自己财富的途径。关于这一划分请参见 United States Strategic Bombing Survey（USSBS），*The Effects of Strategic Bombing on the German War Economy*，Europe War Report 3（Washington，D. C.：USSBS，October 31，1945），p.249。另请参见 Patricia Harvey，"The Economic Structure of Hitler's Europe," in Amold Toynbee and Veronica M. Toynbee, eds., *Hitler's Europe*（Oxford：Oxford University Press，1954），pp.165—282。关于 1941 年和 1945 年的德国钢产量，我采用的相关数据是依据上述第三类德国而言的，出自 USSBS，*The Effects of Strategic Bombing*，p.252。但关于德国在第二次世界大战中的可靠能源产量数据难以找到，ibid.，p.116。乔纳森·阿德尔曼采用苏联的数据，估测苏联和德国在二战中的电力和钢产量。参见 Adelman, *Prelude to the Cold War：The Tsarist，Soviet，and U.S Armies in the Two World Wars*（Boulder，Co：Lynne Reinner，1988），p.219。由于阿德尔曼得出德国的钢产量数据（13 370 万吨）接近我得出的总数（12 700 万吨），因此，我估计他的电力数据是可靠的。为了以年为单位来分配能源，我只以钢产量代表每一年的情况。例如，如果战争期间德国钢产量的 27% 是在 1943 年生产的话，那么我认为 27% 的电力也产自那一年。

表 3.5　1945—1990 年间超级大国的财富对比

年份	1945	1950	1955	1960	1965	1970	1975	1980	1985	1990
美国	84%	78%	72%	67%	67%	65%	63%	65%	66%	68%
苏联	16%	22%	28%	33%	33%	35%	37%	35%	34%	32%

注：1945 年、1950 年及 1955 年的数据采用与表 3.3 相同的综合指标。

资料来源：1945—1955 年间所有数据和资料都出自 Singer and Small, *National Material Capabilities Data*。1960—1990 年间的数据以国民生产总值为依据，资料源自美国军控与裁军署的《世界军事开支与武器发展数据库》。应该指出的是，专家对 1945—1991 年期间苏联国民生产总值的实际规模仍不能肯定，也没有一致的说法。但依我之见，这是最容易得到的数据。

可是，20 世纪 80 年代早期，苏联的经济开始摇摇晃晃，因为在发展计算机和其他信息技术方面，它未能跟上美国经济的步伐。[53] 这一问题本身并没有清楚表明苏联国民生产总值的陡然下滑，虽然它的领导人很久以前就预料了这一点。他们同时承认，这种初始技术的滞后最终也会损害苏联的军事。1984 年夏，尼古拉·奥加可夫（Nikolai Ogarkov）元帅被撤销总参谋长一职，其原因就在于他在公开场合说过苏联的工业严重落后于美国这样的话，这意味着苏联的武器装备很快就会落后于美国的武器装备。[54] 苏联领导人认识到了形势的严重性，并试图解决这一问题。但他们的经济和政治改革出了问题，引发一场民族主义危机，这不但让美国赢得了冷战的胜利，而且此后不久便导致了苏联的解体。

这种关于财富对建立军事力量重要性的讨论，可能会得出如下结论：国家间潜在权力的分配应该大致地反映出军事权力的分配。因而，把这两类权力划上等号也是可行的。我关于大国的目标是最大限度地占有世界权力的观点也许加强了这一论点，因为它似乎暗示，国家把它们的财富转化为大致相同比例的军事权力。然而，事实并非如此，经济实力并不总是军事能力的很好指标。

潜在权力与军事权力之间的鸿沟

冷战期间形成的同盟模式表明，当财富与军事潜力持平时，这一问就出现了。从这场冲突的开始到结束，美国一直比苏联富足得多，而在1945—1955 年北约和华约形成之时，情况更加明显（参见表 3.5）。欧洲的英国、法国、联邦德国、意大利以及亚洲的日本等都选择加入美国领导的联盟，以遏制苏联为目标。倘若财富能准确地体现权力，那么那些弱国早就应该联合苏联遏制美国，而不是相反。总之，如果财富是度量权力的公制标准，那么美国显然是更加庞大的超级大国。[55]

权力本身并非总能反映财富的梯级，原因有三。第一，国家把其财富的不同部分转化为军事实力；第二，财富转化为军事实力的效率因情况不同而各异，有时对均势产生重要的影响；第三，大国组建各式各样的军事力量，而且那些选择也关系到对军事平衡的估价。

逐渐缩小的回报

富有的国家有时并不建立额外的军事力量，即使它们大体上能担负得起这一代价。因为它们意识到，这样做不会给自己带来多于对手的优势。当一国的防御努力获得的回报越来越少（即它的能力已处于曲线图的最高位置），或者对手能很容易与之抗衡并维持均势时，它再花费更大的代价就没有什么意义了。简言之，如果发动军备竞赛不可能使发起者处于更有利的战略位置，它就会静观其变，等待更有利的形势。

19 世纪的英国就是很好的例子，当时，除了额外的防御开支外，它已处于军事最佳状态。1820 年至 1890 年，英国无疑是欧洲最富强的国家，在这 70 年间，它控制的大国财富从未少于 45%，而且在该世纪中期的 20 年里（1840—1860 年），它占有近 70% 的财富（参见表 3.3）。法国是那 20 年中最接近英国的竞争者，但它对欧洲工业能力的控制从来没有超过 16%。没有任何其他欧洲大国拥有过如此大的压倒其对手的经济优势。倘若单一的财富是衡量权力的极好指标，那么英国很可能早就是欧洲的第一霸主，或至少是其他大国不得不抗衡的潜在霸主。

但是，历史记载表明，情况并非如此。[56]尽管英国具有充足的财富，但它没有建立起一支对法国、德国或俄国构成威胁的军事力量。确实，从1815 年到 1914 年，英国花在防御上的财富比起它的大国对手要少得多。[57]英国仅仅是欧洲均势中的一员而已。因而，其他大国从未建立遏制它的均势联盟,这一情况完全不同于拿破仑法国、威廉德国、纳粹德国和苏联时的情况。[58]

英国之所以没有兴建庞大的军队并试图控制欧洲,原因在于它不得不面对跨过英吉利海峡向欧洲大陆投送力量的巨大难题。如同下章所讨论的,巨大的水体似乎剥夺了军队的进攻能力。反过来也一样,水体的阻遏力量也使得任何大陆国家很难跨过海峡进犯英国。因此,英国明智地认为,建立一支庞大的军队没有战略意义:它对进攻毫无用处,用于保卫本土也没有必要。

19 世纪另一富裕国家保持一支较小军队的例子是美国。到 1850 年时,美国已经非常富裕,足可以算得上一个大国。但人们普遍认为,直到 1898 年,它才获得那一尊贵位置。此时,它开始建立强大的军事力量,可与欧洲大国相抗衡。[59]这一问题将在第七章详细论述。在这里这一情况足以证明,尽管 19 世纪的美国军队规模很小,但它当时已经是高度扩张主义的国家,它把欧洲大国推回大西洋彼岸,并将边境往西面的太平洋延伸。美国一心在西半球建立霸权,这一目标在 20 世纪初就已明显实现了。

19 世纪后半期,美国仍保持一支小于其欧洲对手的军事力量,原因在于它能以极小的代价控制西半球。本地区的对手,如美国本土的不同部族和墨西哥等,美国甚至只用一支小部队就可以加以解决。严格地讲,欧洲的大国没有能力与美国对抗。欧洲人不但要投入重要的资源以保护自己的国家免遭彼此攻击,而且跨过大西洋向北美投送力量非常困难。

另一个原因也可以解释国家有时限制其军事预算的原因,那就是,它们认为,过度的防御开支可能对经济不利,并最终影响国家权力,因为经济实力是军事力量之基石。例如,20 世纪 30 年代,尽管英国面对许多全球威胁,但其决策者仍严格控制防御开支,因为他们担心,大量增加开支将破坏经济,他们称之为"防御的第四支臂膀"(fourth arm of defence)。[60]同样,艾森豪威尔政府(1953—1961 年)受财政保守派的左右,后者把高水平的防御开支看成对美国经济的威胁。这就是美国在 20 世纪 50 年代削减防御开支,并把重心转移至发展核武器上的原因之一。他们认为,从长远看,以核为基础的战略可以为一个稳定、有财力的防御政策提供基础。[61]

盟国也影响一个大国用于防御的资源水平。当然,任何两个卷入激烈安全竞争或彼此战争的大国,都不惜在军事上大量投入。但是,倘若其中一个对手拥有富强的盟国而另一方没有,那么拥有富强盟友的国家可能比它的对手花在防御上的开支要少。比如,冷战期间,苏联花在防御上的代价要比美国大得多。[62]这种不对称现象的部分原因在于,美国拥有英国、法国、意大利特别是联邦德国和日本这类富裕的盟国,而苏联的盟友如捷克斯洛伐克、匈牙利和波兰等都是穷国。[63]

最后,在有些情况下,一个富裕国家由于被一个大国所占领而不能建立强大的军事力量,后者要求前者保持弱小的军备。例如,在拿破仑战争期间,奥地利和普鲁士都被法国打败,并被赶出大国的行列。而在 1940年中期,法国又被纳粹德国占领,并最终于 1944 年夏末被英、美部队所解放。冷战期间,美国在联邦德国和日本驻扎部队,尽管它是仁慈的占领者,但它仍不允许这两个盟国建立一个大国所需的军事力量。虽然日本至少在 20 世纪 80 年代中期就与苏联一样富裕,但美国仍想牵制它。确有证据表明,到 1987 年为止,日本的国民生产总值就已经超过了苏联。[64]这一情况说明,尽管所有的大国都是富裕国家,但并非所有富裕的国家都是大国。

不同水平的效率

把经济实力的分配与军事能力的分配混为一谈是错误的,因为国家把财富转化为军事权力的效率各不相同。有时,大国对手之间存在很大的效率差距,这对均势产生极大影响。第二次世界大战时,纳粹德国和苏联之间的生死之战就说明了这一点。

1940 年,德国控制欧洲 36% 左右的财富,苏联约占 28%(参见表3.3)。1940 年春,德国占领了比利时、丹麦、法国、荷兰和挪威,且及时地掠夺了它们的经济资源,增加了它对苏联的财富优势。[65]接着,纳粹军队在1941 年 6 月入侵苏联。在 6 个月内,德国就占领了莫斯科以西几乎所有的苏联领土,这是最重要的资产。到 1941 年底,在苏联失去的领土中,包含 41% 的铁路线、42% 的发电能力、71% 的铁矿石、61% 的煤矿和 58% 的粗钢锻造能力。[66]1942 年春,纳粹战争机器进一步伸展触角,向石油储量丰富的高加索地区进发。在 1940—1942 年间,苏联损失了约 40% 的国民收入。[67]到 1942 年,德国与苏联的经济实力之比已超过了 3：1(参见表 3.4)。

　　尽管德国的潜在权力占有很大优势,但是在战争过程中,苏联的战时经济能力极大地超越了德国的战时经济能力,使均势朝有利于红军的方向改变。如前所述,1941 年至 1945 年,苏联生产的坦克数量是德国的2.2倍,飞机产量是德国的 1.3 倍。最令人称奇的是,甚至还在战争的早期,苏联的生产能力就已经超过了德国,当时,德国正在疯狂地抢占苏联的领土,而且同盟国的联合轰炸对德国的战时经济几乎没有任何影响。比如,1942 年,苏联拥有 24 446 辆坦克,德国是 9 200 辆。大炮数量之比是127 000：12 000,苏联占优。[68]这种武器产量的不对称性,最终导致苏联在地面力量均势中占据重大优势。当 1941 年 6 月德国入侵苏联时,苏军的数量稍占优势,苏军拥有 211 个师,德国为 199 个师,这是军事实力的关键指标。然而,到 1945 年 1 月,苏联又增至 473 个师,德国却只有 276个师,而且红军的平均武器装备和运输设备比纳粹军队要好得多。[69]

　　为何苏联生产的武器要比比自己富得多的纳粹德国还要多得多呢?一种可能的答案是,苏联花在军事上的财富比例要大于第三帝国。然而,事实上,德国用在防御上的国民收入比例仍稍大于苏联。例如,1942 年,德国与苏联的防御开支之比是 63%：61%,1943 年是 70%：61%。[70]也许在战争的最后几个月,反法西斯联盟的战略轰炸严重损伤了德国的战时产量,但如上所述,早在盟军开始对德国轰炸并对其产量产生重大影响之前,苏联的武器产量就已大大超过了德国。苏联得到了美国《租借法案》(Lend-lease Program)的帮助,尽管这一支援只占苏联产量的极小比例。[71]苏联比德国多产出如此多的武器,其主要原因在于,苏联更合理地使经济适应了整个战争的需要。特别是,相对于德国把经济用于大量生产武器装备,苏联(和美国)对经济的安排要更好些。[72]

军事力量的不同种类

　　财富不是军事能力的可靠参照体还有最后一个原因,那就是国家可以借用不同种类的军事权力,而且它们怎样建立武装部队对均势也具有影响。这一问题将在下一章详细讨论。这里要讨论的中心问题是,一个拥有一支庞大军队的国家是否具备可观的权力投送能力。然而,并非所有的国家都把相同比例的防御资金用于军事,也并非所有的军队都具有相同的权力投送能力。

例如,1870—1914 年间,当大国都把防御资金要么用于陆军要么花在海军方面时,英国却把绝大部分军事预算放在了海军上,其比例比法国和德国都要大。[73]这种不同的防御开支模式具有重要的战略意义,因为英国是一个岛国,需要一支强大的海军来保护它的海上商业,并帮助陆军横跨欧洲与大英帝国之间的巨大水体。而法国和德国是陆上国家,其帝国要小得多,所以它们不如英国那样依赖海军。但它们比英国更依赖陆军,因为它们时刻担心邻国的入侵。英国更少担心他国的进攻,因为它与其他欧洲大国被英吉利海峡所分开,这是阻遏进攻的巨大障碍。因此,英国的军队比法国或德国都要小得多。

另外,小型的英军不具备进攻其他欧洲大国的权力投送能力,因为阻碍其他对手侵略英国的地理障碍同样也使英国难以入侵欧洲大陆。1911年,威廉二世在与一位英国来访者谈话时,总结了英国的军事脆弱性:"恕我直言,你们在这一领域投入的微不足道的几个师不起什么作用。"[74]总之,在一战前的 44 年里,英国并不如法国或德国强大,尽管它在整个这一时期比法国更富裕,而且在差不多 3/4 的时间里比德国富有(参见表3.3)。

显然,财富和权力在大国之间如何分配,有时存在重大差异。然而,这种不调和性并非因为国家拒绝最大限度地占有世界权力而造成的。为了合理的战略原因,国家建立不同类型的军事设施,把不同数量的财富用于构筑战斗力量。而且,国家从财富中提炼军事权力的效率水平各不相同。所有这些因素都影响着均势。

可见,虽然财富是军事能力的基础,但是不能简单地把财富等同于军事能力,有必要采用不同的军事权力指数。下一章将讨论这一主题。

注 释

1. "权力"可用不同的方式来定义,这就出现了一个问题,即到底哪个定义是正确的。事实上,一个学者的理论决定了定义的合理性。我的定义是否恰当,取决于进攻性现实主义在多大程度上解释了国际政治。

2. 关于"权力"的两种思考方式的详细说明,参见 Bruce Russett and Harvey Starr, *World Politics : The Menu for Choice*（New York: Freeman, 1989）, chap. 6; William C. Wohlforth, *The Elusive Balance : Power and Perceptions during the Cold War*（Ithaca, NY: Cornell University Press, 1993）, pp. 3—5。此外,一些学者(如沃尔弗斯)坚持认为,决策者如何看待均势与实际上的均势本身之间有着巨大的差别,而真正影响对国际政治的理解的正是决策者脑海中的均势蓝图。我不同意这个观点。尽管决策者偶尔会误算敌对国家的权力,但是他们通常对实际的均势有很好的认识。这一点我会在接下来的章节中详细说明。因此,我们不必强调用对"权力"的认识来解释国家的行为。

3. Robert Dahl, "The Concept of Power," *Behavioral Science* 2, No. 3（July 1957）, pp. 202—203. 也可参见 David A. Baldwin, *Paradoxes of Power*（New York: Basil Blackwell, 1989）; Karl W. Deutsch, *The Analysis of International Relations*（England Cliffs, NJ: Prentice-Hall 1988）, chap. 3。

4. 这一说法的很好例子是 A. F. K. Organski and Jack Kugler, *The War Ledger*（Chicago Press, 1980）, chap. 3。也可参见 Jack Kugler and William Domke, "Comparing the Strength of Nations," *Comparative Political Studies* 19, No. 1（April 1986）, pp. 39—70; Jack Kugler and Douglas Lemke, eds. , *Parity and War : Evaluations and Extensions of the War Ledger*（Ann Arbor: University of Michigan Press, 1998）。

5. Geoffery Blainey, *The Causes of War*（New York: Free Press, 1973）, chap, 8. 引自第 119 页。也可参见 James D. Fearon, "Rationalist Explanations for War," *International Organization 49*, No. 3（Summer 1995）, pp. 397—414。

6. 参见 Zeev Maoz, "Power, Capabilities, and Paradoxical Conflict Outcomes," *World Politics* 41, No. 2（January 1989）, pp. 239—266. 正如在下一章中论述的,军事力量包括军队的数量和质量。

7. John J. Mearsheimer, *Conventional Deterrence*（Ithaca, NY: Cornell University Press, 1983）, pp. 33—55, 58—60. 也可参见 Mark Harrison, "The Economics of World War II: An Overview," in Mark Harrison, ed. , *The Economics of World War II : Six Great Powers in International Comparison*（Cambridge: Cambridge University Press, 1988）, pp. 1—2。

8. 参见 Mearsheimer, *Conventional Deterrence*; T. V. Paul, *Asymmetric Conflicts : War Initiation by Weaker Powers*（Cambridge: Cambridge University Press, 1994）; Dan Reiter, "Military Strategy and the Outbreak of International Conflict," *Journal of Conflict Resolution* 43, No. 3（June 1999）, pp. 366—387。

9. Brian Bond, *France and Belgium, 1939—1940*（London: Davis-Poynter, 1975）; Philips A. Karber et al. , *Assessing the Correlation of Forces : France*

1940，Report No. BDM/W79—560—TR （McLean，VA：BDM Corporation，June 18，1979）；Barry R. Posen，*The Sources of Military Doctrine：France，Britain and Germany between the World Wars* （Ithaca，NY：Cornell University Press，1983），pp. 82—94.

10. 关于"斯里芬计划"的细节，参见 Gerhand Ritter，*The Schlieffen Plan*，trans. Andrew and Eva Wilson （London：Oswald Wolff，1958）。关于"斯里芬计划"的原版也许会成功的观点，参见 Gordon Craig，*The Politics of the Prussian Army，1640—1945* （Oxford：Oxford University Press，1975），pp. 279—280；Walter Goerlitz，*History of the German General Staff，1657—1945*，trans. Brian Battershaw （New York：Praeger，1953），p. 135；L. C. F. Turner，"The Significance of the Schlieffen Plan，" *Australian Journal of Politics and History* 8，No. 1 （April 1967），pp. 52—53，59—63。

11. 在冷战的后半段，对欧洲的传统均势进行净评估以决定华沙条约是否可能在与北约的抗衡中获得快速而彻底的胜利，是饶有趣味的。研究那种均势(或者其他方面)的分析家把注意力集中于每一方可能获得的物质资产，而很少关注对手可能使用的战略，这是司空见惯的。其基本假设是，单有均势就能决定结果。然而，北约和华约战争的结果肯定是既依赖于资产数量，又依赖于它们的战略。因此，对欧洲均势(或者其他方面)的净评估应该既考虑战略又考虑物质设施的平衡。参见 John J. Mearsheimer，"Numbers，Strategy，and the European Balance，" *International Security* 12，No. 4 （Spring 1988），pp. 174—185。

12. 这种关于拿破仑在俄国的战争的讨论主要依据下列文献：David G，Chandler，*The Campaigns of Napoleon* （New York：Macmillan，1996），pts. 13—14；Christopher Duffy，*Borodino and the War of 1812* （New York：Scribner's 1973）；Vincent J. Esposito and John R. Elting，*A Military History and Atlas of the Napoleonic Wars* （New York：Praeger，1965）；Georges Lefebvre，*Napoleon：From Tilsit to Waterloo，1807—1815*，trans. J. E. Anderson （New York：Columbia University Press，1990），chap. 9。

13. 这一段中的数据源自 Chandler，*Campaigns of Napoleon*，pp. 750，754—755，852—853。另参见本书表 8.2 中关于法国和俄国陆军的规模。

14. 俄国的战略似乎不是自觉决策的结果，而是由于全面展开的战争而被迫为之。参见 Chandler，*Campaigns of Napoleon*，pp. 764—765，859；Lefebvre，*Napoleon*，p. 313。撇开背后的原因不论，战略本身还是起了很大的作用。

15. 关于拿破仑陆军的瓦解，有一个非常好的统计数据表。参见 Edward R. Tufte，*The Visual Display of Quantitative Information* （Cheshire，CT：Graphics Press，1983），pp. 41，176。

16. 参见 Jonathan Kirshner，"Rationalist Explanations for War?" *Security Studies* 10，No. 1 （Autumn 2000），pp. 153—161；Alan Beyerchen，"Clausewitz，Nonlinearity，and the Unpredictability of War，" *International Security* 17，No. 3

（Winter 1992—1993），pp.59—90，该文过分强调了预测战争胜利方的难度，但是它对这个问题提出了一些重要的观点。

17. 参见 Kenneth N. Waltz，*Theory of International Politics*（Reading, MA：Addison-Wesley，1979），pp.191—192；Wohlforth，*Elusive Balance*，p.4。

18. 参见 Klaus Knorr，*The War Potential of Nations*（Princeton，NJ：Princeton University Press，1956）；Klaus Knorr，*Military Power and Potential*（Lexington，MA：D.C. Health，1970）。

19. 关于人口与军事能力关系方面的最好著作，参见 Kingsley Davis，"The Demographic Foundations of National Power," in Morroe Berger，Theodore Abel，and Charles H. Page，eds.，*Freedom and Control in Modern Societies*（New York：Van Nostrand，1954），pp.206—242；Katherine Organski and A.F. K. Organski，*Population and World Power*（New York：Knopf，1961）；Michael S. Teitelbaum and Jay M. Winter，*The Fear of Population Decline*（Orlando，FL：Academic Press，1985）。

20. 中国与俄罗斯的数据出自 *World Bank Atlas*，2000（Washington，DC：World Bank，April 2000），pp.24—25。美国方面的数据出自美国统计局。

21. Simon Kuznets，*Modern Economic Growth：Rate，Structure，and Spread*（New Haven，CT：Yale University Press，1966），chap.2.

22. 关于财富对军事力量的重要性的讨论，参见 Robert Gilpin，*War and Change in World Politics*（Cambridge：Cambridge University Press，1981）；Paul M. Kennedy，*The Rise and Fall of British Naval Mastery*（London：Allen Lane，1976）；Paul M. Kennedy，*The Rise and Fall of the Great Powers：Economic Change and Military Conflict from 1500 to 2000*（New York：Random House，1987）；A.F.K. Organski，*World Politics*，2d ed.（New York：Knopf，1968）；Organski and Kugler，*War Ledger*。

23. 关于第一次世界大战的代价，参见 Ernest L. Bogart，*Direct and Indirect Costs of the Great World War*（Oxford：Oxford University Press，1919），p.299；Roger Chickering，*Imperial Germany and the Great War，1914—1918*（Cambridge：Cambridge University Press，1998）p.195；Niall Ferguson，*The Pity of War*（New York：Basic Books，1999），pp.322—323；Gerd Hardach，*The First World War，1914—1918*（Berkeley：University of California Press，1977），p.153。国际战略研究学会（IISS）预计第一次世界大战消耗了 4.5 万亿美元（以 1995 年的美元计算），第二次世界大战则消耗 13 万亿美元。参见"The 2000 Chart of Armed Conflict," insert to IISS，*The Military Balance，2000/2001*（Oxford：Oxford University Press，October 2000）。

24. 1940 年，美国的国民生产总值为 1 010 亿美元。这些数据来自 I.C.B, Dear，ed.，*The Oxford Companion to World War II*（Oxford：Oxford University Press，1995），pp.1059，1182。关于二战代价的更全面的讨论，参见 Alan S. Mil-

ward, *War, Economy, and Society, 1939—1945* (Berkeley: University of California Press, 1979), chap. 3。

25. 人们可能会借助人均国民生产总值的概念来解决这个问题,因为这样可以消除由于各个国家人口数量不同而造成的差异后果。但是,正如我所强调的,分析一国的人口规模是非常必要的,因为它是潜在权力的重要组成部分。比如说,仅仅以人均国民生产总值为依据,人们就会得出如下结论:现今的新加坡比中国拥有更多的潜在权力,因为新加坡的人均国民生产总值比中国高得多。这个结论显然是不合理的。

26. 参见 Bernard Bordie, "Technological Change, Strategic Doctrine, and Political Outcomes," in Klaus Knorr, ed., *Historical Dimensions of National Security Problems* (Lawrence: University Press of Kansas, 1976), pp. 263—306; Karl Lautenschlager, "Technology and the Evolution of Naval Warfare," *International Security* 8, No. 2 (Fall 1983), pp. 3—51; William H. McNeill, *The Pursuit of War: Technology, Armed Force, and Society since AD 1000* (Chicago: University of Chicago Press, 1982), chaps. 6—10; Merritt Roe Smith, ed., *Military Enterprise and Technological Change: Perspectives on the American Experience* (Cambridge, MA: MIT Press, 1987)。工业能力的差异有时具有影响潜在权力平衡的其他后果。首先,先进工业化国家常常能建立起支持大规模军队的后勤能力(公路、卡车、铁路、货轮、货机)。而工业落后的国家总是难以创造出这些军事胜利的必要因素。其次,现代工业化国家比那些半工业化国家可能拥有更高学历的国民,而高学历与更加出色的军事表现有着直接的关联。最后,现代军队是一个需要管理的大型、复杂的机构,所以日常的管理人员是必不可少的。高度工业化的国家可能拥有大量管理大型机构的专门人才,因为它们拥有许多大型的经济机构。例如,第一次世界大战期间,当时半工业化的俄国就受到严重的后勤问题、低素质的士兵以及低效率的管理人员体系等问题的困扰。另一方面,高度工业化的德国却拥有优良的后勤、受过良好教育的士兵以及在交战各国中最好的管理人员体系。

27. 《战争分类账》(*The War Ledger*)一书中的一个问题是,奥根斯基(Organski)和库格勒(Kugler)使用国民生产总值衡量19世纪末到20世纪初各国的权力。参见 William B. Moul, "Measuring the 'Balances of Power': A Look at Some Numbers," *Review of International Studies* 15, No. 2 (April 1989), pp. 107—115。他们也将潜在权力和实际力量等同起来,而这两个概念在通常情况下是不等同的。这一点将在本章的后半部分加以讨论。

28. 尽管这期间英国是一个经济强国,但是它并没有建立庞大的军队,个中缘由将在本章的后半部分加以讨论。

29. 参见 William C. Fuller, Jr., *Strategy and Power in Russia, 1600—1914* (New York: Free Press, 1992), chaps. 6—9。

30. 本章的数据来自 *World Bank Atlas, 2000*, pp. 42—43; World Bank, *Knowledge for Development: World Development Report 1998/1999* (Oxford:

Oxford University Press，1998），p.212。1980 年的国内生产总值（GDP）数据与国民生产总值（GNP）数据大致相近。

31. 关于能源对度量财富的重要性，参见 Oskar Morgenstern，Klaus Knorr，and Klaus P. Heiss，*Long Term Projections of Power：Political，Economic，and Military Forecasting*（Cambridge，MA：Ballinger，1973），esp. chap. 6。关于钢铁，参见 Ray S. Cline，*World Power Assessment，1977：A Calculus of Strategic Drift*（Boulder，CO：Westview，1977），pp.68—69。

32. 转变潜在权力的指标似乎不常见，但正如莫尔（Moul）指出的，"在各种历史和现实的背景下考察一个理论，需要同等的而不是相似的指标"。Moul，"Measuring，"p，103.

33. 参见 William T. Hogan，*Global Steel in the 1990s：Growth or Decline？*（Lexington，MA：Lexington Books，1991）；Paul A. Tiffany，"The American Steel Industry in the Postwar Era：Dominance and Decline，" in Etsuo Abe and Yoshitaka Suzuki，eds，*Changing Patterns of International Rivalry：Some Lessons from the Steel Industry*（Tokyo：University of Tokyo Press，1991），pp. 245—265。当克莱恩（Cline）在 20 世纪 90 年代修订《世界权力评估，1977》（*World Power Assessment，1977*）时，钢铁就一文不值了，它不再被视为经济实力的关键指标。参见 Ray S. Cline，*The Power of Nations in the 1990s：A Strategic Assessment*（Lanham，MD：University Press of America，1994），pp.51—68。

34. 对于冷战期间美国和苏联每年的国民生产总值，没有什么好的比较数据。我所使用的数据涵盖 1960 年以后的冷战岁月。它出自前美国裁军与军控署（ACDA）的军费开支和武器转让数据库；我所使用的后冷战时期的国民生产总值数据出自世界银行。

35. 有理由相信，1960 年指标的改变并不会扭曲对超级大国间潜在权力均势的分析。1968 年和 1976 年，国会经济联合小组两次公布了关于美苏在冷战期间的国民生产总值的数据对比。1968 年公布的研究报告提供了 1950、1955、1961 和 1965 年的国民生产总值数据，1975 年出版的研究报告提供了 1948、1950、1955、1960、1965、1970 和 1975 年的数据。在这两份报告中，美国和苏联在相应的年份中所控制的国民生产总值的相对份额与表 3.5 中的百分比没有什么区别。参见 U. S. Congress，Joint Economic Committee，*Soviet Economic Performance，1966—67*，90th Cong. ，2d sess.（Washington，DC；U. S. Government Printing Office，May 1968），p. 16；U. S. Congress，Joint Economic Committee，*Soviet Economy in a New Perspective*，94th Cong，2d sess.（Washington，DC：U. S. Government Printing Office，October 14，1976），p.246。

36. 参见 J. David Singer and Melvin Small，*National Material Capabilities Data，1816—1985*（Ann Arbor，MI：Inter-University Consortium for Political and Social Research，February 1993），pp.108—1，132—1。

37. 数据来源同上，p.132—131。

38. Steven T. Ross, *European Diplomatic History*, *1789—1815*: *France against Europe* (Garden City, NY: Anchor Books, 1969), chap. 11.

39. 1812 年 6 月,当拿破仑攻打俄国时,大约 200 000 名法国士兵在西班牙作战。然而,拿破仑仍有 674 000 名士兵用来进攻俄国。Chandler, *Campaigns of Napoleon*, pp. 754—755。1941 年 6 月,德国大约 70%的师部署在东线,其中包括纳粹德国国防军最精良的兵团。这一比例一直保持到 1943 年末德国开始在法国部署兵力,并准备 1944 年 6 月 6 日的诺曼底登陆。参见 Jonathan R. Adelman, *Prelude to the Cold War*: *The Tsarist*, *Soviet*, *and U. S. Armies in the Two World Wars* (Boulder, CO: Lynne Rienner, 1988), pp. 130—131; Jonathan R. Adelman, *Revolution*, *Armies*, *and War*: *A Political History* (Boulder, CO: Lynne Rienner, 1985), pp. 71—72。

40. Adelman, *Prelude*, p. 40; Adelman, *Revolution*, pp. 69—70。也许有人会认为,这种分析不足以说明这样一个事实,即奥匈军队与德国军队在东部作战是在一战而不是二战中。然而,从整个一战的战场情况可以清楚地发现,不堪一击的奥匈军队的责任心多于德国的资产。参见 Holger H. Herwig, *The First World War*: *Germany and Austria-Hungary*, *1914—1918* (New York: Arnold, 1997)。此外,二战中,大量的芬兰、匈牙利、意大利和罗马尼亚军队在东线战场上与德国并肩作战。参见 Adelman, *Revolution*, pp. 71—72。

41. Norman Davies, *White Eagle*, *Red Star*: *The Polish-Soviet War*, *1919—20* (New York: St. Martin's, 1972); Thomas C. Fiddick, *Russia's Retreat from Poland*, *1920* (New York: St. Martin's, 1990); Piotr S. Wandycz, *Soviet-Polish Relations*, *1917—1921* (Cambridge, MA: Harvard University Press, 1969); Adam Zamoyski, *The Battle for the Marchlands*, Eastern European Monograph No. 88 (New York: Columbia University Press, 1981).

42. 参见 Francois Crouzet, "Wars, Blockade, and Economic Change in Europe, 1792—1815," *Journal of Economic History* 24, No. 4 (December 1964), pp. 567—590; Patrick O'Brien and Caglar Keyder, *Economic Growth in Britain and France 1780—1914*; *Two Paths to the Twentieth Century* (London: Allen and Unwin, 1978), chap. 3。也可参见表 3.3 中有关 1816 年的数据。

43. 参见 Paul Bairoch, "International Industrialization Levels from 1750 to 1980," *Journal of European Economic History* 11, No. 2 (Fall 1982), pp. 281, 292, 294, 296 (some of Bairoch's data is reprinted in Kennedy, *Great Powers*, p. 149); Fuller, *Strategy and Power*, pp. 151—153; Arcadius Kahan, *The Plow*, *the Hammer*, *and the Knout*: *An Economic History of Eighteenth-Century Russia* (Chicago: University of Chicago Press, 1985); W. W. Rostow, "The Beginnings of Modern Growth in Europe: An Essay in Synthesis," *Journal of Economic History* 33, No. 3 (September 1973), p. 555.

44. 参见 David R. Jones, "The Soviet Defense Burden through the Prism of

History," in Carl G. Jacobsen, ed., *The Soviet Defense Enigma*: *Estimating Costs and Burdens* (Oxford: Oxford University Press, 1987), pp. 154—161; Walter M. Pintner, " Russia as a Great Power, 1709—1856: Reflections on the Problem of Relative Backwardness, with Special Reference to the Russian Army and Russian Society," Occasional Paper No. 33 (Washington, DC: Kennan Institute for Advanced Russian Studies, July 18, 1978); Walter M. Pintner, " The Burden of Defense in Imperial Russia, 1725—1914," *Russian Review* 43, No. 3 (July 1984), pp. 231—259。

45. D. N. Collins, "The Franco-Russian Alliance and Russian Railways, 1891—1914," *Historical Journal* 16, No. 4 (December 1973), pp. 777—788.

46. 关于一战之前俄国的经济弱点,参见 Raymond W. Goldsmith, "The Economic Growth of Tsarist Russia, 1860—1913," *Economic Development and Cultural Change 9*, No. 3 (April 1961), pp. 441—475; Paul R. Gregory, *Russian National Income*, *1885—1913* (Cambridge: Cambridge University Press, 1982), chap. 7; Alec Nove, *An Economic History of the USSR*, *1917—1991*, 3d ed. (New York: Penguin, 1992), chap, 1; Clive Trebilcock, *The Industrialization of the Continental Powers*, *1780—1914* (New York: Longman, 1981), chaps. 4, 7。

47. 这一节中所有注释与数据都出自 Adelman, *Revolution*, pp. 88—92。参见 ibid., pp. 85—86; Adelman, *Prelude*, pp. 32—37, 44—45; Peter Gatrell and Mark Harrison, "The Russian and Soviet Economies in Two World Wars: A Comparative View," *Economic History Review* 46. No. 3 (August 1993), pp. 425—452。

48. 关于斯大林经济政策效果的图表描述,参见"Soviet Heavy Industry Output, 1928—1945," in Mark Harrison, *Soviet Planning in Peace and War*, *1938—1945* (Cambridge: Cambridge University Press, 1985), p. 253。更全面的论述,参见 R. W. Davies, Mark Harrison, and S. G. Wheatcroft, eds., *The Economic Transformation of the Soviet Union*, *1913—1945* (Cambridge: Cambridge University Press, 1994)。

49. 这些数据引自 Adelman, *Revolution*, p. 92;阿德尔曼(Adelman)在《战争序幕》(*Prelude*)一书第 219 页使用了略微不同的数据。参见 David M. Glantz and Jonathan M. House, *When Titans Clashed*: *How the Red Army Stopped Hitler* (Lawrence: University Press of Kansas, 1995), p. 306; Harrison, "Economics of World War II," pp. 15—17; Richard J. Overy, *Why the Allies Won* (New York: Norton, 1996), pp. 331—332。

50. 苏联能够击败纳粹德国,不仅仅因为它有更多的武器。红军的作战能力也在 1941—1945 年间得到了显著的提高。例如,在战争的头两年里,苏联每损失 6—7 辆装甲车,德国才损失 1 辆;到了 1944 年的秋天,这个比例差不多是 1 : 1。

参见 Overy，*Why the Allies Won*，p. 212。也可参见 Glantz，*When Titans Clashed*，esp. pp. 286—289；F. W. von Mellenthin，*Panzer Battles：A Study of the Employment of Armor in the Second World War*，trans. H. Betzler（New York：Ballantine，1976），pp. 349—367。

51. 苏联的真正竞争者只有英国，从 1946 年到 1950 年，它的钢铁产量、能量消耗都比苏联小。参见 Singer and Small，*National Material Capabilities Data*，*1816—1985*，pp. 91—1，188—1。也可参见本书第八章。

52. 1956 年 11 月 18 日，赫鲁晓夫在对西方外交人员的讲话中说："不管你们喜欢与否，历史在我们这一边。我们将埋葬你们。"引自 William J. Tompson，*Khrushchev：A Political Life*（New York：St. Martin's，1995），p. 171。

53. Gus Ofer，"Soviet Economic Growth：1928—1985，" *Journal of Economic Literature* 25，No. 4（December 1987），pp. 1767—1833。

54. William E. Odom，"Soviet Force Posture：Dilemmas and Directions，" *Problems of Communism* 34，No. 4（July-August 1985），pp. 1—14；Notra Trulock Ⅲ，"Emerging Technologies and Future War：A Soviet View，" In Andrew W. Marshall and Charles Wolf，eds.，*The Future Security Environment*，report submitted to the Commission on Integrated Long-Term Strategy（Washington，DC：U. S. Department of Defense，October 1988），pp. 97—163. 在冷战后的世界里，人们强调苏联的无能是很正常的。然而，我们不该忘记的是，苏联十分善于使用严厉的手段杜绝资源的浪费，正如斯大林在 20 世纪 30 年代所表现的那样。在诸如 1941—1945 年这样的紧急情况下，苏联非常善于调配资源。

55. 这一观点在斯蒂芬·M. 沃尔特（Stephen M. Walt）的书中有详细论述，参见 Stephen M. Walt，*The Origins of Alliances*（Ithaca，NY：Cornell University Press，1987），pp. 273—281。

56. 国际政治经济学的学者有时会把 19 世纪的英国看作霸主。参见 Stephen D. Krasner，"State Power and the Structure of International Trade；" *World Politics* 28，No. 3（April 1976），pp. 317—347。这是因为他们通常把注意力集中在经济问题上，而很少关注军事力量。另一方面，那些强调安全竞争的重要性的学者通常会把 19 世纪的欧洲描绘成多极状态。

57. 参见 J. M. Hobson，"The Military-Extraction Gap and the Wary Titan：The Fiscal-Sociology of British Defence Policy，1870—1913，" *Journal of European Economic History* 22，No. 3（Winter 1993），pp. 461—503；Paul M. Kennedy，"The Costs and Benefits of British Imperialism，1846—1914，" *Past and Present*，No. 125（November 1989），pp. 186—192；Jacek Kugler and Marina Arbetman，"Choosing among Measures of Power：A Review of the Empirical Record，" In Richard J. Stoll and Michel D. Ward，eds.，*Power in World Politics*（Boulder，CO：Lynne Rienner，1989），p. 76；Quincy Wright，*A Study of War*，vol. 1（Chicago：University of Chicago Press，1942），pp. 670—671。

58. 20 世纪初期,一些最著名的德国学者(如 Hans Delbruck and Otto Hintze)错误地认为魏玛德国能够领导一个均势联盟与大英帝国抗衡,因为大英帝国极其富有,并拥有强大的海军。然而,英国、法国和俄国却联合起来对抗德国。参见 Ludwig Dehio, *Germany and World Politics in the Twentieth Century*, trans. Dieter Pevsner (New York: Norton, 1967), pp. 45—47, 51—55。正如本章后面所论述的,欧洲强国之所以联合起来抗衡德国而不是英国,是因为德国拥有一支具有极强进攻能力的庞大军队,而英国拥有一支小型军队,几乎不具备进攻另一大国的能力。

59. 保罗·肯尼迪(Paul Kennedy)的《大国的兴衰》一书中的各种图表(pp. 149, 154, 199—203, 243)显示了 19 世纪后半叶美国的巨大财富和军事弱点。也可参见 Hobson,"The Military-Extraction Gap," pp. 478—480;以及本书中的表 6.2。

60. R. A. C Parker, "Economics, Rearmament, and Foreign Policy: The United Kingdom before 1939—A Preliminary Study," *Journal of Contemporary History* 10, No. 4 (October 1975), pp. 637—647; G. C. Peden, *British Rearmament and the Treasury: 1932—1939* (Edinburgh: Scottish Academic Press, 1979); Robert P. Shay, Jr., *British Rearmament in the Thirties: Politics and Profits* (Princeton, NJ: Princeton University Press, 1977).

61. Robert R. Bowie and Richard H. Immerman, *Waging Peace: How Eisenhower Shaped an Enduring Cold War Grand Strategy* (Princeton, NJ: Princeton University Press, 2000), pp. 93—98, 127—139; John L. Gaddis, *Strategies of Containment: A Critical Appraisal of Postwar American National Security Policy* (Oxford: Oxford University Press, 1982), chaps. 5—6; Glenn H. Snyder, "The 'New Look' of 1953," In Warner R. Schilling, Paul Y. Hammond and Glenn H. Snyder: *Strategy, Politics, and Defense Budgets* (New York: Columbia University Press, 1962), pp. 379—524.

62. 美国中央情报局常常估计,苏联的防御开支占国民生产总值的比例差不多是美国的三倍。尽管有人批评这一数字太低,也有人指责它太高,但是,几乎所有专家都认为,苏联的防御开支所占国民生产总值的比例要高于美国。

63. 参见 Walt, *Origins of Alliances*, pp. 289—291。

64. 1979 年,日本国民生产总值为 2.076 万亿美元,而苏联的国民生产总值为 2.445 万亿美元。日本用 7 年时间就缩短了差距:到 1987 年,日本的国民生产总值已达 2.772 万亿美元,而此时苏联只有 2.75 万亿美元。所有数据都出自美国裁军与军控署(ACDA)的军费开支和武器转让数据库。

65. Peter Liberman, *Does Conquest Pay? The Exploitation of Occupied Industrial Societies* (Princeton, NJ: Princeton University Press, 1996), chap. 3; Milward, *War, Economy, and Society*, chap. 5.

66. Harrison, *Soviet Planning*, pp. 64, 125。也可参见 Overy, *Why the Allies Won*, pp. 182—183。

67. Mark Harrison, "Resource Mobilization for World War II: The USA, UK, USSR, and Germany, 1938—1945," *Economic History Review* 2d Ser. Vol. 41, No. 2 (May 1988), p. 185. 参见 Dear, ed., *Oxford Companion to World War II*, p. 1218。

68. Overy, *Why the Allies Won*, p. 332.

69. Adelman, *Revolution*, pp. 106—107. 应该说,这些数字只是粗略的估计。事实上,阿德尔曼在《战争序幕》(p. 174) 中写道,到 1945 年 1 月,苏联有 488 个师。并且,至少有两份资料证明,到 1945 年初,德国只有 300 多个师。参见 Dear, ed., *Oxford Companion to World War II*, p. 471; N. I. Anisimov, *Great Patriotic War of the Soviet Union, 1941—1945: A General Outline* (Moscow: Progress Publishers, 1970), p. 437. 关于对抗双方的军事装备差异,参见 R. L. DiNardo, *Mechanized Juggernaut or Military Anachronism? Horses and the German Army of World War II* (Westport, CT: Greenwood, 1991)。

70. Harrison, "Economics of World War II," p. 21.

71. 大量引用苏联研究成果的人估计,战争期间,租借(Lend-Lease)占苏联产值的 4%。但这个数字可能太低了。阿德尔曼估计这个数字应该是 10%。参见 Adelman. *Prelude*, pp. 223—224; Mark Harrison, "The Second World War," in Davies et al, eds., *Economic Transformation*, pp. 250—252; Boris K. Sokolov, "The Role of Lend-Lease in Soviet Military Efforts, 1941—1945," trans. David M. Glantz, *Journal of Slavic Military Studies* 7, No 3 (September 1994), pp. 567—586。

72. 参见 Werner Abelshauser, "Germany: Guns, Butter, and Economic Miracles," in Harrison, ed., *Economics of World War II*, pp. 151—170; Alfred C. Mierzejewski, *The Collapse of the German War Economy 1944—1945: Allied Air Power and the German National Railway* (Chapel Hill: University of North Carolina Press, 1988), chap. 1; Richard J. Overy, *War and Economy in the Reich* (Oxford: Clarndon, 1944); and Overy, *Why the Allies Won*, chaps. 6—7。

73. 参见 Wright, *A Study of War*, vol. 1, pp. 670—671, tables 58, 59。正如我提到过的,英国的防御开支在国家财富中所占的比例比其欧洲大陆的对手低,因为它和大陆之间隔着浩瀚的海洋。

74. 引自 Hobson, "The Military-Extraction Gap," p. 495。对于 1870—1914 年间英国军队的全面研究,参见 Correlli Barnett, *Britain and Her Army 1509—1970: A Military Political and Social Survey* (Harmondsworth, UK: Penguin Books, 1974), chaps. 13—15; David French, *The British Way in Warfare, 1688—2000* (London: Unwin Hyman, 1990), chaps. 5—6; Edward M. Spiers, *The Late Victorian Army, 1868—1902* (New York: Manchester University Press, 1992), 另请参见 A. J. P Taylor, *The Struggle for Mastery in Europe, 1848—1918* (Oxford: Clarendon, 1954), introduction.

第四章
地面力量的首要地位

国际政治中的权力很大程度上是一国军事力量的产物。但是，大国可以获取不同种类的战斗力量，每一种力量的多少对均势具有重要的意义。本章考察国家选择的四类军事力量——独立的海军力量、战略空中力量、地面力量和核武器——以便相互权衡，提出权力的有用度量模式。

在下面的讨论中，我将提出两个观点。第一，地面力量是当今世界军事力量的主导形式。一国的权力很大程度上根植于它的陆军以及支持这些地面力量的海、陆、空力量。简单地说，最强大的国家拥有最庞大的陆军。因此，估量地面力量均势本身就能基本把握大国对手的相对能力。

第二，巨大的水体极大地影响地面力量的投送能力。当敌对的陆军必须跨过像大西洋和英吉利海峡这样宽阔的水体相互攻击时，无论双方军队规模多大，质量多好，都不可能具备太大的进攻能力。水体的阻遏力量极具重要性，因为它不仅是地面力量的核心因素，而且它对霸权的概念具有重要影响。特别是占地球表面很大部分的海洋使任何国家都不可能取得全球霸权。即便世界上最强大的国家也不可能征服只靠船只才能到达的遥远地区。因此，大国的野心只能主宰它们所处的地区以及在陆地上能到达的毗邻地区。

一个多世纪以来，战略家就一直在争论哪种军事力量主导战争的结果。美国海军上将艾尔弗雷德·塞耶·马汉（Alfred Thayer Mahan）在《海权对历史的影响（1660—1783）》及其他著述中提出过一个著名论断：独立的海军力量是至高无上的。[1] 1921 年，意大利将军吉乌利奥·杜黑

(Giulio Douhet)则在他的名著《制空权》中提到战略空中力量的统治地位。[2]这些著作至今仍是世界各地参谋学院的流行读物。我认为,这两种观点都是错误的:地面力量才是决定性的军事手段。战争靠庞大的陆军而不是海上的舰队和空中的飞机赢得胜利。最强大的权力是拥有最强大陆军的国家。

也许有人会说,核武器极大地降低了地面力量的重要性,它要么使大国间战争变得少之又少,要么使核均势在一个竞争世界里成为军事权力的必要组成部分。毫无疑问,在一个核世界里,大国间更少发生战争,但是,即使在核阴影下,大国仍为安全而竞争,而且有时还很激烈,它们之间仍存在战争的实际可能性。例如,美国和苏联展开了长达45年的安全竞争,尽管双方都拥有核武器。另外,除了一个大国取得核优势这一未必会出现的局面外,核均势在决定相对权力方面几乎无关紧要。即使在核世界里,陆军和支持它们的海空力量都是军事力量的核心成分。

冷战期间形成的联盟模式,就可以证明地面力量是军事力量的主要成分。在两个大国主导的世界里,我们期望其他重要国家加入实力较弱的一方,以遏制较强的一方。整个冷战期间,美国不但比苏联富裕,而且它在海军力量、战略轰炸机和核弹头方面都强于后者。然而,法国、联邦德国、意大利、日本、英国甚至中国,都把苏联而不是美国看成体系中最强大的国家。无疑,那些国家与美国结盟反对苏联,是因为它们害怕苏联而不是美国的军队。[3]而今天,俄罗斯的威胁已不那么可怕了,尽管它仍有数千枚核弹头,但因为俄罗斯的陆军弱小,根本不可能发动一次很大的地面进攻。一旦它恢复元气并再次成为一支可怕的战斗力量,那么美国和它的欧洲盟国必然会对新的俄罗斯威胁感到担忧。

本章包含八个部分。在前四部分,我比较了不同类型的常规军事力量,旨在说明地面力量主导着独立的海上力量和战略空中力量。在第一部分,我更详细地描述了这些不同种类的军事力量,并解释为什么地面力量是赢得战争的主要手段。在接下来的两部分里,我探讨了海空力量所承担的各种任务,然后证明独立的海空力量如何影响大国的战争结局。地面力量在现代军事史上的作用将放在第四部分讨论。

第五部分分析浩瀚的水体如何显著地削弱陆军的力量投送能力,并因此极大地改变地面力量均势。核武器对军事权力的影响将在第六部分讨论。在第七部分里,我分析了如何衡量地面力量,然后得出一个简短的结论,这一结论对我从权力分析中得出的国际稳定具有某些启示。

征服与胁迫

地面力量以陆军为中心,但它也包括支持它的海空力量。例如,海军运送陆军跨越巨大的水体,有时它们还设法把地面部队投送到敌人的海滩。空军也运送陆军,但更重要的是,它们以空中火力协助陆军。然而,这些海空使命是直接帮助陆军,而不是独立行动。因此,这些使命也划归于地面力量的范畴。

在战争中,陆军极为重要,因为它们是征服和占据领土的主要军事工具,而在领土国家的世界里,领土是最高的政治目标。[4]英国著名的海军战略家朱利安·科比特(Julian Corbert)精辟地说明了陆军与海军的关系:"由于人们生活在陆地而非海面上,因此交战国间的重大问题总是(除了少数特例外)要么取决于你的陆军能取得敌人多少领土和有生力量,要么取决于舰队协助你的陆军所产生的威力使对方感到恐惧的程度。"[5]科比特的逻辑同样适用于空中和海上力量。

然而,海军和空军并不一味地充当陆军的力量增效器。正如许多海军至上者和空中力量热衷者所强调的,海空力量也能单独作用于敌国。例如,海军可以不顾战场上的战事情况而对敌人实施封锁,而空中力量可以飞越战场,轰炸敌人的本土。封锁和战略轰炸可以通过迫使敌人的陆军于在战场上被击败之前就缴械投降,从而获得战争的胜利。它的目的是,通过摧垮敌人的经济而破坏它实施战争的能力,或是给对方的国民以巨大的惩罚,促使它俯首称臣。

尽管杜黑和马汉这么说,但实际上,独立的海上力量和战略空中力量都不具备赢得战争的太大作用。这两种胁迫手段都不可能单独赢得一次大国战争。惟独地面力量本身具有单独赢得一次大战的潜力。如下文所说,其主要原因在于很难强迫一个大国投降。尤其是,单有封锁和轰炸难以摧垮敌国的经济。再者,即使在遭受重大惩罚时,现代国家的人们和领导者也不轻易心甘情愿地投降。虽然海军封锁和战略轰炸机本身不能取得胜利,但有时它们通过摧毁经济和破坏敌人的战争机器来协助陆军赢得胜利。然而,即便有这种超乎限度的能力,海空力量也常常不过是起一种辅助作用。

地面力量主导其他形式的军事力量还有另一种原因:只有陆军才能快捷地击败对手。下文将谈到,在大国战争中,封锁和战略轰炸不可能产生快速而具有决定性的胜利。它们主要有利于打消磨战。但是,除非国家认为能速战速决,它们一般很少开战。事实上,如果国家预见到可能会发生一场长期的冲突,那么,它就会极力避免战争的爆发。[6]因而,一个大国的陆军是它发动侵略的主要工具。换言之,一国的攻击能力主要来自陆军。

现在,让我们近距离考察一下海军和空军在战时所执行的不同使命,并特别关注封锁和战略轰炸行动如何影响过去大国冲突的结果。

独立海上力量的局限性

依靠向敌国投送力量的海军必须首先获得"制海权",这是海军的根本使命。[7]制海权意味着控制海洋表面纵横交错的航线,以便一国的商业和军事船只能自由航行。一支海军控制海洋,并不需要它一直控制所有海域,但是,无论何时,只要它需要,就必须能从战略上控制部分重要海域,并阻止敌人获得同样的能力。[8]制海权可以通过在战争中摧毁敌人的海军、封锁它们的港口或使对方无法使用关键的海上航线等方式获得。

一支控制海洋的海军也许可以在它控制的区域自由活动,但它仍需找到向对手领土投送力量的途径。制海权本身不具有这一能力。海军能执行三种力量投送任务,在这三种任务中,它可以直接支持陆军而不是采取独立行动。

两栖进攻。当海军跨越巨大的水体运送陆军并在对手控制的领土登陆时,两栖进攻是必不可少的。[9]在到达登陆区或随后的时间里,进攻部队必然遭遇对方陆军的阻击。他们的目的是击败防卫方的主力陆军,即便不能占领整个领土,也得占领某一区域。1944年6月6日,盟军攻打诺曼底就是两栖进攻的例子。

两栖登陆。相比之下,如果海上部队在登陆敌人领土时几乎未遭遇抵抗,并在与敌人交火前能建立一个滩头阵地,顺利向内陆推进,那么两栖登陆就派上了用场。[10]如下所述,在拿破仑战争期间,英军插入法国控制的葡萄牙领土,即为两栖登陆的范例。另一个例子是1940年春德国部队在挪威的登陆。

军队运送。海军运送军队牵涉到跨洋输送部队和在友军控制的领土上登陆,它们从这里投入对敌作战。海军有效地充当摆渡作用。在第一次世界大战中,美国海军执行过这一使命,当时,它从美国把部队运送至法国。在第二次世界大战中,它又把部队从美国输送到英国。我在下文讨论水域如何限制陆军的巨大威力时,会对这些不同类型的两栖行动进行分析。这里已充分说明,从海上入侵一个大国防御的领土常常是一项可怕的任务,而军队运送是一项容易得多的使命。[11]

海军还可以采用两种方法独立地向另一国投送力量。在海军炮轰(naval bombardment)中,敌人的城市或被锁定的军事目标往往处于沿海,它们会遭到船上的火炮、潜射导弹以及来自航空母舰上飞机的持续火力攻击。其目的是通过惩罚对方城市或作出不利于对手的军事平衡变化来胁迫敌手。这并不是一种重大的战略。海军炮轰只是皮毛战事,对目的国几乎无任何影响。

虽然在帆船年代(1500—1850年),海军常常炮轰敌人的港口,但它们向目标发射的火力非常有限,至多不过是给对方制造一点骚扰而已。[12]再者,海军火力无法到达远离海岸的目标。英国著名海军上将霍雷肖·纳尔逊(Horatio Nelson)在总结帆船时代的海上炮轰效果时说:"海船攻打港口是愚不可及的举动。"[13]1850年以后,海军的工业化极大地增加了海军可发射的火力数量和火力射程。但如下所述,工业化也对陆基部队产生了深刻的影响,增加了它们击沉海军的能力。因此,20世纪的水面海军在战争时往往远离敌人的海岸线。[14]然而,更重要的是,倘若一个大国试图以常规轰炸胁迫对手就范,那么毫无疑问,它会采用空中而非海上力量来达到这一目的。

当代两位伟大的海军理论家科比特和马汉相信,封锁是海军赢得大国战争的王牌战略。马汉称封锁为"海上力量中最有吸引力和最可怕的标志",它能搅乱敌国的经济。[15]其目的是截断对手的海上贸易——断绝其经由水路的进口,并阻止它的商品和原料出口到境外。

一旦海上贸易被截断,封锁就可以有两种方式胁迫一个大国臣服。第一,主要通过断绝食物进口,对敌国的民众施加严厉的惩罚。这种惩罚即使不是致命的,也可以让敌国的普通国民过着悲惨的生活。如果有足够的民众遭受打击并死去,那么国内民众对战争的支持将消失殆尽,其结果是,要么导致平民起来造反,要么迫使政府由于害怕内乱而停止战争。第二,封锁可以极大地削弱敌人的经济,使之无法继续战争。也许达到这一目的的最佳方法是截断关键的进口,如石油等。实施封锁的海军通常对这两种方法不加选择,而是尽可能地断绝对手的海外贸易,希望其中一种做法获得成功。无论如何,封锁不能产生快速而具有决定性的胜利,因为海军摧垮一个对手的经济要花很长时间。

国家通常使用海军力量实施封锁,因为它可以阻止远洋贸易到达目的国。例如,历史上,英国就依靠它的水面海军,封锁拿破仑法国和威廉德国等对手。潜艇也可以用来截断对手的海上贸易。如德国在两次世界大战中,都试图封堵英国,美国在二战期间也采用相似的做法对付日本。美国还使用水面舰只、陆基飞行器和水雷封锁日本。然而,海军未必总要实施封锁战术。控制一片大陆及其主要港口的国家,可以阻止该大陆上的国家与位居他处的国家之间的贸易,并因此封锁外部国家。针对英国的"拿破仑大陆体系"(1806—1813年)就属这一模式。

封锁的历史

在现代历史上,大国试图以战时封锁胁迫另一大国的事例有八个:(1)拿破仑战争时期法国封锁英国;(2)英国对法国采取同样的做法;(3)1870年,法国封锁普鲁士;(4)第一次世界大战时,德国封锁英国;(5)英国和美国封锁德国和奥匈帝国;(6)第二次世界大战时,德国封锁英国;(7)英国和美国封锁德国和意大利;(8)第二次世界大战期间,美国封锁日本。美国内战期间(1861—1865年),联盟军队封锁联邦军队可算得上是第九个例子,尽管双方实际上并非大国。我在这里也将其纳入讨论的范畴。[16]

在评估这些事例时,应该注意两个问题。第一,是否有证据证明单独的封锁能胁迫敌人俯首称臣? 第二,封锁能为地面军队取得胜利起到很大作用吗? 封锁对战争最后的结果起决定性的影响吗? 它与地面力量的影响大致相等还是相去甚远?

毫无疑问,英国的经济受到"拿破仑大陆体系"的重创,但英国在战争中坚持了下来,并最终成了赢家。[17]英国对拿破仑法国的封锁,没有使法国的经济走到毁灭的边缘,后者并没有表现出对封锁的弱不禁风。[18]任何严肃的学者都不会认为,英国的封锁在拿破仑的覆灭过程中起了关键作用。1870年,法国的封锁对普鲁士的经济几乎未造成任何影响,对普鲁士军队的影响就更小了,结果普鲁士赢得了对法国的决定性胜利。[19]第一次世界大战时,德国的潜艇挑战英国的舰船,威胁要在1917年一举击败英国。可是,封锁最终失败了,英国陆军在1918年击败威廉德国的过程中起了关键作用。[20]就在同一场冲突中,英国和美国海军对德国和奥匈帝国实施了封锁,对它们的平民造成了重大灾难。[21]然而,德国是当它的王牌陆军(没有受封锁的严重损害)在1918年夏季的西线战斗中溃败后才投降的。奥匈帝国也是在战场中被击败的。

在第二次世界大战中,希特勒对英国发起了又一次舰艇战,但这并没有拖垮英国的经济,也未能一举歼灭英国。[22]在同一场战争中,英美对纳粹德国的封锁,也没有给德国的经济带来重大损害,后者对封锁并不是不堪抵御。[23]同样,盟军的封锁也没有给意大利的经济造成太大的损伤,这也自然与1943年中期意大利作出的停战决定毫无关系。再看看美国内战,联邦的经济被联盟军队的封锁严重损害,但它并没有崩溃,罗伯特·李(Robert E. Lee)将军也只是在联邦陆军遭遇战争惨败后才投降的。而且,李将军的陆军并不是因为封锁带来的物资短缺而失败的。[24]

第二次世界大战期间,美国对日本的封锁,是封锁摧垮对手经济并给其军事力量造成严重损害的唯一范例。而且它是九个胁迫战例中唯一成功的例子,因为日本在其本土 200 万陆军败于战场之前,就投降了。[25]无疑,在促使日本投降的过程中,封锁起了核心作用。但是,美国的胜利也是在地面力量的协同下才取得的,它对战争的胜利起了同等重要的作用。日本在 1945 年 8 月的无条件投降值得仔细研究,因为它是一个有争议的例子,而且它对分析战略空中力量和封锁具有重要的意义。[26]

分析导致日本投降的原因有一种好方法,就是区别 1945 年 8 月和那关键一月的头两周发生了什么。1945 年 7 月下旬,日本是一个战败国,它的领导者也承认了这一事实。唯一的重大险情是,日本是否可以避免接受美国所要求的无条件投降。失败已不可避免,因为在这之前的三年里,地面力量均势已发生了不利于日本的决定性变化。由于美国的破坏性封锁,加上日本在长期的两线作战中损耗太大,日本的陆军和支援它的海空力量已处于崩溃的边缘。亚洲大陆是日本的西线,自 1937 年以来,它的陆军在与中国的代价高昂的战争中陷入了困境。日本的东线战场是它在西太平洋的本岛帝国,它在这一线的主要敌人是美国。美国的地面部队无疑拥有巨大的海空支援,它击败了困守岛屿的大部分日军,并于 1945 年秋天发动对日本的进攻。

至 1945 年 7 月底,美国空军对日本主要城市的轰炸已长达约五个月之久,对日本平民的生活造成了巨大破坏。然而,这一惩罚行动既没有迫使日本民众给政府施压,促其结束战争,也没有使日本领导者认真考虑投降。相反,日本之所以倒下,是因为它的陆军由于封锁和长年累月的地面战而大量阵亡。可是,日本仍拒绝无条件投降。

日本为何要顽抗到底呢?并不是因为其领导者认为,日本羸弱不堪的陆军能抵挡美国的侵入。事实上,普遍的观点是,美国拥有占领日本岛的军事实力。日本决策者之所以拒绝接受无条件投降,是因为他们认为,通过谈判结束战争不可能使日本主权完好无缺。取得成功的关键是,使美国认为它必须花巨大的血腥代价才能征服日本。他们估计,付出高昂代价才能取得胜利的这种威胁,将促使美国在外交方面更加灵活。另外,日本领导者希望当时仍未参加太平洋战争的苏联调停和平谈判,帮助日本达成一个没有无条件投降的协定。

1945 年 8 月上旬,两大事件最终促使日本领导人越过底线,接受无条件投降。广岛(8月6日)和长崎(8月9日)遭受原子弹轰炸,以及更多核攻击的威胁促使包括裕仁天皇在内的一些核心人物决定立即停战。不堪忍受的最后一击是,8月8日苏联决定参加对日战争以及它第二天对满洲里关东军的进攻。这一局势的发展不但排除了任何通过苏联达成和平协定的可能性,而且此时的日本要同时与苏联和美国开战。再者,关东军迅速败于红军之手,意味着日本的本土陆军很可能轻而易举地迅速败于美国的入侵部队。总之,到1945年8月,日本争取有条件投降的战略已经七零八落,这一事实已广为日本军方特别是陆军所认同,后者一直是停战的主要障碍。

从这些事例中可以得出两点结论来说明封锁对赢得战争的作用。第一,单有封锁不可能迫使敌人投降。这种战略的无效性已被一个事实证明,即没有任何交战国曾经采用过它。再有,有记录表明,即使封锁加上地面力量也很少产生胁迫结果,这就说明了,封锁总体上无法达到胁迫目的。在上述考察的九个例子中,实施封锁的国家赢了五次,失败四次。但在五次胜利中,有四次未使用胁迫战略,胜利者不得不征服其他国家的陆军。在胁迫成功的唯一例子中,美国海军封锁日本只为战争结局作出了部分贡献,地面力量至少与封锁一样重要。

第二,封锁对削弱敌人陆军很少起大的作用,因而它很少在地面战争的胜利中发挥重大影响。封锁的作用至多是,它有时通过破坏对手的经济来帮助地面力量打赢持久战。无疑,封锁日本是封锁在赢得大国战争中与地面力量一样重要的唯一战例。

为什么封锁会失败

许多因素可以解释封锁在大国战争中的有限效果。它们有时失败,是因为实施封锁的海军在海上受阻,不能截断敌人的海上交通线。在两次世界大战中,英美海军使德国的潜艇难以在有效的距离内向盟军舰只发射鱼雷,从而成功地阻击了德国的封锁。另外,在一场旷日持久的战争中,由于泄密或中立国家充当集贸中心,封锁有时会变得漏洞百出。例如,"大陆体系"经过一段时期后,就逐渐失去了功能,因为拿破仑不可能完全封闭英国与欧洲大陆的贸易。

即使当封锁完全截断了目的国所有的海上贸易,它的效果也常常是有限的,原因有二。第一,大国有打破封锁的方法,比如再生利用、储存和替代等。在两次世界大战前,英国都严重依赖粮食进口,而德国在这两场战争中的封锁,旨在使英国遭受饥荒之苦,使其降服。然而,英国大量增加它的粮食生产,化解了对其生存的威胁。[27]在第二次世界大战中,当德国的橡胶供应被断绝后,它就生产人造替代品。[28]另外,大国可以征服和盘剥邻国,特别是铁路出现后尤其如此。例如,第二次世界大战时,德国完全剥夺了欧洲大陆的资源,大大降低了盟国的封锁效果。

现代资本主义国家特别善于调节和合理配置经济,以反击战时封锁。曼瑟·奥尔森(Mancur Olson)在《战时短缺经济学》一书中就阐明了这一点。他在该书中对拿破仑战争、第一次世界大战和第二次世界大战中对英国的封锁作了比较。[29]他认为:"英国在二战中遭受的粮食供应损失最大,一战中的损失次之,而在拿破仑战争中的损失最小。"同时,英国在20世纪比在拿破仑时期更依赖于粮食进口。因而,人们会由此认为,英国在二战中"遭受短粮之苦"最大,而拿破仑战争时最小。

然而,奥尔森发现情况刚好相反:拿破仑时期由于短粮而遭受的痛苦"很可能比两次世界大战中的每一次都要大得多"。他对这种违背直觉的发现是这样解释的:英国的行政能力随着时间的推移已大大提高,因此,它在战时重组经济和改进封锁效果的能力分别是,"拿破仑时期最差,一战时更好,二战时最为杰出"。

第二,现代国家的人们能消化很大的苦痛,而不会起而反对政府。[30]历史记录中没有一个事例可以证明,以封锁或战略轰炸惩罚敌国的平民,会引起过公众对所在国政府的广泛抗议。如果有的话,也似乎是"惩罚引起更多公众对进攻者而不是本国政府的愤怒"[31]。以二战中的日本为例,不但它的经济受到了美国封锁的破坏,而且它还遭到战略轰炸,城市满目疮痍,成千上万市民被炸死。然而,日本民众忍辱负重地承受了美国给予的毁灭性惩罚,他们并没有给自己的政府施加压力,促其投降。[32]

最后,统治精英们很少会作出放弃战争的决定,因为他们的民众正受野蛮的摧残。事实上,我们可以这样认为,平民受到的惩罚越多,政府就越难停战。这种论点似乎违背直觉,它的基础是,惨重的失败极大地增加了这一可能性,即战争之后,人们将报复把他们带向毁灭的领导者。因此,那些领导人有一种强烈的冲动不顾人们遭受的苦难,决心战争到底,希望能渡过难关,走向胜利,保全自己。[33]

战略空中力量的限度

在战争中,国家如何部署它们的空军和海军同等重要。但是,在海军把力量投送到敌国之前,它们必须获得制海权;而空军在轰炸敌人的地面部队或进攻对手的本土前,必须取得制空权,或获得通常所说的空中优势。如果空中力量不能控制天空,它的打击力量很可能遭受重大损失,至少是难以有效地向敌人投送力量。

例如,1943 年 8 月和 10 月,美国轰炸机对德国城市雷根斯堡(Regensburg)和舒温弗特(Schweinfurt)进行大规模偷袭,但没有控制德国的领空。结果是,实施攻击的轰炸机受到重创,迫使美国放弃了进攻,直到 1944 年在远程战斗机的护卫下,进攻才得以恢复。[34] 在 1973 年 10 月犹太人赎罪日战争的头几天,以色列空军试图给被困于苏伊士运河和戈兰高地的以色列地面部队提供紧急援助。但埃及的密集火力加上叙利亚的地对空导弹与防空炮火,迫使以色列空军取消了这一任务。[35]

一旦空军控制了天空,它就可以执行三项力量投送使命,支持在地面作战的陆军部队。就低空援助(close air support)的作用而言,空军力量飞掠战场上空,为在下方采取行动的友好的地面部队提供直接的战术支援。空军的主要目的是从空中歼灭敌人,实际上是充当"飞翔的炮兵"(flying artillery)。这一使命要求空中与地面力量的密切配合。阻断(interdiction)指的是空军打击敌人陆军的后方地区,主要是为了破坏并延缓敌人对前线的供给和运送部队。打击目标可能包括补给站、预备部队、远程炮兵以及联系敌人后方与前线的交通线等。空军同时也提供空运,向战区或在战场内运送部队和提供补给。当然,这些使命只是加强陆军的能力。

　　然而，空军也可以用战略轰炸单独向对手实施武力，它可以直接打击敌人的本土，而无须考虑战场上的战况。[36]这种使命本身可能产生这样一种论调，认为单有空军即可赢得战争。无怪乎，空中力量的拥戴者常常主张战略轰炸，这与海军鼓吹者吹嘘封锁的作用如出一辙。[37]战略轰炸和封锁的目的是，通过严厉惩罚敌国的平民或破坏它的经济，并最终令其战斗力量瘫痪，逼迫敌人投降。支持以经济为打击对象的人，有时赞成打击敌人的整个工业基础并彻底摧垮它。而另外一些人则主张，把打击对象局限在一个或多个"关键部位"，如石油、滚珠轴承、机床、钢铁或运输网络等敌人经济的唯一致命弱处。[38]战略轰炸如同封锁一样，不可能取得快速和轻而易举的胜利。

　　在过去的十年里，一些空军倡导者认为，战略轰炸可以通过处决敌人政治领导人的方式来确保战争的胜利。[39]尤其是，战略轰炸机可以用来谋杀敌国的政治领导人，或攻击领导层的通讯设施和安全部队，把他们与国民隔离开来。这种观点认为，在这种情况下，敌人阵营中的温和派将发动政变，举行和谈。主张处决敌人领导人的观点认为，把政治领导者与其军事力量隔离开来，使他无法控制和指挥军队是可以实现的。

　　在考察历史记录之前，关于独立的空中能力的两个新观点是站得住脚的。我所说的战略轰炸的意思是，不对敌人领土实施核攻击。自1945年来，它一直不是一种重要的军事力量，这一情况在可预见的将来也不可能改变。随着核武器在第二次世界大战末期的问世，大国不再以常规的武装轰炸机威胁彼此的领土，而是依赖核武器完成这一使命。例如，冷战期间，万一超级大国之间爆发战争，美国和苏联都不打算以战略轰炸来应付对方。两国都有用核武库攻击对方领土的周密计划。

　　不过，老式的战略轰炸没有完全消失。大国还在用它攻击次大国，就像20世纪80年代苏联入侵阿富汗和90年代美国进攻伊拉克和南联盟那样。[40]然而，当评估大国之间的军事力量平衡时，拥有轰炸小国和弱国的能力是无足轻重的。最关键的是，大国在彼此对抗时可能使用的军事装备，这里不再包括战略轰炸。因此，我对独立空中力量的分析主要与1915—1945年这一时段有关，而不是指最近的过去、现在或将来。

　　历史记录包括14个战略轰炸的例子：其中大国进攻其他大国的有5

个,大国对次大国动武的有 9 个。敌对大国之间的战争为确定如何评估大国间的军事实力均势,提供了最重要的依据。不过,我同时也考察有关次大国的事例,因为有人可能认为,这些事例,特别是像美国对伊拉克和南联盟动武的例子,证明了大国可以用空中力量胁迫另一大国就范。但是,我的分析表明,情况并非如此。

战略轰炸的历史

大国试图以战略轰炸胁迫另一大国就范的 5 个例子,发生在两次世界大战期间:(1)第一次世界大战时,德国轰炸英国城市;(2)第二次世界大战中,德国再次轰炸英国城市;(3)英国与美国轰炸德国;(4)英国和美国攻击意大利;(5)美国轰炸日本。

大国试图以战略空中力量胁迫次大国的 9 个例子包括:(1)1936 年,意大利打击埃塞俄比亚;(2)1937—1945 年,日本进攻中国;(3)第二次世界大战中,苏联攻击芬兰;(4)20 世纪 50 年代早期,美国进攻北朝鲜;(5)20 世纪 60 年代中期,美国攻击北越;(6)1972 年,美国再次打击北越;(7)20 世纪 80 年代,苏联入侵阿富汗;(8)1991 年,美国及其盟国攻击伊拉克;(9)1999 年,北约轰炸南联盟。

这 14 个战例应参照前面关于封锁的两个问题来评估。第一,有无证据证明,单有战略轰炸就能胁迫敌人投降呢? 第二,战略轰炸能为地面陆军取得胜利起到很大作用吗? 战略轰炸对战争的最终结局是否有决定性的影响? 它与地面力量的效果大致相等还是相距甚远?

轰炸大国

在两次世界大战中,德国对英国的空中打击不但未能迫使英国投降,而且还输掉了这两场战争。[41] 而且,没有证据表明,这两次轰炸行动严重破坏了英国的军事能力。倘若有事例证明这些战略轰炸的决定性影响,那么它在很大程度上也是依靠二战中所谓的轴心国(德国、意大利和日本)的联合轰炸。

轰炸对这三场战争的结局起了关键作用的观点值得怀疑,因为在每一国明显走向失败之后,对目标国的猛烈轰炸才开始。比如,1939 年 9 月和 1941 年 12 月,德国分别与英国和美国交战。虽然德国在 1942 年底就明显就走向失败了,但是,它在 1945 年 5 月才投降。纳粹军队向红军发动最后一次大规模进攻是 1943 年在库尔斯克,并遭到惨败。而盟国在经过多次争吵后,才于 1943 年 1 月的卡萨布兰卡会议上,决定对德国发动大规模的战略轰炸。然而,空中打击迟迟未能启动,直到 1944 年春,轰炸机才开始猛轰第三帝国,此时盟国最终取得了对德国的空中优势。甚至连历史学家理查德·奥弗里(Richard Overy)都相信空中力量在赢得对德战争中起了核心作用,他认为,只是"在战争最后一年的轰炸拯救了战争"[42]。

意大利分别于 1940 年 6 月和 1941 年 12 月与英国和美国开战。但是与德国不一样,意大利在被占领之前就于 1943 年 9 月放弃了战争。严格地讲,盟军对意大利的轰炸开始于 1943 年 7 月,大约在意大利投降前的两个月。由此可知,意大利当时已经处于灾难性的失败边缘。它的陆军已被歼灭,不能再保卫意大利本土免受侵略。[43]事实上,1943 年 7 月,当盟军从海上入侵西西里岛时,纳粹军队正为意大利的防御提供大部分援助。

日本与美国的战争始于 1941 年 12 月,1945 年 8 月结束。1945 年 3 月,即离日本投降前 5 个月,日本开始遭到猛烈的空中打击。然而,日本此时已明显输掉了战争,只剩下无条件投降的选择。美国在太平洋重创了日本帝国,并在 1944 年 10 月的莱特海战中,有效地消灭了日本的海军余部。另外,1945 年 3 月,美国海军的封锁摧垮了日本经济,这对日本陆军产生了极大的消极影响,而它的大部分陆军困在与对中国的一场无法打赢的战争中。

事实上,只是到了战争的后期,轴心国被打得七零八落并走向失败时,战略轰炸才得以成功。否则,被攻击的目标国不可能对持续的空中打击不堪一击。例如,直到摧毁日本的海空力量并把战争推进到日本岛后,美国才实施重大的轰炸行动。只有这时,美国的轰炸机才能到达有效距离内,对日本发动毫无阻力的进攻。同样,只有当美国取得对德国的空中优势后,才能有效地采用战略轰炸机攻击第三帝国。这一艰巨的任务耗费时日并最终获得成功,只是因为德国把大量的资源转移到与红军的战争中去了。

　　盟国的三次战略轰炸行动最多只能说明，它们吃掉了已经走向失败的对手，这几乎无法证明单独的空军力量是第二次世界大战中决定胜负的武器。特别是，有人可能认为，那些战略空中打击加快而不是延缓了战争的结束，同时还帮助盟国确保了更好的形势。然而，除了意大利的情况外，证据似乎表明，战略轰炸对这些战争的结束方式几乎没有任何影响。让我们更详细地分析这些战例。

　　盟国试图给德国的平民造成痛苦并毁坏它的经济，迫使其投降。盟国对德国城市的惩罚（包括对汉堡和德累斯顿投掷"燃烧弹"这一臭名昭著的行动）摧毁了德国 70 个大城市的 40% 的城区，炸死了约 30.5 万市民。[44]但是，德国民众忍受了这一惩罚，希特勒并未感到内疚，也没有投降。[45]无疑，1945 年早期，盟国的空中打击加上不断推进的地面部队，打垮了德国的工业基础。[46]不过，战争此时已差不多接近了尾声，而且更重要的是，德国工业基础的破坏仍然不足以胁迫希特勒终止战争。最后，美国、英国和苏联的陆军不得不占领德国。[47]

　　与德国和日本相比，美国对意大利的战略轰炸要少得多。[48]意大利的一些经济目标受到了打击，但它的工业基础并未遭破坏。盟国也试图给意大利的平民造成痛苦。但从 1942 年 10 月到 1943 年 8 月，它们只炸死了 3 700 名意大利人，相对于在空袭中死亡的 30.5 万德国人（1942 年到 1945 年 4 月）和 90 万日本人（1945 年 3 月至 8 月），这是一个非常小的数目。尽管意大利只遭受了有限的毁灭，但是，1943 年（当时加强了轰炸），盟国开始对意大利的统治精英穷追猛打，不断施加压力，促其尽快投降。然而，当时意大利之所以绝望地放弃战争并最终于 1943 年 9 月 8 日投降，主要是因为意大利的陆军已溃不成军，没有任何机会阻止盟军的进犯。[49]早在轰炸开始产生效果之前，意大利就注定要失败了。因此，盟军对意大利实施空中打击的最大作用，充其量是比在没有空中协助的情况下，提前一到两个月时间迫使后者放弃战争。

　　1944 年底，当盟国对日本采取空中行动时，其初衷是运用威力巨大的炸弹协助摧毁已经被美国海军的封锁严重削弱的日本经济。[50]然而，事实很快表明，这一空中力量战略并没有严重毁坏日本的工业基础。因而，1945 年 3 月，美国决定轰炸日本的城市，试图惩罚其平民。[51]这一致命的空中打击一直持续到 5 个月后的战争结束,共破坏日本 64 个最大城市中的 40%,炸死近 78.5 万名市民,迫使 850 万人流离失所。[52]虽然在美国侵入和占领日本本土之前,日本就于 1945 年 8 月投降了(权且把它视为一个胁迫成功的例子),但是,空中打击行动在促使日本停战的过程中只起到很小的作用。如前所论,尽管原子弹和苏联对日宣战(都在 8 月上旬)帮了忙,但是封锁和地面力量对战争的结局起了主导作用。

因此,在大国属于被打击对象的五个战例中,胁迫失败的有三例:第一次世界大战和第二次世界大战时,德国对英国的空中进攻,以及美国对纳粹德国的轰炸。另外,在盟军对纳粹军队的胜利中,战略轰炸并没有起关键作用。虽然在第二次世界大战中,意大利和日本是被迫投降的,但盟国的两次成功都有多种因素,而不是独立的空中力量所致。让我们考察一下,在过去大国对次大国行使空中打击时,发生了什么。

轰炸小国

尽管在大国的战略轰炸机进攻次大国的几个例子中,存在严重的力量不对称性,但其中有五个例子并没有出现胁迫战略。1936 年,意大利轰炸埃塞俄比亚的城镇和村落,偶尔还使用毒气弹。[53]然而,埃塞俄比亚拒绝投降,迫使意大利的陆军占领其整个国家。1937—1945 年间,日本对中国的城市狂滥乱炸,屠杀了大量市民。[54]但中国并没有投降,最终,盟国彻底击败了日本。1965—1968 年间,美国采取著名的"惊雷"行动,对北越进行轰炸,其目的是迫使北越停止对南越战争的支持,接受一个独立南越的存在。[55]这一努力失败了,战争仍然继续。

1979—1989 年间,苏联对阿富汗人口密集区进行轰炸,试图迫使阿富汗反叛者放弃与苏联支持的喀布尔政府的战争。[56]最终,是苏联而不是反叛者放弃了战争。1991 年初,美国对伊拉克发动了一次战略空中攻击,企图逼迫萨达姆·侯赛因撤出伊拉克陆军在 1990 年 8 月占领的科威特。[57]然而,轰炸行动未能吓倒萨达姆,最后,美国及其盟国不得不动用地面力量完成这一使命。这一空中行动非常引人注目,因为美国采用了谋杀战略:它试图从空中消灭萨达姆,而且它还试图把萨达姆与他的国民以及在科威特的军事力量隔绝开来。这一战略全盘失算了。[58]

在四个涉及小国的例子中,胁迫确实取得了成功。但在其中三个战例中,战略轰炸在达到胁迫目的的过程中,似乎只起到外围作用。1939年11月30日,当苏联入侵芬兰时,苏联领导者约瑟夫·斯大林对芬兰城市进行了规模不大的轰炸,炸死约650名市民。[59]据说,在芬兰失败并被红军占领之前,轰炸行动与芬兰在1940年3月作出的停战决定没有多大联系。芬兰之所以停战,是因为它感到自己的陆军数量远远不如红军,没有任何取胜的机会。

朝鲜战争期间,美国试图以空中惩罚迫使北朝鲜放弃战争。[60]这一努力实际上包括三次明显的战役。从1950年7月到10月下旬,美国轰炸机集中轰炸北朝鲜的五个主要工业中心。从1952年5月到9月,轰炸的主要目标是北朝鲜一系列水力发电站以及北朝鲜的首都平壤。1953年5月到6月,美国的轰炸机攻击北朝鲜的水坝,试图毁坏它的粮食作物,使其陷入饥荒,并束手就擒。

由于到1953年7月27日才签订停战协定,因此,前面两次惩罚行动显然未能结束战争。有可靠证据表明,这两次行动都没有对北朝鲜的行为产生任何有意义的影响。虽然在美国采取毁坏北朝鲜粮食作物的行动后,紧接着就签订了停战协定,但是,轰炸水坝并未毁坏北朝鲜的粮食作物,导致大面积饥荒。北朝鲜最终被迫签订停战协定,是由于艾森豪威尔总统的核威胁,以及双方都意识到,谁也没有能力和意志改变战场上的僵局。简言之,常规的空中惩罚没有达到成功的胁迫目的。

除了在北越(1965—1968年)采取的"惊雷"行动失败外,美国还于1972年发起了"捍卫后方"(linebacker)的轰炸行动。[61]最终,北越在1973年早期签订了停火协定,使美国得以从战争中脱身,延缓了北越对南越采取进一步地面进攻。虽然就技术角度而言,这是胁迫的一个成功例子,但是,实际上这一协定只是把北越对南越的胜利推迟到1975年罢了。不过,战略轰炸在促使北越接受美国的停火协议方面,起的作用很小。

与当时流行的观点相反,美国轰炸机给北越平民造成的惩罚相对较小。大约1.3万名北越人死于1972年的空袭,这种程度的痛苦几乎不可能迫使像北越这样的顽固敌人屈从于美国的要求。[62]北越于1973年1月接受停火协定的主要原因是,1972年春,美国空军击退了北越的一次地面进攻,因而,在美国继续进攻之前,北越很想让美国迅速撤军,签订停火协定的意义仅仅如此而已。两年后,北越赢得了对南越的彻底胜利,后者在没有美国空中力量的帮助下,打完了最后的战争。

1999年北约发动对南联盟的战争,乍一看似乎是一个由单纯战略空中力量胁迫对手屈服的战例。[63] 1999年3月24日,美国及其盟国开始对南联盟进行空袭。其目的是迫使南联盟总统米洛舍维奇停止对科索沃省的阿尔巴尼亚人的镇压,让北约部队进驻该省。空袭持续了70天,1999年6月8日,米洛舍维奇屈从了北约的要求。尽管在整个战争中,反叛的科索沃解放军与南联盟地面部队发生了小规模冲突,但北约没有对科索沃发动地面进攻。

米洛舍维奇为什么停止抵抗,无法考证,但有一点似乎是明确的,那就是轰炸并没有使米洛舍维奇就范,单纯的轰炸并不是这一战争结局的保证。[64]最初,盟国只采取小规模的轰炸行动,因为北约领导者相信,几大轻微的惩罚后,米洛舍维奇就会认输。虽然这一策略失败后,北约加剧了空中战争,但是,它没有向南联盟施加很大痛苦的政治意愿。因此,北约的轰炸机长时间地打击南联盟为数不多的经济和政治目标,避免伤及平民。轰炸造成约500名平民死亡。[65]无怪乎,没有任何证据显示,米洛舍维奇是在他的人民要求结束痛苦而频频向他施加压力的情况下举起白旗的。

似乎有多种原因可解释为什么米洛舍维奇决定屈服北约的要求。他对遭受进一步空中惩罚的担心也许是关键的因素,然而,另外两个原因似乎至少与此一样重要。当时,北约正准备对南联盟实施大规模的地面入侵,而且在5月底,美国克林顿政府通过俄罗斯向米洛舍维奇送去了一个明确的信息:如果他不投降,北约将很快派地面部队进驻科索沃。另外,俄罗斯这一南联盟的关键盟友特别反对战争。实际上,6月初,俄罗斯就站在了北约一边,向米洛舍维奇施加了很大的压力,要求他立即停战。同时,北约也适度地缓和了自己的要求,让争端的解决对南联盟更具吸引力。总之,单纯的惩罚行动没有产生对南联盟战争的胜利,尽管它一直是一个重要因素。

这14个战例证明了关于战略轰炸有效性的几个结论:单纯的战略轰炸不能胁迫敌人投降。除了南联盟的例子外,没有大国(或大国联盟)曾试图依赖单纯的空军力量赢得战争,即便是北约最终威胁以地面入侵来胁迫米洛舍维奇的例子也不例外。在其余的 13 个战例中,战略轰炸从一开始就与地面力量一前一后协同配合。这一记录说明了,依靠单纯的战略轰炸是没有效果的。另外,几乎没有任何证据证明,以往的轰炸行动明显地影响了战争的结果,并由此证明战略轰炸本身可以强迫另一大国投降。记录表明,即使当战略轰炸与地面力量同时使用,战略轰炸在决定战争结局方面起主要作用的例子也只有一个。总的来说,战略轰炸本身不可能扮演胁迫的角色。

我们考察一下 14 个例子中的另外 9 个大国运用战略空中力量赢得战争的情况。不过,在这 9 个例子中的 3 个,胜利者并未胁迫它的对手,而是在地面上打败它的:意大利攻打埃塞俄比亚、盟军抗击纳粹德国以及美国进攻伊拉克等。在余下的 6 个例子中,大国运用战略空军力量成功地达到了胁迫对手的目的。然而,在这 6 个例子中,有 5 个例子的情况是,战略轰炸在决定战争的结局方面起次要作用:美国反击日本、苏联进攻芬兰、盟军抗击意大利和美国入侵朝鲜和越南(1972 年)。在每一个例子中,地面力量是胜利的关键,尽管在美日这一战例中,封锁也是成功的必要成分。

科索沃战争似乎是唯一能证明战略轰炸在成功胁迫中起关键作用的例子。不过,那一战例并不能让我们对独立空中力量的有效性感到乐观。这不但是因为单独对抗强大的美国及其盟国的南联盟是一个特别弱小的次大国,而且轰炸以外的其他因素也促使米洛舍维奇勉强接受了北约的要求。

从历史记录中得出的第二个教训是,战略轰炸几乎不可能削弱敌人的陆军,因此,它也就不可能为地面战争的成功作出重大贡献。二战期间,独立的空中力量有时确实帮助过大国赢得旷日持久的消耗战,但是,它在那些胜利中只起一种辅助作用。在核时代,大国只运用这一威慑工具打击次大国,而不是彼此攻击。不过,即使用来打击较弱的国家,战略轰炸的效果也一直与打击其他大国时差不多。一句话,它很难把对手炸向投降之路。

战略轰炸行动为什么失败

战略轰炸不能奏效与封锁常常不能胁迫对手的原因是一样的:平民

能忍受巨大的痛苦和掠夺,而不致起来反对他们的政府。政治学家罗伯特·佩普(Robert Pape)对空中惩罚与平民造反的历史证据作了总结:"在75年多的时间里,空中力量的记录无非是,试图利用进攻或威胁要攻击大量平民等方式,改变国家的行为。从这些战役中得出的无可争议的结论是,空中打击不会引起国人反对他们的政府……事实上,在过去30多场重大的战略轰炸行动中,空中力量从未迫使群众走向街头要求任何东西。"[66]再者,现代工业经济不是容易摧毁的脆弱结构,即使大规模的空中攻击也难以奏效。用亚当·斯密的话来解释就是,大国的经济有许多经得起毁灭的余地。用这一战略来进攻次大国就更没有多少意义了,因为它们的工业基础都很小。

然而,那种暗算领导者的战略又如何呢? 如上所述,1991年,这一战略在攻击伊拉克时失败了。它还在其他三个场合被采用过,但都不包括在前面讨论的范畴内,因为行动的规模都很小。不过,这一战略已有三次失败的例子,其结果是预料中的。1986年4月14日,美国轰炸卡扎菲。这位利比亚领导的幼女被杀,但他本人逃过了灾难。普遍认为,两年后,恐怖主义在苏格兰上空炸毁泛美航空公司103航班的事件,就是那次未遂暗杀的报应。1996年4月21日,俄罗斯试图剿杀车臣叛乱武装力量领导人杜达耶夫,目的是胁迫车臣按克里姆林宫的条件,与俄罗斯解决分裂主义战争。事实上,叛乱分子发誓要为杜达耶夫的死进行报复,几个月后(1996年8月)俄罗斯军队被迫撤出车臣。1998年12月,美国对伊拉克发动了短短的四天攻击行动。代号为"沙漠之狐"(Operation Desert Fox)的行动是又一次暗杀萨达姆的企图,也失败了。[67]

暗杀政治领导人的行动是一个简单的战略。[68]不过,杜达耶夫的事例表明,战时要找到并剿杀对手的政治领导人尤其困难。但即使剿杀行动得手,对手继任领导人的政见也不会与其前任有多大差异。这一战略是基于根深蒂固的美国信念:敌对国家本质上是由其邪恶政府控制的仁慈民众所组成的。他们认为,除掉邪恶领导,善意的力量就会占上风,战争也将很快结束。这不是一种令人满意的战略。杀死某一领导者,并不能确保他其中一位最亲密的副职不会取而代之。例如,倘若盟军暗杀了希特勒,他们很可能用马丁·鲍曼或赫曼·格林取代其领导位置,这两人都不会比希特勒好多少。另外，像希特勒一样的邪恶领导人拥有广泛的民众支持：有时，他们不仅代表他们国家的观点，而且民族主义常常会在政治领导者和其人民之间培育出紧密的纽带，特别是在战时，当国家面临一个强大的外来威胁时尤其如此。[69]

提倡把政治领导人与其广大人民隔离开来的战略也是不切实际的。领导者有许多渠道与其人民保持联系，实际上，空中力量不可能将其一举摧毁，并长时间地关闭这些渠道。例如，轰炸机可能很容易破坏敌人的通讯系统，但它们无法堵住报纸的发行，也难以摧毁秘密警察和其他镇压机器。最后，战争期间，促使敌国内部发生一场能产生友好领导者的政变，是一项特别困难的任务。

同样，把一个领导人与他的军事力量隔绝开来也是不切实际的。在这一战略中，成功的关键在于切断联系战场与政治领导人之间的交通或通讯线。不过，有两个原因可以解释为何这一战略注定会失败。领导者拥有多种渠道与其军队和人民保持联系，轰炸机不可能同时将它们封堵，更不可能让其长时间保持缄默。另外，对这一难题感到担心的政治领导人，会事先将权力移交给军方指挥官，以防交通线被切断。例如，冷战期间，由于担心核武器可能伤害领导人，两个超级大国都为这种不测作了安排。

历史记录似乎很清楚地表明，封锁和战略轰炸偶尔会对大国战争的结果产生影响，但很少对战争的最终结局起决定性作用。陆军和为陆军提供后援的海空力量对哪一方能赢得大国战争的胜利起主要作用。地面力量是国家最具威力的常规军事力量。[70]事实上，大国间的战争很少不是由交战双方的陆军最终在战场上决出胜负的。尽管前面的章节已讨论过某些相关历史，但是，通过对自1792年来大国间战争的简要分析，我们可以发现，战争是在地面打赢的。

陆军的决定性影响

过去的两个世纪里，大国间发生过十场战争，其中三场主要战争把所有大国都卷进去了：法国大革命和拿破仑战争（1792—1815 年）、第一次世界大战（1914—1918 年）和第二次世界大战（1939—1945 年）；后者实际上明显把亚洲和欧洲都卷入了冲突。

紧接着法国大革命后，法国在 23 年内与包括奥地利、普鲁士、俄国和英国在内的不同欧洲大国联盟进行了一系列战争。几乎每一次战争的结局都是由对手双方的陆军而非海军间的交战决定的。比如说，我们看看这些战争中著名的"特拉法尔加"海战的作用。1805 年 10 月 21 日，即拿破仑在乌尔姆一战中赢得对奥地利重大胜利的第二天，英国海军彻底击溃了法国的舰队。不过，英国在海上的胜利对拿破仑的命运几乎没有什么影响。在随后的两年里，拿破仑的陆军取得了最大的胜利：1805 年在奥斯特利茨击败了奥地利和俄国，1806 年在耶拿和奥尔施泰特打败了普鲁士，以及 1807 年在弗里德兰击溃了俄国。[71]

另外，英国封锁过欧洲大陆，拿破仑也封锁过英国。但两次封锁都没有对战争的结局产生显著影响。事实上，英国最终被迫派遣一支陆军赴欧洲大陆在西班牙抗击拿破仑陆军。这支英国陆军，特别是 1812 年在俄国纵深地区消灭法国陆军的俄国陆军，是把拿破仑赶出战争的主要原因。

地面力量均势也是第一次世界大战胜利的首要决定因素。特别是，这一结果取决于德俄陆军在东线持久而代价高昂的战争，以及德国与协约国（英国、法国和美国）在西线的战斗。1917 年 10 月，德国在东面取得令人震惊的胜利，俄国陆军一败涂地，退出了战争。1918 年春，德国还在西线取得了双倍于这一战绩的成功，但英国、法国和美国陆军坚持了下来。不久后，德国陆军土崩瓦解，由于这一原因，1918 年 11 月 11 日，战争结束了。战略轰炸在最后的胜负中几乎难当重任。英美对德国的封锁无疑有助于胜利，但它只是次要因素。后来所称的"大战"，主要靠双方数百万战士在凡尔登、坦嫩贝格（Tannernberg）、帕斯申德尔（Passchendaele）以及索姆河等地的浴血奋战解决的。

在欧洲，第二次世界大战的结果主要是由交战双方的陆军以及协同作战的海空力量之间的战争所决定的。德国早期的速胜，几乎完全归功于纳粹的地面力量；1939 年进攻波兰、1940 年 5 月至 6 月进犯法国和英国，以及 1941 年 6 月至 12 月突袭苏联。1942 年，战争形势急转直下，变得对第三帝国不利，到 1945 年 5 月，希特勒自杀身亡，他的继任者接受无条件投降。德国主要是在东线战场上被红军彻底击败的，在这一过程中，德国损失了 800 万士兵，占德国战时伤亡人数的 3/4。[72] 英国和美国陆军也消耗过纳粹军队的实力，但它们所起的作用比苏联陆军要小得多。这主要是由于英、美陆军直到 1944 年 6 月，即战争结束前一年，才在法国登陆。

直到 1945 年早期，战争的结局已在地面得以解决后，盟军的战略轰炸才能使德国的经济瘫痪。不过，单纯的空军力量并没有摧毁德国的工业基础。盟国的陆军向第三帝国的逼近也起过主要作用。英美海军对第三帝国实施过封锁，但它对战争结局的影响也非常小。简言之，击败像希特勒德国那种庞大的陆地强国的唯一办法，是在地面的血腥战争中击溃其陆军，并占领它。封锁与战略轰炸也许能帮上一些忙，但它们很可能只起外围作用。

美国人倾向于认为，当 1941 年 12 月 7 日珍珠港遭到袭击后，第二次世界大战才在亚洲爆发。但是，自 1931 年开始，日本就已经在亚洲发动了战争，并在美国参战之前就占领了中国东北、华北许多地区以及印度支那的部分地区。"珍珠港事件"后，日本军队已占领东南亚的大部分以及太平洋西部的所有岛屿。日本陆军是它的主要征服工具，尽管它的海军常常把陆军运往战场。日本对中国实施了战略轰炸，但它明显一无所获（本章前文已讨论过）。而且，从 1938 年开始，日本试图运用封锁来切断中国与外部世界的联系，到 1942 年，进入中国的武器装备和物品已降到了极点。然而，中国陆军仍然固守阵地，拒绝向他们的敌人投降。[73] 简单地说，地面力量是日本在第二次世界大战中军事成功的关键手段。

1942 年 6 月，战局发生了逆转，在中途岛战役中，美国海军取得了对日本海军的惊人胜利。在随后的三年里，日本在旷日持久的两线作战中，实力消耗殆尽，最终于 1945 年 8 月无条件投降。如前所述，地面力量在击败日本的过程中起了关键作用。美国海军对日本本土的封锁也是这一冲突的一个决定性因素。对日本的轰炸（包括广岛和长崎）无疑给目标城市造成了重大灾难，但它在迫使日本投降的过程中只起了很小的作用。这是现代史上唯一一场单纯的地面力量对战争结局未能起主要作用的大国战争,胁迫手段——空中或海上力量——在这里不仅仅是起辅助作用。在过去的 200 年里,还爆发了另外 7 场大国对大国的战争:克里米亚战争(1853—1856 年)、意大利统一战争(1859 年)、普奥战争(1866 年)、普法战争(1870—1871 年)、日俄战争(1904—1905 年)、苏俄内战(1918—1921 年)以及苏日战争(1939 年)。这些战例都不包含战略轰炸,只有日俄战争中发生过很多海战,尽管双方都未对对方实施过封锁。对手双方主要争夺制海权,这是战争中很重要的环节,因为不管哪一方控制水域,都有利于自己在行动区域内运送地面力量。[74] 所有 7 场战争都是由双方的陆军在战场上解决的。

最后,如果冷战期间发生战争,一场大规模常规战的结果也应该主要由中心战线的战事决定,在这里,北约和华沙条约组织的陆军会发生正面冲突。当然,支援这些陆军的战略空中力量也可能会影响地面战局的发展。另外,战争主要取决于双方陆军在战场上如何表现。双方都不会向对方发动战略轰炸,因为核武器的出现已使这一使命失去了实际意义。北约盟国绝对不可能用独立的海上力量担当重任,因为苏联不像二战中的日本一样对封锁不堪抵御。[75] 苏联的潜艇可能想方设法切断美国与欧洲的海上交通线,但就像德国在两次世界大战中一样,它们肯定会失败。如同与拿破仑法国、威廉德国和纳粹德国的战争一样,北约与苏联的争霸战争,最终也得通过地面陆军的对垒来解决。

水域的阻遏力量

地面力量有一个特别重要的方面值得深入而仔细地研究:巨大的水体对地面力量的投送能力有何种重大影响。对于跨洋运送地面力量并在友好国家登陆的海军而言,水体不是一个大的障碍。但当海军试图向敌对大国严密防守和控制的领土运送陆军时,水体便是一个可怕的障碍。向强大的陆地部队发动两栖进攻时,海军处于非常不利的地位,海上入侵者很可能被扔回大海。总而言之,越过共同边境发动陆上进攻要容易得多。当陆军不得不横越一个巨大的水体进攻一个充分武装的对手时,其进攻能力微乎其微。

为什么水域是陆军的屏障

实施海上入侵时,海军面对的基本问题是,海军能携带的用于两栖行动的军队数目和火力数量受到很大的限制。[76]因此,海军难以向敌方海岸安插足以压倒对方防御军队的突击力量。这一特殊属性从帆船时期到工业时代各有不同。[77]

19世纪50年代以前,舰只以风帆为动力,海军比陆军更具机动性。陆军不但得越过诸如山脉、森林、沼泽和沙漠等障碍,而且无法使用好的路段,铁路和动力化交通工具更是一种无法企及的奢望。因而,陆基部队移动缓慢,这意味着它们很难阻止海岸线受到来自海上的入侵。而另一方面,具有制海权的海军能在洋面上迅速移动,并在敌人陆基部队抵达滩头阵地之前,让部队在对方的海岸登陆。由于帆船时代的两栖登陆相对容易得手,所以大国很少对另一国领土发动两栖进攻,而是在对手军队部署很少的地方登陆。事实上,从1648年国家体系建立时起,到19世纪中期汽船开始取代帆船,欧洲没有发生过两栖进攻的战例。

尽管在敌人领土上登陆部队相对容易,但海军不可能把大部队送上岸,并坚持很长时间。帆船海军运载能力有限,因此,它们无法为入侵部队在敌人领土上的生存提供必要的后勤支持,[78]也不可能迅速提供必要的物品增援。何况,敌方陆军在自己的领土作战,终究会赶至两栖部队所在地,在战斗中将他们一举击溃。因而,帆船时代的欧洲大国极少向敌对大国本土和被其控制的领地实施两栖登陆。实际上,在1792年拿破仑战争开始前的两个世纪内,尽管欧洲大国间频繁开战,但没有出现两栖登陆的战例。[79]帆船时代仅有的两次两栖登陆作战是,发生在荷兰的英俄战争(1799年)和英国入侵葡萄牙事件(1808年)。如下所述,在这两例中,海军都失败了。

19世纪的战争工业化使得大规模的两栖登陆变得更为现实,但向一个武装完备的对手发起攻击仍然是一个可怕的任务。[80]从入侵方而言,最大的进步是新式、装备蒸汽动力的海军比帆船具有更大的携载能力,而且不过分依赖于风向。因此,相对帆船海军,汽船海军可向敌方海滩运送更多的部队,并能坚持更久。1845 年,帕麦斯顿勋爵警告说:"蒸汽航海使在过去军队难以逾越的地方(如英吉利海峡)如同在河流上架起了可通行的蒸汽桥梁一样。"[81]

然而,帕麦斯顿过于夸大了英国遭侵略的威胁,因为其他方面的技术发展抵消了海上力量的进攻。特别是飞机、潜艇和水雷的发展,增加了海军到达敌方海岸的困难,而飞机和铁路(后来还有公路、卡车和坦克)尤其使两栖力量在登陆后难获优势。

19 世纪中期开始横贯于欧美的铁路在德国对奥地利(1866 年)和法国(1870—1871 年)的统一战争以及美国内战(1861—1865 年)中起过重要的作用。[82]两栖力量在横跨巨大的水体时不能从铁路中受益。同时,海上力量不可能把铁路带在身边,至少短期内它很难抢占和利用敌方的铁路线。相反,铁路极大地增加了陆地部队击败两栖行动的能力,因为它们使防御者在进攻方的登陆点或附近地区,迅速集中大量军队。而且由铁路携带的陆军可以完好无缺地到达战场,因为它们避免了行军中的损耗。还有,当陆军困在与两栖力量的战斗中时,铁路也是支持陆军的绝佳工具。由于这一相似的原因,20 世纪初期,石子路、摩托化及机械化交通工具的发展,更有利于陆上部队阻击海上的入侵者。

虽然在 20 世纪头十年的战争中,飞机就首先投入了使用,但是,直到20 年代和 30 年代,海军才开始发展用于支持两栖进攻的航空母舰。[83]不过,被进攻的领土国家得益于空中力量要多于两栖力量,因为更多的飞机停留于陆地而不是屈指可数的几艘航空母舰上。[84]领土国家实际上是一艘能储备无数飞机的庞大航空母舰,而一艘实际的航空母舰只能搭载数量有限的飞机。由此类推,其他方面也一样,领土国家应该能获得制空权,利用这一优势打击海滩上的两栖力量,甚至在后者到达海滩之前就给予还击。当然,倘若从海上进攻的一方能依赖自己从陆地上起飞的飞机,那么这一问题就能迎刃而解。例如,1944 年 6 月的诺曼底登陆行动,就是极大地依赖驻扎在英国的飞机。

陆基空中力量同时具有击沉敌方舰队的能力。实际上,海军紧挨着拥有强大空中力量的大国海岸是非常危险的。比如,1942 年 3 月至 12 月间,处于英国和冰岛港口与苏联摩尔曼斯克之间的盟军护卫舰进入离挪威很近的水域,德国在这里部署了大量的空中力量。到 1942 年晚期,当德国在这一地区的空中力量大量减少时,那些陆基飞机给了护卫舰以毁灭性的打击。[85]因此,即使海军控制了制海权,它也不能靠近领土国家,除非它同时控制制空权,而单纯的航空母舰很难控制制空权,因为陆基空中力量常常要远远大于海基空中力量。

潜艇也是在第一次世界大战中首次被使用,主要是德国在英国和大西洋水域向同盟国舰只发起进攻。[86]尽管德国的潜艇战最终失败了,但是,这已表明,一支庞大的潜艇部队能较为容易地击毁没有护航的商船。德国潜艇也严重威胁过英国庞大的水面海军,后者在北海与德国海军展开了猫与老鼠的游戏式战争。事实上,英国的舰队处于时刻陷入德国潜艇攻击的恐惧中,即便它处在自己的港口时,也是如此。然而,它们最担心的是,冒险进入北海并靠近德国的海岸,因为德国的潜艇就在此等候。海军史学家保罗·哈尔本(Paul Halpem)指出:"潜艇的危险确实使得适合大型军舰航行的北海有点像陆地上战壕对峙战中的无人地带。它们在那里要冒风险,但只是为了特殊目的。"[87]对向敌人海岸发动两栖进攻的海军而言,潜艇对水面舰只的威胁具有重要的意义。特别是,拥有强大潜艇部队的对手,可以在进攻力量到达海滩之前就将它们击沉,或者在进攻力量登陆后击沉海军的大部分舰只,从而使海上进攻部队搁浅于海滩。

最后,海军鱼雷布置于水下,使过往船只触雷爆炸,这也增加了从海上入侵领土国家的困难。[88]在美国内战中,海军首次有效地使用水雷,但直到第一次世界大战中水雷才第一次被大量使用。1914—1918 年间,战争勇士们放置了约 24 万枚水雷,极大地改变了战争的过程。[89]水面舰只不可能毫无伤害地通过密集的布雷水域。他们必须首先清扫雷区,而在战时,这是难以办到甚至不可能办到的。这样,领土国家就能有效地保卫海岸免受侵略。例如,在美国及其盟国在波斯湾大量集结入侵部队前,伊拉克就在沿科威特的海岸一带水域布上了水雷。当 1991 年 2 月 24 日地面战争打响时,美国海军陆战队未能进攻科威特海岸,而是呆在海湾的舰船上。[90]

尽管向大国控制的大陆发起两栖进攻很难成功,但在特定情形下也是可能的。尤其是，它们可能对一个处于灾难性失败边缘的大国发起进攻，这主要是因为受害国将不再有保卫自己的资本。另外，它们可以成功地向需要保卫大面积国土的大国发动攻击。在这种情形下，防御方的军队可能被大量分散，使自己领土的某一外围地带容易遭受攻击。事实上，如果防御大国的力量过于延伸，力量相当单薄，那么未遭抵抗的两栖登陆就有可能实现。特别是，当防御方正进行两线作战时，两栖行动更容易得手，因为此时防御方的大部分力量会被牵制在前线战场，而远离海上进攻。[91]在所有这些例子中，侵略一方应在其登陆点上空拥有明显的空中优势，以便它的空军能提供就近的空中支援，阻止敌人增援海滩。[92]

但如果所有这些条件都不具备，而且防御大国能把其绝大部分军事力量都用来反击两栖力量，那么毫无疑问，陆基部队会给海上入侵者以毁灭性还击。因此，在考察历史记录时，我们应该看到，只有当上述特定条件具备时，向大国直接发动两栖进攻的例子才可能会出现。从海上向一支强大的陆地部队发起进攻的例子应该是很少见的。

两栖进攻的历史

简要回顾海上入侵的历史，就可以找到许多关于水域阻遏力量的证据。一个大国对另一个领土严密防御的大国发起进攻的例子从来没有过。第一次世界大战前，英国一些海军谋划者提出，在欧洲全面战争的初期对德国实施海上入侵。[93]然而，军事专家和国内的决策者认为这一想法无异于自杀。科比特的观点无疑代表了这一问题的主流思想。他在1911年写道："假如能击败敌人的潜艇，是再好不过的了，我们可以因此为入侵打开通道，但任何一个大陆国家都会嘲笑我们这种不自量力的企图。"[94]德国的俾斯麦就是一个明显的例子。当被问及如果英国军队在德国的海滩登陆他将作何种反应时，据说俾斯麦这样回答，他会"叫当地的警察将它逮住"[95]。第一次世界大战爆发前后，英国都没有认真考虑过要入侵德国，而是把部队护送到法国，驻扎在靠法国陆军的西线一带。1939年9月1日，德国侵入波兰后，英国采用了同样的战略。

冷战期间，美国及其盟国从未认真考虑过对苏联发动两栖进攻。[96]当时，美国决策者意识到，倘若苏联侵吞了西欧，那么美国和英国陆军不可能第二次上演诺曼底登陆的壮举,并重返欧洲大陆。[97]苏联绝不可能面临两线作战的压力,因此,它几乎可以把所有的精良部队囤积在法国。何况,苏联还拥有对付入侵者的强大空军。

实质上,现代历史上所有向大国控制的领土发动两栖进攻的战例,都发生在上述所说的特殊情况下。比如,在法国革命和拿破仑战争期间(1792—1815年),英国海军向法国控制的领土发动了两次两栖登陆和一次两栖进攻。尽管进攻获得成功,但两次登陆都最终失败了。

1799年8月27日,英国和俄国两栖部队在法国控制的荷兰登陆。[98]当时,法国军队已在欧洲中部与奥地利和俄国陆军的战斗中受到牵制,英俄两栖登陆的目的是迫使法国两线作战。然而,就在英俄军队在荷兰登陆并准备开辟第二战线之际,法国在另一战线赢得了决定性胜利。接着,奥地利退出了战争,使法国腾出手来,集中军队抗击从一开始就装备简陋、后援匮乏的侵略军(这是帆船时代)。为了避免灾难,英俄陆军来了一个大后撤,试图通过海路逃离荷兰。但他们未能逃出大陆,被迫在1799年10月18日向法国陆军投降,距离当初登陆还不到两个月。

第二个两栖登陆的战例,发生在1808年8月的葡萄牙海岸。当时,拿破仑的战争机器深深陷入邻国西班牙。[99]葡萄牙当时处于一支弱小的法国陆军的控制下,这使英国部队能在友好的葡萄牙勇士控制下的海岸线登陆。英国侵略军把法国陆军赶出了葡萄牙,然后向西班牙进发,在伊比利亚半岛与法国陆军主力展开战斗。由于遭到拿破仑军队的重创,英国不得不在1809年1月即登陆葡萄牙六个月后,由海路撤出西班牙。[100]在这两次战例中,最初的登陆都是可能成功的,因为法国军队主力在其他地方决战,英国海军能在一片没有抵抗的领土上找到安全着陆点。不过,一旦两栖力量遭遇强大的法国军队时,他们就很快掉头往海滩逃跑。

1801年3月8日,英军在埃及的阿布吉尔湾成功地实现了对法国军队的两栖进攻。驻防者实际上是1798年夏天拿破仑调往埃及的陆军残余部队。[101]随后,英国海军很快就切断了那一部分陆军与欧洲的联系线,从而注定了法军最后的毁灭。拿破仑意识到面前黯淡的战略形势,于1798年8月悄然撤回法国。因而,到1801年英国入侵埃及时,法国军队处于委靡状态已达三年之久,并以疲弱姿态投入战争。而且,军队统帅是一个特别无能的指挥官。因此,在埃及,英国进攻部队面对的是一个毫无强大可言的对手。实际上,法国陆军根本没作什么努力去保卫阿布吉尔湾海滩,在随后与英军战争中的表现也差强人意。埃及的法国军队于1801年9月2日投降。

在现代史上,克里米亚战争(1853—1856年)是一个大国从海上入侵另一个大国本土的两个战例中的一个(1943年7月盟军入侵西西里为另一例)。1854年9月,约5.3万名英法军队在克里米亚半岛登陆,该半岛是伸向黑海的一个俄控领土,离俄国很远。[102]英法军队在这里登陆的目的是,通过夺取由4.5万名俄军防卫的塞瓦斯托波尔(Sevastopol)俄国海军基地,挑战俄国对黑海的控制。[103]此次行动是两栖登陆,而不是两栖进攻。英法军队登陆后向塞瓦斯托波尔北部推进了近50英里,未遇到俄国的抵抗,直至建立滩头阵地并顺利向纵深进发。尽管英法军队非常疲弱,塞瓦斯托波尔还是于1855年陷落了。俄国随后很快输掉了战争,并于1856年春在巴黎签订了和平条约。

一系列例外因素可以解释克里米亚战例。第一,英法在两个广阔的独立战场威胁俄国:波罗的海和黑海。但是,由于波罗的海紧靠俄国最重要的城市,而黑海远离这些城市,因此,俄国将它的大部分陆军部署在波罗的海一带。甚至当英法军队在克里米亚登陆后,驻扎在波罗的海地区的俄军仍然纹丝不动。第二,奥地利对波兰进攻的可能性,钳制了俄国本应派往克里米亚的额外军队。第三,19世纪中期,俄国的通讯和交通网络非常落后,这使它难以向塞瓦斯托波尔周边地带增援。指挥普军打败奥地利(1866年)和法国(1870—1871年)的普鲁士陆军元帅毛奇认为:"如果1856年俄国有通往塞瓦斯托波尔的铁路,那么战争肯定是另一种结果。"[104]最后,英法对克里米亚的贪欲不大:它们并未威胁要在那里扩大立足点,也不会威胁要向北挺进,以给俄国造成决定性失败。只有英法跨过波罗的海实施海上进攻,才能导致俄国的重大失败。然而,在波罗的海,俄国部署了足够的军队抵御此类进攻。

第一次世界大战期间,德国和任何其他大国控制的领土都没有遭到海上入侵。灾难性的加利波里战役是此次战争中唯一一次大的两栖登陆。[105]英法军队试图夺取加利波里半岛,该半岛是土耳其的一部分,是通往黑海的要塞。土耳其不是一个大国,但它是德国的盟国,尽管德国并没有与土耳其人并肩作过战。然而,土耳其人却在滩头阵地遏制了进攻的盟军部队,最终迫使他们经海路从加利波里撤退。

第二次世界大战中,针对一个大国控制的领土发动两栖进攻的情况出现过很多次。在欧洲战场,英美军队发动过五次大的海上进攻。[106]1943 年 7 月,当时意大利仍处于战争中(尽管刚开始),盟军侵入了西西里;1943 年 9 月意大利刚退出战争,盟军又进攻了意大利本土,[107]这两次入侵行动都取得了成功。占领意大利南部后,盟军于 1944 年 1 月在安齐奥(Anzio)发起了大规模入侵。[108]目的是通过在德国后防线约 55 公里处登陆大量海上部队,从侧翼包抄德国。虽然登陆很顺利,但安齐奥行动还是失败了。纳粹军队将进攻部队牵制在他们的登陆区,直到德国军队开始往北部的罗马方向撤退时,盟军的登陆部队才得以解救。最后两次入侵是针对占领法国的德军展开的:1944 年 6 月在诺曼底和 8 月在法国南部的行动。两次行动都获得了成功,对纳粹德国的覆灭功不可没。[109]

姑且不论安齐奥的例子,其他四个海上进攻的战例之所以获得成功,部分原因在于,在每一个战例中盟军都拥有绝对的空中优势,这意味着登陆军而不是防御军直接受到飞翔炮兵的支援。盟军还采用空中力量阻止德国对登陆区的增援,使盟军在与纳粹主力部队交火前,赢得了集结部队的时间。加之,当盟军入侵时,德国正占领和防卫意大利和法国,同时还进行两线作战,其大部分军队被东线拖住了。[110]驻守在意大利和法国的德国陆军,也不得不防守大面积的海岸线,这样,他们不得不将部队伸展开来,而这很容易遭到盟军的两栖攻击,因为当时盟军正集中攻击这些海岸中的某一处。想象一下诺曼底登陆时,德国控制法国的天空而且不与苏联交战的情形:盟军根本不敢入侵。

在安齐奥登陆成功,也是由于相同的原因:绝对的空中优势和德国在登陆点有限的抵抗。然而,盟军并没有迅速利用这最初的优势取得惊人的成功。盟军不但从登陆点向内地推进得很慢,而且它们的空中力量不能阻止纳粹军向登陆点调集强大的军队,后者在这里遏制了入侵力量。另外,盟军并未努力增援,以加强最初的登陆部队,主要是因为安齐奥行动对意大利战役的结局关系不大。

第二次世界大战中,太平洋战区的两栖进攻行动分为两类。紧接着珍珠港事件后的 6 个月里,日本在西太平洋对主要由英美军队保卫的领土发动了约 50 次两栖登陆和进攻。[111] 目标包括(这里仅列数个)马来西亚、英属婆罗洲、香港、菲律宾、帝汶岛、爪哇、苏门答腊岛和新几内亚等。几乎所有这些两栖进攻行动都获得了成功,使日本到 1942 年中期成了一个巨大的岛屿帝国。日本两栖进攻的成功归功于上面所说的特殊情况:在登陆地点上空的空中优势,以及无法防御绵长海岸线的孤立无援的盟国军队。[112]

第二次世界大战中,美军在太平洋对日本控制的岛屿发动了 52 次两栖入侵。[113] 这些进攻对摧毁日本早先以两栖行动建立起来的岛屿帝国是必要的。美国的一些进攻行动规模较小,而且很多是未遇抵抗的登陆。而另外 些如在冲绳的行动,则遭到了灭顶之灾,当时,入侵军队向内地进发时遭遇了日本的顽强抵抗。还有些如塔拉瓦岛、塞班岛和硫黄列岛等地发生了对重兵把守的海滩发动大规模的海上进攻。实质上,所有这些海上入侵都是成功的,尽管胜利的代价有时很高昂。

这一令人瞩目的记录,部分是由于美国的空中优势。就像《战略轰炸研究》上的数据所说:"我们的一系列登陆行动总是获得成功,是因为在实施登陆前,我们的空中支配地位就能在目标区域建立起来。"[114] 拥有制空权不但意味着入侵的美军具有就近的空中支援而日本没有,而且它使美国集中力量对日本太平洋帝国的周边某个岛屿进行攻击,切断日本对那些前哨的补给和增援。[115] "因而,周边防御点变成了孤立无援的要塞,被各个击破。"[116] 再者,日本正在两线作战,只有一小部分陆军驻守在那些太平洋岛屿上,其大部分陆军都驻扎在亚洲大陆和日本本土。

最后,值得注意的是,当 1945 年 8 月二战结束之际,美国正在制定入侵日本的计划。因此毫无疑问,假如日本不投降,美国的海上部队就会攻击日本本岛,那种入侵是肯定会成功的。

在 1945 年对日本实施两栖攻击是可以实现的,因为当时日本已经是一个奄奄一息的大国,进攻军队实质上可以给它致命一击。从 1942 年 6 月的中途岛战役到 1945 年 6 月占领冲绳,美军已经歼灭了太平洋上的日本军队。[117] 至 1945 年夏,日本的太平洋帝国已成废墟,一度令人畏惧的海军残余力量在美国的军事机器面前已不堪一击。二战开始时，只有美国经济规模1/8大小的日本经济，到1945年春更是混乱不堪。[118]而且，到1945年夏天，日本的空军如同其海军一样已经被摧毁，这意味着美国的飞机控制了日本的上空。日本所剩下来保卫其本土的力量就只有陆军了。但即便在这里，幸运之神还是钟情于美国，因为一半以上的日本地面部队陷入亚洲大陆不能自拔，这就根本无法阻止美国的入侵。[119]简言之，到1945年夏，日本只是一个名义上的大国。因此，美国决策者决定支持入侵行动。即便如此，他们也刻意回避对日本领土的两栖进攻，因为他们担心遭受过多的伤亡。[120]

大陆大国对岛屿大国

历史记录以另一种方式显示，从海上进攻大国的领土要比从陆上入侵来得困难。特别是，我们可以把岛屿国家与大陆国家作一区分。岛屿国家是处于四周被水环绕的一片巨大陆地上的唯一大国。地球上还有其他大国，但它们与这一岛国之间肯定被一片巨大水域隔开。英国和日本是岛屿国家的明显例子，因为它们各自占据一个大岛屿。美国也是一个岛屿大国，因为它是西半球的唯一大国。而大陆国家是指与其他一个或多个大国同时位处一片大陆的大国。法国、德国和俄国就是大陆国家的典型例子。

岛屿大国只能在水上遭到攻击，而大陆大国在水上和陆上都可受到攻击，假设它们在陆地上未受到封锁的话。[121]由于水体的阻隔作用，我们认为，岛屿国家不如大陆国家容易受到攻击，大陆国家从陆地上遭到攻击的概率要高于来自海上的攻击。为了验证这一论点，让我们简单回顾一下两个岛屿国家英国和美国以及两个大陆国家法国和俄国的历史，着重考察每一国被另一国入侵的频率，以及这些入侵是来自海上还是陆地。

至1945年，英国已经是一个具有400年历史的大国，这期间，它卷入了无数次战争。然而，在那一相当长的时间内，它从来没有遭到另一大国的入侵，更不用说一个主要大国。[122]确实，有时对手也威胁要越过英吉利海峡，向对岸派兵，但是没有哪一个国家曾派攻击艇发起过攻击。例如，1588年，西班牙曾打算入侵英国。可是，当年在英国海岸附近水域遭受失败的西班牙舰队,损耗了原本打算护送西班牙陆军横渡英吉利海峡的海军。[123]尽管拿破仑和希特勒都考虑过入侵英国,但是二者都放弃了这一企图。[124]

像英国一样,美国自 1898 年成为大国以来,也没有被侵略过。[125]在 1812 年战争期间,英国向美国发动过多次大规模的偷袭,而且墨西哥也在 1846—1848 年的战争中偷袭过得克萨斯。然而,这些冲突都发生在美国远未获得大国地位之前,即便这样,英国和墨西哥都没有征服过美国。[126]更重要的是,自美国在 19 世纪末期成为大国以后,也未受到过入侵的严重威胁。实际上,美国也许是历史上最安全的大国,主要是由于两个庞大的"护城河"——大西洋和太平洋——一直把它与世界其他大国分隔开来。

而法国和俄国的情况就大不一样了。自 1792 年来,法国数次遭到对手陆军的入侵,其中三次被征服。在法国大革命和拿破仑战争期间(1792—1815 年),敌军分别在四个不同时期(1792 年、1793 年、1813 年和 1815 年)进攻过法国,并在最后一次入侵中,彻底击败了拿破仑。1870—1871 年,法国遭受普鲁士的入侵并被击败;1914 年,再次遭到德国军队的进攻,尽管法国在第一次世界大战中侥幸逃脱了失败的命运;1940 年,德国又一次发动进攻,这一次征服了法国。所有这七次入侵都来自陆上。法国从未受到来自海上的入侵。[127]

同样,另一个大陆国家俄国,在过去两个世纪中遭到过五次入侵。1812 年,拿破仑逼近莫斯科,1854 年英法进攻克里米亚半岛。第一次世界大战中,俄国遭到德国军队的入侵并彻底失败。不久后的 1921 年,波兰这个并非大国的国家入侵新生的苏俄。1941 年夏,德国又一次侵入苏联,开始了有史以来伤亡最惨重的军事冲突之一。除了英法进攻克里米亚的例子,所有这些侵略都来自陆上。[128]

总之,我们的岛屿大国(英国和美国)都没有被侵略过,而大陆国家(法国和俄国)自 1792 年来共 12 次遭到侵略。这些大陆国家所遭受的侵略有 11 次来自陆地上,只有一次来自海上。这一明显的教训是,巨大的水体使陆军很难进犯一个由武装完备的大国保卫的领土。

至此,我们讨论的重心是常规武装力量,强调在赢得大国战争的过程中,地面力量比独立的海上力量和战略空中力量更为重要。但是,我们几乎没有论及核武器如何影响军事力量这一问题。

核武器与均势

从纯军事角度而言,核武器是一种革命,原因很简单:它们能在短期内造成空前的伤亡。[129] 例如,在冷战的大部分时间内,美国和苏联可以在若干天内(如果不是若干小时的话)摧毁对方。不过,对于核武器如何影响大国政治,特别是均势问题,没有一致的意见。有些人认为,核武器有效地减少了大国的安全竞争,因为装备核武器的国家担心遭到毁灭,不敢彼此攻击。按照这一观点,前面讨论的常规军事力量在核时代已无关紧要。但另一些人持相反的观点:由于核武器具有可怕的毁灭性,任何理智的领导人都不会使用它们,即便是用来自卫。因此,核武器不会以任何重要的方式使安全竞争变得逊色,常规军事力量均势仍然关系重大。

我的观点是,倘若单一的大国获得核优势,它将成为霸主,这无疑意味着再也没有大国对手与之进行安全竞争。在这种世界中,常规力量对均势不再产生影响。但是,倘若两个或更多大国拥有确保自己生存的核报复能力,那么它们之间的安全竞争将会持续,地面力量仍然是军事力量的关键成分。然而,毫无疑问,核武器的问世使得国家在运用任何形式的军事力量攻击对手时,都更为小心谨慎。

核优势

由于核武器具有众所周知的属性,所以当一个大国拥有摧毁对手的能力而无须担心自己遭到大规模报复时,核优势就出现了。换句话说,核优势意味着一国能把一个大国对手变成"浓烟滚滚、辐射漫天的废墟",而本身却秋毫不损。[130] 该国还可以用它的核武库摧毁对手的常规力量,同样无须担心核报复。国家获得核优势的最好办法是用核武器武装自己,并确保其他任何国家不拥有核武器。一个拥有核垄断的国家就如同这一概念所言,一旦它发射核武器,无须担心任何种类的报复。

在拥有两个或更多国家装备核武器的世界里,如果一国能发展压制对手核武器的能力,该国就可能拥有核优势。为了获得这种优势,大国要么获得"绝对的第一次打击"能力,压制对手的核武库,要么发展保护自己免受对手核打击的能力。[131]但是,核优势的获得,并不仅仅是因为一国比另一国拥有多得多的核武器。一国只要有足够的较小的核武库能抵挡第一次打击,并能对拥有更大核武库的国家实施大规模惩罚,那么这种不对称性在很大程度上就没有意义。

任何国家只要获得了超过对手的核优势,就有效地成为该体系中的唯一大国,因为该国的力量优势将非常巨大。核霸权可以威胁使用强有力的武库,给对手造成巨大破坏,有效地消灭它们运行的政治实体。而如果潜在的受害者没有能力进行这种反击,这种核威胁就具有了可信度。核霸权能把它的致命武器用于军事目的,如集中打击敌人的地面部队、空军基地、海军舰只,或敌人指挥和控制系统的关键目标。再者,被打击国没有匹配的能力,因此给了核霸权一个决定性优势,根本无须考虑常规力量的均势问题。

每一个大国都想获得核优势,但它们不可能经常如愿,就算确实出现此种局面,也不可能持续很长时间。[132]没有核武器的对手肯定会想方设法建立自己的核武库,一旦它们如愿以偿,那么大国就很难(虽然不是不能)通过保护自己免受核打击的方式重建核优势。[133]比如,从1945年到1949年,美国垄断了核武器,但在那一短暂的时期内,它不具备任何意义上的核优势。[134]因为当时美国的核武库小,而且五角大楼还没有找到有效的工具,把它投送至苏联的恰当目标。

1949年,苏联爆炸核装置后,美国曾试图获得超过对手的核优势,但未能如愿。苏联也未能在冷战期间的任何时候,获得对美国的决定性核优势。因此,双方被迫接受这一事实:不管它如何部署自己的核力量,另一方仍有确保生存的核报复力量,给进攻方造成不可估量的损失。这一"得克萨斯均衡"(Texas standoff)被称作"相互确保摧毁"(MAD),因为无论哪一方挑起核战争,很可能双方都会被摧毁。不管哪一个国家如何渴望超越"相互确保摧毁"定则,建立核优势,核战争都不会在可以预见的将来爆发。[135]

在"相互确保摧毁"世界里的军事力量

一个"相互确保摧毁"的世界在核水平上是高度稳定的,因为任何大国都没有动机发动一场无法取胜的核战争;事实上,这种战争可能导致它的社会走向瘫痪。因此,问题依然存在:此类恐怖平衡对核武器大国间的常规战争的前景有何影响? 一种流派认为,由于在一个"相互确保摧毁"的世界里,核武器根本不可能被派上战场,因此,大国可以放开手脚打常规战,如同核武器不存在一样。例如,前国防部长麦克纳马拉认为:"无论什么条件下,核武器都达不到任何军事目的,唯一的用途是恫吓一国的敌人也放弃使用核武器。"[136]据此逻辑,核武器对处于常规水平的国家行为几乎没有任何影响,因而,大国可以恣意展开安全竞争,正如核武器发明之前那样。[137]

该观点的问题在于,它是以这样一种假设为前提的,即大国可以高度相信,一场大规模的常规战争不会演变成一场核战争。事实上,我们对常规战争何种情况下会升级至核战争知之甚少,因为(感谢上帝)没有很多可以查证的历史记录。然而,一个知名的学术团体认为,核大国间的常规战争升级至核战争,并不是没有可能。[138]因此,身处"相互确保摧毁"世界的大国在考虑彼此间的常规战争时,比没有核武器时要小心谨慎得多。

第二个流派认为,"相互确保摧毁"世界里的大国没有理由担心常规均势,因为装备核武器的大国由于担心核升级,根本不会以常规武器攻击对方。[139]因此,这一观点认为,处在"相互确保摧毁"世界里的大国相当安全,它们也就没有理由进行安全竞争。核武器使大国战争不可能发生,因而,克劳塞维茨的格言"战争是政治以另一种方式的继续"已经过时了。实质上,可怕的平衡使得地面力量变得无关紧要。

这一观点的问题在于,它对战争升级问题的看法走向了另一个极端。尤其是,它取这一假设为前提,即一场常规战争很可能(如果不是自动的话)会上升为核战争。而且它还认为,所有大国都感到常规战和核战是一个无缝隙网络的一部分,因而,两种冲突之间并无有意义的差别。但如同第一个流派所强调的,无可争议的核恐怖让决策者强烈地感到,常规战不会升级至核战争。因此,一个拥有核武器的大国很可能据此认为,它可以向拥有核武器的对手发动常规战,而不会演变成核战争;如果进攻一方限制自己的贪欲,不威胁要彻底击败其对手,则情况更是如此。[140]一旦这种可能性得到认可,那么,大国除了在常规水平进行安全竞争外别无选择,这与它们在核武器出现前所做的一样。

冷战表明,处在"相互确保摧毁"世界的大国同样展开激烈的安全竞争,而且很在乎常规力量,特别是地面力量均势。从二战以后的对抗开始到大约45年后的冷战结束,美苏一直在全球范围内争夺盟国和基地。这是一场旷日持久的艰苦斗争。很明显,九任美国总统和六届苏联领导人都没有得出这样的结论:他们在"相互确保摧毁"的世界里非常安全,无须过多关注其边境所发生的一切。尽管各自拥有巨大的核武库,但双方也在常规力量方面投入了大量资源,并极度关注欧洲和全球其他地方的地面和空中力量均势。[141]

还有其他证据可以对这一论点提出质疑:拥有"相互确保摧毁"能力的国家相当安全,不必担心打常规战。最重要的是,埃及和叙利亚都知道以色列在1973年就有了核武器,然而,它们照样向以色列发起了大规模的地面进攻。[142]实际上,对戈兰高地的进攻直逼以色列的门槛,为叙利亚陆军进逼以色列的心脏之地打开了通道。1969年春,中国和苏联也沿乌苏里江开战,并有上升为全面战争的危险。[143]当时,中国和苏联都有核武器。1950年秋,尽管中国并没有自己的核武器,而美国已拥有核武库(虽然很小),但中国和美国还是在朝鲜战场上交火了。

过去十年的印度和巴基斯坦关系,对这一论点提出了进一步的质疑,即核武器大大减少了国家间的安全竞争,使它们感到非常安全。虽然印度和巴基斯坦在20世纪80年代各自就有了核武器,但是,它们之间的安全竞争并没有消失。相反,它们在1990年发生了一场严重危机,而且在1999年发生了一场边境冲突(双方共损失一千多士兵)。[144]

最后,我们考察一下,当前仍拥有巨大核武库的美国和俄罗斯如何看待常规力量。俄罗斯强烈反对北约东扩的事实表明,它害怕北约常规力量靠近其边境。很明显,俄罗斯并不接受这一观点,即它强大的核报复力量能为自己提供绝对安全。美国也似乎对欧洲的常规均势感到担忧。归根结底,北约东扩是基于这种顾虑,即将来某一天,俄罗斯可能会控制欧洲的领土。另外,美国一直坚持,俄罗斯应遵守1990年11月19日苏联解体前签订的《欧洲常规军事力量条约》所规定的界限。

可见,地面力量均势仍然是核时代军事力量的中心成分,尽管核武器肯定使大国战争的可能性变得更小。既然我们已详细讨论了地面力量的支配地位,我们理应阐明如何度量它。

度量军事力量

度量地面力量均势有三个步骤。第一,必须估测对手军队的规模和素质。在和平时期和军事动员后,研究这些力量的实力很重要,因为国家通常保持小型的常备军,一旦预备役军队被动员执行任务,常备军可以迅速扩充规模。

度量对手的陆军力量,没有简易的方法可循。这主要是因为它们的实力取决于一系列因素,而所有这些因素往往在整个陆军中又有变化:(1)士兵的数目;(2)士兵的素质;(3)武器数量;(4)军备的质量;(5)这些士兵和武器如何为战争而组合。所有地面力量的指标都可以说明这些因素。比较对手陆军的基本战斗单位如旅师级的数量,有时是估测地面均势的有益方法,尽管有必要关注这些单位间的量与质的差异。

例如,冷战期间,很难对北约与华约组织的常规均势作出评估,因为中心战场的不同军种存在规模和组成成分的极大差别。[145]为了解决这一难题,美国国防部设计出"装甲师等量物"(简称为ADE),作为衡量地面力量潜力的基本度量值。这一ADE参数主要依据对每支军队的军备数量和质量的评估。[146]随后,政治学家巴里·波森(Barry Posen)对这一指标作了重要的修正,使之成了欧洲相对军事实力的有价值的指标。[147]

虽然有些研究试图估测某些个别历史战例中的力量均势,但是没有任何研究对相当长时段内不同军队的力量水平进行过系统而详细的比较。因此,我们还没有好的数据库,用来估测过去两个世纪内的军事力量。开发这种数据要花费极大的努力,超出了本书的篇幅。故此,当我在随后的章节里评估对手的陆军力量时,只拼凑了相关陆军的规模和素质方面的数据,提出军事实力的大致指标。我从计算每一支陆军的士兵数量开始,这是容易做到的。然而,解释影响陆军实力的其他四个因素,比较困难。

测量地面力量均势的第二个步骤是,把任何支援陆军的空中力量列入分析之中。[148]我们得算出各方飞机的总数,重点考察能得到的数目和质量。同时,还必须考虑飞行员的效率以及每一方以下几方面的实力:(1)陆基防空体系;(2)侦察能力;(3)战争管理体系。

第三步,我们必须考虑陆军内在的力量投送能力,尤其关注巨大的水体是否限制陆军的进攻能力。如果有这样一种水体,并有一盟友横跨其中,那么人们就可以估算出海军保护部队行进的能力以及从那一盟友处来回运送后援的能力。但是,如果一个大国只是直接攻击对手严加看管的领土,以期横渡该水域,那么很可能就没有必要评估海军力量了,因为此类两栖攻击很少成功。这样,支援那一陆军的海军力量几乎毫无用处,因此,对它们能力的判断与战略无关。然而,在那些能成功地向对手领土实施两栖攻击的特殊情况下,有必要评估相关海军向对岸投送海上力量的能力。

结　　论

陆军和支持它的海空力量是当今世界最高的军事力量形式。然而,庞大的水体极大地限制了陆军投送力量的能力。核武器大大降低了大国陆军冲突的可能性。不过,即便在核世界里,地面力量仍然是至高无上的。

这一结论对大国间的稳定性具有双重涵义。国际体系中最危险的国家是拥有庞大陆军的大陆强国。事实上,过去大国之间的大多数征服战争都是由此类国家发动的,而且它们几乎总是攻击其他大陆国家,而不是四周被水体围绕的岛屿国家。这一模式在过去两个世纪的欧洲历史中得到了明显体现。在 1792—1815 年这一战火连绵的年月里，法国是主要的侵略者，它征服或试图征服其他大陆国家，如奥地利、普鲁士和俄国等。1866 年，普鲁士进攻奥地利；虽然法国于 1870 年对普鲁士宣战，但法国的这一决定是受普鲁士的挑衅而作出的，后者入侵并占领了法国。德国利用"斯里芬计划"发动了第一次世界大战，试图将法国赶出战争，然后挥师东进，击败俄国。德国分别对波兰（1939 年）、法国（1940 年）和苏联（1941年）发动了地面进攻，挑起第二次世界大战。在这些侵略者中，没有哪一国曾试图入侵英国或美国。冷战期间，令北约决策者担心的主要问题是苏联可能入侵西欧。

相比而言，岛屿大国不可能发动针对其他大国的征服战争，因为为达到它们的目标，它们必须横跨巨大的水体。这一保护岛屿大国的护城河同样也阻碍了它们投送力量的能力。例如，英国和美国都未曾严重威胁过要征服另一大国。英国决策者没有考虑过发动对威廉德国或纳粹德国的战争，而在冷战中，美国决策者也不赞成发动对苏联的征服战。尽管英国（和法国）在 1854 年 3 月发动过对俄国的战争，并于随后侵入了克里米亚半岛，但英国没有征服俄国的打算。相反，它参与了正在进行的俄土战争，旨在遏止俄国在黑海周边地带的扩张。

1941 年 12 月，日本对美国珍珠港的进攻，似乎是这一定则的另一例外，因为日本是个岛屿国，而且它首先向另一大国发起攻击。不过，日本没有侵略美国的任何部分，日本领导者当然也没有想过要征服美国。它只是想攫取它与夏威夷之间的诸岛屿，希望在西太平洋建立一个帝国。日本也分别于 1904 年和 1939 年发动过对俄国的战争，但在这两次战争中，日本都未入侵过俄国，甚至从来没有考虑过要征服它。相反，这些战争都是日本占领朝鲜、中国东北和外蒙古的必要部分。

最后，由于海洋限制了军队投送力量的能力，而且核武器降低了大国军事冲突的可能性，因此，最和平的世界可能是，所有大国皆为岛屿国家，并拥有确保生存的核武库。[149]

有关权力问题，就讨论到这里。不过，懂得什么是权力应该为了解国家如何表现，特别是它们如何最大限度地占有世界权力提供重要的视角，这是下一章要讨论的主题。

注 释

1. Alfred T. Mahan, *The Influence of Sea Power upon History*, *1660—1783*, 12th ed. (Boston: Little, Brown, 1918).

2. Giulio Douhet, *The Command of the Air*, trans. Dino Ferrari (New York: Coward-McCann, 1942).

3. 这并不是否认在冷战的大部分时间内美国及其盟国在欧洲维持了庞大的地面军事力量,这也正是北大西洋公约组织(NATO)很有可能阻止苏联常规袭击的原因。参见 John J. Mearsheimer, "Why the Soviets Can't Win Quickly in Central Europe," *International Security 7*, No. 1 (Summer 1982), pp. 3—39; Barry R. Posen, "Measuring the European Conventional Balance: Coping with Complexity in Threat Assessment," *International Security 9*, No. 3 (Winter 1984—1985), pp. 47—88。然而,与苏联军队不同的是,美军从来没有能够侵占欧洲。事实上,美军在欧洲大陆上的常备军可能只处在第三的位置,排在苏联和联邦德国军队之后。在冷战的最前线或靠近前线的地方,大约有 26 个苏联师、12 个联邦德国师和不到 6 个美国师。但是,美国师要比联邦德国和苏联的师更庞大。然而,即使允许出现这些差异,美国仍是欧洲第三大战斗力量。关于美国、联邦德国和苏联的相对战斗潜力,请参见 William P. Mako, *U. S. Ground Forces and the Defense of Central Europe* (Washington, DC: Brookings Institution Press, 1983), pp. 105—125。

4. 而且舰队实质上也是具有不同名字的小部队。

5. Julian S. Corbett, *Some Principles of Maritime Strategy* (1911; rpt., Annapolis, MD: U. S. Naval Institute Press, 1988), p. 16。科比特(Corbett)还写道:"毫无疑问,一场战争几乎不可能由单独的海军行动来决定。"(p. 15)

6. 参见 John J. Mearsheimer, *Conventional Deterrence* (Ithaca, NY: Cornell University Press, 1983), esp. chap. 2。

7. 关于制海权,参见 Corbett, *Principles of Maritime Strategy*, pp. 91—106。关于海军战略,请见 Geoffrey Till et al., *Maritime Strategy and the Nuclear Age* (New York: St. Martin's, 1982),这是一本好的初级读本。

8. 国家也关注制海权和制空权,以便能保护它们自己的领土免遭敌人的袭击。

9. 毫不奇怪,马汉这位独立海军力量的坚定维护者,并不喜欢海军支持陆军的两栖行动。参见 Jon T. Sumida, *Inventing Grand Strategy: The Class Works of Alfred Thayer Mahan Reconsidered* (Baltimore, MD: Johns Hopkins University Press, 1997), p. 45。

10. 两栖进攻和两栖登陆的这种差别取自于 Jeter A. Crowl, *The U. S. Ma-*

rines and Amphibious War：*Its Theory and Its Practice in the Pacific*（Princeton，NJ：Princeton University Press，1951），p.8，尽管我给这一概念下的定义与他们有所不同。

11. 奇袭是第四种两栖行动。奇袭是海军暂时地把部队设置在敌人的海岸上来破坏特定的目标，然后在任务完成（或失败）后再把它们撤回海上。1942 年 8 月，盟军在法国海岸迪拜（Dieppe）登陆的惨败就是奇袭的一个范例。参见 Brian L. Villa，*Unauthorized Action*：*Mountbatten and the Dieppe Raid*（Oxford：Oxford University Press，1990）。另一个例子是，1918 年 4 月，英国在泽布赫勒德（Zeebrugge）的军事行动。参见 Paul. Halpern，*A Naval History of World War I*（Annapolis，MD：U.S. Naval Institute Press，1994），pp.411—416。我基本上不考虑奇袭，并不是因为它们常常失败，而是因为它们是微不足道的军事行动，对战争的结果几乎没什么影响。

12. Richard Harding，*Amphibious Warfare in the Eighteenth Cen-tury*：*The British Expedition to the West Indies*，*1740—1742*（Woodbridge，UK：Boydell，1991），p.81.

13. 引自 Brian R. Sullivan，"Mahan's Blindness and Brilliance," *Joint Forces Quarterly*，No.21（Spring 1999），p.116。

14. 约翰·莱曼（John Lehman）这位罗纳德·里根政府时期的海军部长经常宣称，一旦与苏联发生战争，美国的航空母舰将靠近苏联本土特别是科拉（Kola）半岛，并且攻击重要的军事目标。但是，几乎没有一个海军上将支持这一观点。亚当·斯坦斯菲尔德·特纳（Adm. Stansfield Turner）指出，莱曼"提倡'机动、主动和进攻'的海军战略。大概，他重申了他的公开声明，说我们的海军能够把战争直接引向苏联的本土基地和机场。这听起来令人鼓舞并具爱国心。但唯一的问题是，我们仍不得不找到一位相信美国海军会尝试这种做法的海军上将"。Letter to the editor，*Foreign Affairs* 61，No.2（Winter 1981—1983），p.457.但是，现在潜艇能够把常规武装的巡航导弹发射到对手的本土，而自己遭受的损失相对较小。参见 Owen R. Cote. Jr.，*Precision Strike from the Sea*：*New Missions for a New Navy*，Security Studies Program Conference Report（Cambridge：MIT，July 1998）；Owen R. Cote，Jr.，*Mobile Targets from under the Sea*：*New Missions in the New Security Environment*，Security Studies Program Conference Report（Cambridge：MIT，April 2000）。

15. 引自 Paul M. Kennedy，*The Rise and Fall of British Naval Mastery*（London：Allen Lane，1976），p.253。参见 Sumida，*Inventing Grand Strategy*，pp.45—47；Allan Westcott，*Mahan on Naval Warfare*；*Selections from the Writ-ings of Rear Admiral Alfred T. Mahan*（London：Sampson Low，Marston，1919），pp.91—99，328—341。关于科比特对封锁的观点，参见 Principles of Mar-itime Strategy，pp.95—102，183—208。虽然马汉相信，决定性的军事手段是独立的海上权力而不是陆地权力，但是，人们普遍认为，他的分析中存在致命的缺

陷。参见 Philip A. Crowl, *Alfred Thayer Mahan*: *The Naval Nuclear Age* (Princeton, NJ: Princeton University Press, 1986, pp. 444—477; Gerald S. Graham, *The Politics of Naval Supremacy*: *Studies in British Maritime Ascendancy* (Cambridge: Cambridge University Press, 1965); Kennedy, *British Naval Mastery*, esp. introduction and chap. 7。

16. 在封锁的主题中,其他两个很少被提及但又可能包括在这一范畴中的例子是,在一战和二战中,德国利用它的地理优势和海军阻止俄国/苏联与外部世界的贸易。但是,我没有把这些例子算在内,因为在两次冲突中,德国只花了很小的气力就孤立了俄国。不过,德国的封锁对两次战争的结局都几乎没有影响,因而,它们支持了我的观点:独立海上力量的作用是有限的。

17. 有关大陆体系的最好素材有 Geoffrey Ellis, *Napoleon's Continental Blockade*: *The Case of Alsace* (Oxford: Clarendon, 1981); Eli F. Heckscher, *The Continental System*: *An Economic Interpretation*, trans, C. S. Fearenside (Oxford: Clarendon, 1922); Georges Lefebvre, *Napoleon*, vol. 2, *From Tilsit to Waterloo*, *1807—1815*, trans. J. E. Anderson (New York: Columbia University Press, 1990), chap 4; Mancur Olson, Jr., *The Economics of the Wartime Shortage*: *A History of British Food Supplies in the Napoleonic War and in World Wars I and II* (Durham, NC: Duke University Press, 1963), chap. 3。

18. 关于英国在 1792 年到 1815 年对法国实行的封锁,参见 Francois Crouzet, "Wars, Blockade, and Economic Change in Europe, 1792—1815," *Journal of Economic History* 24, No. 4 (December 1964), pp. 567—590; Kennedy, *British Naval Mastery*, chap. 5; Herbert W. Richmond, *Statesmen and Sea Power* (Oxford: Clarendon, 1964), pp. 170—257。在 18 世纪与法国发生的各种战争中,英国试图通过截断法国的海外商业使法国屈服。参见 Graham, *Politics of Naval Supremacy*, pp. 19—20。正如格雷厄姆(Graham)注意到的,"没有证据表明这种做法改变了法国在战场上的战略位置"(p. 19)。也可参见 Michael Howard, *The British Way in Warfare*: *a Reappraisal*, 1974 Neale Lecture in English History (London: Jonathan Cape, 1975), pp. 15—20。

19. 关于法国对普鲁士实施的封锁,参见 Michael Howard, *The Franco Prussian War*: *The German Invasion of France*, *1870—1871* (London: Dorset Press, 1961), pp. 74—76; Theodore Ropp, *The Development of a Modern Naval*: *French Naval Policy*, *1871—1904*, ed. Stephen S. Roberts (Annapolis, MD: U. S. Naval Institute Press, 1987), pp. 22—25。

20. 关于一战期间德国封锁英国的最好资料来源是 Olson, *Economics of the Wartime Shortage*, chap. 4; E. B. Potter and Chester W. Nimitz, *Sea Power*: *A Naval History* (Englewood Cliffs, NJ: Putnam, 1989), part 1; V. E. Tarrant, *The U-Boat Offensive*, *1914—1915* (Annapolis, MD: U. S. Naval Institute Press, 1989), pp. 7—76。

21. 关于一战时盟军封锁德国和奥地利的情况，参见 A. C. Bell, *A History of the Blockade of Germany*, *Austria -Hungary*, *Bulgaria*, *and Turkey*, *1914—1918* (1973；rpt.，London：Her Majesty's Stationery Office, 1961)；Louis Guichard, *The Naval Blockade*, *1914—1918* (London：Arnold, 1997), pp.271—283；C. Paul Vincent, *The Politics of Hunger*：*The Allied Blockade of Germany*, *1915—1919* (Athens：Ohio University Press, 1985)；Avner Offer, *The First World War*：*An Agrarian Interpretation* (Oxford：Oxford University Press, 1989), pp.23—78,该书详细描述了封锁的影响,但是过于强调它对战争结果的影响。

22. 关于二战时德国封锁英国的情况,参见 Clay Blair, *Hitler's U-Boat War*：*The Hunters*, *1939—1942* (New York：Random House, 1996)；Clay Blair, *Hitler's U-Boat War*：*The Hunted*, *1942—1945* (New York：Random House, 1998)；Jurgen Rohwer, "The U-Boat War against the Allied Supply Lines," in H. A. Jacobsen and J. Rohwer, eds.，*Decisive Battles of World War Ⅱ*：*The German View*, trans. Edward Fitzgerald (New York：Putnam, 1965), pp.259—312；Tarrant, *U-Boat Offensive*, pp.81—144；Terraine, *U-Boat Wars*, pt.3。

23. 有关盟军在二战时封锁德国和意大利的讨论,参见 Kennedy, *British Naval Mastery*, chap 11；W. N. Medlicott, *The Economic Blockade*, 2 vols. (London：Her Majesty's Stationery Office, 1952, 1959)；Alan S. Milward, *War*, *Economy*, *and Society*, *1939—1945* (Berkeley：University of California Press, 1979), chap.9。

24. 关于美国内战,参见 Bern Anderson, *By Sea and River*：*The Naval History of the Civil War* (New York：De Capo, 1989), pp.26, 34—37, 65—66, 225—234；Richard E. Beringer et al.，*Why the South Lost the Civil War* (Athens：University of Georgia Press, 1986), chap.3；Potter and Nimitz, *Sea Power*, chaps.13—17。

25. 有关美国对日本封锁的最好资料是 Clay Blair, *Silent Victory*：*The U. S. Submarine War against Japan* (New York：Lippincott, 1975)；U.S. Strategic Bombing Survey (USSBS), *The War against Japanese Transportation*, *1941—1945*, Pacific War Report 54 (Washington, Dc：U. S. Government Printing Office, 1947)；Theodore Roscoe, *United States Submarine Operations in World War Ⅱ* (Annapolis, MD：U. S. Naval Institute Press, 1956)。

26. 虽然我比佩普(Pape)更强调投掷两颗原子弹的重要性,但是我对日本决定投降的分析很大程度上是依据佩普的观点：Robert A. Pape, *Bombing to Win*：*Air Power and Coercion in War* (Ithaca, NY：Cornell University Press, 1996), chap.4。我也采用了下列作者的部分观点：Barton J. Bernstein, "Compelling Japan's Surrender without the A-bomb, Soviet Entry, or Invasion：Reconsidering the US Bombing Survey's Early-Surrender Conclusions," *Journal of Strategic*

Studies 18，No. 2 (June 1995)，pp.101—148；Richard B. Frank，*Downfall：The End of the Imperial Japanese Empire*（New York：Random House，1999）；Leon V. Sigal，*Fighting to a Finish：The Politics of War Termination in the United States and Japan，1945*（Ithaca，NY：Cornell University Press，1988）。

27. 参见 Olson，*Economics of the Wartime Shortage*；同时参见L. Margaret Barnett，*British Food Policy during the First World War*（Boston：Allen and Unwin，1985）；Gerd Hardach，*The First World War，1914—1918*（Berkeley：University of California Press，1977），chap.5；Milward，*War，Economy，and Society*，chap.8。

28. 参见 Milward，*War，Economy，and Society*，p.179。

29. 这一段和下一段的引语来自 Olson，*Economics of the Wartime Shortage* 一书的 132—133、142 页。

30. Pape，*Bombing to Win*，pp.21—27.

31. Pape，*Bombing to Win*，p.25.

32. 参见 Pape，*Bombing to Win*，chap. 4；USSBS，*The Effects of Strategic Bombing on Japanese Morale*，Pacific War Report 14（*Washington*，DC：U. S. Government Printing Office，June 1974）。

33. 关于这一基本逻辑，参见 Hein E. Goemans，*War and Punishment：The Cause of War Termination and the First World War*（Princeton，NJ：Princeton University Press，2000）。

34. 参见 Wesley F. Craven and James L. Cate，*The Army Air Forces in World War II*，7 vols.（Washington，DC：Office of Air Force History，1983），Vol. 2，pp.681—687，695—714；Thomas M. Coffey，*Decision over Schweinfurt：The U. S. 8th Air Force Battle for Daylight Bombing*（New York：David McKay，1977）；John Sweetman，*Schweinfurt：Disaster in the Skies*（New York：Ballantine，1971）。

35. 参见 Trevor N. Dupuy，*Elusive Victory：The Arab-Israeli Wars，1947—1974*（New York：Harper and Row，1978），pp.550—553，555—556；Insight Team of the London *Sunday Times*，*The Yom Kippur War*（Garden City，NY：Doubleday，1974），pp.184—189；Chaim Herzog，*The War of Atonement，October 1973*（Boston：Little，Brown，1975），pp.256—261；Edward Luttwak and Dan Horowitz，*The Israeli Army*（London：Allen Lane，1975），pp.347—352，374；Eliezer Cohen，*Israel's Best Defense：The First Full Story of the Israeli Air Force*，trans，Jonathan Cordis（New York：Orion，1993），pp.321—368，386，391。

36. 达到敌人前线后方纵深的阻断行动与战略轰炸的界限有时是不明显的。空军力量也能够帮助海军实施封锁。

37. Cral H. Builder，*The Icarus Syndrome：The Role of Air Power Theory in*

the Evolution and Fate of the U. S. Air Force (New Brunswick, NJ: Transaction, 1994), passim; Morton H. Halperin, *Bureaucratic Politics and Foreign Policy* (Washington, DC: Brookings Institution Press, 1974), pp. 28—32, 43—46, 52; Perry M. Smith, *The Air Force Plans for Peace*, *1943—1945* (Baltimore, MD: Johns Hopkins University Press, 1970), chaps. 1—3.

38. 封锁和战略轰炸之间有两点主要区别。第一,封锁是不加选择的,它截断敌人的所有进出口。如前所述,战略轰炸机可被有选择地利用:它们能直接袭击特定的工业,而放过其他目标。第二,如果目标是惩罚对手的国民,封锁只能间接地破坏敌人的经济,并最终伤害平民。相反,空中打击可以直接以平民为目标来完成任务。

39. 例如,请参见 John A. Warden Ⅲ, "Employing Air Power in the Twenty-First Century," in Richard H. Schultz, Jr., and Robert L. Pfaltzgraff, Jr., eds., *The Future of Air Power in the Aftermath of the Gulf War* (Maxwell Air Force Base, AL: Air University Press, July 1992), pp. 57—82。

40. 关于自 1945 年来战略轰炸的使命如何改变的有趣讨论,参见 Mark J. Conversino, "The Changed Nature of Strategic Attack," *Parameters 27*, No. 4 (Winter 1997—1998), pp. 28—41. 也可参见 Phillip S. Meilinger, "The Problem with Our Airpower Doctrine," *Airpower Journal 6*, No. 1 (Spring 1992), pp. 24—31。

41. 关于第一次世界大战,参见 H. A. Jones, *The War in the Air*, vol. 3 (Oxford: Clarendon, 1931), chaps. 2—3; H. A. Jones, *The War in the Air*, vol. 5 (Oxford: Clarendon, 1935), chaps. 1—2; George H. Quester, *Deterrence before Hiroshima: The Airpower Background of Modern Strategy* (New York: John Wiley, 1966), chap. 3. 一战晚期,盟军对德国进行了较小规模的轰炸行动,但是这一轰炸并没有战略影响。参见 H. A. Jones, *The War in The Air*, vol. 6 (Oxford: Clarendon, 1937), chaps. 1—4; Quester, *Deterrence before Hiroshima*, chap. 4. 关于第二次世界大战,参见 Matthew Cooper, *The German Air Force*, *1933—1945: An Anatomy of Failure* (London: Jane's, 1981), chaps. 5—6; John Terraine, *The Right of the Line: The Royal Air Force in the European War*, *1939—1945* (London: Hodder and Stoughton, 1985), chaps. 16—25, 77。

42. Richard J. Overy, *Why the Allies Won* (New York: Norton, 1996), p. 124.

43. 参见 Paul Kecskemeti, *Strategic Surrender: The Politics of Victory and Defeat* (Stanford, CA: Stanford University Press, 1958), pp. 72—72; Barrie Pitt, *The Crucible of War: Western Desert 1941* (London: Jonathan Cape, 1980), passim; Jonathan Steinberg, *All or Nothing: The Axis and the Holocaust*, *1941—1943* (New York: Routledge, 1990), pp. 15—25。

44. 这些数据来自 Pape, *Bombing to Win*, pp. 254—255. 除该书第八章外,

还可参见 Craven and Cate, *Army Air Forces*, vol. 3, chaps. 20—22; Max Hastings, *Bomber Command* (New York: Touchstone, 1989); Ronald Schaffer, *Wings of Judgement: American Bombing in World War II* (Oxford: Oxford University Press, 1985), chaps. 4—5; Charles Webster and Noble Frankland, *The Strategic Air Offensive against Germany, 1939—1945*, vols. 1—4 (London: Her Majesty's Stationery Office, 1961)。

45. 参见 Earl R. Beck, *Under the Bombs: The German Home Front, 1942—1945* (Lexington: University Press of Kentucky, 1986)。

46. 参见 Craven and Cate, *Army Air Forces*, vol. 2, sec. 4, and vol. 3, secs. 1, 2, 4—6; Haywood S. Hansell, Jr., *The Strategic Air War against Germany and Japan: A Memoir* (Washington, DC: Office of Air Force History, 1986), chaps. 2—3; Alfred C. Mierzejewski, *The Collapse of the German War Economy, 1944—1945: Allied Air Power and the German National Railway* (Chapel Hill: University of North Carolina Press, 1988); USSBS, *The Effects of Strategic Bombing on the German War Economy*, European War Report 3 (Washington, DC: U. S. Government Printing Office, October 1945)。

47. 奥弗里(Overy)强调空战在击败纳粹德国中起了关键的作用,它迫使希特勒把珍贵的资源从针对盟军特别是红军的地面战中移走。参见 Overy, *Why the Allies Won*, pp. 20, 127—133。但是,盟军也不得不把大量的资源从地面战转到空战。参见 *General Marshall's Report: The Winning of the War in Europe and the Pacific*, Biennial Report of the Chief of staff of the United States Army to the Secretary of War, July 1, 1943, to June 30, 1945 (New York: Simon and Schuster, 1945), pp. 101—107。没有证据证明与德国相比,盟军转移了更少的资源用于空战。事实上,我认为,盟军比德国转移了更多的资源用于空战。

48. Craven and Cate, *Army Air Forces*, vol. 2, chaps. 13—17; Kecskemeti, *Strategic Surrender*, chap. 4; Pape, *Bombing to Win*. pp. 344—345; Philip A. Smith, "Bombing to Surrender: The Contribution of Air Power to the Collapse of Italy, 1943," thesis, School of Advanced Airpower Studies, Air University, Maxwell Air Force Base, AL, March 1997; Peter Tompkins, *Italy Betrayed* (New York: Simon and Schuster, 1966)。

49. 盟军的空军力量使得意大利的陆军问题更加复杂:支持前线力量的运输网络受到阻击。

50. 参见 Craven and Cate, *Army Air Forces*, vol. 5, pp. 507—614; Hansell, *Strategic Air War*, chaps. 4—6; Schaffer, *Wings of Judgement*, chap. 6。

51. 参见 Martin Caidin, *A Torch to the Enemy: The Fire Raid on Tokyo* (New York: Ballantine, 1996); Craven and Cate, *Army Air Forces*, vol. 5, chaps. 1—5, 17—23; Schaffer, *Wings of Judgement*, chaps. 6—8; Kenneth P. Werrell, *Blankets of Fire: U. S. Bombers over Japan during World War II* (Wash-

ington，DC：Smithsonian Institution Press，1996）。

52. 美国战略轰炸调查报告称，整个空中打击（常规的和核武的）摧毁了日本66 个最大城市中的 43%，杀死了大约 90 万平民，并且迫使 850 多万居民撤离城市。USSBS，*Japanese Morale*，pp.1—2.这 66 个城市中的两个（广岛和长崎）被原子弹而不是常规轰炸所摧毁。而且，大约 11.5 万人死于这两次核袭击。Pape，*Bombing to Win*，p.105.虽然在轰炸机开始把日本城市炸成焦土时，封锁已经有效地毁灭了日本的经济，但是轰炸也多少破坏了日本的经济。

53. Angelo Del Boca，*The Ethiopian War*，1935—1941，trans. P. D. Cummins（Chicago：University of Chicago Press，1996）；J.F.C. Fuller，*The First of the League Wars：Its Lessons and Omens*（London：Eyre and Spottiswoode，1936）；Thomas M. Coffey，*Lion by the Tail：The Story of the Italian-Ethiopian War*（London：Hamish Hamilton，1974）.

54. Takejiro Shiba，"Air Operations in the China Area. July 1937—August 1945，"in Donald S. Detwiler and Charles B. Burdick，eds.，*War in Asia and the Pacific*，1937—1949，Vol.9（New York：Garland，1980），pp.1—220；H.J. Timperley，ed.，*Japanese Terror in China*（New York：Modern Age，1938），chaps. 6—7.

55. Mark Clodfelter，*The Limits of Air Power：The American Bombing of North Vietnam*（New York：Free Press，1989），chaps.2—4；Pape，*Bombing to Win*，pp.176—195.

56. Scott R. Mc Michael，*Stumbling Bear：Soviet Military Performance in Afghanistan*（London：Brassey's，1991），chap.9；Denny R. Nelson，"Soviet Air Power：Tactics and Weapons Used in Afghanistan，"*Air Universities Review*，January-February 1985，pp.31—44；Marek Sliwinski，"Afghanistan：The Decimation of a People，"*Orbis 33*，No. 1（Winter 1989），pp. 39—56；Edward B. Westermann，"The Limits of Soviet Airpower：The Bear versus the Mujahideen in Afghanistan，1979—1989，"thesis，School of Advanced Airpower Studies，Air University，Maxwell Air Force Base，AL，June 1997.

57. Eliot A. Cohen et al.，*Gulf War Air Power Survey*，5 vols.（Washington，DC：U. S. Government Printing Office，1993）；Pape，*Bombing to Win*，chap.7.战略轰炸行动在伊拉克的直接目标是诸如巴格达等城市，这与对科威特境内的伊拉克军事目标进行空中打击截然不同。后一种行动给伊拉克军队造成了严重的损失，并帮助盟军地面部队在 1991 年 2 月末取得了快速而决定性的胜利。

58. 美国空军本身对袭击伊拉克领导目标的研究认为："这些袭击的结果显然没有完成野心勃勃的目标。这些目标至少被一些飞行员所接受。他们轰炸领导人（leadership）和命令、控制、通讯（简称 CCC）目标类型，可能对该政权产生足够的压力，促使它颠覆伊拉克政权，并完全切断巴格达领导人和他们军队之间的通讯。"Thomas A. Keaney and Eliot A. Cohen, *Gulf War Air Power Survey Report* (Washington, DC: U. S. Government Printing Office, 1993), p. 70. 参见 Pape, *Bombing to Win*, pp. 221—223, 226—240, 250—253。

59. Allen F. Chew, *The White Death: The Epic of the Soviet-Finnish Winter War* (East Lansing: Michigan State University Press, 1997), chap. 5; Eloise Engle and Lauri Paananen, *The Winter War: The Russo-Finnish Conflict, 1939—40* (New York: Scribner's, 1973), chaps. 3, 7, 8; William R. Trotter, *A Frozen Hell: The Russo-Finnish Winter War of 1939—1940* (Chapel Hill, NC: Algonquin, 1991), chap. 15.

60. 关于这一案例最好的分析,参见 Pape, *Bombing to Win*, . Chap. 5; 关于轰炸行动的详细描述,参见 Conrad C. Crane, *American Airpower Strategy in Korea, 1950—1953* (Lawrence: University Press of Kansas, 2000); Robert F. Futrell, *The United States Air Force in Korea, 1950—1953*, rev. ed. (Washington, DC: Office of Air Force History, 1983)。

61. Clodtelter, *Limits of Air Power*, chaps. 5—6; Pape, *Bombing to Win*, pp. 195—210.

62. John E. Mueller, "The Search for the 'Breaking Point' in Vietnam: The Statistics of a Deadly Quarrel," *International Studies Quarterly 24*, No. 4 (December 1980), pp. 497—519.

63. 我们能够得到的关于对科索沃空中打击的最好描述是美国空军对于进攻的官方研究。参见 *The Air War over Serbia: Aerospace Power in Operation Allied Force*, Initial Report (Washington, DC: U. S. Air Force, 2001)。1995 年夏末,北约空军也袭击了在波斯尼亚的南斯拉夫地面部队,但是那不是一次战略轰炸。参见 Robert C. Owen, ed. *Deliberate Force: A Case Study in Effective Air Campaigning* (Maxwell Air Force Base, AL: Air University Press, January 2000)。

64. 能得到的最好资料包括: Daniel A. Byman and Matthew C. Waxman, "Kosovo and the Great Air Power Debate," *International Security 24*, No. 4 (Spring 2000), pp. 5—38; Ivo H. Daalder and Michael E. O'Hanlon, *Wing Ugly: NATO's War to Save Kosovo* (Washington, DC: Brookings Institution Press, 2000); Doyle McManus, "Clinton's Massive Ground Invasion That Almost Was: Yugoslavia: After 71 Days of Air War, White House Had in Place a Memo to Send in 175 000 NATO Troops," *Los Angeles Times*, June 9, 2000; Barry R. Posen, "The War for Kosovo: Serbia's Political-Military Strategy," *International Security 24*, No. 4 (Spring 2000), pp. 39—84。

65. William H. Arkin, "Smart Bombs, Dumb Targeting?" *Bulletin of the Atomic Scientists 56*, No. 3 (May -June 2000), p. 49. 南联盟政府声称,被杀的市民有 2 000 人。参见 Posen, "War for Kosovo," p. 81。

66. Pape, *Bombing to Win*, p. 68. 关于空中惩罚为什么常常失败的讨论,参

见 Pape, *Bembing to Win*, pp. 21—27; Stephen T. Hosmer, *Psychological Effects of U. S. Air Operations in Four Wars*, *1941—1991*: *Lessons for U. S. Commanders*, RAND Report MR-567-AF (Santa Monica, CA: RAND Corporation, 1996); Irving L. Janis, *Air War and Emotional Stress*: *Psychological Studies of Bombing and Civilian Defense* (New York: McGraw-Hill, 1951)。

67. 也有一些公开的证据表明,1999 年,在对待南联盟的问题上,北约采用过谋害领导人的战略。特别是,从北约袭击的目标(电视台、米洛舍维奇的家、重要的政府建筑物、党总部、高层军事指挥部以及米洛舍维奇亲友的企业)来看,它的目标要么是杀死领导人,要么是促成政变。但是没有明显的证据证明这些战略起了作用。

68. 参见 Pape, *Bombing to Win*, pp. 79—86。

69. 参见 Beck, *Under the Bombs*; Jeffrey Herf, *Divided Memory*: *The Nazi Past in the Two Germanys* (Cambridge MA: Harvard University Press, 1997); Ian Kershaw, *The Hitler Myth*: *Image and Reality in the Third Reich* (Oxford: Oxford University Press, 1987)。

70. 关于这一总的思想,参见 Kennedy, *British Naval Mastery*, chap. 7; Robert W. Komer, *Maritime Strategy or Coalition Defense* (Cambridge, MA: Abt Books, 1984); Halford J. Mackinder, "The Geographical Pivot of History," *Geographical Journal* 23, No, 4 (April 1904), pp. 421—437; Halford J. Mackinder, *Democratic Ideals and Reality*: *A Study in the Politics of Reconstruction* (New York: Henry Holt, 1919); Martin Wight, *Power Politics*, eds. Hedley Bull and Carsten Holbraad (New York: Holmes and Meier, 1978), chap. 6。

71. 科比特谈到特拉法尔加战斗(Battle of Trafalgar)时说:"普遍认为,特拉法尔加战斗是世界上最具决定性的战役之一,并且在所有大的胜利中,没有一个如此缺乏直接的结果。它以历史上最精妙和复杂的海战之一而著称,但是由于它是联合作战不可分割的一部分,所以它的结果很少被认真对待。这一战斗最后赋予了英格兰海上控制权,但是它使拿破仑成为了欧洲大陆的独裁者。有关这一战争的记录的明显贫乏令人费解,因此,为了填补这一空白,有关这一仗挽救了英国而使其免于侵略的传说产生了。"Julian S. Corbett, *The Campaign of Trafalgar* (London: Longmans, Green, 1910), p. 408. 参见 Edward Ingram, "Illusions of Victory: The Nile, Copenhagen, and Trafalgar Revisted," *Military Affairs* 48, No. 3 (July 1984), pp. 140—143。

72. 我估计,大约 2 400 万苏联人在抗击纳粹德国的战斗中丧生。在这一总数中,有 1 600 万平民和 800 万军事人员。在死亡的 800 万军事人员中,330 万是战俘,他们在被关押期间死亡。剩下的 470 万要么在战斗中要么由于战斗受伤而死亡。有关苏联伤亡的最好资料有: Edwin Bacon, "Soviet Military Losses in World War II," *Journal of Slavic Military Studies* 6, No. 4 (December 1993), pp. 613—633; Michael Ellman and S. Maksudov, "Soviet Deaths in the Great Pa-

triotic War: A Note," *Europe -Asia Studies* 46, No. 4 (1994), pp. 671—680; Mark Harrison, *Accounting for War: Soviet Production, Employment, and the Defence Burden, 1941—1945* (Cambridge: Cambridge University Press, 1996), pp. 159—161; Gerhard Hirschfeld, ed., *The Policies of Genocide: Jews and Soviet Prisoner of War in Nazi Germany* (Boston: Allen and Unwin, 1986), chaps. 1—2。德国在东线和其他战线上的伤亡比率可能高于 3 : 1。这方面的证据参见 Jonathan R. Adelman, *Prelude to the Cold War: The Tsarist, Soviet, and U. S. Armies in the Two World Wars* (Boulder, CO: Lynne Rienner, 1988), pp. 128—129, 171—173; David M. Glantz and Jonathan M. House, *When Titans Clashed: How the Red Army Stopped Hitler* (Lawrence: University Press of Kansas, 1995), p. 284。

73. 参见 Lincoln Li, *The Japanese Army in North China, 1937—1941: Problem of Political and Economic Control* (Oxford: Oxford University Press, 1975)。

74. 参见 Potter and Nimitz, *Sea Power*, chap. 19;以及该书第六章注 18 中所引文献。

75. 里根政府的"海上战略"(Maritime Strategy)包括使用美国海军影响中部战线事态的计划,但是这些军事行动主要关心的是改变对苏联的核战略平衡。当然,美国海军也关心维护战时的领海权,以便它能穿越大西洋运送军队和补给。参见 John J. Mearsheimer, "A Strategic Misstep: The Maritime Strategy and Deterrence in Europe," *International Security 11*, No. 2 (Fall 1986), pp. 3—57; Barry R. Posen, *Inadvertent Escalation: Conventional War and Nuclear Risks* (Ithaca, NY: Cornell University Press, 1991), chaps. 4—5。

76. 这一点被著名的海军战略家所广泛接受。例如,20 世纪上半期英国杰出海军思想家亚当·赫伯特·里奇蒙特(Adm. Herbert Richmond)写道:"即使海上没有反对力量,现代军事大国发动的海上入侵也可能被视作不切实际而遭摒弃。在任何大国的军事力量反抗面前,能被运送的士兵数量永远不足以实施侵略。" Herbert Richmond, *Sea Power in the Modern World* (London: G. Bell, 1934), p. 173.

77. 关于跨越巨大水体投送力量的问题并不仅仅是远距离行动的问题。在水面上调动军队与在地面上移动军队存在着根本差别。一个与其对手之间被大片陆地隔离的国家能征服并占领那片土地,然后把陆军和空军径直移到对手的边界,发动一场大规模的地面侵略。(想一想 19 世纪拿破仑时期的法国是如何征服它与俄国之间的各个国家,并在随后的 1812 年以庞大的军队入侵俄国的。)然而,大国不能征服和占领水域。就像科比特所说,海"不是轻易就能被占有的……你不能像依靠敌人领土一样依靠海域来供养军队"。Corbett, *Principles of Maritime Strategy*, p. 93.(拿破仑不能夺取英吉利海峡并在其上面驻扎军队,这部分地解释了它不能侵略英国的原因。)所以,海军不得不跨越海洋运送军队来袭击敌人。但是海军常常不能把庞大的军队投送到敌人的领土上，因此，海上侵略力量的打击力大大地受到了限制。

78. 参见 Piers Mackesy, "Problems of an Amphibious Power: Britain against France, 1793—1815," *Naval War College Review* 30, No. 4 (Spring 1978), pp. 18—21。也可参见 Richard Harding, "Sailors and Gentlemen of Parade: Some Professional and Technical Problems Concerning the Conduct of Combined Operations in the Eighteenth Century," *Historical Journal* 32, No. 1 (March 1989), pp.35—55; Potter and Nimitz, *Sea Power*, p.67。

79. 另一方面，奇袭是帆船时代大国战争中的常事。例如，在"七年战争"时期，英国于 1778 年对法国港口城市发动了四次奇袭。参见 Potter and Nimitz, *Sea Power*, p.53。虽然英国有奇袭的嗜好，但是这些行动常常不能获得成功。看看里斯本(1589 年)、卡迪兹(1589 年和 1626 年)、布雷斯特(1696 年)、土伦(1707年)、洛雷恩特(1746 年)、罗希福特(1757 年)和瓦希伦(1809 年)等战役，迈克尔·霍华德(Michael Howard)把它们看成"一次几乎无法被打破的昂贵而耻辱的失败记录"。Howard, *British Way in Warfare*, p.19.但是，即使奇袭成功，也不会对均势产生什么影响。

80. 关于工业化如何影响海军，参见 Bernard Brodie, *Sea Power in the Machine Age*, 2d ed. (Princeton University Press, 1943); Kail Lautenschlager, "Technology and the Evolution of Naval Warfare," *International Security* 8, No. 2 (Fall 1983), pp.3—51; Potter Nimitz, *Sea Power*, chaps. 12,18。

81. 引自 Brodie, *Sea Power*, p.49。

82. 关于铁路对战争的影响，参见 Arden Bucholz, *Moltke, Schlieffen, and Prussian War Planning* (New York: Berg, 1991); Edwin A. Pratt, *The Rise of Rail-Power in War and Conquest, 1833—1914* (London: P. S. King, 1915); Dennis E. Showalter, *Railroads and Rifles: Soldiers, Technology, and the Unification of Germany* (Hamden, CT: Archon, 1975); George Edgar Turner, *Victory Rode the Rails: The Strategic Place of the Railroads in the Civil War* (Lincoln: University of Nebraska Press, 1992); John Westwood, *Railways at War* (San Diego, CA: Ho-well-North, 1981)。

83. 参见 Arthur Hezlet, *Aircraft and Sea Power* (New York: Stein and Day, 1970); Norman Polmar, *Aircraft Carriers: A Graphic History of Carrier Aviation and Its Influence on World Events* (Garden City, NY: Doubleday, 1969)。

84. 参见 USSBS, *Air Campaigns of the Pacific War*, Pacific War Report 71a (Washington, DC: U. S. Government Printing Office, July 1947), sec.10。

85. L. C. B. Dear, ed., *The Oxford Companion to World War II* (Oxford: Oxford University Press, 1995), pp. 46—50. 参见 B. B. Schofield, *The Arctic Convoys* (London: Macdonald and Jane's, 1977); Richard Woodman, *The Arctic Convoys, 1941—1945* (London: John Murray, 1994)。

86. 关于潜水艇如何影响战争，参见 Arthur Hezlet，*The Submarine and Sea Power*（London：Peter Davies，1967）；Karl Lautenschlager，"The Submarine in Naval Warfare，1901—2001，" *International Security* 11，No. 3（Winter 1986—1986），pp. 94—140。

87. Halpern，*Naval History of World War I*，p. 48.

88. 关于海军水雷及它们如何影响战争行为的一般讨论，参见 Gregory K. Hartmann and Scott C. Truver，*Weapons That Wait*：*Mine Warfare in the U.S. Navy*，2d ed.（Annapolis，MD：U.S. Naval Institute Press，1991）。

89. Hartmann and Truver，*Weapons That Wait*，p. 15.

90. 参见 U.S. Department of Defense，*Conduct of the Persian Gulf War*，*Final Report to Congress*（Washington，DC：U.S. Government Printing Office，April 1992），chap. 7；Michael R. Gordon and Bernard E. Trainor，*The Generals' War*：*The Inside Story of the Conflict in the Gulf*（Boston，MA：Little，Brown，1995），pp. 292—294，343—345，368—369。

91. 皮尔斯·马克塞（Piers Mackesy）在描述拿破仑战争期间英国反对法国的战略时写道："在西欧进行任何重要登陆都不能予以考虑，除非东部战线有一场打得正酣的战争牵制法国的兵力。" Mackesy，"Problems of an Amphibious Power，" p. 21.

92. 1944 年末，当美国控制太平洋上空时，日本试图运送援军到菲律宾，这一事例说明了当一国不具有空中优势时，它的海上力量会发生什么。美国飞机摧毁了日本的护卫舰。参见 M. Hamlin Cannon，*Leyte*：*The Return to the Philippines*（Washington，DC：U.S. Government Printing Office，1954），pp. 92—102。当然，海军投入海上力量也必须具有制海权。关于海洋控制对两栖进攻的重要性，参见 P. H. Colomb，*Naval Warfare*：*Its Ruling Principles and Practice Historically Treated*（London：W. H. Allen，1891），chaps. 11—18。

93. 参见 Alfred Vagts，*Landing Operations*：*Strategy，Psychology，Tactics，Politics，from Antiquity to 1945*（Harrisburg，PA：Military Service Publishing Company，1946），pp. 509—516；Samuel R. Williamson，Jr.，*The Politics of Grand Strategy*：*Britain and France Prepare for War，1904—1914*（Cambridge，MA：Harvard University Press，1969），pp. 43—45。

94. Corbett，*Principles of Maritime Strategy*，p. 98.

95. 引自 Kennedy，*British Naval Mastery*，p. 201。

96. 参见 Mearsheimer，"A Strategic Misstep，" pp. 25—27。

97. 在描述 1945—1950 年期间美国的战争装备时，史蒂芬·罗斯写道："所以，早期的飞机要求从欧洲迅速撤回，不包含第二次诺曼底登陆的含义。要不是依靠红军的力量，直接进攻几乎没有取胜的希望。" Steven Ross，*American War Plans，1945—1950*（New York：Garland，1988），pp. 152—153。

98. 参见 Piers Mackesy，*Statesmen at War*：*The Strategy of Overthrow*，

1798—1799（New York：Longman，1974）；A. B. Rodger，*The War of the Second Coalition，1798 to 1801：A Strategic Commentary*（Oxford：Clarendon，1964）。

99. 参见 David Gates，*The Spanish Ulcer：A History of the Peninsular War*（New York：Norton，1986），chaps.5—7；Michael Glover，*The Peninsular War，1807—1814：A Concise Military History*（Hamden，CT：Archon，1974），chaps. 4—6。

100. 英国在葡萄牙保留了一支小分队，葡萄牙在英国入侵后重新获得了主权。1809 年 4 月，英国海军又运送其他军队到友好的葡萄牙。那些在威灵顿勋爵（Lord Wellington）指挥下的军队，在赢得伊比利亚半岛的战争中起了重要的作用。

101. 参见 Piers Mackesy，*British Victory in Egypt，1801：The End of Napoleon's Conquest*（London：Routledge，1995）；Potter and Nimitz，*Sea Power*，chap. 7；Roger，*War of the Second Coalition*，chaps. 1—9，esp. chap. 16。在法国革命战争期间，英国和法国在西印度群岛也实施了一系列小规模的两栖进攻。参见 Michael Duffy，*Soldiers，Sugar，and Seapower：The British Expeditions to the West Indies and the War against Revolutionary France*（Oxford：Clarendon，1987）。

102. 关于克里米亚战争的最好著作有：Winfried Baumgart，*The Crimean War，1853—1856*（London：Arnold，1999）；John S. Curtiss，*Russia's Crimean War*（Durham，NC：Duke University Press，1979）；David M. Goldfrank，*The Origins of the Crimean War*（New York：Longman，1994）；Andrew D. Lambert，*The Crimean War：British Grand Strategy，1853—1856*（New York：Manchester University Press，1990）；Norman Rich，*Why the Crimean War? A Cautionary Tale*（Hanovre，NH：University Press of New England，1985）；Albert Seaton，*The Crimean War：A Russian Chronicle*（London：B. T. Batsford，1977）。

103. 本段的数据来自 Potter and Nimitz，*Sea Power*，p.234；Hew Strachan，"Soldiers，Strategy and Sebastopol，"*Historical Journal* 21，No. 2（June 1978），p.321。

104. 引自 Vagts，*Landing Operations*，p. 411。

105. 关于加利波里战役的最好著作是：C. F. Aspinall-Oglander，*Military Operations：Gallipoli*，2 vols.，Official British History of World War Ⅰ（London：Heinemann，1929）；Robert R. James，*Gallipoli*（London：B. T. Batsford，1965）；Michael Hickey，*Gallipoli*（London：John Murray，1995）。同时，俄国在黑海地区对土耳其实施了一些小规模的两栖行动。参见 Halpern，*Naval History of World War Ⅰ*，pp.238—246。

106. 欧洲另外两次两栖进攻并不是直接攻击一个大国的领土。1940 年 4 月，德国占领挪威（一个小国），1942 年 11 月美国军队向法国控制的北非成功地发动海上攻击。1940 年春,法国被纳粹德国彻底击败,当时法国已不是一个主权国家,远远称不上一个大国。关于挪威的情况,参见 Jack Adams, *The Doomed Expedition: The Norwegian Campaign of 1940* (London: Leo Cooper, 1989); Maurice Harvey, *Scandinavian Misadventure* (Turnbridge Wells, UK: Spellmount, 1990)。关于北非的情况,参见 George F. Howe, *Northwest Africa: Seizing the Initiative in the West* (Washington, DC: U. S. Government Printing Office, 1991), pts. 1—3。而且,德国,特别是苏联,在波罗的海和黑海海岸对方控制的领土上发动了多次小规模的两栖进攻。参见 W. I. Atschkassow, "Landing Operations of the Soviet Naval Fleet during World War Two," in Merrill L. Bartlett, ed., *Assault from the Sea: Essays on the History of Amphibious Warfare* (Annapolis, MD: U.S. Naval Institute Press, 1983), pp.299—307; "Baltic Sea Operations," and "Black Sea Operations," in Dear, ed., *Oxford Companion to World War II*, pp.106—108, 135—136。据一项研究估计,1941—1945 年,苏联实施了 113 次两栖行动。参见 Atschkassow, "Landing Operations," p.299。许多次行动都失败了,但更重要的是,它们都是在德国国防军和苏联红军之间的主战场外围地带发生的小规模军事行动。因此,它们对于战争的结果并没有什么影响。最后,1944 年,苏联对法国控制的领土发动了两次小规模的两栖行动,其中一次失败了。参见 Waldemar Erfurth, *The Last Finnish War* (Washington, DC: University Publications of America, 1979), p. 190。

107. 关于西西里的情况,参见 Albert N. Garland and Howard M. Smyth, *Sicily and the Surrender of Italy* (Washington, DC: U. S. Government Printing Office, 1965), chaps. 1—10。关于意大利本土的情况,见 Martin Blumenson, *Salerno to Cassino* (Washington, DC: Government Printing Office, 1969), chaps. 1—9。

108. 关于安奇奥的情况,参见 Blumenson, *Salerno to Cassino*, chaps. 17—18, 20, 22, 24。

109. 关于诺曼底的情况,参见 Gordon A. Harrison, *Cross-Channel Attack* (Washington, DC: U. S. Government Printing Office, 1951)。关于法国南部的情况,参见 Jeffrey J. Clarke and Robert R. Smith, *Riviera to the Rhine* (Washington, DC: U.S. Government Printing Office, 1993), chaps. 1—7。

110. 1943 年中期,当盟军侵入西西里时,意大利从技术上而言仍是一个大国,而且意大利和德国的军队驻扎在该岛上。但是,正如上文所言,意大利陆军已经溃不成军,无力与盟军进行一次重大较量。事实上,在西西里战斗中,德国国防军对意大利的防御起主要作用。当盟军攻入意大利本土和安奇奥时,意大利已经退出了战争。

111. 参见 Paul Kennedy, *Pacific Onslaught: 7th December 1941-7th February 1943* (New York: Ballantine, 1972); H. P. Willmott, *Empires in the Balance: Japanese and Allied Pacific Strategies to April 1942* (Annapolis, MD: U. S. Naval

Institute Press，1982）。

112. Hezlet，*Aircraft and Sea Power*，chap. 8；Isely and Crowl，*U. S. Marines and Amphibious War*，pp.74，79；Hans G. Von Lehman，"Japanese Landing Operations in World War Ⅱ，" in Bartlett，ed.，*Assault from the Sea*，pp. 195—201。

113. "Major U. S. Amphibious Operations-World War Ⅱ，" memorandum，U. S. Army Center of Military History，Washington，DC，December 15，1960. 52 支入侵部队中的每一支都至少是团级战斗部队。这里不包括更小级别的军事行动。同样，1945 年 5 月和 6 月间，澳大利亚军队对日本在婆罗洲的军事力量发动了三次两栖行动。这些扫尾战役的成功实质上是由于同样的原因，即美国的海上入侵已经达到了它们的目标。参见 Peter Dennis et al.，*The Oxford Companion to Australian Military History*（Oxford：Oxford University Press，1995），pp.109—116。

114. USSBS，*Air Campaigns of the Pacific War*，p.19.

115. 瓜达康纳尔岛（Guadalcanal）和菲律宾是这一规则的重要例外。参见 George W. Garand and Truman R. Strobridge，*Western Pacific Operations：History of U. S. Marine Corps Operations in World War Ⅱ*，vol. 4（Washington，DC：U. S. Government Printing Office，1971），pp.320—321；Isely and Crowl，*U. S. Marines and Amphibious War*，p. 588。

116. USSBS，*Air Campaigns of the Pacific War*，p. 61.

117. 对于这一冲突的最好考察是，Paul S. Dull，*A Battle History of the Imperial Japanese Navy*，1941—1945（Annapolis，MD：U. S. Naval Institute Press，1978）；Isely and Crowl，*U. S. Marines and Amphibious War*；Potter and Nimitz，*Sea Power*，chaps. 35—43；Ronald H. Spector，*Eagle against the Sun：The American War with Japan*（New York：Free Press，1985）。

118. 关于美国和日本经济规模的差异，参见表 6. 2；Adelman，*Prelude*，pp.139，202—203；Jonathan R. Adelman，*Revolution，Armies，and War：A Political History*（Boulder，CO：Lynne Rienner，1985），pp.130—131。

119. 直到 1945 年中期，日本本土的陆军数量才达到 200 万。Dear，ed.，*Oxford Companion to World War Ⅱ*，p. 623. 与此同时，有 75 万在中国东北、90 万在中国其他地区、25 万在朝鲜以及 60 万在东南亚。这些数字出自 Adelman，*Revolution*，p.147；Saburo Hayashi and Alvin D. Coox，*Kogun：The Japanese Army in the Pacific War*（Quantico，VA：Marine Corps Association，1959），p.173；Douglas J. MacEachin，*The Final Months of the War with Japan：Signals Intelligence，U. S. Invasion Planning，and the A-Bomb Decision*（Langley，VA：Center for the Study of Intelligence，Central Intelligence Agency，December 1998），attached document no. 4。

120. 虽然入侵的美国军队本来应该肯定征服日本，但是在这一过程中，他们无疑也遭受了重大伤亡。参见 Frank，*Downfall*；MacEachin，*Final Months*。

121. 但是，如果一个大国对手能够在岛国后院的小国领土上部署军队的话，那么岛国可能会遭到该对手从陆地上的袭击。就像下一章将要讨论的那样，海岛大国担心出现这种可能性，并试图确保它永远不会发生。

122. 参见 Frank J. McLynn，*Invasion：From the Armada to Hitler*，*1588—1945*（London：Routledge and Kegan Paul，1987）；Herbert W. Richmond，*The invasion of Britain：An Account of Plans*，*Attempts and Counter-measures from 1586 to 1918*（London：Methuen，1941）。

123. 参见 Felipe Fernandez-Armesto，*The Spanish Armada：The Experience of War in 1588*（Oxford：Oxford University Press，1988）；Colin Martin and Geoffrey Parker，*The Spanish Armada*（London：Hamish Hamilton，1988）；Garrett Mattingly，*The Armada*（Boston：Houghton Mifflin，1959）；David Howarth，*The Voyage of the Armada：The Spanish Story*（New York：Viking，1981）。

124. 关于拿破仑，参见 Richard Glover，*Britain at Bay：Defence against Bonaparte*，*1803—14*（London：Allen and Unwin，1973）；J. Holland Rose and A. M. Broadley，*Dumouriez and the Defence of England against Napoleon*（New York：John Lane，1909）；H. F. B Wheeler and A. M. Broadley，*Napoleon and the Invasion of England：The Story of the Great Terror*（New York：John Lane，1908）。关于希特勒，参见 Frank Davis，"Sea Lion：The German Plan to Invade Britain，1940，"in Bartlett，ed.，*Assault from the sea*，pp. 228—235；Enber Kieser，*Hitler on the Doorstep*，*Operation "Sea Lion"：The German Plan to Invade Britain*，*1940*，trans. Helmut Bogler（Annapolis，MD：U. S. Naval Institute Press，1997）；Peter Schenk，*Invasion of England 1940：The Planning of Operation Sealion*，trans. Kathleen Bunten（London：Conway Maritime Press，1990）。

125. 1916 年，一位出色的德国军官汉斯·冯·西科特将军（Hans von Seeckt)指出："美国不会受到我们的攻击，而且在新技术为我们提供全新的武器之前，英国本土也不会受到我们的攻击。"引自 Vagts，*Landing operations*，p.506。

126. 直到 19 世纪 90 年代末期，英国才开始准备入侵美国的计划，然后它又放弃了这个想法。参见 Aaron Friedberg，*The Weary Titan：Britain and the Experience of Relative Decline*，*1895—1905*（Princeton，NJ：Princeton University Press，1988），pp.162—165。

127. 正如上文所述，盟军在 1944 年 6 月侵入法国西北部，并在 1944 年 8 月侵入法国南部，但是那时法国不是一个主权国家，它是纳粹帝国的一部分。

128. 这一分析忽视了一个引人注目的事例。在一战的最后一年，英国、加拿大、法国、意大利、日本和美国把部队插入到新成立的苏俄的几个地区：阿昌吉尔（1918 年 8 月 2 日）、巴库（1918 年 8 月 4 日）、摩尔曼斯克（1918 年 3 月 6 日和 6 月 23 日）以及符拉迪沃斯托克（1918 年 4 月 5 日和 8 月 3 日）。最后，这些部队对布尔什维克发起了一些战争。但是,由于盟军进入苏俄从任何意义上说都算不上侵略,所以这个案例并不相关。当时的俄国只是被德国彻底击败并处于内战中而已。因此,布尔什维克的军队没有反对盟军的进入。事实上,盟军进入巴库和阿昌吉尔是受欢迎的。参见 John Swettenham, *Allied Intervention in Russia, 1918—1919* (Toronto: Ryerson, 1967); Richard H. Ullman, *Intervention and the War* (Princeton NJ: Princeton University Press, 1961)。

129. 参见 William Daugherty, Barbara Levi and Frank von Hippel, "The Consequences of 'Limited' Nuclear Attacks on the United States," *International Security* 10, No. 4 (Spring 1986), pp. 3—45; Arthur M. Katz, *Life after Nuclear War: The Economic and Social Impacts of Nuclear Attacks on the United States* (Cambridge, Ma: Ballinger, 1982)。

130. 在听了 1954 年 3 月 18 日的战略空军指挥简报后,一位美国海军上校用这些话来描述战略空军指挥部打算在战争前夜对苏联进行的行动。David Alan Rosenberg, "A Smoking Radiating Ruin at the End of Two Hours': Documents on American Plans for Nuclear War with the Soviet Union *1954—1955*," *International Security* 6, No. 3 (Winter 1981—1982), pp. 11, 25.

131. 赫曼·卡恩(Herman Kahn)提出"决定性第一次打击",它与解除第一打击是相同的。参见 Kahn, *On Thermonuclear War: Three Lectures and Several Suggestions*, 2nd ed. (New York: Free Press, 1969), pp. 36—37。

132. 参见 Charles K, Glaser, *Analyzing Strategic Nuclear Policy* (Princeton, NJ: Princeton University Press, 1990), chap. 5。

133. 参见 Benjamin Frankel, "The Brooding Shadow: Systemic Incentives and Nuclear Weapons Proliferation," *Security Studies* 2, Nos. 3—4 (Spring-Summer 1993), pp. 37—78; Bradley A. Thayer, "The Causes of Nuclear Proliferation and the Utility of the Nuclear Nonproliferation Regime," *Security Studies* 4, No. 3 (Spring 1995), pp. 463—519。

134. 参见 Harry R. Borowski, *A Hollow Threat: Strategic Air Power and Containment before Korea* (Westport, CT: Greenwood, 1982); David A, Rosenberg, "The Origins of Overkill: Nuclear Weapons and American Strategy, 1945—1960," *International Security* 7, No. 4 (Spring 1983), pp. 14—18; Ross, *American War Plans*, passim, esp. pp. 12—15。整个冷战期间超级大国每年的核军火详细数据,请参见 Robert S. Norris and William M. Arkin, "Nuclear Notebook: Estimated U. S and Soviet/Russian Nuclear Stockpile, 1945—94," *Bulletin of the Atomic Scientists* 56, No. 6 (November-December 1994), p. 59;也可参见 Robert S. Norris and William M. Arkin, "Global Nuclear Stockpiles, 1945—2000," *Bulletin of the Atomic Scientists* 56, No. 2 (March-April 2000), p. 79。

135. 冷战期间,一些专家认为,甚至在一个相互确保摧毁的世界里,赢得核优势也是有可能的。他们宣称,超级大国以它们的反击武器(用来摧毁其他核武器而不是城市的核武器)进行一场有限的核战争是有可能的。在保留双方确保毁灭能力完整无缺的同时,每一方都试图把对方的平民死亡率降到最低。在这种有限核交易中,具有优势的超级大国就是赢家,获得对失败方重要的胁迫优势。参见 Solin S. Gray. "Nuclear Strategy: A Case for a Theory of Victory," *International Security* 4, No. 1 (Summer 1979), pp. 54—87; Paul Nitze, "Deterring Our Deterrent," *Foreign Policy*, No. 25 (Winter 1976—1977), pp. 195—210。然而,有限核选择的事例也是有瑕疵的。原因有二:第一,这种战争不可能保持有限。战争对于双方社会的破坏非常巨大,难以把有限打击和全面进攻区别开来。而且,我们对核战争的升级动因知之甚少,特别是,在核袭击情况下,我们无法确定指挥控制体系是如何运作的。第二,即使能够做到打一场有限核战争并使伤亡最小化,具有打击优势的一方也不会赢得一场有意义的胜利。试举一例。假设苏联在超级大国之间赢得一次反击机会,它剩下 500 枚反击核弹头,而美国已用完了所有的弹头。在这一过程中,双方各伤亡 50 万人,它们确保摧毁的能力仍然丝毫未损。可能有人认为,苏联是胜利者,因为它拥有 500:0 的反击优势。事实上,这一优势毫无意义,因为美国已没有任何可供苏联 500 件反击武器打击的目标了,除非它打击美国的城市或它的可确保摧毁力量,并在这一过程中自取灭亡。简言之,这种有限核战争的结果是,双方都遭受相同的伤亡,每一方都可以保持自己的确保摧毁力量完好无缺,苏联根本不能以任何有意义的方式使用它的 500 件反击武器。这是一种空洞的胜利。批评有限核选择的最好著作是 Glaser, *Analyzing Strategic Nuclear Policy*, chap. 7; Robert Jervis, "Why Nuclear Superiority Doesn't Matter," *Political Science Quarterly* 94, No. 4 (Winter 1979—1980), pp. 617—633。

136. Robert S. McNamara, "The Military Role of Nuclear Weapons: Perceptions and Misperceptions," *Foreign Affairs* 62, No. 1 (Fall 1983), p. 79.

137. 核层次上坚固的稳定允许常规层次上的不稳定这个观点常常被称为"稳定—不稳定悖论论"(stability-instability paradox)。参见 Glenn H. Snyder, "The Balance of Power and the Balance of Terror," in Paul Seabury, ed., *Balance of Power* (San Francisco: Chandler, 1965), pp. 184—201; Robert Jervis, *The Meaning of the Nuclear Revolution: Statecraft and the Prospect of Armageddon* (Ithaca, NY: Cornell University Press, 1989), pp. 19—22。

138. 关于偶然的核升级,参见 Bruce G. Blair, *The Logic of Accidental Nuclear War* (Washington, DC: Bookings Institution Press, 1993); Scott D. Sagan, *The Limits of Safety: Organizations, Accidents and Nuclear Weapons* (Princeton, NJ: Princeton University Press, 1993)。关于无意的核升级,参见 Posen, *Inadvertent Escalation*。关于有意的核升级,参见 Herman Kahn, *On Escalation: Metaphors and Scenarios*, rev. ed. (Baltimore, MD: Penguin, 1968); Thomas Schelling, *Arms and Influence* (Mew Haven, CT: Yale University Press, 1996), chaps. 2—3。关于升级的一般现象的最好著作是 Richard Smoke, *War: Control-*

ling Escalation（Cambridge，MA：Harvard University Press，1997），尽管它对从常规战到核战的升级或核战争中的升级论述不多。

139. 罗伯特·杰维斯可能是这一观点最明确的支持者。他写道："彼此具有第二次打击能力的意义是多方面和深远的。如果核武器像核革命理论所说的那样具有影响的话，超级大国之间就会有和平，危机就会极少出现，任何一方都不会急切地把讨价还价的优势推向极限，现状就相对容易维持，政治结果就不会与核平衡或常规平衡紧密相连。虽然证据模糊，但一般还是承认这样一种命题的。"Jervis，*Meaning of the Nuclear Revolution*，p.45.参见 McGeorge Bundy，*Danger and Survival：Choices about the Bomb in the First Fifty Years*（New York：Random House，1988）。

140. 例如，假设墨西哥是一个具有免于死亡的核威慑的大国，同时假设墨西哥有兴趣征服美国西南的大片扩张领土，而对美国领土并没有兴趣。墨西哥决策者可能认为，它们能获得有限的目标而不引起美国发动全面核战争。在这个事件中，他们可能被证明是正确的。但是，如果墨西哥试图彻底击败美国，美国决策者将更可能使用核武器。关于 1973 年埃及和叙利亚决定袭击有核武装的以色列问题上，沙尔·费尔德曼(Shal Feldman)实质上提出了相同的观点。他的观点是，阿拉伯决策者认为以色列不会使用核武器，因为它们的军队并不一味地想占领以色列的领土，而只是想重新夺回在 1967 年战争中输给以色列的领土。Feldman，*Israeli Nuclear Deterrence：A Strategy for the 1980s*（New York：Columbia University Press，1982），chap.3. 但是就像费尔德曼指出的，丧失一小块领土的国家很可能认为胜利者会要另一块，然后再要一块，这种"意大利腊肠战术"最终将导致它的毁灭。Ibid.，pp.111—112. 避免这一困境的最好方法是拥有能抵挡首次打击的强大常规力量，这又一次突出了地面力量均势的重要性。

141. 例如，20 世纪 80 年代早期，美国花费在常规武器上的费用大约是核武器的五倍，到 20 世纪 80 年代中期，常规武器的开支仍约是核武器的四倍。参见 Harold Brown，*Department of Defense Annual Report for Fiscal Year 1982*（Washington，DC：U.S. Department of Defense，January 19,1981），pp.C—4，C—5；William W. Kaufmann，*A Reasonable Defense*（Washington，DC：Brookings Institution Press，1986），pp.21，27。整个冷战期间，大约 25% 的美国防务开销用于核力量。参见 Steven M. Kosiak，*The Lifecycle Costs of Nuclear Forces：A Preliminary Assessment*（Washington，DC：Defense Budget Project，October 1994），p.ii。据另一项研究估计，从 1940 年到 1996 年间，大约 29% 的防务开支用于核武器。参见 Stephen I. Schwartz，ed.，*Atomic Audit：The Costs and Consequences of U.S. Nuclear Weapons since 1940*（Washington，DC：Bookings Institution Press，1998），p.3. 至于美国在欧洲的常规力量的相对重要性，可以看看美国 1986 财政年的防务预算（共 3 137 亿美元）是如何分配的：约 1 330 亿美元用于欧洲常规防务，547 亿美元用于核力量，346 亿美元用于太平洋的常规防务，209 亿美元用于海湾的常规防务，以及 162 亿美元用在巴拿马和美国本土的常规

防务。这些数据来自 Kaufmann，*Reasonable Defense*，p.14。也可参见本书第六章注释177。

142. 参见 Feldman，*Israeli Nuclear Deterrence*，pp.106—112，esp. p.109。

143. 参见 Thomas W. Robinson，"The Sino-Soviet Border conflict," in Stephen S. Kaplan, ed., *Diplomacy of Power：Soviet Armed Forces as a Political Instrument*（Washington，D.C：Brookings Institution Press，1981），pp.265—313；Harrison E. Salisbury，*War between Russia and China*（New York：Norton，1969）；Richard Wich，*Sino-Soviet Crisis Politics：A Study of Political Change and Communication*（Cambridge，MA：Harvard University Press，1980），chaps. 6,9。

144. 参见 Sumantra Bose，"Kashmir：Sources of Conflict, Dimensions of Peace," *Survival* 41，No.3（Autumn 1999），pp.149—171；Sumit Ganguly，*The Crisis in Kashmir：Portents of War*，*Hopes of Peace*（Cambridge：Cambridge University Press，1999）；Devin T. Hagerty，"Nuclear Deterrence in South Asia：The 1990 Indo-Pakistani Crisis," *International Security* 20，No. 3（Winter 1995—1996），pp.79—114。

145. 就像在第三章注释11里谈到的,全面的净估价不仅需要测量对手力量的规模和质量,也有必要考虑双方运用的战略以及当敌对力量遭遇时可能发生的情况。

146. 参见 Mako，*U. S. Ground Forces*，pp.108—126；*Weapons Effectiveness Indices/Weighted Unit Values Ⅲ*（WEI/WUV Ⅲ）（Bethesda，MD：U. S. Army Concepts Analysis Agency. November 1979）。也可参见 Phillip A. Karbre et al.，*Assessing the Correlation of Forces：France 1940*，Report No. BDM/W-79-560-TR（McLean，VA：BDM Corporation，June 18,1979），它用这种方法评估1940年春德国和盟军的力量平衡。

147. Posen，"Measuring the European Conventional Balance," pp.51—54，66—70.

148. 关于如何进行这种分析的例子,参见 Joshua Epstein，*Measuring Military Power：The Soviet Air Threat to Europe*（Princeton，NJ：Princeton University Press，1984）；and Posen，*Inadvertent Escalation*，pp.101—106。

149. 如果其中的每一个国家都具有种族意义上的同质人口,则和平的前景就会增加,因为这样就不会有种族内战了。

第五章
生 存 战 略

我们考察一下大国如何最大限度地占有世界权力。第一项任务是，列出国家在权力竞争中所追求的特殊目标。我对国家目标的分析是以前述章节所讨论的权力为基础的。特别是，我认为大国在它们所控制的地区内争夺霸权。由于巨大的水体增加了向对岸投送力量的困难，因此，任何国家都不可能支配整个世界。大国也追求富裕，它们实际上比对手富足得多，因为其军事力量有一个经济基础。另外，大国渴望在它们所处地区内拥有最强大的地面部队，因为陆军和支援它的海空部队是军事力量的核心成分。最后，大国寻求核优势，尽管这一目标很难达到。

第二项任务是，分析国家以有利于自己的方式改变均势，以及阻止其他国家作出不利于自己均势变化的不同战略。战争（war）是国家获取权力所采用的主要战略。讹诈（blackmail）是一个更具吸引力的选择，因为它依靠武力威胁而不是运用实际武力达到目的，因此成本较低。然而，讹诈往往难以得手，因为大国很可能在屈服于他国威胁之前就投入了战争。获得权力的另一种战略是诱捕（bait and bleed），即一国试图通过挑起对手间长期而昂贵的战争来削弱它们。不过，这一伎俩也难行通。该战略的一个更乐观的变数是坐观血腥厮杀（bloodletting），即一国采取某些措施，确保敌国所卷入的任何战争都是持久而致命的。

建立均势和推卸责任是大国用来阻止敌人颠覆均势的主要战略。[1]通过建立均势，受威胁的国家本身必须参与遏制危险的对手。换句话说，它们愿意担负遏制和必要时抗击入侵者的重任。而采用推卸责任的战略，它们就可以设法让另一大国遏制入侵者，自己则冷眼旁观。受威胁的国家常常会采用推卸责任而不是均势战略，因为在战争爆发时，推卸责任者（buck-passer）可避免与侵略者打斗的代价。

绥靖（appeasement）和跟着强者走（bandwagoning）战略对应付侵略者不是特别有效。二者都要求向敌对国家出让权力，在一个无政府体系中，这预示着大麻烦来临了。就"跟着强者走"而言，受威胁的国家不会阻止侵略者以损人利己的方式获取权力，而是与危险的敌人结盟，希望至少可以从战争中获得少量战利品。"绥靖"是一个更具野心的战略，绥靖者的目的是通过让与权力来缓和侵略者的行为，希望这一姿态能让侵略者感到更安全，从而减少或消除它的侵略动机。尽管"绥靖"和"跟着强者走"都是无效而危险的战略，因为它们使均势朝不利于受威胁国家的方向变化，但我还是要讨论一些特殊情况，因为在这里，一国向另一国让与权力是有意义的。

国际关系领域一个司空见惯的观点认为，建立均势和跟着强者走是受威胁的国家所能选择的关键战略，大国总是要抗衡危险的对手。[2]我不同意这一说法。正如前面所强调的，跟着强者走不是现实世界中的有效选择，因为虽然跟着强者走的国家可以获得较多的绝对权力，但是危险的侵略者会取得更多权力。在现实世界中，实际的选择是建立均势和推卸责任。无论何时，受威胁的国家更愿意采用推卸责任而不是建立均势的战略。[3]

最后，我把我的理论与现实主义的著名论断联系起来，即效仿敌对大国的成功实践是安全竞争的重要结果。我承认其基本点是正确的，但是我认为，这种观点狭义地定义了这种效仿行为，过于强调照搬进攻而非防御行为。另外，大国也提防革新，这常常意味着，它们会采用聪明的办法以牺牲对手为代价来获得权力。尽管本章考察了各种各样的国家战略，但是有三个中心点：战争是增加额外权力的主要战略，而建立均势和推卸责任是维持均势的主要战略。对于受威胁的国家如何选择建立均势和推卸责任的问题，将在第八章中加以分析，而第九章将研究国家何时会选择战争的问题。

行动中的国家目标

　　尽管我认为大国寻求最大限度地占有世界权力,但有必要详细说明这种行为的需求。本节将考察国家所追求的不同目标以及它们在猎取更多相对权力时所采取的战略。

地区霸权

　　大国瞄准四个基本目标。第一个目标是,它们追求地区霸权。虽然当一国支配了整个世界后,它会最大限度地确保安全,但是,全球霸权是不可能实现的,除非一国取得了超过其他对手的核优势(见下文)。如前一章所讨论的,任何大国都不可能征服和占领被海洋隔离的地区,关键因素是巨大的水体限制了力量的投送,地区霸权无疑拥有强大的军事后劲,但跨洋对另一大国控制和防卫的领土实施两栖进攻,是一种自杀性冒险。难怪美国这个现代历史上唯一的地区霸权从未考虑过征服欧洲或东北亚。一个大国可以征服它从陆地上能到达的相邻地区,但是绝对不可能获得全球霸权。

　　大国不但想支配它们所处的地区,而且企图阻止其他地区的对手获得霸权。地区霸权担心势均力敌的竞争者可能在它们的后院颠覆均势,给它们的霸权构成威胁。因此,它们希望世界上其他重要地区出现两个或更多大国,因为这样那些邻国就可能在大部分时间内关注彼此的竞争,而很少有机会威胁远处的霸权。

　　地区霸权如何阻止其他大国支配远处的地区,要取决于那些地区的均势。如果那些大国之间的权力分配均匀,它们之中就不存在潜在霸权,那么远处的霸权就可以安全地置身于那些地区的任何冲突之外,因为没有国家强大到可以征服所有其他国家。不过,即使另一地区出现霸权,远处霸权的首要选择也可能是袖手旁观,让当地大国遏制那一威胁。这就是绝妙的推卸责任战略在起作用,就像下面要讨论的,国家在面对一个危险的敌人时,更愿选择推卸责任而不是建立均势。然而,倘若当地大国不能遏制那一威胁,那么远处的霸权就会进驻该地区,与之抗衡。虽然它的主要目标是遏制,但是远处的霸权同时也会伺机消除这一威胁,在那一地区重建大致的均势,以便它能打道回府。实质上,地区霸权在世界其他地区扮演离岸平衡手角色,尽管它们更愿意充当最后关头的平衡手。

也许有人会问,一个在本地区独霸一方的国家,尤其是两个被大洋分隔开来的竞争者,为何在乎另一地区是否存在霸权呢? 毕竟,两个地区霸权的任何一方,都几乎不可能跨越水体攻击另一方。例如,即使纳粹德国在欧洲赢得了二战的胜利,阿道夫·希特勒也不会跨过大西洋对美国发动两栖进攻。倘若中国有朝一日成为亚洲霸主,也不会跨过太平洋去征服美国。

然而,被大洋分隔的敌对霸权,仍然可以通过在对方的后院颠覆均势的方式来彼此威胁。特别是,一个地区霸权有朝一日可能会面对来自一个暴富国的本地挑战,后者无疑有一种与远处霸权联盟的强烈动机,以保卫自己免受邻近霸权的攻击。同时,远方霸权与那一暴富国合作也有自己的原因。务必记住,有许多原因可解释为什么国家彼此试图占便宜。在这些情形下,水体的阻遏力量几乎不会影响远处霸权的权力投送能力,因为它无须跨过海洋发动两栖进攻,而是跨过水体,将军队和给养运到处于敌对霸权后院的盟友领土。摆渡部队比从海上入侵对手要容易得多,尽管远处的霸权仍要在海上自由行动。

为阐明这一逻辑,我们来考察如下假设。如果德国赢得第二次世界大战的胜利,而墨西哥的经济和人口在 20 世纪 50 年代迅速增长,那么墨西哥很可能就与德国结盟了,甚至邀请德国在墨西哥驻军。美国防止此类局面出现的最好办法是,确保其对墨西哥的巨大权力优势,使德国和其他主要敌对大国陷入地区安全竞争,无法干预西半球。当然,倘若德国成为欧洲霸主,它也会尽一切可能结束美国对西半球的占领,这就是德国首先可能与墨西哥联合攻打美国的原因。

现实世界的证据显示,在确信遥远地区的对手陷入安全竞争的同时,在本地区获取霸权很重要。例如,在美国内战期间(1861—1865 年),法国把军队部署在墨西哥,抵挡美国的欲望。可是,美国军队并未反对法国的这种部署,因为当时它正卷入与联邦军的战争。战争胜利后,美国迫使法国从墨西哥撤出军队。不久后的 1866 年早期,奥地利威胁要把自己的部队派往墨西哥。但那种威胁从未得到具体实施,因为奥地利卷入了与普鲁士的一场严重危机,二者在 1866 年夏爆发了一场大战。4

虽然每一个国家都想成为地区霸主,但是,只有很少几个能到达那一顶峰。如前所述,美国是现代历史上唯一控制了它所处地区的大国。地区霸权寥寥无几有两个原因。很少国家具有染指霸权的财力。一国要具备潜在霸主的资格,它必须比当地的对手富裕得多,并在当地拥有最强大的军队。在过去两个世纪里,只有为数不多的几个国家达到了这些标准:拿破仑法国、威廉德国、纳粹德国、冷战期间的苏联和美国。而且,即使一国具备了成为潜在霸主的资本,该体系的其他大国也将设法阻止它成为实际上的潜在霸主。例如,上面提到的欧洲大国,没有哪一国能击败它的所有对手,获得地区霸权。

使财富最大化

大国的第二个目标是最大限度地占有世界财富。国家关注相对财富,因为经济实力是军事实力的基础。就实际而言,这意味着大国把很大的赌注押在强大的经济发展之上。因为它不但会增加整个财富,而且它是一个获得超过对手军事优势的可靠途径。马克斯·韦伯认为:"国家的自卫本能和经济增长是一枚硬币的两面。"5 任何国家的理想情况是实现经济的急剧增长,而希望对手的经济增长缓慢或停滞不前。

还要指出的是,大国特别把富裕的国家和朝富裕方向发展的国家看作严重威胁,不管它们是否拥有庞大的军事能力。毕竟,财富能很容易转化为军事能力。最典型的例子是 19 世纪末期和 20 世纪初期的威廉德国。仅仅德国拥有巨大的人口数目和蓬勃发展的经济这一事实,就能成为欧洲其他大国感到威胁的理由,尽管德国的行为有时加剧了这些恐惧。6 在谈到当今的中国时,类似的恐惧也存在,因为它拥有大量人口和快速现代化的经济。反之,大国对很贫弱的国家不是很担心。例如,美国对俄罗斯的恐惧程度要少于对苏联的恐惧,部分原因在于,俄罗斯所占有的世界财富不如全盛时期的苏联多。俄罗斯不能像它的苏联前身那样建立强大的军队。如果中国的经济走下坡路，不能恢复元气，那么美国对中国的恐惧也将极大地降低。

同时，大国也想阻止对手控制世界上的财富生产地。在近代，这些地区常常遍布主要的工业国家，尽管它们可能被那些拥有相当重要的原材料但不怎么发达的国家所占有。有时，大国本身也试图支配那些地区，至少会极力避免让这些地区落入敌对大国的控制之下。大国对财富贫乏的地区是不会关注的。[7]

比如，冷战期间，美国战略家把注意力集中在西半球之外的三个地区：欧洲、东北亚和波斯湾。[8]美国尽量不让苏联控制这些地区的任何地方。保卫西欧是美国的头号战略考虑，因为它是直接受苏联陆军威胁的富裕地区。苏联控制欧洲大陆，将使均势发生不利于美国的极大改变。从战略上而言，东北亚非常重要，因为日本是世界上最富裕的国家之一，而且面临苏联的威胁，尽管它不如西欧面对的威胁大。美国关心波斯湾，主要因为这里的石油为亚洲和欧洲的经济提供燃料。因此，美国主要围绕这三个地区部署军事力量。美国很少关注非洲、中东的其他地方、东南亚和南亚次大陆，因为这些地区没有多大潜在权力。

卓越的地面力量

大国的第三个目标是控制地面均势，因为那是它们最大限度地占有军事力量的最好方法。实际上，这意味着，国家要建立强大的陆军以及海军和空军，来支援这些地面力量。但是，大国并不把它们的所有防御开支用于地面力量。正如下文将要讨论的，它们把大量的资源用来获取核武器。有时，它们也借助独立的海上力量和战略空中力量。然而，由于地面力量是军事力量的主导形式，因此，国家希望在本地区拥有巨大无比的陆军。

核优势

大国的第四个目标是寻求超过其对手的核优势。在一个理想的世界里，一国拥有世界上唯一的核武库，为它提供摧毁对手的能力，而无须担心报复。巨大的军事优势将使装备核武器的国家成为全球霸主，在这种情况下,我前面讨论的地区霸权就毫无关系了。而且,在一个被核霸权支配的世界里,地面均势的重要性不大。然而,要获取和维持核优势并不容易,因为对手会尽最大努力发展它们自己的核报复能力。如同第四章强调的那样,大国可能发现自己处在一个核大国完全有能力摧毁敌人的世界里,即一个相互确保摧毁(MAD)的世界里。

有些学者,特别是防御性现实主义者认为,在一个相互确保摧毁的世界里,拥有核武器的国家追求核优势没有什么意义。[9]尤其是它们不应该建立反击武器,如那些能打击对方核武库的武器。它们也不应建立能击落对手核弹头的防御体系,因为相互确保摧毁的世界的本质是,没有国家能确保它已经摧毁了对手的所有核弹头,它仍然容易遭受核毁灭。因此,这一观点进一步认为,每一个国家都易于遭到另一方核武器的攻击。有两点理由可以解释这种认为核国家不应寻求核优势的观点。一方面,相互确保摧毁是稳定的强大力量,所以破坏它没有任何意义。另外,几乎不可能通过建立反击武器和防御系统,来获得有意义的军事优势。不管这些系统多么高明,都几乎不可能打赢一场核战争,因为核武器具有强大的破坏力,双方都可能在冲突中毁灭。因此,幻想在核水平条件下获得军事优势,没有多大意义。

但是,大国不可能满足于生活在一个相互确保摧毁的世界里,它们很可能会想方设法获得多于其核对手的优势。毫无疑问,尽管相互确保摧毁使大国间的战争不太可能发生,但如果一国拥有了核优势,可能会更安全。特别是,一个生活在相互确保摧毁的世界中的大国仍有令自己担忧的大国对手,它仍然容易遭受核攻击,尽管这种可能性小,但还是存在的。另一方面,一个获得核优势的大国是一个霸主,因而,它没有什么大的对手可惧怕的。最重要的是,它不会面临核攻击的威胁。因此,国家有一股想成为核霸主的强烈动机。这一逻辑并不否认有意义的核优势是一个很难达到的目标。不过,由于国家指望获得巨大利益,所以它仍会追求核优势。尤其是,国家将建立许多反击能力,挖空心思发展有效的防御,以期能获得核优势。

总之,大国追求四个主要目标:(1)成为全球唯一的地区霸主;(2)尽可能多地控制世界财富;(3)支配它们所在地区的地面力量均势;(4)拥有核优势。目标问题就讨论到这里,我们再来讨论国家提高相对力量所采用的战略。

猎取权力的战略

战　争

大国可利用战争增加它们对世界权力的占有额,战争是最富争议的战略。它不但导致死亡和破坏(有时这一损失非常巨大),而且在 20 世纪,这一观点变得时兴起来:征服得不偿失,因而战争是毫无效益的冒险。提出这一论点的最著名之作可能是诺曼·安吉尔(Norman Angell)的《大幻灭》(*The Great Illusion*),此书是在第一次世界大战爆发前的几年内出版的。[10]这一基本的主题也是当代许多国际政治学者著述的核心。不过,这一论点是错误的,征服还是能增加一国的权力地位的。

那种认为战争没有什么意义的观点有四个基本形式。有人认为,侵略者几乎总是会输掉战争。我已经在第二章中讨论过这一观点,即过去发动战争的国家大约有六成把握赢得胜利。另外一些人认为,核武器实际上使得大国之间几乎不可能彼此攻击,因为存在相互毁灭的危险。我在第四章中阐述过这一问题,我认为核武器使大国战争的可能性变小了,但并没有使战争消失。当然,在核时代,没有任何大国的行为表明它与另一大国的战争已不复存在。

另外两个观点认为,战争是可以打赢的,但是,那种成功的征服只是得不偿失的胜利。二者分别强调战争的损失和利润。这些观点实际上互为联系,因为考虑侵略的国家不可避免地要权衡它的预期损失和收益。

成本论在 20 世纪 80 年代受到极大关注。这一论点指出,征服得不到应有的报偿,因为它产生帝国,而维持一个帝国的代价最终非常巨大,并导致国内经济增长急剧放慢。实质上,随着时间的推移,高水平的防御开支会损害一国的相对经济地位,并最终腐蚀它在均势中的地位。因此,大国创造财富比征服国外领土的境况要好。[11]

根据收益论,军事胜利也是得不偿失的,因为入侵者不可能利用现代工业经济特别是那些围绕信息技术建立起来的经济来盈利。[12]征服者的难题之根源在于,民族主义使它很难征服和控制战败国家的人民。胜利者可能会尝试镇压,但在大量的反抗跟前,这一做法会产生适得其反的负面效果。何况,在信息时代,镇压是行不通的,因为知识经济的顺利运作有赖于开放。因而,如果征服者实施镇压,就无异于杀鸡取卵。然而,倘若它不去镇压,颠覆性的思想就会在战败国内部四处蔓延,就有可能滋生动乱。[13]

无疑,大国有时会面临这种局势:征服的代价很高,而预期的利益不大。在这些情况下,发动一场战争没有意义。但是,那种认为征服几乎总是让侵略者败兴而归而且看不到任何收益的笼统观点,是经不起推敲的。

国家通过武力扩张而没有损害自己经济的事例很多。19 世纪上半叶的美国和 1862—1870 年间的普鲁士就是明证。侵略为两国的经济赢得了极大的红利。另外,学界几乎没有证据证明高水平的防御开支就一定会损伤大国的经济这种观点。[14]例如,自 1940 年以来,美国在防御上花费了大量的资金,而它的经济却令世界各国垂涎。英国昔日是一个巨大帝国,它的经济最终失去了竞争优势,但是,几乎没有经济学家将它的经济衰落归咎于高水平的防御开支。事实上,从历史上看,英国用于防御的资金要比它的大国对手少得多。[15]也许能证明庞大的军事预算毁灭一国经济的最好例子是 20 世纪 80 年代末期苏联的解体。然而,对于苏联经济崩溃的原因,学界并没有一致的看法。我们更有理由相信,原因在于它经济中的深层结构问题而不是军事开支。[16]

至于收益论,征服者可以利用被征服国的经济来盈利,即便是在信息时代也能达到这一点。它们可以通过征税、征用工业收入、甚至没收工业厂矿等手段,从被占领国攫取财富。彼得·利伯曼(Peter Liberman)在他的成名作中提出了与安吉尔和其他人相反的观点。他认为,现代化不但使工业社会变成了富裕和有利可图的目标,而且它使征服者的胁迫和镇压变得更容易而不是更难。[17]譬如,他提出,尽管信息技术有一种"颠覆性的潜力",但同时也带有"奥威尔风格"(Orwellian)*的性质,这为镇压提

---

* 奥威尔在《1984》一书中所描述的受严酷统治而失去人性的社会。——译者注

供了很多方便。他强调说："进行胁迫和镇压的征服者,能使被战败的现代国家把它们的大量经济盈余像贡品一样奉献出来。"[18]

比如二战期间,德国"单是通过金融过户一项……就动用了法国年平均国民收入的30%,挪威、比利时和荷兰战前国民收入的42%—44%,以及至少25%的捷克斯洛伐克战前的国民收入"[19]。德国还在二战中从苏联榨取了重要的经济资源。然后,苏联在冷战的早期还以颜色,它通过剥夺东欧经济填补自己的缺口。[20]不过,对征服者来说,征服并非不花成本,也有盘剥另一国经济所花的成本超过所得收益的例子。而且,有时征服要付出极大的代价。

征服者也可能通过没收自然资源如石油和粮食等,为自己获取财富。例如,任何征服沙特阿拉伯的大国,肯定能通过控制沙特阿拉伯的石油获得重要的经济收益。这就是20世纪70年代美国组建"快速反应部队"的原因。它担心苏联会侵略伊朗,进而夺取胡齐斯坦省这一丰富产油区,从而极大地加强苏联的力量。[21]而且,一旦苏联进入伊朗,它就处于威胁沙特阿拉伯和其他石油储量丰富的国家的地位。在两次世界大战期间,德国一心想得到苏联生产的粮食和其他食品,以便以很小的成本养活自己的人民。[22]德国人还觊觎苏联的石油和其他资源。

然而,即便有人不接受征服能获得经济红利的观点,获胜的侵略者也有其他三个方法使均势朝有利于自己的方向改变。征服者可以征召被占领国中的一部分人口进入自己的部队,或作为本国的劳动力。例如,拿破仑的军事机器利用了战败国的人力。[23]实际上,当1812年夏法国进攻俄国时,近乎一半的主力入侵力量(共计67.4万人)不是法国人。[24]纳粹德国的部队也雇用了来自占领国的士兵。比如,"1945年,在38%的纳粹党卫军中,没有哪一个师完全由德国本土人组成,而且其中19%主要由外籍人员组成"[25]。还有,第三帝国尽可能使用劳工。确实,到1944年8月止,可能有多至760万外籍工人和战俘被德国雇用,这一数字占当时德国总劳动人口的1/4。[26]

再者,征服有时获得报偿是因为胜利者在战略上获得了重要领土。特别是,国家能获得有助于保护其免受另一国进攻或者用于向对手发动进攻的缓冲区。例如,第一次世界大战时,在德国战败之前和之后,法国认真考虑过吞并莱茵地区。[27] 1967 年 6 月，以色列在"六日战争"（Six-Day War）中夺取西奈半岛、戈兰高地和西岸后，它的战略地位自然得到了加强。1939—1940 年冬，苏联向芬兰开战，目的是获取领土，帮助红军阻击纳粹的入侵。[28] 另一方面，1939 年 9 月，纳粹军队占领波兰一部分领土，用于 1941 年 6 月入侵苏联的始发地。

最后，战争可以抹去被占领国在大国行列中的地位，使均势朝着胜利者一方偏移。征服国可用不同的方式达到这一目的。它们可以通过屠杀战败国的大量人口来摧毁它，将它从国际体系中完全消除。国家很少追求这一极端做法，但是，这种行为存在的事实使国家不得不联想到它。比如，罗马人灭掉了迦太基，有理由认为，希特勒试图把波兰和苏联从欧洲版图上抹去。[29] 西班牙在中南美洲消灭了阿兹特克—印加帝国。冷战中，两个超级大国都担心对方会使用核武器发动一次"毁灭性的第一次打击"来消灭自己。以色列人常常担心，如果阿拉伯国家造成以色列的决定性失败，它们将强加自己一种迦太基式的和平。[30]

至少，征服国有可能并吞战败国。比如，在过去的三个世纪里，奥地利、普鲁士和俄国曾四次瓜分波兰。[31] 战胜国还可能使战败国中立和解除武装。第一次世界大战后，盟国对德国使用过这种战略。冷战早期，斯大林曾想过成立一个统一但军事上脆弱的德国。[32] 著名的"摩根索计划"规定，希特勒后的德国应为非工业区，并变成两个大农耕国，不能再建立强大的军事力量。[33] 最后，征服国可以将战败的强国分割成两个或更多较小的国家。1918 年春，德国就是通过《布列斯特—里托夫斯克和约》对苏俄采取了这一做法。第二次世界大战后，英国、美国和苏联也有效地对德国实施过这一做法。

讹 诈

国家可以用牺牲对手的方式为自己获取权力，而无须与之发生战争，使用强制和胁迫而不是实际的武力产生所期望的结果。[34] 倘若这种讹诈能起作用，那么它显然比战争更好，因为讹诈达到目的不以流血为代价。然而，讹诈不太可能导致重大的均势改变，主要原因在于，单独的威胁常常不足以迫使一个大国向另一大国对手作出重大让步。就定义而言，大国指的是它们彼此具有庞大的军事力量，因此，它们不可能在没有战争的情况下向威胁投降。讹诈更可能发生在那些没有大国盟友的次大国身上。

不过，也有针对大国讹诈成功的例子。例如，在第一次世界大战前的十年里，德国四次胁迫过它的欧洲对手，而且成功了一次。[35] 1905 年和1911 年，德国就摩洛哥问题两次挑起与法国和英国的外交对抗。虽然德国明显比法国和英国都要强大，甚至强于二者的总和，但是，德国这两次都遭到了外交失败。在另外两例中，德国试图讹诈俄国，使后者在巴尔干作出让步。1909 年，奥地利在没有得到德国的任何恩惠下兼并了波斯尼亚。当俄国提出抗议时，德国以战争相威胁，迫使俄国接受了奥地利的行动。在这种事例中，讹诈之所以起作用，是因为俄国军队还没有从日俄战争（1904—1905 年）的惨败中恢复元气，因而它没有资本发动对德国的战争。1914 年夏，德国试图再次以胁迫的方式威胁俄国人，可是，当时俄国军队已从十年前稍早的失败中恢复了力量。俄国毫不示弱，其结果是第一次世界大战。

在另三个著名的讹诈事例中，只有一个对均势具有重要的影响。第一个例子是，1898 年，英法关于非洲尼罗河上游的重要战略堡垒法绍达的争论。[36] 英国警告法国不要企图控制尼罗河的任何部分，因为它将威胁到英国对埃及和苏伊士运河的控制。当英国得知法国已向法绍达派遣了远征部队时，它要求法国撤出部队，否则法国将面临战争。法国退却了，因为它知道英国将赢得接下来的战争，也因为当时的法国更担心东部边境德国的威胁，因此，它不想挑起与英国的战争。第二个例子是著名的1938 年"慕尼黑危机"，当时，德国威胁要发动战争，迫使英国和法国允许德国吞并苏台德地区，当时该地区是捷克斯洛伐克的一部分。第三个例子是，1962 年秋，美国迫使苏联从古巴撤走导弹。在这些事例中，只有慕尼黑危机对均势有明显的影响。

诱 捕

诱捕是国家借以增加自己相对权力的第三种策略。这一策略旨在造成两个对手投入旷日持久的战争，使彼此耗尽能量，而投放诱饵者在一旁静观,完好无缺地保持军事力量。例如,在冷战期间,美国担心第三方可能会秘密挑起超级大国之间的核战争。[37]同样,其中一个超级大国也许考虑过激起它的对手在第三世界发动一场会输掉的战争。比如,美国可能鼓励过苏联陷入像阿富汗之类的冲突。但那不是美国的政策。事实上,在现代史上,国家寻求诱捕策略的例子就有好几个。

我能举出关于诱捕的最好例子是,紧接着法国革命(1789 年)后,俄国试图引诱奥地利和普鲁士发动对法国的战争,以便它能在中欧放手扩充势力。1791 年 11 月,俄国凯瑟琳大帝对她的大臣说:"我正绞尽脑汁,力图使维也纳和柏林的朝廷陷入法国事务中……其原因我不能说出来。我想让他们卷入那一摊子事情,以便我能腾出手来。我有许多未竟事业,有必要让他们去忙乎,不挡我的道。"[38]尽管奥地利和普鲁士确实在 1792 年与法国发生战争,但是俄国的鼓动对它们的决定几乎没有影响。的确,他们有自己迫切的理由与法国开战。

另一个非常接近诱捕战略的例子涉及以色列。[39]1954 年,以色列国防部长卞海斯·拉方(Pinhas Lavon)指使一些破坏者炸掉美英设在埃及亚历山大和开罗的目标。其目的是,在英国和埃及之间制造紧张关系,希望这能促使英国放弃从苏伊士运河附近基地撤出军队的计划。结果,攻击者被捉,行动以惨败告终。

坐观血腥厮杀

坐观血腥厮杀是生存战略中一个更具前途的变种。其目的是,确保其对手之间的战争变成一个耗尽它们力量的长期而代价高昂的冲突。这种战略不施放诱饵。对手独立地参加战争,而且坐观者(bloodletter)只关心促使对手彼此消磨力量,自己则置身于战争之外。1941 年,当哈里·杜鲁门还是参议员的时候,他的脑海里就有了这种战略,当时他对纳粹入侵苏联作出的反应是:"如果我们看到德国将要取得胜利,我们就应该帮助俄国,而一旦俄国将要赢得胜利,我们就应帮助德国,这种方法可以让它们尽可能保持厮杀。"[40]

当列宁将苏联撤出第一次世界大战而它的盟国(英国、法国和美国)仍在西部与德国战斗时,他的脑海里也有这种战略。他在 1918 年 1 月 20

日说:"在我们建立一个单独的和平世界之际,我们自己……跳出帝国主义集团彼此厮杀的圈子。我们可以利用它们的争斗,这样,它们很难以牺牲我们为代价去达成一项交易,我们可以利用这一时段,腾出手来发展和巩固社会主义革命。"正如惠勒-贝内特(Wheeler-Bennett)所说,"很少有文件像列宁那样……对国家权力政治的价值表述得如此精辟"[41]。20 世纪 80 年代,美国在阿富汗也采用过这种战略对付苏联。[42]

制止侵略者的战略

大国不但寻求获取多于对手的权力,而且其目标是阻止对手以损害它们为代价获得权力。有时,牵制潜在的侵略者是相当容易的任务。由于大国最大限度地占有世界权力,因此,它们不惜在防御上花重金,特别是建立庞大的武装力量。那种令人生畏的能力常常足以抵御对手挑战均势。然而,难以遏制的好斗大国有时会浮出水面。尤其是强权国家,如潜在的霸主总是属于这一类。为了对付这些侵略者,受威胁的国家可从两种战略中作出选择:建立均势或推卸责任。它们肯定会选择推卸责任,尽管有时它们除了通过建立均势来抗衡威胁外别无选择。

建立均势

通过建立均势,一个大国直接承担阻止侵略者颠覆均势的责任。[43]其初期目标是阻止侵略,但如果该目标失败,建立均势的国家就将投入随后的战争。受威胁的国家可采取三个措施构筑均势工程。第一,它们可以通过外交渠道(和下面所说的行动)向侵略者发出清晰信号,表明它们坚定地履行均势原则,即使这意味着战争。均势维持者的照会中强调的是对抗,而不是安抚。实际上,均势维持者在沙地上划了一条线,警告侵略者不得越过它。在整个冷战期间,美国对苏联采取了这类政策。第一次世界大战前,法国和俄国也是用同样的方式对付德国的。[44]

第二,受威胁的国家可以创建防御同盟,帮助它们遏制潜在的对手。

这一外交应变常常被称作"外部均衡"（external balancing），只限于两极世界，因为这里没有潜在的大国联盟伙伴，尽管与次大国结盟仍然是可能的。[45] 例如，在冷战期间，美国和苏联没有其他选择，只有与次大国结盟，因为它们是体系中的唯一大国。受威胁的国家把很高的赌注押在寻找联盟伙伴上，因为阻止侵略的代价由联盟分摊（战争爆发时一个很重要的考虑）。另外，募集盟国增加了对抗侵略者的火力，反过来又增加了威慑的作用。

尽管存在这些利益，外部均势还是有一个缺陷：它常常启动缓慢，而且效率很低。让联盟顺利运转的困难在一位法国将军的评论中得到了表述，他在第一次世界大战结束时说："由于我已经发现了联盟在发挥作用，所以我对拿破仑（他几乎不用盟国对抗联盟的方式发动战争）的崇拜程度有所减弱。"[46] 把均势联盟快速集结起来并让它迅速起作用往往很困难，因为整合盟国或成员国需要时间，即使就需要做的达成了普遍的共识，也要假以时日。受威胁的国家经常在联盟成员如何分摊任务的问题上存在分歧。毕竟，所有国家都是利己的行为体，都具有以最小的代价遏制侵略者的强烈动机。如下所述，这一问题还有另外一个原因，即联盟成员国之间还有一种推卸责任的冲动。最后，联盟成员国之间很可能就哪个国家领导联盟的问题存在摩擦，当该联盟最终作为一个战略出现时就更是如此。

第三，受威胁的国家能调动它们自己额外的资源对抗侵略者。比如，增加防御开支和补召战斗人员。这种行动通常被称为"内部均衡"（internal balancing）。从这一术语本身看，它属于自助性质。但是，对于一个受威胁的国家能征召多少额外资源反对侵略者，常常有较大限制，因为大国通常已将其很大比例的资源用于防御。由于国家一心想最大限度地占有世界权力，国家时刻都在有效地参与建立内部均势。不过，当面对一个侵略成性的对手时，大国会消除体系中的任何疏忽，寻找聪明的方法，增加防御开支。

然而，并非所有的大国都会为了抵御侵略者而增加防御开支，也有一个例外情况。像英国和美国这样的离岸平衡手，当它们没有必要在一个重要的战略区域遏制一个潜在霸主时，往往会维持较小规模的军事力量。

它们蓄养一支小部队就足够了,因为远处的对手会把注意力倾注在彼此身上,而且水体的阻遏力量为它们提供了足够的安全。因此,当一个离岸平衡手需要遏制一个潜在霸主时,它可能急剧地扩充军队规模和力量,就像美国在 1917 年参加第一次世界大战和 1940 年参加第二次世界大战的前一年所做的那样。

推卸责任

推卸责任是受威胁的大国在建立均势时的主要选择。[47] 推卸责任者试图让另一国承担阻止或抗击侵略者的重任,自己则置身于外。推卸责任者深刻认识到,有必要阻止侵略者增加对世界权力的占有,但它必须指望某个其他受到侵略者威胁的国家能够完成这项繁重的任务。

受威胁的国家可采取四个措施实施推卸责任战略。第一,它们可以寻求与侵略者建立良好的外交关系,或至少不要刺激它,并希望后者把注意力集中在预先设计好的"责任承担者"(buck-catcher)身上。例如,20 世纪 30 年代,面对纳粹德国的致命威胁,法国和苏联试图把责任推给对方。每一方都试图与希特勒建立良好关系,以使他把枪口对准对方。

第二,推卸责任者往往与预计的责任承担者保持冷淡关系,这不仅因为这种外交距离有助于与侵略者发展良好的关系,而且因为推卸责任者不想与责任承担者一块被拖进战争。[48] 推卸责任者的最终目标是避免与侵略者的战争。无怪乎,第二次世界大战前的岁月里,法国与苏联的关系表现为低调的敌意。

第三,大国可以动员自己额外的资源,使推卸责任发挥作用。推卸责任者似乎应该对防御开支采取松懈的做法,因为该战略的目标是让其他人遏制侵略。但是,除了上述所说的离岸平衡手这一例外情况,这一结论是错误的。姑且不看国家最大限度地占有世界权力这一事实,还有其他两个原因促使推卸责任者寻找机会增加防御开支。通过构筑自己的防御,推卸责任者把自己装扮成令人生畏的目标,从而促使侵略者把注意力集中在预定的责任承担者身上。这里的逻辑很简单:一个受威胁的国家越强大,侵略者就越不可能进攻它。当然,前提是,在没有推卸责任者的帮助下,承担责任者必须仍有实力遏制侵略者。

出于预防不测的原因,推卸责任者也会建立庞大的军事力量。在具有两个或更多国家试图推卸责任的世界里,任何国家都不能肯定它不会承担责任并独自抗击侵略者。做好准备以防不测会更好些。例如,20世纪30年代,法国和苏联都无法保证自己不需要承担责任并单独抵抗纳粹德国。然而,即使一国成功地推卸了责任,也总是存在侵略者迅速而彻底地击败责任承担者后再进攻推卸责任者的可能性。因此,为了保险起见,一国可能会增加防御,以防推卸责任策略的失败。

第四,有时,推卸责任者允许甚至推动预期的责任承担者增加力量也是有意义的。这样,责任承担者会拥有更好的机会遏制侵略国家,并增加推卸责任者保持旁观的前景。比如,1864—1870年期间,英国和俄国袖手旁观,让俾斯麦的普鲁士占领欧洲心脏地带的领土,创建一个比其前身普鲁士要强大得多的德意志帝国。英国的推断是,一个统一的德国不但会遏止法国和俄国在欧洲心脏地带的扩张,而且会转移它们对非洲和亚洲的关注,消除它们在这些地区对英帝国的威胁。而俄国则希望一个统一的德国牵制奥地利和法国,并抑制波兰的民族野心。

推卸责任战略的诱惑

推卸责任和把均势联盟组合在一起的做法,是两种对付侵略的截然不同的方法。不过,在均势联盟中还是有一种强烈的推卸责任或"搭便车"(free-ride)倾向,尽管推卸责任有一股强大的抵消力量,即毁坏联盟的危险。例如,第一次世界大战早期,英国决策者试图尽量减少英军在西线的战事,而让自己的同伙法国和俄国承担消磨德国军队的重任。[49] 然后,英国希望用自己锐利如新的部队赢得对德战争的最后胜利,一手安排和平条件。英国可能会"赢得和平",因为它从战争中确立了比战败的德国和被战争消磨的法国、俄国要强大得多的地位。但是,英国的盟国很快就看出了接下来要发生什么,并强迫英国军队毫无保留地参加与德国的血腥战争。因为国家总是计较相对权力。[50]

英国试图搭盟国的便车以及第七章和第八章提供的历史事实证明,受威胁的国家之间存在推卸责任的强烈冲动。的确,大国似乎对推卸责任的喜好明显胜过对建立均势的兴趣。这种喜好的一个原因是,推卸责任常常为防御提供"便宜"。毕竟,一旦威慑失败而爆发战争,承担责任的国家要花费很大的代价来抗击侵略者。当然,为了方便推卸责任战略的实施,谨防该战略的失败,推卸责任者有时会在自己的军事上花费巨额资金。

推卸责任也具有攻击的成分,这使得该战略更具吸引力。特别是,当侵略者和责任承担者卷入一场长期而代价昂贵的战争时,均势有可能朝有利于推卸责任者的方向转移,然后,它处于支配战后世界的有利位置。例如,美国在 1941 年 12 月参加第二次世界大战,但直到 1944 年即在战争结束前不到一年,它才在法国部署军队。因此,消耗纳粹德国庞大军队的重任主要落到了苏联身上,后者付出了惨重代价才得以打到柏林。[51]尽管美国更愿意在 1944 年前入侵法国,而且无意中成了推卸责任者,但是,美国把诺曼底登陆拖到战争的后期——当时德国和苏联军队都已遭受重创并疲惫不堪——因此美国无疑从中获得了很大利益。[52]毫不奇怪,约瑟夫·斯大林相信,英国和美国有意让德国和苏联相互消磨力量,以便这些离岸平衡手能控制战后的欧洲。[53]

当一国面对不止一个危险对手并缺乏与之立即对抗的军事力量时,推卸责任也不失为一种具有吸引力的选择。推卸责任有助于减少威胁。例如,20 世纪 30 年代,英国面临三个危险对手——德国、意大利和日本——但它不具备同时遏止所有这三个国家的军事实力。英国试图把对付德国的重任推给法国来减轻这一难题,以便自己能集中力量对付意大利和日本。

然而,推卸责任并非绝对安全的战略。它的主要缺陷在于,责任承担者可能无法遏止侵略者,使推卸责任者处于危险的战略地位。譬如,法国不能单独对付德国,因而,1939 年 3 月,英国不得不与法国建立对抗希特勒的均势联盟。不过,当时希特勒控制了整个捷克斯洛伐克,英法遏止纳粹德国已为时太晚,结果 5 个月后的 1939 年 9 月,战争爆发了。与此同时,苏联成功地把责任推卸给了法国和英国,然后安逸地期待德国与那两个责任承担者展开持久而血腥的战争。但是德国国防军在 1940 年上半年的 6 个月时间内蹂躏了法国,让希特勒腾出手来进攻苏联而无须担心他的西线。由于采取推卸责任的方式而非和同时期的英法一样与德国交战,苏联最终与希特勒打了一场艰苦得多的战争。

另外,在推卸责任者允许责任承担者增加力量的情况下,也存在一种危险,那就是承担责任者最终变得相当强大,从而威胁均势局面,就像1870年德国统一后所发生的一切。实际上,在随后的20年里,俾斯麦极力维持均势。的确,就像英国所希望的那样,一个统一的德国在欧洲大陆充当了牵制俄国和法国的角色。但是,1890年后形势发生了显著变化。当时,德国已变得越来越强大,并试图以武力支配欧洲。从这一事例看来,推卸责任对英国和俄国至多是喜忧参半:短期有效,而从长远来看是一种灾难。

虽然这些潜在的问题值得关注,但是它们最终不会减弱推卸责任战略的吸引力。大国并不认为它会导致失败。相反,它们期望这一战略成功。否则,它们会避开推卸责任,而与体系中其他受到威胁的国家组成均势联盟。但是,预测国际政治中的未来并不容易。有谁在1870年就猜到德国在20世纪早期会成为最强大的国家并突然挑起两次世界大战呢?建立均势也不是推卸责任战略十分安全的选择。确实,建立均势常常差强人意,而且结成均势联盟的国家有时会遭到灾难性的失败,就像1940年春发生在英法身上的一切。

很明显,推卸责任有时产生与诱捕战略一样的结果。特别是当推卸责任导致战争时,推卸责任者会像诱饵投放者一样充当旁观者,提高它的相对实力地位,而让它的主要对手彼此消耗。另外,如果战争中的一方赢得迅速而彻底的胜利,那么这两种战略会以相同的方式失败。不过,这两种战略有一个重要区别:推卸责任主要是一种威慑战略,不以战争为前提,而诱捕的目的在于挑起战争。

规 避 战 略

有人认为,受威胁的国家用来应付危险对手的战略并不止建立均势和推卸责任两种。这种观点认为,绥靖和跟着强者走也是可行的选择。

但那是错误的。这两种战略都主张向侵略者让出权力，这违反了均势逻辑，并使采用这些战略的国家增加了危险。在乎自己生存的大国应该既不能对敌人采取绥靖政策，也不能对它们采用跟着强者走的战略。

当一国与一个更强大的对手联合力量时，跟着强者走现象就会发生，它让强大的伙伴占有它们共同所获赃物的大头。[54] 换句话说，权力分配的变化更不利于跟着强者走的一方，而对较强的国家有利。跟着强者走是弱者的战略。它的基本假设是，如果一国的力量远远不如对手，那么它反对对手提出的要求就没有意义，因为那一对手无论如何会通过武力获得所要的一切，并在这一过程中给前者实施严厉惩罚。这样，跟着强者走的一方只好希望麻烦制造者表现出仁慈。修昔底德的格言"强者随心所欲，弱者任人宰割"最好地道出了跟着强者走战略的精髓。[55]

该战略违背了进攻性现实主义的基本原则，即国家最大限度地扩大自己的相对权力，因此，它很少被大国采用，因为从概念上讲，这些国家具有与其他大国进行大战的财力，更何况，它们必然有对抗和战争的动机。跟着强者走战略主要被那些无法独自与敌对大国对垒的次大国所采用。[56] 它们毫无选择，只好向敌人屈服，因为它们弱小而孤立。跟着强者走战略的一个很好例子是，第二次世界大战早期，保加利亚、罗马尼亚与纳粹德国结盟，然后在战争结束时，它们又把这一忠诚转移到苏联身上。[57]

绥靖指的是受威胁的国家对侵略者让步，使均势朝受益一方发展。绥靖者常常同意将第三国的全部或部分领土让与其强大敌人。这种承诺的目的是行为调整：推动侵略者朝更和平的方向发展，并将它变成一个维持现状的国家。[58] 该战略基于这样的前提：对手的侵略行为主要由于它对战略脆弱的敏感反应所致。因此，采取任何能减少这一非安全状态的步骤，都将减弱甚至消除战争的根本动机。这种观点指出，绥靖达到这一目的方式是，允许绥靖者采用对被绥靖国有利的方式表明善意并改变均势结构，使后者更安全、不易受攻击，最终放弃侵略野心。

跟着强者走的国家不会竭尽全力去遏制侵略者，但绥靖者不同，它仍要遏制威胁。然而，如同跟着强者走一样，绥靖也与进攻性现实主义的思想相抵触，因而，它是一个离奇而危险的战略。它不可能把危险的对手变成一个更善良、更温和的对手,更不可能指望它成为爱好和平的国家。毫无疑问,绥靖将激起而不是减弱侵略国家的征服欲望。当然,如果一国将大量权力让与一个感到极度不安的敌人,那么,该敌人对它的生存前景估计会感觉更好些。这种恐惧水平的降低,反过来又减弱了敌人按照它的意愿改变均势的动机。但那只说对了一半。事实上,另外两种因素打消了这种增强和平的逻辑。正如我们所强调的,国际无政府状态导致国家损人利己,为自己获取额外的权力。因为大国注定要进犯他国,因此,一个被绥靖的国家很可能把另一国的任何权力让与看作软弱的信号,认为这是绥靖者不愿意维护均势的迹象。然后,被绥靖者会尽量向绥靖者索取更多的让步。国家不尽可能多地获取权力是愚蠢的,因为随着额外权力的增多,一国的生存前景也随之增加。再有,通过获得绥靖者承诺的权力,被绥靖的国家也将增强获得更多权力的能力(很可能增加很多)。简言之,绥靖很可能使一个对手变得更加危险,而不是相反。

出于现实主义原因让与权力

不过,在有些特殊情况下,大国可能会向另一国让与权力,而这种行为并不违背均势逻辑。如前所述,有时推卸责任者允许责任承担者获得权力是很有意义的,如果这种做法能增加责任承担者单独遏制侵略者的前途。另外,倘若一个大国同时面对两个或更多侵略者,而它既无资源遏制所有这些对手,又没有盟国供它推卸责任,那么被困扰的国家可能会区别威胁的优先次序,允许自己与威胁较小一方的均势局面出现逆转,以便腾出手来对付首要威胁。如果运气好的话,次要威胁最终会成为主要威胁的敌人,从而实现与前者结盟反对后者的目标。

这一逻辑可部分地解释 20 世纪早期英国与美国的亲善之举。[59] 当时,美国明显是西半球占支配地位的国家,尽管英国在那一地区仍有重要的利益,有时还为此与美国发生严重纠纷,但是,英国却决定放弃那一地区,与美国建立良好的关系。部分原因是,在沿大西洋一带这一美国的后院与美国对抗,英国处于不利的地位。不过,英国在世界其他地区也面临着日益增加的威胁,特别是德国在欧洲的兴起,这比一洋之隔的美国威胁要大得多。这种威胁环境的变化迫使英国向美国让步,以便集中精力对付德国。最终,德国也威胁到美国,导致美英在两次世界大战中联手对付德国。

最后,出于短期战略考虑,以便争取时间动员遏制侵略的必要资源而向一个危险的对手让与权力,也是有意义的。实施让与的国家不但要应付短期的脆弱形势,而且要具有高超的长期动员能力。这种行为类别可从历史记载中找到数例。我所知道的一个事例是 1938 年 9 月的《慕尼黑协定》,在该协定中,英国允许纳粹德国吞并苏台德区(它是捷克斯洛伐克不可分割的一部分),因为英国决策者相信,均势对德意志第三帝国有利,但随着时间的推移,它会朝着有利于英法的方向变化。而事实上,慕尼黑会议后,均势向着盟国利益的相反方向改变:就 1938 年的捷克斯洛伐克问题而不是 1939 年的波兰问题与德国开战,也许会更好些。[60]

结　　论

最后一个任务是关于国家如何获取和维持令人关注的权力的。肯尼思·华尔兹提出了一个著名的论点:"安全竞争驱动大国模仿其对手的成功实践。"[61]他认为,国家社会化地"遵循共同的国际惯例"。确实,要想在混乱的世界政治中求得生存,它们别无选择,只好这么做。"由于不能遵循成功的实践,毗邻的国家增加了相似性。"[62]华尔兹把这一概念与建立均势的行为联系起来,他认为,国家意识到自己必须遏制那些威胁要破坏均势的对手。这一趋同的结果明显是维持现状。毕竟,建立均势是重要的趋同行为,它力图维护而不是颠覆均势。这是表露无遗的防御性现实主义。

诚然,国家有一种模仿体系中其他国家成功实践的强烈倾向。把建立均势看成国家想要模仿的战略,也是有道理的,尽管并不清楚为什么国家需要集体去抗衡侵略者。单是体系结构就应该促使国家抗衡危险的对手,或依赖其他国家去遏制它们。

但是,华尔兹忽视了国家行为中紧密相关的两个方面,这些行为使国际政治超出了他所允许的范围,更具进攻和危险趋向。国家不但仿效成功的均势行为,而且仿效成功的侵略行为。例如,有人认为,1990—1991年美国之所以想方设法击退萨达姆·侯赛因对科威特的占领,是因为它担心其他国家可能得出这样的结论:侵略可以得到报偿,因而仿效更多的征服战争。[63]

另外,大国不但仿效彼此的成功实践,同时也重视创新。[64]国家通过发展新式武器、创新军事思想或聪明战略,寻找新办法以获取比对手更多的优势。重要的利益常常出现在表现不俗的国家身上,这就是国家对出其不意的战略感到极度担心的原因。[65]纳粹德国的事例能最好地说明这一点。希特勒当然仿效了欧洲对手的成功实践,但他同时也实施了令对手感到诧异的新式战略。换句话说,安全竞争促使国家背离了被接受的实践和对实践的遵循。[66]

总而言之,我解释了国家如何最大限度地占有世界权力,重点论述了它们追求的特殊目标,以及它们达到这些目标所采用的战略。现在,我们来看看历史记录中是否存在大国不断追求多于其对手优势的证据。

注 释

1. 我提醒读者,整个这本书中所使用的"侵略者"一词表示既有动机又有资本运用武力获得额外权力的大国。正如第二章强调的,所有的大国都有侵略的意图,但并不是所有国家都具有采取侵略行为的能力。

2. 参见 Stephen M. Walt, *The Origins of Alliances* (Ithaca, NY: Cornell University Press, 1987); Kenneth N. waltz, theory of International Politics (Reading, MA: Addison-Wesley, 1987)。也可参见Robert Powell, *In the Shadow for Power: States and Strategies in International Politics* (Princeton, NJ: Princeton University Press,1999),chap.5,他强调了跟着强者走战略与建立均势之间的差别,但与沃尔特和华尔兹不同的是,他认为受威胁的国家更可能跟着强者走而不是通过建立均势的方式抗衡对手。

3. 支持我观点的证据,参见罗伯特·考夫曼(Robert Kaufman)和斯蒂芬·沃尔特(Stephen Walt)关于盟军在20世纪30年代对纳粹德国政策的争论。他们的争论明显以建立均势和跟着强者走的两分法组成，这一对照因沃尔特的推举而闻名。但是，我们仔细考察这一争论就会清楚地发现，尽管作者们巧舌如簧，但是盟军面临的真正选择是介于建立均势和推卸责任之间，而不是建立均势和跟着强者走。参见 Robert G. Kaufman，"To Balance or to Bandwagon? Alignment Decisions in 1930s Europe，" *Security Studies* 1，No. 3（spring 1992），pp. 417—447；Stephen M. Walt，"Alliances，Threats，and U. S. Grand Strategy：A Reply to Kaufman and Labs，" *Security Studies* 1，No. 3（spring 1992），pp. 448—482。

4. 参见 Steven J. Valne，"'Weakness Offers Temptation'：Seward and the Reassertion of the Monroe Doctrine，" *Diplomatic History* 19，No. 4（Fall 1995），pp. 583—599。正如第七章所讨论的，美国在其整个历史当中都担心远方大国和西半球的其他国家组成联盟的威胁。也可参见 Alan Dowty，*The Limits of American Isolation：The United States and the Crimean War*（New York：New York University Press，1971）；J. Fed Rippy. *America and the Strife of Europe*（Chicago：University of Chicago Press，1938），esp. chaps. 6—8。

5. 这些不是韦伯的话，而是沃尔夫冈·J. 姆森（Wolfgang J. Mommsen）对韦伯观点的概述。参见 Mommsen，*Max Weber and German Politics，1890—1920*，Trans. Michaels. Steinberg（Chicago：University of Chicago Press，1989），chaps. 16，20。

6. Paul M. Kennedy，*The Rise of the Anglo-German Antagonism. 1860—1914*（London：Allen and Unwin，1989），chaps. 16，20.

7. 参见 Stephen Van Evera，"Why Europe Matters，Why the Third World Doesn't：American Grand Strategy after the Cold War，" *Journal of Strategic Studies* 13. No. 2（June 1990），pp. 1—51；Stephen M. Walt，"The Case for Finite Containment：Analyzing U. S. Grand strategy，" *International Security* 14，No. 1（Summer 1989），pp. 5—49。关于有些地区本身没有什么价值而有时在战略上却非常重要的争论，参见 Michael C. Desch，*When the Third World Matters：Latin America and United states Grand Strategy*（Baltimore，MD：Johns Hopkins University Press，1993）。同时也可参见 Steven R. David，"Why the Third World Matters，" *International Security* 14，No. 1（Summer 1989），pp. 50—85；Steven R. David，"Why the Third World still Matters，" *International Security* 17，No. 3（Winter 1992—1993），pp. 127—159。

8. 参见 Barry R. Posen and Stephen Van Evera，"Defense Policy and the Reagan Administration：Departure from Containment，" *International Security* 8，No. 1（Summer 1983），pp. 3—45。

9. Charles L. Glaser，*Analyzing Strategic Nuclear Policy*（Princeton NJ：Princeton University Press，1990）；Robert Jervis，*The Illogic of American Nuclear Strategy*（Ithaca，NY：Cornell University Press，1984）；Robert Jervis，*The Meaning of the Nuclear Revolution：Statecraft and the Prospects of Armageddon*

(Ithaca, NY: Cornell University Press, 1989); Stephen Van Evera, *Causes of War: Power and the Roots of Conflict* (Ithaca. NY: Cornell University Press, 1999), chap 8.

10. Norman Angell, *The Great Illusion: A Study of the Relation of Military Power in Nations to Their Economic and Social Advantage*, 3d rev. and enl. ed. (New York: Putnam, 1912). 也可参见 Norman Angell, *The Great Illusion 1933* (New York: Putnam, 1933)。关于对安吉尔(Angell)的早期批评,参见 J. H. Jones, *The Economics of War and Conquest: An Examination of Mr. Norman Angell's Economic Doctrines* (London: P.S. King 1915)。

11. 参见 Robbert Gilpin, *War and Change in World Politics* (Cambridge: Cambridge University Press, 1981); Paul. M. Kennedy, *The Rise and Fall of the Great Powers: Economic Change and Military Conflict from 1500 to 2000* (New York: Random House, 1987)。

12. 比如,参见 Klaus Knorr, *On the Uses of Military Power in the Nuclear Age* (Princeton, NJ: Princeton University Press, 1966), pp. 21—34; Richard Rosecrance, *The Rise of the Trading State: Commerce and Conquest in the Modern World* (New York: Basic Books, 1986), pp. 34—37; Van Evera, *Causes of War*, chap. 5。

13. 范·埃弗拉(Van Evera)在《战争的原因》(*Causes of War*)(p. 115)一书中提出这一观点。

14. 参见 Ethan B. Klaus Knorr, *The Political Economy of National Security: A Global Perspective* (Columbia: University of South Carolina Press, 1992), pp. 42—52。

15. 参见第三章注释 57。

16. 例如,大量研究认为,苏联僵化的中央控制式经济体制是毫无创新和增长生机的主要原因。参见 Tatyana Zaslavskaya, "The Novosibirsk Report." *Survey* 28, No. 1 (Spring 1984), pp. 88—188; Abel Aganbegyan, *The Economic Challenge of Perestroika*, trans. Pauline M. Tiffen (Bloomington: Indiana University Press, 1988); Padma Desai, Perestroika in Perspective: *The Design and Dilemmas Of Soviet Reform* (Princeton, NJ: Princeton University Press 1989); Anders Aslund, *Gorbachev's Struggle for Economic Reform*, rev, ed. (Ithaca, NY: Cornell University Press 1991);也可参见 Peter Rutland, *Politics of Economic Stagnation in the Soviet Union: The Role of Local Party Organs in Economic Management* (Cambridge: Cambridge University Press, 1993),该书把苏联经济的最大敌人归罪于共产党。

17. 参见 Peter Liberman, *Does Conquest Pay? The Exploitation of Occupied Industrial Societies* (Princeton, NJ: Princeton University Press, 1996); Peter Liberman, "The Spoils of Conquest," *International Security* 18, No. 2 (Fall

1993），pp.125—153；也可参见 David Kasier, *Politics and War*：*European Conflict from Philip Ⅱ to Hitler*（Cambridge Ma：Harvard University Press, 1990），pp.219—222,246—255；Alan S. Milward, *War*, *Economy and Society*, *1939—1945*（Berkeley：University of California Press,1977），chap.5。

18. 引自 Liberman, *Does Conquest Pay?* p.28；Lieberman, "Spoils of Conquest," p.126。关于信息技术的奥维尔式评估，参见 Jeffrey Rosen, *The Unwanted Gaze*：*the Destruction of Privacy in America*（New York；Random House, 2000）。在评估战争是否合算的最近的文章中，斯蒂芬·布鲁克斯（Stephen Brooks)的结论是，利伯曼认为压迫性的征服者能够有效地应付普遍的反抗以及信息技术具有颠覆潜力的观点是有说服力的。Stephen G. Brooks, "The Globalization of Production and the Changing Benefits of Conquest," *Journal of Conflict Resolution* 43, No.5（October 1999），pp, 646—670。但是，布鲁克斯争辩说，征服不可能获得很大的收获，原因在于"产业全球化的变化"（p.653)。我认为，这个观点不能令人信服，它基本上属自由主义理论，即经济相互依存带来和平，是赶全球化的时髦。我将在第十章简要地讨论这个问题。

19. Liberman, "Spoils of Conquest," p.139.

20. 参见 Norman M. Naimark, *The Russians in Germany*：*A History of the Soviet Zone of Occupation 1945—1949*（Cambridge, MA：Harvard University Press, 1995）。也可参见 Liberman, *Does Conquest Pay?* chap.7。

21. 参见 Joshua M. Epstein, *Strategy and Force Planning*：*The Cause of the Persian Gulf*（Washington. DC：Brookings Institution Press, 1987）；Charles A. Kupchan. *The Persian Gulf and the West*：*The Dilemmas of Security*（Boston：Allen and Unwin, 1987）；Thomas L. McNaugher, *Arms and Oil*：*U. S. Military Strategy and the Persian Gulf*（Washington, DC：Brookings Institution Press, 1985）。

22. 参见 John W. Wheeler. Bennett, *Brest-Litovsk*：*The Forgotten Pease*, *March 1918*（New York：Norton, 1971）；Milward, *War*, *Economy, and Society*, chap.8。

23. Clive Emsley, *Napoleonic Europe*（New York：Longman, 1993），p.146.

24. David G. Chandler, *The Campaigns of Napoleon*（New York：Macmillan, 1966），pp.754—756.

25. George H, Stein, *The Waffen SS*：*Hitler's Elite Guard at War 1939—1945*（Ithaca, NY：Cornell University Press, 1966），p.137.

26. Edward Homze. "Nazi Germany's Forced Labor Program," In Michael Berenbaum, ed., *A Mosaic of Victims*：*Non-Jews Persecuted and Murdered by the Nazis*（New York：New York University Press, 1990），pp.37—38. 也可参见 Ulrich Herbert, *Hitler's Foreign Workers*：*Enforced Foreign Labor in Germany un-*

der the Third Reich，trans，William Templer（Cambridge：Cambridge University Press，1997）。

27. 参见 Jere C. King，*Foch versus Clemenceau：France and German Dismemberment*，*1918—1919*（Cambridge，MA：Harvard University Press，1960）；Walter A. Mcdougall，*France's Rhineland Diplomacy*，*1914—1924：The Last Bid for a Balance of Power in Europe*（Princeton，NJ：Princeton University Press，1978）；David Stevenson，*French War Aims against Germany*，*1914—1919*（Oxford：Oxford University Press，1982）。

28. Max Jakobson，*The Diplomacy of the Winter War：An Account of the Russo-Finnish War*（Cambridge，MA：Harvard University Press，1961），pts. 1—3；Anthony F. Upton，*Finland*，*1939—1940*（London：Frank Cass，1997），Chap. 1.

29. 关于迦太基，参见 Serge Lancel，*Carthage：A History*，trans. Antonia Nevill（Cambridge：Blackwell，1995），esp. pp.412—427。关于波兰，参见 Jan T. Gross，*Polish Society under German Occupation：The Generalgouvernement*，*1939—44*（Princeton，NJ：Princeton University Press，1979）；Richard C. Lukas，*Forgotten Holocaust：The Poles under German Occupation*，*1939—1944*（Lexington：University Press of Kentucky，1986）。关于苏联，参见 Alexander Dallin，*German Rule in Russia*，*1941—1945：A Study of Occupation Policies*（London：Macmillan，1957）。也可参见 David Weigall and Peter Stirk，eds.，*The Origins and Development of the European Community*（London：Leicester University Press，1992），pp.27—28。

30. 迈克尔·汉德尔（Michael Handel）写道："作为以色列政治军事学说基础的基本假设是这样一种理解：阿拉伯国家的中心目标是在任何它们认为有能力这样做的时候摧毁以色列这个国家，同时尽一切可能扰乱它的和平生活。" Handel，*Israel's Political-Military Doctrine*，Occasional Paper No. 30（Cambridge，MA：Center for International Affairs，Harvard University，July 1973），p.64（emphasis in original）. 也可参见 Yehoshafat Harkabi，*Arab Strategies and Israel's Response*（New York：Free Press，1977）；Yehoshafat Harkabl，*Arab Attitudes to Israel*，trans. Misha Louvish（Jerusalem：Israel Universities Press，1972）；Asher Arian，*Israeli Public Opinion on National Security*，*2000*，Memorandum No. 56（Tel Aviv：Jaffee Center for Strategic Studies，July 2000），pp.13—16。

31. 波兰在1772、1793和1795年被奥地利、普鲁士和俄国瓜分，1939年，它又被德国和苏联瓜分。而且，在二战结束时，斯大林攫取了波兰的东部并把它并入苏联。一个作者写道："与常规的想法不同，在过去的两个世纪中，国家的死亡非常频繁；210个国家当中有69个（大约30%）已经死亡，其中大多数（69个中的51个）是以暴力方式死亡的。"大多数受害者是小国家，它们要么成为大国的一部分，要么成为一个大帝国的一部分。一些国家最终从死亡中恢复过来并再次获得独立。Tanisha M. Fazal, "Born to Lose and Doomed to Survive: State Death and Survival in the International System," paper presented at the annual Meeting of the American Political Science Association, Washington, DC, August 31-September 3, 2000, pp.15—16.

32. Wilfried Loth, "Stalin's Plans for Post-War Germany," in Francesca Gori and Silvio Pons, eds., *The Soviet Union and Europe in the Cold War 1943—53* (New-York: St. Martin's, 1996), pp.23—36; Mark Trachtenberg, *A Constructed Peace: The Making of the European Settlement, 1945—1963* (Princeton, NJ: Princeton University Press, 1999), pp.57—60, 129—130; Vladistav Zubok and Constantine Pleshakov, *Inside the Kremlin's Cold War: From Stalin to Khrushchev* (Cambridge, Ma: Harvard University Press, 1996), pp.46—53.

33. 参见 Warren F. Kimball, *Swords or Ploughshares? The Morgenthau Plan for Defeated Nazi Germany 1943—1946* (Philadelphia: Lippincott, 1976); Henry Morgenthau, Jr. , *Germany Is Our Problem* (New York: Harper, 1945)。

34. "胁迫"和"讹诈"的简称。胁迫(coercion)意味着使用武力或武力威胁来强迫对手改变自己的行为。我在第四章使用"胁迫"一词描述运用实际的武力(海上封锁和战略轰炸)迫使对手在它被征服之前就退出战争。为了避免可能的混淆,我使用"讹诈"一词来描述用武力威胁改变国家的行为。尽管如此,讹诈总的来说是胁迫的同义词。关于胁迫,参见 Daniel Ellsberg, "Theory and Practice of Blackmail," Rand Paper P-3883 (Santa Monica, CA: Rand Corporation, 1968); Alexander L. George William E. Simons, and David K, *Hall Limits of Coercive Diplomacy: Laos, Cuba, and Vietnam* (Boston: Little, Brown, 1971); Robert A. Pape, *Bombing to Win: Air Power and Coercion in War* (Ithaca NY: Cornell University Press, 1996); Thomas Schelling, *Arms and Influence* (New Haven, CT: Yale University Press, 1966); Thomas Schelling, *Strategy of Conflict* (Cambridge MA: Harvard University Press, 1960)。

35. 关于第一次世界大战前的危机,参见 Luigi Albertini, *The Origins of the War of 1914*, vol.I, *European Relations from the Congress of Berlin to the Eve of the Sarajevo Murder*, ed, and trans. Isabella M. Massey (Oxford: Oxford University Press, 1952), chaps. 3—10; Imanuel Geiss, *German foreign Policy, 1871—1914*(London: Routledge and Kegan Paul, 1979), chaps. 8—17; David G, Herrmann, *The Arming of Europe and the Making of the First World War* (Princeton, NJ: Princeton University Press, 1996); L. C. F. Turner, *Origins of the First World War* (New York: Norton, 1970)。

36. 参见 Christopher Andrew, *Theophile Delcasse and the Making of the Entente Cordiale: A Reappraisal of French Foreign Policy, 1898—1905* (New York: St. Martin's, 1968), chap.5; Darrell Bates, *The Fashoda Incident: Encounter on the Nile* (Oxford: Oxford University Press 1984); Roger G. Brown, *Fashoda*

Reconsidered：*The Impact of Domestic Politics on French Policy in Africa*，*1893—1898*（Baltimore，MD：Johns Hopkins University Press，1969）。

37. Herman Kahn，*On Thermonuclear War*：*Three Lectures and Several Suggestions*，2nd ed.（New York：Free Press，1960），p. 231；Henry S. Rowen，"Catalytic Nuclear War," in Graham T. Allison，Albert Carnesale，and Joseph S. Nye，Jr.，eds.，*Hawks*，*Doves*，*and Owls*：*An Agenda for Avoiding Nuclear War*（New York：Norton，1985），pp. 148—163.

38. 引自 T. C. W. Blanning，*The Origins of the French Revolutionary Wars*（London：Longman，1986），p. 186。有一些证据表明，1908 年奥匈帝国外交部长考虑过激怒塞尔维亚和保加利亚，使它们进行战争，以使奥匈帝国能够利用巴尔干地区被削弱的塞尔维亚。但是，这一想法并没有被付诸实践。Edmond Taylor，*The Fall of the Dynasties*：*The Collapse of the Old Order*，*1905—1922*（Garden City，NY：Doubleday，1963），pp. 128—129. 同时，有些观点认为，是斯大林把纳粹德国和盟军引入二战。但是，就像第八章所述，没有足够的证据支持这一说法。

39. 参见 Charles D. Smith，*Palestine and the Arab-Israeli Conflict*，2nd ed.（New York：St. Martin's，1992），p. 164；Michael Bar-Zohar，Ben-Gurion *A Biography*，trans. Peretz Kidron（New York：Delacorte，1978），pp. 209—216。

40. 引自 David McCullough，*Truman*（New York：Touchstone，1992），p. 262。

41. Wheeler-Bennett，*Brest-Litovsk*，pp. 189—190，385—391.

42. 参见 Peter Schweizer，*Victory*：*The Reagan Administration's Secret Strategy That Hastened the Collapse of the Soviet Union*（New York：Atlantic Monthly Press，1994），pp. xviii，9，64—65，100—101，116—119，151—153；Robert P. Hager，Jr.，and Dvaid A. Lake，"Balancing Empires：Competitive Decolonization in International Politics," *Security Studies* 9，No. 3（Spring 2000），pp. 108—148。

43. 关于建立均势，参见 Robert Jervis and Jack Snyder，eds.，*Dominoes and Bandwagons*：*Strategic Beliefs and Great Power Competition in the Eurasian Rimland*（Oxford：Oxford University Press，1991）；Walt，*Origins of Alliances*；Waltz，*Theory of International Politics*。一些学者把建立均势的行为定义为大国为了维持各自独立的联合行为。国家有一个"共同命运的概念"，参见 Edward Vose Gulick，*Europe's Classical Balance of Power*（New York：Norton，1955），p. 10。"每一个大国的目标都是要确保没有竞争者从体系中被排除。因为这是每一个国家保证自身存活的最好方法。"该观点还认为，"团体意识和团体行为"是维持独立国家的最好途径。Ibid.，p. 297. 在这个理论中，国家并没有被结合起来保卫现状，权力分配的变化是可以接受的，只要没有大国被驱逐出这个体系。事实上，国家期望以其他国家为代价进入战争来获得权力。但是它们只进行有限战争，因为它们意识到虽然改变均势是被允许的，但是必须维持所有主要大国的独立。这样,国家经常会表现出"克制、摒弃和放弃私利"。Ibid.,p.33. 国家"会停止战争,而不是排除一个基本的国家行为者"。因为它们被"普遍的善的理论"所激发。Morton A. Kaplan, *System and Process in International Politics*(New York: John Wiley, 1957), p.23; Gulick, *Europe's Classical Balance*, p.45. 所有对"团体利益关注"的结果是一个流动的而不是稳定的均衡。Ibid.,p.31. 虽然这个理论集中于军事并允许有限的侵略战争,但它不是一个现实主义理论,因为在这个理论中国家关心的是维持一种特殊的世界秩序,而不是追求权力。关于这个理论的进一步讨论,参见 Inis L. Claude, Jr., *Power and International Relations*(New York: Random House, 1962), chap. 2; Ernst B. Haas, "the Balance of Power: Prescription, Concept, or Propaganda?" *World Politics* 5 No. 4,(July 1953), pp. 442—477; Hans Morgenthau, *Politics among Nations: The Struggle for Power and Peace*, 5th ed.(New York: Knopt, 1973), chap. 11; Quincy Wright, *A Study of War*, vol. 2(Chicago: University of Chicago Press, 1942), chap. 20。

44. 本节谈论的建立均势和推卸责任的案例将在第八章详细论述。

45. "外部均衡"和"内部均衡"的术语是华尔兹在《国际政治理论》中提出的,pp. 118,163。

46. 引自 Keith Neilson and Roy A. Prete, eds., *Coalition Warfare: An Uneasy Accord*(Waterloo, ON: Wilfrid Laurier University Press, 1983), preface, p. vii. 拿破仑关于这个问题的观点反映在他给奥地利外交官所作的评论中:"你们需要多少个同盟? 5 个? 10 个? 20 个? 你们的同盟越多,对我来说就越好。"引自 Karl A. Roider, Jr., *Baron Thugut and Austria's Response to the French Revolution*(Princeton, NJ: Princeton University Press, 1987), p. 327。也可参见 Gordon A. Craig, "Problems of Coalition Warfare: The Military Alliance against Napoleon, 1813—14," in Gordon A. Craig, *War, Politics, and Diplomacy: Selected Essays*(New York: Praeger, 1966), pp. 22—45; Neilson and Prete, *Coalition Warfare*, passim。

47. 关于推卸责任,参见 Mancur Olson, Jr., *The Logic of Collective Action: Public Goods and the Theory of Groups*(Cambridge, MA: Harvard University Press, 1965); Mancur Olson and Richard Zeckhauser, "An Economic Theory of Alliances," *Review of Economics and Statistics* 48, No. 3(August 1966), pp. 266—279; Barry R. Posen, *The Sources of Military Doctrine: France, Britain, and Germany between the World Wars*(Ithaca: Cornell University Press, 1984), esp. pp. 63, 74,232。

48. 托马斯·克里斯坦森(Thomas J. Christensen)和杰克·斯奈德(Jack Snyder)把这认为是"链条的机械连接"问题。参见"Chain Gangs and Passed Bucks: Predicting Alliance Patterns in Multipolarity," *International Organization* 44, No. 2(Spring 1990), pp. 137—168。

49. 参见 David French, *British Strategy and War Aims, 1914—1916*（Boston: Allen and Unwin, 1986）, pp.24—25; David French, "The Meaning of Attrition, 1914—1916," *English Historical Review* 103, No. 407（April 1988）, pp.385—405。

50. 由于与军事无关的原因,国家也对避免战争的惨重代价有很大的兴趣。

51. 正如在第四章(注释72)谈到的,2 400 万苏联人在反抗纳粹德国的战争中死亡。英国和美国在有关的各种情况下共死亡 65 万人。这个数据包括美国大约 30 万的战地死亡,英国 30 万的战地死亡,以及 5 万英国平民的死亡。参见 I. C. B. Dear, ed., *The Oxford Companion to World War II*（Oxford: Oxford University Press, 1995）, p. 290; Robert Goral ski, *World War II Almanac: 1931—1945*（New York: Putnam, 1981）, pp.425—426,428。

52. 温斯顿·丘吉尔(Winston Churchill)似乎一直在实施推卸责任战略。甚至到了 1944 年夏,他还不想让盟军侵入法国,只是因为美国的强大压力,他才同意在 1944 年 6 月 6 日这一天开始入侵行动。他宁愿让红军粉碎国防军的主要力量,而英国和美国军队仍然在欧洲边缘与较小规模的德军作战。参见 Mark A. Stoler, *The Politics of the Second Front: American Military Planning and Diplomacy in Coalition Warfare, 1941—1943*（Westport, CT: Greenwood, 1977）。

53. 参见 Isaac Deutscher, *Stalin: A Political Biography*, 2d ed.（Oxford: Oxford University Press, 1967）, pp. 478—480; John Erickson, "Stalin, Soviet Strategy and the Grand Alliance," in Ann Lane and Howard Temperley, eds., *The Rise and Fall of the Grand Alliance, 1941—45*（New York: St. Martin's, 1995）, pp.140—141。回想起二战时他作为苏联驻英国大使的经历,伊文·迈斯基(Ivan Maisky)写道:"在丘吉尔看来,如果德国和苏联在战争中都遭到重创、彼此消磨,而且这种状况持续一代人,这就是理想的状态。战争的代价将相对惨重,而英国则以最小的损失和作为欧洲拳击手的良好形象到达终点。"参见 Ivan Maisky, *Memoirs of a Soviet Ambassador: The War, 1939—1943*, trans. Andrew Rothstein（London: Hutchinson, 1967）, p.271。同样,二战期间,意大利驻土耳其大使也说:"土耳其的理想是,最后一名德国士兵应倒在最后一具俄国人尸体上。"参见 Selim Deringil, *Turkish Foreign Policy during the Second World War: An "Active" Neutrality*（Cambridge: Cambridge University Press, 1989）, pp.134—135。

54. 关于跟着强者走的主要著作有: Labs, "Do Weak States Bandwagon?" *Security Studies* 1, No. 3（Spring 1992）, pp. 383—416; Randall L. Schweller, "Bandwagoning for Profit: Bringing the Revisionist State Back in, *International Security* 19, No. 1（Summer 1994）, pp.72—107; Walt, Origins of Alliances; and Waltz, *Theory of International Politics*。但是,施韦勒对跟着强者走下的定义与包括我在内的其他国际关系学者所使用的这一概念有根本的不同（Schweller, "Bandwagoning for Profit," pp.80—83）。根据常规的定义,跟着强者走是受威胁

的国家对他的对手使用的战略,包括向侵略者作出不对称的让步。在施韦勒的字典中,跟着强者走明显不是受威胁之国所使用的战略,而是被那些寻求通过侵略获取利润的国家所采用的战略。特别是,施韦勒认为,跟着强者走出现在一个机会主义国家与另一个侵略国家合谋利用第三国的地方,就像 1939 年苏联与纳粹德国合谋肢解波兰一样。这种行为与均势逻辑并不冲突,正好符合以上描述的战争战略。

55. Robert B. Strassler, ed., *The Landmark Thucydides*: *A Comprehensive Guide to the Peloponnesian War* (New York: Simon and Schuster, 1998), p. 352.

56. 在研究了中东地区的建立均势和跟着强者走行为后,沃尔特得出结论说:"建立均势比跟着强者走要常见得多,跟着强者走行为几乎总是局限于特别弱小而孤立的国家。"Walt, *Origins of Alliances*, p. 263. 也可参见 ibid., pp. 29—33; Labs, "Weak States"。

57. 参见 Elizabeth Wiskemann, "The Subjugation of South-Eastern Europe, June 1940 to June 1941," in Arnold Toynbee and Veronica M. Toynbee, eds. *Survey of International Affairs*, *1939—46*: *The Initial Triumph of the Axis* (Oxford: Oxford University Press, 1958), pp. 319—336; Sidney Lowery, "Rumania" and "Bulgaria," in Arnold Toynbee and Veronica M. Toynbee, eds., *Survey of International Affairs*, *1939—46*: *The Realignment of Europe* (Oxford: Oxford University Press, 1955), pp. 285—290, 301—306。

58. 绥靖的定义可在大多数字典中找到,并被历史学家和政治学家广泛采用。例如,参见 Gilpin, *War and change*, pp. 193—194; Bradford A. Lee, *Britain and the Sino-Japanese War*, *1937—1939*: *A Study in the Dilemmas of British Decline* (Stanford, CA: Stanford University Press, 1973), pp. vii-viii。但是,一些学者使用绥靖的不同定义。他们认为,绥靖是一种旨在通过排除双方冲突的原因来减少与对手紧张关系的政策。参见 Stephen R. Rock, *Appeasement in International Politics* (Lexington: University Press of Kentucky, 2000), pp. 10—12。绥靖的定义当然允许把权力转让给对手,但是没有要求一定要这样做。另一方面,我的定义要求绥靖者允许均势发生不利于它的转变。

59. 参见第七章。

60. 参见第八章。

61. Waltz, *Theory of International Politics*, pp. 127—128. 并参见该书 pp. 74—77; Kenneth Waltz, "A Response to My Critics," in Robert O. Keohane, ed., *Neorealism and Its Critics* (New York: Columbia University Press, 1986), pp. 330—332; Colin Elman, "The Logic of Emulation: The Diffusion of Military Practices in the International System," Ph. D. diss., Columbia University, 1999。

62. Waltz, *Theory of International Politics*, pp. 127—128.

63. 例如,乔治·布什总统(George Bush)在 1990 年 11 月 8 日说:"伊拉克侵略科威特不仅仅是对科威特安全的挑战,也是对海湾地区安全的挑战,而且也是对我们所有人在冷战后希望建立更好的世界的挑战。因此,我们和我们的盟友不能也不会推卸我们的责任。科威特必须重建,否则没有国家会是安全的,我们期望的光明未来也会受到危害。"George Bush,"The Need for an Offensive Military Option,"in Micah L. Sifry and Christopher Cerf, eds., *The Gulf War Reader: History, Documents, Opinions* (New York: Times Books, 1991), p. 229. 参见 Thomas L. Friedman,"Washington's 'Vital Interests,'"in ibid., pp. 205—206。也有这种可能性:国家跟着成功的侵略者走(按照施韦勒对这一术语的理解),并导致更多的战争。

64. 参见 Matthew Evangelista, *Innovation and the Arms Race: How the United States and the Soviet Union Develop New Military Technologies* (Ithaca, NY: Cornell University Press, 1988); Williamson Murray and Ala R. Millet, eds., *Military Innovation in the Interwar Period* (Cambridge: Cambridge University Press, 1996); Posen, *Sources of Military Doctrine*, pp. 29—33, 54—57, 224—226; Stephen P. Rosen, *Winning the Next War: Innovation and the Modern Military* (Ithaca, NY: Cornell University Press, 1991)。

65. 参见 Richard K. Betts, *Surprise Attack: Lessons for Defense Planning* (Washington, DC: Brookings Institution Press, 1983)。

66. 参见 Michael I. Handel, *War, Strategy, and Intelligence* (London: Frank Cass, 1989), chaps. 3—8; Dan Reiter, *Crucible of Beliefs: Learning, Alliances, and World Wars* (Ithaca, NY: Cornell University Press, 1996)。

第六章
行动中的大国

在第二章中，我的理论试图解释为什么大国常常怀有野心，为什么它们的目标是最大化地占有世界权力。我试着为自己的观点提供一个合理的逻辑基础，即在国际体系中维持现状是很少见的，尤其是大国常常会追求地区霸权。我的理论最终是否有说服力，要看它能在多大程度上解释大国的实际行为。是否有大量的证据表明，大国的所想所为和进攻性现实主义预测相符？

如果要回答"是"，并且表明进攻性现实主义为大国行为提供了最好的解释，我必须证明：(1)大国政治的历史首要地包括了修正主义国家（revisionist states）的冲突；(2)在此过程中唯一维持现状的国家是地区霸权国家，即达到权力顶峰的国家。换句话说，必须表明大国在崛起的时候会寻找并利用机会来获取权力。还要表明，大国在有能力按照自己的意愿动摇均势时是不会自我克制的；一旦国家有了很多权力，它对权力的欲望是不会减退的。相反，只要可能性增大，有权力的国家就会寻求地区霸权。最后，没有什么证据表明决策者们在有能力获得更多权力的时候会说，他们对已占有的世界权力份额表示满意。事实上，我们几乎总是发现，领导人认为，为提高国家的生存期望，就必须获得更多的权力。

要证明国际体系是由修正主义国家组成的并不是件简单的事情，因为可能的案例实在是太多了。[1]毕竟，大国之间互相竞争已经持续了那么多世纪，有那么多的国家行为可以成为我验证观点的证据。为了使调查可操作，我从四个不同的角度选取历史记录。虽然我自然会想找一些支持进攻性现实主义的证据,但我仍然认真地在找能反驳这种观点的证据。特别是,我尽量对扩张和非扩张的事例一视同仁,试图表明非扩张的案例很大程度上是成功遏制的结果。在衡量案例中的扩张所受的限制时,我也试着采用一致的标准。

首先,我考察了在过去的150年中,5个主要大国在外交政策上的表现:从1868年明治维新到第二次世界大战中战败的日本;从1862年俾斯麦掌权到1945年希特勒最后战败的德国;从1917年革命到1991年解体的苏联;从1792年到1945年的英国;从1880年到1990年的美国。[2]我选择考察每个国家的一长段历史,而不是许多不连续的时间段,因为这样做能表明,特别的进攻行动不是国内政治造成的异常行为的结果,而是像进攻性现实主义预测的一样,是一个更为广泛的进攻行为模式的一部分。

日本、德国和苏联是为我的理论提供有力支持的最直接的例子。它们在征服过程中几乎一直在寻找扩张的机会,当它们看到机会时,一定会忙不迭地抓住它。获得权力并没有改变它们进攻的倾向,反而使之更兴奋。事实上,这三个大国都追求地区霸权。德国和日本通过战争达到目的;只有美国和它的同盟国遏制了苏联征服欧洲。此外,有充分的证据说明这些国家的决策者的思想和言论都像是进攻性现实主义者。很难找到主要领导人表示对现存的均势表示满意的情况,特别是当他们的国家有能力来改变这种均势的时候。总之,德国、日本和苏联的侵略性政策背后的主要动力看上去是安全的考虑。

但是,英国和美国的行为方式似乎与进攻性现实主义矛盾。例如,英国显然是19世纪欧洲最富裕的国家,但它从未试图将可观的财富转变成军事力量来获得地区霸权。因此,虽然英国有实力这么做,但它似乎对获取相关权力不感兴趣。在20世纪上半叶,看上去美国好像放弃了许多在东北亚和欧洲投送力量的机会,取而代之的是追求一种孤立的外交政策——几乎没有侵略行为的迹象。

虽然如此,我认为英国和美国还是依照着进攻性现实主义行事的。19世纪的美国在西半球积极地追求霸权,主要是为了在一个充满敌意的世界中最大化地实现生存希望。它成功了,成了现代史上唯一获取地区霸权的大国。美国在20世纪不想在欧洲或东北亚获得领土,因为横跨大西洋和太平洋投送力量是有很大难度的。但是,它在那些重要的战略地区扮演着离岸平衡手的角色。水域的阻遏力量也解释了为什么英国在19世纪从未试图统治欧洲。英国和美国的问题需要细致的讨论,我们将在下一章中继续。

第二,我考察了意大利从1861年成为一个统一国家到二战中被打败的外交政策行为。也许有些人认为,是有能耐的大国在寻求获取权力的机会,其他一些大国,特别是比较弱的国家,它们的行为更像是在维持平衡。意大利是讨论这个观点的好案例,因为实际上作为欧洲政治中的一个"角色",很明显它是花时间"最少的一个大国"。[3]虽然意大利缺乏军事力量,但它的领导人一直在寻求获取权力的机会;当机会出现时,他们会毫不犹豫地抓住它。而且,意大利的决策者们很大程度上是因为考虑均势而变得具有侵略性的。

第三,有人也许承认"一个强有力的国家,因为满足而停止扩张,或为权力目标设置适度的限制,事实上这是很少的",但他们却会坚持认为那些大国的侵略行为是愚蠢的,因为进攻常常导致灾难。[4]那些国家最终也许会更安全,如果它们集中精力保持均势,而不是企图用武力来改变它。这种观点还认为,这种有违自己初衷的行为,不能用战略逻辑来解释,而应该用战争后方被误导的政策来解释,这种政策是自私的利益集团推动的结果。防御性现实主义者常常采用这种论点。他们最好的违背自己初衷的例子是二战前的日本、一战前的德国和二战前的德国:每个国家都在紧接着的战争中被彻底击败。我对这种普遍的观点提出了质疑,特别注意到德国和日本的案例,发现它们并没有参与有害的国内政策所产生的违背初衷的行为。

最后,我考察了冷战中美国和苏联之间的核军备竞赛。防御性现实主义者认为,作为两个健全的社会,一旦掌握核武器的竞争双方发展了摧毁对方的能力,它们应该对这个自己创造的世界感到满意,不会再试图改变它。换句话说,它们应该在核层面成为维持现状的国家。但是,根据进攻性现实主义,那些核对手国家不会简单地接受相互确保摧毁(MAD),相反它们努力获取相对于对手的核优势。我将尽力表明,两个超级大国的核政策很大程度上和进攻性现实主义的预言是一致的。

除了将在下一章中讨论的英国和美国的案例外，我对历史记录的四个不同的切入点将按上述的顺序进行。因此，让我们先对从明治维新到广岛事件的日本外交政策作一个评估。

日本（1868—1945 年）

1853 年以前，日本与外部世界，特别是与美国和欧洲大国很少有接触。两个多世纪的自我孤立留给日本一个封建政治体系和落后于其他发达工业国家的经济。列强用"炮舰外交"于 19 世纪 50 年代"打开"了日本的大门，强迫它接受一系列不平等的商业协议。同时，列强企图控制亚洲大陆的疆域。日本无力影响这些进展；它受着列强的支配。

日本通过在国内和国外模仿列强，对自己不利的战略地位作出反应。日本领导人决定改革他们的政治体系，在经济上和军事上与西方竞争。正如日本外相在 1887 年所说："我们必须做的是转变我们的帝国和人民，让我们的国家像欧洲的国家，我们的人民像欧洲的人民。不同的是，我们必须在亚洲的边缘上建立一个新的、欧洲式的帝国。"[5]

1868 年的明治维新是复兴路上的第一步。[6]虽然日本早期的现代化重点放在国内政策上，但是它几乎立刻就开始在世界舞台上扮演一个大国的角色。[7]朝鲜是日本第一个征服对象，但在 19 世纪 90 年代中期，显然日本专心于控制亚洲大陆的大部分；到一战结束时，日本已经明显要在亚洲寻求霸权。直到 1945 年在二战中被彻底击败，日本的进攻倾向一直未受到动摇。从明治维新到日本在东京湾投降中的近 80 年里，日本几乎利用了大国均势中每个有利的变化来积极行动，增加其世界权力的份额。[8]

在研究日本外交政策的学者中有一种共识，即日本在 1868—1945 年间一直在寻找扩张和得到更多权力的机会，而这种行为背后的主要动力是对于安全的考虑。例如，池信孝（Nobutaka Ike）写道："回顾历史就会发现，这个时代的循环主题就是战争，不论是正在进行还是在为其做准备……这让我们得出这样一个推测，即战争代表了日本现代化过程中一个固有的组成部分。"⁹甚至杰出的防御性现实主义者杰克·斯奈德（Jack Snyder）也承认："从1868年明治维新到1945年，所有的日本政府都是扩张主义政府。"¹⁰

关于日本的动机，马克·皮蒂（Mark Peattie）以这句话表达了许多有识之士的心声。他写道："有证据表明，与西方大国在亚洲的优势相关的安全——或不安全——是日本帝国获得其组成领土所主要关心的问题。"¹¹甚至E. H. 诺曼（E. H. Norman），一位对明治维新的独裁领导提出尖锐批评的批评家，在总结所有的历史教训时也"警告明治时期的政府官员，在一个受制于人的国家和一个成长的、胜利的帝国之间没有第三条道路"¹²。石原莞尔在1946年5月东京战犯审判庭上也强有力地表达了相同的观点。他在挑战一位美国公诉人时说了以下这段话：

> 你没有听说过佩里吗[美国海军的准将马修·佩里（Matthew Perry），他参与了第一次美日贸易协议的谈判]？你难道不知道自己国家的历史吗？……日本的德川家族相信孤立；它不想和别的任何国家发生关系，紧紧地锁着自己的门。然后佩里坐着黑色的船从你们的国家来了，打开了那些门。他把他的大炮对准日本并警告说："如果你们不和我们做生意，当心这些东西；打开你们的门，也要和别的国家谈判。"当日本打开门并试图和别的国家做生意时，它明白了所有的那些国家都非常具有侵略性。所以为了自己的防御，它把你的国家当作老师，开始学习怎样能有侵略性。你们也许会说我们成了你们的徒弟。为什么你们不把佩里从另一个世界中传讯，把他当作一个战争犯？¹³

目标和对手

日本原则上要控制亚洲大陆的三块地区：朝鲜、满洲和中国＊。朝鲜是第一个目标，因为它离日本很近（参见图6.1）。大部分日本决策者当然同意德国指挥官把朝鲜描绘成"一把刺向日本心脏的匕首"¹⁴。满洲在日

＊ 满洲指中国东北一带，是中国的一部分。本书因行文需要，保留"满洲"一词。——译者注

本的目标名单上列第二,因为它也正好位于日本海的对面。中国是比朝鲜和满洲更远的一个威胁,但它仍是一个重要的因素,因为一旦行动起来,在经济和政治体系现代化后,它有统治整个亚洲的潜力。至少,日本想让中国保持弱小和分裂。

图 6.1   1868—1945 年间日本在亚洲的扩张目标

日本在不同时期也对获得外蒙古和俄国的领土感兴趣。此外,日本寻求征服大部分的东南亚地区。事实上,在二战早期日本就已达到了这个目标。而且,日本还关注远离亚洲大陆的许多岛屿。它们包括中国台湾、澎湖列岛、海南岛和琉球群岛。但是,日本在亚洲寻求霸权的努力主要在包括朝鲜、满洲和中国的亚洲大陆部分上展开。最后，当日本于 1914 年和 1941 年分别与德国、美国开战时，已经征服了西太平洋上的很多岛屿。

中国和朝鲜都没有能力阻止日本的帝国野心，虽然中国在 1937—1945 年间帮助列强阻止了日本成为地区霸主。和日本在第一次与西方接触后即走上现代化道路不同，中国和朝鲜直到 1945 年后很久经济仍很落后。因此，19 世纪晚期，日本在军事上对中国和朝鲜有很大的优势，最后吞并了朝鲜，征服了中国的大部分。如果没有大国的牵制，日本很可能在 20 世纪早期就统治了亚洲大陆。

俄国、英国和美国对 1895—1945 年间制衡日本扮演了关键的角色。俄国一部分在亚洲，一部分在欧洲，这样它同时是亚洲和欧洲的大国。事实上，俄国是日本在东北亚最主要的大国对手，它也是唯一一个在大陆上和日本军队作战的大国。当然，俄国在东北亚有它自己的帝国野心，它挑战日本对朝鲜和满洲的控制。但是，在日俄战争（1904—1905 年）的部分时间中，俄国的军事力量非常弱，以致打不过日本。虽然主要依靠的是经济和海上力量，而不是军队，但英国和美国还是在遏制日本的过程中发挥了重要的作用。法国和德国在大部分时间里只是远东较小的角色。

日本的扩张记录

在明治维新结束后的头几年中，日本外交政策的中心是朝鲜，虽然那时朝鲜仍孤立于外部世界，被视为中国的一个松散的附庸国。[15] 日本决定通过外交和经济手段打开朝鲜的大门，正像西方大国在 19 世纪中叶打开日本大门一样。但是朝鲜人拒绝日本的建议，这使得 1868—1873 年间在日本掀起了一场激烈的辩论，主题是是否要用武力征服朝鲜。最后的决定是放弃战争，致力于进行国内改革。但是，1875 年一艘日本测量船与朝鲜海岸军队发生了冲突。在朝鲜接受了《江华条约》（Treaty of Kang-wah，1876 年 2 月）后，战争才勉强得以避免。这个条约使朝鲜向日本开放了三个通商港口，并宣布朝鲜是一个独立的国家。

然而，中国仍然把朝鲜当作是它的附庸国，这使中国和日本在朝鲜问题上不可避免地处于紧张的敌对状态。事实上，1884 年年底中国军队和驻扎在汉城的日本军队之间发生了冲突。但是因为双方都害怕如果发生战争将被西方大国利用，所以战争被避免了。可是，中日在朝鲜问题上的竞争仍然继续着。1894 年夏天另一场危机爆发了。这次，日本决定发动对中国的战争，并在战场上解决问题。日本很快击败了中国，并向中国强加了一个苛刻的和平条约。[16]根据 1895 年 4 月 17 日签订的《马关条约》，中国向日本割让了辽东半岛、台湾和澎湖列岛。辽东半岛是满洲的一部分，包括了重要城市旅顺。而且，中国被迫承认朝鲜独立，这有力地证明了朝鲜将处在日本，而非中国的监护之下。日本同样得到了在中国的重要的商业权利，并强迫中国提供了很多赔偿。毫无疑问，这表明日本热衷于成为亚洲政治的主要角色。

日本权力的增长和它在亚洲大陆的突然扩张，使列强、特别是俄国感到恐慌。俄国、法国和德国决定改变这种情况，和平条约签订一些日子后，它们强迫日本将辽东半岛还给中国。俄国人决定阻止日本控制满洲的任何部分，因为他们自己想控制。俄国同时清楚地表示，它将和日本争夺对朝鲜的控制。列强允许日本保留台湾和澎湖列岛。通过"三国干涉"，俄国取代中国成为日本控制朝鲜和满洲的对手。[17]

直到 20 世纪早期，俄国在满洲的军事力量都占主导地位，在义和团运动时（1900 年）曾向那里调动了很多军队。不管日本还是俄国，谁都不能在朝鲜占上风，主要的原因是朝鲜的决策者们巧妙地使两个大国互相争斗，避免自己被任何一方吞并。日本发现无法接受这个战略前景，于是向俄国提供了一个简单的交易：如果日本能控制朝鲜，俄国就可以主宰满洲。但是俄国不同意，于是日本转变方向，在 1904 年 2 月通过与俄国进行战争来解决问题。[18]

日本在海上和陆地上都获得了彻底的胜利，这在 1905 年 9 月 5 日在新罕布什尔州朴次茅斯签订的和约中反映得一清二楚。俄国在朝鲜的影响结束了，这保证了日本在朝鲜半岛的优势。而且，俄国把辽东半岛，包括对南满铁路的控制权交给了日本。俄国还把库页岛的南半部交给了日本。日本将"三国干涉"的结果完全颠倒了，获得了在亚洲大陆的大片立足点。

日本很快开始巩固自己的成果，于 1910 年 8 月吞并了朝鲜。[19]但是，因为俄国在东北亚还有很多军队，在满洲也有巨大的利益，所以，日本在满洲还需谨慎行事。而且，日本力量的增长使美国感到紧张，美国希望通过保持俄国的强大来遏制日本,使俄国成为针对日本的一股平衡力量。针对这个新的战略环境,1907 年 7 月,日本同意与俄国在满洲瓜分势力范围。日本还认同了俄国在外蒙古的特殊利益,而俄国承认了日本对朝鲜的控制。

在 1914 年 8 月 1 日第一次世界大战爆发时,日本仍继续它的攻击性路线。一个月内日本就站在协约国一边加入了战争,并很快征服了由德国控制的太平洋岛屿(马绍尔群岛、加罗林群岛、马里亚纳群岛)和在中国山东半岛上被德国控制的青岛市。当时,中国政治混乱,战略位置不稳定,要求日本将那些城市的控制权还给自己。日本不仅拒绝了这些要求,而且在 1915 年 1 月,向中国提出了臭名昭著的"二十一条",要求中国在经济和政治上向日本作出重大让步,这些将最终使中国像朝鲜一样成为日本的附属国。[20]美国强迫日本放弃最过分的要求,而中国在 1915 年 5月勉强同意了日本有限的要求。这清楚地表明日本致力于抢先而非推迟统治中国。

1918 年夏天,当日本军队侵入北部满洲和俄国时,俄国刚经历了布尔什维克革命(1917 年 10 月),日本的外交政策野心通过此事暴露无遗。[21]俄国正处于血腥的国内战争中,日本和英国、法国、美国却一个接一个地进行干涉。西方列强仍在西线与德国皇帝的军队作战,它们希望通过这个干预能使俄国回到与德国的战争中来。实际上,这意味着帮助反布尔什维克的力量在国内战争中获胜。虽然日本派出了 7 万军队作为干预部队,比任何一个大国都多,但是它对与布尔什维克作战并不感兴趣,相反却集中精力控制其已占领的库页岛北部、满洲北部和东西伯利亚。因为严酷的气候条件、敌对的群众和它控制的巨大领土面积,所以日本对俄国的侵入从一开始就很难。当布尔什维克赢得国内战争后,日本开始从俄国撤出部队,1922 年撤出西伯利亚,1925 年撤出库页岛。

到第一次世界大战结束时,美国觉得日本过于骄傲自大,于是要改变这种情况。在 1921 年冬—1922 年的华盛顿会议上,美国强迫日本接受了三个条约,这三个条约有力地迫使日本归还了一战期间在中国所攫取的利益,并限制了美国、英国和日本的海军数量。[22]这些条约中的很多言词涉及在未来危机中需要合作,以及在亚洲保持政治现状的重要性。但是日本从一开始就对这些条约不满意,主要是因为日本已经决定在亚洲扩张其帝国,但条约的目的是要遏制它。可是,日本领导人仍然签署了条约,因为他们觉得日本仍不能挑战那些刚在一战中获胜的西方大国。事实上,日本在 20 世纪 20 年代没有做什么来改变现状,因而亚洲和欧洲在这一时期相对和平。[23]

但是,30 年代初日本回到了它侵略的道路上,而且,在这 10 年中,日本的外交政策越来越具侵略性。[24]日本的关东军于 1931 年 9 月 18 日挑起了一场与中国的危机。[25]众所周知,"沈阳事件"(Mukden incident)只是日本要通过战争控制整个满洲的一个借口。关东军很快就赢得了战争,1932 年 3 月,日本帮助建立了"独立的"伪满洲国,它实际上是日本的殖民地。

1932 年初,在朝鲜和满洲都已被日本牢牢控制后,日本开始想占领整个中国。事实上,日本在伪满洲国正式建立之前,已经开始在中国进行侦察和渗透。[26]1932 年 1 月,中国十九路军和日本的海军部队在上海发生了冲突。日本被迫向上海派出地面部队,后来的战争持续了近 6 周,直到 1932 年 5 月英国安排了休战。1933 年初,日本军队转向中国的两个北部省份热河和河北。1933 年 5 月末,在那儿正式休战,但日本仍继续控制热河,而中国人被迫接受在河北的北部有一个非军事化的地区。

为了避免别人怀疑日本的企图,日本外相于 1934 年 4 月 18 日发表了一个重要声明,宣称东亚是在日本的势力范围之内的,警告其他大国不要帮助中国与日本斗。日本有效地在东亚创造了自己的门罗主义版本。[27]最后在 1937 年夏末日本对中国发起了全面的侵略。[28]到 1939 年 9 月 1 日,希特勒侵入波兰时,日本已经控制了中国北部的大部分地区和中国沿海许多孤立的小块地区。

20 世纪 30 年代末,日本和苏联也有一系列的冲突,包括张鼓峰(Chung Kuefung,1938 年)和诺门坎(Nomonhan,1939 年)两场战役。[29]关东军的领导人想突破满洲,扩张至外蒙古和苏联。红军在两场战役中都彻底击败了关东军,日本很快就失去了东进的胃口。

第二次世界大战早期在欧洲发生的两件关键的事情——1940 年春天法国的沦陷和一年以后德国入侵苏联——为日本入侵东南亚和西太平

洋创造了机会。[30] 日本利用了这些机会,但在从 1941 年 12 月到 1945 年 8 月与美国的战争中,日本被彻底击败,并被从大国名单上除名。

德国(1862—1945 年)

1862—1870 年和 1900—1945 年间,德国一直搅乱着欧洲的均势,增强自己的军事实力。在那 55 年中,它挑起了很多危机和战争,在 20 世纪甚至两次试图统治欧洲。1870—1900 年间,德国被认为主要是保持均势,而不是改变它。但德国并没有成为一个容易满足的国家,这点它在 20 世纪上半叶已经表现得很清楚了。19 世纪晚期德国的仁慈行为是因为在当时它还没有足够的能力来挑战对手。

德国侵略性的外交政策行为主要是受战略计算推动的。由于地缘的关系,安全始终是德国极其关心的问题:德国处于欧洲的中心,东部和西部都少有天然屏障,这使得德国很容易受到攻击。因此,德国领导人总是在寻找机会获取权力,增强国家生存的希望。这并不是否认别的影响德国外交政策的因素。比如,让我们考虑一下德国在两位著名领导人统治下的行为。一位是俾斯麦,另一位是希特勒。尽管俾斯麦常被称作是一位巧妙的现实政治的实践者,但当他于 1864 年、1866 年和 1870—1871 年发动并赢得战争的时候,推动他的不仅是民族主义,而且还有安全的考虑。[31]特别是,他不仅寻求扩大普鲁士的疆界,让它更安全,而且决定要创造一个统一的德国。

毫无疑问,希特勒的侵略很大程度上受到植根很深的种族主义意识形态的影响。而且,直截了当的权力算计是希特勒国际政治思想的中心。[32]1945 年以来,学者们就开始辩论,纳粹和他们的前人之间究竟有多少联系。但是,在外交政策领域,大家公认的是,希特勒并不代表着与过去彻底的决裂,恰恰相反,他的思想和行动与他之前的德国领导人是相同的。戴维·卡莱奥(David Calleo)精辟地指出:"在外交政策上,帝国和纳粹德国的相同之处是很明显的。希特勒也有一样的地缘分析:同样相信在国家之间将发生冲突,有着同样的在欧洲获得霸权的渴望和逻辑依据。他宣称,第一次世界大战只能增加这种地缘分析的合理性。"[33]即使没有希特勒和他的凶残的意识形态,德国也肯定会在20世纪30年代末成为一个具有侵略性的国家。[34]

目标和对手

1862—1945年,法国和俄国是德国的两个主要对手,虽然俄德关系曾短暂友好。而法德关系却从未改善过。1900年前英国和德国的关系还是过得去的。但到了20世纪初,这种关系开始变化,英国像法国、俄国一样,最后在两次世界大战中与德国为敌。在俾斯麦统治早期,奥匈帝国是德国的死敌,但1879年它们却成了同盟,直到1918年奥匈帝国解体。虽然在一战中意大利曾与德国作战,但从1862年到1945年,意大利和德国的关系大体还是不错的。美国在两次世界大战中都曾与德国作战,但在这80多年中,两国在其他方面却没有明显的对抗。

从1862年到1945年,德国侵略目标的名单是很长的,因为德国从1900年起就有了扩张的野心计划。例如,威廉德国不仅寻求统治欧洲,而且想成为一个世界大国。这个被称作国际政治(Weltpolitik)的野心计划,包括攫取非洲的一大片殖民地。[35]不仅如此,德国在20世纪上半叶最重要的目标是,以损害法国和俄国为代价来获得在欧洲大陆的扩张。它在两次世界大战中都是这么做的。从1862年到1900年,正如下面所述,德国在目标上还有很多限制,因为它还不具备足够的实力来征服欧洲。

德国的扩张记录

1862年9月,俾斯麦掌握了普鲁士政府。那个时候还没有统一的德国,而是在德国联邦下松散联系在一起的各个说德语的政治实体的联合,它们分散在欧洲的中部。其中两个最具实力的成员是奥地利和普鲁士。在随后的9年中,俾斯麦摧毁了这个联邦,建立了一个统一的德国。这个统一的德国比它所取代的普鲁士强大得多。[36]俾斯麦通过发起并赢得三场战争胜利地完成了任务。普鲁士于1864年和奥地利一起击败了丹麦,然后和意大利一起于1866年击败了奥地利。最后,普鲁士于1870年击败了法国。在这个过程中,德国把法国的阿尔萨斯省和洛林省纳入了新的德意志帝国中。毫无疑问,普鲁士按照进攻性现实主义行事,这从1862年到1870年都可以进行判断。

1871年1月18日,俾斯麦成为新德国的总理,他在这个职位上呆了19年,直到1890年3月20日威廉二世辞退了他。[37]虽然在那20年中,德国是欧洲大陆上最有实力的国家,但是它没有和别的国家发生战争,它的外交政策主要是保持均势,而不是改变它。甚至到俾斯麦离职后,德国的外交政策在随后的10年中仍然在本质上保持不变。直到20世纪初,德国的外交开始变得具有煽动性,它的领导人开始认真考虑用武力扩张德国。

怎么解释德国这30年相对和平的行为?为什么在任职的最初9年中颇具进攻性的俾斯麦,在他的后19年中却变得倾向于防御了?这不是因为俾斯麦突然顿悟,成为了一个爱好和平的外交天才。[38]事实上,这是因为他和他的继任者们正确地认识到,不用挑起一场大国间的战争,德国的军队就已经征服了足够多的领土。如果真的挑起了一场大国间的战争,德国很可能会输。只要我们认真看一下当时的欧洲地理情况,其他欧洲大国对德国的侵略可能作出的反应,以及德国在大国均势中所处的位置,就很清楚了。

在德国的东面和西面边界上小国家很少。事实上,在东面紧邻着俄国和奥匈帝国,它们都不是小国家(参见图6.2)。这意味着,如果不侵入到另一个大国,即法国或俄国的领土中,德国将很难获得新的领土。而且,在这30年中,德国领导人很清楚,如果德国入侵法国或俄国,那么德国将可能最后同时在两个战场和两个国家作战——甚至还有英国。

让我们考察一下这个时期中两次主要的法德危机。1875年的"战争警报"(War in Sight Crisis)期间,英国和俄国都清楚地表示,它们不会站在一边,看着德国压垮法国,正像它们1870年做的那样。[39]在1887年的"布朗热危机"(Boulanger Crisis)中,俾斯麦有理由相信如果法德战争爆发,俄国会帮助法国。[40]当那次危机结束后,俾斯麦与俄国就著名的《再保险条约》(Reinsurance Treaty)进行了谈判(1887年6月13日)。他的目的是拴住沙皇,阻止法国和俄国之间形成军事同盟。但正如乔治·凯南

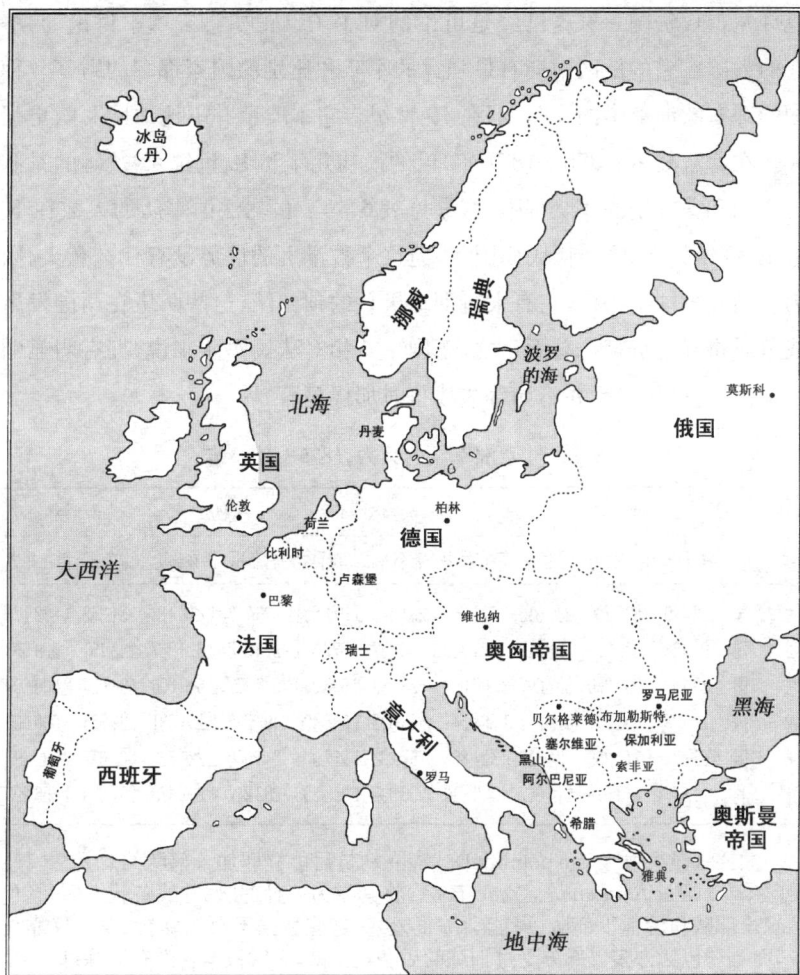

图 6.2　1914 年的欧洲

指出的,俾斯麦也许认识到,"像许多别的人一样,如果发生了法德战争,不管是否有条约,都无法阻止俄国人在很短的时间内反对德国"[41]。事实上,1890—1894 年间,当法国和俄国形成了反德同盟时,所有的怀疑都清楚了。

虽然德国在 1870—1900 年间是欧洲最具实力的国家,但是它并不是一个潜在的大国,因此它并不自信有足够的实力可以同时击败法国和俄国,更不要说同时击败英国、法国和俄国了。事实上,在 1900 年前,德国也许觉得仅法国一家就已经是可怕的对手了。正如第二章中讨论的,潜在的大国在它的地区中拥有最强大的军队和比别的国家都多的财富。德国的确有欧洲最多的军队,但在19世纪末它本质上并不比法国军队更强大。在普法战争(1870—1871年)后的最初几年和19世纪末,德国的军队比法国和普鲁士的军队都强大(参见表6.1)。虽然法国军队的人数在19世纪80年代和90年代比德国多,但这个数量上的优势没有什么意义,因为法国和德国不一样,它有大量训练极差的预备队,这些队伍在两国发生战争时将毫无贡献。总而言之,德国军队相对法国军队来说,拥有明显的质量优势,虽然差距并不如普法战争时那样显著。[42]

表6.1 欧洲军队的兵力,1875—1895年

	1875年		1880年		1885年		1890年		1895年	
	常备军	潜在兵力	常备军	潜在兵力	常备军	潜在兵力	常备军	潜在兵力	常备军	潜在兵力
奥匈帝国	278 470	838 700	239 615	771 556	284 495	1 071 034	336 717	1 818 413	354 252	1 872 178
英 国	192 478	539 776	194 512	571 769	188 657	577 334	210 218	618 967	222 151	669 553
法 国	430 703	1 000 000	502 697	2 000 000	523 833	2 500 000	573 277	2 500 000	598 024	2 500 000
德 国	419 738	1 304 541	419 014	1 304 541	445 392	1 535 400	492 246	2 234 631	584 734	3 000 000
俄 国	765 872	1 213 259	884 319	2 427 853	757 238	1 917 904	814 000	2 220 798	868 672	2 532 496
意 大 利	214 667	460 619	214 667	460 619	250 000	1 243 556	262 247	1 221 478	252 829	1 356 999

注:"潜在兵力"(war potential)代表在动员后能立即加入部队的总人数[《政治家年鉴》(The Statesman's Year-Book)将其作为一种部队的"战备状态"];它包括现役部队和后备役部队(可能训练很差)。这些数据不那么确切,因为仅靠估计,而且还包括许多仅部分受过训练的后备役部队,有时根本就没有训练过。《政治家年鉴》未列出英国的"战备状态",我通过统计未列入本土或英帝国战斗部队内的各种后备役部队、民兵及志愿军而得到有关数据。

资料来源:所有数据均来源于 The Statesman's Year-Book (London:Macmillan, various years),除了1875年及1880年的法国潜在兵力、意大利的常备军,它们源于作者的估计。年份与页码如下(年份指的是《政治家年鉴》是哪年版的)。奥匈帝国:1876,第17页;1881,第17页;1886,第19页;1891,第350页;1896,第356页。英国:1876,第226—227页;1881,第224—225页;1886,第242—243页;1891,第55—56页;1896,第55—56页。法国:1876,第70页;1881,第70页;1886,第76页;1891,第479页;1895,第487页。德国:1876,第102页;1881,第102页;1886,第108页;1891,第538—539页;1896,第547—548页。俄国:1876,第371页;1882,第380页;1887,第430页;1891,第870,872页;1896,第886,888页。意大利:1876,第311页;1881,第311页;1886,第337页;1891,第693页;1896,第702页。

至于财富,1870—1900 年期间,德国相对于法国和俄国有一定的优势。但在那个时候,英国比德国更有钱。例如,1880 年德国控制了欧洲财富的 20%,法国控制了 13%,俄国是 3%。但是,英国却控制了全部的 59%,这几乎是德国的 3 倍。1890 年,德国的比例增长到 25%,同时法国和俄国的比例分别为 13% 和 5%。而英国仍控制着欧洲财富的 50%,等于德国的 2 倍。

总之,在 19 世纪的最后 30 年中,德国的扩张将导致一场它无法取胜的大国间的战争。德意志第二帝国将同时和两个或三个大国作战,它没有赢取这种战争的相对实力。德国的实力足够向英国、法国和俄国警告,它将要开战,但它却无法马上同这三个大国开战。所以在 1870—1900 年间,德国被迫接受现状。

但是,到 1903 年时,德国却是个潜在的霸主了。[43] 德国控制了大部分的欧洲工业力量,超过了英国在内的别的国家,而德国军队则是世界上的首强。现在它有能力考虑开始进攻以获取更多的权力。毫不奇怪德国在这时开始认真考虑改变欧洲的均势,成为一个世界大国。

德国挑战现状的第一个重大举措是,它决定在世纪之交建立一支强大的海军,以挑战英国对世界海洋的控制,以使自己能追求国际政治(Weltpolitik)。[44] 这个决定的结果是英德两国展开了海军军备竞赛,并一直持续到第一次世界大战时。德国和法国于 1905 年 3 月在摩洛哥发生了一场较大的危机。德国的目标是使法国孤立于英国和俄国,防止它们形成对德国的联合力量。事实上,此次危机使德国惹火上身,那三个国家形成了"三国协约"(Triple Entente)。虽然德国领导人在 1908 年 10 月没有挑起所谓的波斯尼亚危机,但他们干涉奥匈的利益,几乎把危机带到了战争的边缘,直到俄国放弃了原先的主张,于 1909 年 3 月接受了耻辱的失败。1911 年 7 月,德国在摩洛哥发起了第二次危机,再一次把目标定为孤立和羞辱法国。但这次努力仍然没有成功:德国被迫打退堂鼓,而"三国协约"则更紧密了。最重要的是,德国领导人应该为 1914 年夏天开始的第一次世界大战负主要责任。他们的目标是彻底击败德国的那些大国对手们,重绘欧洲版图,以确保在可预见的未来中实现德国霸权。[45]

魏玛时期(1919—1933 年)的《凡尔赛条约》(1919 年)拔去了德国的尖牙利齿。[46] 德国不能有空军,且军队不能超过 10 万人。军队的征召和著名的德国参谋部都被认为是不合法的。20 世纪 20 年代,德国军队非常弱,以至于德国领导人很害怕波兰军队的入侵。波兰军队在 1920 年曾打败苏联的红军。[47]虽然德国不能通过武力获取土地,但其实,魏玛时期的所有领导人都承诺要打破现状,至少拿回在一战结束时被抢走的在比利时和波兰的领土。[48]他们也决心要重建德国的军事力量。[49]魏玛时期统治精英们的这种修正主义倾向,部分解释了为什么当 1933 年希特勒掌权后很少有人反对他的军事和外交政策。

魏玛时期德国的主要领导人古斯塔夫·施特莱斯曼(Gustav Stresemann)从 1924 年到 1929 年去世,一直担任外交部长的职务。和他的政治对手相比,他关于外交政策的观点比较乏味。他的对手们抱怨说,他推动德国的修正主义日程还不够积极。他签署了《洛迦诺公约》(1925 年 12 月 1 日)和《凯洛格—白里安公约》(1928 年 8 月 27 日)。这两个公约试图鼓励国际合作,不要把战争当作治理国家的一种工具。他还把德国带进了"国联"(1926 年 9 月 8 日),很少提到要用武力打破均势。不过,在学者中形成了广泛的共识,即施特莱斯曼不是一个理想主义者,而是"一个强权政治(Machtpolitik)的忠实信徒,相信强权政治是国际关系中唯一的决定因素,只有一个国家的权力潜能才能够决定它在世界上的地位"[50]。而且,他还非常热衷于扩张德国的边界。他签署了互不侵犯条约,与英法友善谈判,因为他认为这种聪明的外交,是一个军事薄弱的德国能拿回一些它所失去领土的唯一办法。如果德国在他外交部长的任期内拥有了强大的军队,他肯定也会用它——或威胁去使用它——来为德国获得土地。

纳粹德国(1933—1945 年)就不用多说了,因为人们普遍认为它是世界历史上最具侵略性的国家之一。[51]1933 年 1 月希特勒掌权后,德国的军事仍然落后。他立刻开始改变这种状况,为侵略目的建立了强有力的国防军。[52]到 1938 年,希特勒觉得是时候开始扩张德国的领土了。奥地利和捷克斯洛伐克的苏台德地区在 1938 年被德国不费一枪一弹就得到了,1939 年 3 月捷克斯洛伐克的其他地区和立陶宛的麦默尔城(the Lithuanian city of Memel)也是如此。当年晚些时候,德国国防军侵入了波兰,1940 年侵入了丹麦和挪威。同年 5 月侵入比利时、荷兰、卢森堡和法国。1941 年 4 月是南斯拉夫和希腊,1941 年 6 月是苏联。

苏联（1917—1991 年）

在 1917 年 10 月布尔什维克掌权之前，俄国的扩张历史很长。事实上，"1917 年出现的俄罗斯帝国是它 4 个世纪来持续扩张的结果"[53]。有充分的证据表明，列宁、斯大林和他们的继任者们想要追随沙皇的足迹，进一步扩张俄国的疆土。不过在苏联 75 年的历史中，扩张的机会并不多。从 1917 年到 1933 年，这个国家过于虚弱，无力攻击那些大国对手们。1933 年后，它应接不暇地试图遏制周围的威胁：东北亚的日本帝国和欧洲的纳粹德国。冷战期间，美国及其同盟国们决定阻止苏联在全球的扩张。不过，苏联仍有一些扩张的机会，而且几乎一直在利用这些机会。

在俄国的统治者中有一种根深蒂固和长久的惧怕，即害怕自己的国家很容易被入侵，而对付这个问题最好的办法就是扩张俄国的领土。布尔什维克革命前后，俄国的外交政策很大程度上被现实主义逻辑推动，这一点毫不奇怪。威廉·富勒（William Fuller）在描述 1600—1914 年间"俄国政治家的言论"时写道："一般他们使用战略和分析的冷血语言。他们衡量自己打算做的事情在国际上的影响；他们考虑未来敌人的优势和弱点；他们依据希望为俄国权力和安全获得的利益来证明自己的政策。任何人都会为这种推理方式的无处不在而震动。"[54]

1917 年布尔什维克掌权时，很显然他们相信国际政治将经历一场根本的变化，均势的逻辑将被扔到历史的垃圾堆中去。特别是，他们认为有了苏联的帮助，共产主义革命将遍布整个欧洲和世界的其他地方，创造出一些志趣相投的国家，和平地生活在一起，直到最终共同消亡。这样，当托洛茨基 1917 年 11 月被任命为外交事务代表时，说出了以下妙语："我应向人民发布一些革命宣言，然后（外交部）就关门大吉了。"列宁在 1917 年 10 月也说过类似的话："什么，我们会有外交事务吗？"[55]

但是，世界革命从未发生，而列宁也很快成了"首屈一指的政治现实主义者"[56]。事实上，理查德·迪博（Richard Debo）怀疑列宁之所以那么快地放弃了传播共产主义的想法,是因为他从来就没把它当回事。[57]列宁死后,斯大林掌握苏联的外交政策近 30 年,也在很大程度上受冰冷的现实主义逻辑的推动。这可以由他在 1939—1941 年间愿意与纳粹德国合作来证明。[58]意识形态对斯大林的继任者们影响不大,这不仅简单地因为他们也受无政府体系中生活规则的影响,而且因为"斯大林切断了对马克思列宁主义意识形态的普世主义信仰,杀死了其忠实信徒;在他的全球计划中,斯大林把党的思想家变成了宣传棋子"[59]。

简言之,苏联当时的外交政策行为主要受相对权力计算的推动,而非共产主义意识形态的推动。正如巴林顿·摩尔(Barrington Moore)所说,"在国际范围内,俄国的共产主义统治者很大程度上依靠的是俾斯麦、马基雅弗利,甚至是亚里士多德,而不是卡尔·马克思或列宁。这种世界政治的类型如用均势的概念来描述,就是一种内在不稳定的平衡系统"[60]。

这不是说在苏联外交政策中共产主义意识形态一点也没起作用。[61]在 20 世纪 20 年代,苏联领导人一定程度上也注意推动世界革命,冷战期间在与第三世界的交易中他们也注重意识形态。而且,在马克思主义意识形态的规定和现实主义之间几乎少有冲突。比如,苏联在 1945 年到 1990 年间与美国的冲突既有意识形态的原因,也有均势的考虑。事实上,每次苏联的侵略举动都是基于与安全有关的原因,而以推广共产主义运动为由。但每当这两种方式发生冲突时,现实主义总是会赢。一个国家会做任何能让它生存下来的事,在这点上,苏联也不例外。

目标和对手

苏联主要想控制领土,并统治它所在的欧洲和东北亚的其他国家。直到 1945 年,它在这两个地区的主要对手还是该地区的大国。1945 年以后,它在欧洲和东北亚的主要对手都是美国;美国还是它在全球范围内的竞争对手。

1917—1945 年,德国是苏联在欧洲的主要对手,虽然它们在 1922—1933 年和 1939—1941 年曾是盟友。从布尔什维克革命到第二次世界大战之间,英国和法国与莫斯科的关系冷淡,有时甚至怀有敌意,直到二战早期,英国和苏联最终联手与纳粹作战。冷战期间,苏联和它的东欧盟友与美国及其西欧盟友对抗,事实上,在历史上苏联主要的外交政策目标是控制东欧。苏联当然也愿意统治西欧，成为欧洲的第一霸主，但那是不可行的，甚至在二战中红军击败了纳粹德国国防军以后也是如此，因为北大西洋公约组织正好挡了它的道。

1917—1945年，在东北亚，日本是苏联最大的敌人。像沙皇俄国一样，苏联想控制朝鲜、中国东北*、千岛群岛和库页岛的南半部，这些地方在这段时间里都被日本控制着。当1945年二战结束时，美国成了莫斯科在东北亚的主要敌人。而中国在1949年毛泽东战胜了国民党后成了苏联一个重要的联盟者。但是，在50年代末，中国和苏联的关系一落千丈，这导致中国和美国、日本联合起来在70年代初反对苏联。苏联在1945年获得了千岛群岛和全部的库页岛，而中国东北在1949年后重回中国怀抱**，只剩下朝鲜成为冷战期间该地区主要的对抗场所。

苏联领导人对进入波斯湾地区也很感兴趣，特别是对进入石油丰富并与苏联接壤的伊朗感兴趣。最后，在冷战期间，苏联的决策者们决定在第三世界的几乎每个地区，包括非洲、拉丁美洲、中亚、东南亚和南亚次大陆，都赢得盟友并施加影响。莫斯科并不想在那些欠发达地区征服和控制领土，而想寻找代理人，使它们在与美国的全球竞争中派上用场。

苏联的扩张记录

苏联在它刚成立的三年里（1917—1920年），为生存而进行了艰苦的战争。[62]布尔什维克革命以后，列宁马上把苏联拉出了一战，但在这个过程中，他被迫在《布列斯特-里托夫斯克和约》（1918年3月15日）中把大片领土割让给德国。[63]此后不久，仍与德国在西部前线作战的西方同盟们，将地面部队开进了苏联。[64]它们的目的是想强迫苏联重新加入到对德战斗中去。但是，那种情况并未发生，很大程度上是因为德国军队在1918年夏末秋初就被击败了，而第一次世界大战也在1918年11月11日结束。

德国被击败对苏联领导人来说是个好消息，因为这意味着夺取苏联

---

* 1931—1945年，中国东北在日本控制之下，而在1917—1931年期间，中国东北仅部分地区为日本的势力范围。——译者注

** 原文如此。事实上，抗战胜利后，中国即收复东北地区。——译者注

大片领土的《布列斯特-里托夫斯克和约》作废了。但是,莫斯科的问题远没有结束。1918 年最初的几个月中,布尔什维克和各种敌对集团间血腥的国内战争爆发了。而让情况更糟的是,西方联盟支持反布尔什维克的"白军"与布尔什维克的"红军"作战,它们投送在苏联的干涉力量一直持续到 1920 年夏天。虽然布尔什维克有时候看上去已经到了失败的边缘,但力量的平衡却在 1920 年初发生了对白军不利的变化,随后不久白军就被击败了。但在这之前,新成立的波兰利用了苏联的弱点,于 1920 年 4 月侵入了乌克兰。波兰希望能使苏联分裂,白俄罗斯和乌克兰成为独立的国家,然后这些新的国家能加入一个由波兰控制的东欧独立国家联盟。

战争初期,波兰军队赢得了几场主要的战役,于 1920 年 5 月攻占了基辅。但那年夏天,红军彻底改变了战争情形,到 7 月底,苏联军队已经到达了苏联和波兰的边境。令人吃惊的是,苏联现在有机会去入侵并征服波兰了,也许有了德国(不喜欢波兰存在的另一个大国)的帮助,它可以重绘东欧的版图。列宁很快抓住了机会,红军进入华沙。[65]但是,波兰军队在法国的帮助下,击溃了入侵的苏联军队,并把他们赶出了波兰。直到那时,双方都已被战争搞得精疲力竭,因此在 1920 年 10 月同意休战,1921 年 3 月签订了正式的和平协定。国内战争其实到那时就结束了,西方同盟们撤出了它们在苏联境内的军队。[66]

从 20 世纪 20 年代到 30 年代初,苏联领导人实际上不可能追求一种扩张主义的外交政策,主要是因为他们必须集中精力巩固国内政治,重建在战争岁月中受到重创的经济。[67]例如,到 1920 年,苏联的工业实力仅占欧洲的 2%(参见表 3.3)。但莫斯科仍然关注外交事务。特别是从签订《拉巴洛条约》的 1922 年到希特勒掌权的 1933 年初的这段时间,[68]苏联和德国保持着密切的关系。虽然两个国家都对改变领土现状很感兴趣,但它们都不具备足够的军事侵犯能力。苏联领导人在 20 年代也努力在全球推广共产主义。但他们总是很小心,不至于激怒其他大国,使它们都反对苏联,威胁到它的生存。事实上,所有这些为挑起革命而做的努力,不管在亚洲还是在欧洲,都没有持续很长时间。

也许,20 年代苏联最重要的行动,就是斯大林提出的通过强制的工业化和无情的农业集体化使苏联的经济现代化。斯大林提出这个观点,很大程度上是出于安全考虑。他相信,如果苏联经济持续落伍于世界其他工业化国家,苏联将在一场未来的大国战争中被消灭。1931年,斯大林说:"我们落后于发达国家50年到100年。我们必须在10年中消灭这个差距。要么是我们做到这点,要么是我们被它们所消灭。"69从1928年10月起的一系列五年计划,使苏联从一个20年代贫穷的大国,变成了二战结束时欧洲最强大的国家。

30年代对苏联来说,是一个充满了危险的十年。它面临欧洲的纳粹德国和东北亚的日本的致命威胁。虽然红军在二战中是与德国国防军而非与日本军队进行了生死存亡的战斗,但整个30年代苏联面临的最严重的威胁也许是来自日本。70事实上,30年代末苏联和日本军队在边境上有一系列冲突。这些冲突的顶点是1939年夏天在诺门坎发生的一场短暂的战争。在30年代,莫斯科不可能对亚洲发动进攻,而只是集中遏制日本的扩张。为达到这个目标,苏联在该地区保留了强有力的军队,当1937年夏天中日战争开始后,苏联向中国提供了可观的帮助。它的目的是让日本在与中国的消耗战中陷入泥潭。

苏联对付纳粹德国的主要战略包含一个重要的进攻性维度。71希特勒掌权后不久,斯大林就清楚地认识到,第三帝国很可能在欧洲发动一场大国之间的战争,而一旦战争开始,重新形成三国协约(英国、法国、俄国)抵抗纳粹德国的可能性很小。所以斯大林采取了推卸责任的策略。他甚至和希特勒发展友好关系,使纳粹领导人先与英国和法国作战,而不是苏联。斯大林希望接下来的战争会长一点,让双方都付出高昂的代价,就像第一次世界大战中的西线,这样能使苏联以英国、法国特别是德国为代价获得权力和领土。

1939年夏天,斯大林通过签订《莫洛托夫-里宾特洛甫条约》(《苏德互不侵犯条约》)最终成功地把责任推卸给了英国和法国。在此条约中,希特勒和斯大林同意联合对付波兰,将其瓜分,希特勒同意让苏联在波罗的海国家(爱沙尼亚、拉脱维亚和立陶宛)和芬兰任意行事。这个条约意味着德国国防军将和英国、法国作战,而不是苏联。苏联很快开始执行这个条约。1939年9月征服波兰的东半部后,10月斯大林强迫波罗的海国家同意苏联军队驻扎在它们的领土上。不到一年后,即1940年6月,苏联吞并了那三个小国。1939年秋天斯大林要求芬兰向苏联割让土地,但芬兰不同意。所以 1939 年 11 月,斯大林派红军进入芬兰,用武力夺走了他想要的土地。[72] 1940 年 6 月,斯大林还要希特勒同意让苏联吞并罗马尼亚的比萨拉比亚和北布科维那。总之,1939 年夏天到 1940 年夏天之间,苏联在东欧获得了可观的领土。

但是,到 1940 年春天,斯大林推卸责任的策略就显得捉襟见肘了。德国国防军蹂躏法国 6 个星期,在敦克尔刻把英国军队赶出欧洲大陆。纳粹德国现在比任何时候都强大,不用担心西翼而可放手入侵苏联。赫鲁晓夫在回忆斯大林和他的副手们听到西线崩溃的消息后有什么反应时,这么写道:"当斯大林听说法国不行的时候,他非常生气……这是苏联历史上面对的最紧迫和最致命的威胁。我们的感觉是好像面对着完全由自己造成的威胁。"[73] 一年后,即 1941 年 6 月 22 日,德国的进攻就来了。

第二次世界大战开始的几年中,苏联损失惨重,但最后,在与第三帝国的战争中发生了彻底的改变,开始向西发动进攻,1943 年初,已经到了柏林。但是,红军不是简单地要击败德国国防军,夺回苏联失去的土地。斯大林还打算征服东欧,在击败德国后,由苏联来统治这些地方。[74] 红军必须征服波兰和波罗的海国家来打败德国。但苏联发起了对保加利亚、匈牙利和罗马尼亚的军事行动,虽然这些行动对于击败德国并不必要,甚至也许会拖延最后的胜利。

二战中,苏联也很重视在东北亚的权力和影响。事实上,斯大林赢回的土地比 1905 年俄国被日本打败前在远东控制的土地更多。苏联人成功地避开了太平洋战争,直到最后一段时间,红军才于 1945 年 8 月 9 日向在中国东北的日本关东军发起进攻。苏联的这次进攻很大程度上是对美国长期施压的回应,美国要求在击败德国后,苏联加入到对日本的战争中来。但是,斯大林为苏联的加入开出了价码,于是 1945 年 2 月在雅尔塔,丘吉尔、罗斯福和斯大林达成了一个秘密协定。[75] 如果参加对日作战,苏联被允诺可以得到千岛群岛和库页岛的南半部。在中国东北,它拿到了旅顺的租借权,把它作为海军基地,苏联在大连商业港口和该地区的两条最重要铁路的"优先利益"也获得承认。

虽然在二战最后的日子里,红军占领了朝鲜的北部,但关于朝鲜的未来,在二战中并未形成明确的决定。[76] 1945 年 12 月,美国和苏联同意联合掌管朝鲜,即所谓托管统治。但1946年2月,那个计划很快土崩瓦解了,斯大林开始在北朝鲜建立一个"代理人国家"。美国则在南朝鲜建立了一个"代理人国家"。

随着德国和日本的崩溃,苏联通过二战成了欧洲和东北亚的一个潜在的霸权国。如果可能,苏联一定会在这两个地区进行统治。事实上,如果1945年有哪个国家有很好的理由统治欧洲的话,那一定是苏联。它在30年中两次被德国入侵,每次德国都让它付出了血的代价。没有哪个负责的苏联领导人会错过二战结束所带来的成为欧洲霸主的机会。

但是,有两个原因使这种霸权不可行。首先,由于第三帝国对苏联社会造成的巨大伤害,1945年后斯大林必须集中精力进行重建工作,而不是开展另一场战争。这样,他把苏联军队的规模从二战结束时的1 250万裁减到1948年时的287万。[77]第二,美国是个非常富有的国家,它不会同意苏联统治欧洲或东北亚地区。[78]

由于这些限制,斯大林寻求在不挑起与美国及其盟友的热战(a shooting war)的同时,尽可能地扩大苏联的影响力。[79]其实,已有的证据表明,他希望避免和美国发生紧张的安全竞赛,虽然他的努力并不成功。简而言之,斯大林在冷战早期是个谨慎的扩张主义者。他的四个主要目标是伊朗、土耳其、东欧和南朝鲜。

苏联在二战中占领了伊朗北部,而英国和美国占领了伊朗南部。[80]三个大国都同意在对日战争后6个月内撤离伊朗。1946年1月1日,美国军队撤离了;英国军队于1946年3月2日撤离。但是,莫斯科却未见动静。而且,它还支持在北部伊朗的阿塞里(Azeri)和库尔德群众中的分离主义运动以及伊朗人民党。英国和美国都向斯大林施加压力,要他撤出在伊朗的军队,1946年春天斯大林照做了。

至于在二战期间直至1945年3月为止一直保持中立的土耳其,1945年6月时斯大林就要求它把在1878—1918年间属于俄国的阿尔达汉(Ardahan)和卡尔斯(Kars)归还给苏联。[81]他还要求得到土耳其境内的军事基地,这样苏联就可以帮助控制连接黑海和地中海的土耳其达达尼尔海峡。为了支持这些要求,斯大林一度把大批部队派到土耳其边境上。但这些要求从未实现,因为美国决定阻止苏联在东部地中海的扩张。

冷战早期苏联扩张的主要区域在东欧,这主要是因为在二战的最后阶段,红军征服了这里的大部分地区。爱沙尼亚、拉脱维亚和立陶宛在战后正式并入苏联,还有波兰的东部 1/3、东普鲁士的一部分、比萨拉比亚、北布科维那、捷克斯洛伐克的东部省份——南喀尔巴阡山脉的鲁塞尼亚省,还有芬兰东部边界的三块领土(参见图 6.3)。保加利亚、匈牙利、波兰

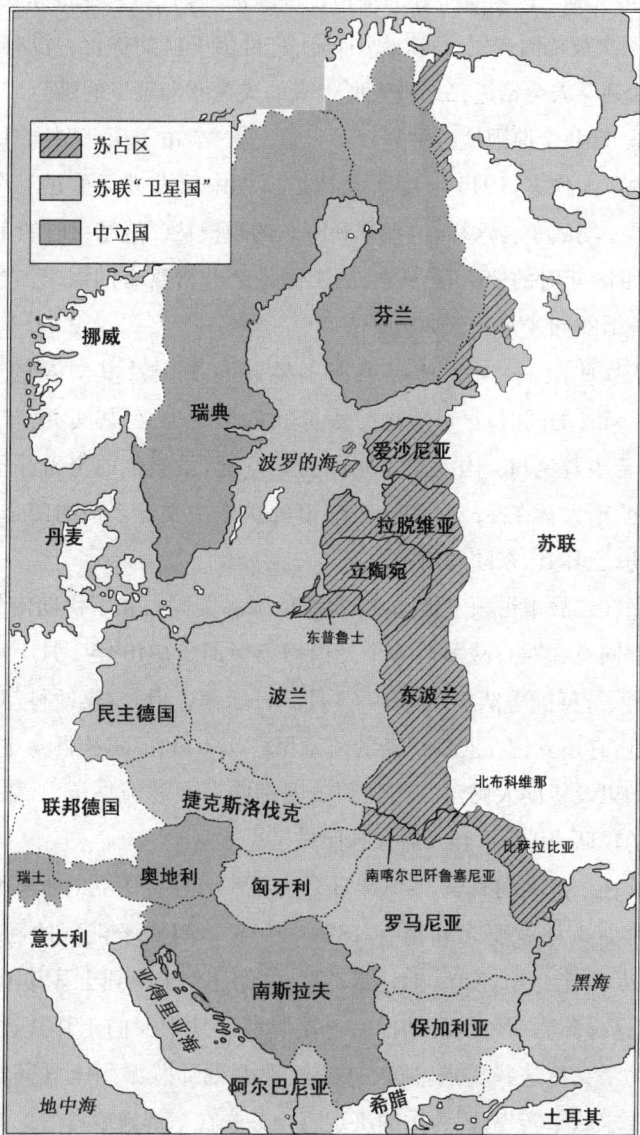

图 6.3 冷战初期苏联在东欧的扩张

和罗马尼亚在战后立刻变成了"卫星国"。1948年2月捷克斯洛伐克也遭受到相同的命运，一年以后，苏联在东德创造了另一个"卫星国"。

在东欧，只有芬兰和南斯拉夫逃脱了苏联完全的统治。它们的幸运主要有两个原因。第一，二战中，两个国家都清楚地声明，如果苏联军队长期地占领这两个国家，将是既困难又赔钱的。苏联当时正试图从纳粹的巨大破坏中恢复过来，并且忙于占领东欧的其他国家。所以，它尽量避免在芬兰和南斯拉夫有代价很大的行动。第二，两国都愿意在东西冲突中保持中立，这意味着它们对苏联没有军事威胁。如果芬兰或南斯拉夫中的任何一家显示出与北约结盟的倾向，也许就会遭到苏联的入侵。[82]

在冷战早期，苏联也试图在东北亚获得权力和影响，虽然它对这个地区的重视不如欧洲。[83]尽管斯大林和毛泽东之间有一些不信任，但苏联在中国共产党和蒋介石领导的国民党部队的战争中，仍向中国共产党提供了援助。1949年，中国共产党人赢得了国内战争，并与苏联结盟反对美国。一年以后，朝鲜战争爆发，苏联站在北朝鲜一方，这场历时三年的战争，使得朝鲜被划分开来，而这条划分线基本上和战前相同。[84]

20世纪50年代早期，美国和它全球的盟友坚定地推行强硬的遏制政策，使苏联在欧洲、东北亚或波斯湾的进一步扩张几乎没有什么机会。从1950年到1990年，苏联扩张的努力被限制在第三世界。这些努力偶尔会成功，但大多数都遭到了美国的强烈抵制。[85]

经过几十年与美国为控制欧洲而展开的竞争，1989年苏联突然转变了方向，放弃了在东欧的帝国。这个大胆的行动结束了冷战。1991年末苏联分裂成15个国家。几乎毫无例外，研究这些事件的第一批学者认为，冷战结束是因为主要的苏联领导人——特别是戈尔巴乔夫——在80年代经历了一次关于国际政治的根本的思想改变。[86]莫斯科的新思想家们不是去寻求最大化地占有世界权力，而是受追求经济繁荣及在使用武力方面克制的自由主义准则所驱使。苏联的决策者们不再像现实主义者一样思考和行动，而是采用了一种新的视野，强调国家间合作的重要性。

但是，更多的证据表明，在冷战结束时对苏联行为的第一批解释即便不是错的，至少也是不完全的。苏联和它的帝国的消失，很大程度上是因为它的烟囱经济没法再跟上世界主要经济大国的技术进步。[87]除非给经济倒退下猛药,否则苏联作为超级大国的日子将屈指可数。

为此,苏联领导人希望通过极大地减少在欧洲的东西方安全竞赛、国内的政治体系自由化和减少他们在第三世界的损失,来获得使用西方技术的权利。但是这个方法却产生了事与愿违的结果,因为政治自由化使长期处于休眠状态的民族主义力量得以释放,造成苏联四分五裂。[88] 总之,冷战结束后的第一批学者的传统认识落伍了:苏联领导人的行为和想法非但没有放弃现实主义的原则,而且再次证明了历史的模式,即国家总是为了在国际竞争中获得安全,而企图将其权力最大化。[89]

意大利(1861—1943 年)

在研究意大利外交政策的学者中有一种共识,即虽然意大利在1861—1943 年间是大国中最弱的一个,但它始终寻求机会来扩大和获得更多的权力。[90] 例如,理查德·博斯沃思(Richard Bosworth)写道:"1914 年前的意大利是成长中的大国,寻求讨价还价的一揽子交易,尽量不给大国提供有利的地位。"[91] 由墨索里尼主导的一战后的意大利外交政策持有同样的基本目标。法西斯意大利(1922—1943 年)只不过面临着与其前任——自由时期的意大利(1861—1922 年)——不同的机会。马克斯维尔·麦卡特尼(Maxwell Macartney)和保罗·克雷莫纳(Paul Cremona)于 1938 年,即意大利在二战中崩溃的四年前,写道:"过去意大利的外交政策自然未受抽象的理念所支配,没有哪个地方比他的祖国更广泛地掌握将马基雅弗利的警句应用于单纯的政治术。"[92]

目标与对手

意大利领土征服的胃口有多大可通过考察其作为大国的 80 年间的主要目标而作出很好的判断。这种思路关注意大利在五个不同地区的侵略意图,即北非,包括埃及、利比亚、突尼斯;非洲之角,包括厄立特里亚、埃塞俄比亚、索马里;南巴尔干,包括阿尔巴尼亚、科孚岛(Corfu)、多德卡尼斯群岛(Dodecanese Islands),甚至土耳其西南部分地区;南奥匈帝国,包括达尔马提亚(Dalmatia)、伊斯特利亚(Istria)及特兰提诺(Trentino)[蒂罗尔州(Tyrol)南部]及威尼西亚(Ventia);法国南部,包括科西嘉、尼斯及萨瓦(参见图6.4)。

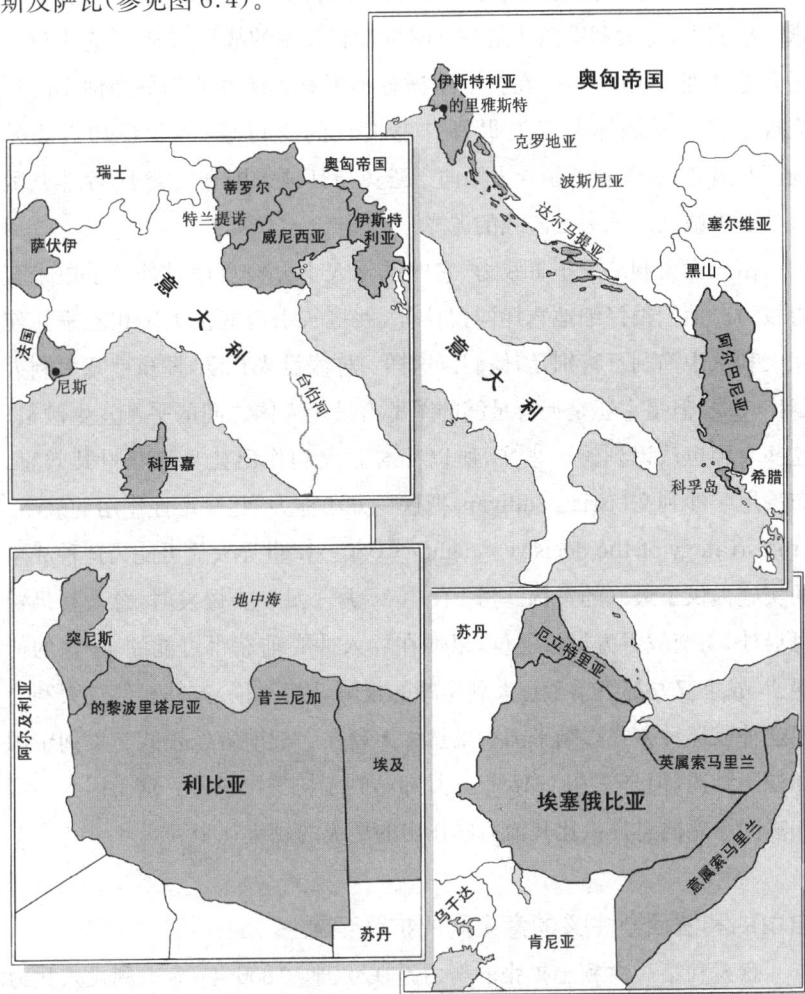

图6.4 1861—1943年间意大利在欧洲及非洲的扩张目标

控制这些区域的意大利的主要对手是,巴尔干地区为奥匈帝国(至少直到1918年这一多种族国家分裂之前),非洲是法国。当然,意大利也垂涎于部分奥匈和法国的领土,这两个国家长期"将意大利半岛视为其外交与军事随意操纵的区域"[93]。1861 年分裂并于 1923 年消亡的奥斯曼帝国，也是意大利盘算中的一个重要因素。因为它控制了巴尔干及北非的大幅领土。

尽管意大利的敌意始终存在，但其军队装备简陋，难以胜任扩张的要求。事实上，意大利军队还是一支明显没有效率的战斗力量。[94]它不仅不是其他欧洲大国的对手，在打击欧洲更小国家军队及非洲的当地军时也表现拙劣。还是俾斯麦说得好："意大利的胃口很大，牙齿却极为差劲。"[95]因此，意大利的领导人倾向于避免与其他大国直接交手，除非其敌人将要失败或陷入另一阵线的泥潭。

由于意大利缺乏军事威力，它的领导人十分倚重通过外交手段来获得权力。他们很仔细地选择同盟伙伴，并擅长引起其他大国相互争斗使意大利从中渔利。特别是，他们以这样一种假设来行动，即虽然意大利力量比较弱，但是它还是拥有足够的军事力量使大国之间的平衡发生倾覆。这些大国也认识到这一事实，所以都对意大利作出让步来获得其效忠。布赖恩·沙利文（Brian Sullivan）把这一方法称为"起决定性作用的战略"（the strategy of the decisive weight）[96]。第一次世界大战可能为这种战略的实施提供了最好的案例。当 1914 年 8 月 1 日冲突爆发时，意大利仍置身局外，与交战各方讨价还价，以便在卷入冲突前获得可能的、最好的待遇。[97]战争双方都给予了意大利丰厚的报酬，因为每一方都相信意大利会以这种或那种方式影响平衡。虽然意大利在一战前曾经正式与奥匈帝国和德国结盟，但是它在 1915 年 5 月却站到了协约国一边。这是因为英国和法国愿意向它提供比其前盟国作出的更大的领土让步。

自由的和法西斯主义的意大利的扩张记录

意大利第一次领土扩张的努力是在欧洲。1866 年，意大利投入兵力与普鲁士一起同匈牙利作战。普鲁士人在战场上粉碎了匈牙利人，但是意大利人被匈牙利人击败了。然而，在和约中，作为奖励，意大利得到了威尼斯。接着，意大利对普法战争（1870—1871 年）袖手旁观，当从前保护罗马独立的法国很明显将在战争中输给普鲁士时，意大利于 1870 年 9 月征服了罗马。正如丹尼斯·麦克·史密斯（Denis Mack Smith）所说，"于是作为普鲁士胜利的另一个副产品,意大利偶然地获得了罗马,就像得到威尼斯一样"[98]。在 1875 年爆发的"近东危机"中,即土耳其帝国对于东南欧的控制看似要急速地瓦解时,意大利开始计划从奥匈帝国攫取领土。但这一计划失败了,意大利从结束危机的柏林会议(1878 年)上空手而归。

在 19 世纪 80 年代,意大利把它的注意力从欧洲转向了非洲。甚至在 1861 年统一前,意大利的精英就开始对征服北非沿海领土表现出极大的兴趣。突尼斯是第一个目标。但是法国在 1881 年重创了意大利并夺取了突尼斯。这恶化了意大利和法国在随后 20 年中的关系,并导致意大利在 1882 年与奥匈帝国和德国结成了三国同盟(Triple Alliance)。同一年,意大利尝试协同英国占领埃及,但是俾斯麦拒绝了这个计划。于是意大利把它的注意力转向了其他大国很少关注的非洲之角。在 1885 年,意大利的一支探险部队被派到了这一地区,并且在 10 年之内,意大利拥有了其最初的两个殖民地——厄立特里亚和意属索马里兰(Somaliland)。但是,它没能征服埃塞俄比亚。事实上,1895 年,埃塞俄比亚的军队在阿杜瓦战役中关键性地击败了意大利的军队。

此后直到 1900 年,意大利再次寻求在北非和欧洲的扩张。当土耳其帝国放松了对利比亚和巴尔干的控制时,在这两个地区扩张的机会摆在了意大利面前。在这一问题上,三国同盟的伙伴奥匈帝国和意大利的关系开始恶化了,很大程度上是因为在巴尔干它们成了对手。这一处于萌芽期的竞争为意大利认真地考虑从奥匈帝国夺取伊斯特利亚和特兰提诺打开了大门。

意大利在 1911 年就利比亚与土耳其帝国发生了战争;当战争一年后结束时,意大利赢得了它对第三个非洲殖民地的控制。在这场冲突中,意大利也征服了多德卡尼斯群岛,这个群岛的居民几乎都是希腊人。但是一战为意大利扩张权力和增进安全提供了最佳的时机。如前所述,意大利的政策制定者在把军事力量投入到英、法、俄一边之前,与双方进行了艰苦的讨价还价。意大利的基本目标是确保一个同奥匈帝国的"可防御的陆地边境"及"支配亚得里亚海沿岸的"把意大利与巴尔干分隔开来的大片水域。[99]在著名的《伦敦和约》中,同盟军许诺意大利在赢得战争以后,它将会得到:(1)伊斯特利亚;(2)特兰提诺;(3)达尔马提亚海岸的大块；(4)持久地控制多德卡尼斯群岛；(5)土耳其的阿达利亚省（Adalia）；(6)阿尔巴尼亚的发罗拉（Valona）市和紧邻它的周围地区；(7)在阿尔巴尼亚中部的势力范围。[100]就像泰勒（A.J.P. Taylor）指出的，"意大利人提出的主张当然是过分的"[101]。

在一战中意大利遭受了超过100万人的伤亡，但是后来证明它是胜利的一方。一战后，意大利不仅期望得到1915年被许诺给它的好处，而且它也看到了随着奥匈帝国、土耳其帝国和俄国的崩溃给它带来的扩张机会。于是，就像沙利文所说的，"意大利人开始计划控制罗马尼亚、乌克兰和高加索的石油、谷物和矿产，以及计划作为克罗地亚和红海东部沿岸的保护国"[102]。然而，由于各种原因，意大利巨大的野心并没有实现。在战后最终的解决方案中，它只获得了伊斯特利亚和特兰提诺，不过这两个地区在战略上是重要的。[103]意大利也继续占领多德卡尼斯群岛。在1923年的《洛桑条约》中，意大利得到了对这一地区的正式控制权。

这样，在意大利统一和1922年10月墨索里尼上台之间的60多年间，自由的意大利在欧洲获得了罗马、威尼斯、伊斯特利亚、特兰提诺和多德卡尼斯群岛，在非洲获得了厄立特里亚、利比亚和意属索马里兰。法西斯的意大利很快就着手续写其前任成功征服的记录。1923年8月，墨索里尼的军队侵略了在亚得里亚海海口的希腊的科孚岛，但是英国强迫意大利放弃这一征服。他也注视着阿尔巴尼亚。意大利在一战期间曾占领过该国，但是，在1920年当地人民起义反对外国统治时放弃了占领。在20世纪20年代中期，墨索里尼曾支持一个阿尔巴尼亚的首领，他与意大利签署了一个有效地使阿尔巴尼亚成为意大利的一个保护国的协定。但是，这对于法西斯领导人来说是不够的，他于1939年4月正式吞并了阿尔巴尼亚。

埃塞俄比亚是墨索里尼的另一个关键目标。20世纪20年代，意大利就开始制定计划要占领它，并且"至少从1929年开始就秘密地占领了埃塞俄比亚的一些地方"[104]。在1935年10月，意大利发动了针对埃塞俄比亚的全面战争，一年后它正式控制了这个非洲国家。最后，在西班牙内战（1936—1939年）中，意大利派军队站在佛朗哥反动集团一边。意大利的主要目标是获得西地中海的巴利阿里群岛（Balearic Islands），这使意大利可以威胁法国和北非的交通通讯线及英国在直布罗陀与马耳他的交通线。[105]

　　墨索里尼把二战视为征服外国领土和为意大利获得权力的极好机会。尤其是，在战争最初几年纳粹德国令人惊异的军事胜利"给予意大利史无前例的推动作用和行动的自由"[106]。墨索里尼第一个主要的步骤是于 1940 年 6 月 10 日对法宣战，就在德国侵略法国后一个月，当时很明显法国注定要失败。意大利在这样一个适宜的时刻加入战争而获取了法国的领土和殖民地。虽然意大利也有兴趣获得法国控制的其他地区，如阿尔及利亚，以及英帝国的地区，如亚丁（Aden）和马耳他，但是尼斯、萨伏伊（Savoy）、科西嘉、突尼斯和吉布提（Djibouti）是主要的目标。墨索里尼也要求法国的海军和空军应该被移交给意大利。但是，德国几乎不能满足意大利的任何要求，因为希特勒并不想给法国人任何动机来抵抗纳粹占领。

　　尽管有这一挫折，但墨索里尼仍继续寻求征服领土的机会。在 1940 年夏初，如果德国侵略英国的话，墨索里尼就会向纳粹德国提供军队。在 1940 年 8 月，意大利占领了英属索马里兰。同时，墨索里尼正在图谋侵略希腊、南斯拉夫和由一小部分英国军队防卫的埃及。在 1940 年 9 月，意大利为试图控制苏伊士运河而侵略了埃及。接下来的一个月，意大利侵略了希腊。虽然德国国防军在这两次行动中都给予了援助，但是对意大利的军队而言，这两次行动都变成了军事灾难。[107] 尽管遭到了这些军事溃败，但在 1941 年夏意大利还是向苏联宣战了，那时红军看似将是纳粹机器的下一个受害者。意大利派遣了大约 20 万部队到东部前线。墨索里尼又希望为意大利获得一些战利品，但是他的希望从来没有实现，并且意大利在 1943 年向盟军投降了。

　　总之，像在他之前的意大利的自由领导人一样，墨索里尼是一个无情的扩张主义者。

自我拆台的行为？

　　前述的四个例子——日本、德国、苏联和意大利——支持这样一种主张,即大国应该寻求增加它们在世界权力中的份额。而且,这些例子也表明大国经常乐于使用武力来达到这一目标。感到满足的大国在国际政治中是很少的。事实上,描述大国长期以来如何行动并不是那么有争议,甚至在防御性现实主义者中也是如此。例如,杰克·斯奈德写道:"在工业时代,通过扩张可以获得安全的观点是大国大战略中流行的主题。"[108]此外,在《帝国的迷思》一书中,他给出了过去大国行为研究的详细案例。这些案例提供了关于这种国家进攻性倾向的充足证据。

人们可能承认,历史上充斥着大国侵略行为的例子。但是人们也认为,这一行为不能由进攻性现实主义的逻辑来解释。这一观点的基础,与防御性现实主义所共有,即扩张是被误导的。实际上,他们把扩张看作是国家自杀的一个药方。他们还认为,因为试图扩张的国家最终遭到了失败,所以征服并不合算。国家通过遵循"建筑堡垒、选择性的绥靖、支持关键而不是边缘地区、或仅是善意的疏忽"这一政策来保持现状较为英明。[109]否则,国家所做的就是非理性或非战略性的行为,这种行为是不能由国际体系的规则所推动的。更进一步,这一行为是国内恶性政治力量的主要后果。[110]

在争论中有两个问题。像我已经讨论过的,历史记录并不支持这种主张,即战争几乎是不值得的以及侵略者总是以比他们在战前更糟的结果而告终。扩张有时候会带来大量的利润,而在另外一些时候则不会。而且,有害的国内政治会引起大国侵略行为的这一观点也难以成立,因为具有各种不同政治体系的各种各样的国家都曾采用过进攻性军事政策。甚至,认为至少存在一种类型的政治体系或文化——包括民主——能常规地避免进攻并可以用来保卫现状也是不确切的。历史记录没有表明在特别危险的时期——如核时代——大国急剧地限制其进攻性倾向。如果认为扩张生来就是被误导的,那么这就意味着在过去的350多年里大国都没能够掌握国际体系是如何运转的。从这方面看来,这是一个难以置信的观点。

然而,有一个更加诡辩的作为退路的立场,可能在防御性现实主义的著作中可以看到。[111]虽然他们通常认为,征服很少是合算的,但是他们在其他时候也承认侵略在很大一部分时间是成功的。建立在更多样化的观点之上,他们把侵略者分为"扩张者"和"过分扩张者"。扩张者基本上是赢得战争的聪明的侵略者。他们认识到有限的扩张可以获得战略意义。试图控制整个地区就很可能是搬起石头砸自己的脚,因为均势联盟总是会形成来反对胃口大的国家,并且使这些国家都以灾难性的失败而告终。扩张主义者可能会偶然挑起一场失败的战争,但是他们一旦看到某种趋势,就会在失败面前撤退。他们本质上是"好的学习者"(good learners)112。对于防御性现实主义者来说,俾斯麦就是典型的聪明的侵略者,因为他赢得了一系列战争的胜利而没有犯成为欧洲霸主的致命的错误。也可以举苏联作为一个有智慧的侵略者的例子,这主要是因为它意识到不要努力去征服整个欧洲。

另一方面,过分扩张者是非理性的,他们发动会失败的战争并且当已经很明显他们注定要失败时还意识不到应该退出。特别是,冒险追求地区霸权的大国总是导致他们自己灾难性的失败。防御性现实主义者认为这些国家应该知道这一点,因为历史很清楚地说明追求霸权的国家总是失败的。所以接下来的争论是,这种自我拆台的行为(self-defeating behavior)一定是反常的国内政治的产物。防御性现实主义者通常指出三个突出的过分扩张者:1890—1914 年间的威廉德国、1933—1941 年间的纳粹德国、1937—1941 年间的帝国主义日本。这三个侵略者中的每一个都发动了导致毁灭性损失的战争。毫不夸张地说,进攻性军事政策导致了自我拆台的行为这一观点主要是依据这三个事例。

这种"适度的是好的"的观点的主要问题是它错误地把非理性的扩张和军事失败等同起来。大国战争失败的事实并不必然意味着发动战争的决定是信息不完全的或非理性的决策过程。当然,国家不应该发动它们注定要失败的战争,但是确切地预测战争结果最终将会怎样是困难的。战争结束以后,专家和学者经常假设结果从一开始就是明显的;事后诸葛亮总是聪明的。但是,事实上,预测是困难的,国家有时候会猜错并受到惩罚。于是,对于一个理性的国家来说,发动一场最终是失败的战争是可能的。

决定一个类似于日本或德国的侵略者是否会采取自我拆台的行为的最好方法是关注发动战争的政策制定过程,而不是冲突的结果。一个对于日本和德国的案例的仔细分析揭示了在每一个案例中,战争的决定是对于每一个国家面临的特殊环境所作出的合理回应。下面的讨论将澄清这不是由国内政治力量煽动的非理性的决定。

追求地区霸权类似于攻击风车这一相关观点也有问题。美国确实是唯一的试图追求本地区霸权并获成功的国家。拿破仑法国、威廉德国、纳粹德国和帝国主义日本都尝试过但失败了。1/5 不是一个给人深刻印象的比例。然而,美国的案例说明了获得地区霸权是可能的。在遥远的过去也有成功的例子:欧洲的罗马帝国(公元前 133—公元 235 年),南亚次大陆的莫卧儿王朝(1556—1707 年),以及亚洲的清王朝(1683—1839 年),还可以举出一些。而且,即使拿破仑、威廉皇帝和希特勒都没能支配欧洲,但他们每人都赢得了主要战场的胜利,征服了大量的领土,因此接近于他们的目标。只有日本几乎没有什么机会在战场上赢得霸权。但是我们应该看到,日本政策制定者知道他们很可能失败,他们进行战争只是由于美国使他们没有别的合理选择。

进攻性政策的批评家声称,均势联盟的形成是用来击败野心勃勃的霸主的,但是历史表明这种联盟很难以一种及时有效的方式组织起来。受威胁的国家宁愿相互推卸责任,也不愿形成一个联盟来反对它们危险的敌人。例如,彻底击败拿破仑法国和纳粹德国的均势联盟只是在这些侵略者征服了欧洲大部分后才建立起来。而且,在这两个例子中,直到拿破仑法国和纳粹德国在俄国遭遇了重大的军事失败(而这两次战争都是俄国在没有盟军的情况下取得胜利的)后,防御性联盟才建立起来。[113] 构建有效的防御性联盟的困难有时候为强国提供了侵略的机会。

最后,大国本应该从历史记录中学到获得地区霸权的努力注定是失败的这一观点并不具有说服力。不仅仅是美国的案例与这一基本观点相矛盾,而且把这个论点应用于最初那些为追求地区霸权付出代价的国家也是困难的。毕竟,它们没有先例,而且最早的案例中得来的证据是混合的。例如,威廉德国既能够看到失败的拿破仑法国又能够看到成功的美国。同样也很难认为德国的政策制定者本应该读过告诉他们如果试图征服欧洲就一定会失败的历史。人们可能在这点上作出让步,但还是会争论说,希特勒当然不会不知道,他看到了征服欧洲失败的拿破仑法国及威廉德国。但是,正如下面要讨论的,希特勒从这些案例中学到的不是战争是不合算的,而是当第三帝国努力追求霸权时他不应该重复他前任的错误。换句话说,学习并不总是导致一个和平的结果。

于是,虽然并没有否定地区霸权是难以获得的,但是对于地区霸权的追求并不是一个唐吉诃德式的野心。既然霸权的安全利益是巨大的,那么强国总是会被吸引来仿效美国并试图支配它所在的地区。

威廉德国(1890—1914 年)

对于威廉德国采取自我拆台的行为的批评出于两个原因。第一,它的侵略性行为引起了英国、法国和俄国组成了一个联盟——三国协约——来反对德国。因此,它犯了包围孤立政策的错误。第二,德国在1914 年发动了针对均势联盟的战争,而这场战争它几乎是必败无疑。不仅是德国由于包围孤立政策的原因而不得不进行两线作战,而且它没有快速地决定性地击败对手的好战略。

细究起来,这些指责都不能成立。德国做了有助于三国协约形成的行动是毫无疑问的。就像所有的大国,德国有适宜的战略原因来扩展它的边界,有时候它刺激了它的对手,特别是在 1900 年以后。尽管如此,仔细地研究一下协约国联盟是如何形成的就会揭示在它产生背后的主要推动力是德国不断增长的军事经济实力,而不是它的侵略性行为。

考虑一下是什么促使法国和俄国在 1890—1894 年间走到了一起,又是什么促使英国在 1905—1907 年加入其中。正如前文所提到的,法国和俄国都对德国在 19 世纪七八十年代间不断增长的实力感到担心。俾斯麦自己则担心这两个国家会结成联盟来对抗德国。当俄国威胁要在"战争警报"时期帮助法国后,俾斯麦就建立了一个旨在把法国从其他欧洲大国中孤立出去的联盟组织。尽管他在担任首相期间成功地阻止了法俄结盟对抗德国,但俄国是不会坐视德国打败法国而不管的,正如它在 1870—1871 年所做的那样。确实,在 19 世纪 80 年代后期,有非常明显的迹象表明,不管俾斯麦继续在位与否,法国和俄国在随后不久的将来都极有可能结成联盟来对抗德国。在 1890 年 3 月俾斯麦离任之后,法国和俄国旋即着手签订盟约,并在四年后生效。但德国在俾斯麦离任前后的几年间并未立即采取攻击性的行动。俾斯麦的继任者们在 1890—1900 年间并未造成任何重大的危机事件。[114] 所以很难说德国人在这段时期的攻击性行为导致了对自身的包围。[115]

有观点认为俾斯麦的继任者们之所以导致俄国与法国结盟,不是因为其所表现出的进攻性行为,而是他们极其愚蠢地没有成功续订德俄《再保险条约》。俾斯麦于 1887 年不顾一切地与俄国签订此条约以离间法俄。然而,学术界普遍认为,到了 1890 年这一条约已成一纸空文,并且没有任何相关可行的外交战略来替代它。的确,梅德利科特(W. N. Medli-cott)认为,1887 年时尽管有《再保险条约》,但俾斯麦的"俄国政策已被破坏"[116]。哪怕俾斯麦 1890 年以后依然在位,他也不可能通过灵活的外交预先阻止法俄结盟。伊曼纽尔·盖斯(Imanuel Geiss)认为:"不管是俾斯麦还是其他的在领导德国外交政策方面更伟人的政治天才,都不可能阻止……俄国与法国之间的结盟。"[117]法国和俄国走到了一起是因为它们害怕德国不断增长的实力,而不是因为德国进攻性或鲁莽的行动。

在 20 世纪初,当英国加入法俄联盟组成三国协约集团时,德国确实表现出富于进攻性。但哪怕在这一点上,英国这么做也更多地是被德国不断增长的实力所驱动,而不是它的进攻性行为。[118] 1898 年,德国决定建立一支可与英国海军相媲美的舰队,这自然恶化了英德关系,但还不至于促使英国与法国和俄国结盟。毕竟,对于英国来说,对付这一海军军备竞赛的最好方法是轻而易举地取胜,而不是将自己卷入一场对抗德国的陆战中。而后者将把宝贵的防务军费花在陆军而不是海军身上。1905 年的摩洛哥危机作为德国第一次公然的进攻性行动,当然对 1905—1907 年间三国协约集团的形成起了非常重要的作用,但英国决定组成三国协约背后的真正原因是俄国在日俄战争(1904—1905 年)中的惨败,而与德国的行动无关。[119]俄国的失败打破了欧洲的均势,并意味着德国在欧洲大陆的地位突然得到大幅度的提升。[120]英国的领导者们意识到光是法国一国是不可能在战争中顺利打败德国的,所以它们与法俄结盟来维持均势并遏制德国。总之,形成三国协约的主要原因是欧洲体系结构的变化,而不是德国的行动。

德国在 1914 年决定发动战争并不属于一个荒谬的战略思想的案例,

即推动一个国家去发动一场它并不能取胜的战争。如前所述，这是一种算计好的冒险，它很大程度上是基于德国要冲破三国协约集团的包围，阻止俄国实力的增长，以及在欧洲建立霸权的愿望。而促成这一愿望的事件就是在奥匈帝国与塞尔维亚之间发生的巴尔干危机。在这场危机中，德国支持前者而俄国支持后者。

德国领导者们清楚地知道他们将不得不打一场两线战争，而"斯里芬计划"也并不能保证胜利。然而，他们依然认为这个冒险值得一试，尤其是因为德国当时无论是比起法国还是俄国来说都要强大得多，而且还有充分的理由判断英国不会参战。[121]他们几乎证明了自己是对的。"斯里芬计划"差一点就在1914年给德国带来迅速而且具有决定性的胜利。[122]正如政治学家斯科特·萨根（Scott Sagan）所说的，法国人把1914年9月在巴黎附近取得的决定性胜利比作"马恩河的奇迹"是有道理的。[123]而且，德国差一点就在1915—1918年间的消耗战中取胜：德皇的军队在1917年秋天的战争中打败了俄国，并在1918年春天把英国特别是法国的军队逼入了绝境。如果不是美国在最后时刻加入这场战争，德国极有可能赢得第一次世界大战的胜利。[124]

对德国一战前行为的讨论是要指出进攻性现实主义的反例。1905年夏天，德国有非常好的机会在欧洲建立霸权。这不仅由于它是潜在的霸权国，而且因为俄国当时正被自己在远东的失败搞得晕头转向，自顾不暇，根本无力抵抗德国的攻击。还有，英国这时还没有与法国和俄国结盟。所以法国此时实际上是只身与强大的德国抗衡，而后者也就"有了天赐良机来按照他们的偏好改变欧洲的均势"[125]。但是德国在1905年并未认真考虑要发动战争，而是一直等到了1914年。此时俄国已从失败中恢复过来，英国也与法国和俄国结成同盟。[126]在进攻性现实主义看来，德国本该在1905年发动战争的，因为这个时候它几乎能在战争中稳操胜券。

纳粹德国（1933—1941年）

对希特勒的批评是，他本该从一战中吸取教训，即一旦德国表现得具有进攻性，其他国家就会形成一个均势联盟并再次在血腥的两线战争中打垮德国。所以这种观点认为，希特勒无视这一显而易见的教训，轻率地一头扎进战争的无底深渊，这一事实应该是决策过程中完全非理性所造成的结果。

这一指责仔细分析起来并不站得住脚。虽然希特勒在大屠杀的万神殿占有特殊的地位是毫无疑问的，但是他的罪恶并不会掩盖他作为一个熟练的战略家的技巧。在他作出 1941 年夏入侵苏联的致命的错误决定之前，他取得了长期的胜利。希特勒确实从一战中学到了东西。他认为德国不得不避免同时在两线作战，并且需要赢得快速的决定性军事胜利的方法。事实上，他在第二次世界大战初期的几年就实现了这些目标。这就是为什么第三帝国能够在欧洲造成如此大规模的死亡和破坏。这个案例说明了我们更早提到的关于学习的观点：失败的国家不会得出战争是无效的事业的结论，而是相反，它们努力确保在下一场战争中不会重复同样的错误。

希特勒认真地估算他的外交政策以阻止它的对手组成反对德国的均势联盟，所以国防军能够逐一击败它们。[127] 成功的关键是，阻止苏联与英国和法国的军事联盟及重新组建三国协约。他是成功的。事实上，在 1939 年 9 月，即使当时英国和法国已经因为德国侵略波兰而向德国宣战，苏联还是帮助德国国防军瓜分了波兰。在随后一年的夏季（1940 年），当德国军队蹂躏法国并且把英国军队在敦刻尔克赶出欧洲大陆时，苏联还是站在局外。当希特勒在 1941 年侵略苏联时，法国退出战争，而美国还没有加入战争，英国对德国已不是一个严重的威胁。所以，德国国防军可以有效地在 1941 年与红军展开单线作战。[128]

希特勒的大部分胜利是由于对对手使用的诡计，但是希特勒有技巧的行动也是很少有疑问的。他不仅使他的对手相互斗争，而且他也尽了相当大的努力来使它们确信纳粹德国抱有良好的意愿。就像诺曼·里奇（Norman Rich）指出的："为了掩盖或模糊他的真实意图，希特勒一点也不专注于他的外交和宣传技巧。在他的公开演讲和外交对话中，他单调地吟咏他的和平愿望，他签署了友好条约和不侵略协定，他非常慷慨地作出了良好愿望的保证。"[129] 希特勒的确认为一战以前德国威廉皇帝和其他德国领导人的吵闹的花言巧语是一个错误。

希特勒也认识到有必要改革军事装备使其能够赢得快速胜利并避免第一次世界大战的血腥战斗。为了这一目的,他支持建立装甲师并在设计闪电战略中起了一个重要的作用,这一闪电战略帮助德国在法国(1940年)取得了一场史无前例的最出色的军事胜利。[130] 希特勒的纳粹德国国防军也赢得了对小国的军事胜利,如波兰、挪威、南斯拉夫和希腊。正如塞巴斯蒂安·哈夫纳(Sebastian Haffner)指出的:"从1930年到1941年,希特勒实际上在他所从事的每一件事上都取得了成功,无论是在国内政治还是对外政治,甚至最后在军事领域也取得了成功。这使全世界都感到惊异。"[131] 如果希特勒在1940年7月占领法国后就死了,他或许会被认作为"最伟大的德国政治家之一"[132]。

幸运的是,希特勒犯了一个关键的错误,从而导致了第三帝国的灭亡。他在1941年6月派出国防军攻击苏联,但这一次德国的闪电战没有产生快速的和决定性的胜利。相反,一场残忍的拉锯战在东部边界展开了,在这场战争中,德国国防军最终输给了苏联。与此同时,美国在1941年12月加入了战争,随后是英国,并且最后在西部开辟了第二战场。考虑到袭击苏联的灾难性后果,人们可能认为预先有足够的证据表明苏联可以赢得战争,希特勒被多次警告发动"巴巴罗萨行动"(Operation Barbarossa)等同于实行民族自杀,不管怎么说他还是这样做了,因为他不是一个理性的算计者。

但是,并没有支持这一解释的证据。在德国精英中对于希特勒侵略苏联的决定几乎没有任何反对;事实上,对于这种有优势的开局方法,他们有着大量的热情。[133] 可以确定的是,一些德国将军不满意最终计划的一些重要方面,一些计划者和政策制定者认为红军可能不会屈服于德国的闪电战。尽管如此,在德国精英之间还是存在强有力的一致,认为国防军会迅速地击溃苏联,就像他们一年前击败法国和英国军队一样。在英国和美国,人们达成广泛的共识,认为在1941年德国会击败苏联。[134] 实际上,有足够的理由认为面对德国的冲击,苏联会崩溃。斯大林在20世纪30年代大规模地肃清他的军队已经显著地削弱了他的战斗力,并且几乎好像证明了这一点,即红军在与芬兰的战争(1939—1940年)中表现得很糟糕。[135] 而且,到1941年6月,德国国防军已经是一支调整良好的战斗力量。最后,希特勒和他的副官们简单地计算错了"巴巴罗萨行动"的结果。他们作出了一个错误的决定,不是一个非理性的决定,这在国际政治中时有发生。

以下是关于德国两次尝试建立霸权都遭失败的最后一点。哈夫纳写道,在冷战期间广泛的信念是,对德国来说试图控制欧洲"从一开始就是一个错误"[136]。他强调在那时的联邦德国,更年轻的一代人是多么经常地盯着他们的父辈和祖父辈,就好像他们是狂人一样,为自己设定这样一个目标。但是,他指出:"应该记住的是,父辈和祖父辈的大多数人,例如,第一次世界大战和第二次世界大战的一代人,把这一目标看作是合理的和可以达到的。他们被这一目标激励并不断为之献身。"

帝国主义日本(1937—1941 年)

对于日本过度扩张的指责归结为它发动了一场与美国的战争。1941年时潜在力量大概是日本八倍的美国(参见表 6.2),最终对日本侵略者予以毁灭性打击。

表 6.2 1830—1940 年间世界财富的相对份额

年 份	1830	1840	1850	1860	1870	1880	1890	1900	1910	1913	1920	1930	1940
英 国	47%	57%	59%	59%	53%	45%	32%	23%	15%	14%	16%	11%	11%
德 国	4%	4%	3%	9%	13%	16%	16%	21%	20%	21%	14%	14%	17%
法 国	18%	14%	10%	12%	11%	10%	8%	7%	6%	6%	5%	9%	4%
俄 国	13%	8%	6%	3%	2%	2%	3%	6%	5%	6%	1%	6%	13%
奥匈帝国	6%	6%	6%	4%	4%	3%	4%	4%	4%	4%	—	—	—
意大利	—	—	—	0%	0%	0%	1%	1%	1%	1%	1%	2%	2%
美 国	12%	12%	15%	13%	16%	23%	35%	38%	48%	47%	62%	54%	49%
日 本	—	—	—	0%	0%	0%	0%	0%	1%	1%	2%	4%	6%

注:"财富"按表 3.3 中同样的复合指标计算。需注意的是这里的世界财富计算基于相关大国的数据,除了 19 世纪的美国(那时美国尚未成为大国)外未包括小国。

资料来源:所有的数据均来源于 J. David Singer and Melvin Small, *National Material Capabilities Data*, *1816—1985*(Ann Arbor, MI: Inter-University Consortium for Political and Social Research, February 1993)。

的确,日本在 1938 年和 1939 年便已同红军交火并且两次都失败了。

但其结果是,日本停止激怒苏联,日苏边界保持安静直到二战的最后时日,那时日本的命运已经非常清楚了。日本在 1937 年侵略中国并卷入了一场不可能取胜的长期战争也是事实。但是,不仅仅是日本不愿意卷入这场冲突,而且它的领导人也确信那时几乎没有令人畏惧的军事力量的中国将会被轻易击败。虽然他们错了,日本没有赢得在中国的胜利,但这很难说是一次灾难性的失败。中日战争也不是使美国与日本发生冲突的催化剂。[137] 美国政策制定者对于日本侵略中国很明显是不高兴的,但当战争升级时美国仍袖手旁观。事实上,直到 1938 年末,美国几乎没有给中国什么帮助,并且甚至在那时,它只给被围困的中国人提供少许的经济援助。[138]

欧洲两个令人震惊的事件——1940 年 6 月法国沦陷,特别是 1941 年 6 月纳粹德国侵略苏联——驱使美国去抗击日本,并最终导致了珍珠港事件。就像保罗·施罗德(Paul Schroeder)指出的:"在远东战争明显地与更巨大的(并且对美国来说,是更重要的)战争联系起来前,美国并没有认真地考虑以军事力量阻止日本的推进,或者把日本作为一个真实的敌人。"特别是,"反对希特勒而非任何其他因素决定了美国在远东的政策"[139]。

德国国防军在西线的胜利不仅仅把法国和荷兰逐出了战局,而且强迫受到严重削弱的英国集中于防卫德国来自空中和海上的袭击。这三个欧洲强国控制了东南亚的大部分,那一富有资源的地区现在成为日本公开的侵略目标。并且如果日本征服了东南亚,它就可能截住流向中国的相当大一部分的外援,这些外援会增加赢得在那里的战争的前景。[140] 如果日本控制了中国和东南亚以及朝鲜和中国东北,它就会支配大部分的亚洲。美国决定阻止这个结果,于是在 1940 年夏天,美国开始努力阻止日本的进一步扩张。

日本焦急地避免一场和美国的战争,所以它在东南亚谨慎行事。直到 1941 年初夏,只有印度支那北部处于日本的控制之下,尽管东京本来可以使英国在 1940 年 7 月和 10 月之间关闭缅甸通道,使荷兰为日本提供额外的原油。看起来到 1941 年 6 月中旬,即使在日美之间"没有任何达成真正协议的希望,但是仍然存在一个达成某种暂时和有限的解决方案的机会"[141]。在那时,它们之间看来并不可能在六个月后爆发战争。

但是,1941 年 6 月 22 日德国对苏联的侵略根本地改变了日美之间的关系,并且把它们迅速地推向了战争。[142]大多数的美国政策制定者,就像已经提到过的,认为德国国防军可能击败苏联红军,从而使德国在欧洲建立霸权。既然苏联是在亚洲唯一拥有军事力量制衡日本的大国,那么纳粹德国的胜利将使日本成为亚洲的霸主。[143]这样,苏联输给了德国,美国就会发现它同时面临着在亚洲和欧洲的敌对霸权。这就不奇怪,美国专心于避免这一梦魇,这就意味着苏联不得不在 1941 年德国的入侵和任何德国将来的进攻下生存下来。

不幸的是,对日本来说,1941 年它处在影响苏联生存机会的位置。特别是,美国政策制定者深切地担忧日本会从东边袭击苏联并帮助纳粹德国国防军全歼红军。不仅德国和日本在三国《同盟条约》中结盟,并且美国有足够的情报证明日本正在考虑对被包围的苏联发动进攻。而日本在两年前已经与苏联交过战。[144]为了排除这种可能性,美国在 1941 年后半期施加了极大的经济和外交压力。但是,目标不仅仅是阻止日本侵袭苏联,而且还要强迫日本放弃中国、印度支那,可能的话还包括中国东北,以及更一般地说,包括日本可能有的支配亚洲的任何野心。[145]总之,美国对日本施加大规模的强制性压力,使其转变为一个二等的国家。

美国处于抑制日本的有利地位。在二战前夕,日本从美国进口了80%的燃料产品、90%多的汽油、60%多的机器工具以及几乎是 75%的铁屑。[146]这一依赖使日本在美国的禁运下变得很脆弱。禁运会破坏日本的经济以及威胁日本的生存。1941 年 7 月 26 日,随着苏联红军在东线情形正在恶化以及日本已经占领了印度支那南部,美国和它的盟国冻结了日本的资产,导致了对日本毁灭性的全面禁运。[147]美国向日本强调,只有其放弃中国、印度支那,或许还包括中国东北,才能避免经济扼杀。

经济禁运留给日本两个可怕的选择:向美国的压力投降并大量削减它的力量,或者与美国交战,即便人们广泛地认为可能的结果是美国将赢得战争的胜利。[148]这就毫不奇怪,日本领导人在 1941 年夏末和秋天试图与美国进行交易,称一旦在中国达到一个公正的和平,他们愿意从印度支那撤军,并且同意在中日开战后的 25 年内从中国撤出所有的军队。[149]但是美国坚持它的要求并拒绝对日益绝望的日本做任何的让步。[150]美国没有任何意图允许日本在 1941 年或战争末期威胁苏联。事实上,日本人会被或者和平地或者武力地缴械,选择权在他们手中。[151]

日本选择了攻击美国。它清楚地知道这很可能失败,但是相信它可以在一场长期的战争中困住美国,最后强迫它退出这一冲突。例如,1941年 11 月,在莫斯科大门外的纳粹德国国防军有可能决定性地击败苏联,这样可以强迫美国把它的大部分精力和资源集中于欧洲,而不是亚洲。而且,美国军队在 1941 年是一个无效率的战斗机器,可能由于日本的突然袭击而进一步削弱。[152]暂且把能力放在一边,还不能确定的是如果美国受到袭击它是否有意愿去战斗。毕竟,在 20 世纪 30 年代美国几乎没做什么来阻止日本的扩张,并且孤立主义仍然是美国强有力的思想意识。到 1941 年 8 月,延长那些在 1940 年被征募的人一年服役期的法案仅以一票之差在众议院得以通过。[153]

但是日本人并不是傻子。他们知道美国更可能去战斗并更可能赢得随后的战争。然而,因为屈服于美国的要求看起来是一个更坏的选择,所以他们愿意进行这场无法置信的、冒险的赌博。萨根很好地描述了这一点:"关于日本无理性的持续的主题是具有高度误导性的……日本发动战争的决定看起来是理性的。如果更细致地考察 1941 年在东京所作出的决定,就会发现,日本的决定不是不经思考而奔向民族自杀,而是一个在两个不一致选择之间进行的持续的、痛苦的争论。"[154]

核 武 器 竞 争

我对于进攻性现实主义的最后考察是检验它关于大国寻求核优势的预见是否正确。由防御性现实主义者仔细识别的相反的命题是,一旦拥有核武器的对手发现他们自己是在"相互确保摧毁"(MAD)的世界里生活时——就是说,在每一方遭遇了第一次袭击后仍有能力毁灭另一方的一个世界——他们应该乐意接受现状而不是追求核优势。所以国家不会建设拥有反击力的武器或能够抵消对方报复能力、破坏"相互确保摧毁"的防御系统。对冷战期间超级大国的核政策的考察就为估计这两种竞争的现实主义观点提供了一个理想的案例。

历史记录使这一点变得清楚,即进攻性现实主义更好地说明了冷战期间美国和苏联的核政策,没有任何一个超级大国接受防御性现实主义者关于"相互确保摧毁"的建议。相反,双方都发展和部署大型复杂的打击力量武器库,每一方都想获得核优势或阻止对方获得。而且,双方都寻求针对对方核武器的防御能力,寻求去打并赢得一场核战的精心设计的聪明战略。

美国的核政策

超级大国之间的核武器竞争在 1950 年以前并未变得激烈起来。美国在冷战的最初几年拥有核垄断权,苏联直到 1949 年 8 月才爆炸它的第一颗原子弹。于是,由于苏联还没有美国可用来作为打击目标的核武器,所以诸如"打击力量"这样的概念在 20 世纪 40 年代还是不切题的。这一时期美国的主要考虑是如何阻止苏联红军蔓延到西欧。他们认为最好的处理方法是威胁要对苏联的工业基地进行一场原子轰炸。[155]其实,这个战略是美国在二战时针对德国进行战略性原子轰炸的"延伸",尽管"时间上是极其紧迫的,但效果上是极其显著的,成本上是极其低廉的"[156]。

苏联发展了核武器以后,美国就寻求发展强大的第一次打击能力,也就是说,一场先发制人的摧毁苏联所有核能力的打击。20 世纪 50 年代美国的核政策被称为"大规模报复"(massive retaliation),然而这一术语可能是用词不当,因为"报复"一词暗示着美国计划等待在遭到苏联的核打击之后再攻击苏联。[157]事实上,有大量的证据表明,为了在苏联小型核武器降落地面之前消除它,美国打算在一场危机中首先使用核武器。柯蒂斯·勒梅(Curtis LeMay)将军——战略空军司令部(SAC)的首领——在 20 世纪 50 年代清楚地表明了这一观点。当时他就指出了 SAC 轰炸机的易受攻击性——那时担忧的一个原因——并没有引起他的多少关注,因为他在一篇关于核战争的文章中要求美国首先攻击并解除苏联的武装。他说:"如果我知道俄国人正在集结飞机准备攻击我们,我就会在起飞之前将它们击毁。"[158]因此,把美国在 20 世纪 50 年代的核政策定义为"大规模先发制人"(massive preemption)而不是大规模报复,才更为准确。不管怎样,关键的一点是,在 20 世纪 50 年代,美国致力于获得对苏联的核优势。

然而,美国在 50 年代或者 60 年代初都未能取得对苏联核武库的第一次打击能力。的确,如果那时美国在核交易中首先出击,那么,给苏联造成的损失要远远大于苏联给美国带来的损失。而且,美国的计划者们也确实提出过一些似是而非的最优选择方案,方案中美国第一次的核打击就能消灭几乎所有的苏联核报复力量,但是也大大增加了这样的疑问,即苏联是否真的具有确保摧毁能力。[159]换句话说,美国那时几近拥有第一次核打击能力。但是,当时几乎所有的美国决策者都认为美国在与苏联的核战争中可能遭受无法接受的损失,哪怕这种损失还不足以毁灭整个美国。[160]

然而,在 60 年代初,一个非常明显的事实是,苏联核武库的规模和种类的不断升级意味着美国欲以当时的技术先发制人、解除苏联的核武装的企图很快变得不可能了。[161]莫斯科也正在发展一种灵活而强有力的第二次打击能力,从而将两个超级大国直接推到了一个相互确保摧毁的世界。美国的决策者们是如何看待苏联的这一发展成果,又如何作出回应的呢?他们不仅对此深感不满,而且作为冷战的遗产,他们投入大量的资源用以逃避相互确保摧毁以及获得对苏联的核优势。

考察美国计划在核战争中摧毁的苏联目标物的数目可以看出,这个数字远远超过了相互确保摧毁的要求。当时普遍认为,为了拥有确保摧毁能力,美国在承受了苏联的第一次核打击后,必须能够摧毁苏联约 30%的人口和大约 70%的工业。[162]为了达到这一毁坏程度,就要摧毁苏联 200座最大的城市。这一任务需要大约 400 个百万吨级的武器或威力与之相当的武器组合(下文指相当于 400 EMT)。然而,美国计划摧毁的苏联目标物的实际数量远远超过了确保摧毁所要求的 200 座城市。例如,SIOP-5,这个于 1976 年 1 月 1 日正式生效的关于使用核武器的军事计划,列出了 25 000 个潜在目标。[163]而里根政府于 1983 年 10 月 1 日提出的 SIOP-6,则令人吃惊地包括了 50 000 个潜在目标。

虽然美国从未取得将所有潜在目标一举击毁的能力,但仍发展了巨大的核武库,其规模在 20 世纪 60 年代初到 90 年代冷战结束这段时期里得到迅速发展。而且,这些武器大都有强大的反击力。因为美国的决策者们不仅仅满足于摧毁 200 座苏联城市,而且决心毁灭苏联绝大部分的报复能力。例如,1962 年 12 月,当 SIOP-62(第一个 SIOP)被批准时,美国的存货清单里已有 3 127 颗核弹和核弹头。[164]23 年后,当 SIOP-6 生效时,美国的战略核武库已增大到包括 10 802 件核武器。虽然美国需要相当强大的报复力量来确保摧毁目标——因为它不得不假定自己的一部分核武器可能在苏联的第一次核打击中被摧毁——但毫无疑问,美国的核武库在冷战的最后 25 年中远远超过了摧毁 200 座苏联城市所要求的 400 EMT 的威力。

美国同样也不遗余力地推动核技术的发展,以便在核发展水平上占据优势。例如,花大力气提高它的打击军事力量武器(counterforce weapons)的毁灭性。美国特别注意提高导弹的精确性,而武器设计者们极其成功地实现了这一点。美国还开拓了多弹头分导重返大气层运载工具(multiple independently targeted re-entry vehicles, MIRVs)的领域,使其在其存货清单中可以大幅度增加战略性弹头的数量。到冷战结束时,美国弹道导弹的"硬目标杀伤能力"(hard-target kill capability),即美国的打击力量,已达到能使苏联的陆基导弹发射井的幸存都成问题的程度。华盛顿还投入大量财力来保护其"控制指挥"系统免受打击,从而大大增加了其进行一场有控制的核战争的能力。此外,如果可能的话,美国还会大力发展弹道导弹防御系统。美国的决策者有时说,导弹防御的最终目标就是远离一个以进攻为荣的核世界而进入一个更安全的、以防御为主的世界。但真实的情况是,他们需要防御是为了便于以最小的代价来赢得核战争。[165]

最后,美国提出大规模报复战略的替代品,希冀这可以允许它发动并赢得针对苏联的一场核战。这一替代战略最初在 1961 年的肯尼迪政府时期形成,冠名为"有限核选择"(limited nuclear options)。[166]新的政策假定没有哪个超级大国能消除另一方的确保摧毁能力,但是它们仍将就打击军事力量武器进行有限的核交易。美国试图避免打击苏联的城市以便将平民的伤亡减少在可控制的范围内,相反,它专注于通过有限的打击军事力量武器的交易这一战略的核心来支配苏联而获胜。它曾经希望苏联会按照同样的规则行事。这一政策被编入 1962 年 8 月 1 日生效的 SIOP-63 文件中。在冷战的遗产中有四个重要的 SIOP 继承者,每个新的 SIOP 提供了比以前更小、更精确和更多打击军事力量武器的选择,同时也包括能导致一场有限核战争的"控制指挥"方面的改进。[167]这些改进的最终目标当然是确保美国在一场核战争中相对于苏联的优势。[168]

总之,有充足的证据表明,在冷战的后 25 年间美国并未放弃寻求核优势的努力。否则,它就不会获得相对于苏联的有价值的优势。事实上,它没有接近于获得 20 世纪 50 年代及 60 年代初曾达到的目标。[169]

苏联的核政策

虽然与美国方面相比,我们对苏联方面的了解要少得多,但是要确定苏联是否寻求对美国的核优势,或苏联是否满足于生活在一个相互确保摧毁的世界里,并不是一件困难的事情。我们不仅有苏联冷战期间的核武库在数量和构成上的详细资料,而且获得了大量苏联方面的研究成果,这些成果揭示了莫斯科在核战略上的想法。

苏联和美国一样建立了大规模的具有充分打击军事力量的核武库。[170]然而,苏联是一个后来者。直到 1949 年 8 月,它才爆炸了第一颗原子弹,而且其核武库在 50 年代发展得很缓慢。在那十年里,苏联在发展和部署核武器方面都落后于美国,它的发射系统也是如此。到 1960 年,苏联的武器清单中只有 354 件战略核武器,而同期的美国拥有 3 127 件。[171]但是在 60 年代,苏联的核力量得到了飞速发展。到 1970 年,它拥有 2 216 件战略核武器;10 年后达到了 7 480 件。尽管戈尔巴乔夫提出"新思维",苏联在 80 年代期间还是将它的核弹和核弹头的数量增加了将近 4 000 枚。到 1989 年柏林墙倒塌,苏联已拥有 11 320 件战略核武器了。

另外,大多数的苏联战略家表面上都相信他们的国家已经准备好打一场核战争并将获得胜利。[172]这并不是说苏联的领导人热衷于打一场核战争,也不意味着他们有足够的信心获得具有实际意义的胜利。苏联的战略家们明白核战争会导致极端的毁灭。[173]但是他们决心要限制对苏联的破坏并在任何一次超级大国间的核交易中获得胜利。很少有证据表明,苏联的领导人接受防御性现实主义者有关相互确保摧毁的效力和打击军事力量武器的危险的观点。

然而,美国和苏联的战略家在如何才能赢得一场核战争的问题上观点相左。很明显,苏联领导人永远也不会接受美国关于"有限核选择"的观点。[174]相反,他们看上去更喜欢一种目标性的政策,很像是美国50年代的大规模报复战略。明确地讲,他们坚持认为,要防止一场核战争和限制苏联可能受到的打击,就要建立一支迅速的和大规模的打击军事力量来应对美国及其盟国的战争发动能力。苏联并不像确保摧毁战略那样强调针对美国的国民,虽然一场全面的核打击不可避免地会杀死数以百万计的美国人。

这样看来,两个超级大国在冷战期间为建立巨大的打击军事力量核武库,走得相当远,以确保相对于对方的核优势。而且双方都不仅仅满足于建立和维持一个可以确保摧毁的能力。

对于核革命的误解

人们可能认识到超级大国无情地寻求核优势,但是仍然争论这种行为如果不是非理性的,就是被误导了,并且这种现象是不能用均势逻辑所解释的。没有一方可以获得相对另一方的有意义的核优势,更进一步,相互确保摧毁政策有利于建立一个稳定的世界。因此,对于核优势的追求必定是美国和苏联的官僚政治或是不良的国内政治所造成的。大多数防御性现实主义者持有这种观点。他们认识到两个超级大国都没有接受自己关于相互确保摧毁政策效力和打击军事力量危害的主张。[175]

将这种观点应用于20世纪50年代和60年代初不是一件容易的事情,因为当时苏联小规模的核武库给予了美国一个现实的机会来获得核优势。事实上,一些专家相信美国不具有对苏联的"漂亮的第一次打击"(splendid first-strike)的能力。[176]我不同意这种评价,但是有个小问题,在冷战的早期,美国相比它的对手会遭受更小的伤害。因此,防御性现实主义者的最佳例子覆盖了大概整个冷战的后25年,当时美国和苏联拥有明确的相互确保摧毁的能力。然而即使在这段战略对峙时期,每个超级大国仍然试图获得对于对方的核优势。

战略核政策的一般特征与进攻性现实主义者的预测是一致的。明确地说,当第一次打击能力被证实是掌握在自己手中时,美国在 20 世纪 50 年代竭力获得核优势。一旦苏联获得一种可靠的报复能力,美国在核优势上的努力效果就减退了,虽然它从来没有消失过。虽然美国的政策制定者从来就没有确保摧毁的逻辑,但是美国国防开支中投入战略核力量的比例在 1960 年后稳步下降。[177]另外,两国都同意不部署有效的弹道导弹防御系统以及逐步限制它们进攻性武器的质量和数量。核军备竞赛以许多不同的形式继续,其中一些形式在上面已经谈到,但是一旦实现相互确保摧毁,没有哪一方会全力追求优势。

而且,持续的军备竞赛并未被引入歧途,即使核优势仍然是一个难以捉摸的目标。事实上,它给了苏联和美国一个很好的战略感觉在核王国中进行有力的竞争,因为军事技术往往以一种难以预测的方式发展得很快。举例来说,在 1914 年很少有人会了解到潜艇会在一战中成为一种致命的和有效的武器。很少有人在 1965 年预见到信息技术领域的革命会对常规武器如战斗飞行器和坦克有如此深刻的影响。这里的要点是没有人在 1965 年时可以确定一些新技术的革命是否会改变核均衡或给予一方以明显的优势。

另外,军事竞争通常带有一种罗伯特·佩普(Robert Pape)称之为"军事技术的不均衡分布"(asymmetric diffusion of military technology)的特点。[178]国家不是同时获得新技术的,这意味着发明者常常获得相对于后来者的明显优势,尽管是短暂的优势。举个例子,在整个冷战过程中,美国在发展侦察敌方潜艇和隐藏己方潜艇的新技术上始终保持着明显的优势。

大国常常倾向于成为新技术发明的创始者,它们要确保其对手不会将它们打败以及获得相对于它们的优势。因此,这就使得超级大国花大力气去发展打击军事力量的技术和弹道导弹防御的技术。最理想的是,成功的突破将带来明显的优势;最起码,这些努力防止了任何一方获得单边的优势。总之,假定存在核优势所带来的战略收益,而在整个冷战期间我们都很难知晓这种收益是否可以达到,那么两个超级大国追求核优势就既非不合逻辑也不令人惊讶了。

结　　论

超级大国间的核军备竞赛以及日本(1868—1945 年)、德国(1862—1945 年)、苏联(1917—1991 年)和意大利(1861—1943 年)的外交政策与行为表明,大国寻求并抓住机会来改变均势,使之朝着有利于自己的方向发展。然而,这些例子支持着我的观点,即国家不会因为获得权力多了就放弃对权力的欲望,而且特别是那些强国有强烈地倾向于寻求地区霸权的愿望。例如日本、德国和苏联都设立了雄心勃勃的对外政策目标,并且随着自身实力的上升,其外交行为也变得具有侵略性了。事实上,日本和德国打仗是为了在其地区获得主导地位。虽然苏联没有这样做,但这不是因为它是一个满足了的大国,而是因为美国军事力量的遏制所造成的。

这种退一步的观点,即认为主要国家在过去无情地追逐权力,而将这种追逐描述为由于国内政治的破坏性而导致的自我拆台行为,是不具有说服力的。侵略不总是破坏生产的。发动战争的国家常常获得胜利并且在这一过程中提高其战略地位。此外,许多不同类型的大国寻求相对于其对手优势的事实表明了这样一种观点,即这些都是由于国内的病态导致的愚蠢和非理性的行为。仔细观察那些可能被认为是偏离正轨的战略行为的基本例子,如冷战期间最后 25 年的核军备竞赛、帝国主义的日本、威廉德国和纳粹德国,就会有不同的理解。虽然国内政治在这些例子中都有一定的影响,但是每个国家都有理由尝试获得相对于其对手的优势并且有理由相信这种尝试会获得成功。

在大多数情况下,本章讨论的例子中,大国都采用积极的手段来获得相对于其对手的优势——正如进攻性现实主义者们预测的那样。现在让我们来看看美国和英国的例子,乍一看它们好像说明了大国会忽视那些获得权力的机会。然而,正如我们将看到的,每一个这样的例子事实上只是为这个理论提供了进一步的支持。

注　释

1. 仅有一项研究同进攻性现实主义的观点(即国际体系中维护现状的国家是很少见的)有直接关系。埃里克·拉布斯(Eric Labs)考察了普奥战争(1866年)及普法战争(1870—1871年)中的普鲁士、第一次世界大战(1914—1918年)中的英国和朝鲜战争(1950—1953年)中的美国的战争目标。他试图确定,安全方面的考虑是否驱使这些国家利用战时的机会以获得相对权力,这一点正是进攻性现实主义所预测的,或者是否这些国家仅满足于维持现状。换言之,战争目标在冲突期间是趋于固定不变,还是更有可能扩展? 他发现这四个事例均为进攻性现实主义"提供了有力的支持"。他认为:"政治家们扩展了他们的战争目标……并不论好坏全力推动国际体系",因为他们相信,最大程度地扩展其相对权力是"确保其在战后世界中利益"的最有效方式。Eric J. Labs, "Offensive Realism and Why States Expand Their War Aims," *Security Studies* 6, No. 4 (Summer 1997), pp. 1—49. 注释引自 pp. 21, 46。

2. 尽管在19世纪结束之前美国不是一个强国,但其在那个世纪的整个进程中的行为对评价进攻性现实主义有直接关系。1895年前的日本也不是一个强国。我考察其在明治维新至1895年间的行为,因为它对1895年后的事件有直接影响。为节省篇幅,我没有对1792—1990年间所有强国的行为进行考察。特别是,我省略了奥地利/奥匈帝国(1792—1917年)、法国(1792—1940年)、普鲁士(1792—1862年)和俄国(1792—1917年)。然而,我确信,对这些国家的外交政策行为的考察将不会同进攻性现实主义的主要原则产生矛盾,相反会支持这些原则。

3. 这一说法引自 Richard J. B. Bosworth, *Italy, The Least of the Great Powers: Italian Foreign Policy before the First World War* (Cambridge: Cambridge University Press, 1979)。

4. 引文出自 Nicholas Spykman, *America's Strategy in World Politics: The United States and the Balance of Power* (New York: Harcourt, Brace, 1942), p. 20。

5. 引自 Marius B. Jansen, "Japanese Imperialism: Late Meiji Perspectives," in Ramon H. Myers and Mark R. Peattie, eds., *The Japanese Colonial Empire, 1895—1945* (Princeton, NJ: Princeton University Press, 1984), p. 64。

6. W. G. Beasley, *The Modern History of Japan*, 2d ed. (London: Weidenfeld and Nicolson, 1973), chaps. 6—8; Marius B. Jansen, ed., *The Cambridge History of Japan*, Vol. 5, *The Nineteenth Century* (Cambridge: Cambridge University Press, 1989), chaps. 5—11.

7. Akira Iriye, "Japan's Drive to Great-Power Status," in Jansen, ed., *Cambridge History*, Vol. 5, pp. 721—782.

8. 对这段时期日本外交政策的最好总结有:W. G. Beasley, *Japanese Imperialism, 1894—1945* (Oxford: Clarendon, 1987); James B. Crowley, "Japan's

Military Foreign Policies," in James W. Morley, ed., *Japan's Foreign Policy*, *1868—1941*: *A Research Guide* (New York: Columbia University Press, 1974), pp. 3—117; Peter Duus, ed., *The Cambridge History of Japan*, Vol. 6, *The Twentieth Century* (Cambridge: Cambridge University Press, 1998), chaps. 5—7; Ian Nish, *Japanese Foreign Policy*, *1869—1942*: *Kasumigaseki to Miyakezaka* (London: Routledge and Kegan Paul, 1977)。

9. Nobutaka Ike, "War and Modernization," in Robert E. Ward, ed, *Political Development in Modern Japan* (Princeton, NJ: Princeton University Press, 1968), p. 189.

10. Jack Snyder, *Myths of Empire*: *Domestic Politics and International Ambition* (Ithaca, NY: Cornell University Press, 1991), p. 114. 参见 Michael A. Barnhart, *Japan Prepares for Total War*: *The Search for Economic Security*, *1919—1941* (Ithaca, NY: Cornell University Press, 1987), p. 17。

11. Mark R. Peattie, "Introduction," in Myers and Peattie, eds., *Japanese Colonial Empire*, p. 9.

12. E. H. Norman, "Japan's Emergence as a Modern State," in John W. Dower, ed., *Origins of the Modern Japanese State*: *Selected Writings of E. H. Norman* (New York: Random House, 1975), p. 305. 也可参见 Marius B. Jansen, "Japanese Imperialism: Late Meiji Perspectives," in Myers and Peattie, eds., *Japanese Colonial Empire*, p. 62; Marius B. Jansen, "Modernization and Foreign Policy in Meiji Japan," in Ward, ed., *Political Development*, pp. 149—188。

13. 参见 Hiroharu Seki, "The Manchurian Incident, 1931," trans. Marius B. Jansen, in James W. Morley, ed., *Japan Erupts*: *The London Naval Conference and the Manchurian Incident*, *1928—1932* (New York: Columbia University Press, 1984), p. 143。

14. 参见 Peattie, "Introduction," in Myers and Peattie, eds., *Japanese Colonial Empire*, p. 15。

15. Hilary Conroy, *The Japanese Seizure of Korea*, *1868—1910*: *A Study of Realism and Idealism in International Relations* (Philadelphia: University of Pennsylvania Press, 1960); M. Frederick Nelson, *Korea and the Old Orders in Eastern Asia* (New York Russell and Russell, 1945).

16. Beasley, *Japanese Imperialism*, chaps. 4—5.

17. Beasley, *Japanese Imperialism*, chap. 6.

18. 关于日俄战争的最好资料有 Committee of Imperial Defence, *The Official History of the Russo-Japanese War*, 3 vols. (London: His Majesty's Stationery Office, 1910—1920); R. M. Connaughton, *The War of the Rising Sun and Tumbling Bear*: *A Military History of the Russo-Japanese War*, *1904—1905* (London: Routledge, 1988); A. N. Kuropatkin, *The Russian Army and the Jap-*

anese War, trans. A. B. Lindsay, 2 vols. (London: John Murray, 1909); Ian Nish, *The Origins of the Russo-Japanese War* (London: Longman, 1985); J. N. Westwood, *Russia against Japan*, *1904—1905*: *A New Look at the Russo-Japanese War* (Albany: State University of New York Press, 1986); John A. White, *The Diplomacy of the Russo-Japanese War* (Princeton, NJ: Princeton University Press, 1964)。

19. Beasley, *Japanese Imperialism*, chap. 7.

20. Beasley, *Japanese Imperialism*, chap. 8.

21. James W. Morley, *The Japanese Thrust into Siberia*, *1918* (New York: Columbia University Press, 1957). 另请参见本书第四章注释 128。

22. Emily O. Goldman, *Sunken Treaties*: *Naval Arms Control between the Wars* (University Park: Pennsylvania State University Press, 1994); Stephen E. Pelz, *Race to Pearl Harbor*: *The Failure of the Second London Naval Conference and the Onset of World War II* (Cambridge, MA: Harvard University Press, 1974).

23. Crowley, "Japan's Military Foreign Policies," pp. 39—54.

24. 对这一时期的最好研究有 Barnhart, *Japan Prepares for Total War*; Alvin D. Coox, *Nomonhan*: *Japan against Russia*, *1939*, 2 vols. (Stanford, CA: Stanford University Press, 1985); James B. Crowley, *Japan's Quest for Autonomy*: *National Security and Foreign Policy*, *1930—1938* (Princeton, NJ: Princeton University Press, 1966)。

25. Seki, "The Manchurian Incident"; Sadako N. Ogata, *Defiance in Manchuria*: *The Making of Japanese Foreign Policy*, *1931—1932* (Berkeley: University of California Press, 1964); Mark R. Peattie, *Ishiwara Kanji and Japan's Confrontation with the West* (Princeton, NJ: Princeton University Press, 1975), chaps. 4—5; Toshihiko Shimada, "The Extension of Hostilities, 1931—1932," trans. Akira Iriye, in Morley, ed., *Japan Erupts*, pp. 233—335.

26. Peter Duus, Raymond H. Myers, and Mark R. Peattie, eds., *The Japanese Formal Empire in China*, *1895—1937* (Princeton, NJ: Princeton University Press, 1989); Shimada Toshihiko, "Designs on North China, 1933—1937", trans. James B. Crowley, in James W. Morley, ed., *The China Quagmire*: *Japan's Expansion on the Asian Continent*, *1933—1941* (New York: Columbia University Press, 1983), pp. 3—230.

27. George H. Blakeslee, "The Japanese Monroe Doctrine," *Foreign Affairs* 11, No. 4 (July 1933), pp. 671—681.

28. Ikuhiko Hata, "The Marco Polo Bridge Incident, 1937," trans. David Lu and Katsumi Usui, "The Politics of War, 1937—1941," trans. David Lu, in Morley, ed., *China Quagmire*, pp. 233—286, 289—435.

■ 大国政治的悲剧

29. Alvin D. Coox, *The Anatomy of a Small War: The Soviet-Japanese Struggle for Changkufeng-Khasan, 1938* (Westport, CT: Greenwood, 1977); Coox, Namanhan, vols. 1—2; Hata, "The Japanese-Soviet Confrontation, 1935—1939," trans. Alvin D. Coox, in James W. Morley, ed., *Deterrent Diplomacy: Japan, Germany, and the USSR, 1935—1940* (New York: Columbia University Press, 1976), pp.113—178.

30. 日本扩张的概念在本章的后面部分将详细论述。

31. 关于俾斯麦作为一个现实主义及民族主义者的概要论述参见 Bruce Waller, *Bismarck*, 2d ed. (Oxford: Blackwell, 1997), chaps. 2—4。可能是俾斯麦最好的两部传记以大量细节阐述了这一问题: Lothar Gall, *Bismarck: The White Revolutionary*, vol. I, 1851—1871, trans. J. A. Underwood (Boston: Unwin Hyman, 1986); Otto Pflanze, *Bismarck and the Development of Germany: The Period of Unification, 1815—1871* (Princeton, NJ: Princeton University Press, 1973)。

32. 这一主题的关键著作是 Andreas Hillgruber, *Germany and the Two World Wars*, trans. William C. Kirby (Cambridge, MA: Harvard University Press, 1982), chap. 2; Eberhard Jackel, *Hitler's World View: A Blueprint for Power*, trans. Herbert Arnold (Cambridge, MA: Harvard University Press, 1981), chaps. 2, 5。参见 Dale C. Copeland, *The Origins of Major War* (Ithaca, NY: Cornell University Press, 2000), chap. 5; Gordon A. Craig, *Germany, 1866—1945* (Oxford: Oxford University Press, 1980), pp.673—677; Sebastian Haffner, *The Meaning of Hitler*, trans. Ewald Osers (Cambridge, MA: Harvard University Press, 1979), pp.75—95。关于希特勒外交政策的最好论述不是出自 *Mein Kampf* 而是 *Hitler's Secret Book*, trans. Salvator Attanasio (New York: Bramhall House, 1986)。

33. David Calleo, *The German Problem Reconsidered: Germany and the World Order, 1870 to the Present* (Cambridge: Cambridge University Press, 1978), p.119. 也可参见 Ludwig Dehio, *Germany and World Politics in the Twentieth Century*, trans. Dieter Pevsner (New York: Norton, 1959); Fritz Fischer, *From Kaiserreich to Third Reich: Elements of Continuity in German History, 1871—1945*, trans. Roger Fletcher (London: Allen and Unwin, 1986); Klaus Hildebrand, *The Foreign Policy of the Third Reich*, trans. Anthony Fothergill (Berkeley: University of California Press, 1973), pp. 1—11, 135—147; Woodruff D. Smith, *The Ideological Origins of Nazi Imperialism* (Oxford: Oxford University Press, 1986)。

34. 参见 Henry A. Turner, *Hitler's Thirty Days to Power, January 1933* (Reading, MA: Addison-Wesley, 1996), pp.173—174。

35. 德国野心的证据可在贝特曼·霍尔韦格(Theobald von Bethmann-Holl-

weg)总理于一战爆发后一个月时起草的战争目标中找到。参见 Fritz Fischer, *Germany's Aims in the First World War* (New York: Norton, 1967), pp. 103—106；也可参见 Stephen Van Evera, *Causes of War: Power and the Roots of Conflict* (Ithaca, NY: Cornell University Press, 1999), pp. 202—203。

36. 参见第八章。

37. 对于 1870—1900 年间欧洲政治的最好论述可参见 Luigi Albertini, *The Origins of the War of 1914*, vol. I, *European Relations from the Congress of Berlin to the Eve of the Sarajevo Murder*, ed. and trans. Isabella M. Massey (Oxford: Oxford University Press, 1952), chaps. 1—2; Imanuel Geiss, *German Foreign Policy, 1871—1914* (London: Routledge and Kegan Paul, 1979), chaps. 3—9; William L. Langer, *European Alliances and Alignments, 1871—1890* (New York: Alfred A. Knopf, 1939); William L. Langer, *The Diplomacy of Imperialism, 1890—1902*, 2d ed. (New York: Knopf, 1956); Norman Rich, *Friedrich Von Holstein: Politics and Diplomacy in the Era of Bismarck and Wilhelm II*, 2 vols. (Cambridge: Cambridge University Press, 1965), pts. 2—5; Glenn H. Snyder, *Alliance Politics* (Ithaca, NY: Cornell University Press, 1997); A. J. P. Taylor, *The Struggle for Mastery in Europe, 1848—1918* (Oxford: Clarendon, 1954), chaps. 10—17。

38. 这一描述由梅德利科特(W. N. Medlicott)首先使用,尽管他也认为这不是对俾斯麦的准确描述。参见 W. N. Medlicott, *Bismarck and Modern Germany* (New York: Harper and Row, 1965), p. 180。

39. 参见 George E Kennan, *The Decline of Bismarck's European Order: Franco-Russian Relations, 1875—1890* (Princeton, NJ: Princeton University Press, 1979), pp. 11—23; Taylor, *Struggle*, pp. 225—227。

40. Joseph V. Fuller, *Bismarck's Diplomacy at Its Zenith* (Cambridge, MA: Harvard University Press, 1922), chaps. 6—8; William D. Irvine, *The Boulanger Affair Reconsidered: Royalism, Boulangism, and the Origins of the Radical Right in France* (Oxford: Oxford University Press, 1989); Langer, *European Alliances*, chap. 11。

41. Kennan, *Decline*, p. 338.

42. Richard D. Challener, *The French Theory of the Nation in Arms, 1866—1939* (New York: Russell and Russell, 1965), chaps. 1—2; Allan Mitchell, *Victors and Vanquished: The German Influence on Army and Church in France after 1870* (Chapel Hill: University of North Carolina Press, 1984), chaps. 1—5; Barry R. Posen, "Nationalism, the Mass Army, and Military Power," *International Security* 18, No. 2 (Fall 1993), pp. 109—117; David Stevenson, *Armaments and the Coming of War: Europe, 1904—1914* (Oxford: Oxford University Press, 1996), pp. 56—58。

43. 参见第八章。

44. 以下著作属于研究 1900—1914 年间欧洲政治文献中最好的那类：Albertini，*Origins of the War*，vol. I，chaps. 3—10；Geiss，*German Foreign Policy*，chaps. 8—17；David G. Herrmann，*The Arming of Europe and the Making of the First World War*（Princeton，NJ：Princeton University Press，1996）；Rich，*Holstein*，vol. 2，pts. 5—6；Snyder，*Alliance Politics*；Stevenson，*Armaments and the Coming of War*；Taylor，*Struggle*，chaps. 17—22。

45. 1914 年 7 月危机爆发之初，德国希望它是在巴尔干地区的一场局部战争，仅包括奥匈帝国和塞尔维亚。然而它也愿意接受一场以奥匈帝国和德国对法国和俄国的大陆战。但是，它不希望出现世界大战，这意味着英国的卷入。参见 Jack S. Levy，"Preferences，Constraints，and Choices in July 1914，" *International Security* 15，No. 3（Winter 1990—1991），pp. 154—161。随着危机的发展，欧洲走向一场大陆战争或世界大战而不是局部战争这一趋势，变得越发明显。德国从危机之初便对危机的出现和发展起了关键作用，在战争日益接近时，它并未采取任何措施来结束危机。事实上，德国视一场同法国和俄国的大战为实现下述目标的契机：(1) 打破三国协约对它的封锁；(2) 压制俄国，因为担心它在近期变得比德国更为强大；(3) 在欧洲建立霸权。例如，可参见 Copeland，*Origins of Major War*，chaps. 3—4；Fritz Fischer，*War of Illusions：German Policies from 1911 to 1914*，trans. Marian Jackson（New York：Norton，1975），chaps. 22—23；Imanuel Geiss，ed.，*July 1914*，*The Outbreak of the First World War：Selected Documents*（New York：Norton，1974）；Konrad H. Jarausch，"The Illusion of Limited War：Chancellor Bethmann-Hollweg's Calculated Risk，July 1914，" *Central European History* 2，No. 1（March 1969），pp. 48—76；Wayne C. Thompson，*In the Eye of the Storm：Kurt Riezler and the Crises of Modern Germany*（Ames：University of Iowa Press，1980），chaps. 2—3；及本章注释 35 所引文献。

46.《凡尔赛条约》中关于德国军队的规模和结构的部分可参见 U. S. Department of State，*The Treaty of Versailles and After：Annotations of the Text of the Treaty*（Washington，DC：U. S. Government Printing Office，1947）pp. 301—365。

47. 关于德国对波兰的担忧，参见 Michael Geyer，"German Strategy in the Age of Machine Warfare，1914—1945，" in Peter Paret，ed.，*Makers of Modern Strategy：From Machiavelli to the Nuclear Age*（Princeton，NJ：Princeton University Press，1986），pp. 561—563；Gaines Post，Jr.，*The Civil-Military Fabric of Weimar Foreign Policy*（Princeton，NJ：Princeton University Press，1973），pp. 101—110。波兰在一战结束后最初若干年内的情形似乎为进攻性现实主义提供了额外的支持。这一新建立的国家在短期内享有了对德国和苏联的明显的军事优势，而此时这两个国家因一战的失败而受重创。波兰意识到这是获取权力加强防务的契机，便着手分裂苏联并建立由波兰领导的包括立陶宛、白俄罗斯和乌

克兰的强有力的联邦。波兰人"梦想着重新建立那个强大且地域辽阔的波兰王国"。Josef Korbel, *Poland between East and West: Soviet and German Diplomacy toward Poland, 1919—1933* (Princeton, NJ: Princeton University Press, 1963), p.33. 另请参见本书第三章注释 41 中所引用资料。

48. 参见 Edward W. Bennett, *German Rearmament and the West, 1932—1933* (Princeton, NJ: Princeton University Press, 1979); Jun Jacobson, *Locarno Diplomacy Germany and the West, 1925—1929* (Princeton, NJ: Princeton University Press, 1972); Christopher M. Kimmich, *The Free City: Danzig and German Foreign Policy, 1919—1934* (New Haven, CT: Yale University Press, 1968); Post, *Civil-Military Fabric*; Marshall M. Lee and Wolfgang Michalka, *German Foreign Policy, 1917—1933: Continuity or Break?* (New York: Berg, 1987); Smith, *Ideological Origins*, chap.9。

49. 为达到这一目的,1922 年 4 月 16 日魏玛德国和苏联秘密签署了《拉巴洛条约》,这是"一个多边、紧密、长期的合作协定",使德国能够违反《凡尔赛和约》私下强化其军事力量。Jiri Hochman, *The Soviet Union and the Failure of Collective Security, 1934—1938* (Ithaca, NY: Cornell University Press, 1984), p.17. 也可参见 Hans W. Gatzke, "Russo-German Military Collaboration during the Weimar Republic," *American Historical Review* 63, No.3 (April 1958), pp.565—597; Aleksandr M. Nekfich, *Pariahs, Partners, Predators: German-Soviet Relations, 1922—1941* (New York: Columbia University Press, 1997), chaps.1—2; Kurt Rosenbaum, *Community of Fate: German-Soviet Diplomatic Relations, 1922—1928* (Syracuse, NY: Syracuse University Press, 1965)。

50. Henry L. Brettnn, *Stresemann and the Revision of Versailles: A Fight for Reason* (Stanford, CA: Stanford University Press, 1953), p.25. 也可参见 Manfred J. Enssle, *Stresemann's Territorial Revisionism: Germany, Belgium, and the Eupen-Malmedy Question, 1919—1929* (Wiesbaden, FRG: Franz Steiner, 1980); Hans W. Gatzke, *Stresemann and the Rearmament of Germany* (New York: Norton, 1969); 及本章注释 48 所列文献。关于强权政治(Machtpolitik)对魏玛德国的影响,参见 Post, *Civil-Military Fabric*, pp.81—82, 164—167, 311—312。

51. 关于纳粹侵略的最好著作,参见 Hildebrand, *Foreign Policy of the Third Reich*; Hillgruber, *Germany*, chaps.5—9; Norman Rich, *Hitler's War Aims: Ideology, the Nazi State, and the Course of German Expansion* (New York: Norton, 1973); Telford Taylor, *Sword and Swastika: Generals and Nazis in the Third Reich* (New York: Simon and Schuster. 1952); Gerhard L. Weinberg, *The Foreign Policy of Hitler's Germany: Diplomatic Revolution in Europe, 1933—36* (Chicago: University of Chicago Press, 1970); Gerhard L. Weinberg, *The Foreign Policy of Hitler's Germany: Starting World War II, 1937—39*

(Chicago: University of Chicago Press, 1980)。

52. 有关德国军事力量在 20 世纪 30 年代的增长，参见第八章。

53. Richard Pipes, *The Formation of the Soviet Union: Communism and Nationalism*, *1917—1923* (Cambridge, MA: Harvard University Press, 1957), p. 1. 也可参见 William C. Fuller, Jr., *Strategy and Power in Russia*, *1600—1914* (New York: Free Press, 1992); Geoffrey Husking, *Russia: People and Empire*, *1552—1917* (Cambridge, MA: Harvard University Press, 1997), pt. 1; Barbara Jelavich, *A Century of Russian Foreign Policy*, *1814—1914* (Philadelphia: J. B. Lippincott, 1964); John P. LeDonne, *The Russian Empire and the World*, *1700—1917: The Geopolitics of Expansion and Containment* (Oxford: Oxford University Press, 1997)。

54. Fuller, *Strategy and Power*, p. 132. 也可参见 pp. 34, 125—127, 134—139, 174—175; Husking, *Russia*, pp. 34, 41。

55. 引文皆出自 Stephen M. Walt, *Revolution and War* (Ithaca, NY: Cornell University Press, 1996), p. 129。

56. 这一段取材于 Jun Jacobson, *When the Soviet Union Entered World Politics* (Berkeley: University of California Press, 1994), p. 3, 书中列出了关于列宁外交政策的学者共识。

57. Richard K. Debo, *Revolution and Survival: The Foreign Policy of Soviet Russia*, *1917—18* (Toronto: University of Toronto Press, 1979), p. 416. 也可参见 Piero Melograni, *Lenin and the Myth of World Revolution: Ideology and Reasons of State*, *1917—1920*, trans. Julie Lerro (Atlantic Highlands, NJ: Humanities Press International, 1979)。此书认为，列宁并不想要一场世界革命，因为这将会使共产主义及社会主义政党在其他国家掌权。它们可能会以牺牲布尔什维克为代价而支配欧洲。

58. 关于斯大林作为现实主义者的阐述，参见 P. M. H. Bell, *The Origins of the Second World War in Europe*, 2d ed. (London: Longman, 1997), pp. 136—137; David Holloway, *Stalin and the Bomb: The Soviet Union and Atomic Energy*, *1939—1956* (New Haven, CT: Yale University Press, 1994), pp. 168—169; Henry Kissinger, *Diplomacy* (New York: Simon and Schuster, 1994), chaps. 13—20; Vojtech Mastny, *Russia's Road to the Cold War: Diplomacy, Warfare, and the Politics of Communism*, *1941—1945* (New York: Columbia University Press, 1979), p. 223; Adam B. Ulam, *Expansion and Coexistence: Soviet Foreign Policy*, *1917—1973*, 2d ed, (New York: Holt, Rinehart, and Winston, 1974), p. 144; Vladislav Zubok and Constantine Pleshakov, *Inside the Kremlin's Cold War: From Stalin to Khrushchev* (Cambridge, MA: Harvard University Press, 1996), pp. 18, 38。也可参见 Vladimir O. Pechatnov, "The Big Three after World War II: New Documents on Soviet Thinking about Post

War Relations with the United States and Britain," Cold War International History Project [CWIHP] Working Paper No. 13 (Washington, DC: Woodrow Wilson International Center for Scholars, July 1995)。该文献明确指出，至少有 3 个斯大林的外交政策顾问以现实主义眼光看待世界。关于 1939 年 8 月—1941 年 6 月间苏联与纳粹德国的合作，参见本书第 2 章注释 59 中引用的文献。

59. Zubok and Pleshakov, *Inside the Kremlin's Cold War*, p. 139.

60. Barrington Moore, Jr., *Soviet Politics—The Dilemma of Power: The Role of Ideas in Social Change* (Cambridge, MA: Harvard University Press, 1950), p. 408. 也可参见 ibid., pp. 350—351, 382—383, 390—392; Francesca Gori and Silvio Pons, eds., *The Soviet Union and Europe in the Cold War, 1945—1953* (London: Macmillan, 1996); Walter Lippmann, *The Cold War: A Study in U. S. Foreign Policy* (New York: Harper and Brothers, 1947); Samuel L. Sharp, "National Interest: Key to Soviet Politics," in Erik P. Hoffmann and Frederic J. Fleron, Jr., eds., *The Conduct of Soviet Foreign Policy* (Chicago: Aldine-Atherton, 1971), pp. 108—117; Snyder, *Myths of Empire*, chap. 6; Ulam, *Expansion and Coexistence*; William C. Wohlforth, *The Elusive Balance: Power and Perceptions during the Cold War* (Ithaca, NY: Cornell University Press, 1993); Zubok and Pleshakov, *Inside the Kremlin's Cold War*。

61. 强调意识形态在苏联外交政策中作用的文章包括: Jacobson, *When the Soviet Union Entered*; Douglas J. Macdonald, "Communist Bloc Expansion in the Early Cold War: Challenging Realism, Refuting Revisionism," *International Security* 20, No. 3 (Winter 1995—1996), pp. 152—188; Teddy J. Uldricks, *Diplomacy and Ideology: The Origins of Soviet Foreign Relations, 1917—1930* (London: Sage, 1979); Walt, *Revolution and War*, chap. 4。

62. 参见 E. H. Carr, *The Bolshevik Revolution, 1917—1923*, vol. 3 (New York: Macmillan, 1961), chaps. 21—25; Debo, *Revolution and Survival*; Richard K. Debo, *Survival and Consolidation: The Foreign Policy of Soviet Russia, 1918—1921* (Montreal: McGill-Queen's University Press, 1992); Ulam, *Expansion and Coexistence*, chap. 3; Walt, *Revolution and War*, chap. 4。

63. 参见 John W. Wheeler-Bennett, *Brest-Litovsk: The Forgotten Peace March 1918* (New York: Norton, 1971)。

64. 参见本书第四章注释 128。

65. 参见 Debo, *Survival and Consolidation*, chaps. 13—14; James M. McCann, "Beyond the Bug: Soviet Historiography of the Soviet-Polish War of 1920," *Soviet Studies* 36, No. 4 (October 1984), pp. 475—493; 及本书第三章注释 41 所列文献。这一例子支持埃里克·拉布斯(Eric Labs)的观点，即在战争中只要出现征服领土的机会，国家便会扩大其战争目标。

66. 如前所述，日本在西伯利亚驻军直至 1922 年，在库页岛北部驻军至

1925 年。

67. 参见 Carr, *Bolshevik Revolution*, vol. 3, chaps. 26—34; R. Craig Nation, *Black Earth*, *Red Star*: *A History of Soviet Security Policy*, *1917—1991* (Ithaca, NY: Cornell University Press, 1992), chap. 2; Jacobson, *When the Soviet Union Entered*; Teddy J. Uldricks, "Russia and Europe: Diplomacy, Revolution, and Economic Development in the 1920s," *International History Review* 1, No. 1 (January 1979), pp. 55—83; Ulam, *Expansion and Coexistence*, chap. 4; Walt, *Revolution and War*, pp. 175—201。

68. 参见本章注释 49。

69. 引自 Robert C. Tucker, *Stalin in Power*: *The Revolution from Above*, *1928—1941* (New York: Norton, 1990), p. 9。关于斯大林在二战前十年工业化政策的详细讨论,参见 ibid., chaps. 3—5; Alec Nove, *An Economic History of the USSR*, *1917—1991*, 3d ed. (New York: Penguin, 1992), chaps. 7—9。

70. Jonathan Haslam, *The Soviet Union and the Threat from the East*, *1933—1941*: *Moscow*, *Tokyo and the Prelude to the Pacific War* (Pittsburgh, PA: University of Pittsburgh Press, 1992).

71. 参见第八章。

72. 同第五章注释 28。

73. Nikita Khrushchev, *Khrushchev Remembers*, trans. and ed. Strobe Talbott (Boston: Little, Brown, 1970), p. 134.

74. Mastny, *Russia's Road to the Cold War*; Ulam, *Expansion and Coexistence*, chap. 7.

75. Russell D. Buhite, *Decisions at Yalta*: *An Appraisal of Summit Diplomacy* (Wilmington, DE: Scholarly Resources, 1986), chap. 5; Diane S. Clemens, *Yalta* (Oxford: Oxford University Press, 1970), pp. 58—62, 247—255; Herbert Feis, *Churchill*, *Roosevelt*, *Stalin*: *The War They Waged and the Peace They Sought* (Princeton, NJ: Princeton University Press, 1957), pp. 505—518; Odd Arne Westad, *Cold War and Revolution*: *Soviet-American Rivalry and the Origins of the Chinese Civil War*, *1944—1946* (New York: Columbia University Press, 1993), chap. 1.

76. Bruce Cumings, *The Origins of the Korean War*, vol. I, *Liberation and the Emergence of Separate Regimes*, *1945—1947* (Princeton, NJ: Princeton University Press, 1981); Kathryn Weathersby, "Soviet Aims in Korea and the Origins of the Korean War, 1945—1950: New Evidence from Russian Archives," CWIHP Working Paper No. 8 (Washington, DC: Woodrow Wilson International Center for Scholars, November 1993).

77. 而在 1948 年,美国决策者们认为苏联军队有 400 万规模,而不是 287 万。参见 Matthew A. Evangelista, "Stalin's Postwar Army Reappraised," *Interna-*

tional Security 7, No. 3 (Winter 1982—1983), pp. 110—138; the articles by Phillip A. Karber and Jerald A, Combs, John S, Duffield, and Matthew Evangelista in "Assessing the Soviet Threat to Europe: A Roundtable," *Diplomatic History* 22, No. 3 (Summer 1998), pp. 399—449。尽管美国情报高估了苏联军队的人数，但 20 世纪 40 年代后期的西方决策者们仍认为红军进攻西欧不太可能。朝鲜战争爆发后，对苏联闪电战的担心才变得真切起来。参见 Ulam, *Expansion and Coexistence*, pp. 404, 438, 498。

78. 道格拉斯·麦克唐纳(Douglas Macdonald)写道："赫鲁晓夫和莫洛托夫两人的口述回忆录及其他新证据的绝大部分，均证实了斯大林对美国力量的担心是对苏联扩张主义的最为重要的制约因素。Macdonald, "Communist Bloc Expansion," p. 161.

79. 参见 Werner Hahn, *Postwar Soviet Politics: The Fall of Zhdanov and the Defeat of Moderation, 1946—1953* (Ithaca. NY: Cornell University Press, 1982); Holloway, Stalin and the Bomb, chap, 8; Vojtech Mastny, *The Cold War and Soviet Insecurity: The Stalin Years* (Oxford: Oxford University Press, 1996); Pechatnov, "The Big Three"; Ulam, *Expansion and Coexistence*, chaps. 8—13; Zubok and Pleshakov, *Inside the Kremlin's Cold War*, chaps. 1—3 and "Postmortem"。另请参见下书关于莫洛托夫与斯大林的引述：Marc Trachtenberg, *A Constructed Peace: The Making of the European Settlement 1945—1963* (Princeton, NJ: Princeton University Press, 1999), pp. 19, 36。

80. Louise L. Fawcett, *Iran and the Cold War: The Azerbaijan Crisis of 1946* (Cambridge: Cambridge University Press, 1992); Bruce Kuniholm, *The Origins of the Cold War in the Near East: Great Power Conflict and Diplomacy in Iran, Turkey, and Greece* (Princeton, NJ: Princeton University Press, 1980), chaps. 3—6; Natalia I. Yegorova, "The 'Iran Crisis' of 1945—1946: A View from the Russian Archives," CWHIP Working Paper No. 15 (Washington, DC: Woodrow Wilson International Center for scholars, May 1996).

81. Kuniholm, *The Origins of the Cold War*, chaps. 1, 4—6; Melvyn P. Leffler, "Strategy, Diplomacy, and the Cold War: The United States, Turkey, and NATO, 1945—1952," *Journal of American History* 71, No. 4 (March 1985), pp. 807—825; Eduard Mark, "The War Scare of 1946 and Its Consequences," *Diplomatic History* 21, No. 3 (Summer 1997), pp. 383—415.

82. 1955 年，苏联同西方也达成了一项协议，从奥地利撤出苏联和北约部队并使之成为东西方冲突中的中立国。但对苏联而言，有好的战略理由去打这张牌。下书清楚地表明了这一点，参见 Audrey K. Cronin, *Great Power Politics and the Struggle over Austria, 1945—1955* (Ithaca, NY: Cornell University Press, 1986)。

83. 关于苏联亚洲政策的最好资料有：Sergei N. Goncharov, John W. Lew-

is, and Xue Litai, *Uncertain Partners: Stalin. Mao, and the Korean War* (Stanford, CA: Stanford University Press, 1993); Westad, *Cold War and Revolution*; Michael M. Sheng, *Battling Western Imperialism: Mao, Stalin, and the United States* (Princeton, NJ: Princeton University Press, 1997)。

84. Goncharov, Lewis, and Litai, *Uncertain Partners*, chap. 5; Mastny, *The Cold War*, pp. 85—97; Weathersby, "Soviet Aims in Korea"; Kathtyn Weathersby, "To Attack or Not to Attack: Stalin, Kim Il Sung, and the Prelude to War," *CWIHP Bulletin* 5 (Spring .1995), pp. 1—9.

85. 特别参见 Calla Golan, *The Soviet Union and National Liberation Movements in the Third World* (Boston: Unwin Hyman, 1988); Andrzej Korbonski and Francis Fukuyama, eds., *The Soviet Union and the Third World., The Last Three Decades* (Ithaca, NY: Cornell University Press, 1987); Bruce D. Porter, *The USSR in Third World Conflicts: Soviet Arms and Diplomacy in Local Wars, 1945—1980* (Cambridge: Cambridge University Press, 1984); Carol R. Saivetz, ed., *The Soviet Union in the Third World* (Boulder, CO: Westview, 1989)。

86. 参见 Jeffrey T. Checkel, *Ideas and International Political Change: Soviet/Russian Behavior and the End of the Cold War* (New Haven, CT: Yale University Press, 1997); Matthew Evangelista, *Unarmed Forces: The Transnational Movement to End the Cold War* (Ithaca, NY: Cornell University Press, 1999); Robert G. Herman, "Identity, Norms and National Security: The Soviet Foreign Policy Revolution and the End of the Cold War," in Peter J. Katzenstein, ed., *The Culture of National Security: Norms and Identity in World Politics* (New York: Columbia University Press, 1996), pp. 271—316; Richard Ned Lehow and Thomas W. Risse-Kappen, eds., *International Relations Theory and the End of the Cold War* (New York: Columbia University Press, 1995)。

87. Stephen G. Brooks and William C. Wohlforth, "Power, Globalization, and the End of the Cold War: Reevaluating a Landmark Case for Ideas," *International Security* 25, No. 3 (Winter 2000—2001), pp. 5—53; William C. Wohlforth, "Realism and the End of the Cold War," *International Security* 19, No. 3 (Winter 1994—95), pp. 91—129; Randall L. Schweller and William C. Wohlforth, "Power Test: Evaluating Realism in Response to the End of the Cold War," *Security Studies* 9, No. 3 (Spring 2000), pp. 60—107. 另请参见本书第三章、第十章，及苏联政策制定者的评述：William C. Wohlforth, ed., *Witnesses to the End of the Cold War* (Baltimore, MD: Johns Hopkins University Press, 1996), pt. 1。

88. Ronald G. Suny, *The Revenge of the Past: Nationalism, Revolution, and the Collapse of the Soviet Union* (Stanford, CA: Stanford University Press,

1993）.

89. 如果经济良好的苏联因为其领导人坚信安全领域的竞赛不再是国际政治的重要方面而选择了放弃东欧，那么进攻性现实主义将不再成立。

90. 关于意大利外交政策的最好描述可参见 H. James Burgwyn, *Italian Foreign Policy in the Interwar Period, 1918—1940*（Westport, CT: Praeger, 1997）；Bosworth, *Italy, the Least of the Great Powers*；Alan Cassels, *Mussolini's Early Diplomacy*（NJ: Princeton University Press, 1970）；MacGregor Knox, *Mussolini Unleashed, 1939—1941: Politics and Strategy in Fascist Italy's Last War*（Cambridge: Cambridge University Press, 1982）；C. J. Lowe and E Marzari, *Italian Foreign Policy, 1870—1940*（London: Routledge and Kegan Paul, 1987）；Christopher Seton-Watson, *Italy from Liberalism to Fascism, 1870—1925*（London: Methuen, 1967）；Denis Mack Smith, *Modern Italy: A Political History*（Ann Arbor: University of Michigan Press, 1997）；Denis Mack Smith, *Mussolini's Roman Empire*（New York: Viking, 1976）；Brian R. Sullivan, "The Strategy of the Decisive Weight: Italy, 1882—1922," in Williamson Murray, MacGregor Knox, and Alvin Bernstein, eds., *The Making of Strategy: Rulers, States, and War*（Cambridge: Cambridge University Press, 1995）, pp. 307—351.

91. Bosworth, *Italy, the Least of the Great Powers*, p. viii. 也可参见 Ottavio Barie, "Italian Imperialism: The First Stage," *Journal of Italian History* 2, No. 3（Winter 1979）, pp. 531—565；Federico Chabod, *Italian Foreign Policy: The Statecraft of the Founders*, trans. William McCuaig（Princeton, NJ: Princeton University Press, 1996）。

92. Maxwell H. H. Macartney and Paul Cremona, *Italy's Foreign and Colonial Policy, 1914—1937*（Oxford: Oxford University Press, 1938）, p. 12.

93. Seton-Watson, *Italy*, p. 29.

94. John Gooch, *Army, State, and Society in Italy, 1870—1915*（New York: St. Martin s, 1989）；"Italian Military Efficiency: A Debate," *Journal of Strategy Studies* 5, No. 2（June 1982）, pp. 248—277；MacGregor Knox, *Hitler's Italian Allies: Royal Armed Forces, Fascist Regime, and the War of 1940—1943*（Cambridge: Cambridge University Press, 2000）；Smith, *Mussolini's Roman Empire*, chap. 13；and Brian R. Sullivan, "The Italian Armed Forces, 1918—40," in Allan R. Millen and Williamson Murray, eds., *Military Effectiveness*, vol. 2, *The Interwar Period*（Boston: Alien and Unwin, 1988）, pp. 169—217.

95. 引自 Gooch, *Army, State, and Society*, p. xi。

96. Sullivan, "Strategy of Decisive Weight."

97. 参见 William A. Renzi, *In the Shadow of the Sword: Italy's Neutrality and Entrance into the Great War, 1914—1915*（New York: Peter Lang, 1987）；

Seton-Watson，*Italy*，chap.11。

98. Smith，*Modern Italy*，p.89.

99. Seton-Watson，*Italy*，p.430.

100.《伦敦和约》的副本可直接从以下文献获得：Rene Albrecht-Carrie，*Italy at the Paris Peace Conference*（New York：Columbia University Press，1938），pp.334—339。另请参见 the February 7，1919，"Italian Memorandum of Claims," presented at the Paris Peace Conference，Ibid.，pp.370—387。

101. Taylor，*Struggle*，p.544.

102. Sullivan，"Strategy of Decisive Weight，" p.343.

103. 参见 Albrecht-Carrié，*Italy at the Paris Peace Conference*；H. James Burgwyn，*The Legend of the Mutilated Victory：Italy the Great War，and the Paris Peace Conference，1915—1919*（Westport. CT：Greenwood，1993）。

104. Smith，*Mussolini's Roman Empire*，p.60.也可参见 p.16。

105. Snyder，*Myths of Empire*，p.5.

106. Knox，*Mussolini Unleashed*，p.2.

107. 参见 Mario Cervi，*The Hollow Lesions：Mussolini's Blunder in Greece，1940—1941*，trans. Eric Mosbacher（Garden City，NY：Doubleday，1971）；I. S. O. Playfair，*The Mediterranean and Middle East*，vol.I，*The Early Successes against Italy*（London：Her Majesty's Stationery Office，1954）。

108. Snyder，*Myths of Empire*，p.21，另请参见 ibid.，pp.1—3，61—62 及 Van Evera，*Causes of War*。

109. Snyder，*Myths of Empire*，p.308.

110. 例如，斯奈德在《帝国的迷思》一书中坚持认为，大国的进攻性行为在很大程度上可由自私性利益集团在国内的相互支持来解释。范·埃弗拉将它们不明智的行为归结于军国主义。参见 Stephen Van Evera，*Causes of War：Misperception and the Roots of Conflict*（Ithaca，NY：Cornell University Press. forthcoming）。

111. 参见 Snyder，*Myths of Empire*；Van Evera，*Causes of War*；Kenneth N. Waltz，*Theory of International Politics*（Reading，MA：Addison-Wesley，1979）。关于这一思路的其他证据可参见 Charles A. Kupchan，*The Vulnerability of Empire*（Ithaca，NY：Cornell University Press，1994）。关于这一观点的精彩总结与批评，参见 Fareed Zakaria，"Realism and Domestic Politics：A Review Essay，" *International Security* 17，No.1（Summer 1992），pp.177—198。另请参见本书第二章注释30。

112. Snyder，*Myths of Empire*，p.8.

113. 如第八章中所讨论的，挫败拿破仑的均势联盟形成于1813年，是在1812年入侵俄罗斯的法国军队被击溃之后。最终战胜希特勒的均衡性联盟形成于1941年12月，大致同红军在莫斯科城外阻击德国闪电战的时间相同。在那时，相当数量的纳粹军队指挥官认为对苏联的战争已经失败。

114. J. A. Nichols, *Germany after Bismarck：The Caprivi Era．1890—1894* （Cambridge, MA：Harvard University Press, 1958）；Sidney B. Fay, *The Origins of the World War*, 2d ed.（New York：Macmillan, 1943）, pp.122—124；Geiss, *German Foreign Policy*, chap.7；Rich, *Holstein*, vols.1—2, chaps.23—35.

115. 指责魏玛德国本身造成了对自己的封锁的查尔斯·库普乾（Charles Kupchan）认为,德国迟至 1897 年才开始具有进攻性。Kupchan, *Vulnerability of Empire*, p.360. 然而这一论点有问题:法国和俄国对德国的封锁远早于 1897 年。因此,依照库普乾自己的时间表,三国协约中最初也是最为重要的那部分的形成,便不能由德国的进攻性行为来解释。Snyder, *Myths of Empire*, pp.68, 72.

116. Medlicott, *Bismarck*, p.172. 也可参见 ibid., pp.164—166, 171—173；Fuller, *Bismarck's Diplomacy*, passim；Geiss, *German Foreign Policy*, chaps.6—7；Kennan, *Decline*, chaps.18—22；Taylor, *Struggle*, pp.317—319。

117. Geiss, *German Foreign Policy*, p.52. 沃勒（Waller）在《俾斯麦》一书中阐述了同样的观点,参见 Waller, *Bismarck*, p.118。

118. 这一点是保罗·肯尼迪的著作的中心主题,特别是其第 16 章和第 20 章。参见 Paul Kennedy, *The Rise of the Anglo-German Antagonism*, 1860—1914 （London：Allen and Uniwin）。另请参见 Galleo, *German Problem Reconsidered* 及本书的第八章。

119. 在这点上,希尔格鲁伯阐述得非常好（Hillgruber, *Germany*, p.13）。即便没有摩洛哥危机,俄国的溃败本身也可能会导致"三国协约"的形成。然而,危机本身不足以推动英国与法国和俄国联手。

120. Herrmann, *Arming of Europe*, chap.2.

121. 不仅英国未能给予"一个明确而及时的承诺以支持其盟友",而且 1911—1914 年间,英德关系还有了大幅改进。参见 Levy, "Preferences," p.168；Sean M. Lynn-Jones, "Detente and Deterrence：Anglo-German Relations, 1911—1914," *International Security* 11, No.2（Fall 1986）, pp.121—150；Scott D. Sagan, "1914 Revisited：Allies, Offense, and Instability," *International Security* 11, No.2（Fall 1986）, pp.169—171；及本书第八章注释 79 所引用的资料。而且,英德关系在 1911 年后某种程度上还恶化了,这对三国协约的可行性提出了质疑。参见 Keith Neilson, *Britain and the Last Tsar：British Policy and Russia, 1894—1917*（Oxford：Clarendon, 1995）, chaps.10—11。

122. 例如,西里尔·福尔斯（Cyril Falls）写道:"德国人十分接近于成功地实现一套详尽的方案,并以歼灭其敌人而完成之。"Falls, *The Great War*（New York：Capricorn, 1959）, p.70. 也可参见 Trevor N. Dupuy, *A Genius for War：The German Army and General Staff*, 1807—1945（Englewood：Cliffs, NJ：Prentice-Hall, 1977）, pp.145—147；Herbert Rosinski, *The German Army*（New York：Praeger, 1966）, pp.134—137；Sagan, "1914," pp.159—161。

123. Sagan,"1914,"pp.159—160.

124. 参见 Michael C. Desch, *When the Third World Matters: Latin America and the United States Grand Strategy* (Baltimore, MD: Johns Hopkins University Press, 1993), pp.39—44; Taylor, *Struggle*, pp.xx, 566—567. 另请参见本书第七章注释 60 的讨论。

125. Taylor, *Mastery*, p.427. 关于 1905 年的均势,参见 Hermann, *Arming of Europe*, pp.40—47。

126. 1905 年时,对于发动一场先发制人的战争,德国将军们存在一些情绪,但很明显总参谋长斯里芬不在反对者之列。但不管怎样,德国皇帝拒绝这么做。参见 Geiss, "Origins of the First World War," in Geiss ed., July 1914, pp.39—403; Martin Kitchen, *A Military History of Germany: From the Eighteenth Century to the Present Day* (Bloomington: Indiana University Press, 1975), pp.174—175; Gerhard Ritter, *The Schlieffen Plan: Critique of a Myth*, trans. Andrew and Eva Wilson (London: Oswald Wolff, 1958), pp.103—128。

127. Francois Genoud, ed., *The Last Testament of Adolf Hitler: The Hitler-Bormann Documents, February-April 1945*, trans. R. H. Stevens (London: Cassell, 1961), p.63. 他关于这一主题的观点对一战后的德国来说并不罕见。参见 Post, *Civil-Military Fabric*, p.151。

128. 希特勒在 1941 年 3 月 30 日告诉他的将军们:"由于我们的后方很安全,现在攻击苏联的可能性出现了;如此机会今后不会马上再来。"引自 Joachim C. Fest, *Hitler*, trans. Richard and Clara Winston (New York: Harcourt Brace Jovanovich, 1974), p.646。

129. Rich, *Hitler's War Aims*, p. xii. 也可参见 Rich, *Hitler's War Aims*, p. xii. 参见 Craig, *Germany*, chap. 19, esp. pp. 677—678; Wolfram Wette, "Ideology, Propaganda, and Internal Politics as Preconditions of the War Policy of the Third Reich," in Wilhelm Deist et al. , eds., *Germany and the Second World War*, vol.1, *The Build-up of German Aggression*, trans. P. S, Falla et al. (Oxford: Clarendon, 1990), pp.83—124。

130. Matthew Cooper and James Lucas, *Panzer: The Armoured Farce of the Third Reich* (New York: St. Martin's, 1976), pp. 7—24; Kenneth Macksey, *Guderian: Creator of the Blitzkrieg* (New York: Stein and Day, 1976), chap.5; Ernest R. May, *Strange Victory: Hitler's Conquest of France* (New York: Hill and Wang, 2000), pt.3; John Mearsheimer, *Conventional Deterrence* (Ithaca, NY: Cornell University Press, 1983), chap.4; Barry R. Posen, *Sources of Military Doctrine: France, Britain, and Germany between the World Wars* (Ithaca, NY: Cornell University Press, 1984), chaps.3,6。

131. Haffner, *Meaning of Hitler*, p.49.

132. 这是乔基姆·费斯特(Joachim Fest)的描述,他选择 1938 年而不是 1940

年来论述同一观点。Fest, *Hitler*, p.9.

133. Robert Cecil, *Hitler's Decision to Invade Russia* (New York: David Mckay, 1975), chap.8; Matthew Cooper, *The German Army, 1933—1945: Its Political and Military Failure* (New York: Stein and Day, 1978), chaps.17—18; Geyer, "German Strategy," pp.587—590; Barry K. Leach, *German Strategy against Russia, 1939—1941* (Oxford: Clarendon, 1973).

134. Feis, *Churchill, Roosevelt, Stalin*, pp.9—10; Waldo Heinrichs, *Threshold of War: Franklin D. Roosevelt and American Entry into World War Ⅱ* (Oxford: Oxford University Press, 1988), pp.95, 102—103; Warren F. Kimball, *The Juggler: Franklin Roosevelt as Wartime Statesman* (Princeton, NJ: Princeton University Press, 1991), pp.15, 21—41; William L. Langer and S. Everett Gleason, *The Undeclared War, 1940—1941* (New York: Harper, 1953), chap.17.

135. 参见第八章。

136. 本段中所有引文出自 Haffner, *Meaning of Hitler*, pp.104—105。

137. 这是以下这本书的主题：Akira Iriye, *The Origins of the Second World War in Asia and the Pacific* (London: Longman, 1987)。

138. Dorothy Borg, *The United States and the Far Eastern Crisis of 1933—1938* (Cambridge, MA: Harvard University Press, 1964); Warren I. Cohen, *America's Response to China: An Interpretative History of Sino-American Relations*, 2d ed. (New York: John Wiley, 1980), chap.5; Warren I. Cohen, *The Chinese Connection: Roger S. Greene, Thomas W. Lamont, George E. Sokolsky, and American-East Asian Relations* (New York: Columbia University Press, 1978); Michael Schaller, *The United States and China in the Twentieth Century*, 2d ed. (Oxford: Oxford University Press, 1990), chap.3.

139. Paul W. Schroeder, *The Axis Alliance and Japanese-American Relations*, 1941 (Ithaca, NY: Cornell University Press, 1958), pp.2—15. 参见 Herbert Feis, *The Road to Pearl Harbor: The Coming of the War between the United States and Japan* (Princeton, NJ: Princeton University Press, 1950), esp. chaps. 5—6。日本军方实际上没有考虑 1940 年前就同美国作战。参见 Michael A. Barnhart, "Japanese Intelligence before the Second World War: 'Best Case' Analysis," in Ernest R. May, ed., *Knowing One's Enemies: Intelligence Assessment before the Two World Wars* (Princeton, NJ: Princeton University Press, 1984), pp.424—455; Peattie, *Ishiwara Kanji*。

140. 对中国的外援大约 48% 是通过中国同印度支那的边界进行的。另有 31%通过中缅边界进入。James W. Morley, ed. *The Final Confrontation: Japan's Negotiations with the United States*, 1941, trans, David A. Titus (New York: Columbia University Press, 1994). pp.xx. 373.

141. Schroeder, *Axis Alliance*, p.46.也可参见 Iriye, *Origins of the Second World War*, p.140。

142. 这方面的关键著作是：Heinrichs, *Threshold of War*.也可参见 Michael A. Barnhart, "Historiography, the Origins of the Second World War in Asia and the Pacific: Synthesis Impossible?" *Diplomatic History* 20, No.2 (Spring 1996), pp.241—260; Feis, *Road to Pearl Harbor*; Morley, ed., *Final Confrontation*; and Schroeder, *Axis Alliance*。

143. 有关苏联同日本间的平衡,参见 Coox, *Nomonhan*, vols. 1—2; Hata, "The Japanese-Soviet Confrontation"。

144. 关于三国《同盟条约》(Tripartite Pact)参见 Chihiro Hosoya, "The Tripartite Pact, 1939—1940,"trans. James W. Morley, in Morley, ed, *Deterrent Diplomacy*, pp.179—257。关于美国对于日本式思维的认识,参见 Heinrichs, *Threshold of War*, chaps.5—7。

145. 美国曾明确要求日本撤出中国和印度支那,但在中国东北的问题上却态度暧昧。尽管如此,日本有理由认为美国会要求日本放弃中国东北。参见 Feis, *Road to Pearl Harbor*, p.276; Morley, ed., *Final Confrontation*, pp.xxviii-xxx, 318, 321—322; Schroeder, *Axis Alliance*, pp.35—36。

146. Barnhart, *Japan Prepares for Total War*, pp.144—146.

147. Iriye, *Origins of the Second World War*, pp.148—150.

148. Kupchan, *Vulnerability of Empire*, pp.339—350.

149. Langer and Gleason, *Undeclared War*, pp.857, 867.

150. 对这一观点的详细讨论参见 Schroeder, *Axis Alliance*,该书应同以下这本书结合起来阅读：Heinrichs, *Threshold of War*, chaps.4—7。海因利希(Heinrichs)揭示了 1941 年 6 月至 12 月间德国东线战场上的胜利是如何使得美国同日本的谈判变得困难的。

151. 正如海因利希所指出,很难相信罗斯福不明白其政策将最终导致日本和美国间的战争。Heinrichs, *Threshold of War*, p.159.

152. Mark S. Watson, *Chief of Staff: Prewar Plans and Operations* (Washington, DC: Department of the Army, 1950), chaps. 4—9; Stephen D. Westbrook, "The Railway Report and Army Morale, 1941: Anatomy of a Crisis," *Military Review* 60, No.6(June 1980), pp.11—24.

153. Langer and Gleason, *Undeclared War*, pp.570—574.

154. Scott D. Sagan, "The Origins of the Pacific War," in Robert I. Rotberg and Theodore K. Rabb, eds., *The Origin and Prevention of Major Wars* (Cambridge: Cambridge University Press, 1989), p.324.同样的主题在以下文献中得到了强调,参见 Michael E. Brown, *Deterrence Failures and Deterrence Strategies*, RAND Paper 5842 (Santa Monica, CA: RAND Corporation, March 1977), pp.3—7; Robert J. C. Butow, *Tojo and the Coming of the War* (Prince-

ton, NJ: Princeton University Press, 1961), chap. 11; Kupchan, *Vulnerability of Empire*, p. 344; Bruce Russett; "Pearl Harbor: Deterrence Theory and Decision Theory," *Journal of Peace Research* 4, No. 2 (1967), pp. 89—105; Schroeder, *Axis Alliance*, pp. 200—201。另请参见 Nobutaka Ike, ed. and trans., *Japan's Decision for War: Records of the 1941 Policy Conferences* (Stanford, CA: Stanford University Press, 1967)。

155. 关于 1945—1950 年间美国核战略的最好的资料，参见 Harry R. Borowski, *A Hollow Threat: Strategic Air Power and Containment before Korea* (Westport, CT: Greenwood, 1982); David Alan Rosenberg, "The Origins of Overkill: Nuclear Weapons and American Strategy, 1945—1960," *International Security* 7, No. 4 (Spring 1983), pp. 11—22; David Aian Rosenberg, "American Atomic Strategy and the Hydrogen Bomb Decision," *Journal of American History* 66, No. 1(June 1979), pp. 62—87; Seven T. Ross, *American War Plans, 1945—1950*(New York: Garland, 1988); Samuel R. Williamson and Steven L. Rearden, *The Origins of U. S. Nuclear Strategy, 1945—1953* (New York: St. Martin's, 1993)。

156. Henry S. Rowen, "Formulating Strategic Doctrine," in *Report of the Commission on the Organization of the Government for the Conduct of Foreign Policy*, Appendix K, *Adequacy of Current Organization: Defense and Arms Control* (Washington, DC: U. S. Government Printing Office, June 1975), p. 222.

157. 以下文献是关于大规模报复战略的最好著作：Rosenberg, "Origins of Overkill," pp. 3—69; Scott D. Sagan, "SIOP-62: The Nuclear War Plan Briefing to President Kennedy," *International Security* 12, No. 1(Summer 1987), pp. 22—51; Samuel F. Wells, Jr, "The Origins of Massive Retaliation," *Political Science Quarterly* 96, No. 1 (Summer 1981), pp. 31—52。

158. 引自 Fred Kaplan, *The Wizards of Armageddon* (New York: Simon and Schuster, 1983), p. 134。

159. 参见 Trachtenberg, *Constructed Peace*, pp. 100—101, 123, 156—158, 179—183, 293—297, 351. 特拉亨伯格（Trachtenberg）坚持认为，美国大体上在 1953—1963 年间拥有核优势。

160. 参见 Richard K. Betts, *Nuclear Blackmail and Nuclear Balance* (Washington, DC: Brookings Institution Press, 1987), pp. 144—179; Scott D. Sagan, *Moving Targets: Nuclear Strategy and National Security* (Princeton, NJ: Princeton University Press, 1989), pp. 24—26。1949—1955 年间，美国曾反复考虑过对苏联尚处于初始阶段的核能力实施预防性打击，但总是觉得这一行动并不可行。参见 Tami Davis Biddli, "Handling the Soviet Threat: 'Project Control' and the Debate on American Strategy in the Early Cold War Years," *Journal of Strategic Studies* 12, No. 3 (September 1989), pp. 273—302; Russell D. Buhite and Wil-

liam C. Hamel, "War for Peace: The Question of an American Preventive War against the Soviet Union, 1945—1955," *Diplomatic History* 14, No. 3 (Summer 1990), pp. 367—384; Copeland, *Origins of Major War*, pp. 170—175; Marc Trachtenberg, "A 'Wasting Asset': American Strategy and the Shifting Nuclear Balance, 1949—1954," *International Security* 13, No. 3 (Winter 1988—1989), pp. 5—49。

161. 参见 Kaplan, *Wizards*, chaps. 12—18。也可参见 Lynn Etheridge Davis, *Limited Nuclear Options: Deterrence and the New American Doctrine*, Adelphi Paper No. 121 (London: International Institute for Strategic Studies, Winter 1975—1976); Alfred Goldberg, *A Brief Survey of the Evolution of Ideas about Counterforce*, RM—5431-PR (Santa Monica, CA: RAND Corporation, October 1967, rev. March 1981); Klaus Knorr and Thornton Read, eds., *Limited Strategic War* (New York: Praeger, 1962); Marc Trachtenberg, *History and Strategy* (Princeton, NJ: Princeton University Press, 1991), chap. 1。

162. 有关确保摧毁的标准,参见 Alain C. Enthoven and K. Wayne Smith, *How Much is Enough? Shaping the Defense Program*, 1961—1969 (New York: Harper and Row, 1971), pp. 174—175, 207—210; Milton Leitenberg, "Presidential Directive (PD) 59: United States Nuclear Weapons Targeting Policy," *Journal of Peace Research* 18, No. 4 (1981), pp. 312—314; Stephen Van Evera, "Analysis or Propaganda? Measuring American Strategic Nuclear Capability, 1969—1988," in Lynn Eden and Steven E. Miller, eds., *Nuclear Arguments: Understanding the Strategic Nuclear Arms and Arms Control Debates* (Ithaca, NY: Cornell University Press, 1989), pp. 209—221。

163. SIOP 是"单一的整合行动计划"(Single Integrated Operational Plan)的缩写。本段中潜在目标的数量取自 Desmond Ball, "The Development of the SIOP 1960—1983," in Desmond Ball and Jeffrey Richelson, eds., *Strategic Nuclear Targeting* (Ithaca, NY: Cornell University Press, 1986), p. 80。

164. 美国核武器数量的数字引自 Robert S. Norris and William M. Arkin, "Nuclear Notebook: Estimated U. S. and Soviet/Russian Nuclear Stockpiles, 1945—94," *Bulletin of the Atomic Scientists* 50, No. 6 (November-December 1994), p. 59。

165. Frances FitzGerald, *Way Out There in the Blue: Reagan, Star Wars, and the End of the Cold War* (New York: Simon and Schuster, 2000); David Goldfischer, *The Best Defense: Policy Alternatives for U. S. Nuclear Security from the 1950s to the 1990s* (Ithaca, NY: Cornell University Press, 1993).

166. 有关美国 1961—1990 年间的核政策的最佳论述包括:Desmond Ball, *Politics and Force Levels: The Strategic Missile Program of the Kennedy Administration* (Berkeley: University of California Press, 1980); Ball, "Development of

the SLOP"; Desmond Ball, "U. S. Strategic Forces: How Would They Be Used?" *International Security* 7, No. 3 (Winter 1982—1983), pp. 31—60; Desmond Ball and Robert Toth, "Revising the SIOP: Taking War-Fighting to Dangerous Extremes," *International Security* 14, No. 4 (Spring 1990), pp. 65—92; Aaron L. Friedberg, "A History of U. S. Strategic 'Doctrine'—1945 to 1980," *Journal of Strategic Studies* 3, No. 3 (December 1980), pp. 37—71; Leitenberg, "Presidential Directive (PD) 59"; Eric Mlyn, *The State, Society, and Limited Nuclear War* (Albany: State University of New York Press, 1995); Jeffrey Richelson, "PD—59, NSDD-13 and the Reagan Strategic Modernization Program," *Journal of Strategic Studies* 6, No. 2 (June 1983), pp. 125—146; Rowen, "Formulating Strategic Doctrine," pp. 219—234; Sagan, *Moving Targets*; Walter Slocombe, "The Countervailing Strategy," *International Security* 5, No. 4 (Spring 1981), pp. 18—27。关于为什么有限核战争的选择不是一种可行的战略,参见本书第四章注释135。

167. 它们包括福特政府的SIOP-5(1976年元旦生效)、卡特政府的SIOP-5F(1981年10月1日生效)、里根政府的SIOP-6(1983年10月1日生效)以及乔治·H. W. 布什政府的SIOP-6F(1989年10月1日生效)。下文中有描述这些SIOP之间差异的总结性图表:Ball and Toth, "Revising the SIOP," p. 67。

168. 德斯蒙德·鲍尔(Desmond Ball)是一位美国核规划史方面的重要专家,他对美国1961—1990年间的核政策作了简要总结:"自20世纪60年代初期以来,美国战略核政策的最高目标是发展一种战略态势,该战略态势能使美国控制任何核交易,并进而在确保结果有利于美国的前提下,将损失限制在最低的可能程度内。"Desmond Ball, "Soviet Strategic Planning and the Control of Nuclear War," in Roman Kolkowicz and Ellen P. Mickiewicz, eds., *The Soviet Calculus of Nuclear War* (Lexington, MA: D. C. Heath, 1986), p. 49. 关于苏联认为美国正在投送打击军事力量武器以赢得军事优势的证据,参见 Henry A. Trofimenko, "Illusion of a Panacea," *International Security* 5, No. 4 (Spring1981), pp. 28—48。对有限核选择的强调,在制定美国国家安全构想的某些时期,"压倒性大规模攻击的信条仍然影响甚大"。Rowen, "Formulating Strategic Doctrine," p. 233. 苏联放弃了打一场有限核战争的想法,而倾向于对美国实施大规模核打击(见本章下一节),在此情形下,对大规模报复的残存兴趣也就不足为奇了。

169. 在20世纪60年代后期及70年代的大部分时期里,右派和左派都时兴认为美国已放弃了锁定反击目标,而采用直接的相互确保摧毁(MAD)战略取而代之。例如,马尔科姆·沃洛普(Malcolm Wallop)参议员(怀俄明州共和党人)在1979年曾写道:"在过去的15年间,至少四任美国总统及其主要的防务顾问所建造的武器及制定的战略规划,几乎全部都以对敌对国家的社会造成损害为目的。"Malcolm Wallop, "Opportunities and Imperatives of Ballistic Missile Defense," *Strategic Review* 7, No. 4 (Fall 1979), p. 13. 现在研究核军备竞赛的学者中已形成共识:这一论断是那些知道得更清楚的专家和政策制定者们所制造的毫无根据的神话。揭露这些神话的重要著作是 Desmond Ball，*Déjà Vu：The Return to Counterforce in the Nixon Administration*（Santa Monica：California Seminar on Arms Control and Foreign Policy，December 1974）。也可参见 Leitenberg，"Presidential Directive（PD）59"；Mlyn，*The State*；Rowen，"Formulating Strategic Doctrine"。

170. 亨利·罗恩（Henry Rowen）写道:"美国和苏联军力中的武器数量这些年来有了巨大增长,这些武器的攻击目标也极大增长,但城市-工业目标的数量却几乎没有增长。"Rowen，"Formulating Strategic Doctrine," p. 220. 在这一部分的后面将讨论,苏联战略分析家并不强调相互确保摧毁的概念,所以他们没有制定实现这一目标的标准。然而依据美国的标准,苏联人同美国面临的任务大致相同。具体而言,他们必须摧毁 200 个美国最大的城市,这些城市包括了 33% 的美国人口和 75% 的工业基础。这一任务需要 400 EMT 才可能得以完成,如果不是这一数量一半的话。参见 Ashton B. Carter，"BMD Applications：Performance and Limitations," in Ashton B. Carter and David N. Schwartz, cds., *Ballistic Missile Defense*（Washington，DC：Brookings Institution Press，1984），pp. 103，163，168—169。

171. 本段中所有数字均引自 Norris and Arkin，"Nuclear Notebook," p. 59。关于苏联核武器增长和改进的详细描述,参见 Robert E Berman and John C, Baker，*Soviet Strategic Forces：Requirements and Responses*（Washington，DC：Brookings Institution Press，1982）。

172. Robert L. Amett，"Soviet Attitudes towards Nuclear War：Do They Really Think They Can Win?" *Journal of Strategic Studies* 2，No. 2（September 1979），pp. 172—191；Ball，"Soviet Strategic Planning"；David Holloway，*The Soviet Union and the Arms Race*（New Haven，CT：Yale University Press，1983），chap. 3；Benjamin Lambeth，"Contemporary Soviet Military Policy," in Kolkowicz and Mickiewicz, eds., *Soviet Calculus of Nuclear War*，pp. 25—28；William T. Lee，"Soviet Nuclear Targeting Strategy," in Ball and Richelson, eds., *Nuclear Targeting*，pp. 84—108；Richard Pipes，"Why the Soviet Union Thinks It Could Fight and Win a Nuclear War," *Commentary* 64，No. 1（July 1977），pp. 21—34.

173. 参见 Benjamin S. Lambeth，"Uncertainties for the Soviet War Planner," *International Security* 7，No. 3（Winter 1982—1983），pp. 139—166。

174. Benjamin S. Lambeth，*Selective Nuclear Options in American and Soviet Strategic Policy*，R-2034-DDRE（Santa Monica，CA：RAND Corporation，December 1976）；Jack L. Snyder，*The Soviet Strategic Culture：Implications for Limited Nuclear Options*，It-2154-AF（Santa Monica，CA：RAND Corporation，September 1977）.

175. 例如,罗伯特·杰维斯写了题为《不合逻辑的美国核战略》一书。参见 Robert Jervis, *The Illogic of American Nuclear Strategy* (Ithaca, NY: Cornell University Press, 1984)。

176. 参见本章注释 159。

177. 一位作者估计美国国防预算中常规武器和核武器的开支比例,在 1961 年大约是 1.45 : 1,1971 年大约是 4 : 1,1981 年大约是 6.7 : 1。参见 William W. Kaufmann, *A Reasonable Defense* (Washington, DC: Brookings Institution Press, 1986), p.21。也可参见 Ball, *Politics and Force Levels*, chap.6;以及本书第四章注释 141。

178. Robert A. Pape, "Technological Sources of War and Peace," manuscript, April 2001.

第七章
离 岸 平 衡 手

我已准备了一章来专题讨论美国与英国的个案，因为它们似乎提供了最有力的证据来反驳我的观点，即大国致力于最大限度地占有世界权力。许多美国人当然将他们的国家看作一个真正例外的大国，认为它主要是受高尚的意图而非均势的逻辑所驱使。即便是重要的现实主义思想家如诺曼·格雷伯纳（Norman Graebner）、乔治·凯南、沃尔特·李普曼（Walter Lippmann）都认为，美国常常忽视了权力政治的法则而按理想主义的价值观行事。[1]同样的观点在英国也很明显，这就是为什么 E. H. 卡尔在 20 世纪 30 年代撰写《二十年危机》一书的原因。他当时就英国外交事务中过于理想主义这点警告其国民，并提醒他们国家间的权力角逐才是国际政治的本质。[2]

下列三个特例似乎表明英国和美国错过了获得权力的机会。第一，通常认为美国在 1898 年前后获得了大国地位，当时美国赢得了美西战争，控制了古巴、关岛、菲律宾及波多黎各的命运，并开始建立相当可观的军事力量。[3]然而，到 1850 年，美国的手已从大西洋伸到了太平洋（参见表 6.2），它明显拥有成为大国的经济实力，与欧洲主要国家在全球进行角逐。但在 1850—1898 年间，它并未建立起强大的军事力量，也很少努力在西半球争夺领土，西半球之外就更不用说了。法里德·扎卡利亚（Fareed Zakaria）将这一时期描绘成"帝国力量的不足"（imperial under-stretch）的例子。[4]美国表面上没能成为一个大国，19 世纪下半叶也没有追求一种征服性政策，这似乎与进攻性现实主义是矛盾的。

第二，美国在1900年时已不是一般的大国，它拥有世界上最强大的经济并明显获得了在西半球的霸权（参见表6.2）。尽管这些条件在20世纪均未改变，美国并没有试图控制欧洲或东北亚的地盘，也没有占领世界上那些富裕的土地。即便有的话，美国也会设法避免派兵去欧洲和东北亚；当它被迫这样做时，它会急于撤兵。这种不情愿扩张至欧洲及亚洲的例子，或许与我认为的国家努力使其相对权力最大化的观点相抵触。

第三，英国在19世纪的大部分时期基本上比任何其他欧洲国家都拥有更大的潜在权力。事实上，在1840—1860年间，英国控制了近70%的欧洲工业实力，几乎是法国这一实力最接近对手的5倍（参见表3.3）。然而，英国并未将其丰富的资源转化为实际的军事实力并试图控制欧洲。在这个世界里，大国都被认为对权力贪得无厌，具有获取地区霸权的最终目的，人们或许预见英国会如拿破仑法国、威廉德国、纳粹德国及苏联那样行事，力图成为欧洲的霸主。但是它并没有这样做。

美国和英国在过去的两个世纪中并非权力最大化者的观点，乍看起来是有吸引力的。然而事实上，两国都一贯按照进攻性现实主义所预测的那样行事。

整个19世纪美国外交政策的一个首要目标，就是获取在西半球的霸权。此项任务很大程度上受现实主义的逻辑驱使，包括建立强大的美国，使之能支配其他独立的南北美洲国家，并阻止欧洲大国跨过大西洋将军事力量投放到美洲。美国追求霸权的努力是成功的。事实上，如以前强调的那样，美国是现代唯一获取了地区霸权的国家。这种伟大成就并不是它所声称的对外部世界的高尚行为，而是美国例外主义在外交政策领域的真实基础。

1850年后，美国没有充足的战略理由在西半球获取更多的领土，就像它已经获得强化其统治所必需的巨大土地资源一样。一旦如此，在美洲大陆美国将会变得无比强大。美国在19世纪后半叶很少关心欧洲及东北亚的均势，不但因为它专注于获取地区霸权，而且因为这两个地区都没有令美国担心的能与之匹敌的潜在对手。最后，美国在1850—1898年间并未建立起强大而了不起的军事力量，因为这期间不存在反对美国力量增长的明显敌人。[5]英国在北美只驻守少量的部队,美国土著人也只拥有很小的军事实力。实质上,美国当时很容易获得地区霸权。

美国在20世纪并未试图征服欧洲和东北亚的领土,因为跨越大西洋及太平洋投送军事力量以对付这些地区的大国是困难的。[6]每个大国都想去支配世界,但没有哪个国家已经或可能拥有成为全球性霸主的军事实力。这样,大国的最终目标是去获得地区霸权,并阻止相匹敌的竞争对手在全球不同地方的崛起。本质上,获得地区霸权的国家在其他地区扮演着离岸平衡手的角色。不过,这些远处的霸权通常喜欢让地区大国来制衡热衷于追逐霸权的国家,它们则坐山观虎斗。但有时这种推卸责任的策略并不可行,遥远的霸权国家不得不插手以平衡崛起中的国家。

美国军事力量在20世纪的不同年代被派往欧洲和东北亚,介入模式遵循上述逻辑。特别是,无论何时一个潜在的势均力敌的竞争对手在这两个地区中的任何一个出现,美国都会设法去平衡之并保存美国作为世界上唯一地区霸权国家的地位。就像我强调的那样,霸权国自然是维持现状的国家。美国在这方面也并不例外。而且,美国的政策制定者试图将责任推给其他大国,让后者去抗衡潜在的霸权国。但当这种方法失效时,美国便用其军事力量去消除威胁并在该区域重塑均势以使自己收兵。一言以蔽之,美国在20世纪扮演离岸平衡手的角色,以确保其处于唯一的地区霸权国的地位。

令人惊奇的是,英国也从未试图支配欧洲,而是依靠其军事力量在欧洲之外建立起一个巨大的帝国。另外,与美国不同的是,英国是一个欧洲大国。人们预计19世纪中叶的英国会将其丰富的资源转化为军事实力,以维系其获得的地区霸权。然而它之所以没有这样做,基本上源于与美国同样的原因:和美国一样,英国也是一个两面靠洋的国家,地理上由一大片水域(英吉利海峡)与欧洲大陆隔开,这使它事实上不可能征服和控制所有欧洲国家。

正如进攻性现实主义所预测的,英国仍一贯在欧洲扮演一种离岸平衡手角色。尤其是,当某一敌对的大国威胁要支配欧洲,而推卸责任并非可行的选择时,英国就会向欧洲大陆派兵;当欧洲存在大致的均势时,英国军队总是倾向于避开欧洲大陆。总之,不论英国还是美国在现代都未试图去征服欧洲领土,两者在此区域都扮演了作为最后依靠的平衡手的角色。[7]

本章将更仔细地考察进攻性现实主义与英美两国以往行为之间的匹配性。首先关注的是美国在19世纪争取地区霸权的努力。接下来的两部分考察美国在20世纪派兵至欧洲及东北亚。第四部分分析英国作为欧洲平衡手的角色。最后将对前面的有关分析作更宽泛的解释。

美国的崛起(1800—1900年)

人们普遍认为,在19世纪的大部分时期里,美国致力于国内事务,对国际事务很少有兴趣。但这种观点只有在将美国的外交政策定义为卷入西半球之外的地区特别是欧洲时,才有道理。自然,美国在这一时期避免卷入欧洲的国家联盟之中。然而,它在1800—1900年间却深切关注西半球的安全事务与外交政策。事实上,美国集中精力于建立地区性霸权,它是美洲大陆头等的扩张主义国家。[8]亨利·卡伯特·洛奇(Henry Cabot Lodge)很好地指出了这一点,他注意到美国拥有"征服、殖民及领土扩张的记录,19世纪的任何民族都无法望其项背"[9]。20世纪亦然。当人们考察美国在西半球的侵略行为,特别是其结果时,美国似乎能绝好地充当进攻性现实主义的活标本。

为说明美国军事实力的扩张,让我们考察一下美国在19世纪初及19世纪末的战略位置。美国在1800年处于相当危险的战略境地(参见图7.1)。从正面来说,美国是西半球唯一的独立国家,它拥有除佛罗里达(为西班牙所控制)外大西洋至密西西比河之间所有的领土。然而从负面来说,阿巴拉契亚山脉与密西西比河之间的多数领土很少有美国白人居住,大部分仍被危险的土著部落所控制。而且,英国和西班牙在北美拥有巨大的帝国。它们控制了几乎所有的密西西比河以西区域及大多数美国南

部和北部的领土。事实上,最后成为墨西哥的西班牙领土人口比 1800 年
的美国人口还稍多些。(参见表 7.1)

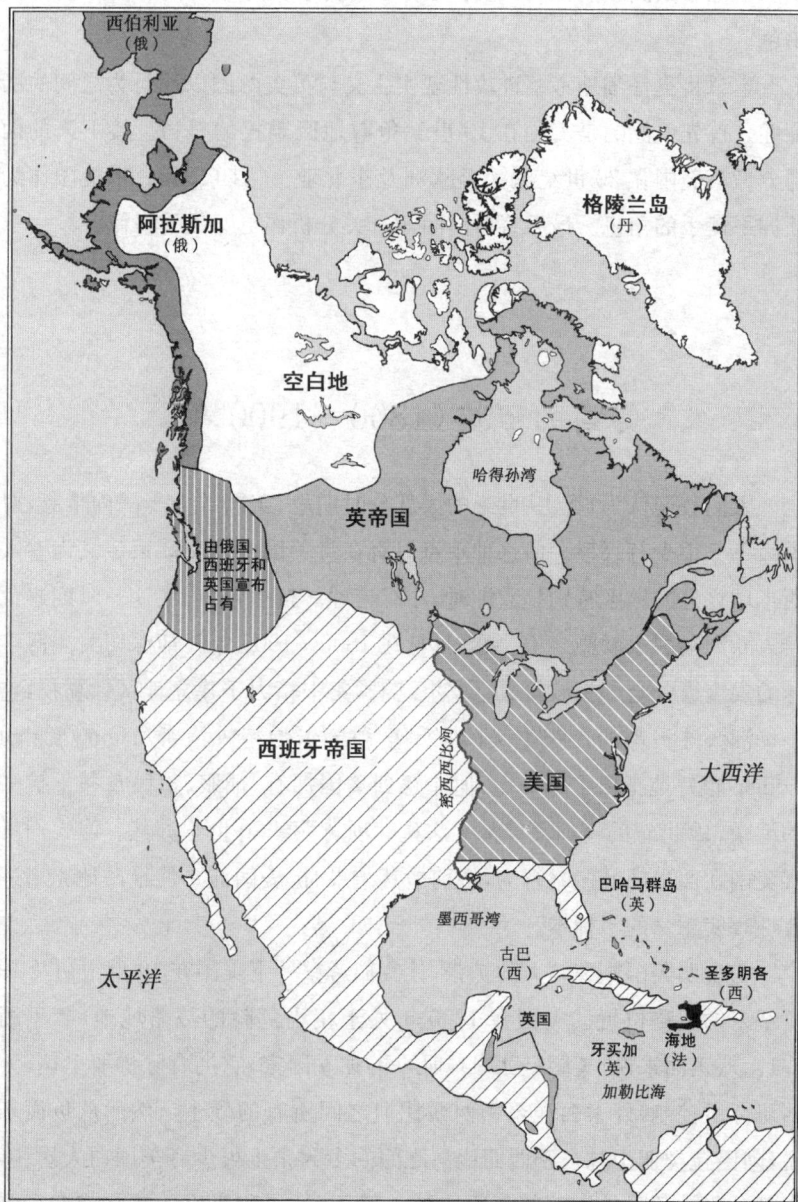

图 7.1　1800 年的北美

表 7.1　1800—1900 年间西半球的人口

人口（千）	1800 年	1830 年	1850 年	1880 年	1900 年
美国	5 308	12 866	23 192	50 156	75 995
加拿大	362	1 085	2 436	4 325	5 371
墨西哥	5 765	6 382	7 853	9 210	13 607
巴西	2 419	3 961	7 678	9 930	17 438
阿根廷	406	634	935	1 737	3 955
总计	14 260	24 928	42 094	75 358	116 366
占总计的百分比					
美国	37%	52%	55%	67%	65%
加拿大	3%	4%	6%	6%	5%
墨西哥	40%	26%	19%	12%	12%
巴西	17%	16%	18%	13%	15%
阿根廷	3%	3%	2%	2%	3%

注：因为这些国家的调查通常是在不同的时间进行的，仅仅美国的数据对应了表上所列的准确时间。同时在整个 19 世纪也只有美国是主权国家。其他国家的独立年份和统计年份如下：加拿大（1867 年独立），1801、1831、1851、1881 及 1901 年；墨西哥（1821 年独立），1803、1831、1854、1873 及 1900 年；巴西（1822 年独立），1808、1823、1854、1872 及 1900 年；阿根廷（1816 年独立），1809、1829、1849、1869 及 1895 年。

资料来源：所有数据源自 B. R. Mitchell，*International Historical Statistics*：*The Americas*，*1750—1988*，2d ed.（New York：Stockton，1993），pp.1，3—5，7—8。

　　然而到 1900 年时，美国成了西半球的霸主，不仅是因为它控制了从大西洋至太平洋的广袤领土，而且因为欧洲帝国已经垮台并离开美洲，取而代之的是独立的国家如阿根廷、巴西、加拿大、墨西哥。但是它们当中没有哪国的人口数量和财富能挑战美国这一 19 世纪 90 年代后期地球上最富有的国家（参见表6.2）。很少有人反对美国国务卿理查德·奥尔尼（Richard Olney）的观点。1895 年 7 月 20 日他直截了当地照会英国勋爵索尔兹伯里（Salisbury）道："今天美国在这一大陆上是实际的主权国；它的命令就是法律，对外干涉是该法律的一部分……它无限的资源及被隔离的位置使它主宰着这一情势，与任何或所有其他国家的竞争对手相比，它实际上更不容易受攻击。"[10]

　　美国通过不懈地追求以下两项紧密相连的政策，在 19 世纪建立了地区霸权:(1)在北美扩张并建立西半球最强大的国家,这项政策通常冠名为"天定命运论"(Manifest Destiny);(2)尽量减少英国及其他欧洲大国在美洲的影响,这一政策就是大家所熟知的"门罗主义"(Monroe Doc-trine)。

天定命运论

美国建立于 1776 年,当时只不过是一个弱小的邦联,由沿着大西洋海岸线的 13 个殖民地拼凑而成。在此后的 125 年里,美国领导人的首要目标是获得国家所谓的"天定命运"。[11] 我们知道,美国在 1800 年时就已扩展至密西西比河,尽管它仍未控制佛罗里达。在接下来的 50 年里,美国沿着北美大陆向太平洋扩张。在 19 世纪下半叶,它着手巩固已获得的领土,建立起一个富裕和富有凝聚力的国家。

美国在 1800—1850 年间的扩张包含着五大步骤(参见图7.2)。密西西比河西边巨大的路易斯安那是 1803 年美国以 1 500 万美元从法国手里购买的。法国当时刚从西班牙那里获得这块土地,尽管它在 1682—1762 年间就曾控制过这块领土。拿破仑当时需要用这笔钱资助他在欧洲的战

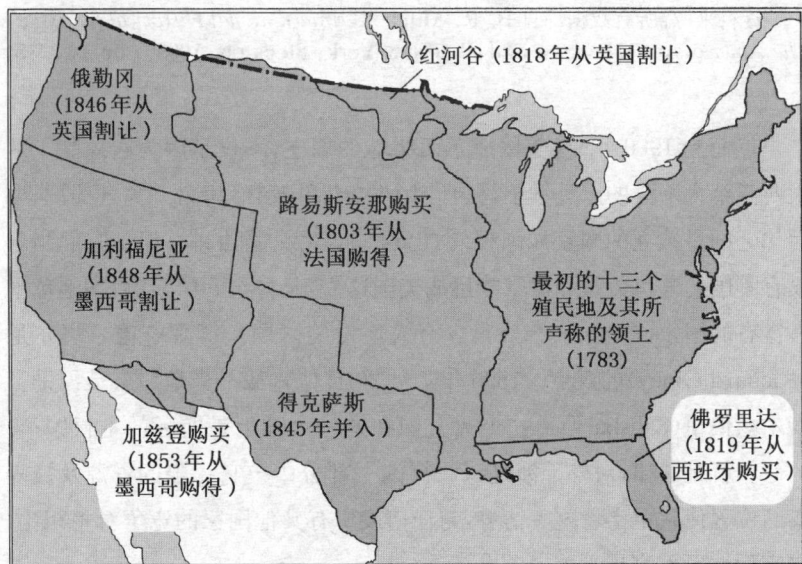

图 7.2　1800—1853 年间美国的向西扩张

争。而且,法国已无力在北美与英国竞争,因为英国拥有超级的海军,这使得法国很难越过大西洋投送其军事力量。由于获得了巨大的路易斯安那,美国将其领土翻了不止一倍。美国向外扩张的下一步是 1819 年从西班牙那里获得了佛罗里达。[12]美国领导人在 19 世纪初就开始设计获得佛罗里达的方案,包括一系列的军事入侵。在美国 1818 年武装攫取彭萨科拉城(Pensacola)后,西班牙最后让出了整个佛罗里达。

最后三次重要的扩张都发生在 1845—1848 年的短时期内。[13]得克萨斯在 1836 年从墨西哥独立出来,不久便申请加入美国。然而,申请被拒绝了。主要因为国会反对接纳视蓄奴制为合法的佛罗里达为美国的一个州。[14]但这种僵局最终被打破,得克萨斯终于在 1845 年 12 月 29 日并入美国。6 个月后,即 1846 年 6 月,美国与英国解决了俄勒冈领土争端,在太平洋西北部获得了一大块领土。1846 年 5 月初,就在俄勒冈协议签订前数周,美国对墨西哥宣战,转而征服加利福尼亚。其大部分今天已成为美国的西南部。在两年时间里,美国的领土增长了 64%,即 1 200 万平方英里。按照联邦统计局的统计,美国领土当时"近乎法国与英国总和的十倍大,是法国、英国、澳大利亚、普鲁士、西班牙、葡萄牙、比利时、荷兰与丹麦领土之和的三倍,与罗马帝国和亚历山大帝国的领土同样广袤"[15]。

尽管美国在 1853 年的确从墨西哥那里获得了一小部分领土[史称"加兹登购买"(Gadsden Purchase)]以划定两国的疆界,但至 19 世纪 40 年后期,它跨大陆的扩张就很出色地完成了。1867 年它又从俄国手里购得了阿拉斯加。然而,美国并未获得所有想要得到的领土。特别是在 1812 年与英国开战时,美国试图控制加拿大,美国的大部分领导人在整个 19 世纪一直对加拿大垂涎三尺。[16]向南部拓展至加勒比海地区也遇到了阻力,在那里,古巴被视为有价值的目标。[17]然而向北向南的扩张从未实现,美国故而向西扩展至太平洋,在此过程中建立起领土巨大的国家。[18]

1848 年后,至少从安全原因考虑,美国已很少需要领土了。因此,其领导人便致力于在既有的领土内缔造强大的国家。这一巩固过程有时是野蛮和血腥的,它包含四个主要步骤:发动内战以消除奴隶制及联邦分立的威胁;迁移那些控制了大部分美国新近所获领土的土著人;吸纳大量移民至美国,以帮助其在广袤的领土上定居;建立世界上最大规模的经济。

在 19 世纪的最初 60 多年里,北南双方对奴隶制,特别是对在密西西比河西部新近获得的领土上实施奴隶制的问题始终存在摩擦。这一问题足以威胁到分裂美国的地步,可能最大程度地影响西半球的均势。1861年,这一问题激化了,内战就此爆发。为争取美国的统一,北方起初很害怕,但最终恢复过来,赢得了彻底胜利。奴隶制在美国的所有地方迅速瓦解,尽管战争造成了创伤,但国家还是牢固地结合在一起,再也没有分裂。如果南部邦联获胜的话,美国就不会变成地区霸主了,因为在北美至少会出现两个大国。而这便为欧洲大国增强其在西半球的政治存在与影响提供了机会。[19]

直到 1800 年,美国土著部落仍控制着北美的大块领土。美国如果想要实现天定命运,就必须控制这些领土。[20]土著人很少有机会去阻止美国掠夺他们的土地。他们有一系列的不利因素,但最重要的是他们的人口被美国白人大大超出了,他们的状况随着时间的推移而日益恶化。例如,1800 年时,大约 17.8 万名土著人住在美国境内,当时美国已拓展到密西西比河。[21]同时,美国的人口大约是 535 万(参见表 7.1)。这就一点也不令人奇怪,美国军队不费吹灰之力便在密西西比河东部打垮了土著人,夺去了他们的土地,在 19 世纪的最初数十年将许多土著人赶到密西西比河西边。[22]

到 1850 年时,美国大陆现有边界已大大地拓展,大约 66.5 万名美国土著人居住在美国境内,其中大约 48.6 万人住在密西西比河西边。然而,美国人口到 1850 年时已增至 2 430 万。这就毫不奇怪,在 19 世纪下半叶笨拙的美国军队可以将土著人赶到密西西比河以西的地方,并夺得他们的土地。[23]1900 年,美国完全赢得了对土著人的胜利。他们现在住在少量的预留地上,总人口减至 45.6 万人,其中 29.9 万人住在密西西比河以西。当时的美国人口已增至 7 600 万。

美国的人口在 19 世纪下半叶增长了三倍多,很大程度上是因为大量的欧洲移民越过大西洋来到美国。事实上,在 1851—1900 年间,大约1 670 万人来到了美国。[24]到 1900 年时,7 600 万美国人中的 34.2 %不是出生在外国就是双亲中至少有一位出生在外国。[25]这些移民中多数是来美国寻找工作的,因为美国经济在不断增长。然而同时他们对美国经济也作出了贡献,使美国经济在 19 世纪后期获得了飞速的增长。例如,英国在 1850 年是世界上最富有的国家,差不多是美国工业实力的 4 倍。然而仅仅 50 年后,美国就成为地球上最富有的国家,是英国工业实力的 1.6 倍(参见表 6.2)。

20 世纪初,英国和美国结束了在北美的长期敌对状态。事实上,英国人从大西洋退却,让美国掌管西半球。对这种双方和解的公认解释是,英国不得不集中欧洲兵力以制衡崛起中的德国,因此它就与美国妥协,而美国也与其方便,因为美国拥有将英国赶出北美的既得利益,就像让他们维持欧洲的均势一样。[26]这些观点大多属实,但英美在 1900 年结束敌对状态还有更重要的原因,那就是英国不再拥有在西半球挑战美国的实力。[27]

潜在军事实力的两个首要指标是人口数量与工业实力。到 1900 年时,美国在这两方面都远远超过了英国(参见表 7.2)。而且,英国必须越过大西洋才能进入西半球,而美国就位于西半球。英美安全竞争就此终结。即便在 20 世纪初没有德国的威胁,英国也几乎肯定会放弃西半球,将其留给自己的后代,后者当时已明显成长起来了。

表 7.2　1800—1900 年间英国与美国

占世界财富的相对份额

	1800 年	1830 年	1850 年	1880 年	1900 年
英国	na	47%	59%	45%	23%
美国	na	12%	15%	23%	38%

人口(千)

	1800 年	1830 年	1850 年	1880 年	1900 年
英国	15 717	24 028	27 369	34 885	41 459
美国	5 308	12 866	23 192	50 156	75 995

注:na = 未知。

资料来源:世界财富数据源自表 6.2;英国人口数据源自 Mitchell, *Abstract to British Historical Statistics* (Cambridge: Cambridge University Press, 1962), pp.6—8。1800 年的数据源自 1801 年的调查,此项调查包括英格兰、威尔士、苏格兰及爱尔兰;美国人口数据源自 Mitchell, *International Historical Statistics: The Americas*, p.4。

门罗主义

19 世纪的美国政策制定者实际上不只是考虑将美国变成一个强大的国家,他们还十分坚定地要将欧洲国家永远赶出西半球。[28] 只有这样,美国才能使自己成为地区霸主,免于大国的威胁,并获得高度的安全。当美国在北美扩张时,它吞并了以前属于英国、法国和西班牙的领土,削弱了这些国家在西半球的影响,美国还用门罗主义达到同样的目的。

门罗主义最初是詹姆斯·门罗(James Monroe)总统在 1823 年 12 月 2 日致国会的年度咨文中首先提出来的。他对美国外交政策作了三点主要阐述。[29] 第一,美国不会卷入欧洲战事,而牢记乔治·华盛顿著名的"告别演说"中的忠告(这一政策在 20 世纪自然没有被采纳)。[30] 第二,他声明欧洲不能再通过获得西半球新的土地来扩张它们已经相当大的帝国。他指出:"今后欧洲任何列强不得把美洲大陆业已独立自由的国家当作将来殖民的对象。"但是这项政策并未号召肢解在西半球已经建立起来的欧洲帝国。[31] 第三,美国想要确保欧洲国家不与西半球独立的国家结成联盟或以任何方式控制它们。为此,门罗声明:"对于那些宣布独立并维持了独立的国家……任何欧洲列强为了压迫它们或以任何方式控制它们的命运而进行的任何干涉,我们只能认为是对合众国不友好态度的表现。"

19 世纪初,美国担心欧洲的进一步殖民化是可以理解的。例如,英国便是一个强国,有着在全球建立帝国的丰富历史。美国当时并没有强大到在西半球的每一处都能制衡英国。事实上,在门罗主义提出的最初几十年内,美国可能不具备足够的军事实力来推行这一主义。不过,这个问题被证实为是不切实际的,因为欧洲帝国在 19 世纪纷纷衰败,没有新的帝国取代它们。[32] 美国实际上对这些帝国由于内部的民族主义而纷纷瓦解几乎没有什么作为。[33] 巴西、加拿大、墨西哥和 1776 年的美国殖民地开拓者一样,并不想欧洲人控制它们的政治命脉,因此它们以美国为榜样纷纷建立了独立的国家。

美国在 19 世纪面临的真正威胁是,欧洲列强与西半球某个独立国家签订反美协定的可能,甚至在 20 世纪这种威胁仍然存在。这样的一种同盟会最终强大到挑战美国在美洲的霸权,反过来影响到美国的安全。因此,当国务卿奥尔尼照会英国勋爵索尔兹伯里时,他强调道:"美国的安全与福祉与维持美国各州的独立休戚相关,不管何时这种独立处于危险之中,都必须确保并需要美国的干预,来反对任何欧洲国家。"[34]

当美国在19世纪崛起时,它能够应对这种威胁。例如,法国在美国内战时期在墨西哥安置了一位国王,但是法国和墨西哥军队加在一起也不足以对美国构成严重威胁,即便美国当时正处于血腥的内战之中。当内战结束时,贝尼托·朱厄雷兹(Benito Juarez)的国民军及美国军队迫使法国从墨西哥撤出。美国在1865—1900年间变得更为强大,使得任何欧洲大国与某一西半球的独立国家建立反美联盟变得日益困难。不过,问题并未消失。事实上,美国在20世纪不得不三次处理这一问题:一战期间德国插手墨西哥,二战期间德国对南美的图谋,冷战时期苏联与古巴的结盟。[35]

必要的战略措施

1800年以后的100年里,美国的惊人发展在很大程度上由现实主义逻辑所支持。[36]奥尔尼在19世纪末写道:"美国人已经了解国家间的关系建立在既非感情亦非原则的基础上,而是建立在自私的利益基础上。"[37]而且,美国领导人已经明白他们的国家越是强大,在国际政治的危险世界里就越是安全。富兰克林·皮尔斯(Franklin Pierce)总统在1853年3月4日的总统就职演说中就讲到这一点,他说:"可以毫不掩饰地说,作为一个国家我们的态度及我们在地球上的地位,使得获取某些不在我们权限之内的财富,对保护我们具有特别突出的重要性。"[38]

当然,美国在大陆扩张还具有其他目的。例如,某些人具有强烈的意识形态使命感。[39]他们认为美国已经创造了世界历史上从未有过的道德共和国,其公民具有道德责任并到处推广其价值观与政治制度。除此之外,还有由经济利益所驱使的原因,这也是扩张的强大动力。[40]然而,其余这些原因并不与安全规则相矛盾;事实上,通常它们还相互补充。[41]对经济动机来说尤其是这样。因为经济实力是军事实力的基础,任何增强美国相对财富的行动也会改善其生存的前景。根据理想主义,毫无疑问许多美国人强烈地认为扩张在道德上是正义的。但现实主义的辞令为支持美国在19世纪实力的巨大增长而采取的野蛮政策提供了恰当的掩饰。[42]

即便在美国于 1776 年宣布独立之前,均势政治学在西半球就已经流传很久了。[43]特别是,英国和法国在 18 世纪中期在北美展开了激烈的安全角逐,包括殊死的七年战争(1756—1763 年)。而且,通过与法国这一英国最主要对手的结盟,美国发动了对英国的战争并最终获得了独立。詹姆斯·赫特森(James Hutson)有句话说得好:"美国的革命领导人发现自己所处的世界是一个野蛮的、不道德的竞技场……最重要的是,权力是这个世界的主宰。"[44]这样,在国家独立后的数十年里,掌握美国国家安全政策的精英们便沉浸于现实主义的思维中。

1800 年西半球的政治为那些精英继续以均势思维进行思考提供了很好的解释。美国仍然生活在危险的环境里。英国及西班牙帝国从三面包围着它,使得担心被包围成为美国政策制定者的一个共同心病,他们还担心法国这一欧洲最强大的国家,会试图在北美建立一个新的帝国。当然,法兰西帝国并未如此。事实上,法国在 1803 年还将巨大的路易斯安那卖给了美国。

不过,欧洲国家,特别是英国,极力遏制美国,阻止它进一步扩张。[45]英国在 1812 年战争中事实上成功地阻止了美国征服加拿大。尽管英国并没有什么好的办法来阻止美国继续向西扩张,但是它在 1807—1815 年间的确与大湖地区的土著美国人构筑了短暂的联盟,其后又与获得短暂独立的得克萨斯做了同样的事。[46]但是这种努力从未严重威胁到阻止美国将其领土拓展至太平洋。

事实上,欧洲国家扼制美国的任何努力都造成了适得其反的后果:推动了美国急切扩张的努力。例如,欧洲国家在 19 世纪 40 年代便开始公开谈论需要在北美维持一种"均势",委婉地说,就是要遏制美国的进一步扩张,同时增强欧洲帝国的相对实力。[47]在美国越过路易斯安那继续向西扩张之前,这一话题开始被谈及。这就毫不奇怪,它立即成为美国政治中的重大问题,尽管美国人对此并没有大的分歧。詹姆斯·波尔克(James Polk)总统很自然地对美国人说:均势概念"不许运用到北美,特别是美国。我们必须维持这一原则,那就是这块大陆的人们有权决定自己的命运"[48]。就在波尔克于 1845 年 12 月 2 日讲这番话后不久,得克萨斯与美国合并,俄勒冈、加利福尼亚及其他在 1848 年从墨西哥那里获得的地方也纷纷步其后尘。

历史学家弗雷德里克·默克(Frederick Merk)简洁地总结了美国在19世纪的安全政策,他写道:"首要的防御问题是英国,其野心看来是想包围美国。英国人是危险的潜在侵略者,阻止他们的最好办法是获得边缘地带。这就是门罗主义在天定命运时代的意义。"[49]

美国与欧洲(1900—1990 年)

进攻性现实主义推测,当欧洲存在潜在的霸主而当地大国本身又无力遏制时,美国将越过大西洋。否则,美国就会回避接受"大陆义务"(continental commitment)。美国军队在 1900—1990 年出入欧洲的举措是与离岸平衡手的一般模式相吻合的。把握美国对欧洲军事政策总的要点是,对 19 世纪后期及 20 世纪五个不同时期的美国作一描述。

1850—1900 年间,美国很少有派一兵一卒去欧洲的想法,部分是因为截至 1850 年,远离欧洲战事的想法深入到美国人的骨髓。乔治·华盛顿、詹姆斯·门罗及其他人都已清楚地表明了这一点。[50]而且,在 19 世纪后半叶美国首要关注的是在西半球建立霸权。而更重要的是,美国并未设想派遣军队越过大西洋,因为当时欧洲并不存在潜在的霸主。相反,当时欧洲大陆存在着大致的均势。[51]法国,这个在 1792—1815 年试图建立霸权的国家,在整个 19 世纪都在衰落。而在 20 世纪初将成为潜在霸主的德国,在 1900 年之前尚未强大到蹂躏欧洲的地步。不过,即便存在某个雄心勃勃的欧洲霸主,美国也会采取推卸责任的策略,寄希望于其他欧洲大国来遏制这种威胁。

20 世纪的第一个时期是 1900 年至 1917 年 4 月。很明显在这一时期的最初几年里德国不只是欧洲最强大的国家,而且也是这一地区日益增长的威胁。[52]事实上,德国在这一时期酿成了许多严重的外交危机,并最终导致 1914 年 8 月 1 日第一次世界大战的爆发。不过,美国军队并没有被派往欧洲去挫败德国的侵略,相反,美国追求一种推卸责任的策略,依靠英法俄三国协约来遏制德国。[53]

第二个时期是 1917 年 4 月至 1923 年,包括美国参加第一次世界大战,这是美国历史上第一次派兵去欧洲战斗。美国于 1917 年 4 月 6 日对德宣战,但在该年末只是派遣了 4 个师去法国。[54]然而,在 1918 年初,大量美国军队开始抵达欧洲大陆,而到 1918 年 11 月 11 日第一次世界大战结束时,大约有 200 万美国军队驻扎在欧洲,更多的还在奔赴欧洲的途中。其实,美国远征军司令约翰·潘兴(John Pershing)将军预计到 1919 年 7 月时会有超过 400 万的部队在其麾下。大多数被派往欧洲的军队在战争结束后都返回美国,尽管小部分占领军直到 1923 年 1 月仍留在德国。[55]

美国参与第一次世界大战很大程度上是由于它认为德国在与三国协约的较量中占据了上风,并可能赢得战争而成为欧洲的霸主。[56]换句话说,美国推卸责任的策略在两年半的战争后被抛弃。俄国军队几乎在每一场与德国军队的交战中都被严重挫败,到 1917 年 3 月 12 日时已处于瓦解的边缘,而当时革命已爆发,沙皇被赶下了台。[57]法国军队最初也处于危险的境地,1917 年 5 月,就在美国参战后不久,还经历了叛乱。[58]英国军队在三个联盟军队中状况最好,主要是因为它在战争的最初两年发展成一支人民军,故而没有像法国和俄国那样的损耗。不过英国军队直到 1917 年 4 月依然处于绝望的境地,因为德国在 1917 年 2 月对英国发动了无限制潜艇战,威胁在秋季初要将英国赶出战争。[59]因此,美国在 1917 年春被迫参战以帮助三国协约,阻止德国获得胜利。[60]

第三个时期从 1923 年到 1940 年夏,美国在这些年里与欧洲无战事。事实上,两次世界大战期间,"孤立主义"(isolationism)是被世界所广泛使用的用来描述美国政策的术语。[61]欧洲在 20 世纪三四十年代相对平静,主要是因为德国有《凡尔赛条约》的束缚。但是 1933 年 1 月 30 日阿道夫·希特勒上台,不久欧洲再次陷入混乱之中。到 20 世纪 30 年代,美国的政策制定者认识到德国是潜在的霸主,希特勒可能试图征服欧洲。1939 年 9 月 1 日,德国入侵波兰,第二次世界大战爆发,英国与法国对德宣战。然而,美国并未在"大陆义务"方面采取重大行动。像一战那样,它最初依靠欧洲其他大国来遏制德国的威胁。[62]

1940 年夏以后的 5 年为第四个时期,在这一时期德国决定性地击败了法国,在敦刻尔克将英国军队赶回本土,直至 1945 年 5 月初征服了半个欧洲。美国的政策制定者预期英国和法国军队会在西线阻止纳粹德国国防军,并且会发动削弱德国军事实力的漫长消耗战。[63]约瑟夫·斯大林也期待同样的结果,但是纳粹德国国防军在法国赢得了迅速而决定性的胜利,使整个世界为之震惊。[64]由于这一胜利,德国就处于极佳的地位来威胁英国了。

然而更重要的是,希特勒可以用其大部分军队来入侵苏联,因为他无西线的顾虑。在英国和美国,人们广泛地认为德国可能会击败苏联红军并在欧洲建立起霸权。[65]毕竟,德国曾将俄国赶出一战,在那种情形下,德国曾两线作战,将更多的师投入了与英法的作战而不是对付俄国。[66]而这次德国基本上是单线作战。而且斯大林在 1937—1941 年间对红军的清洗更明显地削弱了其战斗力。这种弱点在 1939—1940 年冬就暴露出来,当时红军便很难击败人数少得多的芬兰军队。总之,人们有足够的理由相信 1940 年夏德国已步入了支配整个欧洲大陆的门槛。

法国的崩溃促成了美国对"大陆义务"想法的巨大变化。[67]美国给单独对德国作战的英国提供充足的物质资源,同时也为美国军队与德国之间可能的战争作准备,这些做法在美国突然获得了广泛的支持。在 1940年初秋,公众民意测验显示,大部分美国人认为确保英国击败德国比避免一场欧洲战争更为重要,这在希特勒上台后还是第一次。[68]美国国会也在1940 年极大地增加了国防开支,使开始建立一支派往欧洲的远征军成为可能:在 1940 年 6 月 30 日,美国军队规模是267 767 人;一年后,大约是珍珠港事件的 5 个月前,美国军队已增至1 460 998 人。[69]

而且,1941 年 3 月 11 日通过的《租借法案》,使美国开始向英国输送大量的战争物资。很难不同意爱德华·科温(Edward Corwin)的说法,他称这一步骤是对德国的"有保留的宣战"(a qualified declaration of war)。[70]在 1941 年夏秋两季,美国在帮助英国赢得对德国的战争方面卷入得更深了,直到 9 月中旬富兰克林·罗斯福总统命令美国海军在大西洋一发现德国潜艇便对其开火。然而,美国并未正式对德宣战,直到 1941年 12 月 11 日,当希特勒在日本偷袭珍珠港事件后的 4 天对美宣战时,美国才正式对德宣战。美国军队也没有被派往欧洲大陆，直到 1943 年 9 月才从意大利登陆。[71]

第五个时期是冷战时期，从 1945 年夏至 1990 年。美国在二战结束时计划将绝大多数军队立即调回国内，仅留一小部分占领军维护德国的治安，就像一战后做的那样。[72]截至 1950 年，仅约 8 万名美国军队留在欧洲，主要是从事在德国的占领工作。[73]但是在 20 世纪 40 年代后期随着冷战的加剧，美国组建北大西洋公约组织（1949 年）并最终承担了驻军欧洲的义务，相应地增加了其在欧洲大陆的作战力量（1950 年）。到 1953 年，有 42.7 万名美国军人驻扎在欧洲，达到冷战时期的顶峰。20 世纪 50 年代及 60 年代初，美国还在欧洲领土部署了 7 000 枚核武器，尽管美国在欧洲的驻军数量时有变化，但实际数目从未少于 30 万。

美国在二战后勉强驻军欧洲，是因为苏联控制了欧洲大陆东部 2/3 的领土，并具有军事实力来征服欧洲其余地方。[74]欧洲已没有大国能够遏制苏联：德国已被毁坏，不论法国还是英国都无军事手段来阻止强大的苏联红军。后者打垮了在 1940 年轻而易举击败英国和法国军队的纳粹德国国防军。只有美国才有足够的军事力量来阻止 1945 年后的苏联霸权，因此美国军队在整个冷战时期便留在了欧洲。

美国与东北亚（1900—1990 年）

美国军队在 20 世纪跨越太平洋的行动遵循与欧洲同样的离岸平衡手模式。理解美国对东北亚军事政策的一个好方法是将 1900—1999 年分成四个时期，并描述其在各个时期的实践。

第一个时期是指 20 世纪的最初 30 年，期间美国军队在东北亚无大规模的介入。[75]然而这一时期一支小规模的美国分遣部队被派往亚洲。美国在菲律宾群岛保持了一支小规模的分遣部队，[76]1900 年又派遣一支 5 000 人的部队去中国镇压义和团运动，维持著名的"门户开放"政策。正如美国国务卿约翰·海（John Hay）当时直言不讳指出的："我们立场的固有弱点在于：我们自己并不想掠夺中国，我们的公共舆论也不允许我们采用军事手段干涉阻止其他人掠夺它。而且，我们也没有派遣军队，报纸上所言'我们的卓越道德立场给了我们对世界发号施令的权威'完全是胡说八道。"[77]大约1 000名美国士兵从1912年1月至1938年3月被调往中国的天津。最后，美国海军炮舰这一时期还在这一区域巡逻。[78]

美国并未向东北亚派遣大规模军队是因为东北亚不存在潜在的霸主。中国在这一地区政治中扮演着重要的角色，但中国并非大国，很难威胁并支配东北亚。英国和法国在20世纪初是亚洲的主要角色，但它们毕竟是来自遥远大陆的擅自闯入者（interlopers），存在这一角色所需承担的所有力量投送问题。而且，它们在这一时期的多数时候考虑的是如何遏制德国，因此它们的注意力大都放在欧洲而不是东北亚。日本和俄国是东北亚地区的潜在霸权候选国，因为它们都是这一地区的大国，但是没有哪个符合要求。

日本在1900—1930年期间在该区域投入了巨大的军事力量。看起来它在日俄战争（1904—1905年）中沉重地击败了俄国。[79]俄国军队在第一次世界大战期间更是每况愈下，并于1917年最终解体。新成立的红军在整个20世纪20年代只是一只纸老虎。同时，日本军队保持着令人钦佩的战斗力。[80]但是日本并非一个潜在的霸主，因为俄国是这一地区最富有的国家。例如，俄国在1900年控制了世界工业份额的6%，而日本还不到1%（参见表6.2）。截至1910年，俄国的份额减至5%，而日本的增至1%——俄国仍然遥遥领先。在这些年里，意大利实际上是日本最接近的经济竞争对手。1920年，日本曾在短期内以2%比1%的比例超出了苏联；但那是因为苏联处于灾难性的内战之中。到1930年，苏联控制了世界工业实力的6%，而日本是4%。总之，日本在20世纪的最初几十年并非强大到能够在东北亚寻求霸权地位（supremacy）。

第二个时期是20世纪30年代，当时日本在亚洲大陆横冲直撞。日本在1931年侵占了中国东北，并将其变成了傀儡的伪满洲国。在1937年，日本全面发动了对中国的战争，其目标是征服华北及中国沿海要害地区。日本在20世纪30年代还对苏联挑起了一系列边界冲突，明显是想从莫斯科那里攫取领土。日本看来是致力于支配亚洲。

美国在 20 世纪 30 年代并未派兵至亚洲,因为日本的巨大野心并不能持久,它不是一个潜在的霸主。中国、法国、苏联及英国都有能力遏制日本军队。苏联实际上在那个时期获得了对日本的足够力量优势,主要是因为苏联在 1928 年"一五"计划生效后经历了快速的工业化,其在世界财富中所占的份额从 1930 年的 6%跃升至 1940 年的 13%,而日本在同一时期只从 4%升至 6%(参见表 6.2)。而且,苏联红军在 20 世纪 30 年代发展成为一支有效的战斗力量。事实上,它在遏制日本时发挥了关键性的作用,在 1938 年及 1939 年给日本军队以致命的打击。[81]

20 世纪 30 年代,英国和中国也制衡过日本。英国实际上有意将其大多数兵力调出亚洲并在 20 世纪 30 年代末与日本达成妥协,以便它能集中精力对付纳粹德国这一比日本更直接更危险的威胁。[82]但是美国扮演了一种推卸责任的角色,告诉英国其在亚洲驻军水平的任何减少都是不可接受的,英国应该继续留在亚洲以制衡日本。否则,美国便不会帮助它对付欧洲日益增长的德国威胁。英国留在了亚洲。尽管中国当时并非一个大国,但它设法以一种高代价的、拖延的、使日本无法赢得的战争而困住了日本军队。[83]事实上,1937—1945 年间,日本在中国的经历与美国在越南(1965—1972 年)及苏联在阿富汗(1979—1989 年)的经历有极大的相似之处。

第三个时期从 1940 年到 1945 年,当时由于欧洲的一系列事态,日本突然变成了亚洲潜在的霸主。1940 年 6 月法国沦陷,德国于 1941 年 6 月入侵苏联,从根本上改变了东北亚的均势。德国在 1940 年春末对法国迅速而决定性的胜利,就算不是消除也极大地减少了法国对日本在亚洲的影响。事实上,法国和荷兰的溃败使它们在东南亚的帝国更容易遭受到日本人的攻击。在法国退出战争后,英国在西线单独同纳粹德国作战。但是敦刻尔克大撤退及纳粹德国空军在 1940 年 7 月中旬开始连续袭击英国城市后,英国军队已溃不成军。英国还不得不在地中海及其周边地区与意大利法西斯战斗。总之,英国在欧洲苟延残喘,对在亚洲遏制日本贡献甚少。

然而,美国在 1940 年并未派兵至亚洲,主要是因为:(1)日本已陷入了同中国战争的泥潭;(2)当时就连欧洲的半冲突状态都未卷入的苏联,是对付日本的巨大平衡力量。当 1941 年 6 月 22 日德国入侵苏联时，这种状况彻底改变了。在接下来的 6 个月中，纳粹德国国防军对苏联红军进行了一系列致命性打击。在 1941 年夏天晚些时候，苏联似乎可能会像一年前的法国一样崩溃。日本将处于极佳的位置来建立在东北亚的霸权，因为它将是这一区域唯一尚存的大国。结果，作为二战另外半个战场的欧洲正在亚洲创造一个日本准备去填补的权力真空。

美国的政策制定者特别担心日本会向北推进，从后面攻击苏联，帮助德国击败苏联。这样的话德国就会成为欧洲的霸主，而在东北亚，只有中国是日本获得霸权的障碍。正如进攻性现实主义预计的，美国在 1941 年秋开始向亚洲派兵以对付日本的威胁。[84] 此后不久，日本在珍珠港袭击了美国，导致大规模的美国军队第一次越过太平洋。他们的目标将是在日本获得地区霸权以前将其打垮。

第四个时期是冷战（1945—1990 年）时期。战后美国在亚洲驻军，实质上与它在欧洲接受大陆义务的原因相同：二战后期，苏联在中国东北取得了对日本关东军的决定性军事胜利，它在欧洲和东北亚都是一个潜在的霸主，并且当地没有大国来遏制它。[85] 日本已遭重创，而中国无论如何还不是一个大国，又处于血腥的内战之中。英国和法国在欧洲尚不能制衡苏联，更不用说亚洲了。因此美国别无选择，只能承担在欧洲遏制苏联的重任。[86] 在冷战期间美国在亚洲投入了两场血腥的战争，而在欧洲则一弹未发。

英国大战略（1792—1990 年）

和美国一样，英国与欧洲大陆也被一片巨大水域隔开，它也拥有派兵至欧洲大陆的历史。英国也采用了离岸平衡策略（offshore balancing strategy）。[87] 正如艾尔·克罗爵士（Sir Eyre Crowe）在其著名的 1907 年关于英国安全政策的备忘录中所指出的："通过将其力量……投入到反对最强大的那个国家的政治独裁一方来把英国的长期政策与维持（欧洲）平衡划上等号,这几乎成为一个历史的真理。"[88]而且,英国一贯努力让其他国家来承担遏制欧洲潜在霸主的负担,而自己尽可能长时期地靠边站。博林布罗克勋爵(Lord Bolingbroke)在1743年简洁地总结了英国考虑何时担负义务:"我们应该很少卷入大陆事务,更不会从事一场地面战争,除非出现这种可能,非要英国出面才能阻止平衡局面被颠覆。"[89]这种推卸责任的做法在很大程度上解释了为什么欧洲其他国家在过去的几个世纪里称英国为"不讲信用的阿尔比恩"(Perfidious Albion)。

让我们考察一下从1792年法国大革命及拿破仑战争爆发直到1990年冷战终结这段时期英国对欧洲大陆的军事政策。[90]这两个世纪可粗略地分为六个时期。

第一个时期从1792年到1815年,包括整个法国大革命和拿破仑战争时期。法国在这一时期显然是欧洲大陆最强大的国家,它致力于支配欧洲。[91]在1799年拿破仑上台后,法国成了一个特别具有侵略性的可怕大国。事实上,当拿破仑军队在1812年秋进入莫斯科时,法国控制了欧洲大陆的大部分。然而,法国追求霸权最终受挫。英国军队在击败法国方面扮演了重要的角色。大英帝国在1793年派遣了一支小规模的军队至欧洲大陆,但是1795年当反法联盟崩溃后,它被迫调回这些武装。英国在1799年在荷兰安置了另一支军队,但是两个月内被击溃并向法国军队投降。1808年,英国派兵至葡萄牙和西班牙,帮助它们最终击溃了在西班牙的大规模法国军队。也是这支英国军队参加了在滑铁卢发动的对拿破仑的最后一击(1815年)。

第二个时期从1816年至1904年,当时英国采取了一种被广泛称为"光辉孤立"(splendid isolation)的政策。[92]这一时期,它并未承担"大陆义务",也不管欧洲大陆爆发了众多的大国战争。最重要的是,英国既未干涉普奥战争(1866年)也未干预普法战争(1870—1871年),而这些战争导致了统一德国的形成。在这90年内,英国并未向欧洲大陆派一兵一卒,因为欧洲大陆存在大致的均势。[93]1793—1815年间,作为潜在霸主的法国在19世纪丧失了其相对权力,而在20世纪初将成为潜在霸主的德国尚不足以强大到来支配欧洲。在不存在一个潜在霸主的情形下,英国没有任何好的战略理由派兵至欧洲大陆。

　　第三个时期从 1905 年至 1930 年,表现为英国努力遏制在 20 世纪初作为潜在霸主出现的德国。[94]到 1890 年,很明显德国凭借其可怕的军队、大量的人口和强大的工业基础,快速成为欧洲最强大的国家。事实上,法国和俄国在 1894 年组成了联盟来遏制日益增长的威胁。英国选择让法国和俄国去对付德国,但很清楚到了 1905 年,这两个国家都不可能单独行事,需要英国的支援。不仅由于法国与其大陆对手的权力差距日益朝有利于德国的方面扩大,而且俄国在日俄战争(1904—1905 年)中受到巨大的军事打击,导致其军队处于困难的境地,无力与德国军队交战。最后,德国在 1905 年 3 月因摩洛哥问题导演了与法国的一系列危机,将法国从英国和俄国中孤立出去,使德国处于欧洲的支配地位。

　　面对这种战略环境的破坏,英国在 1905—1907 年联合法国、俄国形成了三国协约。本质上,英国承担了大陆义务去对付德国霸权的威胁,1914 年 8 月 1 日第一次世界大战爆发时,英国立即派遣远征军至大陆以帮助法国军队挫败"斯里芬计划"。当战争升级时,英国远征军规模也在不断增加。直至 1917 年夏成为最厉害的联盟军队,在 1918 年成为了击溃德军的主要力量。[95]多数英军在战后不久就撤出了欧洲大陆,只有一小部分占领军留在德国直至 1930 年为止。[96]

　　第四个时期从 1930 年到 1939 年夏,期间英国追求一种被公认为"有限责任"(limited liability)的欧洲政策。在 20 世纪 30 年代,英国没有履行大陆义务,因为欧洲相对太平,存在大致的均势。在希特勒 1933 年上台并重新武装德国后,英国并未派遣地面部队去欧洲大陆作战。相反,经过许多争议之后,它于 1937 年 3 月决定将责任推给法国以遏制德国。然而,英国的政策制定者最终认识到,单是法国无力阻止德国,而在战争时期,英国将不得不派兵去打击纳粹德国,就像一战前它曾对付拿破仑法国和威廉德国那样。

　　英国最终在 1939 年 3 月 31 日接受了大陆义务,这标志着第五个时期的开端。特别是,它承诺如果纳粹德国国防军攻击波兰便和法国一道打击德国。一周以后,英国对希腊和罗马尼亚作出了同样的保证。5 个月后,第二次世界大战爆发,英军立刻被派往法国,就像它在一战中所做的那样。尽管 1940 年 6 月英军在敦刻尔克大撤退,1943 年 9 月它还与美军一起登陆意大利，重返欧洲。英国军队在 1944 年 6 月从诺曼底登陆，并最终以自己的方式打到德国。这一时期随着 1945 年 5 月初德国的投降而结束。

最后的时期是从 1945 年至 1990 年，为冷战时期。[97] 随着二战的结束，英国计划在短暂占领德国后从大陆撤军。然而，苏联威胁的出现，迫使英国在 1948 年接受了大陆义务，对付 150 年以来欧洲第四个潜在的霸主。英国军队和美军一起，在整个冷战时期留在了中心战线（the central front）。

结　论

总之，不论是英国还是美国在欧洲都一贯扮演着离岸平衡手的角色。这两个孤立的大国没有哪个尝试去支配欧洲，也很清楚美国在东北亚的行动符合同样的模式。所有这些行为，就像 19 世纪美国在西半球追求霸权一样，与进攻性现实主义的断言一致。

本章提出了两个值得注意的问题。首先，岛国日本在 20 世纪上半叶征服了亚洲大陆的大片领土，这看来与我的观点相矛盾。既然水域对权力的阻遏使英国在 19 世纪、美国在 20 世纪几乎不可能征服欧洲大陆领土，那么，如果日本能跨过将其与亚洲大陆隔开的海洋投送力量，为什么英国、美国就不能在欧洲做到这一点呢？

答案在于亚洲和欧洲大陆在所讨论的时期内是不同类型的目标。特别是，欧洲大陆在过去的两个世纪中可怕的大国辈出，这些国家既具有动力也有财力来阻止英国和美国支配它们的地区。而日本在 1900—1945 年间在亚洲的条件看来十分不同：俄国是位于亚洲大陆的唯一大国，但它通常更关注欧洲的事务而不是亚洲，大多数时候它是一个军事弱国。俄国的近邻如朝鲜和中国都是弱国，是招致日本进攻的目标。简言之，亚洲大陆易于受外部控制，这就是欧洲大国在那里建立起帝国的原因。相反，欧洲大陆是一个有效的巨大要塞，很难被遥远的大国如英国、美国所控制。

　　第二,我先前已说明了,大国并不想去维持和平而是致力于使它们所占有的世界权力最大化。在这点上,值得注意的是美国在 1900—1990 年间一点都不愿意为了保持欧洲的和平这一目的而承担起大陆义务。没有一名美国士兵跨越大西洋被派往欧洲来阻止第一次世界大战的爆发,或在战争爆发后来平息战事。在 1939 年德国入侵波兰后,美国也不愿承担大陆义务来阻止德国或者中止战争。这两种情形下,美国最终加入了反对德国的队伍以帮助赢得战争并创建欧洲和平。但是美国并非为了世界和平而战斗。相反,它是为阻止一个危险的敌人获得地区霸权而战。和平只是这些努力的受欢迎的副产品。同样的基本结论也适合于冷战:美国军队在欧洲是为了遏制苏联,而不是维持和平。随后的长和平只是一个成功遏制政策的幸运结果。

　　在东北亚我们也找到了类似的例子。美国并没有武装卷入以终止日俄战争(1904—1905 年),在 20 世纪 30 年代当日本进攻亚洲大陆,通过一系列的野蛮军事行动控制中国大片领土时,美国也并未派兵至东北亚。美国在 1941 年夏开始采取重大行动在亚洲实施军事卷入,并不是因为美国的领导人决定给这一地区带来和平,而是因为他们害怕日本会和纳粹德国联手给苏联红军以致命一击,导致德国在欧洲的霸权和日本在东北亚的霸权。美国于 1941—1945 年在远东地区作战以阻止这种结果出现。就像在欧洲一样,美国军队在冷战时期驻军东北亚是为了阻止苏联支配这一地区,而不是为了维持和平。

　　我已强调离岸平衡手如英国和美国在欧洲或东北亚遭遇到一个潜在的霸主时,它们倾向于将责任推给其他的大国而不是自己亲自对抗这些威胁。当然,不仅仅是离岸平衡手,大多数大国都一样会选择推卸责任而不是均势策略。第八章将考虑国家是如何在这两种策略间进行选择的。

注　释

　　1. 参见第一章注释 62。

　　2. E. H. Carr, *The Twenty Year Crisis*, 1919—1939: *An Introduction to the Study of International Relations*, 2d ed. (London: Macmillan, 1962),第一版于 1939 年推出。

3. James L. Abrahamson, *America Arms for a New Century：The Making of a Great Military Power*（New York：Free Press, 1981）；Allan R. Millett and Peter Maslowski, *For the Common Defense：A Military History of the United States of America*（New York：Free Press, 1984）, chaps. 8—10。

4. 扎卡利亚（Zakaria）写道："1865—1908 年间,尤其是在 1890 年前,美国的主要掌权者们注意到并考虑了许多完全有把握扩展美国海外影响的机会,但却都放弃了这些机会。……因此美国似乎代表了历史记录的一个例外和对大国规则的一种挑战。"Fareed Zakaria, *From Wealth to Power：The Unusual Origins of America's World Role*（Princeton, NJ：Princeton University Press, 1998）, p. 5。"帝国力量的不足"（Imperial Understretch）是扎卡利亚《从财富到权力》一书第三章的题目。

5. 这一规律有一个例外：在美国内战期间（1861—1865 年）,双方都建立了庞大的军队。

6. 在 1900—1945 年间,美国本来有可能在东北亚占领大片领土,因为这一地区与欧洲不同,它对外部的渗透是开放的（参见本章结论中对亚洲和欧洲作为侵略目标时的比较）。然而,美国不大可能征服日本和俄国这两个东北亚大国,并按照它在西半球的方式支配这一地区。

7. 尼古拉斯·斯派克曼（Nicholas Spykman）精确地表达了这一观点："因此,从总体上说,美国相对于欧洲的位置,就如同大英帝国相对于欧洲大陆的位置。虽然两者规模不同,前者国土面积更大,距离欧洲更遥远,但对比的模式是一样的……因此,毫不奇怪,我们奉行了一种与英国相似的政策,似乎被卷入了相同的'孤立—结盟—战争'的怪圈。我们就像英国人一样,更愿意用尽可能小的牺牲达到我们的目的。"Nicholas J. Spykman, *America's Strategy in World Politics：The United States and the Balance of Power*（New York：Harcourt, Brace, 1942）, p. 124. 也可参见 ibid. pp. 103—107。

8. 约瑟夫·张伯伦（Joseph Chamberlain）形容 1895 年的美国"不被任何外交政策困扰"。亨利·卡伯特·洛奇（Henry Cabot Lodge）认为,这一观点在"美洲之外"是基本正确的,但他认为在西半球"我们有十分明确"的外交政策,即美国必须是"至高无上的"。William C. Widenor, *Henry Cabot Lodge and the Search for an American Foreign Policy*（Berkeley：University California Press, 1980）, p. 106。

9. 引自 Anders Stephanson, *Manifest Destiny：American Expansionism and the Empire of Right*（New York：Hill and Wang, 1995）, p. 104。

10. July 20, 1895, letter from Richard Olney to Thomas F. Bayard, in *Foreign Relations of the United States*, 1895, pt. 1（Washington, DC：U. S. Government Printing Office, 1896）, p. 558. 下文参见奥尔尼的注释。

11. 事实上,"天定命运"（Manifest Destiny）这一短语直到 1845 年才出现。然而,早在"18 世纪中期,在美洲的英国定居者注定要拥有这一大陆的大部分这一思想,已经在美国人和欧洲人的心目中根深蒂固"。Reginald Horsman, *The Di-*

plomacy of the New Republic (Arlington Heights, IL: Harlan Davidson, 1985), p.5. 也可参见 Marc Egnal, *A Mighty Empire: The Origins of the American Revolution* (Ithaca, NY: Cornell University Press, 1988)。

12. D. W. Meinig, *The Shaping of America: A Geographical Perspective on 500 Years of History*, vol. 2 (New Haven, CT: Yale University Press, 1993), pp. 24—32.

13. David M. Pletcher, *The Diplomacy of Annexation: Texas, Oregon, and the Mexican War* (Columbia: University of Missouri Press, 1973).

14. 关于种族对扩张的影响,参见 Reginald Horsman, *Race and Manifest Destiny: The Origins of American Racial Anglo-Saxonism* (Cambridge, MA: Harvard University Press, 1981); Michael L. Krenn, ed., *Race and U. S. Foreign Policy: From the Colonial Period to the Present: A Collection of Essays*, vols. 1—2 (Levittown, PA: Garland, 1998)。

15. 引自 Meinig, *Shaping of America*, vol. 2. p. 159。

16. Reginald C. Stuart, *United States Expansionism and British North America, 1775—1871* (Chapel Hill: University of North Carolina Press, 1988).

17. Lester D. Langley, *Struggle for the American Mediterranean: United States-European Rivalry in the Gulf-Caribbean, 1776—1904* (Athens: University of Georgia press, 1976); Robert E. May. *The Southern Dream of a Caribbean Empire, 1854—1861* (Baton Rouge: Louisiana State University Press, 1973). 一些美国人也决定征服墨西哥。参见 John D. P. Fuller, *The Movement for the Acquisition of All Mexico, 1846—1848* (Baltimore, MD: Johns Hopkins University Press, 1936)。

18. 也许有人会认为,美国未能征服加拿大和墨西哥并把它们并入美国,是对进攻性现实主义的打击。虽然这两个国家都没有能力单独向美国挑战,但一直存在这样的危险:一个遥远的大国可能与加拿大或墨西哥或同时与两国结成反美同盟。因此,他们认为,美国可以通过向北方、南方和西方的扩张来阻止这种可能性。但是,尽管实际上控制北美会带来战略利益,美国在 1812 年后却从未试图去征服和同化加拿大与墨西哥。因为这将是一项极其困难、代价高昂的工作。的确,1850 年以后,美国征服它的邻国,在军事上不会有什么困难。但是,由于民族主义的力量,使这些国家的人民顺从并把他们转化为美国人,如果不是不可能的话,也会是一项困难的工作。对于美国来说,与加拿大和墨西哥保持友好关系具有重要意义。它有助于阻止任何可能与它们结盟的遥远大国的出现。这一方法确实成效显著。然而,如果它失败了的话,美国可能就会考虑占领加拿大或墨西哥。

19. 从建国后直到内战,担心联邦分裂一直是政策制定者们的主要考虑。例如,约翰·昆西·亚当斯(John Quincy Adams)在 1796 年写道:"在我的政治信条中,没有哪一个比下面这条更清楚地揭示了我的心理,那就是,如果联邦得以维持,我们将继续大步行进,迈向荣誉、尊严和伟大;但是,一旦联邦解体,我们就会很快分裂成一帮陷入持久混战的小集团,被敌对的欧洲大国操纵,而它们的政策恰恰是要使我们之间的不和保持下去。"引自 Samuel Flagg Bemis, *John Quincy Adams and Foundation of American Foreign Policy*（New York：Knopf，1965），p.181。也可参见 W. L. Morton, "British North America and a Continent in Dissolution, 1861—71," *History* 47, No.160（June 1962），pp.139—156。

20. Martin Gilbert, *Atlas of American History*, rev. ed.（New York：Dorset, 1985），pp.37—38, 62; Alex Wexler, *Atlas of Westward Expansion*（New York：Facts on File, 1995），pp.43, 122, and esp.216。

21. 1800 年,大约有 739 000 名美洲土著人生活在密西西比河以西,使美国大陆部分的人数达到大约 916 000 人。本章中所有美洲土著人的数据都源自 Douglas H. Ubelader, "North American Indian Population Size：Changing Perspectives," in John W. Verano and Douglas H. Ubelaker, eds., *Disease and Demography in the Americas*（Washington, DC：Smithsonian Institution Press, 1992），p.173，table 3。当 1492 年欧洲人订立最初的契约时,西半球究竟有多少土著人,对此没有一致的看法。但是,对 1800—1900 年之间,北美的土著人数有一个大体一致的意见。

22. Meinig, *Shaping of America*, Vol.2, pp.78—103, 179—188; Wexler, *Atlas*, pp.42—48, 85—96; T. Harry Williams, *The History of American Wars：From 1745 to 1918*（Baton Rouge：Louisiana State University Press, 1981），pp.139—143.

23. 例如,在 19 世纪 70 年代,美国军方在密西西比河西岸部署了大约 9 000 人的军队,来对付土著人。Williams, *History of American Wars*, p.310. 参见 Robert M. Utley, *Frontier Regulars：The United States Army and the Indian, 1866—1891*（New York：Macmillan, 1973）; Robert Wooster, *The Military and United States Indian Policy, 1865—1903*（New Haven, CT：Yale University Press, 1988）。

24. W.S. Woytinsky and E. S. Woytinsky, *World Population and Production：Trends and Outlook*（New York：Twentieth Century Fund, 1953），p.83，table 40.

25. Ibid., p.84, table 41.

26. 例如,参见 R. G. Neale, *Great Britain and United States Expansion：1898—1900*（East Lansing：Michigan State University Press, 1966）; Stephen R. Rock, *Why Peace Breaks Out：Great Power Rapprochement in Historical Perspective*（Chapel Hill：University of North Carolina Press, 1989），chap.2。

27. 有些学者持这种观点,参见 Kenneth Bourne, *Britain and the Balance of Power in North America, 1815—1908*（Berkeley：University of California Press, 1967），chap.9; Bradford Perkins, *The Great Rapprochement：England and the United States, 1895—1914*（New York：Atheneum, 1968），pp.8—9; Samuel F,

Wells，Jr.，"British Strategic Withdrawal from the Western Hemisphere，1904—1906，" *Canadian Historical Review* 49，No. 4（December 1968）. pp. 335—356。伯恩（Bourne）认为，大英帝国在美国内战（1861—1865 年）后认识到"它将永远不可能再希望在北美大陆上挑战美国的意志"。Kenneth Bourne，*The Foreign Policy of Victorian England*，*1830—1902*（Oxford：Oxford University Press，1970），p. 96. 实际上，英国在美国内战期间没有加入南部联邦的原因之一就是英国领导人相信，即使英国援助南方，北方仍将会取得胜利。参见 Bourne，*Britain and the Balance*，chaps. 7—8；Brian Jenkins，*Britain and the War for the Union*，2 vols.（Montreal：McGill-Queen's University Press，1974，1980），passim；Morton，"British North America"。

28. 参见 Samuel F. Bemis，*The Latin American Policy of the United States：An Historical Interpretation*（New York：Harcourt，Brace，1943）；Michael C. Desch，*When the Third World Matters：Latin America and United States Grand Strategy*（Baltimore，MD：Johns Hopkins University Press，1993）；David G. Haglund，*Latin America and the Transformation of U. S. Strategic Thought*，*1936—1940*（Albuquerque：University of New Mexico Press，1984）；Spykman，*America's Strategy*；Arthur P Whitaker，*The Western Hemisphere Idea：Its Rise and Decline*（Ithaca，NY：Cornel University Press，1954）。

29. 关于门罗主义的最好的研究著作包括 Bemis，*John Quincy Adams*，esp. chaps，28—29；Ernest R. May，*The Making of the Monroe Doctrine*（Cambridge，MA：Harvard University Press，1975）；Dexter Perkins，*A History of the Monroe Doctrine*（Boston：Little，Brown，1963）。关于门罗主义原稿，本段引用了珀金斯（Perkins）的著述，参见 Perkins，op. cit.，pp. 391—393。

30. 参见 Felix Gilbert，*To the Farewell Address：Ideas of Early American Foreign Policy*（Princeton，NJ：Princeton University Press，1961）。

31. 1811 年 1 月 15 日，美国已经声明，任何一个欧洲国家都不能将其帝国的任何领土转交给另一个欧洲国家。

32. 1895 年，理查德·奥尔尼有力地表明了这一观点："美国的任何部分都不再对殖民行为开放。这一立场在它被第一次宣布的时候（1823 年）并没有得到广泛承认，但是现在，它已经被普遍接受了。"Olney Note，p. 554.

33. Benedict Anderson，*Imagined Communities：Reflections on the Origin and Spread of Nationalism*（London：Verso，1983），chap. 4；John Lynch，*The Spanish American Revolutions*. *1808—1826*，2d ed.（New York：Norton. 1986）.

34. Olney Note，p. 557.

35. Desch，*Third World Matters*，chaps. 2—5.

36. Norman A. Graebner，ed.，*Ideas and Diplomacy：Readings in the Intellectual Tradition of American Foreign Policy*（Oxford：Oxford University Press，

1964), pp. 154—212; Lawrence S. Kaplan, *Thomas Jefferson: Westward the Course of Empire* (Wilmington, DE: SR Books, 1999); Robert W. Tucker and David C. Hendrickson. *Empire of Liberty: The Statecraft of Thomas Jefferson* (Oxford: Oxford University Press, 1990), esp, pp. 234—256; Richard W. Van Alstyne, *The Rising American Empire* (Oxford: Basil BlackwetL 1960).

37. Olney Note, pp. 558—559.

38. *Inaugural Addresses of the Presidents of the United States* (Washington, Dca: U. S. Government Printing Office, 1774). p. 105. 在 1850 年以前,这是美国的政策制定者中的共同主题。例如,托马斯·杰斐逊支持购买路易斯安那,支持征用土著土地,因为他认为即使美国不去控制这些领土,它的对手也会去控制的。参见 Meinig, *Shaping of America*, *vol*. 2, p. 14; Wilcomb E. Washburn, *Red Man's Land / White Man's Law: A Study of the Past and Present Status of the American Indian* (New York: Charles Scribner's, 1971). p. 56。

39. 这一观点在以下这本书中的许多部分中得到反映:Norman A. Graebner, ed., *Manifest Destiny* (Indianapolis, IN: Bobbs-Merrill, 1968)。参见 Thomas R. Hietala, *Manifest Design: Anxious Aggrandizement in Late Jacksonian America* (Ithaca, NY: Cornell University Press, 1985); Stephanson, *Manifest Destiny*。

40. Charles A. Beard and Mary R. Beard, *The Rise of American Civilization*, 2 vols. (New York: Macmillan, 1931); Norman A. Graebner, *Empire on the Pacific: A Study in Continental Expansion* (New York: Ronald Press, 1955); William A. Williams, *The Roots of the Modern American Empire: A Study of the Growth and Shaping of Social Consciousness in a Marketplace Society* (New York: Random House, 1969).

41. Hietala, *Manifest Design*; Albert K. Weinberg, *Manifest Destiny: A Study of Nationalist Expansionism in American History* (1935; rpt. Chicago: Quadrangle Books, 1963).

42. Michael H. Hunt, *Ideology and U. S. Foreign Policy* (New Haven, CT: Yale University Press, 1987), chap. 2; Daniel G. Lang, *Foreign Policy in the Early Republic: The Law of Nations and the Balance of Power* (Baton Rouge: Louisiana State University Press, 1985).

43. Max Savelle, *The Origins of American Diplomacy: The International History of Angloamerica, 1492—1763* (New York: Macmillan, 1967). 也可参见 Walter L. Dorn, *Competition for Empire, 1740—1763* (New York: Harper, 1940)。

44. James H. Hutson, "Intellectual Foundations of Early American Diplomacy," *Diplomatic History* 1. No. 1 (Winter 1977), p. 9. 也可参见 Theodore Draper, *A Struggle for Power: The American Revolution* (New York: Times

Books，1996）；Jonathan R. Dull，*A Diplomatic History of the American Revolution*（New Haven，CT：Yale University Press，1985）；Horsman，*Diplomacy*；James H. Hutson，*John Adams and the Diplomacy of the American Revolution*（Lexington：University Press of Kentucky，1980）；Bradford Perkins，*The Cambridge History of American Foreign Relations*，vol. 2，*The Creation of a Republican Empire*，*1776—1865*（Cambridge：Cambridge University Press，1995），chaps. 1—5。

45. H. C. Allen，*Great Britain and the United States：A History of Anglo-American Relations*，*1783—1952*（London：Odhams，1954），chaps. 9—14；Kinley J. Brauer，"The United States and British Imperial Expansion，1815—60，" *Diplomatic History* 12，No. 1（Winter 1988），pp. 19—37；Pletcher，*Diplomacy of Annexation*.

46. Ephraim D. Adams，*British Interests and Activities in Texas*，*1838—1846*（Baltimore，MD：Johns Hopkins University Press，1910）；Sam W. Haynes，"Anglophobia and the Annexation of Texas：The Quest for National Security，" in Sam W. Haynes and Christopher Morris，eds，*Manifest Destiny and Empire：American Antebellum Expansionism*（College Station：Texas A&M University Press，1997），pp. 115—145；Reginald Horsman，"British Indian Policy in the Northwest，1807—1812，" *Mississippi Valley Historical Review* 45，No. 1（June 1958），pp. 51—66；J. Leitch Wright，Jr.，*Britain and the American Frontier*，*1783—1815*（Athens：University of Georgia Press，1975）.

47. 这一问题在下面这本书中有详细讨论：Frederick Merk，*The Monroe Doctrine and American Expansionism*，*1843—1849*（New York：Knopf，1966）。也可参见 Pletcher，*Diplomacy of Annexation*.

48. 引自 Merk，*Monroe Doctrine*，p. 6。也可参见 Sam W. Haynes，*James K. Polk and the Expansionist Impulse*（New York：Longman，1997）。

49. Merk，*Monroe Doctrine*，p. 289.

50. 有证据表明，开国者们反对大陆义务是受了 18 世纪英国在这一问题上争论的影响。参见 Gilbert，*To the Farewell Address*，chap. 2。

51. 参见第六章。

52. 参见第八章。

53. William C. Askew and J. Fred Rippy，"The United States and Europe's Strife，1908—1913，" *Journal of Politics* 4，No. 1（February 1942），pp. 68—79；Raymond A Esthus，"Isolationism and World Power" *Diplomatic History* 2，No. 2（Spring 1978），pp. 117—127.

54. 关于美国军队被派遣至欧洲的情况，参见 Leonard P. Ayres，*The War with Germany：A Statistical Summary*（Washington，DC：U. S. Government Printing Office，1919）；David Trask，Trask，*The AEF and Coalition Warmak-*

ing, *1917—1918*(Lawrence: University Press of Kansas, 1993)。

55. Henry T. Allen, *The Rhineland Occupation* (Indianapolis, IN: Bobbs-Merrill, 1927); Keith L. Nelson, *Victors Divided: America and the Allies in Germany, 1918—1923* (Berkeley: University of California Press, 1975).

56. 参见 Edward H. Buehrig, *Woodrow Wilson and the Balance of Power* (Bloomington: Indiana University Press, 1955); Patrick Devin, *Too Proud to Fight: Woodrow Wilson's Neutrality* (Oxford: Oxford University Press, 1975), pp. 671—688; George F. Kennan, *American Diplomacy, 1900—1950* (Chicago: University of Chicago Press, 1951), chap. 4; Robert Lansing, *War Memoirs of Robert Lansing, Secretary of State* (Indianapolis, IN: Bobbs-Merrill, 1935). pp. 18,26,203—237; Walter Lippmann, *U. S. Foreign Policy: Shield of the Republic* (Boston: Little, Brown, 1943). pp. 33—39; Daniel M. Smith, *The Great Departure: The United States and World War I. 1914—1920* (New York: John Wiley, 1965)。不可否认，还有其他因素促使美国决定参加二战，参见 Ernest May, *The World War and American Isolation, 1914—1917* (Chicago: Quadrangle, 1966), esp. chap. 19。

57. 参见 Nicholas N. Golovine *The Russian Army in the World War* (New Haven, CT: Yale University Press, 1931), chap. 11; Sir Alfred Knox, *With the Russian Army, 1914—1917: Being Chiefly Extracts from the Diary of a Military Attaché*, vol. 2 (London: Hutchinson, 1921), chaps. 16—19; W. Bruce Lincoln, *Passage through Armageddon: The Russians in War and Revolution, 1914—1918* (New York: Simon and Schuster, 1986). pp. 3—4; Allan K. Wildman, *The End of the Russian Imperial Army: The Old Army and the Soldiers' Revolt* (March-April 1917), vol. 1 (Princeton, NJ: Princeton University Press, 1980)。

58. 参见 Philippe Petain, "Crisis of Morale in the French Napoleon at War, 16 the April-23 October, 1917," trans. Rivers Scott, in Edward Spears, ed., *Two Men Who Saved France: Petain and DeGaulle* (London: Eyre and Spottis-woode, 1966), pp. 67—128; Leonard V. Smith, *Between Mutiny and Obedience: The Case of the French Fifth Infantry Division during World War I* (Princeton, NJ: Princeton University Press, 1994). chaps. 7—8; Richard M. Watt, *Dare Call It Treason* (New York: Simon and Schuster 1963). chaps. 10—12。

59. 参见 Paul G. Halpern, *A Naval History of World War I* (Annapolis, MD: U. S. Naval Institute Press, 1994), chap. 11; Holger H. Herwig and David F. Trask, "The Failure of Imperial Germany's Undersea Offensive against World Shipping, February 1917-October 1918," *The Historian* 32, No. 4 (August 1971), pp. 611—636; Arthur J. Marder, *From the Kreadnought to Scapa Flow: The Royal Navy in the Fisher Era, 1904—1919*, vol. 4, *1917: Year of Crisis* (Oxford: Oxford University Press, 1969), chaps. 4—6。

60. 如果美国没有参战,德国可能在 1918 年春季时就已经击败英国和法国军队了,参见本书第六章注释 124 中引用的资料。这并不是说美国在 1918 年击败德国的战斗中扮演了关键性角色。事实上,是英国军队在战争的最后一年里带领协约国走向胜利。参见本章注释 95。然而,美国军队在西岸登陆,在战争的关键时刻,明显改变了协约国与德国的军事力量对比。并且,如果美国不加入协约国一方作战的话,大英帝国可能已经屈服于德国的潜艇战了。同时,还要提到促使美国决定加入对德国的战争的另一个因素。就像第五章所强调的,美国力求避免出现一个欧洲霸主的首要原因在于美国担心这样一个大国会任意干涉西半球的事务。在 1917 年初,德国曾建议与墨西哥(也许还有日本)结成反美同盟。在一封落入美国人之手的电报中,德国外交部长呼吁德国和墨西哥携手进行对美战争,以帮助墨西哥重新控制亚利桑那、新墨西哥和得克萨斯地区,当然德国的主要目的在于使美国陷入本土战争的泥潭,从而无法在欧洲与德国作战。这一插曲在促使美国决定对德作战中发挥了关键作用。参见 Desch, *Third World Matters*, chap. 2; Barbara W. Tuchman, *The Zimmerman Telegram* (New York: Macmillan, 1966)。

61. 对孤立主义研究最好的著作包括 Selig Adler, *The Isolationist Impulse: Its Twentieth-Century Reaction* (London: Abelard-Schuman, 1957); Wayne S. Cole, *Roosevelt and the Isolationists, 1932—1945* (Lincoln: University of Nebraska Press, 1983); Manfred Jonas, *Isolationism in America, 1935—1941* (Ithaca, NY: Cornell University Press, 1966)。

62. 参见 Robert A. Divine, *The Reluctant Belligerent: American Entry into World War II* (New York: John Wiley, 1965); William L. Langer and S. Everett Gleason, *The Challenge to Isolation, 1937—1940* (New York: Harper and Brothers, 1952); Frederick W. Marks HI, *Wind over Sand: The Diplomacy of Franklin Roosevelt* (Athens: University of Georgia Press, 1988); Arnold A. Offner, *American Appeasement: United States Foreign Policy and Germany, 1933—1938* (New York: Norton, 1976); Arnold Offner, "Appeasement Revisited: The United States, Great Britain, and Germany, 1933—1940," *Journal of American History* 64, No. 2 (September 1977), pp. 373—393。

63. Kenneth S. Davis, *FDR: Into the Storm 1937—1940, A History* (New York: Random House, 1993), pp. 543—544; Eric Larrabee, *Commander in Chief: Franklin Delano Roosevelt, His Lieutenants, and Their War* (New York: Harper and Row, 1987), pp. 46—47; David Reynolds, "1940: Fulcrum of the Twentieth Century?" *International Affairs* 66, No. 2 (April 1990), pp. 325—326, 329, 334, 337; Gerhard L. Weinberg, *A World at Arms: A Global History of World War II* (Cambridge: Cambridge University Press, 1994), pp. 84—85, 121.

64. Alan Bullock, *Hitler and Stalin: Parallel Lives* (New York: Vintage,

1993）, p. 670; Robert Conquest, *Stalin: Breaker of Nations* (New York: Viking Penguin, 1991）, p. 229; Reynolds, "1940," p. 337; R. C. Raack, *Stalin's Drive to the West, 1938—1945: The Origins of the Cold War* (Stanford, CA: Stanford University Press, 1995）, pp. 25—26, 52, 187 (note 23), 195 (note 34); Adam B. Ulam, *Stalin: The Man and His Era* (New York: Viking, 1973）, p. 524.

65. 参见第六章注释 134。

66. 参见第三章。

67. Cole, *Roosevelt and the Isolationists*, chap, 26; Langer and Gleason, *Challenge to Isolation*, chaps. 14—15; Warren E Kimball, *The Most Unsorted Act: Lend-Lease, 1939—1941* (Baltimore, MD: Johns Hopkins University Press, 1969）, chap. 2; David L. Porter, *The Seventy-sixth Congress and World War II* (Columbia: University of Missouri Press, 1979）, chaps. 6—7; Marvin R. Zahniser, "Rethinking the Significance of Disaster: The United States and the Fall of France in 1940," *International History Review* 14, No. 2 (May 1992）, pp. 252—276.

68. Cole, *Roosevelt and the Isolationist*, pp. 11, 364—365.

69. Mark S. Watson, *Chief of Staff: Prewar Plans and Preparations* (Washington, DC: Department of the Army, 1950）, pp. 16, 202.

70. 引自 Kimball, *Unsorted Act*, p. 233。

71. William L. Langer and S. Everett Gleason, *The Undeclared War, 1940—1941* (New York: Harper and Brothers, 1953）, chaps. 8—9, 14, 17—18, 21—23; Richard M. Leighton and Robert W. Coakley, *Global Logistics and Strategy, 1940—1943* (Washington, DC: Department of the Army, 1955）, pt. I. 即使希特勒没有对美国宣战,华盛顿也会在珍珠港事变以后很快对德宣战,就像美国在一战时做过的那样。很清楚,罗斯福政府一直打算在 1941 年秋季对德作战,只是需要找到一个借口,幸运地是,希特勒干净利落地解决了这一问题。

72. Walter W, Rostow, *The Division of Europe after World War II, 1946* (Austin: University of Texas Press, 1981）, pp. 5—6, 54—55, 92; Mark S. Sheetz, "Exit Strategies: American Grand Designs for Postwar European Security," *Security Studies* 8, No. 4 (Summer 1999）, pp. 1—43; Michael S. Sherry, *Preparing for the Next War* (New Haven, CT: Yale University Press, 1977）, pp. 97—98; Jean E. Smith, ed. , *The Papers of General Lucius D. Clay: Germany, 1945—1949*, vol. I (Bloomington: Indiana University Press, 1974）, pp. 242—243; Phil Williams, *The Senate and US Troops in Europe* (New York: St. Martin's, 1985）, chap. 2.

73. 本段数字引自 Daniel J. Nelson, *A History of U. S. Military Forces in Germany* (Boulder, CO: Westview, 1987）, pp. 45, 81, 103; Phil Williams, *US Troops in Europe*, Chatham House Paper No. 25 (Boston: Routledge and Kegan

Paul，1984），p.19。也可参见 William P. Mako，*U.S. Ground Forces and the Defense of Central Europe*（Washington，DC：Brookings Institution Press，1983），p.8。

74. 参见第八章。

75. 参见 Brian M. Linn，*Guardians of Empire：The U.S. Army and the Pacific*，*1902—1940*（Chapel Hill：University of North Carolina Press，1997）；Edward S，Miller，*War Plan Orange：The U.S. Strategy to Defeat Japan*，*1897—1945*（Annapolis，MD：U.S. Naval Institute Press，1991）。关于 1900—1930 年间美国对远东的政策，有帮助的研究有 A. Whitney Griswold，*The Far Eastern Policy of the United States*（New York：Harcourt，Brace，1938），chaps.1—8。

76. 每一年的数据可参看 Linn，*Guardians of Empire*，pp.253—254。

77. 引自 Walter LaFeber，*The Cambridge History of American Foreign Relations*，vol.2，*The American Search for Opportunity*，*1865—1913*（Cambridge：Cambridge University Press，1995），p.175。

78. 参见 Kemp Tolley，*Yangtze Patrol：The U.S. Navy in China*（Annapolis，MD：U.S. Naval Institute Press，1971）；Dennis L. Noble，*The Eagle and the Dragon：The United States Military in China*，*1901—1937*（Westport，CT：Greenwood，1990）。

79. 关于日俄战争，参见第六章注释 18 引用的资料。

80. 关于 20 世纪 20 年代的日本军队，参见 Meiron and Susie Harries，Soldiers of the Sun：*The Rise and Fall of the Imperial Japanese Arm*（New York：Random House，1991），p.3。关于 20 世纪 20 年代的苏联军队，参见 John Erickson，*The Soviet High Command：A Military-Political History*，*1918—1941*（New York：St. Martin's，1962），chaps.5—10；Dimitri F. White，*The Growth of the Red Army*（Princeton，NJ：Princeton University Press，1944），chaps.6—9。

81. 斯大林的肃反运动的确削弱了苏联在远东的地位，虽然这场肃反运动没有"在红军其他部门随处可见的残暴与激烈"。参见 Erickson，*Soviet High Command*，p.467。关于肃反运动的全面研究，见 Ibid.，chaps.14—16；Robert Conquest，*The Great Terror：A Reassessment*（Oxford：Oxford University Press，1990），pp.427—431。尽管苏联明显拥有强大的军事力量，但它并不是亚洲潜在的霸主。苏联的大部分军事力量必须部署在欧洲，并且只有在取得欧洲霸权以后，这些力量才能被转移至远东。而这一点在 20 世纪 30 年代晚期是不太可能的。

82. 参见 Paul Haggie，*Britannia at Bay：The Defence of the British Empire against Japan*，*1931—1941*（Oxford：Clarendon，1981），pp.161—163；Peter Lowe，*Great Britain and the Origins of the Pacific War：A Study of British Policy in East Asia*，*1937—1941*（Oxford：Clarendon，1977），chap.4。

83. 阐述日本难以赢得对华战争的最好著作有 Frank Dorn，*The Sino-Japanese War*，*1937—1941：From Marco Polo Bridge to Pearl Harbor*（New York：

Macmillan, 1974); Edward L. Dreyer, *China at War*, *1901—1949* (London: Longman, 1995), chaps. 6—7; Lincoln Li, *The Japanese Army in North China*, *1937—1941*: *Problems of Political and Economic Control* (Oxford: Oxford University Press, 1975)。

84. 参见 Wesley E. Craven and James L. Cate, *The Army Air Forces in World War II*, vol. I, *Plans and Early Operations*, *January 1939-August 1942* (Washington, DC: Office of Air Force History, 1983), pp. 175—193; Louis Morton, *The Fall of the Philippines* (Washington, DC: Department of the Army, 1953), chaps. 2—3。

85. 关于关东军的失利,参见 David M, Glantz, *August Storm*: *The Soviet 1945 Strategic Offensive in Manchuria*, Leavenworth Paper No. 7 (Fort Leavenworth, KS: Army Command and General Staff College, February 1983); David M. Glantz, *August Storm*: *Soviet Tactical and Operational Combat in Manchuffa*, *1945*, Leavenworth Paper No. 8 (Fort Leavenworth, KS: Army Command and General Staff College, June 1983)。

86. 参见 Marcs. Gallichio, *The Cold War Begins in Asia*: *American East Asian Policy and the Fall of the Japanese Empire* (New York: Columbia University Press, 1988)。

87. 英国和美国保持欧洲均势的动机有一点区别。就像所强调过的那样,美国并不太担心会遭到来自欧洲霸主的直接军事打击,而是关心某个欧洲(或亚洲)大国与西半球的某个国家结盟的可能性。大英帝国并不担心这一问题,因为它是那个岛上唯一的国家。相反,它担心一个欧洲霸主会对其生存构成直接的军事威胁。这种威胁或者是跨越英吉利海峡的军事入侵,或者是击败英国海军,切断英国的海外贸易,从而摧毁英国的经济。

88. Eyre Crowe, "Memorandum on the Present State of British Relations with France and Germany," January 1, 1907, in G. P. Gooch and Harold Temperley, eds., *British Documents on the Origins of the War*, *1898—1914*, vol. 3 (London: His Majesty's Stationery office, 1928), p. 403。关于这一影响的其他论述,参见 1911 年 11 月 27 日和 1914 年 8 月 3 日爱德华·格雷爵士(Sir Edward Grey)(外交事务大臣)在下议院的演讲,可参见 Edward Grey, *Speeches on Foreign Affairs*, *1904—1914* (London: Allen and Unwin, 1931), pp. 145—171, 297—315; Paul M. Kennedy, *The Realities Behind Diplomacy*: *Background Influences on British External Policy*, *1865—1980* (Boston: Allen and Unwin, 1981), p. 139。

89. 引自 Richard Pares, "American versus Continental Warfare, 1739—1763," *English Historical Review* 51, No. 203 (July 1936), p. 430。早在 20 年前的 1723 年,罗伯特·沃波尔(Robert Walpole)首相就说过:"我的政策是尽可能长久地不受条约的束缚。"引自 Gilbert, *To the Farewell Address*, p. 22。

90. 对过去 300 年里英国大陆政策的精确分析,可参见 Steven T. Ross, "Blue Water Strategy Revisited," *Naval War College Review* 30, No. 4（Spring 1978）, pp.58—66。也可参见 Michael Howard, *The Continental Commitment: The Dilemma of British Defence Policy in the Era of Two World Wars*（London: Pelican, 1974）; Paul M. Kennedy, *The Rise and Fall of British Naval Mastery*（London: Alien Lane, 1976）; Pares, "American versus Continental Warfare," pp.429—465; R. W. Solon-Watson, *Britain in Europe, 1789—1914: A Survey of Foreign Policy*（New York: Macmillan, 1937）, pp.35—37。哈特（B. H. Liddell Hart）认为,在 20 世纪 30 年代后期,"英国的军事方针"是要回避在欧洲大陆的军事义务,而代之以靠海军影响欧洲战争的结果。参见 B. H. Liddell Hart, *The British Way in Warfare*（London: Faber. 1932）; B.H. Liddell Hart, *When Britain Goes to War*（London: Faber, 1935）。这一观点很大程度上受到了以下著作的质疑: Brian Bond, *Liddell Hart: A Study of His Military Thought*（London: Cassell, 1977）, chap.3; Michael Howard, *The British Way in Warfare: A Reappraisal*, 1974 Neale Lecture in English History（London: Cape, 1975）。

91. 参见第八章。

92. Christopher Howard, *Splendid Isolation*（New York: St. Martin's, 1967）, pp.xi—xv.

93. 在克里米亚战争期间（1853—1856 年）,有一个例外。当时大英帝国和法国入侵了俄国的克里米亚半岛。然而,英国人之所以这样做,并不是因为担心俄国会向中欧扩张,而是因为担心俄国以牺牲土耳其为代价向里海地区扩张。Andrew D. Lambert, *The Crimean War: British Grand Strategy, 1853—56*（New York: Manchester University Press, 1990）。

94. 参见第八章。

95. 关于英国贡献的简要总结,参见 Brian Bond, *British Military Policy between the Two World Wars*（Oxford: Oxford University Press, 1980）, pp.1—6。更详细的论述参见 James E. Edmonds, ed., *Military Operations: France and Belgium, 1918*, 5 vols., *Official British History of World War I*（London: Macmillan, 1935—1947）; Hubert Essame, *The Battle for Europe, 1918*（New York: Scribner's, 1972）; John Terraine, *To Win a War: 1918, the Year of Victory*（New York: Doubleday, 1981）。也可参见 John J. Mearsheimer, *Liddell Hart and the Weight of History*（Ithaca, NY: Cornell University Press, 1988）, chap.3。

96. David G. Williamson, *The British in Germany, 1918—1930: The Reluctant Occupiers*（New York: Berg, 1991）。

97. 如第一章所述,英国在 1945 年后不再是一个大国,然而它仍然作为欧洲力量均衡的外部力量而发挥作用。

第八章
均势与推卸责任

我已在第五章中说过,均势与推卸责任是国家用以保卫均势,反对入侵者的主要策略。被威胁的国家怀有强烈的动机去推卸责任。之所以倾向于推卸责任而不是均势,是因为一旦威慑失败,成功的推卸责任者不必非要与入侵者交战。事实上,如果入侵者和承担责任者陷入一场长期代价高昂的战争,推卸责任者甚至还可获得权力。尽管这种推卸责任具有进攻性特点,但总有这种可能,即入侵者会赢得迅速而决定性的胜利,使均势朝着有利于自己而不利于推卸责任者的方向变化。

本章有三个目的。首先,我解释被威胁的国家何时倾向于追求均势,何时倾向于推卸责任。这种选择主要是国际体系结构作用的结果。在两极体系中,受威胁的大国必须去抗衡其对手,因为没有其他大国来承担责任(catch the buck)。在多极体系中,被威胁国家能够而且经常推卸责任。发生推卸责任的次数很大程度上取决于威胁的程度与地缘因素。当没有要对付的潜在霸主,以及当被威胁国家不与入侵国接壤时,多极体系中推卸责任便很普遍。但是,就算有一种支配性威胁,被威胁国家仍然会寻求机会去推卸责任。一般而言,潜在霸主控制越多的相对权力,体系中所有被威胁国家就越有可能摒弃推卸责任而形成一种均势联盟。

第二,用过去两个世纪以来欧洲五个安全竞争最激烈的例子,来验证我的关于被威胁国家何时推卸责任的观点。特别是,我在考虑现代欧洲历史上大国是如何对四个潜在霸主作出反应的:革命和拿破仑时期的法国(1789—1815 年)、威廉德国(1890—1914 年)、纳粹德国(1933—1941

年)及苏联(1945—1990 年)。[1]我还考察了一下欧洲大国是如何应对奥托·冯·俾斯麦在 1862—1870 年以武力统一德国的努力。然而,俾斯麦式的普鲁士并非潜在的霸主。所有这些例子中的体系都是多极的,只有冷战时期的美苏对峙才是两极体系。

这五个例子的证据很大程度上与我关于国家何时推卸责任、何时去抗衡入侵者的理论相一致。例如,美国在冷战时期别无选择,只能去抗衡苏联,因为国际体系是两极的。这就不奇怪,这种均势行为比多数例子中任何一个更适时、更有效。在这四个多极例子中,一个明显的变化是,推卸责任是一种选择。推卸责任在反对俾斯麦的普鲁士时更清楚,这并不稀奇,因为普鲁士是研究中并非潜在霸主的入侵者。推卸责任在反对威廉德国时最不明显,在一战爆发前的 7 年左右,一个颇令人敬畏的反德均势联盟组织起来了。在 1792 年法国大革命走向战争之前,在纳粹德国 1939 年发动战争之前,都存在相当多的针对它们的推卸责任行为。这些案例中的变化很大程度上可以由相对的权力分配及地缘因素来解释,它们鼓励了各国在面对拿破仑与阿道夫·希特勒的威胁时推卸责任,而在面对威廉皇帝的威胁时却相反。

第三,我希望明确我的观点,在面临入侵者时被威胁的国家倾向于推卸责任而非抗衡之。在第七章中关于英国及美国在欧洲(或东北亚)面对潜在霸主时总是指望推卸责任的讨论,提供了国家间这种趋向的相应证据。然而,我将通过关注五个特别富有侵略性的欧洲国家及其对手如何对它们作出反应来阐述这一问题。

我对何时国家会推卸责任的解释在下部分给出。这五个例子按年代顺序依次讨论,从大革命时期与拿破仑法国开始,以冷战结束。最后,对这五个例子中的发现进行比较与对照。

国家何时推卸责任?

当入侵者出现时,至少有一个国家会最终承担直接的责任来制衡它。

抗衡几乎总是会发生的，尽管它并不总会成功。这一点与推卸责任的逻辑相一致，后者本质上是关于谁来制衡、而非制衡成功与否的问题。推卸责任者只是想要其他人负起重担，不过它也自然希望威胁能被遏制。相反，当入侵者威胁要推翻均势时，推卸责任并不总是会发生。被威胁的大国可能会采取推卸责任的策略，但这并非一个切实可行的选择。这时的任务就是决定何时推卸责任会产生有效的战略意义。

推卸责任的前景很大程度上是系统特别结构的产物。最关键的是大国间的权力分配与地缘性因素。[2]权力在大国间通常以三种方式分配。[3]两极由军事实力差不多相等的两个大国所支配；失衡的多极体系包含有三个或更多的大国，其中之一是潜在的霸主；平衡的多极体系不存在雄心勃勃的霸主，相反，权力在大国间，或至少是在体系中最重要的两个大国间被分割，更确切地说是平分。

两极体系中的大国是不会有推卸责任行为的，因为没有第三方来承担这一责任。被威胁大国别无选择，只能去抗衡其大国对手。在一个只有两个大国的世界里也不可能形成均势同盟。相反，被威胁大国不得不依赖其自身资源，或许与更小的国家结盟，来遏制入侵者。因为在两极体系中推卸责任与大国均势联盟并不可行，我们应该预计到在这种体系中的制衡将会迅速而有效。

推卸责任在多极体系中总是可能的，因为这一体系中至少总是存在一个潜在的承担责任者。但是推卸责任在平衡的多极体系中可能更普遍一些，主要是因为没有入侵者会按定义强大到来击败所有的其他大国从而支配整个体系。这意味着在一个平衡的体系中并非所有的大国都被入侵者所直接威胁，那些并不处于受直接攻击危险中的国家几乎总是选择推卸责任。那些直接被入侵者威胁到的国家可能试图与另一受威胁国家一道来应对这一局面，这样它们就可以不受伤害，而让承担责任者去捍卫均势。简言之，当多极体系中的权力在大国间平分时，就不可能形成均势联盟来对付入侵者。

推卸责任在非均衡多极体系中更不可能，因为被威胁的国家强烈希望联手阻止潜在的霸主来控制其地区。毕竟，潜在的霸主，也就是明显拥有比其所在地区任何大国更大的潜在权力和更可怕军队的大国，有实力从根本上改变均势,使之有利于自己。相应地,它们对这一体系中几乎所有国家都构成了直接威胁。德国历史学家路德维格·德亥俄(Ludwig Dehio)坚信,国家"只有在其圈子中有一个国家试图去获得霸权时才团结一致";巴里·波森也注意到,"那些最常被认为是历史上想称霸的国家已经引发了其邻居的最强烈的均势行为"。[4]

不过,推卸责任行为在不平衡的多极体系中经常发生。被威胁的国家不情愿形成均势联盟来反对潜在的霸主,因为遏制的代价可能太大;如果有可能让另外一个国家去承担这种代价的话,被威胁国家将为此竭尽所能。支配性国家相对其对手越是强大,潜在的受害者就越不能在它们当中推卸责任,更有可能是它们会形成一个均势联盟来反对入侵者。事实上,某些时候,需要所有被威胁大国的集体努力来遏制一个特别强大的国家。在这种情形下,推卸责任很少讲得通,因为承担责任者不可能有能力单独去制衡潜在的霸主。

既然权力的分配告诉我们大国间多大程度上可能存在推卸责任的行为,那么地缘因素也能帮助辨识多极体系中可能的推卸责任者与承担责任者。涉及地缘因素的关键问题是被威胁的国家是否与入侵者接壤,是否存在另一个国家的领土或一大片水域形成的缓冲地带将那些对手分隔开来。总体上,共同边界促进了均势,缓冲地带鼓励推卸责任。

共同边界以两种方式促进均势。第一,这使被威胁国家可以直接及相对容易地进入入侵者的领土,这意味着陷入危险的国家处于有利的位置对其危险的对手施加军事压力。如果所有被威胁国家与其共同的敌人都接壤,它们会很容易让敌人处于多面作战的恐惧中,这通常是一种遏制强大入侵者的有效方式。[5]另一方面,如果被威胁国家由水域或陆地缓冲地带与其对手分开,那么岌岌可危的国家便很难派军队对威胁性国家施压。例如,较小国家夹在中间,通常不情愿邀请被威胁大国进入其领土,这就迫使被威胁国家去入侵较小的国家以接近入侵者。正如第四章中所讨论的,越过水域投送力量也是一件难事。

第二,与入侵者接壤的大国可能感到特别容易受攻击,这样它们可能自觉地去抗衡其危险的敌人。它们不可能处于有利的位置来推卸责任,尽管尝试这一战略的诱惑总是存在。另一方面,由缓冲地带与入侵者隔开的被威胁国家可能感到遭受入侵的可能性更小,因此更倾向于将责任推给与危险国家接壤的被威胁国家。这样,在被威胁国家当中,那些与入侵者为邻的国家通常被迫承担责任,而那些离威胁更远的国家便推卸责任。这也道出了"地缘因素至关重要"这一格言的真理。

总之,在两极体系下大国推卸责任是不可能的,而在多极体系中不仅可能而且很普遍。事实上,仅当存在一个特别强大的霸主以及入侵者与被威胁大国不存在缓冲地带时,多极体系中才可能没有推卸责任行为。在缺乏支配性威胁与共同边界时,相应地在多极体系中就可能有实质性的推卸责任行为。

现在让我们来考察一下用这种理论来解释历史记录的情况,首先关注大约两个世纪前欧洲大国是如何对大革命时期及拿破仑时期的法国的侵略行为作出反应的。

大革命时期及拿破仑时期的法国
(1789—1815 年)

背 景

1792—1815 年间,欧洲大国战事不断,几乎没有停过。基本上是一个强大的、极富侵略性的法国与其他地区不同的大国联盟作战,这些国家有奥地利、英国、普鲁士、俄国等。法国一心想成为欧洲的霸主,在 1812 年 9 月中旬当拿破仑军队进入莫斯科时达到其顶峰。当时,法国控制了从大西洋到莫斯科、波罗的海到地中海几乎所有的欧洲大陆。然而,不到两年以后,法国被击败,拿破仑被囚禁在厄尔巴岛。

在 1789 年法国大革命爆发与 1792 年大国战争爆发期间,没有形成抗衡法国的均势。奥地利与普鲁士实际上在 1792 年对大革命时期的法国作战,是在利用而不是遏制它。然而,法国迅速地建立起强大的军队,至 1793 年末已经成为潜在的霸主。不过,直到 1813 年在战争打响后 20 年,所有法国的四个大国对手才走到了一起,组成均势联盟,决定性地击败了法国。在拿破仑20年的征讨岁月中，法国的敌国存在大量的推卸责任行为和无效的均势行为。事实上，在1793—1815年间形成过五个不同的均势联盟来对付法国，但是没有哪个包含所有的法国对手，并且每个联盟在战场上表现拙劣，先后都瓦解了。有很长一段时期，英国单独同法国作战。

法国的对手在1789年至1815年间的行为很大程度上可以通过权力分配与地缘因素来解释。1793年几乎没有反对法国的均势，因为法国还不是一个潜在的霸主。尽管法国在1793年末成为一个支配欧洲的威胁，但奥地利、英国、普鲁士与俄国在接下来的12年间采取了大量的推卸责任行为，这主要是因为法国尽管强大，但还没有强大到需要其所有四个对手阻止它横行欧洲大陆的地步。然而，到1805年时法国军队在拿破仑手下变得如此厉害，惟有所有欧洲大国的集体努力才能遏制它。但直到1813年这些国家仍未遏制它，部分原因是推卸责任的冲动仍然在起作用，但更主要的原因是无效的均势行为(inefficient balancing)。特别是，拿破仑在1805年时将奥地利踢出均势圈，1806年普鲁士又重复了奥地利的命运，这就使得敌人不可能形成一个联合的反法联盟。这种状况在1812年末改变了，当法国在俄国遭受巨大失败时，法国被暂时削弱，奥地利、英国、普鲁士和俄国在1813年便能联手埋葬法国追逐霸权的努力。

大国的战略行为

研究1789—1815年欧洲大国行为的一个好方法是从简要描述法国侵略的不同目标开始，然后考察1789—1791年、1792—1804年、1805—1812年和1813—1815年四个特别时期法国与其对手的交往。[6]

法国试图去征服欧洲所有的领土，尽管它倾向于从西到东着手。其在西欧的主要目标是1792年曾为奥地利所控制的比利时，荷兰共和国，反对法国东部边界的不同德国政治实体，如巴伐利亚、汉诺威及萨克森，我在整个这一章将其称为"第三德国"[7]，瑞士，意大利半岛，特别是其北部，伊比利亚半岛的葡萄牙与西班牙，英国。除了拿破仑本来计划入侵但从未实施的英国外，法国在这一时期或那一时期控制了所有这些区域。在中欧，法国的主要目标是奥地利、普鲁士及波兰，当时由奥地利、普鲁士与俄国所支配。在东欧,法国的主要目标是俄国(参见图 8.1)。

图 8.1　1810 年拿破仑权力顶峰时期的欧洲

　　1789 年爆发的法国大革命并未导致法国发动传播其意识形态的战争,也没有导致欧洲的其他大国与法国交战以镇压革命,恢复君主专制。事实上,直到 1792 年春奥地利与普鲁士挑起对法国的战争以前,大国间太平无事。但那场冲突主要是基于均势的考虑,尽管它并非被威胁国家抗衡强大的法国的例子。[8]相反,奥地利、普鲁士联合起来对付软弱和易受攻击的法国以从中获得权力。英国坐山观虎斗，俄国鼓励奥地利与普鲁士与法国交战，以便自己能从波兰获益。

法国在战争的开始几个月遭遇很惨，在 1792 年夏法国军队通过重组和扩大得到改进，它于 1792 年 9 月 20 日在瓦尔米（Valmy）入侵普鲁士时赢得了一次令人晕眩的胜利。此后不久，法国继续征讨，在 1815 年 6 月拿破仑在滑铁卢的最终溃败之前，它一直是一个无情的、令人畏惧的入侵者。

1793—1804 年间，法国并未试图去征服所有的欧洲国家，相反，它在西欧寻求并获得霸权。特别是，它获得了对比利时、意大利的大部及部分第三德国的直接控制。法国还支配了荷兰共和国及瑞士。但是葡萄牙、西班牙，更重要的是英国，不在法国控制之下。这些在西欧的收获并非来得那么迅速和容易。例如，通过在 1792 年 11 月 6 日的热马普（Jemappes）战役中击败奥地利而赢得了对比利时的控制，但是奥地利人在 1793 年 3 月 16 日的内尔温登（Neerwinden）战役中又赢回了比利时。然而，法国在 1794 年 6 月 26 日的弗勒鲁（Fleurus）战役中再次夺得比利时。

在意大利的情形也类似。在 1796 年 3 月至 1797 年 4 月间，拿破仑领导法国军队在意大利取得对奥地利的胜利。法国接下来通过《坎波—佛米奥和约》（1797 年 10 月 18 日）获得了在意大利的领土与政治影响，结束了奥地利与法国的战事。但是它们在 1799 年 3 月 13 日又重开战火。在那年秋季，几乎所有的法国军队都被赶出意大利。拿破仑在 1800 年春重返意大利，通过一系列的战斗击败了奥地利，通过《吕内维尔和约》（Treaty of Luneville，1801 年 2 月 8 日）赢回了对意大利大部分的控制，结束了战争循环。

在 1793—1804 年间法国不仅具有有限的领土野心，而且也未做实质性努力来控制任何其大国对手。当然，是法国发动了对奥地利、英国、普鲁士及俄国的成功军事战役，但它并未威胁要将它们中的任何一个赶出大国均势圈。其结果是，法国在 1805 年以前的战争规模有限，非常类似前一世纪典型的"有限战争"（limited wars），这些战争很少产生促使一个大国去征服另一个大国的决定性胜利。[9]

法国的对手在 1793—1804 年间形成了两个均势联盟，但是在那些被威胁国家间仍然存在大量的推卸责任行为。第一个联盟于 1793 年 2 月 1 日组成,当时英国联合奥地利、普鲁士制衡法国在比利时与荷兰的扩张。[10]但是俄国并未加入反对法国的战争,而是追求一种坐观血腥撕杀战略,奥地利、普鲁士只好直面法国的战斗。[11]普鲁士疲于战事,并于 1795 年 4 月 5 日退出联盟,相当于将责任推给了奥地利和英国。事实上,奥地利并没有承担责任,因为英国的少量军队不可能与法国军队在欧洲大陆展开实质性的竞争,这样奥地利军队就要同强大的入侵者作战。然而,奥地利在其后与法国的战斗中状况并不佳,它在 1797 年秋临时退出了战事,留下英国单独同法国作战。

第二个均势联盟在 1798 年 12 月 29 日组成,成员包括奥地利、英国、俄国,而没有普鲁士,后者倾向于继续推卸责任。这一联盟在 1799 年 3 月至 8 月赢得了对法国的一些战役的胜利,但是法国在 1799 年 9 月及 10 月扭转了这一局面,赢得了对联盟的重大胜利。俄国于 1799 年 10 月 22 日退出了联盟,让奥地利和英国去遏制法国。再一次,(遏制法国的)重任落到了奥地利而非英国肩上。在几次被法国军队在战场上击败后,奥地利于 1801 年 2 月 9 日与法国签订了和约。英国最终于 1802 年 3 月 25 日签订《亚眠和约》(Treaty of Amiens)而退出了战事。这是自 1792 年春以来欧洲首次无大国战事。但是和平实际上只是一种武装的休战,只持续了 14 个月,1803 年 5 月 16 日战争重新爆发,英国对法国宣战。

1805—1812 年间,拿破仑抛弃了在上一世纪中影响欧洲冲突的"有限战争"类型。[12]特别地,他寻求征服所有欧洲国家,使法国成为霸主。到 1809 年夏,法国牢牢地控制了所有的中欧国家,正为征服西班牙和支配伊比利亚半岛这一法国尚未支配的欧洲大陆西部唯一的地区而战。[13]1812 年 6 月,法国入侵俄国,希望获得对东欧的控制。为追逐欧洲霸权,拿破仑征服了其他大国,并将它们逐出了均势圈,这在 1792—1804 年的战争中尚未变成现实。例如,在 1805 年法国决定性地击溃并征服了奥地利,一年后即 1806 年普鲁士也遭此厄运。奥地利从 1809 年的惨败中短暂地恢复过来,但拿破仑军队再次决定性地将其击溃。本质上,1805—1812 年间,英国和俄国是法国仅有的两个大国对手。

在这期间,又形成了三个均势联盟来反对法国。尽管没有 1792—

1804 年间那么多,但毫无疑问还是有推卸责任行为。1805 年后,拿破仑的对手面临的最主要问题是,它们联合在一起形成可怕的均势联盟是相当无效的,这使得拿破仑各个击破,将它们赶出均势圈。总之,外交要比军事更迟钝。[14]

第三个联盟于 1805 年 8 月 9 日组成,当时奥地利与英国、俄国进行军事联合。普鲁士最终选择推卸责任,置身于联盟之外,因为它当时以为三个联盟成员加起来的实力已足够遏制法国。法国自 1800 年末起没有在欧洲打过一场大的地面战争。[15]事实上,尽管在外交战线仍具极度挑衅性,但拿破仑自从 1801 年早期以来与其强大的大陆敌人一直和平共处。保罗·施罗德注意到:"对拿破仑而言,和平只是战争通过另一种方式的继续。"[16]而且,在英国与法国于 1803 年春重新开战时,拿破仑建立起了一支能跨越英吉利海峡并入侵英国的强大军队。拿破仑大军从未攻击英国,但拿破仑在 1805 年秋用它来攻击第三次反法联盟。在战事的首回合,法军在乌尔姆(Ulm)大败奥军(1805 年 10 月 20 日)。[17]普鲁士认识到法国是自己生存的严重威胁,于是加入了反法联盟。而在此之前,拿破仑于 1805年 12 月 2 日在奥斯特里茨(Austerlitz)击败了奥俄两国军队。[18]在不到三个月的时间内经历第二次大败后,奥地利便不再算作一个大国了。

不到一年,也就是 1806 年 7 月 24 日,英、普、俄形成第四次反法联盟。这次没有谁推卸责任,因为奥地利根本没有加入联盟。但这无关大局:拿破仑在 1806 年 10 月 14 日通过赢得耶拿(Jena)及奥尔施泰特(Auerstadt)战役而征服了普鲁士。奥普两国被踢出了大国圈。在艾劳城(Eylau)的血腥僵局中与俄军交战(1807 年 2 月 8 日)后,拿破仑在弗里德兰(Friedland)的战场粉碎了它(1807 年 6 月 14 日)。此后不久,严重受挫的俄军与拿破仑签订了《提尔西特和约》(Treaty of Tilsit),结束了法俄间的战事,让法国放手进攻孤立无援的英国。法国集中精力与英国交战,俄国则从失败中恢复过来,努力提高其在中欧的地位。

拿破仑在 1805 年的凯旋部分是俄国推卸责任的结果,这是 1815 年之前的 10 年间唯一典型的推卸责任案例。俄国在 1807—1812 年将责任推给英国,不仅是因为奥地利与普鲁士曾被法国控制,不能加入均势联盟,而且因为俄军在 1805—1807 年遭受大败,使它不可能在没有欧洲大陆盟友的情形下同法国军队作战。更好的做法是让英国和法国相互攻击而俄国旁观之,恢复并等待均势的有利转换。

有了1805年和1807年的两次教训,在第五次反法联盟中,俄国仍然选择作旁观者,奥地利在1809年春已重新获得了足够的力量与英国联手,在阿斯佩恩和艾斯林(Aspern-Essling)(1809年5月21至22日)及瓦格腊姆(Wagram)(1809年7月5至6日)发动了对拿破仑的两场大战,但又被决定性地击败和征服。鉴于普奥都从均势圈中被逐出,俄国成为法国在欧洲大陆唯一的大国对手。条约并没有持续多久,拿破仑于1812年6月将矛头指向了俄国,希望征服并将其逐出均势圈。当然,法国军队在1812年6月至12月间在俄国遭受了致命的失败。[19]同时,法国在西班牙的地位逐渐恶化,在1813年1月早些时候,拿破仑最终呈现出脆弱的一面,冉也不是战无不胜的了。

这就毫不奇怪,第六次反法联盟在1813年组建起来。普鲁士于1813年2月26日与俄国形成联盟。拿破仑在俄国的溃败给了普鲁士以亟需的喘息机会,不到一个月以后,也就是1813年3月17日它便与法国交战。英国于1813年6月8日加入此联盟,奥地利效仿之,于1813年8月11日对法国宣战。自从1792年战争爆发后所有法国的对手第一次在一个均势联盟中联合起来。[20]

置在俄国的溃败及强敌联盟于不顾,拿破仑决定继续征讨。1813年战争因为争夺对法国支配了近十年的第三德国(现称为"莱茵邦联")的控制权而爆发。法国军队于1813年5月在吕岑(Lutzen)和包岑(Bautzen)赢得了重大胜利。在整个1813年夏天,战事都非常顺利,1813年8月26至27日法国又赢得了在德累斯顿(Dresden)的一场主要战役,但是法国的胜利很大部分是由于反法联盟仍在形成之中。在1813年10月中旬,当联盟最终组建起时,拿破仑在莱比锡战役中遇到了可怕的奥、普、俄军队。法国遭遇到又一次毁灭性失败并永远失去了德国。

到1813年底,法国的对手攻入其领土,1814年的战事便是为法国自身而战了。拿破仑军队于1814年1月在一些关键战役中表现出奇地好,但均势联盟尽管经历劳损,还是联合在一起并在3月份打败了法军,使拿破仑在1814年4月6日退位。[21]他最终被流放在厄尔巴岛。1815年3月初他又跑回法国。第六次反法联盟立即于 1815 年 3 月 25 日重组,并于 1815 年 6 月 18 日在滑铁卢最后将拿破仑击溃。法国追求霸权的努力就此结束。

权力的计算

很难坚持认为法国比其任何一个大国对手都具有更大的潜在权力,这主要是因为没有多少可兹依赖的 1792—1815 年间的人口,特别是财富方面的数据。当我们考虑所知的军事实力建构时,就仍然有理由认为法国比其他欧洲国家具有更多的潜在权力。

尽管很难找到拿破仑时期所有国家财富的任何比较数据,但学者们一般同意英国和法国是国际体系中最富有的国家。英国拥有巨大财富的一个很好的标志是英国给奥地利、普鲁士和俄国提供了大量辅助财政援助,使之能建立击溃法国的军队,而后者当然不会从英国或任何其他国家那里获得补贴。很难对英国和法国的财富作一详细比较,但有理由认为法国比英国更富有,尽管不会富到哪里去,同时在什么时期更富有也是个问题。[22]例如,1800 年法国比英国拥有更多的人口(2 800 万:1 600 万)(参见表 8.1)。对两个繁荣的经济体来说,更多人口的一方将拥有更多的综合财富。而且,如纳粹德国一样,法国从其对欧洲大部分地区的控制中获得了相当的财富。一位学者估计,"1805 年以来,拿破仑的征服给法国财政部提供了 10%—15%的年收入"[23]。

表 8.1　1750—1816 年间欧洲大国的人口(百万)

	1750 年	1800 年	1816 年
奥地利	18	28	29.5
英　国	10.5	16	19.5
法　国	21.5	28	29.5
普鲁士	6	9.5	10.3
俄　国	20	37	51.3

资料来源:1750 年和 1800 年的数据引自 Paul Kennedy, *The Rise and Fall of the Great Powers*: *Economic Change and Military Conflict from 1500 to 2000* (New York: Vintage, 1987), p.99。1816 年数据引自 J. David Singer and Melvin Small, *National Material Capabilities Database*, *1816—1985* (Ann Arbor, MI: Inter-University Consortium for Political and Social Research, February, 1993)。

就人口规模而言,法国也具有相对其对手的优势。表 8.1 所列 1800 年和 1816 年间的人口数据显示法国人口几乎以1.5：1的比例超出英国,几乎是普鲁士的 3 倍。[24]但法国既未超出奥地利也未超出俄国。法国的人口基本上与奥地利处于同等规模,比俄国少得多。然而,在奥地利和俄国的两个例子中,一个关键因素有效地改变了人口平衡,使之朝着有利于法国的方向发展。

正如第三章所强调的那样,人口数量是军事实力的重要组成因素,它影响了一国军队的潜在规模。[25]大规模人口才能组成大规模的军队。但是竞争国家间有时具有明显不同的参军政策。在那些例子中,简单比较人口数量不是特别有效。对 1789—1815 年间的法国及其对手来说也同样如此。在法国大革命前,欧洲军队规模很小,主要由外国雇佣军及社会渣子组成。由法国大革命所唤醒的民族主义成为法国的强大势力,还带来了"全民皆兵"(nation in arms)的新观念。[26]所有适合为法国而战的人都应该为国家服役这一观念被采纳,这样,法国领导人能够要求其服兵役的人口百分比激增。然而,不论奥地利还是俄国都不情愿模仿法国,选择"全民皆兵"这一观念,这就意味着相比法国而言,它们能够服役的人数明显少了。这样,正如下文要讨论的,法国相应地能负担起比奥地利和俄国更大规模的军队。[27]

让我们来考虑实际的军事实力,在 1789—1792 年间,法国在欧洲并不拥有最强大的军队,它并非潜在的霸主。[28]单从数量来说,奥地利、普鲁士和俄国都比法国的规模更大(参见表 8.2)。只有英国维持了一支规模比法国更小的军队。[29]而且,法国军队与其对手相比并未占有质量优势。事实上,在革命后这种混乱的年代中,并不清楚这支法国军队是否能保护法国使之免遭侵略。[30]这种脆弱性解释了为什么在 1793 年前其他国家没有去抗衡法国以及为什么奥地利和普鲁士又在 1792 年联合攻击法国。

在 1792 年夏,当战争对法国非常不利时,它采取措施将其军队转化成欧洲最强大的战斗力。到 1793 年秋,这一目标达到了。法国已明显成为一个潜在的霸主。在 1793—1804 年间法国军队一直是欧洲杰出的军队。不过,当我们考虑相对规模与质量时,法国军队并未强大到使其所有四个对手都被迫联手对付它的程度;相反,这种情况使得在法国对手间大

表 8.2　1789—1815 年间欧洲军队的兵力

年份	法国	奥地利	英国	普鲁士	俄国
1789	180 000	300 000	45 000	200 000	300 000
1790	130 000				
1791	150 000				
1792	150 000（年初）				
	450 000（11 月）				
1793	290 000（2 月）				
	700 000（年末）				
1794	732 474				
1795	484 363		120 000		400 000
1796	396 016				
1797	381 909				
1798	325 000				
1799	337 000				
1800	355 000				
1801	350 000		160 000		
1802	350 000				
1803	400 000				
1804	400 000				
1805	450 000				
1806	500 000				
1807	639 000			42 000	
1808	700 000				
1809	750 000		250 000		
1810	800 000	150 000			
1811	800 000				
1812	1 000 000				
1813	850 000	300 000		270 000	500 000
1814	356 000				
1815	300 000				

资料来源：法国军队的数字引自 Jean-Paul Bertaud，*The Army of the French Revolution*，trans. R. R. Palmer（Princeton，NJ：Princeton University Press，1988），pp. 239（N. 2），272；Georges Blond，*La Grande Armée*，trans. Marshall May（London：Arms and Armour Press，1995），pp. 510—511；David G. Chandler，*The Campaigns of Napoleon*（New York：Macmillan，1996），p. 333；Owen Connelly，*French Revolution / Napoleonic Era*（New York：Holt，Rinehart，and

Winston, 1979), p.240; Robert A. Doughty and Ira D. Gruber, *Warfare in the Western World*, vol.1, *Military Operations from 1600 to 1871* (Lexington, MA: D. C. Heath, 1996), p. 213; John R. Elting, *Swords around a Throne: Napoleon's Grande Armée* (New York: Free Press, 1988), pp.61, 653; Vincent J. Esposito and John Robert Elting, *A Military History and Atlas of the Napoleonic Wars* (New York: Frederick A. Praeger, 1964), p.35; Alan Forrest, *The Soldiers of the French Revolution* (Durham, NC: Duke University Press,1990), p. 82; Kennedy, *Rise and Fall*, p. 99; John A. Lynn, *The Bayonets of the Republic* (Urbana: University of Illinois Press, 1984), pp. 48, 53; Gunther E. Rothenberg, *The Art of Warfare in the Age of Napoleon* (Bloomington: Indiana University Press, 1978), pp.43,98。1801—1802 年和1810—1811 年间的数字是作者的推测。其他欧洲国家军队的数字建立在以下资料基础上: Chandler, *Campaigns of Napoleon*, pp.42, 666,750; Connelly, *French Revolution/Napoleonic Era*, p. 268; Clive Emsley, *The Longman Companion to Napoleonic Europe* (London: Longman, 1993), p.138; David French, *The British Way in Warfare, 1688—2000* (London: Unwin Hyman, 1990), p. 107; Charles J. Esdaile, *The Wars of Napoleon* (New York: Longman, 1995), p. 18, David R. Jones, "The Soviet Defence Burden through the Prism of History," in Carl G. Jacobsen, ed., *The Soviet Defence Enigma: Estimating Costs and Burden* (Oxford: Oxford University Press, 1987), p. 155; Kennedy, *Rise and Fall*, p. 99; Evan Luard, *The Balance of Power: The System of International Relations, 1648—1815* (New York: St. Martin's, 1992), p.37; Walter M. Pintner, *Russia as a Great Power: Reflections on the Problems of Relative Backwardness, with Special Reference to the Russian Army and Russian Society*, Occasional Paper No. 33 (Washington, DC: Kennan Institute for Advanced Russian Studies, July 18, 1979), p. 29; Rothenberg, *Art of Warfare*, pp. 167, 171—173, 177, 188, 199; and William O. Shanahan, *Prussian Military Reforms, 1786—1813* (New York: AMS, 1966), pp.33—34,178,206,221。

量的推卸责任行为成为可能。

在 1792 年 4 月战争爆发前,法国军队就达到了 15 万人。到那年的 11 月份增加到 45 万人,是 7 个月前的 3 倍(参见表8.2),成为当时欧洲规模最大的军队。但此后不久便缩减了规模,到 1793 年 2 月降至 29 万人,比奥俄军队规模还要略小。然而,著名的"集体征召入伍"(levée en masse)政策于 1793 年 8 月 23 日提出,是年年末,军队规模激增至 70 万人,对任何其他欧洲军队具有压倒性的优势。然而,法国无法维持如此大规模的军队,到 1795 年时,规模减至 48.4 万人多一点,但仍是欧洲最大规模的军队。1796—1804 年间,法国军队规模在 32.5 万至 40 万人间波动,始终比奥地利(30 万人)大,而通常又比俄军(40 万人)小。

当然数据只是一个方面的因素。当法国在 1792 年夏天成为一个全民皆兵的国家时，相比其对手的陆军，法国军队获得了重要的质量优势。[31]不仅是因为法国军队由愿意为法国出生入死的人所组成，而且因为功绩取代出身成为选择和提升军官的首要标准。而且，转向充满爱国主义的"公民—士兵型"军队（an army of citizen-soldiers）使得新战术的引进成为可能，这种新战术给了法国军队在战场上相对其敌手的优势，也使得法军成为比任何其继承者或当时的对手都具有更大战略机动性的军队。

尽管法国军队享有相对其对手（它们都反对"全民皆兵"的观念）而言明显的质量优势，在 1793—1804 年间是欧洲最强大的军队，但它也存在严重的缺陷。特别是，军队既非武装有素，亦非纪律严明，而且为高的开小差率而苦恼。正如杰弗里·贝斯特（Geoffrey Best）指出的那样，1805年前法国与"混乱的大军"（messy massive armies）作斗争。[32]

1805—1813 年间，法国军队与其对手的力量差距严重扩大。拿破仑对此起到了很大的作用。他通过改进征兵系统及引进大量的外籍士兵加入法军而急剧地提升了法军规模。[33]这样，法军从 1805 年的 45 万人增至 1808 年的 70 万人，到 1812 年时达 100 万人。是年，法国入侵俄国。就算是溃败后，法军在 1813 年仍然有 85 万人。正如表 8.2 中所显示的，1805—1813 年间其他欧洲军队并未相对扩大规模。

拿破仑还实质性地提升了法军的质量。他并未就部队经商一事进行彻底的改变，而是改正现有体制中许多"不完善"的地方。[34]例如，他强化了训练与纪律，而且还提升了步兵、炮兵、骑兵间的协调，总之，法军在 1805 年后比以前更专业，更有竞争力。拿破仑还是个聪明的军事指挥家，这使得法国比其他对手又高出一等。[35]法国的对手在回应拿破仑时对其军队作出的调整很小，只有普鲁士采纳了"全民皆兵"的观念并从根本上使其军队现代化。[36]即便如此，规模小的普军在一对一的较量中并不能与规模比其大得多的法军相匹敌。

1805—1815 年间法国相对于其每个对手的权力优势，很大程度上解释了为什么所有这四个国家于 1813 年联手，直至法国被打败并于 1815年被征服。然而，人们或许会问，为什么壮观的均势联盟不能早点形成呢？比如说在 1806 或 1810 年？正如本章先前所强调的那样，延迟的主要原因是拿破仑在战场上令人晕眩的胜利,使其所有四个对手不可能形成联盟。在拿破仑于 1805 年末征服奥地利后,1813 年前已无暇形成联盟了,当时所有法国的大国对手都在玩弄均势。事实上,大多数时候,奥地利、普鲁士只是名义上的大国。

最后分析一下地缘因素对推卸责任的影响。奥地利是唯一的与法国毗邻的大国。奥地利与法国都与意大利及第三德国接壤。后两个大国都具有征服的价值。结果,奥地利太受法国威胁了以至于不能选择推卸责任来远离战事。事实上,它正好处在扮演承担责任的尴尬位置上。而它也这么做了,因为它是法国的对手最想利用的国家。[37]例如,戴维·钱德勒(David Chandler)计算,在欧洲大陆的法国对手中,奥地利在相关的 23 年间有 13 年半在与法国作战,而普鲁士和俄国仅在 5 年半时间内分别与法国作战。[38]

被一大片水域与欧洲大陆隔开的英国是最不容易受到攻击的法国的敌人,然而英国从 1793 年起几乎连续与法国作战,钱德勒估计在相关的 23 年中有 21 年半的时间处于冲突之中。[39]但是英国将责任推给了大陆联盟,它从不建立一支强大的军队去欧洲大陆对付法国,而是选择派遣少量军队在边缘地带如西班牙作战,支持其盟国与法国大军拼杀。[40]一言以蔽之,英国的地理位置使它能扮演离岸平衡手的角色。

俄国位于法国的另一边,其间夹着奥地利和普鲁士。如此适宜的地理位置使俄国也推卸责任,特别是在 1793—1804 年间,当时法国主要考虑在西欧获得霸权。[41]事实上,在此期间,俄国与法国交战不足一年,普鲁士也采取了相当的推卸责任行为,但这不能由地缘因素所解释,因为普鲁士位于欧洲的心脏地带,与法国相隔不远,作为推卸责任者的普鲁士其成功很大程度上归因于其邻国奥地利是一个理想的责任承担者这一事实。

总之,1789—1815 年间法国的对手所推行的均势与推卸责任模式,很大程度上可由我的强调权力分配与地缘命运的理论所解释。

欧洲在 1815 年拿破仑战争结束后的几乎 40 年间相对太平。事实上,任何大国间都无战事,直至 1853 年克里米亚战争爆发。但是这些战争中没有哪个以任何有意义的方式改变了欧洲的局势,相反,俾斯麦在 19 世纪 60 年代就发动了一系列战争,将普鲁士变成德国,从根本上改变了欧洲均势。在下一部分我们就来看看大国如何应对普鲁士扩张。

俾斯麦的普鲁士（1862—1870 年）

背 景

普鲁士在 18 世纪中期前并未变成一个大国，但即便它成为大国时它也可能是欧洲大国中最弱的一个。[42] 其弱小的主要原因是它相比其他大国少得多的人口。1800 年时普鲁士人口约为 950 万，而奥地利和法国都有 2 800 万，俄国拥有约 3 700 万人口（参见表 8.1）。当俾斯麦通过三场战役带来一个又一个胜利时，普鲁士的战略位置在 1864—1870 年间急遽变化。普鲁士事实上在 1870 年已不再作为一个主权国家而存在，相反变成了统一德国的核心，后者比其前任普鲁士强大得多。

当俾斯麦在 1862 年 9 月被任命为普鲁士首相时，还没有一个称为"德国"的国家。相反，只有说德语的政治实体散布在欧洲中心，松散地结合在德国邦联这一 1815 年拿破仑溃败后成立的不起作用的政治组织。这一邦联中有两个大国：奥地利和普鲁士，但也包括中等大小的王国，如巴伐利亚、萨克森，以及许多小国与自由城市——所有这些被称为"第三德国"（the "Third Germany"）。在 1848 年革命后，很明显德国民族主义是可能导致这些德国的政治实体形成统一德国的潜在力量。当时的问题是奥地利和普鲁士是否会成为新国家的核心——本质上是由哪个大国占有第三德国？1864 年、1866 年及 1870—1871 年三场战争解决了这个问题，情形对普鲁士有利。

除普鲁士和奥地利外，19 世纪 60 年代欧洲还有四个其他大国：英国、法国、意大利和俄国（参见图 8.2）。但是意大利并没有对德国统一这件事有显著影响，尽管它的确在 1866 年与普鲁士作战。意大利是一个非常新的国家，与其他国家相比还特别弱。因此，关键的问题是奥地利、英国、法国和俄国如何对俾斯麦将普鲁士变成德国的努力作出反应。正如将要清楚表明的那样，推卸责任是它们的战略选择，尽管奥地利和法国在不同的时候抗衡过普鲁士，但它们仅在别无选择时才如此。

图 8.2　1866 年的中欧

大国的战略行为

　　俾斯麦领导下普鲁士的第一场战争(1864 年)是奥地利和普鲁士两大国联合攻击小国丹麦。[43] 它们的目标是将易北河畔的两个公国——石勒苏益格(Schleswig)和荷尔斯泰因(Holstein)——从丹麦手中夺去。在德国邦联中存在普遍的情绪认为,那些地区应该成为德国政治实体的一部分而不是丹麦的,因为几乎所有的荷尔斯泰因及大约一半的石勒苏益格人说德语,故而他们被视为德国的国民。奥地利和普鲁士不费气力便击败了丹麦,但它们无法就由谁来控制这两个地区达成一致意见。在丹麦一步步被击溃时,英国、法国和俄国袖手旁观。

1866年普奥开战,作为奥地利竞争对手的意大利加入了普鲁士同奥地利作战。[44]这场战争部分由普奥如何处理石勒苏益格和荷尔斯泰因问题而引起,但更重要的危险因素是由谁去控制统一的德国。普军很轻易地击败了奥军,普鲁士控制了第三德国的北部地区,没有其他大国插手来帮助奥地利。最后,普鲁士于1870年与法国开战。[45]俾斯麦基于军事胜利能完成德国的统一这种假设而发动战争。法国主要是为领土补偿而战,即抵消普鲁士在1866年所获得的领土。普军决定性地击溃了法军,普鲁士从法国那里获得了阿尔萨斯(Alsace)和洛林(Lorraine)的部分地区。更重要的是,普鲁士获得了对第三德国南部的控制,这意味着俾斯麦最终创造了统一的德国。欧洲的其他大国继续旁观,而法国军队则按指定的方向转移。

在1864年没有欧洲大国与奥地利、普鲁士抗衡,这并不奇怪,因为赌注很小。不论奥地利还是普鲁士都不是特别可怕的军事强国;当时也还不清楚它们中的哪个(如果有的话),将最终控制石勒苏益格和荷尔斯泰因。但是1866年及1870年的冲突却是另一回事儿。这些战争基本上改变了欧洲的均势,使之朝着有利于普鲁士的方向发展。乍看起来,人们会预计1866年时英国、法国与俄国会联奥抗普,1870年时奥地利、英国和俄国会联法抗普。事实正好相反,它们都追求推卸责任的策略,奥地利被撇在一边,在1866年单独同普鲁士作战,而法国在1870年发现自己处于同样的境地。

1864—1870年发生在欧洲的推卸责任行为由两种不同的原因所驱使。英国与俄国事实上欢迎普鲁士的胜利,因为它们认为统一的德国符合它们的战略利益。[46]两者都感觉到法国是欧洲最具威胁的大国,法国旁边有一个强大的德国将会有助于制衡法国。本质上,英国与俄国都在追求一种推卸责任的策略,但它们的目标不是让另一国去抗衡普鲁士,它们并不把普鲁士视为威胁;而相反,它们的目标是创造一个强大的德国去抗衡它们真正害怕的法国。英国还考虑到统一的德国将有助于使俄国的注意力锁定在欧洲,远离中亚(英国和俄国是那儿真正的竞争对手)。而且,俄国将强大的德国视为制衡奥地利的力量,后者近来变成了俄国的死对头。同样,对法国的害怕仍然是英国和俄国想法背后的主要动力。

奥地利和法国基于不同的原因而推卸责任。与英俄不同,它们害怕在它们家门口出现一个统一的德国,因为这将会对其生存造成直接的威胁。不过,它们并未一起抗衡普鲁士;相反它们相互推卸责任,让俾斯麦逐个击败它们。事实上,有证据表明法国欢迎普奥在 1866 年的流血冲突,因为法国认为它会在这一过程中获得相对权力。[47]这种推卸责任的主要原因是每个国家都想到其他国家能阻止普军,挫败俾斯麦的野心,而不需要其他大国的帮助。相反,在欧洲广泛认为奥地利和法国都有实力赢得对普鲁士的战争。[48]法国不仅拥有拿破仑的遗产,而且最近又在克里米亚战争(1853—1856 年)及意大利统一战争(1859 年)中获胜。

奥地利和法国并未形成反对普鲁士的均势联盟,还有其他的原因。例如,俾斯麦有很高明的策略,利用外交手段孤立其目标。而且,奥法在 1859 年前曾相互开战。这场冲突残留的仇恨在 19 世纪 60 年代阻碍了两国关系的发展。[49]奥地利在 1870 年也担心如果站在法国一边,俄国或许会从东边攻击奥地利。[50]最后,奥地利军队在 1870 年尚未从 1866 年所遭受的持续打击中恢复元气,因此无法以良好的状态再次对付普鲁士军队。尽管这些考虑也有助于奥地利和法国推卸责任,但如果法国的政策制定者认为需要帮助奥地利来对付普鲁士,这些考虑也就无关宏旨了;反之亦然。这些因素应该一起作用来阻止俾斯麦缔造统一的德国。

权力的计算

19 世纪 60 年代大量的推卸责任行为很大程度上可由普鲁士在欧洲均势中的地位所解释。普鲁士自然不是一个潜在的霸主,尽管其军队在十年内迅速强大起来,但从未强大到令其大国对手看来值得形成均势联盟来抗衡的程度。正如本书所强调的那样,一个潜在霸主必须比任何其他对手更富有,必须拥有这一地区最强大的军队,但是是英国,而非俾斯麦的普鲁士控制了 19 世纪中叶欧洲最大份额的潜在权力。英国在 1860 年控制了约 68% 的欧洲财富,法国控制了 14%,普鲁士只控制了 10%(参见表 3.3)。到 1870 年,英国仍控制了约 64% 的欧洲工业实力,而德国只控制了 16%,法国为 13%。[51]

看一下 19 世纪 60 年代的军事平衡,毋庸置疑,法国和俄国拥有最强大的军队。在 1860—1866 年间,法国自然是老大,这就是为什么英俄特别称赞俾斯麦统一德国的努力的原因。普鲁士军队在 19 世纪 60 年代初是最弱的欧洲军队之一,但是在 1867 年却成为最强大的军队,在 1870 年保持了第一的地位。[52]奥地利在 19 世纪 60 年代上半期拥有一支强大的军队,但是其实力在 1866 年后衰落了。[53]俄国保持了一支大而无效的军队,很少有军事投送能力,只是拥有对付某一国家的重大攻击的能力。[54]最后,尽管英国比其对手拥有更大的潜在实力,但它仅保持了一支小而低效的军队,在欧洲均势中的作用不大。[55]

当然,英国和俄国相对软弱的军事对制衡俾斯麦很难起作用,因为两国希望普鲁士变成德国。在 1866 年及 1870 年,最关键的是权力如何在奥地利、法国和普鲁士间分配。[56]看看 1866 年的数据,奥地利军队自然可与普鲁士军队相匹敌(参见表8.3)。[57]奥地利的常规军有 1.25∶1 的优势。在各方的储备都动员起来后,奥地利占有类似的优势。在 1866 年 7 月 3 日的克尼格雷茨(Koniggratz)关键战役中,27 万奥军迎战 28 万普军。[58]但是普军比奥军质量要好。[59]普军士兵使用后膛装弹的步枪,这就使他们具有相对其奥地利对手的重要优势。后者装备的是前膛装弹的步枪。普军还拥有优越的人员系统。奥军的多种族构成开始损伤其战斗力,尽管在 1866 年问题仍然可以控制。相反,奥军比普军拥有好得多的炮兵与骑兵。考虑质量与数量,普军拥有相对奥军鲜明的、尽管不那么大的优势。普奥间这种粗劣的均势鼓励法国在 1866 年推卸责任。[60]

表 8.3　欧洲军队的兵力,1862—1870 年(德国统一战争)

	1862 年	1864 年	1866 年		1870 年		1870 年—1871 年
	常备军	常备军	常备军	动员后兵力	常备军	动员后兵力	总动员兵力
奥地利	255 000	298 000	275 000	460 000	252 000	na	na
英　国	200 000	200 000	176 731	na	174 198	na	na
法　国	520 000	487 000	458 000	na	367 850	530 870	1 980 000
普鲁士	213 000	212 000	214 000	370 000	319 000	1 183 000	1 450 000
俄　国	682 000	727 000	742 000		738 000	na	na
意大利	185 000	196 100	200 000		214 354	na	na

注:na＝未知。

资料来源:1862 年及 1864 年奥地利、普鲁士、俄国的数据引自 Singer and Small，*National Material Capabilities Data*。俄国的数据实际上是 1862 年及 1865 年的,因为辛格(Singer)与斯莫尔(Small)莫名其妙地将 1864 年的俄国军人设定在 100 万人的规模之上。英国的数据引自 Michael Stephen Partridge，*Military Planning for the Defense of the United Kingdom，1814—1870*(Westport，CT：Greenwood，1989)，p. 72。1862 年意大利的数据引自 Singer and Small，*National Material Capabilities*。1864 年的数据引自 *The Statesman's Year-Book*(London：Macmillan，1865)，p.312。1866 年奥地利、普鲁士、俄国的常备军数据引自 Singer and Small，*National Material Capabilities Data*。1866 年英国的数据引自 Edward M. Spiers，*The Army and Society，1815—1914*(London：Longman，1980)，p.38。1866 年法国的数据引自 Douglas Porch，*Army and Revolution：France，1815—1848*(London：Routledge and Kegan Paul，1974)，p. 67。1866 年意大利的数据引自 Geoferry Wawro，*The Austro-Prussian War*(Cambridge：Cambridge University Press，1996)，pp. 52—53。1870 年奥地利、普鲁士、俄国的数据引自 Singer and Small，*National Material Capabilities Data*。1870 年英国的数据引自 Spiers，*The Army and Society*，p. 36。1870 年法国的数据引自 Thomas J. Adriance，*The Last Gaiter Button：A Study of the Mobilization and Concentration of the French Army in the War of 1870*(Westport，CT：Greenwood，1987)，p. 23。1870 年意大利的数据引自 *The Statesman's Year-Book*(London：Macmillan，1971)，p.312。动员后的法军规模(如 1870 年 7 月 28 日)引自 Adriance，*The Last Gaiter Button*，p.145。这一数据通过将 7 月 28 日抵达兵站的后备军加上常备军人数而推算出。普鲁士的数据(如 1870 年 8 月 2 日)引自 Michael Howare，*The Franco-Prussian War：The German Invasion of France，1870—1871*(London：Methuen，1961)，p. 60。1870—1871 年战争期间,法国与普鲁士的总动员人数数据引自 Theodore Ropp，*War in the Modern World*(Durham，NC：Duke University Press，1959)，p.156(n.13)。

法国在 1866 年仍拥有欧洲最强大的军队,它会通过与奥地利结盟而遏制俾斯麦。与普奥不同,法国仍严重依赖其常备军,而对动员后备军兴趣不大。不过,法国的常备军在 1866 年仍然超出普鲁士全部动员起来的军队,前者是 45.8 万人,后者只有 37 万人。而且,在这点上两者质量上的差异不大。然而,在 1860—1870 年间,均势朝着不利于法军而有利于普军的方向发展,尽管这种变化当时并未被广泛地认识到。

在 1866 年的战争中观察到普鲁士成功动员后备军后,法国也减少了其常备军规模,开始组建自己的后备军系统。四年后,法国军队从材料上看具有令人畏惧的后备军结构。然而事实上它无效率,特别是与普鲁士的后备军系统相比。当法国在 1870 年 7 月 19 日宣战时,这种差异关系重大。[61]在这点上,虽然法国的常备军比普鲁士更强大,但普鲁士在战争开始时能动员118.3万士兵,而法国仅能征召 53.087 万士兵。最终法国设法动员所有其后备军,在战争过程中,它比普鲁士多动员了 50 万。到 1870 年,普鲁士在军队质量上略占优势,主要是因为它拥有一个优异的参谋系统,其后备军比法国的受过更好的训练。[62]然而,法国步兵比普鲁士装备更好,尽管这种优势被普军的后膛装弹火炮所抵消。

作为平衡,普鲁士军队在 1870 年时比法军明显要强,主要是因为两者在短期动员能力方面极具非对称性。鉴于这种非对称性,奥地利应该联合法国来抗击普鲁士,但这并未发生。因为奥地利和法国政策制定者误算了对方。普鲁士的两个对手都错误地认为法国军队能和普鲁士军队一样快速有效地动员后备军。[63]事实上,法国的领导者认为普鲁士在动员其后备军时有困难,这给法国提供了重要的军事优势。然而,普鲁士正确地认识到法国的动员充其量只是零敲碎打,普军因此在战场上具备了明显的优势。[64]这就毫不奇怪,到 1870 年机会到来时,俾斯麦便毫不迟疑地发动了对法国的战争。

最后,在这个例子中,推卸责任并没有被地缘考虑所严重影响。英国与普鲁士被英吉利海峡所分开,但英国对普鲁士的政策并没有受地理因素的影响,而是主要由英国对法国的担心所驱使。奥地利、法国和俄国都与普鲁士接壤,因此地理因素不能帮助解释它们对俾斯麦缔造统一德国的不同反应。普鲁士的四个潜在对手当然处于很好的位置来攻击普鲁士,如果它们认为值得形成均势联盟的话。但是它们并没有这样做,这主要是因为 1862—1870 年的欧洲权力分配鼓励了推卸责任。

威廉德国(1890—1914 年)

背　景

当 1890 年 3 月俾斯麦被解除首相职位后,德国并非一个潜在的霸主,尽管它拥有巨大而日益增长的人口、具有活力的经济和可怕的军队。这种综合优势在 19 世纪的最后十年在欧洲其他国家间造成了巨大的不安。然而,在 20 世纪早期,德国是一个羽翼丰满的潜在霸主,每年都在攫取更多的相对权力。这就毫不奇怪,在 1900 年至 1914 年 8 月一战爆发前夕,欧洲的政治充满了对德国的担心。

除德国外,这一时期的欧洲还有五个其他大国:奥匈帝国、英国、法国、意大利和俄国(参见图 6.2)。

奥匈帝国、意大利和德国是三国同盟的成员。奥匈帝国是一个特别弱的大国,前途暗淡。[65]事实上,它在一战结束时就永远解体了。民族主义是奥匈帝国软弱的首要原因。它是一个多民族国家,其主要种族都想成为独立的国家。奥匈帝国和德国在一战前紧密结盟。奥匈帝国在东欧与巴尔干地区与俄国有严重的边界争端,需要德国帮助它对付沙皇军队。相反,德国也在保持奥匈帝国完整方面具有既得利益,因此它愿意帮助阻止俄国的扩张。

意大利也是一个特别弱的大国。意大利的问题不是民族主义(民族主义在 1860 年实际上还帮助统一了意大利),而是它几乎没有工业实力且军队往往遭受重大失败。[66]当一位有影响的英国外交官在 1909 年说这句话时,他并非开玩笑:"我们没有指望诱使意大利脱离三国同盟,因为它只会给盟国带来苦恼,而不会对法国及我们有任何帮助。"[67]然而,意大利在 20 世纪初并不忠于三国同盟,因为其与法国的不和——这种不和最初导致了与意大利和奥匈帝国的联盟——很大程度上又消失了,而其与奥匈帝国的关系已经恶化。[68]实际上,意大利在一战前是一个中立国。毫不奇怪,当战争开始时,意大利保持中立,1915 年 5 月时加入了协约国,对其自己从前的盟国——奥匈帝国及德国——作战。

英国、法国和俄国都比奥匈帝国及意大利要强大得多,它们注定会制止德国建立在欧洲的霸权。因此,关键的问题是这三大国是如何对威廉德国在 1890—1914 年间日益增长的实力作出反应的。很明显,威廉德国的对手间没有什么推卸责任行为。相反,英、法、俄在一战爆发前 7 年开始形成了均势联盟——三国协约。

大国的战略行为

法国和俄国这两个德国东西两翼的陆上强国,在 1890—1894 年间谈判组成联盟以遏制德国。[69]然而,双方都不认为德国当时或不久的将来可能会攻击自己。它们对德国的主要兴趣在于确保德国不在欧洲制造麻烦,从而它们能在世界的其他地区追逐各自重要的目标。在 19 世纪 90 年代初英德关系明显冷淡,但是英国并未显示出联合法俄来对付德国的迹象。[70]事实上,英国在 19 世纪 90 年代经常与其未来的盟友不和,在 1898 年还为争夺尼罗河要塞法绍达(Fashoda)差点与法国开战。[71]

在 1894—1904 年间,三国协约的未来成员在如何就德国的威胁作出反应问题上并没有明显的变化。法国和俄国仍维持联盟关系,通过两线作战的恐惧来威胁和遏制威廉德国。英德关系在世纪之交由于德国按照它对国际政治的描述努力建造一支可怕的海军而受到严重制约。尽管对德国的担心促使 1903—1904 年间英法关系有了显著改进,但是英国并未与法俄联合起来抗衡德国。[72]它们在 1904 年 4 月 8 日签订了英法协约,有效地结束了它们在欧洲之外地区的激烈竞争。虽然在 1905 年后结盟肯定会更容易一些,但是这种安排也绝不是假装针对德国的联盟。事实上,英国扮演了典型的离岸平衡手的角色,是在推卸责任;它依靠法国和俄国来遏制德国在欧洲大陆的扩张。当然,拒绝大陆义务意味着英国不必建立强大的军队,这使得它可以集中精力维持世界上最强大的海军。

欧洲力量格局在 1905—1907 年间发生了显著的变化。当尘埃落定时,英国与三国协约中的法国和俄国结盟。[73]德国在 1905 年时已具有潜在霸主的特征,这一简单的事实使英国向前走了一步,接受了大陆义务。[74]但其他的考虑也影响了英国的算计。日本在 1905 年重挫俄国,成功地将其踢出欧洲均势,留下失去主要盟友的法国。[75]更糟的是,当俄国正在走向溃败时,德国因摩洛哥问题挑起了与法国的一次重要的外交危机。其目的是孤立并羞辱法国,因为后者不再拥有可靠的俄国联盟,当时也还未与英国结盟。

英国的政策制定者很快认识到推卸责任不再是切实可行的政策,因为法国不能单独遏制德国。[76]这样,在 1905 年末,英国开始转向大陆义务。特别是,它开始组织一支小型的远征军在欧洲大陆与法国并肩作战,启动英法军队间的参谋会谈以协调打击德国。[77]同时,英国开始努力改善与俄国的关系,后者在亚洲被其对手严重束缚。《英俄协定》,即三国协约中的第三个也是最后一个协定,在 1907 年 8 月 31 日完成。[78]其目标是确保英俄不卷入欧洲之外(特别是中亚地区)的严重冲突,以使它们能在欧洲联手遏制德国。

尽管英、法、俄在 1907 年夏形成了对付德国的均势联盟,但英国推卸责任的冲动从未完全消失。例如,如果其盟国受到了德国的攻击,英国从未作出明确的承诺与它们一道作战。[79]三国协约并非如冷战时期北约那样组织严密的正式同盟。而且,当 1911 年俄国军队已明显从日俄战争的溃败中恢复过来后,可以再次想象法俄在没有英军的帮助下制衡德国。相应地,英俄关系再生波澜,三国协约也有些动摇了。[80]最后,当战争爆发时,英国试图让法国和俄国承担击败强大德军的可怕代价,而它却袖手旁观,为战后时期养精蓄锐。[81]这种迟疑并不长久,英国在 1907 年后并未放弃其大陆义务,在 1914 年早些时候依然与法国、俄国一道并肩作战。在西线,它还调拨大量的军队同可怕的德军作战,履行自己的职责。

总之,在一战前的 15 年,我们看到了针对德国的相对有效的抗衡。法国和俄国在 1890—1905 年间联手制衡德国,而那时英国却选择推卸责任。然而在 1905 年后就没有什么推卸责任的行为了,英国与法俄两国联手试图牵制德国。德国的敌人的这种行为模式很大程度上能由地理因素及 1890—1914 年间德国在欧洲均势中的卷入状况所解释。

权力的计算

让我们从 1890—1905 年开始。德国在这一阶段后期前并非一个潜在的霸主,主要是因为直到 1903 年为止英国比德国控制了更多的潜在权力。例如 1890 年时英国控制了 50%的欧洲财富,而德国控制了 25%(参见表 3.3),法国是 13%,俄国只占 5%。英国在 1900 年时仍拥有对德国的优势,但也只是 37%对 34%。而且,法国的比例缩减至 11%,尽管俄国比例增至 10%。德国快速达到了这一点,即拥有足够的工业实力而成为一个潜在的霸主。事实上,1903 年时它达到了这一比例,当时它占有欧洲财富的 34.5%。[82]毫无疑问,到 20 世纪初,德国相应比法国和俄国拥有更大的潜在权力。

考虑实际的军事实力,法国和德国在 1890—1905 年间是欧洲最强大的国家。正如戴维·赫尔曼（David Herrmann）注意到的，一战前夕，"法国和德国军队是最令人瞩目的军队"[83]。而德军又是其中更可怕的力量。法国和德国常备军与其全部动员军队一道，在这一时期处于大致相等的规模（参见表6.1及表8.4）。然而，关键的差别是各方如何使用其后备军。德国后备军的大部分是为战争而训练，且被编成战斗单元，准备参加一场主要欧洲战争的初期战斗。相反，法国并不认为训练后备军是为了与常备军并肩作战。这样，尽管法德两军全部动员起来的规模相差不大，但德国能产生规模更大的战斗力。如果战争在1905年爆发，德国将拥有近150万士兵的战斗力，而法国只有约84万，德国占有1.8∶1的优势。[84]最后，德国还享有相对于法国对手的一定的质量优势，这主要是因为其优异的参谋系统及重炮的优势。

表8.4 欧洲军队的兵力，1900—1918年（第一次世界大战）

	1900年		1905年		1910年		1914年		1914—1918年
	常备军	潜在兵力	常备军	潜在兵力	常备军	潜在兵力	常备军	潜在兵力	总动员兵力
奥匈帝国	361 693	1 872 178	386 870	2 580 000	397 132	2 750 000	415 000	1 250 000	8 000 000
英 国	231 851	677 314	287 240	742 568	255 438	742 036	247 432	110 000	6 211 427
法 国	598 765	2 500 000	580 420	2 500 000	612 424	3 172 000	736 000	1 071 000	8 660 000
德 国	600 516	3 000 000	609 758	3 000 000	622 483	3 260 000	880 000	1 710 000	13 250 000
俄 国	1 100 000	4 600 000	1 100 000	4 600 000	1 200 000	4 000 000	1 320 000	1 800 000	13 700 000
意 大 利	263 684	1 063 635	264 516	1 064 467	238 617	600 000	256 000	875 000	5 615 000

注："潜在兵力"（war potential）已在表6.1中界定。一国的战斗部队（fighting army）指的是集结在战场立即可投入战斗的战斗部队人数。1914年8月，这些战斗部队不只是分布在一条战线上，具体如下：奥匈帝国，100万在加利西亚（Galicia）作战，25万入侵塞尔维亚；德国，148.5万入侵法国及低地国家，22.5万在东普鲁士；俄国，120万在加利西亚，60万入侵东普鲁士。

资料来源：除了奥匈帝国1900年潜在兵力的数字是作者的估计外，所有国家在1900、1905和1910年常备军（standing army）与潜在兵力的数字引自 *The Statesman's Year-Book*（London：Macmillan, various years）。具体的年份和页码如下（年份参照 *The Statesman's Year-Book*）：奥匈帝国，1901，第386页；1906年，第653页；1911年，第590页。英国，1901年，第57—58页；1906年，第284页；1911年，第52—53页。法国，1901年，第556页；1906年，第614—615页；1911年，第768—769页。德国，1901年，第629—630页；1906年，第936—937页；1911年，第843页。俄国，1901年，第991页；1911年，第1166页。意大利，1902年，第806页；1906年，第1088页；1911年，第963页。法国1905年战斗

部队的数据出自 David G. Herrmann, *The Arming of Europe and the Making of the First World War* (Princeton, NJ: Princeton University Press, 1996), p.45。德国同一年份数据是作者在下述文献基础上所作的估计: ibid., pp. 44—45, 160, 221; Jack L. Snyder, *The Ideology of the Offensive: Military Decision Making and the Disasters of 1914* (Ithaca, NY: Cornell University Press, 1984), pp. 41—50, 67, 81, 109—111, 220。1914 年奥匈帝国常备军和已动员的作战部队的数据出自 Holger H. Herwig, *The First World War: Germany and Austria-Hungary, 1914—1918* (London: Arnold, 1997), p.12; Arthur Banks, *A Military Atlas of the First World War* (London: Leo Cooper, 1989), p.32。至于英国,其数据出自 War Office, *Statistics of the Military Effort of the British Empire During the Great War* (London: His Majesty's Stationery Office, 1922), p.30; Herwig, *First World War*, p.98。法国军队的数据出自 *Les Armées Francaises dans La Grande Guerre* (Paris: Imprimerie Nationale, 1923), p.30; J. E. Edmonds, *History of the Great War: Military Operations, France and Belgium, 1914*, Vol. I (London: Macmillan, 1933), p.18。德国的数字来自 Spencer C. Tucker, *The Great War, 1914—1918* (Bloomington: Indiana University Press, 1998), p.17; Banks, *Atlas of the First World War*, pp.30, 32。俄军的数字来自 Alfred Knox, *With the Russian Army, 1914—1917* (London: Hutchinson, 1912), p. xviii; Tucker, *The Great War*, pp.40, 44。意大利常备军的数字源自 Herrmann, *Arming of Europe*, p.234,其已动员的战斗部队的数字(截至 1915 年 5 月,当时意大利已加入战斗)源自 Banks, *Atlas of the First World War*, p. 200。1914—1918 年奥匈帝国、英国、法国、德国和俄国的总动员兵力数据源自 Roger Chickering, *Imperial Germany and the Great War, 1914—1918* (Cambridge: Cambridge University Press, 1998), p.195;意大利的数据来自 Judith M. Hughes, *To the Maginot Line: The Politics of French Military Preparation in the 1920s* (Cambridge, MA: Harvard University Press, 1971), p.12。

俄国在 1890—1905 年间拥有欧洲最大的军队,但是为众多严重的问题所困扰,这就使它屈居老三的位置,比德法差了一大截。[85] 日本军队在 1904—1905 年的战争中利用了俄军的这些缺陷,对俄军实施了惩罚性击溃。英军在 1905 年前规模既小又未作好投入欧洲战争的准备,故此在均势中并不重要。如赫尔曼指出的,"调查欧洲军队的力量与装备,编制从巴黎、柏林到维也纳与罗马的参谋部时经常容易忽略了英国"[86]。

德国在一战前十年很明显是一个潜在的霸主。鉴于其潜在的权力,到 1913 年时,德国控制了 40%的欧洲工业实力,英国控制了 28%(参见表 3.3)。[87] 从这点上说,德国也拥有相对于法俄 3∶1 的潜在权力优势,后二者占有欧洲工业实力的比例分别是 12%和 11%。而且,德国军队在 1905 年后仍然是欧洲的支配性军队。事实上,它在 1912 年初就开始了认真的扩张计划。当战争在 1914 年爆发时,德国能投入 171 万兵力于前线战区,而法国只能征召 107 万人(参见表8.4)。当然,德国在潜在权力方面的巨大优势在战争过程中允许它动员比法国更多的人:1 325 万对 860 万。俄国军队由于日俄战争的溃败而遭到严重削弱,仅在 1911 年时才有复原的迹象。然而,它仍然比法德军队差得多。1905 年后的英军规模虽小,但它也是一支高质量的战斗部队,特别是相比俄军而言。英军可能是一战前十年间欧洲第三好的军队,俄军第四,与 1905 年前的情况正好相反。

鉴于德国在 1890—1905 年是欧洲大陆最强大的国家,而直到 1903 年还不是一个潜在的霸主,因此法俄联手对付德国就显得有意义了。而英国被海洋与欧洲大陆隔开,追求一种推卸责任的策略。然而到 1905 年时威廉德国很明显已成为潜在的霸主了,这是对均势的严重威胁,特别是俄国被击溃那年。这就不奇怪,英国停止推卸责任并与法俄一道对付德国,一直坚持到 1918 年 11 月德国被最终击溃为止。

最后,地缘因素并未妨碍抗衡德国。法国与俄国都同德国接壤,这就使得它们很容易攻击或威胁攻击德国领土。当然,这种接壤也使得德国容易入侵法国和俄国,这自然会刺激它们去形成反对德国的均势联盟。英国由英吉利海峡与德国分开,这使得对英国而言推卸责任比法国和俄国都更为可行。但一旦英国放弃推卸责任,接受大陆义务,它会准备通过将其军队运送到法国而给德国施加压力,就像它在 1914 年做的那样。

纳粹德国(1933—1941 年)

背　景

在一战结束(1918 年)以及希特勒于 1933 年 1 月 30 日成为德国总理期间,法国是欧洲最强大的国家。它维持了一支可怕的军队,密切关注保卫其东部边界,反抗德国的攻击(参见表8.5)。然而,德国在这一时期也未对法国造成威胁,因为魏玛德国仅能自保,更不用说攻击法国了。德国自然拥有必要的人口与财富来建立欧洲的最强大军队,但是它被《凡尔赛条约》(1919 年)所束缚,条约还将战略重地莱茵兰(Rhineland)从德国手中拿走,将其置于国际控制之下,这也阻止了魏玛德国建立起一个强大的军事机器。

表 8.5　1938—1940 年间欧洲部队的兵力

	1920 年	1925 年	1930 年
英　国	485 000	216 121	208 573
法　国	660 000	684 039	522 643
德　国	100 000	99 086	99 191
意大利	250 000	326 000	251 470
苏　联	3 050 000	260 000	562 000

资料来源:除了 1920 年苏联的数据来源于 Singer and Small, *National Material Capabilities Data* 外,所有数据引自 *The Statesman's Year-Book*(不同年份)。具体年份与页码如下(年份指 *The Statesman's Year-Book* 版本年份):英国,1920年,第 53 页;1925 年,第 44 页;1931 年,第 41 页。法国,1921 年,第 855 页;1926年,第 857 页;1931 年,第 853 页。德国,1921 年,第 927 页;1926 年,第 927 页;1931 年,第 927 页。意大利,1921 年,第 1016 页;1926 年,第 1006 页;1931 年,第 1023 页。苏联,1926 年,第 1218 页;1931 年,第 1238 页。

苏联在一战后的 15 年内也是一个特别弱的国家,这在很大程度上可由为什么魏玛德国与苏联在 1933 年前紧密合作来解释。[88] 20 世纪 20 年代,苏联领导人在试图重建被一战、革命和内战及对波兰的失败战争所破坏的家园时,面临着许多问题,其中主要的问题是落后的经济不足以支撑一流的军事建设。约瑟夫·斯大林在 1928 年制定了主要的工业化计划以调整这一问题,它最终起到了作用,但粗放型工业化政策的成果仅在纳粹分子掌权后才实现。英国在 20 世纪 20 年代维持了一支小规模的军队,它更可能关注英帝国内的战斗而非欧洲大陆。意大利自 1922 年以来就一直处于墨索里尼的统治下,是欧洲最弱的大国。

在希特勒掌权后不久,欧洲领导人认识到德国将会冲破《凡尔赛条约》的枷锁,试图改变均势使之有利于自己。但在其掌权的最初五年内还不清楚希特勒多久才会采取行动,朝什么方向推进,纳粹德国具有多大的挑衅性。与当代的国际关系研究者不一样,希特勒在欧洲的对手并不能享受事后诸葛亮的好处。1938 年时情形开始明朗起来,德国最初是将奥地利并入第三帝国,然后又迫使英法让它从捷克斯洛伐克拿走苏台德地区。到 1939 年时,情况再清楚不过了。是年 3 月,纳粹德国国防军征服了整个捷克斯洛伐克,这是纳粹德国第一次获得德意志民族不占多数的领土。六个月后,即 1939 年 9 月,纳粹进攻波兰,第二次世界大战爆发。不到一年,1940 年 5 月,希特勒入侵法国。一年多以后,1941 年 6 月,他又派纳粹德国国防军入侵苏联。

1914 年前遏制魏玛德国的三个国家(英国、法国和俄国)在 1933—1941 年间都是纳粹德国的首要对手,尽管角色本质未变。面临第三帝国的挑衅行为,希特勒的对手们相互推卸责任,而不是像其先辈那样形成均势联盟。

大国的战略行为

希特勒在其掌权早期在外交战线上并没有获得很好的地位使他可以放肆地干。他首先必须巩固其在国内的政治地位,复兴德国经济。而且,他继承的德国军队在此后不久的任何时候都绝不能打一场大仗。1914 年战争爆发时动员的德军由 215 万士兵和 102 个师组成,[89] 而 1933 年的德国只有 10 万士兵和 7 个步兵师。然而,希特勒及其将军们决定通过推翻《凡尔赛条约》并建立一个了不起的军事机器而纠正这一问题,但仍然花了六年左右的时间才达到这一目标。

三个主要建军计划奠定了德军增长的基础。[90] 在 1933 年 12 月,希特勒命令将和平时期的军队规模增加三倍,达到 30 万士兵和 21 个步兵师的规模。此外还创立了新的后备军,致使完全动员的野战军将达到 63 个师。1935 年 3 月,新的法律规定和平时期军队增加到 70 万人,有 36 个步兵师。同时引入征兵制,尽管它直到 1935 年 10 月 1 日才生效,希特勒在同一月份决定在 36 个步兵师之外再组建 3 个装甲师。然而,野战军的投送规模仍然保持在 63 至 73 个师的比例。[91] 最后,1936 年 8 月重新武装计划号召,到 1940 年 10 月时建立 83 万人的常备军、44 个左右的师。全国动员的野战军预计包含 462 万士兵和 102 个师。当二战于 1939 年 9 月 1 日爆发时,德国军队拥有 374 万士兵和 103 个师。

希特勒还在 20 世纪 30 年代创建了强大的海军和空军。[92] 德国海军的发展相当杂乱而不起眼,但是建立纳粹德国空军就另当别论了。在希特勒 1933 年上台时德国还没有作好战斗准备的空军中队,因为《凡尔赛条约》规定德国不能拥有空军。到 1939 年 8 月为止,纳粹德国空军能征集 302 个作好战斗准备的空军中队。正如威廉·戴斯特(Wilhelm Deist)注意到的,"在从 1933 年直到战争爆发期间的 6 年内,纳粹德国空军的惊人发展唤起了无尽的羡慕,同时也带来了现代阴郁的预感"[93]。

直到德国拥有一支强大的军队为止,希特勒并不处于很好的位置通过威胁使用武力来重绘欧洲版图。这样在 1938 年前纳粹的外交政策相对较温和。希特勒将德国代表从 1933 年 10 月的日内瓦裁军会议与国联会议上召回,同时在 1934 年 1 月又与波兰签订了为期 10 年的《互不侵犯协定》,1935 年 6 月与英国签订了《海军协定》。纳粹德国国防军在 1936 年 3 月的确占领和重新武装了莱茵兰地区,但是那被广泛认为是德国领土,即便《凡尔赛条约》指定其永久非军事化。[94]1938 年没有公然的德国侵略,但是希特勒那年两次使用威胁而获得新的领土。1938 年 3 月他强迫说德语的奥地利人加入第三帝国,1938 年 9 月在慕尼黑又胁迫英法让说德语的苏台德地区从捷克斯洛伐克割让给纳粹德国。到 1939 年为止,希特勒最终拥有了潜在的军事机器,同年转向公然入侵。

英、法、苏都害怕纳粹德国,各自密切关注如何设计现实可行的大陆策略。然而,由于苏联可能的例外,它们鲜有兴趣去继承如三国协约那样的均势同盟,这种同盟应该能够通过威胁德国面临两面作战的困境而威慑之。相反,每个国家都倾向于推卸责任。在 1933 年至 1939 年 3 月间,希特勒的大国对手间没有任何联盟。英国将责任推给法国,试图将希特勒往东推以对付东欧更小的国家,可能还包括苏联,后者相应地试图将责任推给英法。到 1939 年 3 月,英国最终与法国联手对付第三帝国,但是苏联并未与以前的盟友联手。在德国于 1940 年 6 月将法国踢出战场后,英国试图与苏联结盟,但是失败了,因为苏联倾向于继续推卸责任。

尽管希特勒的对手鲜有兴趣组建一个反德联盟,但是法苏在 20 世纪 30 年代均具有与纳粹德国国防军针锋相对的实力,它们这样做是为了增加推卸责任起作用的可能性,因为自己越是强大,希特勒就越不可能攻击它。强军也是一项保险政策,可以在以下情形下保护自身:(1)它们不再承担责任及单独面对纳粹战争机器;(2)推卸责任起作用,但承担责任者没能遏制纳粹德国国防军。英国对付希特勒的最初战略也是将责任推给法国,后者在20世纪30年代中期拥有欧洲最强大的军队。[95]英国领导人认识到法国从苏联那里很少能获得帮助,但是他们希望法国与东欧小国(如捷克斯洛伐克、波兰、罗马尼亚、南斯拉夫)结盟将会帮助法国牵制希特勒。英国拥有很强的动机在欧洲推卸责任,因为它在亚洲面临着日本的威胁,在地中海面临着意大利的威胁,其匮乏的经济无法为这三个地区提供持久的军事存在。

鉴于这种危险的环境,英国于1934年急遽提升防务预算,到1938年时将其防务预算增加了三倍。[96]但是在1937年12月12日,英国决定不再建立一支军队在欧洲大陆与法国并肩作战。事实上,英国内阁决定抽调军队资金。这一举措当然与追求推卸责任的策略相一致。而强调对空军的投入,是为了威慑希特勒针对英国本土发动的空袭。

不过,到1938底时情况变得更加明朗了。法国需要英国的帮助来遏制纳粹德国。不仅是纳粹德国国防军正在变成一台可怕的军事机器,而且1938年纳粹德国对奥地利的吞并与慕尼黑事件,又令法国本已软弱的东欧联盟体系遭受致命打击。就在希特勒征服捷克斯洛伐克后不久,英国最终放弃推卸责任,于1939年3月与法国形成了均势联盟。[97]同时,英国开始拼命地建立一支战时被派往法国作战的军队。英国还表现出一些兴趣来构筑与苏联的同盟,但是最终未能找到恢复三国协约的基础。[98]

在德国入侵波兰两天后,英国和法国于1939年9月3日对德国宣战。但直到1940年春它们才开始与德军作战,当时希特勒已在西线出击并将法国逐出战争。到1940年夏,只有严重被削弱的英国孤独地同德国作战。英国领导人试图与苏联结盟来对付德国,但是失败了。主要原因是斯大林继续追求推卸责任策略。他希望看到英德打持久战,而苏联远离战事。[99]在1941年6月德国入侵苏联后,英国和苏联最终走到了一起,形成联盟。

法国也情愿推卸责任。[100]在20世纪20年代期间,远在希特勒上台前,法国就与一些东欧小国组建联盟以便遏制未来德国的威胁。这些联盟在1933年后仍然存在,看来似乎法国并没有推卸责任而是愿意建立对付纳粹德国的均势联盟。然而事实上,到20世纪30年代中期,大部分均势联盟失去了活力,部分原因是法国无意帮助其盟国,正如当它在1938年慕尼黑会议上放弃捷克斯洛伐克时所显示的那样。[101]事实上,法国希望将希特勒东引,指望德军陷入与东欧乃至可能与苏联的战争泥潭。"法国的军事政策,"正如阿诺德·沃尔弗斯(Arnold Wolfers)指出的,"倾向于证明,尽管它对维斯杜拉河(Vistula)和多瑙河地区有广泛的义务,但它更考虑接受而非给予支持;更热衷于保卫自己的领土而非保卫小国。"[102]

为鼓励希特勒首先在东边开战,法国领导人在 20 世纪 30 年代在一定程度上还培育了与第三帝国的良好关系。即便在慕尼黑会议之后这一政策仍在继续。[103]另一方面,法国并未真正努力来与苏联构筑联盟。地缘因素自然阻碍了联盟的实现(参见图 8.3),苏联并不与德国接壤,这意

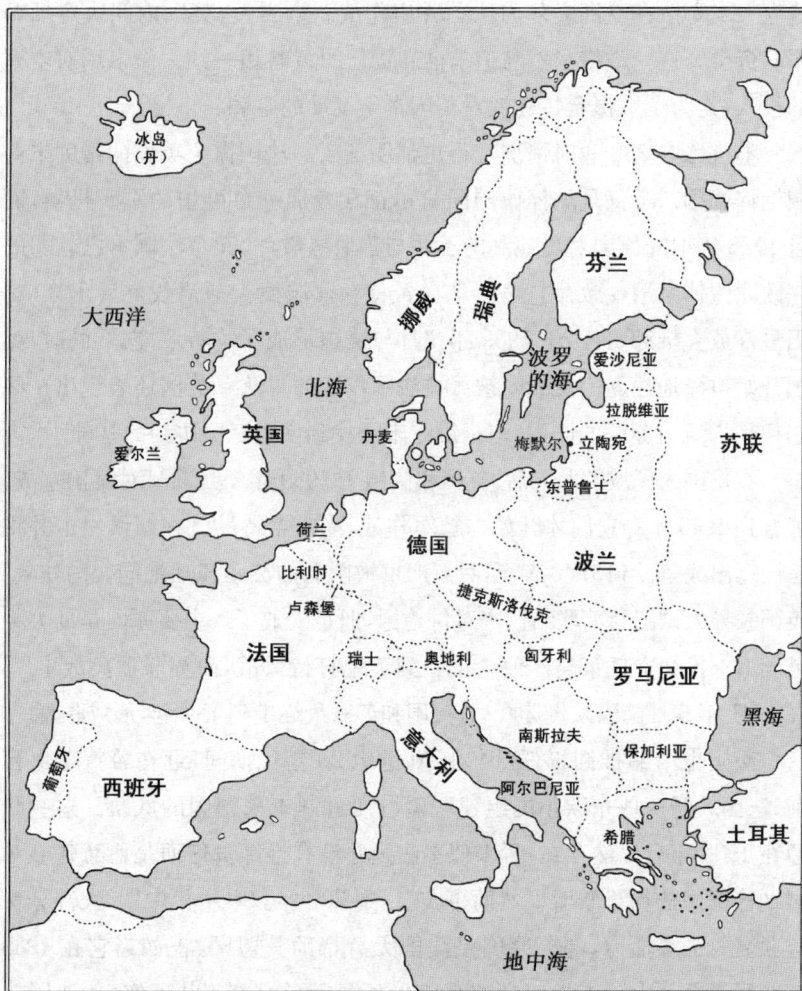

图 8.3　1935 年的欧洲

味着在德军攻击法国的情形下,红军将不得不穿过波兰去打击德国。这就不奇怪,为什么波兰明确反对这一想法。[104]更普遍的是,法苏联盟将会疏远东欧小国,因为这些小国害怕苏联更甚于害怕德国,这可能导致它们与希特勒结盟,而这将破坏法国的推卸责任策略。

考虑到法苏联盟将破坏任何英国与法国联手对付纳粹德国的机会,法国也没有勇气接近苏联。不仅大多数英国领导人敌视苏联,因为他们都鄙视和害怕共产主义,而且如果法国有一个可依靠的苏联盟友,它就不需要英国,后者就将很容易地继续将责任推给法国。[105]最后,法国并未与斯大林结盟,因为法国领导人追求鼓励希特勒首先打击苏联而非法国,在发生这种情况时,它们没有意图去帮助莫斯科。总之,法国将责任推给了苏联及东欧更小的国家。

法国将责任推给苏联的兴趣通过广为传播的信念(即斯大林试图将责任推给法国)而得以强化;许多法国政策制定者想当然地视苏联为不可信赖的盟友。[106]自然,许多苏联政策制定者认识到了法国正在做什么,这正好强化了斯大林推卸责任的兴趣,这反过来又证实了法国对苏联正将责任推给它们的疑虑。[107]所有这些因素综合在一起,使法国在 20 世纪 30 年代很少有兴趣与苏联结盟来对付希特勒。

虽然英国采取推卸责任的策略,但法国领导人在整个 20 世纪 30 年代仍努力使英国答应保卫法国。[108]他们赞赏英法联盟,因为这将提高他们推卸责任策略生效的可能性。英法的军事联合会使德国不太可能在西边挑衅,从而增加了纳粹德国国防军首先进攻东部的可能性。而且,如果推卸责任失败,与英国联手对付纳粹德国国防军,总归比单独对付要好。法国也动员其资源来创造推卸责任的条件,以便在推卸责任失败的情形下保护自己。在希特勒上台后的最初两年内,法国的国防开支并未增加什么,可能因为希特勒在 1933 年上台后,法国拥有相对强大的军事力量。但从 1935 年开始,年度国防预算规模持续急剧增长,法国各届政府追求保持能够阻碍德国进攻的军队。例如 1935 年法国花了 75 亿法郎用于国防,1937 年时是 112 亿法郎,1939 年是 441 亿法郎。[109]

学者们对 1934—1938 年的苏联对纳粹德国政策存在很大分歧。1939—1941 年间斯大林的策略相对明确,争议性更小。

关于对 20 世纪 30 年代中期的苏联政策的分析，主要有三个思想流派。一些人声称是斯大林而非希特勒是欧洲的驱动性因素，苏联领导人追求一种诱捕策略。特别是，这种观点认为斯大林介入了德国政治去帮助希特勒成为总理，因为他认为纳粹会对英法发动战争而使苏联获益。[110]其他人争辩道，斯大林曾决定与英法建立联盟来对抗纳粹德国，但这种集体安全的努力失败了，因为西方国家拒绝与其合作。[111]最后，一些人认为斯大林追求一种推卸责任的策略，[112]其目的在于与希特勒合作，同时努力动摇希特勒与英法关系，以使希特勒倾向于先攻击它们。这种方法不仅促使将责任推给西方大国，而且也创造了希特勒、斯大林与东欧小国（如波兰）联合的可能性。

尽管可以肯定斯大林当时是一个精明的战略家，但支持诱捕策略的说法仍然证据不足。然而有相当证据表明在 1934—1938 年间他既追求集体安全，又追求推卸责任的策略。[113]这并不奇怪，因为欧洲的政治版图因为希特勒的崛起而经历了快速和根本的变化，而且并不清楚情况会向什么方向发展。历史学家亚当·乌拉姆（Adam Ulam）很好地指出了这一点："面临一种可怕的危险，苏联感觉到极有必要作出某种选择，希望其中有一个会使苏联推迟或避免真正卷入战争。"[114]

不过，总的来说，目前得到的 20 世纪 30 年代中期的证据表明，推卸责任是斯大林对付纳粹德国的优先策略。当然，推卸责任是一种有吸引力的策略。这就是为什么英、法、苏都追求这种策略的原因。[115]如果它真如设计的那样起作用的话，推卸责任者就可以避免与入侵者作战的沉重代价，甚至还可以获得某种相对权力。就算这样，当法国在 1940 年 6 月沦陷时，斯大林的推卸责任策略最终还是失败了。但是斯大林无法知道这会发生。事实上，当时有很好的理由认为英国和法国将联手对付纳粹德国。在欧洲推卸责任对苏联也很有吸引力，因为苏联在整个 20 世纪 30 年代都面临着来自日本的严重威胁。[116]

而且，斯大林当然认识到在 20 世纪 30 年代中期有许多因素在起作用，使得他不可能恢复三国协约。例如，法国并不适合对德国采取进攻性行动，特别是在 1936 年 3 月希特勒夺回莱茵兰地区之后。因此，如果希特勒首先对付苏联的话，斯大林不能依赖法国来对付德国。斯大林还有足够的证据表明英法都愿意推卸责任,这对于它们作为联盟的可靠性并非好兆头。问题被莫斯科与西方国家间深植的意识形态敌意所复杂化。[117]最后,正如我们所注意到的,东欧的地理因素是对所谓的集体安全选择的重大阻碍。

苏联也动员其资源来保护自己免受德国的攻击,增加其推卸责任策略起作用的可能性。回顾第六章我们知道,斯大林在 1928 年开始使苏联经济粗放式现代化的一个主要原因是为未来欧洲战争作准备。红军的规模在 20 世纪 30 年代持续增长,1933—1938 年间几乎扩大到原来的三倍(参见表 8.6)。军队武器的数量和质量也显著提高。例如,苏联工业在 1930 年生产 952 门大炮,在 1933 年时是 4 368 门,1936 年是 4 324 门,而 1940 年达到 15 300 门。[118]1930 年,建造了 170 辆坦克,1933 年是 3 509 辆,1936 年是 4 800 辆。1940 年减至 2 794 辆,但那是因为 1937 年苏联开始生产中型及重型坦克,而非轻型坦克(它们更容易大规模地在生产线上制造)。在 20 世纪 30 年代,苏联的战斗力是好的,并且稳步提高。事实上,到 1936 年时,"红军在世界上拥有最先进的学说与最强的装甲作战能力"[119]。但是斯大林在 1937 年夏对军队进行了清洗,致使军队战斗力在整个二战初期都遭到严重破坏。[120]

表 8.6 1933—1938 年间欧洲军队的兵力

	1933 年	1934 年	1935 年	1936 年	1937 年	1938 年
英 国	195 256	195 845	196 137	192 325	190 830	212 300
法 国	558 067	550 678	642 875	642 785	692 860	698 101
德 国	102 500	240 000	480 000	520 000	550 000	720 000
意大利	285 088	281 855	1 300 000	343 000	370 000	373 000
苏 联	534 657	940 000	1 300 000	1 300 000	1 433 000	1 513 000

资料来源:英国的数据引自 *League of Nations Armaments Year-Book*(Geneva: League of Nations, June 1940), pp. 58—59。法国的数据参见 The Annual Volumes of the *League of Nations Armaments Year-Book*(日期与出版日期相符): July 1934, p. 259; June 1935, p. 366; August 1936, p. 368; *The Statesman's Year-Book*(London: Macmillan, various years): 1937, p. 898; 1938, p. 908; 1939, p. 904。德国的数据引自 Barton Whaler, *Covert German Rearmament, 1919—1939: Deception and Misperception*(Frederick. MD: University Press of America, 1984), p. 69; Herbert Rosinski, The *German Amy*(London: Hogarth，1939），p.244；Wilhelm Deist，*The Wehrmacht and German Rearmament* (Toronto：University of Toronto Press，1981），p.44；*The Statesman's Year-book*，1938，p.968。意大利数据参见 *The Statesman's Year-Book* 1934，p.1043；1935，pp.1051—1052；1936，p.1062；1938，pp.1066—1067；1939，p.1066；Singer and Small，*National Material Capabilities Data*。苏联的数据引自 *League of Nations Armaments Year-Book*．1934，p.720；June 1940．p.348；Singer and Small，*National Material Capabilities Data*；and David M. Glantz，*The Military Strategy of the Soviet Union：A History*（London：Frank Cass，1992）p.92。

对 1939—1941 年间斯大林的政策没有太多的争论：推卸责任伴随着寻找机会在东欧小国问题上与希特勒合伙行事。该政策在 1939 年 8 月 23 日臭名昭著的《莫洛托夫-里宾特洛甫条约》中得以定型。它不仅分裂了德国与苏联间的多数东欧国家，而且实质上确保了希特勒与英法交战而苏联袖手旁观。人们或许预计在法国于 1940 年夏沦陷后，苏联会放弃推卸责任而与英国联手对付希特勒。但是如我们所注意到的，斯大林继续追求推卸责任策略，希望英国与纳粹德国卷入一场代价高昂的战争。然而，当纳粹德国在 1941 年 6 月 22 日入侵苏联时，这种希望破灭了，直到那时英国与苏联才结盟共同对付纳粹德国。

权力的计算

欧洲大国间的权力分配与地缘因素很大程度上能解释 20 世纪 30 年代希特勒对手的推卸责任行为。德国在 1930—1944 年间掌握了比任何其他国家都要多的潜在权力（参见表 3.3 及表 3.4）。在 1930 年时，魏玛德国占有 33% 的欧洲财富，而其最接近的竞争对手——英国——控制了 27%。法国和俄国分别是 22% 和 14%。到 1940 年时，德国占有欧洲工业实力的份额增至 36%，其最接近的竞争对手（现在是苏联）只有 28%，英国是 24%，降至第三位。

为比较起见，德国在 1913 年控制了 40% 的欧洲财富，而英国居第二，为 28%，法、俄分别是 12%、11%。基于单独的潜在权力，很明显德国在 20 世纪 30 年代几乎处于极佳的位置成为潜在的霸主，正如这一世纪更早时期它所做的那样。也很清楚的是，苏联在 20 世纪 30 年代显著增加了它在欧洲工业实力中所占的份额，这意味着它在 20 世纪 30 年代末拥有权力来建立一支比它在 1914 年或 1930 年所拥有的更可怕的军队。[121]

除了所有这些潜在的权力之外,德国在1939年之前并非潜在的霸主,因为它在此之前并不拥有欧洲最强大的军队。希特勒继承了弱小的军队,需要时间将其转化为组织良好、装备精良的战斗力量,以便拥有实力去进攻另一大国。毕竟,极为重要的1936年8月的重新武装计划预计要到1940年10月才完成。一年前(1939年夏),其大部分目标早已实现,因为重新武装以较快的步伐推进,也因为德国由获得奥地利、捷克斯洛伐克而积累起来的财富。[122]但是以如此快的步伐重新武装导致了众多的组织问题,使得纳粹德国国防军在1939年完全不能打一场大国战争。[123]这种未作好准备的一般状态是军队领导在1938年的慕尼黑危机期间与希特勒不和的主要原因。他们担心希特勒将德国推向一场未作好准备的大国战争。[124]

1933—1939年间纳粹德国军队经历了日益增长的烦恼,法国和苏联都扩张其军队以反击德国军力的加强。整个1937年苏联红军与法军都比德军强大,但它们的优势在接下来的两年内淡化了。到1939年中期,德国成为欧洲支配性的军事力量。鉴于这一原因,许多学者现在认为希特勒的对手应该在1938年而非1939年与纳粹德国军队作战。[125]

正如表8.6所清楚显示的,法国军队在1937年实际上比德国的规模更大,而且还享有质量优势,这并不是因为法国军队是一支有效的战斗力量(事实上,它不是),而是因为纳粹德国的不断扩张严重限制了其作战能力。到1938年时,德国最终比法国拥有在和平时期更多的军队;但如表8.7清楚显示的,法国仍然可能动员一支更大的战时军队;100个法国师对71个德国师。到1939年,德国抹去了法国的优势,它们现在能动员同

表 8.7　1938—1940 年间动员后的法、德军队规模(师)

	1938 年	1939 年	1940 年
法　国	100	102	104
德　国	71	103	141

资料来源:Williamson Murray, *The Change in the European Balance of Power*, *1938—1939*: *The Path to Ruin*(Princeton, NJ: Princeton University Press, 1984), p.242; Richard Overy, *The Penguin Historical Altas of the Third Reich*(London: Penguin, 1996), p.67; Albert Seaton, *The German Army*, *1933—1945*(New York: New American Library, 1982), pp.92—93, 95.

样数量的师参加战斗。而且,德国军队比法国军队质量更优,拥有更优异
的空军支持。[126]鉴于德国比法国拥有更多的财富和人口,这就不奇怪,到
1940 年它们间的军队实力的差距进一步扩大了。

苏联红军 1933—1937 年间在质量和数量上也胜过德军。戴维·格
兰茨(David Glantz)有句话说得好:"如果德国与苏联在 20 世纪 30 年代
中期作战,红军将具有比其对手大得多的优势。"[127]然而,20 世纪 30 年代
后期,这种优势渐渐消失了,不仅因为德国军队日益强大,而且因为斯大
林的清洗(参见表 8.8)。

表 8.8　1939—1941 年间欧洲军队的兵力

	1939 年		1940 年		1941 年		1939—1945 年
	常备军	动员部队	战斗部队	总兵力	战斗部队	总兵力	总动员人数
英　国	237 736	897 000	402 000	1 888 000	na	2 292 000	5 896 000
法　国	900 000	4 895 000	2 224 000	5 000 0000	na	na	na
德　国	730 000	3 740 000	2 760 000	4 370 000	3 050 000	5 200 000	17 900 000
意大利	581 000	na	na	1 600 000	na	na	9 100 000
苏　联	1 520 000	na	na	3 602 000	2 900 000	5 000 000	22 400 000

注:na＝未知。战斗部队(fighting army)按表 8.4 定义。动员部队(mobi-
lized army)代表在 1939 年动员后服兵役的总数。因为它不限于战斗人员,于是
1940 年及 1941 年的这一数据称为总兵力(total army)。比较表 8.7 中的数据,很
明显更大比例的德国士兵被部署在战斗师而非后勤位置,这是德国战斗力的
优势。

资料来源:英国的数据引自 *League of Nations Armaments Year-Book* (Gene-
va: League of Nations, June 1940), p. 59; I. C. B. Dear, ed., *The Oxford Com-
panion to World War II* (Oxford: Oxford University Press, 1995), p. 1148;
John Ellis, *World War II: A Statistical Survey* (New York: Facts on File,
1993), p. 228. 法国的数据来自 Ellis, *World War II* p. 227; Pierre Montagnon,
Histoire de l'Armmee Francaise: Des Milices Royales a l'Arm de MeCtier (Paris:
Editions Pygmalion, 1997), p. 250; Phillip A. Karber et al., *Assessing the Cor-
relation of Forces: France 1940*, Report No. BDM/W-79-560-TR (McLean,
VA: BDM Corporation, 1979), table 1; Dear, ed., *Oxford Companion to
World War II* p. 401. 德国的数据参见 Whaley, *Covert German Rearmament*,
p. 69; Dear, ed., *Oxford Companion to World War II* p. 468; Matthew Cooper,
The German Army, 1933—1945: Its Political and Military Failure (New York:
Stein and Day, 1978), pp. 214, 270; Ellis, *World War II*, p. 227. 苏联的数据
引自 Glantz, *Military Strategy*, p. 92; Louis Rotundo, "The Creation of Soviet

Reserves and the 1941 Campaign,"*Military Affairs* 50，No.1（January 1985），p. 23；Ellis，*World War II*，p.228；Lonathon R. Adehnan，*Revolution*，*Armies*，*and War*：*A Political History*（Boulder，CO：Lynne Rienner，1985），p.174。意大利的数据参见 Singer and Small，*National Material Capabilities Data*；Dear，ed.，*Oxford Companion to World War II*，p.228；Ellis，*World War II*，p.228。

鉴于德国在 1939 年前并非一个潜在的霸主,鉴于苏联红军直到 1938 年都可与德军匹敌,1939 年前没有形成像三国协约那样的均势联盟来对付德国就讲得通了。相反,希特勒的对手相互推卸责任。英国与法国在 1939 年 3 月时形成联盟来对付德国也很正常,因为德国军队明显优于法国军队的日子很快就要到来,后者到时便需要帮助来阻挡纳粹德国的军队。

西方国家并未与苏联合作以重建三国协约,这一点能由以下事实作解释,即 1939 年英法不必为苏联的生存而担心,而在一战前它们曾为俄国的生存担心过。1914 年前,西方国家没有什么选择,只能与俄国联合,因为后者几乎没有能力来顶住德国的进攻。相反,苏联比以前的俄国有强得多的工业与军事实力,英法被迫去防范之。斯大林本人认识到英法加在一起至少与德国一样强大,于是便将遏制纳粹德国的责任推给了它们。[128]最后,在 1933 年至 1939 年 9 月,德国和苏联之间没有共同边界,这大大阻碍了建立联合阵线来对付第三帝国的努力。而且,这使得法国(与德国接壤)而非苏联可能不再承担责任。

1940 年 6 月后英国渴望与苏联结盟自不必解释,因为英国已与纳粹德国开战,自然需要所有能得到的帮助。更有趣的问题是,为什么苏联拒绝了英国的倡议并继续将责任推给它呢？毕竟,德国军队比敦刻尔克大撤退后剩下的英军优异得多,这使德国应该有能力轻而易举地击败英国,然后将枪口转向苏联。然而,水域的阻遏力量拯救了英国,并且对斯大林而言这使推卸责任看上去是一个吸引人的策略。英吉利海峡使纳粹德国军队几乎不可能入侵并征服英国,这意味着英国可能要在空中和海上及边远地区如北非、巴尔干与德国进行长期的较量。事实上,1940—1945 年间的情形主要是这样。与英国结盟对斯大林来说没有什么吸引力,因为既然英国不能向欧洲大陆派遣一支大规模军队,那么不仅苏联将陷入与第三帝国的战争泥潭,而且红军将承担与纳粹德国军队的多数战斗。尽管有这些考虑,但在斯大林的想法中还是有一重大的缺陷:他错误地假定希特勒在决定性地击败英国并稳住西翼前是不会入侵苏联的。[129]

最后说几句有关两次世界大战前德国对手的矛盾行为,并以此作出结论。三个关键性差异解释了为什么英、法、苏倾向于在对付第三帝国时推卸责任,而在一战前7年却形成均势联盟来反对威廉德国。第一,纳粹德国在1939年前并非一个可怕的军事威胁,而德皇军队至少从1870年至一战结束这段时间是欧洲最强大的战斗力量。事实上,希特勒德国在1939年前并不是一个潜在的霸主,而威廉德国在1903年便获得了欧洲霸主的地位。第二,苏联比一战前的俄国在20世纪30年代控制了更多的潜在和实际的军事力量。这样,与沙皇俄国相比,英国和法国更少担心苏联的生存。第三,德国和俄国在1914年接壤,但在1939年前并不是这样,这种分隔鼓励了推卸责任。

冷战(1945—1990 年)

背 景

当第三帝国在1945年4月最终崩溃时,苏联是欧洲剩下的最强大的国家。四个月后即1945年8月日本帝国也垮台了,这使得苏联还成为东北亚最强大的国家。不论在欧洲还是在东北亚都没有大国能够阻止强大的红军在这些地区建立苏联的霸权。美国是足够强大来遏制苏联扩张的唯一国家。

然而,有理由认为美国不会去抗衡苏联。美国既不是欧洲国家也不是亚洲国家,还拥有长期在这些地区避免卷入联盟的历史。事实上,1945年2月,富兰克林·罗斯福在雅尔塔会议中曾告诉斯大林,他预计所有的美国军队在二战结束后两年内将撤出欧洲。[130]而且,鉴于美苏在1941—1945年间是同纳粹德国作战的盟友,美国的政策制定者很难作出突然的180度大转弯,告诉民众苏联现在是死敌,而非友邦。战后对斯大林与杜鲁门而言还有非常必要的事情要做,即共同处理被击败的轴心国,特别是德国。

尽管有这些考虑，但在二战结束后美国几乎立即去制衡苏联的扩张，并且一直执行其强大的遏制政策，直到45年后苏联解体。马克·特拉亨伯格（Marc Trachtenberg）很好地指出了这一点："遏制政策在1946年初被采纳。甚至在这一术语被杜撰出来之前，自然也远在这一政策的基本理论由其首要理论家乔治·凯南发展之前，就被采纳了。"[131] 美国如此乐意和有效地抗衡苏联，是因为阻止苏联支配欧洲与东北亚是美国的国家利益所在，因为在20世纪40年代中期的两极世界中没有其他大国能遏制苏联。简单说来，美国没有推卸责任的选择余地，它不得不担此重任。[132]

大国的战略行为

在冷战初期，伊朗和土耳其是苏联扩张的首要目标。[133] 苏联在二战期间已占领了伊朗北部，曾答应太平洋战争结束后六个月内撤兵。当1946年初没有证据表明苏军正在撤退时，美国对苏联施加了压力，让它遵守诺言。这起了作用：苏军在1946年5月初离开伊朗。

斯大林还对扩张到地中海东部地区有兴趣。他的主要目标是土耳其。在1918年夏，他要求获得土耳其东部领土及在达达尼尔海峡建造基地的权利，以便在地中海设立海军据点。而且，在1944—1949年间的希腊，强大的共产主义起义来势迅猛，整个国家受内战折磨。斯大林并不直接支持希腊的共产主义，但如果希腊共产党赢得了内战并统治希腊，他肯定会从中受益。[134] 美国最初依赖英国去保护希腊和土耳其，使之不受苏联的影响，但整个1946年都担心英国不能担当此任。在1947年2月底，情况变得明显了，英国经济太弱以至于不能给希腊与土耳其提供足够的经济与军事援助，美国迅速填补了这一空缺。

1947年3月12日杜鲁门总统在国会两院联席会议上提出了著名的杜鲁门主义，他指出，毫无疑问，美国正面临着共产主义的威胁，不只是在地中海，而且在世界各地。他还要求给希腊和土耳其提供4亿美元的援助。阿瑟·范登堡参议员事先告诉杜鲁门，如果他需要这笔钱，他必须"使国家免于恐惧"[135]。他做到了这一点，国会同意了他的请求。希腊共产主义分子随后被击败，苏联未进入土耳其领土或达达尼尔海峡的基地。希腊和土耳其最终于 1952 年 2 月加入北约。

美国的政策制定者在整个 1946 年及 1947 年初还担心苏联将很快支配西欧。他们担心的不是苏军将开赴大西洋，相反，美国领导人担心与莫斯科关系密切的强大的共产主义政党会在法国与意大利掌权，因为这两国的经济非常糟糕，人民极不满意他们的贫困状况。美国在 1947 年 6 月初以著名的马歇尔计划对此作出了反应，该计划明确设计要与西欧的"饥饿、贫困、绝望与混乱"作斗争。[136]

同时，美国也深刻地考虑到德国的未来。美国人没有，看来苏联人也没有，清楚地预计冷战何时结束。[137]在冷战早期，西方很少担心苏联会试图用武力控制德国。事实上，有迹象表明斯大林愿意与永久分裂的德国生活在一起，只要英、法、美不将它们的占领区合并形成一个独立的西德。但是美国的政策制定者在 1947 年就认为，如果共产主义没有渗透到西欧（包括联合托管的德国地区），自然要建立一个繁荣、强大而与西欧其他国家有紧密联系的西德，这种结果在 1947 年 12 月伦敦会议上被批准。这一计划在接下来的两年里生效。1949 年 9 月 21 日，德意志联邦共和国成立。总之，美国试图通过在西欧建立一个强大的堡垒，以联邦德国作为依托来遏制苏联的扩张。

这就不奇怪，苏联将美国关于德国前途的决定视为十足的警报。正如梅尔文·莱弗勒（Melvyn Leffler）提到的："当然，没有任何事情比英美在西德的危机更能激怒克里姆林宫了。西德自治政府的幽灵使俄国人感到害怕，正如德国融入西方经济体系的前景一样。"[138]作为反应，1948 年 2 月在捷克斯洛伐克，苏联采取了共产主义的突然行动，使之成为对抗西方堡垒的一部分。更重要的是，苏联通过封锁柏林墙，切断与德国西占领区相连接的道路与水路，于 1948 年 6 月底引发了柏林危机。

对这些苏联行为，美国作出了迅速而强有力的反应。鉴于捷克斯洛伐克事件，美国开始认真考虑建立西方军事联盟以威慑未来苏联对西欧的军事威胁。[139]1948 年 5 月，这一计划郑重开始，并最终导致了 1949 年 4 月 4 日北约的成立。[140]尽管许多西方人认为柏林是一个战略负担，应被放弃，但美国还是发动了对被包围城市的大规模空运。[141]认识到美国已出王牌将他们打败,1949年5月苏联解除了封锁。

斯大林在冷战初期还推动扩大苏联在东北亚的影响。[142]二战期间苏联许诺1946年2月1日将其军队撤出中国东北,但在这一日期到了以后,苏军仍留在那里。美国提出了抗议,于是苏联在1946年5月初撤退。美国政策制定者非常关注毛泽东领导的共产党在长期内战中可能打败蒋介石领导的国民党,使中国成为苏联的盟友。毛泽东与斯大林关系复杂,但是苏联已给中国共产党提供适当的援助,而美国提供给国民党的援助有限。对于挽救蒋介石在1949年的彻底失败美国几乎无能为力,因为蒋介石政权十分腐败和无能。艾奇逊国务卿于1949年7月3日(美国时间)在其转交给杜鲁门总统的著名的《中国白皮书》中很好地指出了这一点:"不幸的但无法逃避的事实是,中国内战的不幸结果是美国政府控制不了的。美国在其能力的合理限度之内所曾经做或能够做的,都不能改变这个结果。美国所未做的,对于这个结果也没有影响。这是中国内部势力的产物,这些势力美国也曾企图加以影响,但没有效果。中国国内已经到达了一种定局,也许这是未尽职责的结果,但仍然已成定局。"[143]

1950年6月25日,朝鲜战争爆发。这场冲突的一个结果是美国在冷战的剩余时期在南朝鲜保留了相当数量的部队。但更重要的是,朝鲜战争导致美国大幅度增加国防开支,在遏制苏联的努力中变得更加警惕。美国在欧洲、东北亚、波斯湾建立了可怕的遏制网,1950—1990年间使苏联无法接近那些十分重要的地区。在这40年中苏联唯一能扩张的区域是第三世界,不仅苏联在那里真正得手多少是个问题,而且美苏在那里还处处遭遇。[144]

不过,在整个冷战时期,美国推卸责任的动机从未完全消失。[145]例如,1949年时为确保参议院批准北约,艾奇逊不得不强调美国没有派遣大批军队至欧洲的企图。整个20世纪50年代艾森豪威尔总统对将美军撤回、让西欧自己抵御苏联威胁极感兴趣。[146]事实上,这种动机解释了冷战初期美国对欧洲一体化的强力支持。而且,在20世纪60年代末及70年代初,在美国参议院中有一种强烈的意愿去减少(如果不是消除)美国对欧洲大陆的义务。即便在里根时期,仍然存在有影响的声音号召对美国在欧洲驻军规模作重大削减。[147]但是在1945—1990年的两极世界中,推卸责任对美国而言并非一个严肃的选择。从二战结束直至冷战终结，美国对苏联推行一种坚定的均势政策，这一政策取得了明显的成功。

权力的计算

对第二次世界大战结束后的权力分配作一简要回顾便会清楚地发现，在欧洲和东北亚不存在一个大国或大国组合来阻止苏联在这些地区的扩张，因此美国别无选择，只能去制衡苏联的扩张。在东北亚，日本被迫非军事化，并遭受战争重创，而中国正处于血腥的内战中，很少有潜力着手去制衡苏联。在欧洲，德国被苏联军队决定性地击溃，成为废墟，自然在可预见的将来没有可能建立一支军队。意大利军队遭到重创，不可能很快恢复；即便未受损伤，它也只是近代欧洲史上最无能的军队之一。法国在 1940 年被踢出战争，被德国占领直至 1944 年夏末，最终由美英军队所解放。在 1945 年春天二战结束时，法国只有一支弱小的军队，不论经济上还是政治上都不可能建立起像在 1940 年以前那样的大规模军队。[148]英国在二战期间建立了庞大的军队，在击溃德国的过程中发挥了重要作用。但很明显，仔细考虑后会发现，1945 年后英国并不具备经济、军事实力来重建一个抗衡苏联的均势联盟。只有美国足够强大，担此重任。

从二战期间美国、英国和苏联军队建制的相对大小来看，我们会明白为什么英国与苏美不是一个档次的。在 1939—1945 年间，英国动员了约 590 万军队，美国动员了约 1 400 万，苏联是 2 240 万。[149]当二战于 1945 年结束时，英国拥有 470 万武装部队，美国拥有 1 200 万，苏联是 1 250 万。[150]考虑军队规模，英国在二战期间招募了 50 个师，而美国招募了 90 个，苏联招募了 3 550 个，尽管其规模较美英的小一些。[151]

当然，二战结束后，这三支军队快速缩编，但英国仍不足以与苏联相匹敌。苏联在 1948 年拥有 287 万武装力量，而英国只有 84.7 万，美国在那年估计是 136 万。[152]而且，1948 年后美苏军队编制在数量上明显增加，而英国在缩减。[153]就像我们以前所看到的那样，英国经济在 1947 年初是如此之弱，以致根本不能为希腊、土耳其提供援助，从而促使美国趁机传播杜鲁门主义。英国当然不能保护西欧免于苏联的威胁。

英国的问题不是没有认识到苏联的威胁，或者缺少愿望去遏制它。相反，英国领导人正如美国一样热衷于挫败苏联的扩张。[154] 但是英国不具备足够的物质资源与苏联竞争。例如，1950 年苏联的 GNP 是 1 260 亿美元，军费开支是 155 亿美元，而英国的 GNP 只有 710 亿美元，军费开支是 23 亿美元。[155] 更为糟糕的是，英国还拥有一个分布广阔的帝国，占据了军费开支的相当大比重。这就不奇怪，英国领导人在冷战初期就理解西方需要山姆大叔去组织和指挥对苏联的遏制。

结　　论

仔细分析每个例子之后，让我们现在退后一步思考，总结其结果。进攻性现实主义预测国家对均势将十分敏感，会寻找机会来增加自身实力，或削弱对方实力。在现实条件下，这意味着国家将采纳反映了由权力特别分配所产生的机遇与限制的外交策略。特别是，该理论预计在两极体系中被威胁国家可能立即而有效地去抗衡，因为在体系中只有两个大国时，不论是推卸责任还是大国均势联盟都是不可行的。冷战的例子看来支持了这一观点。战后苏联崛起成为欧洲（及东北亚）最强大的国家，只有美国才有能力去遏制它。

在 20 世纪初，面对欧洲潜在的霸主——威廉德国、纳粹德国，美国的最初反应都是将责任推给欧洲其他大国——英国、法国和俄国。但在冷战中推卸责任就不再是一种选择了，因为在欧洲没有大国能遏制苏联。因此二战一结束，美国就迅速而有力地去抗衡苏联的威胁，直到 1990 年冷战结束。不过，美国推卸责任的冲动在整个冷战时期也很明显。

至于多极体系，进攻性现实主义理论预计在没有潜在霸主时推卸责任是非常可能的，当体系中有一个特别强大的国家时仍有可能。本章例子看来能支持这些观点。在四个多极体系中，俾斯麦的普鲁士是唯一并非潜在霸主的入侵者。法国可能在 1862—1866 年间具有欧洲最强大的军队，而普鲁士军队在 1867—1870 年间是老大。但没有哪个威胁去横行欧洲大陆。正如我的理论将预测的,推卸责任在这里提到的例子中比在任何涉及潜在欧洲霸主的例子中更普遍。事实上,当普鲁士在八年战争期间赢得三次战争时,并没有形成即便是有限的两国均势联盟来反抗它。英国和俄国事实上欢迎俾斯麦统一德国的努力,它们希望它成为未来的承担责任者!普军直接威胁到奥法两国,这使它们可能联手去制衡普鲁士。但是,它们推卸责任,于是俾斯麦军队在1866年攻击奥地利时法国观望之,而1870年俾斯麦军队攻击法国时,奥地利又观望之。

的确形成过均势联盟来对付潜在的霸主——拿破仑法国、威廉德国、纳粹德国。在每个例子中,推卸责任仍被不断尝试,尽管变化较大。根据我的理论,均势与地缘因素应该在解释这些例子中有所不同。特别是,未来霸主控制的相对权力越大,就越不可能推卸责任;共同边界也可能使推卸责任变得不可能。这些观点看来解释了这些非均势多极例子中推卸责任模式的不同。

我们看到在反对威廉德国中推卸责任行为最少,包括英国、法国和俄国在内的三国协约设计来遏制德国,到一战爆发前的7年左右即1907年为止在很大程度上起了作用。法俄事实上在19世纪90年代初,也就是一战危机前20年左右,形成了均势联盟的最初支柱。尽管英国最初将责任推给了法国和俄国,但在1905—1907年间还是加入了联盟。权力计算很大程度上解释了三国协约的形成。德国在19世纪90年代初具有一支令人敬畏的军队,导致法俄联合。但是德国并非一个潜在的霸主,法俄军队联合看来有能力遏制德国军队,因此英国继续观望。但是20世纪最初五年里,所有一切都改变了,当时德国成为一个潜在的霸主(1903年),俄国被日本彻底击溃(1904—1905年)。为此,英国停止了推卸责任,三国协约形成。

针对纳粹德国的推卸责任行为,比针对威廉德国的更多。希特勒1933年1月上台后,随即开始建立一支强大的军队。第三帝国的主要对手——英、法、苏——从未形成一个均势联盟来对付纳粹德国。事实上,这三个国家在20世纪30年代初都追求推卸责任的策略。直到1939年3月,英法才走到一起来反对希特勒。不过,苏联继续推卸责任。当纳粹德国军队在1940年春将法国踢出战场,使英国单独同纳粹德国战争机器较量时,斯大林仍希望英德之间打一场持久战并继续观望。1941年夏的巴巴罗萨入侵计划最终将英国和苏联结合在一起。美国在1941年3月加入英苏联盟。这个联盟在接下来的三年半中联合起来并击败了第三帝国。

20世纪30年代的所有推卸责任行为很大程度上归因于这一事实,即德国在1939年前并没有一支可怕的军队,这就导致之前没有急迫的原因驱使希特勒的敌人联手。当纳粹德国在1939年变成一个潜在的霸主时,英法形成联盟,主要是因为英国认识到法国单独的实力无法与纳粹德国军队相匹敌。然而不论英法是否与苏联形成联盟,主要是因为苏联比1914年之前的俄国要强大得多,苏联面临一个极好的机会在没有英法的帮助下生存。在法国沦陷后,斯大林拒绝与英国联手对付第三帝国,因为他认为水域的阻遏力量会使德国很难迅速而决定性地击败英国。这就保证了它们间有一场持久战,而这对苏联有利。

在大革命时期的法国和拿破仑时期的法国这两个例子中,推卸责任最为流行,奥地利、英国、普鲁士和俄国是法国面临的四个主要对手。在1793年(战争爆发后一年)之前,法国实际上并不是一个潜在的霸主。法国的对手在1793—1804年间始终如一地推卸责任,主要是因为法国尚未强大到使所有其对手不得不协调来阻止它横行于欧洲大陆。然而,到1805年时,拿破仑已经拥有一支军队来威胁使法国成为欧洲的首要霸主。但是在所有拿破仑的对手形成统一均势联盟之前,他将奥普赶出了均势圈,迫使俄国停战,签订和平条约。无效均势在多极体系中普遍存在,这使拿破仑在1805—1809年间赢得了一系列令人震惊的胜利,使他控制了欧洲大部分地区。法国的对手们在1812年末松了口气,当时拿破仑在俄国遭受重大失败,这一次反法联盟进行了有效运作,并在1813—1815年间决定性地击败了法国。

地缘因素也阻碍了对威廉德国的推卸责任行为,而鼓励了对纳粹德国、拿破仑法国的推卸责任行为。英国与所有这三个潜在霸主作战,但由英吉利海峡与它们中的每个隔开。这样,在英国的例子中地缘因素并没有变化,不是我们分析的对象。然而,欧洲大陆上的状况在这三个例子中变化很大,威廉德国与法国、俄国都拥有很长的共同边界,迫使它们中的任何一个都难以推卸责任,而使形成均势联盟更为容易,因为两者都处于很好的位置直接打击德国。法国与纳粹德国接壤,但是苏联在20世纪30年代的多数时候被小国如波兰与第三帝国隔开,这种缓冲地带鼓励了推卸责任,而使法苏难以形成遏制德国的均势联盟。尽管欧洲版图在1792—1815年间变化频仍,但拿破仑的对手经常不与法国接壤,这种状况鼓励了推卸责任而使形成有效均势联盟复杂化。

总之,地缘因素与权力分配在被威胁大国面对危险的入侵者时,是决定形成均势联盟还是推卸责任这一问题上,扮演了关键的角色。下章将转而讨论入侵者,关注它们何时可能对另一国家发动战争,很明显权力分配对解释大国战争爆发也很重要。

注　释

1. 这些数据代表了我在每一个案例中进行研究的时间框架。这些框架包括了拿破仑法国、威廉德国或纳粹德国(而不是苏联)成为潜在霸主以前的岁月。就像将要阐明的那样,拿破仑法国从1793年到1815年是潜在的霸主,威廉德国从1903年到1918年,纳粹德国从1939年到1945年,苏联从1945年到1990年,一直是潜在的霸权国。这就是那一研究的完整时间框架。同时,虽然拿破仑直到1799年11月20日才控制了法国,但我有时会把大革命时期和拿破仑时期的法国(1789—1815年)简单地并称为拿破仑法国。最后,冷战的研究将包括对超级大国在东北亚地区及欧洲展开竞争的讨论。

2. 巴里·波森强调了同样的因素以及军事技术,参见 Barry Posen, *The Sources of Military Doctrine: France, Britain, and Germany between the World Wars* (Ithaca, NY: Cornell University Press, 1984), pp. 63—67。有一种不同的观点,它强调对攻守平衡的洞察,参见 Thomas J. Christensen and Jack Snyder, "Chain Gangs and Passed Bucks: Predicting Alliance Patterns in Multipolarity," *International Organization* 44, No. 2 (Spring 1990), pp. 137—168。

3. 这一框架将在第九章中详加讨论。

4. Ludwig Dehio, *Germany and World Politics in the Twentieth Century*, trans. Dieter Pevsner (New York: Norton, 1967), p. 29; Posen, *Sources*, p. 63.

5. 参见 Scott Sagan, "1914 Revisited: Allies, Offense, and Instability," *International Security* 11, No. 2 (Fall 1986), pp. 151—176; Stephen Van Evera, *Causes of War: Power and the Roots of Conflict* (Ithaca, NY: Cornell University Press, 1999), pp. 152—154。

6. 有大量文献论及1789—1815年间的大国政治,重要的文献包括:Geoffrey

Best，*War and Society in Revolutionary Europe*，*1770—1870*（Montreal：McGili-Queen's University Press，1998），chaps. 5—13；T. C. W. Blanning，*The Origins of the French Revolutionary Wars*（New York：Longman，1986）；David G. Chandler，*The Campaigns of Napoleon*（New York：Macmillan，1966）；Vincent J. Esposito and John R. Elting，*A Military History and Atlas of the Napoleonic Wars*（New York：Praeger，1965）；David Gates，*The Napoleonic Wars*，*1803—1815*（London：Arnold，1997）；Georges Lefebvre，*Napoleon*，vol. I，*From 18 Brumaire to Tilsit*，*1799—1807*，and vol. 2，*From Tilsit to Waterloo*，*1807—1815*，trans. H. E Stockhold and J. E. Anderson，respectively（New York：Columbia University Press，1990）；Steven T. Ross，*European Diplomatic History*，*1789—1815：France against Europe*（Garden City，NY：Anchor，1969）；Paul W. Schroeder，*The Transformation of European Politics*，*1763—1848*（Oxford：Oxford University Press，1994）. chaps. 1—11；Stephen M. Walt，*Revolution and War*（Ithaca，NY：Cornell University Press，1996），chap. 3。

7. 这一短语源于 William Cart，*The Origins of the Wars of German Unification*（London：Longman. 1991），p. 90。

8. 法国大革命是由于对相关力量的估算而引发和持续的，而不是由于意识形态，这是以下这些书的主要思想：Blanning，*French Revolutionary Wars*；Ross，*Diplomatic History*，；Schroeder，*Transformation*。沃尔特赞同是权力政治引发了这些战争，但他坚持认为意识形态的考虑影响了相关行为者如何评价权力平衡。Walt，*Revolution and War*，chap. 3.

9. 关于 18 世纪的战争，参见 Best，*War and Society*，chaps. 1—4；Hans Delbruck，*History of the Art of War：Within the Framework of Political History*，vol. 4，*The Modern Era*，trans. Walter J. Renfroe，Jr.（Westport，CT：Greenwood，1985），pp. 223—383；Michael Howard，*War in European History*（Oxford：Oxford University Press，1976），chap. 4；R. R. Palmer，"Frederick the Great，Guibert，Bulow：From Dynastic to National War,"in Peter Paret，ed.，*Makers of Modern Strategy：From Machiavelli to the Nuclear Age*（Princeton，NJ：Princeton University Press，1986），pp. 91—119。

10. 历史学家通常把 1792 年 2 月 7 日奥地利和普鲁士联合入侵法国这一天定为联盟诞生的日子。然而，这一联盟明显不是一个力量均衡的联盟。

11. 就像一位俄国外交家指出的那样："虽然普鲁士是在漫不经心地进行战争，但是，现在的战争仍将继续使其筋疲力尽。战争的胜负取决于面对这种局面普鲁士能支撑多久。也许你会说，奥地利也存在同样的情况，但是，试想一下我们将如何毫发无损地保持生机，我们将如何在天平上加上我们的砝码，而这架天平愿意承接面前的任何东西。"引自 Schroeder，*Transformation*，p. 145。

12. 关于拿破仑对战争的深远影响，最好的描述是 Carl Von Clausewitz，*On War*，eds. and trans. Michael Howard and Peter Paret（Princeton，NJ：Prince-

ton University Press，1976），pp.585—610。也可参见 Jean Colin，*The Transformations of Wars*，trans. L. H. R. Pope-Hennessy（London：Hugh Rees，1912）。

13. 关于西班牙冲突，参见 David Gates，*The Spanish Ulcer：A History of the Peninsular War*（New York：Norton，1986）；Michael Glover，*The Peninsular War，1807—1814：Concise Military History*（Hamden，CT：Archon，1974）。

14. 汉斯·德尔布鲁克（Hans Delbruck）写道："当拿破仑与几个敌人卷入战争时，他有能力一个一个地打败所有的对手。1805 年，他赶在俄军到来之前，在乌尔姆击败了奥地利军队；然后，他又赶在普鲁士介入之前，在奥斯特里茨用奥地利的残余部队击败了俄军；1806 年，他又一次赶在俄军到来之前击败了普鲁士军队（在耶拿）；1807 年，在奥地利推动奥俄联合前，又击败了俄国军队。"Delbruck，*History*，Vol.4，p.422.

15. Peter Paret，"Napoleon and the Revolution in War，" in Paret，*Makers*，p.123.

16. Schroeder，*Transformation*，p.289.

17. 如第四章所述，一天以后，英国海军在特拉法尔加角取得了对法军的决定性胜利（1805 年 10 月 21 日）。但是，正像从接下来的讨论中应该清楚的那样，英国在海上的胜利对拿破仑的军队没有产生什么影响，至少在 1809 年，他们继续赢得对对手们的重大胜利。

18. 评价拿破仑在乌尔姆之后、奥斯特里茨之前的形势时，哈罗德·多伊奇（Harold Deutsch）写道："在普鲁士仍然对创造一个胜利的机会犹豫不决时，击败联盟军队。"Harold C. Deutsch，*The Genesis of Napoleonic Imperialism*（Cambridge，MA：Harvard University Press，1938），p.402. 关于普鲁士在乌尔姆战役之后的描述，参见 ibid.，chaps.21—24。

19. 关于俄国战争，参见第三章。

20. 英国在 1792—1815 年间对大陆的所有援助中，有几乎 40% 是在这场战争的最后三年里给予的。这进一步表明了 1812 年以后法国对手们的重大决心。Michael Duffy，"British Diplomacy and the French Wars，1789—1815，" in H. T. Dickinson，ed.，*Britain and the French Revolution，1789—1815*（New York：St. Martin's，1989），p.142. 关于这一问题的重要著作是 John M. Sherwig，*Guineas and Gunpowder：British Foreign Aid in the Wars with France，1793—1815*（Cambridge，MA：Harvard University Press，1969）。

21. 这些紧张局势，部分地是由于历史原因引发的，但是却抑制了同盟成员中推卸责任的冲动，（最终）在《肖蒙条约》（Treaty of Chaumont）中（1814 年 3 月 1 日）成功地解决了。

22. 参见第三章注释 42。

23. Brian Bond，*The Pursuit of Victory：From Napoleon to Saddam Hussein*（Oxford：Oxford University Press，1998），p.37. 关于法国如何掠夺被征服国家的最好著作，参见 Owen Conneny，*Napoleon's Satellite Kingdoms：Managing*

Conquered Peoples (Malabar，FL：Krieger，I990)；David Kaiser，*Politics and War：European Conflict from Philip II to Hitler* (Cambridge，MA：Harvard University Press，1990)，pp.212—223，246—252；Stuart Woolf，*Napoleon's Integration of Europe* (London：Routledge，1991)，esp. chap.4。

24. 1800 年英国的人口是 1 600 万，其中仇视英国人统治的爱尔兰的人口大约为 500 万。Andre Armengaud，"Population in Europe，1700—1914，" in Carlo M. Cipolla，ed.，*The Fontana Economic History of Europe*，vol.3，*The Industrial Revolution* (London：Collins，1973)，p.29.如果忽略爱尔兰人口，法国对英国的人口优势就将从 1.5：1 上升为 2.5：1 (2 800 万对 1 100 万)。

25. 就像已经讨论过的，人口的数量也能影响一国的具体财富。

26. 关于法国军队在 18 世纪和 1789 年以后规模与社会结构的差别，参见 Best，*War and Society*，chaps.2—7；Howard，*War in European History*，chaps. 4—5；Hew Strachan，*European Armies and the Conduct of War* (Boston：Allen and Unwin，1983)，chaps.2—3。

27. 法国对别国领土的征服也使得人口对比向着不利于奥地利和俄国的方向倾斜。如保罗·肯尼迪认为："拿破仑征服别国领土使法国人的数量从 1789 年的 2 500 万上升到 1810 年的 4 400 万。"Paul M. Kennedy，*The Rise and Fall of the Great Powers：Economic Changes and Military Conflict from 1 500 to 2 000* (New York：Random House，1987)，p.131.

28. 值得指出的是，法国大革命前的法国军队并不是一支令人畏惧的军事力量。参见 Steven Ross，*From Flintlock to Rifle：Infantry Tactics，1740—1866* (Cranbury，NJ：Associated University Presses，1979)，chap. 1；Gunther E. Rothenberg，*The Art of Warfare in the Age of Napoleon* (Bloomington：Indiana University Press，1978)，chap. 1；Spenser Willkinson，*The French Army before Napoleon* (Oxford：Clarendon，1915)。

29. 英国不仅是只有一小支军队，而且这支军队中也只有一小部分能被派到大陆作战。因为维持帝国的治安以及国防需要庞大的力量，参见 Piers Mackesy，"Strategic Problems of the British War Effort，" in Dickinson，ed.，*Britain and the French Revolution*，pp.156—157. 考虑到英国的军队只有 25 万人，英国在西班牙的军队最多时达到 4.7 万人，也就是说，不到英国军队的 20%。Ibid. p.163.

30. 参见 Jean-Paul Bertaud，*The Army of the French Revolution：From Citizen-Soldiers to Instrument of Power*，trans. R. R. Palmer (Princeton，NJ：Princeton University Press，1988)，chaps.1—2；Samuel E. Scott，*The Response of the Royal Army to the French Revolution：The Role and Development of the Line Army，1787—93* (Oxford：Clarendon，1978)，chaps.1—4。

31. Bertaud，*Army of the French Revolution*，chaps.3—14；John A. Lynn，*The Bayonets of the Republic：Motivation and Tactics in the Army of Revolutionary France，1791—94* (Urbana：University of Illinois Press，1984)；Ross，Flint-

lock, chap. 2; Rothenberg, *Art of Warfare*, chap. 4.

32. Best, *War and Society*, p. 88.

33. 关于征兵,参见 Isser Woloch, "Napoleonic Conscription: State Power and Civil Society," *Past and Present*, No. 111 (May 1986), pp. 101—129. 关于拿破仑利用外国军队的情况,参见 Best, *War and Society*, pp. 114—117; John R. Elting, *Swords around a Throne: Napoleon's Grande Armée* (New York: Free Press, 1988), chaps. 18—19; Rothenberg, *Art of Warfare*, pp. 158—162; and Woolf, *Napoleon's Integration*, pp. 156—174。

34. Clausewitz, *On War*, p. 592. 关于拿破仑对法国军队的质的提高,参见 Chandler, *Campaigns*, pts. 3, 6; Colin, *Transformations*, esp. pp. 117—135, 228—295; Christopher Duffy, *Austerlitz, 1805* (London: Seeley Service, 1977), chap. 2; Elting, *Swords*; Ross, *Flintlock*, chap, 3; Rothenberg, *Art of Warfare*, chap. 5。也可参见 Robert S. Quimby, *The Background of Napoleonic Warfare: The Theory of Military Tactics in Eighteenth-Century France* (New York: Columbia University Press, 1957)。拿破仑的军队在 1807 年后,战斗力有所下降,1812 年俄国战争以后就更是如此。

35. 几乎所有研究 1792—1815 年这一段历史的学者,包括大多数的军事历史学家,都强调拿破仑是军事指挥的天才。例如克劳塞维茨在《战争论》(*On War*, p. 170) 中所描述的:"你一定已经注意到了,波拿巴在他的征服过程中所训练和指挥的部队,在长期而严酷的战火中所表现出来的忠贞。这使你感觉到,一支在长期的危险经历中锤炼出来的钢铁部队能够取得怎样的成就。在这一支军队里,令人自豪的胜利记录已向他们灌输了一种高贵信念:勇于承担任何最高的要求。这一信念本身就是令人难以置信的。"关于为数不多的对拿破仑军事指挥的批评,参见 Owen Connelly, *Blundering to Glory: Napoleon's Military Campaigns* (Wilmington. DE: Scholarly Resources, 1987)。

36. 参见 Best, *War and Society*, chaps. 10, 11, 13; Gates, *Napoleonic Wars*, chap. 5; Ross, *Flintlock*, chap. 4; Rothenberg, *Art of Warfare*, chap. 6。关于普鲁士的反应,重要的著作有 Peter Paret, *Yorck and the Era of Prussian Reform, 1807—1815* (Princeton, NJ: Princeton University Press, 1966)。因为拿破仑的四个主要对手中有三个拒绝仿效法国模式来提高自己军队的战斗力,因此,它们有强烈的动机组成一个力量均衡的联盟来对抗法国。

37. 奥地利通常被置于推卸责任的位置,是施罗德《转变》一书的中心主题。参见 Shroeder, *Transformation*.

38. David G. Chandler, *On the Napoleonic Wars: Collected Essays* (London: Greenhill, 1994), p. 43. 奥地利有七年被排除在大国均势之外,普鲁士有六年,俄国则一年也没有。

39. Chandler, *Napoleonic Wars*, p. 43.

40. 关于英国战略,参见 Duffy, "British Diplomacy"; Mackesy, "Strategic

Problems"; Rory Muir, *Britain and the Defeat of Napoleon*, *1807—1815* (New Haven. CT: Yale University Press, 1996); Sherwig, *Guineas and Gunpowder* and Webster, Foreign Policy. 毫无疑问, 英国的盟友深深地将其战略置于击败法国上。参见 Duffy, "British Diplomacy," pp. 137—138; A. D. Harvey, "European Attitudes to Britain during the French Revolutionary and Napoleonic Era," *History* 63, No. 209 (October 1978), pp. 356—365。

41. 在 1793—1804 年间, 俄国和法国的战争时间不超过一年。

42. Sebastian Haffner, *The Rise and Fall of Prussia*, trans. Ewald Osers (London: Weidenfeld and Nicolson, 1980), chaps. 1—5.

43. 关于 1864 年战争, 参见 Carr, *Wars of German Unification*, chap. 2; Otto Pflanze, *Bismarck and the Development of Germany: The Period of Unification*, *1815—1871* (Princeton, NJ: Princeton University Press, 1963), chap. 11。

44. 关于奥普战争, 参见 Carr, *Wars of German Unification*, chap. 3; Lothar Gall, *Bismarck: The White Revolutionary*, vol. 1, *1815—1871*, trans. J. A. Underwood (London: unwin Htyman, 1986), chap. 8; Pfianze, Bismarck, chaps. 13—14; Richard Smoke, War: *Controlling Escalation* (Cambridge, MA: Harvard University Press, 1977), chap. 5; Geoffrey Wawro, *The Austro-Prussian War: Austria's War with Prussia and Italy in 1866* (Cambridge: Cambridge University Press, 1996)。

45. 关于普法战争, 参见 Carr, *Wars of German Unification*, chap. 4; Michael Howard, *The Franco-Prussian War: The German Invasion of France*, *1870—1874* (New York: Dorset, 1990); Pflanze, *Bismarck*, chaps. 18—20; Smoke, *War*, chap. 6。

46. W. E. Mosse, *The European Powers and the German Question*, *1848—1871: With Special Reference to England and Russia* (New York: Octagon, 1969). 也可参见 Richard Millman, *British Foreign Policy and the Coming of the Franco-Prussian War* (Oxford: Clarendon, 1965)。

47. Haffner, *Rise and Fall of Prussia*, p. 124; and Smoke, *War*, p. 92.

48. Carr, *Wars of German Unification*, pp. 129, 203; William C. Fuller, Jr., *Strategy and Power in Russia*, *1600—1914* (New York: Free Press, 1992), pp. 272—273; Haffner, *Rise and Fall of Prussia*, pp. 124—126; Smoke, *War*, pp. 89, 92—93, 101, 117, 128—133.

49. Mosse, *European Powers*, p. 372.

50. Pflanze, *Bismarck*, pp. 419—432, 460—462; Smoke, *War*, pp. 127, 134—135.

51. 进一步的比较, 参见表 3.1 和表 3.2。

52. 迈克尔·霍华德(Michael Howard)在 1860 年写道, 普鲁士"在大陆的主要军事强国中是最差的"。Howard, *Franco-Prussian War*, p. 1. 对 1860—1870 年

间法国和普鲁士军队状况的深入调查，参见 ibid., chap. 1。也可参见 Thomas J. Adriance, *The Last Gaiter Button: A Study of the Mobilization and Concentration of the French Army in the War of 1870* (Westport, CT: Greenwood, 1987), chaps. 1—3; Richard Holmes, *The Road to Sedan: The French Army, 1866—70* (London: Royal Historical Society, 1984); Trevor N. Dupuy, *A Genius for War: The German Army and General Staff, 1807—1945* (Englewood Cliffs, NJ: Prentice-Hall, 1977), chaps. 7—8; Barry R. Posen, "Nationalism, the Mass Army, and Military Power," *International Security* 18, No. 2 (Fall 1993), pp. 100—106。

53. Istvan Deak, *Beyond Nationalism: A Social and Political History of the Habsburg Officer Corps, 1848—1918* (Oxford: Oxford University Press, 1992), chap. 2; Gunther E, Rothenberg, *The Army of Francis Joseph* (West Lafayette, IN: Purdue University Press, 1976), chap. 6.

54. Fuller, *Strategy and Power*, pp. 273—289; Bruce W. Menning, *Bayonets before Bullets: The Imperial Russian Army, 1861—1914* (Bloomington: Indiana University Press, 1992), chap. 1.

55. Correlli Barnett, *Britain and Her Army, 1509—1970: A Military, Political and Social Survey* (Harmondsworth, UK: Penguin, 1974), chap. 12; David French, *The British Way in Warfare, 1688—2000* (London: Unwin Hyman, 1990), chap. 5; Edward M, Spiers, *The Army and Society, 1815—1914* (London: Longman, 1980), chaps. 2, 4.

56. A. J. P. 泰勒(A. J. P. Taylor)在下面这本书中抓住了这一点："事实上，俄国和英国都已经把自己从欧洲均势中忽略了。这就使 1864—1866 年的这一时期具有了近代历史上独一无二的特征：争夺欧洲控制权的斗争局限在西欧舞台。" Taylor, *The Struggle for Mastery in Europe, 1848—1918* (Oxford: Clarendon, 1954), p. 156.

57. 除非注明，本节中以下数字均取自表 8.3。

58. Carr, *Wars of German Unification*, p. 137. 同时，奥地利在 1866 年战争期间将其十个军用来对付意大利。Gordon A. Craig, *The Battle of Koniggratz* (London: Weidenfeld and Nicolson, 1965), p. 21.

59. Carr, *Wars of German Unification*, pp. 137—138; Craig. *Koniggratz*, pp. 15—39; Deak, *Beyond Nationalism*, pp. 51—52; Howard, *Franco-Prussian War*, p. 5; James J. Sheehan, *German History, 1770—1866* (Oxford: Clarendon, 1993), pp. 901—905.

60. 这也解释了为什么普鲁士军队的领导人坚持除非普鲁士有一个盟友(指意大利)来牵制一部分奥地利军队，否则，对奥地利的战争是不可能的。Gall, *Bismarck*, pp. 283—284; Smoke, *War*, p. 85.

61. 参见 Howard, *Franco-Prussian War*, chaps. 1—5。

62. Cart，*Wars of German Unification*，pp. 203—204；Smoke，*War*，pp. 128—129；及本章注 59 中所列参考文献。

63. Smoke，*War*，pp. 129—132.

64. Howard，*Franco-Prussian War*，pp. 43—44.

65. 参见 Deak，*Beyond Nationalism*，chap. 2；David G. Herrmann，*The Arming of Europe and the Making of the First World War*（Princeton，NJ：Princeton University Press，1996），pp. 33—34，97—100，123—124，201—202；C. A. Macartney，*The Habsburg Empire*，*1790—1918*（London：Weidenfeld and Nicolson，1968）；Rothenberg，*Army of Francis Joseph*，chaps. 9—11；A. J. P. Taylor，*The Habsburg Monarchy*，*1809—1918：A History of the Austrian Empire and Austria*．*Hungary*（London：Hamish Hamilton，1948）。

66. 参见表 3.3 和表 6.1。John Gooch，*Arm*，*State*，*and Society in Italy*，*1870—1915*（New York：St. Martin's，1989）；Herrmann，*Arming of Europe*，pp. 34—35，101—105，206—207；"Italian Military Efficiency：A Debate，" *Journal of Strategic Studies* 5，No. 2（June 1982），pp. 248—277。

67. 引自 Richard Bosworth，*Italy and the Approach of the First World War*（New York：St. Martin's，1983），p. 62。

68. Bosworth，*Italy and the Approach*；Richard Bosworth，*Italy*，*the Least of the Great Powers：Italian Foreign Policy before the First World War*（Cambridge：Cambridge University Press，1979）；Herrmann，*Arming of Europe*，pp. 105—111；Christopher Seton-Watson，*Italy from Liberalism to Fascism*，*1870—1925*（London：Methuen，1967），chap. 9—11.

69. 参见 Fuller，*Strategy and Power*，pp. 350—362，377—393；George F. Kennan，*The Fateful Alliance：France*，*Russia*，*and the Coming of the First World War*（New York：Pantheon，1984）；William L. Langer，*The Franco-Russian Alliance*，*1890—1894*（New York：Octagon，1977）；William L. Langer，*The Diplomacy of Imperialism*，*1890—1902*，2d ed.（New York：Knopf，1956），chaps. 1—2；Taylor，*Mastery*，chap. 15。

70. 关于 1890—1914 年间奥德关系的综合研究，参见 Paul M. Kennedy，*The Rise of the Anglo-German Antagonism*，*1860—1914*（London：Allen and Unwin，1980），pts. 3—5。

71. 参见 Prosser Gifford and William R. Louis，eds.，*France and Britain in Africa：Imperial Rivalry and Colonial Rule*（New Haven，CT：Yale University Press，1971）；J. A. S. Grenville，*Lord Salisbury and Foreign Policy：The Close of the Nineteenth Century*（London：Athlone，1964）；Langer，*Diplomacy of Imperialism*；Keith Neilson，*Britain and the Last Tsar：British Policy and Russia*，*1894—1917*（Oxford：Clarendon，1995），pt. 2；及本书第五章注 36。

72. Christopher Andrew，*Théophile Delcassé and the Making of the Entente*

Cordiale: A Reappraisal of French Foreign Policy, 1898—1905 (New York: St. Martin's, 1968), chaps. 9—10; George Monger, *The End of Isolation: British Foreign Policy, 1900—1907* (London: Thomas Nelson and Sons, 1963), chaps. 6—7; Stephen R. Rock, *Why Peace Breaks Out: Great Power Rapprochement in Historical Perspective* (Chapel Hill: University of North Carolina Press, 1989), chap. 4; Taylor, *Mastery*, chap. 18.

73. 参见 Monger, *End of Isolation*, chaps. 8—12; and Taylor, *Mastery*, chap. 19。

74. Kennedy, *Anglo-German Antagonism*, chaps. 16, 20.

75. 关于这一重要事件,参见 Herrmann, *Arming of Europe*; David Stevenson, *Armaments and the Coming of War: Europe, 1904—1914* (Oxford: Oxford University Press, 1996), chap. 2; Taylor, *Mastery*, chap. 19。

76. Herrmann, *Arming of Europe*, chap. 2.

77. 参见 John Gooch, *The Plans of War: The General Staff and British Military Strategy c. 1900—1916* (New York: John Wiley, 1974), chap. 9; Nicholas d'Ombrain, *War Machinery and High Policy: Defence Administration in Peacetime Britain, 1902—1914* (Oxford: Oxford University Press, 1973), chap. 2; Samuel R. Williamson, Jr., *The Politics of Grand Strategy: Britain and France Prepare for War, 1904—1914* (Cambridge, MA: Harvard University Press, 1969)。

78. Monger, *End of Isolation*, chap. 11; Neilson, *Britain and the Last Tsar*, chap. 9; Zara Steiner, *Britain and the Origins of the First World War* (London: Macmillan, 1977), chaps. 4, 6; Williamson, *Politics of Grand Strategy*, chap. 1.

79. 参见 John W. Coogan and Peter F. Coogan, "The British Cabinet and the Anglo-French Staff Talks, 1905—1914: Who Knew What and When Did He Know It?" *Journal of British Studies* 24, No. 1 (January 1985), pp. 110—131; Keith M. Wilson, "To the Western Front: British War Plans and the 'Military Entente' with France before the First World War," *British Journal of International Studies* 3, No. 2 (July 1977), pp. 151—168; Keith M. Wilson, "British Power in the European Balance, 1906—1914," in David Dilks, ed., *Retreat from Power: Studies in Britain's Foreign Policy of the Twentieth Century*, vol. 1, *1906—1939* (London: Macmillan, 1981), pp. 21—41。

80. 参见 Neilson, *Britain and the Last Tsar*, chaps. 10—11。

81. 参见第五章注 49。

82. 这一估算是建立在表 3.3 中汇集的数据基础之上的,关于一战前十年英国和德国经济力量也发生的变化,参见 Charles P. Kindelberger, *Economic Response: Comparative Studies in Trade, Finance, and Growth* (Cambridge, MA:

Harvard University Press，1978），chap. 7。

83. Herrmann，*Arming of Europe*. p. 112. 关于法国军队，参见 ibid，pp.
44—47，80—85，202—204；Douglas Porch，*The March to the Marne：The
French Army，1871—1914*（Cambridge：Cambridge University Press，1981）。关
于德国军队，参见 Herrmann，*Arming of Europe*，pp. 44—47，85—92，200—201。

84. 事实上，可能在一场 1905 年的战争中，德国的优势就已经超过了 1.8∶1。
因为一些德国官员相信德国能够动员一支 195 万人的野战军。然而，法国军方却
断定德国只能动员 133 万人的战斗部队。Herrmann，*Arming of Europe*，p. 45.
估计德军人数大约为 150 万。ibid.，pp. 44—45，160，221；Jack L. Snyder，*The
Ideology of the Offensive：Military Decision Making and the Disasters of 1914*
（Ithaca，NY：Cornell University Press，1984），pp. 41—50，67，81，109—
111，220.

85. Fuller，*Strategy and Power*，chaps. 8—9；Herrmann，*Arming of Europe*，
pp. 40—41，61—63，92—95，112—146，204—206；Pertti Luntinen，*French In-
formation on the Rusdan War Plans，1880—1914*（Helsinki：SHS，1984），pas-
sim；Menning，*Bayonets before Bullets*，chaps. 5—7；William C. Wohlforth，
"The Perception of Power：Russia in the Pre-1914 Balance," *World Politics* 39，
No. 3（April 1987），pp. 353—381.

86. Herrmann，*Arming of Europe*，p. 97. 关于英国军队，参见 Barnett，
Britain and Her Army，chaps. 14—15；Herrmann，*Arming of Europe*，pp. 42—
43，95—97，206；Edward M. Spiers，*The Late Victorian Army，1868—1902*
（New York.：Manchester University Press，1992）。

87. 参见表 3.1 和表 3.2。

88. 例如，可参见第六章注释 49 中的讨论和材料。

89. Wilhelm Deist，*The Wehrmacht and German Rearmament*（Toronto：
University of Toronto Press，1981），p. 45.

90. 本段中的数字取自 Deist，*The Wehrmacht*，chaps. 2—3；Wilhelm Deist，
"The Rearmament of the Wehrmacht," in Militärgeschichtli-ches Forschung-
samt，ed.，*Germany and the Second World War*，vol. 1，*The Build-up of German
Aggression*，trans. P. S. Falla，Dean S. McMurry，and Ewald Osers（Oxford：
Clarendon，1990），pp. 405—456。也可参见 Matthew Cooper，*The German Ar-
my，1933—1945：Its Political and Military Failure*（New York：Stein and Day，
1978）chaps. 1—12；Albert Seaton，*The German Army，1933—1945*（New
York：New American Library，1982），chaps. 3—4。

91. Deist，*The Wehrmacht*，p. 38.

92. 关于德国空军和海军，参见 Deist，*The Wehrmacht*，chaps. 4—6；Deist，
"The Rearmament of the Wehrmacht," pp. 456—504；Williamson Murray，*The
Change in the European Balance of Power，1938—1939：The Path to Ruin*（Prin-

ceton, NJ: Princeton University Press, 1984), pp. 38—47。

93. Deist, "The Rearmament of the Wehrmacht," p. 480.

94. 参见 Arnold Wolfers, *Britain and France between Two Wars*: *Conflicting Strategies of Peace from Versailles to World War II* (New York: Norton, 1966), pp. 337—351。

95. Martin S. Alexander, *The Republic in Danger*: *General Maurice Gamelin and the Politics of French Defence*, *1933—1940* (Cambridge: Cambridge University Press, 1992) chap. 9; Brian Bond, *British Military Policy between the Two World Wars* (Oxford: Oxford University Press, 1980), chaps. 8—9; Norman H. Gibbs, *Grand Strategy*, vol. 1, *Rearmament Policy* (London: Her Majesty's Stationery Office, 1976), chaps. 12, 16; Posen, *Sources*, chap. 5.

96. Robert P. Shay, Jr., *British Rearmament in the Thirties*: *Politics and Profits* (Princeton, NJ: Princeton University Press, 1977), p. 297.

97. Bond, *British Military Policy*, chaps. 10—11; Gibbs, *Grand Strategy*, chaps. 13, 17, 18.

98. Gibbs, *Grand Strategy*, chap. 29.

99. 关于斯大林在 1940 年 6 月到 1941 年 6 月间推卸责任的行为,参见 Steven M. Miner, *Between Churchill and Stalin*: *The Soviet Union*, *Great Britain*, *and the Origins of the Grand Alliance* (Chapel Hill: University of North Carolina Press, 1988), chaps. 1—4。关于斯大林本来以为英国能够在一场持久战争中拖住德国的证据参见 ibid., pp. 62, 63, 69, 71—72, 90—91, 95, 118—119, 123; Gabriel Gorodetsky, *Grand Delusion*: *Stalin and the German Invasion of Russia* (New Haven, CT: Yale University Press, 1999), pp. 58—59, 65, 135。斯大林同时推断即使英国在战争中最终被击败,德国也会同时遭到重创。参见 Earl F. Ziemke, "Soviet Net Assessment in the 1930s," in Williamson Murray and Allan R. Millett, eds., *Calculations*: *Net Assessment and the Coming of World War II* (New York: Free Press, 1992), p. 205。斯大林倾向于向英国推卸责任,部分是因为他相信英国正在谋划把责任推卸给他,参见 Gorodetsky, *Grand Delusion*, pp. 4—6, 36, 39, 43, 89—90。

100. Nicole Jordan, *The Popular Front and Central Europe*: *The Dilemmas of French Impotence*, *1918—1940* (Cambridge: Cambridge University Press, 1992), esp. chaps. 1—2; Posen, *Sources*, chap. 4; Wolfers, *Britain and France*, chaps. 1—10.

101. 关于法国在慕尼黑的行为,参见 Anthony Adamthwaite, *France and the Coming of the Second World War*, *1936—1939* (London: Cass, 1977), chaps. 11—13; Yvon Lacaze, *France and Munich*: *A Study of Decision Making in International Affairs* (New York: Columbia University Press, 1995)。关于法国的东欧盟国在 20 世纪 30 年代中期的令人同情的处境,参见 Alexander, *Republic in*

Danger, chap. 8; Jordan, *Popular Front*, chaps. 1—2; Anthony T. Komjathy, *The Crises of France's East Central European Diplomacy, 1933—1938* (New York: Columbia University Press, 1976); Piotr S. Wandycz, *The Twilight of French Eastern Alliances, 1926—1936; French-Czechoslovakia-Polish Relations from Locarno to the Remilitarization of the Rhineland* (Princeton, NJ: Princeton University Press, 1988)。值得指出的是,在东欧的较小国家中,同希特勒的主要对手们一样,存在着大量的推卸责任的行为。参见 Robert G. Kaufman, "To Balance or to Bandwagon? Alignment Decisions in 1930s Europe," *Security Studies* 1, No. 3 (Spring 1992), pp. 417—447。

102. Wolfers, *Britain and France*, p. 75. 法国念念不忘推卸责任的进一步证据是,它对其邻国比利时持有与它对其东方盟国基本相同的观点。具体地说就是,如果德军在西部进攻,法国领导人就将决定在比利时进行战争,而不是在法国。参见 Alexander, *Republic in Danger*, chap. 7。

103. 亚当斯韦特(Adanthwaite)这样描述这一情形:"德军进驻莱茵兰地区,德奥合并以及慕尼黑事件打乱了但并未改变法国政治家们的长期目标——寻求与德国缔约。庆幸逃过了 1938 年 9 月大劫的法国人决心更加努力地寻求法德缔约。"Adamthwaite, *France and the Coming*, p. 280, and chap. 16 more generally.

104. 杰维·霍克曼(Jivi Hochman)写道:"然而,在 1935 年及其后几年里,制约苏德两国军事合作的可能性的主要因素是两国缺少共同的边界。"Hochman, *The Soviet Union and the Failure of Collective Security, 1934—1938* (Ithaca, NY: Cornell University Press, 1984), p. 54. 关于此事件的更多细节,参见 ibid., chaps. 2—3; Patrice Buffotot, "The French High Command and the Franco-Soviet Alliance, 1933—1939," trans. John Gooch, *Journal of Strategic Studies* 5, No. 4 (December 1982), pp. 548, 554—556; Barry R. Posen, "Competing Images of the Soviet Union," *World Politics* 39, No. 4 (July 1987), pp. 586—590。

105. Anthony Adamthwaite, "French Military Intelligence and the Coming of War, 1935—1939," in Christopher Andrew and Jeremy Noakes, eds., *Intelligence and International Relations, 1900—1945* (Exeter: Exeter University Publications, 1987), pp. 197—198; Buffotot, "French High Command," pp. 548—549.

106. 关于法国怀疑苏联在推卸责任,参见 Alexander, *Republic in Danger*, pp. 299—300; Buffotot, "French High Command," pp. 550—551; Jordan, *Popular Front*, pp. 70—71, 260, 307; Robert J. Young, *In Command of France: French Foreign Policy and Military Planning, 1933—1940* (Cambridge, MA: Harvard University Press, 1978), pp. 145—150。

107. 关于苏联怀疑法国推卸责任,参见 Jordan, *Popular Front*, pp. 259—260; Alexander M. Nekrich, *Pariahs, Partners, Predators: German. Soviet Relations, 1922—1941*, trans. Gregory L. Freeze (New York: Columbia Universi-

ty Press，1997），pp.77，106—107，114，269n. 10。

108. Adamthwaite，*France and the Coming*，chap.13；Alexander，*Republic in Danger*，chap.9；Nicholas Rostow，*Anglo-French Relations，1934—36*（New York：St. Martin's，1984）；Young，*Command*，passim，esp. chaps.5，8.

109. Robert Frankenstein，*Le prix du reármement français*（*1935—1939*）（Paris：Publications de la Sorbonne，1982），p. 307. 另请参见 Adamthwaite，*France and the Coming*，chap.10；Alexander，*Republic in Danger*，chaps.4—5。

110. 参见 Robert C. Tucker，*Stalin in Power：The Revolution from Above*，*1928—1941*（New York：Norton，1990），pp.223—237，338—365，409—415，513—525，592—619。另请参见 R. C. Raack，*Stalin's Drive to the West*，*1938—1945：The Origins of the Cold War*（Stanford，CA：Stanford University Press，1995），introduction，chaps.1—2；Viktor Suvorov［pseudonym for viktor Rezun］，*Icebreaker：Who Started the Second World War?* trans. Thomas B. Beattie（London：Hamish Hamilton，1990）。

111. 参见 Jonathan Haslam，*The Soviet Union and the Search for Collective Security，1933—1939*（New York：St. Martin's，1984）；Geoffrey K. Roberts，*The Soviet Union and the Origins of the Second World War：Russo-German Relations and the Road to War*（New York：St. Martin's，1995）；Teddy J. Uldricks，"Soviet Security Policy in the 1930s," in Gabriel Gorodetsky，ed.，*Soviet Foreign Policy，1917—1991：A Retrospective*（London：Frank Cass，1994），pp.65—74。

112. Hochman，*Soviet Union and the Failure*；Miner，*Between Churchill and Stalin*；Nekrich，Pariahs；Adam B. Ulam，*Expansion and Coexistence：Soviet Foreign Policy，1917—73*，2d ed.（New York：Holt，Rinehart，and Winston，1974），chap.5.

113. 那些鼓吹斯大林推动了集体安全的人，在他们的著作中也提出了大量证据表明，斯大林也寻求推卸责任。例如，参见 Jonathan Haslam，"Soviet-German Relations and the Origins of the Second World War：The Jury Is Still Out," *Journal of Modern History* 69，No.4（December 1997），pp.785—797；Roberts，*The Soviet Union*；Uldricks，"Soviet Security Policy"。

114. Ulam，*Expansion and Coexistence*，p.238.

115. 大多数研究斯大林对德政策的著作都是从推卸责任是一个误入歧途的战略这一假设开始入手的。例如，霍克曼（Hochman）把斯大林描绘成一位不道德的机会主义者，在寻求一项注定会失败的战略。参见 Hochman，*Soviet Union and the Failure*。另一方面，哈斯拉姆（Haslam）相信斯大林寻求过正确的战略（集体安全）。只是被迫接受了一项令他身败名裂的选择——推卸责任，因为两方盟国自己也在愚蠢地推卸责任。参见 Haslam，*Soviet Union and the Search*。

116. Jonathan Haslam，*The Soviet Union and the Threat from the East*，*1933—1941：Moscow，Tokyo and the Prelude to the Pacific War*（Pittsburgh，

PA: University of Pittsburgh Press, 1992).

117. Michael J. Carley, *1939: The Alliance That Never Was and the Coming of World War II* (Chicago: Ivan R. Dee, 1999). 斯大林的预测同时也反映了马克思主义的核心信条,即资本主义国家之间必定要发生战争。

118. Mark Harrison, *Soviet Planning in Peace and War, 1938—1945* (Cambridge: Cambridge University Press, 1985), p. 8. 哈里森(Harrison)提供了相近的关于步枪和飞机的数目,这些数字使人印象深刻。也可参见 Jonathan R. Adelman, *Prelude to Cold War: The Tsarist, Soviet, and U.S. Armies in the Two World Wars* (Boulder, CO: Lynne Rienner, 1988), chap. 5。

119. Strachan, *European Armies*, p. 159. 也可参见 Colin Elman, "The Logic of Emulation: The Diffusion of Military Practices in the International System," Ph. D. dissertation. Columbia University, 1999, chap. 4; Sally W. Stoecker, *Forging Stalin's Army: Marshal Tukhachevsky and the Politics of Military Innovation* (Boulder, CO: Westview, 1998)。

120. David M. Glantz, *Stumbling Colossus: The Red Army on the Eve of World War II* (Lawrence: University Press of Kansas, 1998).

121. 参见 Jonathan R. Adelman, *Revolution, Armies, and War: A Political History* (Boulder, CO: Lynne Rienner, 1985), chaps. 4—7。

122. 关于德国从德奥合并和慕尼黑获得的好处参见 Murray, *Change in the European Balance*, pp. 151—153; Deist, "The Rearmament of the Wehrmacht," pp. 450—451; Seaton, *The German Army*, pp. 94—95。

123. 威廉森·默里(Williamson Murray)总结道:在 1938 年,德国"重整军备的水平还仅能使其赢得一场与欧洲小国的战争"。Murray, *Change in the European Balance*, p. 127. 更一般的讨论,参见 ibid., chaps. 1, 7; Cooper, *German Army*, chap. 12。

124. Manfred Messerschmidt, "Foreign Policy and Preparation for War," in *Build-up of German Aggression*, pp. 658—672; Murray, *Change in the European Balance*, pp. 174—184.

125. 参见 Adamthwaite, *France and the Coming*, chap. 10; Murray, *Change in the European Balance*; Telford Taylor, *Munich: The Price of Peace* (Garden Cilx, NW: Doubleday, 1979), chap. 33。

126. 对于德军重整军备后德军与法军质量上的对比,参见 Williamson Murray, "Armored Warfare: The British, French and German Experiences," in Williamson Murray and Allan R. Millet, eds., *Military Innovation in the Interwar Period* (Cambridge: Cambridge University Press, 1996), pp. 6—49。关于德军的空中优势,参见 Richard R. Muller, "Close Air Support: The German, British, and American Experiences, 1918—1941," in ibid., pp. 155—163; Alexander, *Republic in Danger*, chap. 6; Posen, *Sources*, pp. 133—135。

127. David M. Glantz and Jonathan M. House，*When Titans Clashed：How the Red Army Stopped Hitler*（Lawrence：University Press of Kansas，1995），p.10. 两国军队数量的对比，参见表 8.6，关于德军在 20 世纪 30 年代中期时水平低劣，见本章前面的论述。关于苏联红军在 1933—1937 年间普遍的高质量，参见 Glantz，*When Titans Clashed*，pp.6—10；Ziemke，"Soviet Net Assessment，" pp.175—215；及本章注 119 所引用文献。

128. 关于德军和西方盟国之间的对比，参见第三章注释 9。

129. Gorodetsky，*Grand Delusion*，p.135.

130. Ulam，*Expansion and Coexistence*，pp.369—370，410.

131. Marc Trachtenberg，*A Constructed Peace：The Making of the European Settlement*，*1945—1963*（Princeton，NJ：Princeton University Press，1999），p.41. 梅尔文·莱弗勒在其书中作了同样的阐述，参见 Melvyn Leffler，*A Preponderance of Power：National Security*，*the Truman Administration*，*and the Cold War*（Stanford，CA：Stanford University Press，1992），pp.60—61。其他强调这一主题的重要著作包括 Dale C. Copeland，*The Origins of Major War*（Ithaca，NY：Cornell University Press，2000），chap.6；Marc S. Gallicchio，*The Cold War Begins in Asia：American East Asian Policy and the Fall of the Japanese Empire*（New York：Columbia University Press，1988）；John L. Gaddis，*The United States and the Origins of the Cold War*，*1941—1947*（New York：Columbia University Press，1972），esp. chaps.7—10；Bruce Kuniholm，*The Origins of the Cold War in the Near East：Great Power Conflict and Diplomacy in Iran*，*Turkey*，*and Greece*（Princeton，NJ：Princeton University Press，1980）；Geir Lundestad，*America*，*Scandinavia*，*and the Cold War*，*1945—1949*（New York：Columbia University Press，1980）；Chester J. Pach，Jr.，*Arming the Free World：The Origins of the United States Military Assistance Program*，*1945—1950*（Chapel Hill：University of North Carolina Press，1991）；Michael Schaller，*The American Occupation of Japan：The Origins of the Cold War in Asia*（Oxford：Oxford University Press，1985）；Odd Arne Westad，*Cold War and Revolution：Soviet-American Rivalry and the Origins of the Chinese Civil War*，*1944—1946*（New York：Columbia University Press，1993）。毫不奇怪，二战结束后不久，苏联就完全明白，美国决心寻求侵略性的遏制政策来对抗苏联。参见 Vladislav Zubok and Constantine Pleshakov，*Inside the Kremlin's Cold War：From Stalin to Khrushchev*（Cambridge，MA：Harvard University Press，1996）。

132. 二战结束后不久，美国就对苏联实施了顽固的均势政策。这一事实被"冷战修正主义者"用来证明自己的观点：是美国而不是苏联应为冷战的爆发负责。关于这一现象的极好例证，参见 Carolyn W. Eisenberg，*Drawing the Line：The American Decision to Divide Germany*，*1944—1949*（Cambridge：Cambridge University Press，1996）。进攻性现实主义者认为，不能责怪任何一方发动了冷战,而是国际体系本身引发了超级大国间激烈的安全竞赛。

133. 参见 Charles A. Kupcban, *The Persian Gulf*: *The Dilemmas of Security* (Boston: Allen and Unwin, 1987), chaps.1—2; Mark J. Gasiorowski, *U. S. Foreign Policy and the Shah*: *Building a Client State in Iran* (Ithaca, NY: Cornell University Press, 1991)及本书第六章注释 80—81 所列参考文献。

134. 参见 Peter J. Stavrakis, *Moscow and Greek Communism*, *1944—1949* (Ithaca, NY: Cornell University Press, 1989); Lawrence S. Wittner, *American Intervention in Greece*, *1943—1949* (New York: Columbia University Press, 1982); Artiom A. Ulunian, "The Soviet Union and the 'Greek Question,' 1946—53: Problems and Appraisals," in Francesca Gori and Silvio Pons, eds. , *The Soviet Union and Europe in the Cold War*, *1945—53* (London: Macmillan, 1996), pp.144—160。

135. 引自 Norman A. Graebner, *Cold War Diplomacy*: *American Foreign Policy*, *1945—1960* (New York: Van Nostrand, 1962), p.40。

136. Graebner, *Cold War Diplomacy*, p.154. 关于 20 世纪 40 年代后期,美国所考虑的经济与战略预测之间的密切联系,参见 Melvyn P. Leffler, "The United States and the Strategic Dimensions of the Marshall Plan," *Diplomatic History* 12, No.3 (Summer 1988), pp.277—306; Robert A. Pollard, *Economic Security and the Origins of the Cold War*, *1945—1950* (New York: Columbia University Press, 1985)。也可参见 Michael J. Hogan, *The Marshall Plan*: *America*, *Britain*, *and the Reconstruction of Western Europe*, *1947—1952* (Cambridge: Cambridge University Press, 1987); Alan S. Milward, *The Reconstruction of Western Europe*, *1945—1951* (Berkeley: University of California Press, 1984)。

137. 关于美国考虑如何对付德国的论述,参见 Eisenberg, *Drawing the Line*; Gaddis, *Origins of the Cold War*, chap.4; Bruce Kukdick, *American Policy and the Division of Germany*: *The Clash with Russia over Reparations* (Ithaca, NY: Cornell University Press, 1972); Trachtenberg, *Constructed Peace*。关于苏联对德国的考虑,参见 Caroline Kennedy-Pipe, *Stalin's Cold War*: *Soviet Strategies in Europe*, *1943 to 1956* (New York: Manchester University Press, 1995); Wilfried Loth, "Stalin's Plans for Post-War Germany," In Gori and Pons, eds. , *The Soviet Union and Europe*, pp.23—36; Norman M. Naimark, *The Russians in Germany*: *A History of the Soviet Zone of Occupation*, *1945—1949* (Cambridge, MA: Harvard University Press, 1995); Zubok and Pleshakov, *Inside the Kremlin's Cold War*, pp.46—53。

138. Leffier, *Preponderance of Power*, p.204. 特拉亨伯格在《缔造的和平》(*Constructed Peace*)一书中令人信服地提出:从 1945 年到 1963 年,超级大国间冲突的主要原因是它们在德国问题上的分歧。成立联邦德国并重新武装联邦德国也许还包括用核武器来武装,这些行为激怒了苏联领导人,促使他们发动了柏林危机,希望能以此改变美国的政策。这一观点在下文中得到了支持,参见 Zubok and Pleshakov, *Inside the Kremlin's Cold War*。

139. 美国的政策制定者们认为,捷克斯洛伐克属于苏联在东欧的势力范围。因此,他们承认了苏联对那一地区的控制。参见 Geir Lundestad, *The American Non-Policy Towards Eastern Europe*, 1943—1947: *Universalism in an Area Not of Essential Interest to the United States* (Oslo: Universitetsforlaget, 1978)。因此,美国并未打算在捷克斯洛伐克的共产党政变中与苏联对抗,尽管如此,这一事件还是给西方敲响了警钟。参见 Trachtenberg, *A Constructed Peace*, pp.79—80。

140. 关于北约(NATO)的创立,参见 John Baylis, *The Diplomacy of Pragmatism*: *Britain and the Formation of NATO*, 1942—1949 (Kent, OH: Kent State University Press, 1993); Timothy P. Ireland, *Creating the Entangling Alliance*: *The Origins of the North Atlantic Treaty Organization* (Westport, CT: Greenwood, 1981); Lawrence S. Kaplan, *The United States and NATO*: *The Formative Years* (Lexington: University of Kentucky Press, 1984); Joseph Smith, ed. , *The Origins of NATO* (Exeter: University of Exeter Press, 1990)。

141. Avi Shlaim, *The United States and the Berlin Blockade*, 1948—1949: *A Study in Crisis Decision-Making* (Berkeley: University of California Press, 1983).

142. 参见第六章。

143. *The China White Paper*, August 1949(Stanford, CA: Stanford University Press, 1967), p. xvi, 另请参见 Tang Tsou, *America's Failure in China*, 1941—1950, 2 vols. (Chicago: University of Chicago Press, 1975)。一些学者认为,美国本来仍有可能与共产党中国结盟来对抗苏联的,但未能成功。这是因为美国顽固而愚蠢地反对共产主义。因此,(我们)未能有效地对抗苏联的威胁,对此美国(自身)是有过失的。对 20 世纪 40 年代后期到 50 年代初期美中结盟的可能性提出严重质疑的,参见下列专题中的五篇文章:"Symposium: Rethinking the Lost Chance in China," *Diplomatic History* 21, No. 1 (Winter 1997), pp. 71—115。然而,美国在 1949 年以后开始寻找分裂中苏同盟的机会。Gordon Chang, *Friends and Enemies*: *The United States*, *China*, *and the Soviet Union*, 1948—1972 (Stanford, CA: Stanford University Press, 1990).

144. 参见 H. W. Brands, *The Specter of Neutralism*: *The United States and the Emergence of the Third World*, 1947—1960 (New York: Columbia University Press, 1989); Robert E. Harkavy, *Great Power Competition for Overseas Bases*: *The Geopolitics of Access Diplomacy* (New York: Pergamon, 1982), chaps. 4—5; Douglas J. Macdonald, *Adventures in Chaos*: *American Intervention for Reform in the Third World* (Cambridge, MA: Harvard University Press, 1992); Peter W. Rodman, *More Precious Than Peace*: *The Cold War and the Struggle for the Third World* (New York: Scribner's 1994); Marshall D. Shulman, ed. *East-*

West Tensions in the Third World（New York：Norton，1986）。

145. 有关概述参见 Phil Williams，*US Troops in Europe*，Chatham House paper No.25（Boston：Routledge and Kegan Paul，1984），chap.2。也可参见 Phil Williams，*The Senate and US Troops in Europe*（New York：St. Martin's，1985）。

146. 正如马克·特拉亨伯格指出的："在 20 世纪 50 年代初期，（北约）形成的关键时刻，每个人都希望美国在欧洲永远存在下去——每个人，也就是说除了美国人自己。美国一直强烈坚持这一点，即一旦条件具备，它就立刻从欧洲撤军。这一点在《外交关系》（*Foreign Relations*）文献中已经明白无误地表现出来了。但是，公众和学术界却从未能认识到这一点。这很令人费解。"Marc Trachtenberg，*History and Strategy*（Princeton，NJ：Princeton University Press，1991）p. 167。也可参见本书第七章注释 72。20 世纪 50 年代，英国也有推卸责任的冲动。参见 Saki Dockrill，"Retreat from the Continent? Britain's Motives for Troop Reductions in West Germany，1955—1958，" *Journal of Strategic Studies* 20，No. 3（September 1997），pp. 45—70。

147. 参见 Stephen Van Evera，"Why Europe Matters，Why the Third World Doesn't：American Grand Strategy after the Cold War，" *Journal of Strategic Studies* 13，No. 2（June 1990），pp. 34—35，note 1。

148. 参见 William I. Hitchcock，*France Restored：Cold War Diplomacy and the Quest for Leadership in Europe，1944—1954*（Chapel Hill：University of North Carolina Press，1998），chaps. 2—3；Irwin M. Wall，*The United States and the Making of Postwar France，1945—1954*（Cambridge：Cambridge University Press，1991），chap. 2。

149. 英国和苏联的数据引自表 8.8，美国的数据引自 Adelman，*Revolution*，p. 174。

150. 美国和英国的数据引自 I. C. B. Dear，ed.，*The Oxford Companion to World War II*（Oxford：Oxford University Press，1995），pp. 1 148，1 192，1 198。苏联的数据引自 Phillip A. Karber and Jerald A. Combs，"The United States，NATO，and the Soviet Threat to Western Europe：Military Estimates and Policy Options，1954—1963，" *Diplomatic History* 22，No. 3（Summer 1998），p. 403。

151. 关于师的数据引自 Adelman，*Prelude*，p. 212。

152. 苏联的数字引自 Karber and Combs，"The United States，NATO，and the Soviet Threat，" pp. 411—412。美国和英国的数字引自 J. David Singer and Melvin Small，*National Material Capabilities Data，1816—1985*（Ann Arbor，MI：Inter-University Consortium for Political and Social Research，February 1993）。

153. 1948 年以后的相关资料，参见 Singer and Small，*National Material Capabilities Data*。

154. Elisabeth Barker，*The British Between the Superpowers，1945—1950*

(Toronto: University of Toronto Press, 1983; Alan Bullock, *Ernest Bevin: Foreign Secretary*, *1945—1951* (New York: Norton, 1983); David Reynolds, ed., *The Origins of the Cold War in Europe: International Perspectives* (New Haven, CT: Yale University Press, 1994), pp.77—95; Victor Rothwell, *Britain and the Cold War*, *1941—1947* (London: Jonathan Cape, 1982).

155. Kennedy, *Great Powers*, p.369. 也可参见 William C. Wohlforth, *The Elusive Balance: Power and Perceptions during the Cold War* (Ithaca, NY: Cornell University Press, 1993). p.60。冷战初期,美国和苏联工业力量对比的资料,参见表3.5。关于英国问题的出色研究,参见 Correlli Barnett, *The Audit of War: The Illusion and Reality of Britain as a Great Power* (London: Macmillan, 1986); Correlli Barnett, *The Lost Victory: British Dreams, British Realities, 1945—1950* (London: Macmillan, 1995)。也可参见 Randall L. Schweller, *Deadly Imbalances: Tripolarity and Hitler's Strategy of World Conquest* (New York: Columbia University Press, 1998)。这本书采用了不同的衡量标准,认为在二战前,世界是三极的。这三极分别是德国、苏联和美国,而英国不是其中一极。

第九章
大国战争的原因

对国际体系的日常生活而言,安全竞争是常有的,而战争则不然。仅在偶然情况下安全竞争才让位于战争。本章将提出一种结构理论来解释由竞争发展到战争的致命转换(deadly shift)。事实上,我将试图去解释大国战争的原因。我将大国战争定义为至少有一个大国卷入的任何冲突。

人们或许会推测,国际无政府状态是导致国家间开战的关键结构因素。毕竟,在一个无政府体系中国家生存的最好办法便是拥有更多而非更少的权力。在这种无政府状态中,其他国家拥有某种或许敌对的进攻性能力与意图。第二章解释的这一逻辑,驱使国家尽可能地追逐权力,有时候这就意味着要与对手开战。毫无疑问,无政府状态是战争的最深层次原因。洛斯·迪金森(G. Lowes Dickinson)在解释一战原因时很清楚地指出了这一点:"有时候是一个国家在某一时刻成为直接的进攻者,但是主要的和永久性的进攻对所有的国家都是普遍的,而无政府状态对于这种永久性负有全部责任。"[1]

然而,无政府状态本身不能解释为什么安全竞争有时导致战争,而有时没有。问题是无政府状态是常态——体系总是无政府状态的——而战争并非必然。为解释国家行为的这种重要变化,有必要考虑另一结构变量:体系中主要国家(leading states)间的权力分布。正如第八章中讨论的那样,国际体系中的权力经常以三种不同的方式分布:两极(bipolarity)、平衡的多极(balanced multipolarity)和不平衡的多极(unbalanced multipolarity)。这样,为考察权力分布对战争爆发可能性的影响,我们需要知道体系是两极的还是多极的;如果是多极的,还要看大国间是否存在一个潜在的霸主。我论点的核心是两极体系最倾向于和平,而不平衡的多极体系最容易导致冲突。平衡的多极体系介于两者之间。

结构理论,比如进攻性现实主义,最多是粗略地预见了安全竞争何时导致战争,还不能精确地解释一种体系相对于另一种体系而言战争爆发的频度如何。我们也不能精确预见战争何时爆发。例如,按照进攻性现实主义理论,德国在 20 世纪初崛起成为潜在的霸主,使所有欧洲大国卷入一场战争成为可能。但该理论不能解释为什么战争在 1914 年而非1912 年或者 1916 年爆发。[2]

这些局限性源于这种事实,即非结构因素有时在决定国家是否卷入战争时扮演着重要角色。国家通常不会仅仅由于安全原因而打仗。例如,正如第二章中提到的,尽管俾斯麦在 1864—1870 年间三次将普鲁士带入战争,但这很大程度上是由现实主义的算计驱使,其每次战争的决定也受到民族主义以及其他国内政治考虑的影响。但是,结构性力量确实对国家行为产生巨大的影响。如果国家深切关注自己的生存,便难以逃脱这种影响。这样,专注于结构将告诉我们很多关于大国战争起源的信息。

有许多关于战争原因的理论可供参考,这并不稀奇,因为这一主题对于国际关系研究者而言总是处于首要的位置。其中有些理论将人性视为一种冲突的根源,而其他理论则关注个别领导人、国内政治、政治意识形态、资本主义、经济相互依存及国际体系的结构。[3]事实上,有少数著名的理论指出,权力的分配是理解国际冲突的关键。例如,肯尼思·华尔兹坚持两极比多极导致冲突的可能性更小,而卡尔·多伊奇和戴维·辛格(David Singer)持相反观点。[4]其他学者不是关注体系的极性,而是关注体系中是否有一个占据优势地位的国家。经典现实主义者例如汉斯·摩根索认为,当不存在一个支配性国家而在主要国家间存在粗略的均势时,和平便最有可能。相反,罗伯特·吉尔平与 A. F. K. 奥根斯基(A. F. K. Organski)认为,存在占据优势地位的国家就会带来稳定。[5]

进攻性现实主义既考虑极的数量又考虑体系中主要国家间的均势,

同意两极比多极更稳定的观点,但进一步将多极体系分为是否存在潜在的霸主。我认为平衡与不平衡多极体系的区别对于理解大国战争的历史是重要的,进攻性现实主义也同意经典现实主义者的观点,即如果体系中没有占优势的国家,和平就更有可能,但进一步强调了稳定也取决于体系是两极的还是多极的。

我将分两步来阐明进攻性现实主义是如何解释大国战争的。在下面的三部分中,我将阐述我的理论,表明其逻辑基础是合理的和令人信服的。在此之后的两部分中,我将检验这一理论,看它是否能很好地解释大国战争爆发及 1792—1990 年欧洲相对和平时期。特别地,我关注当欧洲处于两极、平衡的多极和不平衡的多极时大国战争的次数。最后,在我简要的结论中将讨论冷战时期核武器的出现会如何影响分析的结果。

结 构 与 战 争

战争的主要原因在于国际体系的结构,而最关键的是大国数目及各方控制有多少权力。体系可能是两极的也可能是多极的,它在主要国家间权力分配的平均程度也参差不齐。所有大国间的权力比(power ratio)影响了国际体系未来的稳定性,但体系中两个最了不起的国家间的权力比是关键。如果存在一个不平衡的权力差,头号大国将是一个潜在的霸主。[6] 包含一个雄心勃勃霸主的体系就是所谓的非平衡体系;没有这样一个支配性国家的体系就是所谓的平衡体系。尽管可能会出现这样的情况,但在一个平衡体系中权力并不需要在所有大国间平等分配。平衡的基本需求是在两个最重要的国家间权力不存在明显的差异。如果存在的话,体系就是不平衡的。

综合这些权力的两个维度形成四种可能的体系:(1)不平衡的两极;(2)平衡的两极;(3)不平衡的多极;(4)平衡的多极。不平衡的两极并非有用的分类,因为这种体系不可能在真实世界里找到。至少我在现代并没有发现。当然可能在某些地区只有两个大国,其中一个明显比另一个强大。但是这种体系可能很快会消失,因为更强大的国家可能征服更软弱的对手;后者没有可能寻求其他大国的帮助,因为按定义其他大国是不存在的。事实上,弱国甚至不打就会投降,使更强大的国家成为地区霸主。简言之,不平衡的两极体系是如此不稳定以致它们在任何可预见的时间内都是不能持久的。

这样我们可能找到权力以三种不同模式在最重要的国家间分布。两极体系("平衡的两极体系"的简称)由两个具有粗略对等力量的大国所构成——或至少没有哪个国家一定比另一个国家更强大。非平衡的多极体系由三个或更多的大国支配,其中之一是潜在的霸主。平衡的多极体系由三个或更多的大国支配,但哪个也说不上是正在上升的霸主:尽管在大国间可能存在着某种权力的非对称性,但在体系的两个主要国家间军事力量没有明显差距。

这些不同的权力分配是如何影响战争与和平前景的呢?两极体系是三种体系中最稳定的。大国战争不多,就算爆发,可能也是其中一个大国与一个小国而非其大国对手开战。不平衡的多极体系是最危险的权力分配,主要因为潜在的霸主可能与体系中所有其他大国交战。这种战争一律会不同程度地转化为历时久而代价高昂的战争。平衡的多极体系介于两极体系与不平衡的多极体系之间:大国战争比在两极体系下更可能爆发,但肯定比在非平衡的多极体系下爆发的可能性小。而且,大国间的战争可能是一对一或二对一的形式,而不像存在潜在霸主时产生的系统冲突。

现在让我们考虑为什么两极体系比多极体系稳定,而不论其中是否存在潜在的霸主。在后面我们将解释,为什么平衡的多极体系比不平衡的多极体系稳定。

两极和多极

战争在多极体系中比在两极体系中更可能爆发,原因有三。[7]首先,有更多的战争机会,因为在多极体系中存在更多的潜在冲突双方。第二,在多极世界中权力不平衡的现象更普遍,这样大国更可能拥有赢得战争的能力,这就使威慑更困难而战争更有可能爆发。第三,误算的潜在性比在多极体系中更大:国家或许认为它们有能力去压制或征服另一个国家,而事实上它可能没有这种能力。

战争的可能性

多极体系比两极体系有更多潜在的冲突状况。让我们来看一下大国—大国冲突组合(great-great power dyads)。在两极体系中,因为只有两个大国,因此只有一对直接涉及它们的冲突双方。例如,苏联是冷战时期美国有可能与之交战的唯一大国。相反,包含三个大国的多极体系具有三组冲突方,其中,战争会在大国间爆发:A 对 B,A 对 C,B 对 C。相应地,五个大国的多极体系具有十种大国对峙的可能性。

冲突还可能在大国与小国间爆发。在设置一个假定场景时,既然大国数目不会对小国数目产生有意义的影响,看来还有理由假定在两极和多极体系中具有同样数量的小国。因此,鉴于在多极体系中有更多的大国,大国—小国冲突组合也就可能更多。例如,在 10 个小国组成的两极世界里,有 20 组大国—小国冲突组合;在 5 个大国与同样的 10 个小国的多极体系里,有 50 个这样的冲突组合。

两种体系中,大国—小国冲突组合数目悬殊可能更有利于两极,因为它通常比多极体系具有更小的弹性。两极体系可能成为僵硬的结构。两个大国处于支配性地位的事实及安全竞争的逻辑表明,它们会成为明确的对手。多数小国发现很难与两极体系中的大国没有瓜葛,因为大国要求更小的国家对其忠诚。与边缘区域相比,这种紧密性在核心地理区域里更是这样。将小国置于其中某一大国的控制之下可以使任何一个大国难以对与其对手紧密结盟的小国发动战争;其结果,潜在冲突的可能性相应就更少。例如,在冷战时期,美国并未考虑要对苏联阵营的匈牙利与波兰动武。这样,在我们假设的两极体系中,相应可能存在不到 20 对大国—小国冲突组合。

相反,多极体系在结构上更不稳定,其确切的形式变化甚大,取决于体系中大小国家数目及这些国家的地理分布。不过,大小国角色通常视联盟伙伴而定,具有相当的弹性。在多极体系中,小国不可能像在两极体系中那样与大国紧密相连。然而,这种自主性让小国更容易遭受到大国的攻击。这样,在我们假设的多极体系中,50 对大国—小国冲突组合可能是一个合理的数目。

小国间的战争在这种研究中被广为忽视,因为研究目标是发展一种大国战争的理论。小国战争有时会升级,将大国拖入其中。尽管逐步升级的主题在此分析之外,但我还是依次简要论述极的属性如何影响大国被拖入小国间战争的可能性。基本上,这种可能性在多极体系中比在两极体系中更大,因为多极体系中小国相互开战的可能性更大,大国卷入的可能性也更大。

考虑到我们涉及的两极、多极世界中都包含 10 个大国,这就意味着每个体系中有 45 个潜在的小国—小国冲突组合。这种数目对两极体系而言会显著减少,因为通常两极体系的紧密性使小国很难相互开战。特别是,两个大国都会希望阻止其阵营内部及阵营间的小国冲突,因为担心这种冲突会升级。在多极体系中,小国活动余地更大,更易于相互开战。例如,在欧洲是多极体系时,希腊和土耳其在 1921—1924 年间交战。但在冷战时期,两国相安无事,此时欧洲是两极体系,美国不能容忍任何其欧洲盟友间的战争,因为担心这会弱化北约对付苏联的努力。

非均势

大国间的权力非对称性在多极体系中比两极体系更普遍。当权力不平衡时,便难以威慑强者,因为它们已增强了赢得战争的能力。[8]但即便我们假定大国的军事实力大致势均力敌,在多极体系中比在两极体系中更有可能由于权力不平衡而导致冲突。

基于某一主要原因,多极体系倾向于不平等,而两极体系则倾向于平等。体系中大国越多,财富与人口规模、军事力量的建设资源就越不可能在它们间平均分配。为解释这一点,假定我们生活在这样一个世界里,不管体系中有多少国家,50%的可能是其中任何两个大国都会大体上拥有相同的潜在权力。如果这一体系中只有两个大国(两极世界),显然有

50%的机会令每个国家控制同样大小的潜在权力。但是如果体系内有三个大国(多极体系),那么只有12.5%的机会让所有国家具有相同数量的潜在权力。如果是四个大国的多极体系,在它们当中平均分配军事力量的可能性只有2%。

人们或许使用不同的数据来说明任何两个国家具有同等潜在权力的可能性,例如是25%和60%而非50%,但基本理论依旧。与两极体系相比,多极体系中的大国间更有可能存在潜在权力的非对称性,并且多极体系中大国越多,对称性的可能性就越少。这并不是说不可能存在大国拥有同等潜在权力的多极体系,而仅仅是说这种可能性明显比在两极体系中要小。当然,考虑潜在权力的原因是,在主要国家间,财富与人口数量的显著变化可能导致实际军事力量的悬殊,这仅仅是因为一些国家比其他国家拥有更好的资源来进行军备竞赛。[9]

但即便我们假定所有的大国同样强大,权力的非平衡性在多极体系中仍比在两极体系中更普遍。例如,多极体系中的两个大国能联手攻击另一个大国,如英国和法国在克里米亚战争(1853—1856年)中共同对付俄国,意大利与普鲁士在1866年对付奥地利。这种联手在两极体系中是不可能的,因为只有两个大国进行角逐。两个大国还能联合起来征服小国,例如1864年奥地利和普鲁士对付丹麦,1939年德国和苏联对付波兰。在两极体系中这种联手从逻辑上讲是可能的,但由于两个大国必定会成为主要对手而不可能作为盟友共同作战,所以事实上这种联手是极不可能的。而且,大国会使用其优势兵力去强制或征服小国。这种行为在多极体系中比在两极体系中更有可能,因为在多极体系中具有更多的潜在大国—小国冲突组合。

有人或许会认为,均势机制能对付多极体系中兴起的任何权力不平衡。如果其他国家紧紧联合起来反抗它的话,没有哪个国家能支配另一国家。[10]事实上,既然大国均势联盟在两个大国的世界里并不可行,那么它可以被视为多极体系相对于两极的一个优点。但是被威胁国家很少及时形成有效的均势联盟来遏制入侵者。正如第八章中所证明的,被威胁国家更喜欢推卸责任而不是均势,而推卸责任直接动摇了建立强大均势联盟的努力。

但在多极体系中，即便被威胁国家联合起来形成均势，外交仍是一个不确定的过程。建立防御性联盟是需要时间的，特别是在形成均势联盟需要较多国家时。入侵者或许会认为在反对联盟完全形成之前自己就能达到其目的。最后，地缘因素有时令形成均势的国家无法对入侵者施加有意义的压力。例如，一个大国或许不能对一个威胁要带来麻烦的国家施加有效的军事压力，因为它们被一大块水域或另一国家所分隔。[11]

误算的可能性

多极体系存在的最后一个问题是它容易造成误算。多极使国家低估了敌对国家的决心和反对联盟的实力。国家因此会错误地认为它们拥有军事能力去压制一个反对者，或者如果失败的话也可以在战场上击败它。

当一国低估反对国家在分歧事务中坚持己见的意愿时，战争更可能发生。它会把其他国家逼得太急，指望其他国家让步，而实际上后者会选择战争。这种误算在多极体系中更可能发生，因为国际秩序的形态因联盟的变化而变化。其结果是，形成公认的国际规则的原则——国家行为准则、公认的领土划分及其他特权——持续变化。关系一友好，既定的反对关系规则就立即被制定出来。一个新的对手与以前的朋友或中立国家站在一起，新的规则必然重建。在这种情形下，一国会不知不觉地将另一国逼得太急，因为国家权力和义务的模糊性会留下更多的问题，而每个国家或许都会在这些问题上误判其他国家的决心。国家行为准则能被所有国家广泛理解和接受，即便在多极体系中也如此，正如 18 世纪欧洲大国普遍接受外交行为的基本准则那样。不过，当国家数目多且它们之间的关系变幻无常时，明确的权力分配通常更难，正如在多极体系中的情形一样。

当国家低估了反对联盟的相对权力时，战争也更容易发生，因为或者是它们低估了将要反对它们的国家数目，或者是它们夸大了并肩战斗的盟国数目。[12]这种错误在有许多国家的体系中更有可能发生，因为国家为了计算联盟间的均势，必须精确预见其他国家的行为。即便假定国家知道要对付和反对谁，计算多国联盟的军事实力仍要比估计单一敌人的实力更困难。

误算不太可能在两极体系中发生。国家不太可能误算其他国家的决心，因为与主要反对者的交往规则早已定好，双方都认识到对其他国家施加压力的限度。国家也不可能误算反对联盟有哪些成员，因为每一方都只面临着一个主要敌人。简单有利于确信，确信有助于和平。

平衡的多极和不平衡的多极

不平衡的多极体系由于两个原因而特别容易导致战争。作为这种体系中的明显特征，潜在霸主拥有相对于其他大国的可预见的权力优势，这意味着它们有很好的前景来赢得与弱小对手的战争。有人或许认为此类明显的权力非对称性将减少战争。毕竟，如此强大使潜在霸主感到安全，因而也减轻了通过发动战争去获得更大权力的需求。而且，次大国应该认识到主导国家本质上是维持现状的国家，因此它们不必那么紧张。即便它们没能认识到主导国家的温和意图，事实仍然是它们没有挑战主要国家的军事实力。因此，按照这一逻辑，多极体系中潜在霸主的出现应该会增加和平的前景。

然而，当潜在霸主出现时，事实并非如此。尽管它们有可观的军事实力，但它们不可能满足于均势。相反，它们将致力于获得更多的权力，并最终赢得地区霸权，因为霸权是安全的最终形式；在一个多极体系中对支配性国家而言不存在重大的安全威胁。当然，潜在霸主不仅有强烈的动机去统治其所在地区，而且还有能力去追求优势，这意味着它们是对和平的严重威胁。

潜在的霸主还通过增加大国间的恐惧程度而引发战争。[13] 对国际体系中的国家而言，害怕总是有的，这驱使它们为权力而争斗，以使之增加在危险世界中生存的前景。然而，潜在霸主的出现使其他国家特别害怕，它们将努力寻找出路来纠正失衡，并且为达到这一目标而倾向于追求危险的政策。原因很简单：当一国威胁要支配其他国家时，维护和平的长期价值就会减少，被威胁国家更愿意趁机改善自己的安全。

潜在霸主并不必做太多事情来引发体系中其他国家的担心，仅其可

375

怕的能力就可能威吓邻近大国,使至少其中一些国家组成均势联盟来反对危险的对手。因为一国的意图非常难以觉察,而且它们能迅速改变注意,大国对手将倾向于假定潜在霸主的最坏意图,从而进一步强化被威胁国家遏制它的动机,如果有可能或许还会削弱它。

然而这种遏制战略的目标自然是将任何反对它的均势联盟视为由其对手实施的包围孤立政策。潜在霸主这样想是对的,即便次大国的目标本质上只是防御性的。不过,主要国家可能感到威胁和害怕,自然可能采取措施以增加其安全,这使临近大国更害怕,于是它们会采取额外的措施加强其安全,这又使得潜在霸主更加害怕。简言之,潜在霸主会使害怕盘旋上升并难以控制。这一问题由于以下事实而变得复杂了,即它们拥有相当的权力,可能认为它们能通过战争来解决它们的安全问题。

总　结

由于四个方面的原因,两极是不同结构中最稳定的。第一,两极体系中冲突的机会相对更少,只有一种涉及大国的可能的冲突组合。当大国在两极体系中作战时,它们可能将小国拖进战争,而非大国对手。第二,在两极体系中权力更可能在大国间公平分配,这是一个重要的稳定性的结构因素。而且,并没有多少机会让大国联合起来反对其他国家或利用小国。第三,两极中误算的可能性不大,这减少了大国遭遇冲突的可能性。第四,在世界政治中尽管害怕总是在起作用,但两极体系不会夸大萦绕在国家间的忧虑。

平衡的多极体系比两极体系更容易导致战争,原因有三。第一,多极会产生更多的冲突机会,特别是大国间冲突的机会。然而,同时涉及所有大国的战争是不大可能的。第二,权力在主要国家间可能是非均衡分配,拥有更强军事实力的国家倾向于挑起战争,因为它们认为它们有能力赢得战争。还有,大国有足够的机会联手组成第三方去压制或征服小国。第三,在平衡的多极体系中,尽管大国相互间不可能极度害怕,但误算仍可能会成为一个严重的问题,因为体系中的主要国家间不存在权力差距。

不平衡的多极是最危险的权力分配。它不仅有着平衡的多极体系中的所有问题,而且受累于这种最糟糕的不平等:出现潜在霸主。这种国家既拥有强大的能力来制造麻烦，又能在大国中引起极度恐惧。这些发展增加了战争的可能性，这可能使体系中的所有大国都卷进来，而且付出特别高的代价。

既然关于战争起因的理论都已阐明，就让我们转换视角，考察这一理论将如何解释发生在 1792—1990 年的欧洲历史事件。

近代欧洲的大国战争（1792—1990 年）

为验证进攻性现实主义有关权力分配影响大国战争可能性的观点，有必要对 1792—1990 年这一阶段作一分析，在这一阶段内欧洲不是两极体系就是多极体系，同时在那些多极体系中都存在一个潜在霸主。接着有必要对这一阶段每个时期的大国战争进行分析。

我们都知道，体系结构是大国数目与权力如何在其间分配作用的结果。所要讨论的两个世纪的欧洲大国包括奥地利、英国、德国、意大利及德国。[14] 只有俄国（1917—1991 年间是苏联）在整个时期都是大国。奥地利（1867 年为奥匈帝国）从 1792 年至 1918 年解体为止是一个大国。英国和德国在 1792—1945 年间是大国，尽管德国在 1871 年实际上是普鲁士。意大利在 1861—1943 年崩溃前可视为大国。

日本和美国的情况又怎样呢？它们都不位于欧洲，但在相关时期的部分时段却是大国。日本在 1895—1945 年间是一个大国，之所以不在相应分析之列，是因为它从未是欧洲政治的主要角色。日本在一战开始时对德宣战，但除了获取了德国在亚洲的领地之外，它仍靠边站。日本在一战末年派兵至苏联境内，以配合英国、法国和美国，这些国家试图让苏联重新回到反对德国的战争中。[15] 然而，日本主要考虑的是获取俄国在远东的领土，而不是其很少关心的欧洲事务。不管怎样，干涉失败了。

美国的情形则不同。尽管它位于西半球，但在两次世界大战期间它都派兵至欧洲作战，并从 1945 年起还在欧洲维持大规模的军事存在。在这种情形下，美国承担得了大陆义务，被视为欧洲均势的主要角色。但正如第七章中已讨论的原因,美国在欧洲从来不是一个潜在的霸主,它扮演着离岸平衡手的角色。我们已经讨论了许多关于 1792—1990 年间大国相对力量估算的内容,第八章又特别提到在欧洲是否存在一个潜在霸主的关键问题。余下的部分将在下面补充讨论。

基于大国间权力的相对分配,从法国大革命爆发及 1792 年拿破仑战争开始直至 1990 年冷战结束的这段欧洲历史可粗略地分为七个时期:

(1) 拿破仑时期Ⅰ,1792—1793 年(1 年),平衡的多极;

(2) 拿破仑时期Ⅱ,1793—1815 年(22 年),不平衡的多极;

(3) 19 世纪,1815—1902 年(88 年),平衡的多极;

(4) 德意志帝国时期,1903—1918 年(16 年),不平衡的多极;

(5) 两次世界大战之间,1919—1938 年(20 年),平衡的多极;

(6) 纳粹时期,1939—1945 年(6 年),不平衡的多极;

(7) 冷战时期,1945—1990 年(46 年),两极。

上述这七个时期的每次战争都取自于杰克·利维(Jack Levy)反响很好的大国战争数据库。[16] 不过,我对数据库作了一点小小的调整:我将俄波战争(1919—1920 年)及苏俄内战(1918—1921 年)视为独立的冲突,而利维将它们视为同一场战争。只有至少涉及一个欧洲大国及欧洲大国间的战争才包含在这种分析中。此外,涉及一个欧洲大国和一个非欧洲国家的战争不在分析范围内。这样,英美战争(1812 年)、日俄战争(1904—1905 年)及苏联入侵阿富汗(1979—1989 年)都不在此列。[17] 只涉及小国的欧洲战争也未包括在内。最后,分析中不包括内战,除非至少有一个欧洲国家会实施强有力的外部干涉,例如苏俄内战。西班牙内战(1936—1939 年)就忽略不计了,尽管它们很接近我们的分析。

可以将大国战争区分为三种不同的类型。主要战争(central wars)实质上卷入了体系中所有的大国,因而战争进行得特别激烈。[18] "大国对大国的战争"(great power vs. great power wars)要么是一对一战争,要么是二对一的战争。应该注意到在两极体系或三国多极体系中,主要战争与大国对大国的战争并无差异。然而在近代欧洲历史上,这种情形并不存在。最后,还有"大国对小国的战争"(great power vs. minor power wars)。在所分析的 199 年欧洲历史中,总共有 24 场大国战争,包括 3 场主要战争，6 场大国对大国的战争，15 场大国对小国的战争。

拿破仑时期（1792—1815 年）

1792—1815 年间的欧洲是五个大国的天下：奥、英、法、普、俄。尽管法国在这一时期明显是最强大的国家，但在 1793 年秋初之前它一直都不是一个潜在的霸主，因为之前它并不拥有欧洲最可怕的军队。[19] 还记得 1792 年奥普抗法吗？因为法国军队弱，故被认为是易受侵略的。法国将这种潜在霸主的状态一直保持到拿破仑最终在 1815 年春被击溃为止。这样，1792—1793 年在欧洲出现的是平衡的多极体系，1793—1815 年是非平衡的多极。

1792—1815 年这段时期由法国大革命及拿破仑战争所支配。这场冲突的第一年可视为大国对大国的战争，因为它只涉及三个大国：奥、法、普。大英帝国及俄国在整个 1792 年及 1793 年初都在旁观。在此之后的 22 年的冲突可归为主要战争类型。试图成为欧洲霸主的法国，在不同时期以不同的组合方式与奥地利、英国、普鲁士和俄国作战。

拿破仑时期也有三场大国对小国的战争。俄土战争（1806—1812 年）基本上是俄国试图从土耳其（当时被称作奥斯曼帝国）攫取比萨拉比亚（Bessarabia）、摩尔达维亚（Moldavia）、瓦拉几亚（Walachia）。俄国最终的胜利令其赢得了比萨拉比亚但并没有获得其他地区。俄瑞战争（1808—1809 年）由于法国和俄国不满瑞典与英国结盟而导致。俄国、丹麦同瑞典开战并最终获胜，瑞典被迫把芬兰及阿兰群岛交给俄国。那不勒斯战争（1815 年）是奥地利与那不勒斯间爆发的一场冲突。在拿破仑从意大利撤出后，奥地利决心重新确认自己在这一地区的优势地位，而那不勒斯军队则一心想将奥地利赶出意大利。奥地利赢得了战争。

19 世纪（1815—1902 年）

在拿破仑法国最终被击溃及威廉德国兴起的这个时期，88 年的欧洲体系由六大国所支配。奥地利／奥匈帝国、大英帝国、法国、普鲁士／德国、俄国是这个时期的大国。意大利于 1861 年加入这一俱乐部。1815—1902 年间在欧洲不存在潜在的霸主。很明显，英国是这一时期欧洲最富有的国家(参见表3.3),但从未将其富有的财富转化为军事实力。事实上,英国在我们所讨论的时期维持了一支弱小的军队。1815—1860年间欧洲最强大的军队属于奥地利、法国和俄国,但没有哪个国家拥有足以横行欧洲的军队(参见表9.1及表9.2)。[20]它们中也没有哪个拥有足够的实力有资格成为潜在的霸主。

表 9.1　1820—1858 年间欧洲军队的兵力

	1820 年	1830 年	1840 年	1850 年	1858 年
奥地利	258 000	273 000	267 000	434 000	403 000
英 国	114 513	104 066	124 659	136 932	200 000
法 国	208 000	224 000	275 000	391 190	400 000
普鲁士	130 000	130 000	135 000	131 000	153 000
俄 国	772 000	826 000	623 000	871 000	870 000

资料来源:奥地利、普鲁士和俄国的数据引自 J. David Singer and Melvin Small, *National Material Capabilities Data*, *1816—1985* (Ann Arbor, MI: Inter-University Consortium for Political and Social Research, February, 1993)。英国方面的数据引自 Edwards Spiers, *The Army and Society*, *1815—1914* (London: Longman, 1980), p.36;1858 年的数据为作者的估计。1820、1830 年法国的数据引自 Singer and Small, *National Material Capabilities Data*;1840 年的法国数据引自 William C. Fuller, Jr., *Strategy and Power in Russia*, *1600—1914* (New York: Free Press, 1992), p.239;1850 年法国的数据引自 André Corviser, ed., *Histoire Militaire de la France*, Vol.2 (Paris: Presses Universitaires de France, 1992), p.413;1858 年(实际是 1857 年)法国的数据引自 Michael Stephen Partridge, *Military Planning for the Defence of the United Kingdom*, *1814—1870* (Westport, CT: Greenwood, 1989), p.76。选择 1858 年而非 1860 年是因为意大利统一战争曲解了 1860 年的数据,对法国而言更是这样。

表 9.2　欧洲军队的兵力,1853—1856 年(克里米亚战争)

	1853 年	1854 年	1855 年	1856 年
奥地利	514 000	540 000	427 000	427 000
英 国	149 089	152 780	168 552	168 552
法 国	332 549	310 267	507 432	526 056
普鲁士	139 000	139 000	142 000	142 000
俄 国	761 000	1 100 000	1 843 463	1 742 000

资料来源:奥地利和普鲁士两国的数据引自 Singer and Small, *National Material Capabilities Data*。英国方面的数据是这样的:1853—1854 年, Hew Strachan，*Willington's Legacy：The Reform of British Army*，1853—54（Manchester：Manchester University Press，1984），p. 182；1855—1856 年，Spiers，*The Army and Society*，p. 36。法国方面的数据引自 Corviser，ed.，*Histoire Militaire*，p. 413。俄国方面的数据出处如下：1853—1854 年，Singer and Small，*National Material Capabilities Data*；1855—1856 年，David R. Jones，"The Soviet Defence Burden Through the Prism of History"，in Carl G. Jacobsen，ed.，*The Soviet Defense Enigma：Estimating Costs and Burden*（Oxford：Oxford University Press，1987），p.155。

普鲁士军队在 19 世纪 60 年代成为一支可怕的军队，与奥地利、法国军队争做欧洲的老大。[21]法国在这十年的前半期占据老大的位置；普鲁士在接下来的后半期取而代之。毫无疑问，德国在 1870—1902 年间拥有欧洲最强大的军队，但它不足以强大到威胁整个欧洲大陆。而且，德国并不拥有足够的财富成为欧洲的霸主。因此，可以公平地说，在 19 世纪，欧洲是一个平衡的多极体系。

在 1815—1902 年间有 4 场大国对大国的战争。克里米亚战争（1853—1856 年）最初是俄国与奥斯曼帝国间的战争，前者试图从后者那里夺取领土。但英法加入到奥斯曼帝国那边。俄国被击败，被迫作出让步放弃少量领土。在意大利统一战争（1859 年）中，法国与皮埃蒙特联手将奥地利赶出了意大利，并缔造了统一的意大利国。奥地利战败，意大利不久获得统一。在奥普战争（1866 年）中，普鲁士和意大利联合对付奥地利。奥普之战本质上决定了哪国将支配统一的德国，而意大利旨在从奥地利获得领土。奥地利失败了，普鲁士从奥地利获得了相应的领土补偿，但是德国统一仍未完成。普法战争（1870—1871 年）貌似由普鲁士干涉西班牙内政而引起。其实，俾斯麦是希望打这场战争的，以使他能够完成德国的统一，而法国则希望得到领土补偿以抵消普鲁士在 1866 年之所得。普军赢得了彻底胜利。

19 世纪同样有 8 场大国对小国的战争。法国—西班牙战争（1823 年）由西班牙叛乱而引发。当时，西班牙为除去成为眼中钉的国王而爆发了内战，法国出面干涉以恢复和平和君主制。纳瓦里诺港战役（Navarino Bay，1827 年）是一场以英、法、俄为一方而奥斯曼帝国、埃及为另一方的海军争斗。当时大国正帮助希腊赢得从奥斯曼帝国的独立。在俄土战争（1828—1829 年）期间，俄国卷入反对奥斯曼土耳其的战争并支持希腊的独立,还在奥斯曼帝国的高加索及其他地方获得领土。第一次石勒苏益格—荷尔斯泰因战争(1848—1849 年)是普鲁士从丹麦手中夺取石勒苏益格、荷尔斯泰因两公国将其变成德国一个部分的不成功的努力。

在奥撒战争(1848 年)中,皮埃蒙特—撒丁王国试图将奥地利赶出意大利,缔造对它们有利的统一的意大利。这种追求自由的努力失败了。当法国派兵至罗马以恢复教皇的权力并推翻由马志尼(Mazzini)建立的共和国时,罗马共和国战争(1849 年)爆发。第二次石勒苏益格—荷尔斯泰因战争(1864 年)中,奥普联手最终将有争议的奥地利从丹麦手中夺了过来。最后,在俄土战争(1877—1878 年)中,俄国与塞尔维亚站在波斯尼亚—黑塞哥维纳及保加利亚一边,帮助它们从奥斯曼帝国独立。

德意志帝国时期(1903—1918 年)

1903 年后大国队伍没有变化。除了美国在 1918 年成为主要角色之外——美国军队在那年开始大批抵达欧洲大陆,六大国仍然是欧洲政治的中心。正如第八章中所强调的,威廉德国在这一时期是欧洲的潜在霸主,它控制了这一地区最强大的军队和最多的财富。这样,1903—1918 年的欧洲国际体系是不平衡的多极体系。

这一时期由第一次世界大战(1914—1918 年)所支配,一战是使所有大国和许多欧洲小国都卷入的主要战争。这一时期也只有一场大国对大国的战争。在苏俄内战(1918—1921 年)中期,英国、法国、日本和美国派兵至苏俄。它们结束了一些短暂而激烈的反对布尔什维克的战斗,后者最终生存下来。最后,这一时期大国对小国的冲突也只有一次,这就是意土战争(1911—1912 年)。意大利一心想在地中海附近建立起一个帝国,入侵并征服了北非的的黎波里(Tripolitania)和昔兰尼加(Cyrenica)(当时是奥斯曼帝国的省,今属利比亚)。

两次世界大战期间(1918—1938 年)

两次世界大战期间在欧洲有五个大国。奥匈帝国在一战结束时消失了,但英、法、德、意、苏仍然在角逐。在这 20 年内欧洲也没有潜在的霸主。英国在战争爆发后的最初几年是欧洲最富有的国家,但是到 20 世纪 20 年代末德国领先了(参见表 3.3)。然而,在 1919—1938 年间,英国和德国在欧洲都不拥有最强大的军队。[22]事实上,在整个 20 世纪 20 年代及 30 年代初期,两国军队都特别弱。德国军队在 20 世纪 30 年代末毫无疑问地变得更加强大起来,但直到 1939 年前,它仍未成为欧洲最强大的军队。鉴于法国在 1940 年大败,尽管很难这样认为,但是法国在两次世界大战期间事实上拥有欧洲最强大的军队。然而法国的财富和人口远没有达到成为潜在霸主的地步。所以,这一时期的欧洲国际体系是平衡的多极体系。

1919—1938 年间没有大国对大国的战争,只有大国对小国的战争。在苏波战争(1919—1920 年)期间,波兰乘一战之机入侵已遭严重削弱的苏俄,试图将白俄罗斯与乌克兰从苏俄分裂出去,使之成为波兰领导的联邦的一部分。尽管波兰并没有达到这一目标,但它的确获得了白俄罗斯、乌克兰的一些领土。

纳粹时期(1939—1945 年)

这一时期从支配了两次世界大战期间的相同的五大国开始,但法国在 1940 年被踢出大国均势圈,意大利在 1943 年重复了法国的命运。英国、德国和苏联直至 1945 年仍保持大国地位。当美国于 1941 年 12 月参加第二次世界大战以后,美国就深深地卷入了欧洲政治。正如第八章中所讨论的,纳粹德国从 1939 年直至 1945 年被击溃为止一直是欧洲一个潜在的霸主。因此,这一时期的欧洲国际体系是不平衡的多极体系。

但作为主要战争的第二次世界大战(1939—1945 年)显然是这一时期欧洲的支配性事件。这一时期还有另一场大国对小国的战争:苏芬战争(1939—1940 年)。预料到纳粹可能对苏联进攻,斯大林于 1939 年秋要求芬兰割让领土,遭到芬兰的拒绝,红军便于 1939 年 8 月底入侵了芬兰。1940 年 3 月芬兰投降,苏联得到了想要得到的领土。

冷战(1945—1990 年)

第二次世界大战后欧洲只剩下惟一的大国,那就是苏联。[23]然而,美国决定要阻止苏联支配欧洲,因此美国于整个冷战时期在欧洲维持了大规模的军事存在。这是历史上美国第一次在和平时期大规模驻军于欧洲。因此,欧洲在 1945—1990 年间是两极体系。

这一时期,大国间并未爆发战争,但是有一场大国对小国的战争。在匈牙利事件(1956 年)中,苏联入侵并镇压了匈牙利的反共叛乱。

分 析

让我们对信息加以分类整理,看看当欧洲是两极、平衡的多极、非平衡的多极时有多少大国战争。特别是,让我们考虑一下每种体系中战争数目、战争频度及战争烈度等情况。每一时期大国战争的数目均按照以前描述过的三种类型的战争——主要战争、大国对大国的战争、大国对小国的战争——进行统计。频度按大国战争爆发的实际年份来定。尽管战争只是在一年的部分时期进行,但是该年还是归为战争年。例如,克里米亚战争从 1853 年 10 月延续到 1856 年 2 月,因而 1853、1854、1855、1856 年都被计算为战争年。最后,战争烈度由每场冲突中的军人死亡数计算,平民死亡数忽略不计。

两极看来是一种最和平、烈度最小的体系类型(参见表 9.3)。1945—1990 年是欧洲唯一的两极时期,大国间没有战争。然而,有一场大国对小国的战争,持续不到一个月。这是 46 年的两极体系中唯一一发生在欧洲的战争。至于其烈度,只导致了 1 万人死亡。

表 9.3 通过系统结构总结欧洲战争,1792—1990 年

	战争数目			战争频度			战争烈度
	主要战争	大国—大国	大国—小国	总年份	战争年份	比例	军人死亡数
两极 (1945—1990 年)	0	0	1	46	1	2.2%	10 000
平衡的多极 (1792—1793 年, 1815—1902 年, 1919—1938 年)	0	5	9	109	20	18.3%	1 200 000

（续表）

	战争数目			战争频度			战争烈度
	主要战争	大国—大国	大国—小国	总年份	战争年份	比例	军人死亡数
不平衡的多极 （1793—1815年， 1903—1918年， 1939—1945年）	3	1	5	44	35	79.5%	27 000 000

注：我未能找到俄土战争（1806—1812年）及俄瑞战争（1808—1809年）的伤亡人员数据，两者都发生在拿破仑战争期间，因此我在计算中将它们忽略不计。不过，这些战争的战斗死亡数肯定很小，几乎不影响发生在欧洲处于不平衡两极体系下的大量军事死亡数。

资料来源：战争数量及总体战争年份数据引自 Jack S. Levy，*War in the Modern Great Power System*，*1495—1975*（Lexington：University Press of Kentucky，1983），pp.90—91；J. David Singer and Melvin Small，*Resort to Arms*：*International and Civil Wars*，*1816—1980*（Beverly Hills，CA：Sage，1982），pp.82—95。战争烈度数据引自 David Singer and Melvin Small，*Resort to Arms*，pp.82—95，但拿破仑战争的数据引自 Charles J. Esdaile，*The Wars of Napoleon*（London：Longman，1995），p.300；纳瓦里诺港战役的数据引自 John Laffin，*Brassey's Battles*：*3 500 Years of Conflict*，*Campaigns and Wars from A—Z*（London：Brassey's Defence Publishers，1986），p.299；苏俄内战的数据引自 Levy，*War*，p.61；那不勒斯战争的数据引自 Clive Emsley，*Napoleonic Europe*（New York：Longman，1993）。

不平衡的多极容易导致战争，战争烈度也最强。存在一个潜在霸主的多极化欧洲时期——1793—1815年，1903—1918年，1939—1945年间——有3场主要战争、1场大国间战争、5场大国对小国的战争。44年间有35年处于1场战争之中，其中的11年间同时有2场战争。最后，在冲突中约有2 700万军人死亡（如果考虑所有二战期间的屠杀和暴力行为，可能有同样多的平民死亡）。

平衡的多极体系处于其他两种体系之间。在欧洲处于多极体系但没有潜在的霸主期间（1792—1793年，1815—1902年，1919—1938年），没有霸权战争，但有5场大国对大国的战争，9场大国对小国的战争。在这109年间的20年里，战争频繁地在欧洲爆发。所以，平衡的多极体系中18.3%的时间内战事不断，而两极是2.2%，不平衡的多极是79.5%。至于烈度，平衡的多极体系中，各类战争中有近1 200万军人死亡，远比不平衡多极中的 2 700 万少得多,但相应又比两极的 1 万多得多。

结　　论

这些结果看来给进攻性现实主义提供了足够的支持。不过,需要提醒的是,核武器于 1945 年首次使用,在欧洲处于两极体系中的整个时期都处于核时代,但在之前的任何多极体系中都不存在核因素。这就给我的观点提出了一个问题,因为核武器是维护和平的强大力量,自然有助于解释为什么 1945—1990 年间欧洲无大国战争。然而,我们无法确定两极与核武器对欧洲长时期稳定所产生的相对影响。

如果我们作些经验研究,提供可信的证据来解释两极与多极在没有核武器的情形下对战争可能性的效应,将有助于处理这一问题。可惜没有。从其起源直到 1945 年,欧洲的国际体系是多极的,这就难以比较这段历史从而揭示多极与两极的不同效应。早期的历史确实提供了两极体系的明显例证,包括一些像雅典与斯巴达、罗马与迦太基的战争,但这种历史是不完整的,因而是不能使人信服的。

然而,当比较两种多极体系时,这个问题并未出现。因为 1945 年前并没有核武器。很明显,从分析得知,不论一种多极体系是否包含如拿破仑法国、威廉德国或纳粹德国这样的潜在霸主,都对和平前景产生了显著的影响。任何时候当多极体系包含拥有最强大军队和最富有的国家时,大国间战争就更可能爆发。

下面最后一章将研究中国政治经济崛起,及中国崛起对 21 世纪国际政治的影响。

注　释

1. G. Lowes Dickinson, *The European Anarchy* (New York: Macmillan, 1916), p.14.

2. 据我所知,目前的理论没有一个能够精确地预测战争何时发生。

3. 研究战争起因的佳作请参见 Jack S. Levy, "The Causes of War and the

Conditions of Peace," *Annual Review of Political Science* 1 (1998), pp. 139—165。也可参见 Dale C. Copeland, *The Origins of Major War* (Ithaca, NY: Cornell University Press, 2000), chap. 1; Stephen Van Evera, *Causes of War: Power and the Roots of Conflict* (Ithaca, NY: Cornell University Press, 1999), chap. 1; Kenneth N. Waltz, *Man, the State and the War: A Theoretical Analysis* (New York: Columbia University Press, 1959)。

4. Karl W. Deutsch and J. David Singer, "Multipolar Power Systems and International Stability," *World Politics* 16, No. 3 (April 1964), pp. 390—406; Kenneth N. Waltz, "The Stability of a Bipolar World," *Dae-dalus* 93, No. 3 (Summer 1964), pp. 881—909; Kenneth N. Waltz, *Theory of International Politics* (Reading, MA: Addison-Wesley, 1979), chap. 8. 另请参见 Robert Jervis, *System Effects: Complexity in Political and Social Life* (Princeton, NJ: Princeton University Press, 1997), chap. 3。

5. Robert Gilpin, *War and Change in World Politics* (Cambridge: Cambridge University Press, 1981); Hans Morgenthau, *Politics among Nations: The Struggle for Power and Peace*, 5th ed. (New York: Knopf, 1973); A. F. K. Organski, *World Politics*, 2d ed. (New York: Knopf, 1968), chap. 14.

6. 对潜在霸主更为完整的定义,参见第二章。

7. 关于两极和多极的主要著作,参见本章注释 4; Thomas J. Christensen and Jack Snyder, "Chain Gangs and Passed Bucks: Predicting Alliance Patterns in Multipolarity." *International Organization* 44, No. 2 (Spring 1990), pp. 137—168; Richard N. Rosecrance, "Bipolarity, Multipolarity, and the Future," *Journal of Conflict Resolution* 10, No. 3 (September 1966), pp. 314—327。

8. 尽管均势比非均势(imbalance of power)更易产生威慑,但它并不保证威慑一定能够发挥作用。就像在第三章中讨论的那样,国家有时会规划新型军事战略以赢得战争,虽然它们的军事力量在规模和质量上并不占优势。并且,推动国家走向战争的更为广泛的政治力量有时会迫使军队领导人寻求高度危险的军事战略,从而迫使国家向力量对等甚至更为强大的对手挑战。参见 John J. Mearsheimer, *Conventional Deterrence* (Ithaca, NY: Cornell University Press, 1983), esp. chap. 2。

9. 另一种理由有时被用来支持这一观点,即力量不均衡在多极体系中比在两极体系中更为普遍。多极体系中的国家在面临更为强大的对手时,往往倾向于寻求推卸责任,这通常表明它们满足于生活在非均势状态中,因为它们相信另一个国家会去对付威胁。但是甚至当国家在多极体系中处于均势时,它们也往往倾向于通过联盟来寻求安全,而不是通过增强自身力量来寻求安全。这种类型的外部平衡是有吸引力的,因为它比另一种选择更为廉价。然而,它几乎未改变原有的力量不均衡。因此,那种实力差距所产生的危险仍然存在。另一方面,两极体系中的那两个国家,由于没有强大的盟国或推卸责任的对象国,因而只能指望通过动员自己的力量来抗衡领先者。这种类型的内部平衡往往在两个对抗的大国中产生大致的平衡。事实上，我在下文中阐述了这一观点：John J. Mearsheimer, "Back to the Future：Instability in Europe after the Cold War," *International Security* 15, No. 1 (Summer 1990), pp. 13—19。但是，这样的论证存在两个问题。正如戴尔·科普兰(Dale Copeland) 指出的，它同我的"国家总是力求最大限度地占有世界权力"这一观点相矛盾。如果国家追求权力最大化，那么，它们就不会容许那种它们有能力改变的力量不均衡的存在。参见 Dale C. Copeland, "The Myth of Bipolar Stability：Toward a New Dynamic Realist Theory of Major War," *Security Studies* 5, No. 3 (Spring 1996), pp. 38—47。并且，当推卸责任成为多极体系中受到威胁的国家毫无疑问的普遍选择时(参见第八章)，那么，在下列情况下，推卸责任政策最有可能成功，即如果这一受威胁国家同时建设一支强大的军事力量，以消除它和侵略者之间可能存在的力量差距(参见第五章)。

10. 这一普遍性观点有一个例外：如果多极体系中只有三个大国，而其中两国联合起来对抗第三国，那么，受害国就会找不到盟国。

11. 当只有所有受威胁国家联合努力才能遏制一个潜在的霸主时，均势联盟最有可能形成。但是，正如下一节将要讨论的，当多极体系中有一个潜在的霸主时，战争最有可能发生。

12. 这一观点是以下这篇文章的主题：Waltz, "Stability of a Bipolar World"。另请参见 Geoffrey Blainey, *The Causes of War* (New York：Free Press, 1973), chap. 3。

13. 认为多极比两极更稳定的观点是建立在这一信念基础上的：随着体系中国家数量的增长，国家彼此间的关注程度就减少了，因为其他的国家也同样要关注。例如，参见 Deutsch and Singer, "Multipolar Power Systems," pp. 396—400。但是，这种观点假设了相关的行为体规模和力量大体均衡。然而，在一个拥有潜在霸主的多极体系中，其他的大国肯定会对那个特别强大的国家给予过多的关注，这就大大削弱了这一观点，即多极体系意味着"有限的注意力"(limited attention eapability)。

14. 回顾我选择大国的标准，参见第一章注释 7。

15. 参见第六章。

16. Jack S. Levy, *War in the Modern Great Power System*, 1495—1975 (Lexington：University Press of Kentucky, 1983), chap. 3.

17. 另外一些因为卷入一个非欧洲国家而被排除在外的大国战争包括：英波(斯)战争(1856—1857 年)、法墨战争(1862—1867 年)、中法战争(1883—1885 年)、中苏战争(1929 年)、意阿战争(1935—1936 年)、苏日战争(1939 年)和西奈战争(1956 年)。

18. 利维用"普通战争"(general war)来代替"主要战争"(central war)，而科普兰把这些冲突称作"大国战争"(major wars)。参见 Copeland, *Origins*, pp. 27—28；Levy, *War*, pp. 3, 52, 75。另一些人把这些冲突看作是"霸权战争"

（hegemonic wars），因为它们通常会卷入一个企图支配整个体系的国家。

19. 参见第八章。

20. 尽管俄军数量比奥地利和法国两国军队总和的两倍还多，但存在重大的质量缺陷。这一缺陷随着时间流逝日益严重，并在很大程度上导致俄国在克里米亚战争中败给了英法。参见 John S. Curtiss，*The Russian Army under Nicholas I*，*1825—1855*（Durham，NC：Duke University Press，1965）；William C. Fuller，Jr.，*Strategy and Power in Russia*，*1600—1914*（New York：Free Press，1992），Chaps. 6—7。关于奥地利军队，参见 Istvan Deak，*Beyond Nationalism*：*A Social and Political History of the Habsbury Officer Corps*，*1848—1918*（Oxford：Oxford University Press，1992），pp. 29—41；Gunther E. Rothenberg，*The Army of Francis Joseph*（West Lafayette，IN：Purdue University Press，1976），chaps. 1—4。关于法国军队，参见 Paddy Griffith，*Military Thought in the French Army*，*1815—1851*（Manchester，UK：Manchester University Press，1989）；Douglas Porch，*Army and Revolution*，*1815—1848*（London：Routledge and Kegan Paul，1974）。

21. 参见第八章。

22. 参见第八章。

23. 参见第八章。

第十章
中国能不能和平崛起

1989年冷战结束，两年后苏联也解体，美国成了世界第一强国。不少评论家说人类有史以来第一次进入了单极世界，即国际体系中只有美国一个大国。果真如此，那美国孤掌难鸣，从此也就无所谓大国政治。

即使像我这样一类人愿意把中国和俄罗斯当成大国，这两国的实力也还远不够挑战美国。因此，当前大国间的互动并没有像1989年以前那样成为国际政治中的显著特征，1989年之前总是有两个或者更多令人生畏的大国相互竞争。

要强调这一点，须对比一下后冷战世界与20世纪的前90年。在这90年里，美国曾下很大的力气遏制威廉皇帝的德意志帝国（Wilhelmine Germany）、日本帝国、纳粹德国和苏联这些潜在的与之相匹敌的竞争对手。在那期间，美国参加了两次世界大战，又在全球与苏联展开激烈的安全竞争。

可一过1989年，美国决策者就几乎不用担心和竞争性的大国开战，出兵小国也可以随心所欲，不怕大国干预。事实上，冷战结束至今，它一共打了六场仗：伊拉克（1991年），波斯尼亚（1995年），科索沃（1999年），阿富汗（2001年至今），伊拉克（2003—2011年），利比亚（2011年）。这还不算2001年"9·11"事件之后忙于同全球各处的恐怖分子开战。因此苏联解体之后人们对大国政治不再感兴趣也就理所当然。

但中国的崛起似乎在改变这一局面，因为这一变化可能从根本上改变国际体系结构。中国经济再迅速增长上几十年，美国就又要棋逢对手，大国政治就要全面卷土重来。中国的经济是会持续其惊人的崛起，还是会以相对和缓但仍令人瞩目的速度发展，尚有争议。对此目前有上述两种观点，很难断定哪一种正确。[1]

但如果看好中国的人正确，这大概将会是 21 世纪最重要的地缘政治变化，因为中国将会成为超级强国。这也就向所有对外政策制定者和国际政治学研究者提出了一个简洁而又深刻的问题：中国能不能和平崛起？本章就将回答这个问题。

要预测亚洲的未来，就需要有一种国际政治理论来解释崛起中的大国可能会如何行动，体系内其他国家会怎样应对它们。我们必须依靠理论，因为未来的很多方面现在还不知道，关于未来我们所掌握的事实很少。对此，霍布斯说得好："自然界中所存在的只有现实，过去的事物只能在记忆中存在，而未来的事物则根本不存在。"[2] 所以必须用理论来预测世界政治中可能发生的情况。

进攻性现实主义理论对中国崛起有些重要见解。一言以蔽之，我的观点是，中国经济如果继续增长，就会像美国支配西半球一样支配亚洲。美国却要全力以赴阻止中国取得地区霸权。而中国的大部分邻国包括印度、日本、新加坡、韩国、俄罗斯和越南会联合美国遏制中国权力。结果将是激烈的安全竞争，战争颇有可能。说简单些，中国崛起之路大概并不平坦。

但请注意，我的重点不是中国近期怎样表现，而是长期来看中国会如何行动，那时中国要比现在强大多了。当前中国的军事力量其实不强，其武装力量不如美国。现在和美国轻启战端，便要铸成大错。换句话说，当代中国受全球均势限制，而这个均势明显有利于美国。美国除了得到其他好处，还因此在世界各地有很多盟友，中国却基本没有盟友。此处对此不作更多论述，而是将重点放在这样一种情形上，即未来世界的均势发生了对美国不利的大变动，中国掌握的相对权力比今天多得多，并拥有与美国相当的经济和军事联盟。说到底，我们要研究的是中国所受限制比现在少得多的世界。

本章余下的内容将这样安排。下节简要回顾我的理论的核心内容，该理论详见第二章。之后总结我对美国西半球霸权之路的讨论，该问题在第七章中已讨论得颇为详细。从中可以清楚看出美国开国以来大部分时候都按进攻性现实主义行事。再下一节的重点是越来越强大的中国会怎么行事。我坚持认为中国也会遵循我的理论，也就是说实际上会效仿美国。接下来一节我将解释美国和中国的邻国为什么可能会组成制衡联盟来遏制中国。之后我将考虑中美开战的可能性有多大,认为中美之间比冷战期间的超级大国更可能开战。倒数第二节还要试批驳两种反对我所作悲观预测的意见。最后一节简短总结本章,指出我若是预测错误,最可能的原因是社会科学理论总有其局限性。

进攻性现实主义概述

归根到底,我的理论就是国际体系的基本结构迫使关心自身安全的各国争夺权力。大国的最终目的都是尽可能攫取世界权力,最终支配国际体系。具体说来,就是最强大的国家总想称霸所在地区,并确保没有竞争性大国支配其他地区。

本理论首先对世界作出五点假设,都是合理地接近于现实。首先,国家是国际政治中的关键行为体,其上再无权威。国际体系中没有最终仲裁人或所谓利维坦(Leviathan)供碰到麻烦需要帮助的国家求告。与等级体系相对,这叫做无政府体系。

有两点假设是关于国家能力(capabilities)和国家意图(intentions)的。各国都拥有进攻性的军事能力,不过有的国家这方面比别国强,而且有时还强得多。能力比较容易衡量,因为大多是实物,能看、能算、能数。

意图就不一样。国家永远不能确定别国的意图,因为意图在领导人头脑里,基本看不到,也难以测量。特别是,国家不可能完全确定别国是不是已经因为这样那样的原因盯上了自己。预测国家未来的意图时问题尤其严重,因为基本没法知道一国五年或更多年之后由什么人领导,新领导人的对外政策就更无从知晓。

本理论还假设国家把生存(survival)列为最高目标。这不是说生存是国家的唯一目标,因为国家目标总是包罗万象。但图穷匕见之时,生存压倒其他一切目标,主要是因为如果国家无法生存,便不能致力于别的目标。生存不只是保持国家领土完整,虽然这个目标至关重要,还要保持国家政策制定过程的自主性。最后一点假设是,国家是理性行为体(rational actor),也就是说各国都能制定使本国生存概率最大化的战略。

以上各假设如果结合起来,就会导致国家按特定方式行事。特别是,别国如果可能既包藏祸心,又有强大的进攻性军事能力,世界各国就倾向于互相恐惧,不管这个可能性有多小。[3]而这种恐惧又因为我所谓的"911"难题而更加严重,无政府体系中确实没有守夜人(night watchman)供国家遇到麻烦上门时求助。所以各国发现必须自己负责自己的生存,最好的生存之道就是变得特别强大。

这里的逻辑很清楚,一国越是强过其竞争者,生存就越不可能受威胁。比如美国比任何邻国都强得多,西半球就没有国家敢攻打美国。这种逻辑就驱使大国设法按对自己有利的方式改变均势,而且要防止别国通过损害自己而攫取权力。最终目标是当上霸主(hegemon),也就是体系里唯一的大国。

现在说霸权,通常是指美国,往往说美国是全球霸主。但在我看来,哪国都无法建立全球霸权,美国也不行。支配世界的障碍之一,是很难打垮、压服远方的大国,因为在远方投射和维持力量很麻烦,要跨越大西洋和太平洋这类巨大的水体而这么做就更难。对付小国时问题不那么严重,但即使如此,民族主义的力量也使得占领和统治敌国极其困难。所以大国能达到的最高目标就是地区霸权(regional hegemony),也就是要支配其周边。如美国就做了西半球的地区霸主。虽然它确实是迄今为止世界第一强国,但它也不是全球霸主。

已经取得地区霸权的国家也有下一步任务,那就是阻止其他大国称霸各自的地理区域。也就是说,地区霸主都不想要有一个旗鼓相当的竞争者。这主要是因为地区霸主周边已经巩固,可以自由巡游全球,干涉世界其他地区。大部分美国人可能觉得理所当然,但美国所以能在全球四处驻军干预几乎所有地区的政治,主要原因之一就是西半球没有大威胁。美国的后院一旦出现强敌,闯进遥远地区的能力可就要大大下降了。

这种局面暗示,地区霸主可能会试图在彼此的后院里制造麻烦。所以得到地区霸权的国家都会想要确保其他大国不能成为地区霸主,闯进自己的后院。但要是对手已经取得地区霸权,老霸主的目标就是尽快终结其霸权。原因很简单,最好让世界其他关键区域都有至少两个大国,这些大国相互提防，便不那么能干涉远方霸主的后院。⁴所以总体说来，要在国际无政府状态中生存下来，最好的办法是当独一无二的地区霸主。

美国的霸权之路

美国是现代史上唯一的地区霸主。拿破仑帝国、德意志第二帝国、日本帝国、纳粹德国和苏联这五个其他大国都曾努力尝试称霸其各自地区，但无不失败。美国最后称霸西半球不是靠一通误打误撞，而是美国诸国父及其后继者深谋远虑，有意追求美洲霸权的结果。说到底，他们实践了进攻性现实主义的指导原则。

1783 年美国最终从英国独立时还相对弱小，大部分人口被堵在东部大西洋沿岸（Atlantic seaboard）。大英帝国和西班牙帝国包围着这个新国家，怀着敌意的印第安部落控制着密西西比河（Mississippi River）和阿巴拉契亚山脉（Appalachian Mountains）间的大片地区。周边环境确实险恶。

之后 70 年，美国人针对这种逆境横跨大陆向太平洋推进，其间建立起既强且大的国家。美国人为了实现其所谓天定命运（Manifest Destiny），杀害了许许多多印第安人并盗取其土地。1819 年从西班牙手里买下佛罗里达，1803 年向法国购来今天的美国中部。1845 年美国吞并得克萨斯，接下来 1846 年与墨西哥开战，从战败的墨西哥取得今天的美国西南部。同年又和英国达成协议得到太平洋西北地区（Pacific northwest）＊，最后 1853 年通过加兹登购地（Gadsden Purchase）＊＊从墨西哥额外得地。

而且美国在 19 世纪大部分时候都在认真考虑要征服加拿大。1812 年还真入侵了加拿大，意在征服。加勒比海有些岛屿要不是当时该地区奴隶无数，而北方各州不愿联邦内蓄奴州（Slaveholding States）增多，也可

＊ 也就是美国西海岸和落基山脉之间的地区。——译者注
＊＊ 1853 年美国驻墨西哥公使加兹登奉美国政府命令，采用种种手段从墨西哥大量低价购地。——译者注

能早已变成美国的一部分。所以事实明摆着,19世纪时所谓爱好和平的美国扩大领土的事迹,有记载的历史上鲜有望其项背者。无怪乎1941年6月德国侵苏之后,希特勒时常援引美国向西扩张的先例。他说:"在东方,美国征服新疆土的历史又由我们再现。"5

要取得地区霸权,还有一项工作要做,那就是将欧洲列强驱逐出西半球。门罗主义(Monroe Doctrine)就完全是为了这个目标。1823年詹姆斯·门罗(James Monroe)总统提出这个主义时,美国尚不够强大,不能实践这些原则,但到19世纪末欧洲大国在美洲已然式微,美国便取得了地区霸权,巩固了大国地位。

但大国得到地区霸权,还未毕竟全功。它必须确保没有其他大国效仿自己,在其相应区域称霸。20世纪有四个国家有能力问鼎地区霸权,即德意志帝国(1890—1918)、日本帝国(1931—1945)、纳粹德国(1933—1945)和苏联(1945—1990)。这四国20世纪自然个个都试图做美国在西半球做到的事情。

美国怎样反应呢? 每一次美国都对打败这些潜在霸主并预防其东山再起发挥关键作用。

美国1917年4月参加第一次世界大战,当时威廉皇帝的德国好像马上就要获胜,统治欧洲。美军对使双方力量对比变为不利于德意志帝国——于1918年11月崩溃——发挥了关键作用。20世纪40年代初罗斯福总统使出浑身解数引美国加入第二次世界大战,好挫败日本对亚洲的图谋,更是为了阻挠德国对欧洲的野心。1941年12月美国参战,对打败两个轴心国作出了贡献。1945年之后,美国政策制定者也努力限制德日军事能力。最后,冷战中美国更坚决采取措施阻止苏联称霸欧亚,最后在1989—1991年帮忙把苏联送进了历史的故纸堆中。

冷战结束不久,乔治·H. W. 布什(George H. W. Bush)政府制定了著名的1992年《国防规划指导方针》(Defense Guidance)＊。该方针被泄露给了媒体,其中大胆声明美国已是唯一的超级大国,而且打算永坐这头

＊ 这份文件很有名,因为日后美国的实际做法与其完全一致,如要做唯一的超级大国,实行单边主义领导世界,控制中东,防止俄罗斯再起等。——译者注

把交椅。[6]这就是说,美国政策制定者不会容忍新的同级别竞争者出现。后来乔治·W.布什(George W. Bush)政府 2002 年 9 月也发表了一份一样有名的《国家安全战略》(National Security Strategy),传达了同样的信息[7]。该文件颇受批评,特别是因为其宣扬"先发制人的战争"的价值。但对于它重申美国要压制别国崛起,在全球均势中保持支配地位,却几乎未有一字批评。

所以关键在于美国为西半球霸权苦干了一个多世纪,而且这么做有充分战略理由。得到地区霸权之后,美国又继续努力,防止其他大国控制亚洲或欧洲。

美国过去的行为对研究中国崛起有什么启示? 特别是,随着中国越来越强大,它将来会怎么做? 美国和中国的各邻国面对强大的中国又会怎样反应?

踏着山姆大叔的足迹

中国惊人的经济增长再持续几十年,就大概要按进攻性现实主义逻辑行事,也就是说要试图模仿美国了。说详细些,中国会尝试按美国称霸西半球的办法称霸亚洲。中国会这么做,主要是因为这样称霸最有利于在国际无政府状态中生存。而且中国卷入了许多领土争端(territorial dispute),自身实力越强,争端的解决就越有利中国。

进一步说,强大的中国就像美国,一定在世界各地有安全利益(security interest),这就要促使中国发展将军事力量投射到亚洲之外遥远地区的能力。中国成为新超级大国,海湾地区(Persian Gulf)将在其战略重要地区中排名靠前,但整个西半球也靠前。中国在西半球给美国制造安全问题,限制美军闯入其他地区特别是亚洲的自由,这样做必定有利可图。下面将仔细研究这个问题。

中国式的权力政治

若我的理论正确,中国将设法拉大与邻国的力量差距,特别是印度、日本、俄罗斯一类大邻国。中国会希望自己特别强大,使得亚洲没有一国有条件威胁自己。中国大概不会追求军事优势,以肆意用兵征服其他亚洲国家。中美一大不同,在于美国开国时可谓既小且弱,居于大西洋沿岸,必须向西扩张才能变大变强,支配西半球。所以对美国来说,只有征服和扩张才能建立地区霸权。相比之下,中国国土已经广大,要做和美国一样的地区霸主,并不需要征服更多领土(参见图 10.1)。

图 10.1　广义上的亚洲

当然,中国领导人个别情况下也可能认为必须进攻别国来取得地区霸权。但更可能的情况却是,中国会寻求发展经济,挟强大的国力为邻国划定可接受行为的界限,并明示要是邻国不守这种规矩,就要付出沉重代价。说到底,这就是美国在西半球做过的事情。比如,1962 年肯尼迪政府让古巴和苏联知道美国不会容忍在古巴存在核武器。1970 年尼克松政府又告诉古巴和苏联在古巴港口城市西恩富戈斯(Cienfuegos)建立苏联海军设施是不可接受的。[8]而且,美国干涉许多拉丁美洲国家的内政,要么阻止被认为反美的领导人上台,要么把上了台的赶下来。一言以蔽之,美国一直把西半球牢牢攥在手心里。

一个强大得多的中国,就会尝试把美国赶出亚太地区,和19世纪美国把欧洲列强推出西半球差不多。我预料,中国很可能打造本国版本的门罗主义。事实上,这一政策也已经初见端倪。比如中国领导人清楚表示他们不认为美国有权干涉南中国海上的边界争端,南中国海这片水体战略地位重要,中国宣称它是自己的。[9]

2010年7月,中国又反对美国海军计划在中国和朝鲜半岛间的黄海进行的海军演习(参见图10.2)。特别是美国海军还拟派华盛顿号航空母舰(USS *George Washington*)到黄海。美国的这些行动并非针对中国,而是针对朝鲜,当时韩国天安号军舰(Cheonan)在黄海沉没,据说是朝鲜击沉的。但中国强烈抗议,迫使奥巴马政府改变计划,不在黄海演习,而改为东边的日本海。当时的中国发言人一语道尽中国政府的想法:"我们坚决反

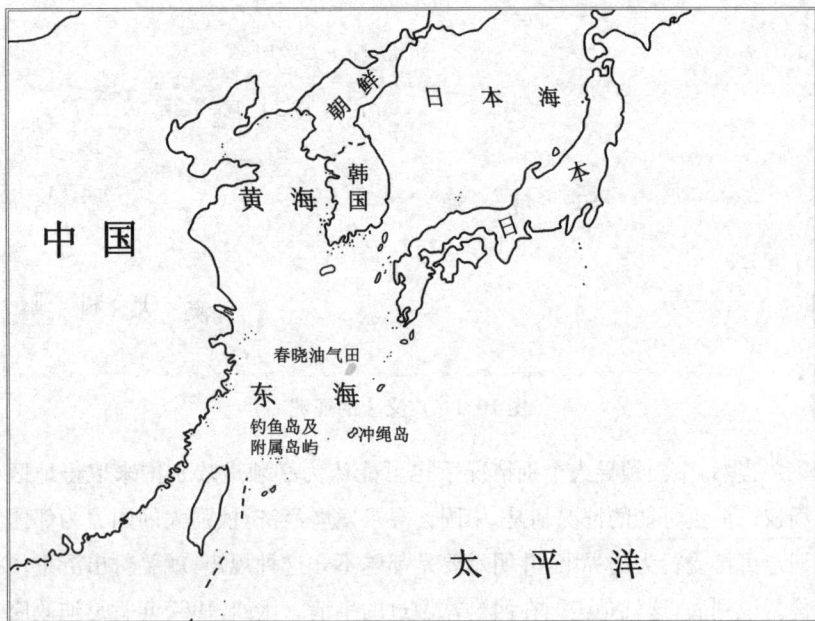

图10.2 东海

对外国军用舰机到黄海及其他中国近海从事影响中国安全利益的活动。"[10]

不仅如此,还有不少证据表明中国领导人希望获得能把美国海军赶出第一岛链(first island chain)的能力,第一岛链一般说来包括大巽他群岛(Greater Sunda Islands)、日本列岛、菲律宾诸岛屿和台湾岛。[11]中国若成功,就能封闭东海、南中国海和黄海,战端一起,美国海军便几乎不可能到达韩国。而且中国国内还有言论,要最终把美国海军再赶出第二岛链(second island chain),这一链从日本东海岸到关岛(Guam),然后下接摩鹿加群岛(Moluccan Islands)。其中还包括不少小岛群,如小笠原群岛(Bonin Islands)、加罗林群岛(Caroline Islands)和马里亚纳群岛(Marianas Islands)。中国一旦成功,日本和菲律宾就将得不到美国海军的支援(参见图10.3)。

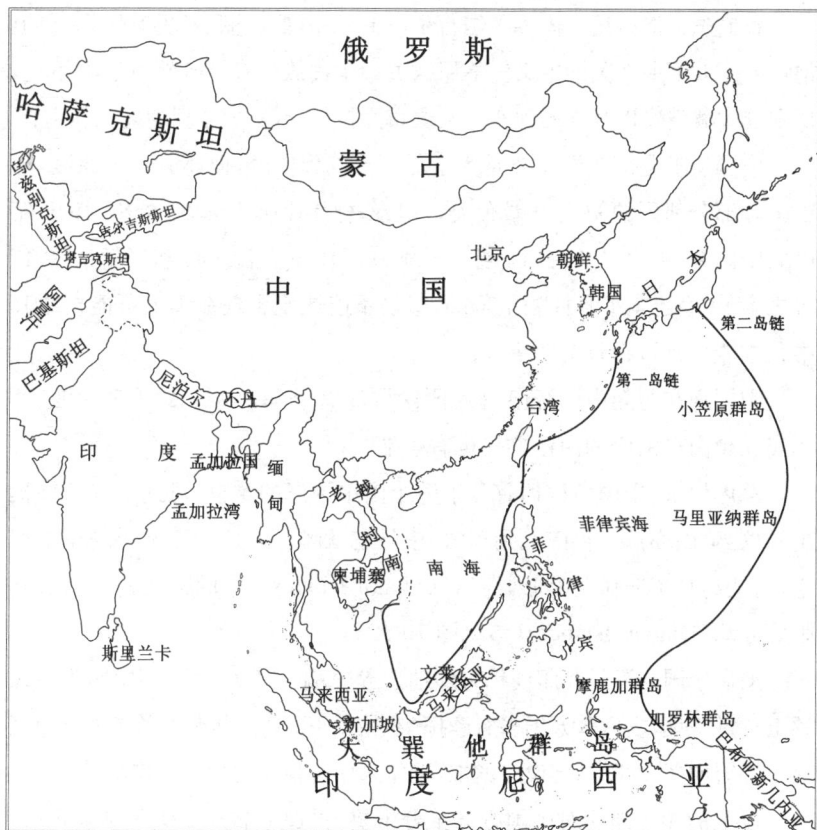

图 10.3 第一岛链和第二岛链

中国目标宏大（虽然未必有力量实现），颇有战略眼光。中国会希望邻国印度、日本、俄罗斯都兵弱无援，正如美国希望与其接壤的加拿大和墨西哥兵力虚弱。思维正常的国家怎么会希望其所在地区内有其他强国？20世纪日本强中国弱的结果，每个中国人都不会忘记。

进一步说，强大了的中国为什么要接受美军在本国后院活动？美国政策制定者反对别的大国派兵西半球，认为这些外国军队对美国安全构成潜在威胁。这套逻辑也适用于中国。美军部署在家门口，中国怎能感到安全？按门罗主义逻辑，中国把美军赶出亚太地区，岂不是更安全？每个中国人都不会忘记第一次鸦片战争（1839—1842年）到第二次世界大战结束（1945年）的一百年里，美国和欧洲列强欺辱弱小的中国，不仅侵犯中国主权，还强迫中国签订不平等条约，进行经济剥削。

我们怎么能指望中国和美国行事不同？中国人比我们更有原则、更道德？中国人不那么民族主义？不那么关心本民族生存？既然肯定都不是，那中国大概就要以基本的现实主义逻辑为指导，寻求做亚洲的地区霸主。

中国追求支配亚洲主要是为了尽可能确保安全，但还有一个原因，与中国和部分邻国的领土争端有关。傅泰林（Taylor Fravel）指出，1949年以来中国23桩边界冲突，已经主要靠愿意作重大让步而和平解决了17桩之多。[12]但还剩下6件领土争端，似乎不能或至少现在不大可能指望其中各方能巧妙进行外交解决。

中国现在与越南围绕南海的西沙群岛有争端，与文莱、马来西亚、菲律宾和越南在南海的南沙群岛也有争端。

总体说来，中国声称拥有几乎整个南中国海的主权，对此不仅邻国提出异议，美国亦然。再向北到东海，中日也就哪一方控制若干小岛争执严重，这些岛日本叫做"尖阁列岛"（Senkaku Islands），中国称为钓鱼岛及其附属岛屿（Diaoyu Islands）（参见图10.2）。

最后中国与不丹和印度仍有陆地边界争端。其实1962年中印为争议领土打过一仗，之后双方仍多有摩擦（参见图10.3）。由于印军在争议地区兵力部署增多，同时基础设施增加，近年来中国似乎也加强了措施。[13]

以上的领土纠纷对中国既然十分重要，再加上靠外交似乎难以化解，中国若要争取有利解决，最好的办法就是靠胁迫。说详细些，就是中国若是比邻国都强得多,在用军事威胁强迫对方基本按中国的意愿达成协议时就处于有利位置。如果无效,那中国就总能亮剑动武来贯彻自己的意志。简言之,中国做地区霸主最有利于解决其诸多领土争端。

应当注意,除了这些领土争端,中国还可能卷入与邻国的水争端。青藏高原位于中国境内,是世界第三大淡水储藏地,仅次于南北两极(参见图 10.4)。所以有时甚至被叫做世界第三极。它也是许多亚洲大河的正源,其中有雅鲁藏布江、伊洛瓦底江(the Irrawaddy)、澜沧江、怒江、萨特累季河(Sutlej),还有长江、黄河。这些河流大多流入各邻国,与当地百万群众的日常生活息息相关。[14]

近年来中国将这些江河的水引到中国东部北部人口密集地区,为此已经修建了水渠、水坝、灌溉系统、管线。该计划尚处在初期阶段,对所涉及河流流量的影响微不足道,但造成的潜在问题却很多。因为假以时日,下游邻国水源可能会明显减少,从而导致严重的政治经济后果。比如中国对引雅鲁藏布江水北济垂死的黄河很感兴趣,若真如此,印度,特别是孟加拉就要出大问题。中国已经开工从澜沧江引水,如此又将给东南亚国家如柬埔寨、老挝、泰国和越南带来大问题。*

中国动手为流出青藏高原的河流改道是单边行为,也基本不想建立什么国际机制来帮助控制后续问题。既然亚洲水资源越来越稀缺,这个问题就会越来越严重,而涉及的利益又那样巨大,最后甚至可能会导致中国与一个或多个邻国间的战争。

崛起的中国不仅会追求地区霸权,在亚洲之外也会有战略利益,正如美国在西半球之外也有重要利益。所以中国按进攻性现实主义行事,就很有理由干涉美洲政治,好扰乱美国后院,让美军在全球运动不那么自由。

冷战期间苏联和古巴曾欣然结盟,好干涉美国后院。[15]将来美国和巴西一类国家关系可能恶化,中国就有机会与巴西建立密切联系乃至驻军西半球。而且中国也很有理由与加拿大和墨西哥加强联系,想方设法动摇美国在北美的统治。这么做不是为了直接威胁美国本土,而是要让美

---

* 原文如此。事实上中国在水资源开发问题上,一贯坚持与邻国互利共赢的原则。——译者注

国不能专注海外,迫使其越来越把注意力集中在周边。

这种说法现在听起来可能难以置信,但应当记住1962年苏联试图在古巴部署核导弹,驻古苏军同年超过4万人,苏联还向古巴提供多种先进常规武器[16]。更何况美国在中国后院已经有巨大的军事存在。

中国会明显想要限制美国在别处投射力量的能力,好让自己更可能取得亚洲的地区霸权。但中国还另有理由要把美国尽可能堵在西半球。具体来说,中国在非洲具有重大的经济政治利益,而且将来似乎更大。更重要的是,中国现在十分依赖海湾地区的油气,日后大概更远甚于此。[17]中国和美国一样,都极可能把海湾地区当做自己的重大战略利益所在,所以两国最终一定会在该地区展开激烈的安全竞争,大体和冷战期间两个超级大国的做法一样。在西半球给美国造成问题,就能限制美国向海湾和非洲投射力量的能力。

再进一步分析,中国进口海湾石油天然气主要靠海运。虽然都在谈论经缅甸和巴基斯坦用铁路和管线运输油气说得不少,但实际上海运还是方便便宜得多。[18]可中国船只从本国东海岸主要港口去海湾地区和非洲必须从南中国海进印度洋,其间隔着不少东南亚国家(参见图10.1)。中国船只往来这两片广大水体之间,必经三大通道。具体来说,要么经过印度尼西亚、马来西亚和新加坡三国之间的马六甲海峡(Strait of Malacca),要么再向南,穿过印尼诸岛间的龙目海峡(Lombok Strait)或巽他海峡(Sunda Strait),到达恰在澳大利亚西北方的印度洋外海(参见图10.4)。[19]

中国船只之后还要过印度洋和阿拉伯海,方能到达海湾地区。[20]其后还须原路返回。中国领导人当然想控制这些海上交通线,正好像美国也强调控制本国主要海路那样。无怪乎中国国内广泛支持建立蓝水海军(blue-water navy)*,好让中国能把力量投射到世界各地,并控制本国主要海上交通线。[21]

简言之,中国经济继续迅速发展,极可能成为超级大国,那就要建立必要的力量投射能力(power-projection-capability),与美国角逐世界。那时中国大概最看重西半球和海湾地区,但非洲也相当重要。而且中国必

---

* 即远洋海军。——译者注

图 10.4 东南亚重要海峡

将试图建立能及于这些遥远地区的军事力量和海军力量,与美国追求海权时的做法大致一样。

中国崛起藏不住

有人可能说:中国确实要试图统治亚洲,但是可以以一种特定的巧妙战略,和平达到目的。这要求中国按邓小平的名言保持低调,尽可能避免卷入国际冲突。邓小平的原话是"韬光养晦,有所作为"[22]。中国所以应该韬光养晦,是因为只要避开麻烦一直发展经济,最后就会强大到足以在亚洲起支配作用。中国在亚洲的主导地位也就成为既成事实(fait accompli)。即使不能如此,最终必须以武力或威胁使用武力来取得霸权并解决其面临的争端,那时中国也仍然很有条件支配邻国和美国。

现在就发动战争,甚至只加入激烈的安全竞争,对于中国来说都是很不明智的。冲突会损害中国经济,中国军队也打不过美国及其现有盟国。所以中国最好还是等到力量增强,条件改善之时再对付美军。说简单些,时间在中国一边,所以中国对外政策应当低调,以免引起邻国疑虑。

实践中,这意味着中国应当全力向外部世界发出信号,表示自己意图温和,也不打算建立强大且有威胁性的军事力量。言论上中国各领导人应当不断强调自己的和平意图,并表示中国有深厚的儒家文化,所以能和平崛起。同时他们还应该努力防止中国官员用激烈的语言描述美国和其他亚洲国家,也不许对其作威胁性声明。

行动上,中国不应该主动对邻国或美国挑起任何危机,别国对中国挑起危机时也不能火上浇油。比如中国应当竭尽所能,避免南中国海和钓鱼岛及其附属岛屿主权问题给自己造成麻烦。国防开支要尽可能限制,以免看起来有威胁,同时要加强与邻国和美国的经济交往。根据这种逻辑,中国领导人应当强调中国日渐富裕而且加强经济相互依存很有好处,因为这些变化将成为推动和平的强大力量。不管怎么说,人们普遍认为在紧密联系而且繁荣的世界里发动战争无异于杀鸡取卵。最后,中国还应当在尽可能多的国际组织中扮演积极和合作性的角色,并与美国合作确保朝鲜问题得到控制。

这种办法看起来确实很吸引人,但行不通。已有证据表明,长期来看,中国无法成功实行邓小平定下的对外政策。2009年之前中国很成功地保持低调,既没有引起邻国恐惧,也没有引起美国恐惧。但之后中国已经卷入了多起激烈的领土纠纷,逐渐被亚洲其他国家看作严重威胁。[23]

中国与其他国家关系恶化,一方面是因为事实上不管中国怎样释放善意,其他国家也不可能确定中国真正的意图现在是什么,更不用说未来。我们确实不可能知道将来谁掌管中国的对外政策,更不知道这些人对地区内其他国家和美国的意图。不仅如此,中国还与一些邻国有严重的领土争端。所以中国的邻国已经把注意力集中在中国的能力上,也就是说要观察中国迅速增长的经济和越来越可畏的军事力量。无怪乎亚洲许多其他国家十分担忧,因为它们知道自己到头来大概不免要和一个超级大国做邻居,而这个超级大国有一天就可能打它们的主意。

这一问题又因为"安全困境"(security dilemma)而变得更加严重,安全困境的意思是一个国家用来增进自身安全的手段往往最终有损其他国家的安全。某国采取某一政策或者制造武器时可能认为它们是防御性的,但该国的潜在对手却总会认为该国这些动作是进攻性的。例如美国像1996年时那样把航空母舰移动到台湾海峡附近,或者往西太平洋调防潜艇,其领导人都确实觉得是防御性措施。中国却不然,它认为这些行为都是进攻性的包围战略,而不是防御性遏制战略的一部分。[24]所以2009年《经济学人》报道说"中国海军某退役将领将美国海军比作一个有前科的人'整天在别人家门口转悠'",亦不足为奇。[25]

总而言之,中国改善其军事能力的几乎所有举措在中国自己看起来都是防御性的,但日本、越南和美国却会认为是进攻性的。所以中国的各邻国都很可能将中国改善其军事态势的任何措施不仅当做中国一心追求强大进攻能力的证据,而且也当做中国有进攻意图的证据。其中也包括中国只是对邻国或美国加强战斗力的措施作出回应的情况。

而且中国诸邻国都知道拖延对自己不利,因为均势正变得对它们和美国不利。所以它们就有理由趁中国还相对弱,马上针对有争议的领土挑起争端,而不是等到中国变成超级大国。最近的争端看起来明显不是中国对邻国挑起的。中国外交家崔天凯的说法是:"我们从未主动挑事,仍处于和平发展道路上。如果你仔细看看过去几年的事情,会发现都是别国开启争端的。"[26]他这话确实对。近几年大部分麻烦确实都是各邻国而不是中国挑起的。

但是,主要是中国对这些危机的回应导致邻国和美国认为中国比2009年之前更有威胁。特别是中国领导人已经感到不得不积极回应,有时还要强硬回应,因为争端"关系到中国的主权和领土完整,在群众中影响很大"[27]。学者赵穗生称中国政府从2008年开始"限制大众民族主义表达时越来越犹豫,并更加愿意顺应大众民族主义号召来对抗西方大国和邻国"[28]。

这就是说事实上中国大胆重新表述了自己的要求,并强调不仅不再有妥协的空间,而且还可能用战斗保卫自己认为应当行使主权的领土。有些时候中国还感到不得不部署军事或准军事力量来清清楚楚表示立场,2012年4月中国和菲律宾围绕控制南中国海上一个小岛即黄岩岛发生的危机就是例子。2012年9月中日纠结于围绕钓鱼岛及其附属岛屿的危机时,也能看到同样的行为。中国政府威胁要经济制裁其对手或实际制裁时也很少犹豫。这样强硬的言行自然让事态升温,也就无法实现中国采取低调的对外政策的努力。

归根到底,美国和中国的绝大部分邻国都有强烈动机遏制中国崛起,所以都会密切监视中国发展,并及早出手阻止。下文就进一步讨论美国和亚洲其他国家可能会如何应对中国崛起。

迅速联合,制衡中国

回顾历史,就清楚知道中国一旦试图支配亚洲,美国的政策制定者将怎样反应。美国一成为大国,就再容不下与之匹敌的竞争者。美国20世纪的行为表示它决心永做世界唯一的地区霸主。所以美国会竭尽全力遏制中国,用一切手段使中国不能称雄亚洲。简言之,美国大概会基本按冷战期间对苏联的办法对付中国。[29]

中国的邻国当然也怕中国崛起,所以也要各尽所能防止中国称霸地区。现在确实已经有许多证据表明印度、日本、俄罗斯等国和新加坡、韩国、越南等小一些的国家都担忧中国崛起，正设法遏制中国。最后它们都会加入美国领导的制衡联盟来阻止中国崛起，颇似冷战时英国、法国、德国、意大利、日本，最后还有中国与美国合力遏制苏联。

山姆大叔对阵中国龙

中国的军事能力尚远远不足以追求地区霸权。这不代表我们就没有充分理由担心现在会围绕台湾和南中国海一类问题爆发冲突，但那毕竟是另一个问题。[30]确保中国做不成地区霸主明显符合美国的深层利益。这就引出一个至关重要的问题：美国采取什么战略最能防止中国支配亚洲？

美国对付崛起中国的最佳战略是遏制（containment）。这就需要美国集中精力不让中国用军事力量开疆拓土，或是说得宽泛些，扩大其在亚洲的影响。为此美国政策制定者应该力争建立制衡联盟，尽可能吸收中国的邻国。最终目标是仿效北约这一冷战期间遏制苏联的极有效工具，建立起联盟结构。美国还要采取措施继续控制世界各大洋，好让中国难以把力量可靠地投射到海湾等遥远地区，尤其是西半球。

遏制本质上是防御战略，因为它不要求对中国发动战争。事实上，遏制是代替了战争来对付崛起中国。但战争总还是可能的。没有理由说美国不能一边和中国有深入的经济交往，一边采取遏制政策。毕竟第一次世界大战前的 20 年里英国、法国和沙皇俄国虽然订立三国协约（Triple Entente）遏制德意志帝国，但仍然与其广泛贸易。但即使如此，也可能会为国家安全起见对贸易有所限制。说得大些，即使在遏制战略的背景下，中美两国也可以在许多问题上合作，但两国关系根本上仍然是竞争性的。

美国既然是离岸平衡老手，其理想战略便是尽量只置身幕后，而让中国的邻国背起遏制中国的大部分负担。说到底就是美国会把责任转嫁给害怕中国的亚洲国家。但这办不到，原因有二。最重要的原因是中国的邻国本身力量不够，控制不了中国。美国也就难有选择，只好自任先锋，将其巨大力量的一大部分集中在这个目标上。而亚洲将要加入制衡联盟对付中国的国家许多相距又很遥远，印度、日本、越南就是例子。所以要建立有效的联盟系统，就需要美国居中协调。当然冷战时美国也遇到了类似情况,它别无选择,只好一肩挑起在欧洲和东北亚两处对抗苏联的负担。总之,要是当地国家无法凭借自身实力遏制潜在霸主,离岸平衡手就必须上岸了。

还有三种战略可以替代遏制。头两种的目标分别是靠预防性战争(preventive war)和执行旨在减慢中国经济增长的政策阻止中国崛起。但这两种战略美国都无法采用。第三种替代战略叫挖墙脚(rollback),虽然可以一用,效果(payoff)却只聊胜于无。

不能实行预防性战争就是因为中国有核威慑力量。美国不会对能用核武器报复自己或自己盟友的国家的本土发动毁灭性打击。而且就算中国没有核武器,还是很难想象会有美国总统对其发动预防性战争。[31]美国根本不会入侵陆军庞大的中国,而要靠大规模空袭使中国瘫痪大概非用核武器不可。也就是要把中国变成满地辐射的不毛之地,这是借用冷战时的说法,本来是形容美国空军打算在热战中对付苏联的办法[32]。但仅仅是这种打法造成的核回落污染就让它不可能得以实施。况且中国能不能继续快速崛起还很难确定,所以最后中国会不会威胁说要称霸东亚也难以确定。这种对未来的不确定性也不支持打预防性战争。

使中国经济减速这一选项当然比核战争更有吸引力,但也一样行不通。主要问题在于没有可行的办法能使中国经济减速而不损害美国经济。有人可能说中国经济受损会更大,这样中国经济增长一放缓,与中国相比美国的相对权力地位就得到了提升。但只有在美国能找到新的贸易伙伴而中国找不到时才可能发生这种情况。这两个条件缺一不可。[33]

不幸的是,世界上许多国家会迫切希望增进与中国的经济交往,这就填补了美国采取措施减少与中国贸易和对华投资所造成的真空。比如欧洲各国并不会受中国严重威胁,它们可代替美国继续推进中国经济增长。[34]简言之,因为根本无法从经济上孤立中国,美国也就不可能以任何有意义的形式减缓中国的经济增长。[35]

第一次世界大战前德国崛起,英国其实也遇到了同样的问题。当时英国统治集团内普遍认为德国经济增长比英国快,两国力量对比正向有利于德国的方向倾斜。随后就是激烈的争论,探讨英国该不该尝试通过大幅度减少两国间经济交流来减缓德国的经济增长。英国政策制定者的结论是这种政策更伤害英国而非德国,主要是因为德国能找其他国家吸收对英出口商品,并提供大部分以往从英国进口的商品。与此同时,英国经济却会因为失去从德国进口的商品而严重受损,这些商品又难以替代。所以英国继续与德国贸易,虽然其间英国付出代价而使德国得到权力,只因为两害相权取其轻。[36]

第三种替代遏制的战略叫做挖墙脚,实行这种战略,美国要寻求通过颠覆亲华政权,甚至也许通过在中国内部制造问题来削弱中国。[37]比如,巴基斯坦将来当然很有可能坚定地站在中国阵营,那美国就可以力图使巴基斯坦发生政权更迭,并协助树立一名亲美的领导人。或者美国还可能试图通过支持新疆或西藏的分裂分子在中国内部煽动骚乱。

冷战时美国对苏联虽然主要采取遏制战略,但现在知道美国也曾挖墙脚。[38]美国不仅20世纪40年代末50年代初尝试在苏联煽动动乱,而且还试图在世界各地推翻无数被认为是亲苏的政府领导人。事实上美国20世纪五六十年代还数次发起直接针对中国的秘密行动。[39]这些挖墙脚工作对改变两个超级大国的力量对比作用甚微,也并未让苏联解体加快多少。但美国领导人仍然抓住一切机会挖墙脚,而且也没有理由认为今后美国政策制定者会拒绝用这一招对付强大的中国。但迄今为止,遏制还是美国最有效的战略。

将来中国也略有可能最终强大到美国无法遏制它,无法阻止其称霸亚洲,即使美军仍然前沿部署在该地区也没有用。中国有朝一日可能拥有比美国20世纪对付过的四个潜在霸主中任何一个都大得多的潜力。论人口和财富——也就是军事力量的基础——德意志第二帝国、日本帝国、纳粹德国和苏联都远远赶不上美国。中国现在的人口是美国的四倍多,预计到2050年人口也是美国的三倍多,所以中国人均国民总收入(GNI,Gross National Income)如果能赶上韩国,其潜力就会超过美国[40]。

这么大的潜力使中国能够对其主要亚洲对手获得决定性的军事优势,特别是考虑到中国是在自己的后院用兵,而美国从加利福尼亚出发用兵要跨越6 000多英里。在这种情况下,很难设想美国怎样能防止中国变成地区霸主。不仅如此,中国在随后与美国进行的全球竞争中还可能会是更强大的一方。

退一步说,就算中国人均国民收入达不到这种水平,其潜力赶不上美国,也还是很有条件谋求亚洲霸权的。这就说明让中国的经济增长在将来大大减缓十分符合美国利益。这种结果不一定有利于美国繁荣,更不利于全球繁荣,但会利于美国安全,这可是最重要的。

中国的邻国怎么办?

说到中国的邻国,关键在于它们是与美国合力制衡中国,还是投靠中国。有些人说还有第三条道路,也就是作壁上观,保持中立。可惜亚洲国家并不能够坐山观虎斗。基本上每个国家都得站队,不仅是因为中国和美国都要大力逼迫它们站队,而且因为这些国家大多既远弱于中国又远弱于美国,也自然会希望在安全受到威胁的时候能有个强大的保护者。

既然生存最重要,中国的大部分邻国就都会选择制衡中国,就好像冷战时东北亚和欧洲大部分能自由选择的国家都跟着美国反对苏联。[41] 原因很简单,中国与美国相比对亚洲大多数国家威胁更大,国家一定是制衡自己最危险的敌人,而不会投靠之。[42] 中国更有威胁主要是由于地理原因。具体说来,中国是亚洲国家,与邻国不是直接接壤,就是距离近到可以轻易发动打击。冷战时苏联也是如此,它可能直接征服联邦德国和日本,还有其他欧洲和东北亚国家。

但美国对于中国邻国的威胁就小多了。美国虽然在亚太地区实力最强,未来一段时间内也会如此,却是对亚洲和欧洲无领土野心的远方大国。这主要是因为要着手征服这些地区,美国离得太远。美国须把自己的力量不仅投射过遥远的距离,还要投射过两个巨大的水体——太平洋和大西洋——才能到达这些战略上重要的地区。这些地区所以被美国吞并或统治的危险很小,而1945年到1990年间的苏联就不然,更加强大的中国也不然。

这当然不是要否认美国曾对亚欧不少国家动用武力。不管怎么说,美国冷战期间在亚洲打过两场大战(朝鲜和越南)。但关键却在于美军不曾威胁要征服并制服这些国家,而将来强大的中国可未必。

美国在亚洲立场的另一个维度显示为什么美国不像中国那样有威胁。美国作为远方大国,可以选择大大减少在该地区的军事存在,甚至可以想象美国全部撤军本土。中国就没法这么做。事实上中国的各邻国最怕美国之处就是怕一旦发生危机美国不前来相助，而不是怕被美军攻破。这就是奥巴马政府 2011 年秋天宣布美国要重返亚洲（pivot to Asia）的主要原因，重返亚洲就是要确实增加在该地区存在的简短说法。[43] 美国试图向其亚洲盟友再次保证：虽然美国"9·11"事件之后十年专注于大中东和与之密切相关的反恐战争，但它们仍然可以依靠美国这一后盾。

但据说中国还有一招撒手锏，可以强迫至少几个邻国不与美国一起制衡自己，而是投靠自己。有一些亚洲国家包括澳大利亚[*]、日本、韩国与中国广泛贸易，对华大量投资。所以其繁荣就取决于能不能和中国保持良好关系。按这种说法，这样一来中国就对这些贸易伙伴有了相当的经济杠杆，若是它们加入美国领导的制衡联盟，中国就可以威胁要切断经济联系，破坏其繁荣。换言之，中国应该能利用经济影响力逼迫这些国家与中国合作。[44]

但应当强调，按这种说法，如果与一个或多个这类邻国的经济交往减少甚至停止，中国经济并不会严重受损。换言之，这里不考虑相互脆弱性（mutual vulnerability），而相互脆弱性确是经济相互依存理论的支柱，接下来我会讨论这一理论。此处所说的脆弱性是单向的，这就使中国有能力讹诈邻国，以瓦解或至少大大削弱任何美国可能试图组织的反华制衡联盟。

简言之，这种情况下经济考虑和政治军事考虑相互冲突，这就提出了一个重要问题：最终哪个因素会占上风？我的意见是安全考虑几乎总压倒经济考虑，国家在必须选择制衡和投靠两种战略之一时，会选择制衡而不是投靠。[45]我这种意见的内在逻辑应当已很清楚。国家制衡强大的对手是因为制衡最能保障生存，而生存一定是国家的最高目标。投靠更强大的国家相反会减小投靠国的生存机会，因为这样一来强国就可以不受阻碍地变得更强，也就更危险。

所谓经济强制的说法却另有一套逻辑，它强调繁荣重于生存。其核心观点是市场力量强大的国家可以沉重打击目标国经济，经济惩罚的威

---

[*]　澳大利亚应为大洋洲国家。——译者注

胁足以强迫经济脆弱的国家投靠更强的国家。严重的经济损失无疑可怕，但不能生存危险更大。换言之，生存的强制力量比繁荣更强，这就是为什么现实主义逻辑往往胜过基于经济强制的观点，这就是为什么中国的邻国会制衡中国。[46]

其实现在已经有不少证据表明印度、日本、俄罗斯这些国家和新加坡、韩国、越南等较小国家都担忧中国崛起，并开始设法遏制。如 2008 年 10 月印度和日本签署《安全合作联合声明》(Joint Declaration on Security Cooperation)，主要就是因为担心中国力量增长。[47] 而印度与美国虽然在冷战中一直关系紧张，近十年来却逐渐成了好朋友，大部分原因也是都害怕中国。奥巴马政府的成员一贯向全世界宣传人权的重要性，2010 年 7 月该政府却不顾印度尼西亚精锐特种部队侵犯人权的历史，宣布要与其恢复关系。这一变化的原因是中国越来越强大，美国希望印度尼西亚站在自己这边，正如《纽约时报》所报道的，印度尼西亚官员"暗示美国如果再拒绝与印度尼西亚特种部队恢复关系，该部队就可能尝试和中国军队合作"[48]。

新加坡扼守极端重要的马六甲海峡，也为中国的力量增长而感到烦恼，急于进一步加强与美国已经很强的联系。为此便在本国樟宜海军基地(Changi Naval Base)新建深水码头，以便一旦需要，可供美国以新加坡为基地运用航母。[49] 日本 2010 年年中决定允许美国海军陆战队留驻冲绳，部分是因为中国在该地区行动越来越大胆，日本需要美国的保护伞牢牢遮盖。[50] 所以中国越强，其邻国相互之间及与美国的关系也就越近。[51]

最后不妨谈一下台湾的未来。既然台湾控制东亚海路，战略上重要，便很难想象美国或日本会允许中国大陆控制台湾这个大岛。[52] 而且美国政策制定者向来高度重视向对手展示决心，更不会在中国压力下抛弃台湾。[53] 这必将加剧中美安全竞争。

总而言之，按我的理论，中国惊人的经济增长再持续几十年，中国到头来就可能会与美国和邻国进行激烈的安全竞争。我已经就当时各有关行为体将要采取的具体政策谈了不少。比如，中国大概会创制中国版门罗主义并试图把美军挤出亚太地区。而中国各邻国可能都会加入美国领导的制衡联盟来遏制中国。

但中美两国间的安全竞争究竟什么样，还要再谈一谈。特别是要知道今后的岁月里应当关注什么来判断我的预测准不准。

安全竞争什么样？

中美若开展安全竞争，将有12种形式。首先是危机，也就是双方争议很大，很可能爆发战争。将来危机可能不频繁，但若是很长一段时间都没有危机，也是咄咄怪事。另一种主要对抗形式是军备竞赛。两个超级大国和中国的各邻国都要斥巨资用于国防，以求占据上风，并防止对方超过自己。

还可能有代理人战争（proxy wars），也就是中美两国的盟国开战，中国或美国背后支持。两国也可能会寻找机会在世界各地推翻与对方友好的政权，主要靠秘密活动，有时也要公开行事。还应该会有证据表明双方都在有机会引诱对方陷入花费巨大的愚蠢战争时采取诱捕（bait-and-bleed）战略。如果还没诱对方就自动陷入了持久战，那就可以坐观血腥厮杀（bloodletting），力争把冲突拖得越长越好。

出了战场，还会有许多证据表明两国政府官员把对方认作头号威胁。综述军事战略的公开和秘密文件都会把对手清楚描述成危险的对手——必须予以反制。中美研究国家安全问题的智库也会下大功夫，仔细研究其超级大国对手，将其形象塑造得既强大又危险。当然两国会有些人拒绝这条对抗性路线，反而建议与对方深层次合作，甚至包括在特定问题上迁就对手。但这类人在话语和政策辩论中大概会被渐渐边缘化。

中美两国还可能限制双方民众来往，就像苏美两国冷战期间的做法一样。而且我们也预计会看到美国不许中国学生在美国大学学习与武器开发有直接关系的专业，以及其他可能影响两国力量平衡的技术。两国一定会竞相对有重要国家安全意义的商品和服务采取选择性出口控制。对于美国来说，可能的范例是巴黎统筹委员会（Coordinating Committee for Export Control，简写为CoCom），美国冷战期间成立这个组织就是要限制敏感技术传入苏联。[54]

这些都不是要否认中美在安全竞争的同时可能有深入的经济交流，也不否认两个超级大国会在若干问题上合作。但关键在于两国关系归根到底是冲突的,两国间的斗争将以上文中的各种形式表现出来。当然,我不仅认为中美之间会有激烈的安全竞争,而且还认为两国大有可能发生战争。下面更加详细地探讨中国崛起引起热战的可能性。

打 不 打?

美苏冷战期间所幸不曾交锋,虽然都曾与较小的国家交战,其中有些还是对方的盟友。双方核武库都很庞大这一事实,大概就是超级大国未曾交战的关键原因。核武器就因为是大规模杀伤性武器,才成为维护和平的主要力量之一。使用核武器的后果极其可怕,使得政策制定者只要认为冲突中有一点点使用核武器的可能性,就会极其谨慎。

回顾冷战的历史,再考虑到中美都有核武库,就可以大致推测这两国在可预见的未来不太可能相互攻击。但这个结论却不对。尽管核武器的存在确实创造出了避免大规模战争的强大动机,但未来亚洲中美竞争的背景环境却比冷战期间的欧洲更容易导致战争。特别是地理和权力分配的不同,使得中美之间比1945年到1989年的超级大国之间更可能发生战争。

当然,中美战争的可能性不可能预测得太准,但至少可以合理估计。

亚洲地理环境

苏美竞争虽然遍及全球,但重心仍在欧洲大陆,装备核武器的陆空大军在欧陆对峙。两个超级大国都十分关心东北亚和海湾这两个其他地区,但最看重的还是欧洲均势。美苏军事力量的核心其实位于所谓中心战线(Central Front)附近,就在欧洲腹地。无怪乎五角大楼演习模拟超级大国大规模战争时欧洲总是主战场。

冷战之前的30年里,欧洲战火连绵。事实上,美国和苏联(1917年前是沙皇俄国)两次世界大战中都属同一方。但1945年之后欧洲没有战争,虽然发生了几次柏林危机,但都未到使用武力的地步。主要原因是在欧洲腹地开战可能变为使用核武器的第三次世界大战,因为冲突很有可能有意无意升级为核冲突。双方的政策制定者都不希望发生颇有可能毁灭其国家的冲突。这种恐怖的可能性就是不仅欧洲在冷战期间那样稳定,美苏军队也从来没有兵戎相见的原因。

　　亚洲的地理与冷战时期的欧洲完全不同。最重要的是亚洲没有相当于欧洲中心战线的东西,来在中国实力增强时维持稳定。相反却有几个地方可能爆发战争,但其中任何一场战争的规模都远远不会赶得上1945年到1990年间欧洲可能爆发的战争。这主要是因为亚洲潜在冲突核升级的可能性比冷战时的欧洲小得多。首先,欧洲冷战期间有数以千计的核武器,这些武器是北约整个冷战期间宣布的政策和其军事学说不可分割的一部分。进一步说,当时一般认为欧洲冲突中头几仗的结果就会深刻改变国际均势,这就使得失利的一方大有动机用核武器挽回局面。核武器在亚洲的潜在冲突点大概就根本发挥不了这么大的作用。所以亚洲所有可能发生的战争的总代价还远赶不上冷战期间欧洲腹地一场战争的代价。考虑到潜在代价越小,开战的可能性越大,中美冲突就比苏美战争更有可能。

　　有人可能说战争的风险还是不大,因为这些潜在的亚洲战争涉及的利益比较小,所以中美就少有开战的动机。但上文已经说过,中美安全竞争涉及的利益无比庞大。中国把美军逐出亚洲,建立地区霸权,其安全就会大大改善;而美国保持在亚洲的现有地位,也深刻符合其利益。所以双方在差不多每次危机中都会对声望问题十分敏感,互不相让。

　　根本上说,诸领导人会倾向于认为虽然亚洲可能发生的战争其规模可能比不上中心战线上的战争,但这些亚洲冲突却都紧密相连,所以应该特别注意不让对方在任何一场危机中占上风。同时又都倾向于认为使用武力的代价相对比较小。这种情况可不利于该地区的和平稳定。

　　考虑一下朝鲜半岛,这大概是中美可能到头来进行大规模常规陆战的唯一地点。这样一场冲突可能性不大,但比过去超级大国在欧洲开战的可能性大。首先不难想象朝鲜和韩国卷入一场战争,而且中国和在韩国驻军大约1.9万人的美国都被拖入这场战争。毕竟1950年发生过这种事情,之后中国和美国军队对打了将近三年。而且未来朝鲜半岛要是发生冲突,规模会比北约和华约的冲突小得多,这就使得亚洲更可能发生战争。

除了朝鲜半岛,还可以想象中美为控制台湾、南中国海、钓鱼岛及其附属岛屿,和中国到海湾的海上交通线而开战。这些潜在冲突的代价(就和朝鲜半岛的冲突一样)与冷战期间超级大国在欧洲腹地开战的代价根本无法相比。而且因为有一些可能的冲突情境包括海上作战,核升级的可能性更小,中美就比北约和华约更容易开战。

关于核武器还应当讲最后一点。上文强调亚洲比冷战时的欧洲更可能打仗,部分是因为核升级的风险减小了。但是,未来亚洲战争中总有可能意外使用核武器,这种可能性将在危机中维护稳定。[55] 换言之,不应当认为核武器在亚洲几乎不起威慑作用。确实,该地区关键国家的武库里只要有这种武器,就能对有关领导人在未来危机中的思维和行动产生重要影响。但这种核升级的可能性,甚至升级的后果,都远远赶不上北约和华约的冲突中核升级的可能性和后果,所以未来有中国和美国参与的常规战争就更为可能。

极化与战争

亚洲大概比冷战时的欧洲更容易打仗的第二个原因与这两者内部权力分配不同有关。欧洲有两极,苏联统治大陆东半,美国统治西半。可能有人认为如果中国继续崛起,亚洲也会有两极,美国在一边,中国在另一边。但这不大可能,因为亚洲还会有其他大国。俄罗斯已经算是一个,日本要是有了核武器也算。印度现在已经有核武库,所以也快被认为是大国了。这些都说明亚洲将是多极体系。但却是不平衡的多极体系,因为中国大概要比任何其他亚洲大国都强得多,也就算得上是个潜在霸主。

多极比两极更容易打仗,部分是因为多极内大国更多,所以大国与其他大国或较小国家开战的机会就更多。不仅如此,多极内权力也更容易不平衡,因为多极体系中国家更多,构成军事力量的基础在各国间分配就更容易不平衡。若是权力不对称,强国决心侵略时就难制止。最后,在多极中还更容易误判对手的决心和敌对联盟的力量。这多半是因为多极世界的国际政治本来就更加多变,结盟关系变化无常,各国还很容易相互转嫁问题。

祸不单行,不平衡的多极又是最危险的权力分配方式,因为其中有个潜在霸主,不仅力量大大超过地区内任何其他国家,而且大有动机武力称霸。潜在霸主更可以令其对手十分恐惧,以至于有时采取可能导致战争的冒险战略。

简言之,与中国经济继续快速发展将要造成的不平衡多极相比,冷战期间的两极格局是更和平的权力结构。除此之外,中心战线的地理也比亚洲地理更有利于和平。这两个理由并不意味着中美一定开战,但确实告诉我们中国和美国比 1945 年到 1989 年之间的苏联和美国更可能开战。

共产主义和民族主义

可能有人为了反对以上这种悲观估计,会争辩说让冷战变得特别危险的是意识形态因素,也就是共产主义对阵自由资本主义,而这个因素在中国和美国之间日益发展的竞争中不存在。比如现代新加坡的国父李光耀就说:"与冷战时美苏关系不同,美国和热心市场的中国之间没有不可调和的意识形态冲突。中美关系既合作又竞争。虽必有竞争,未必冲突。"56

各种意识形态当然不在我的现实主义国际政治理论考察范围之内。但这个问题毕竟值得讨论一番,因为意识形态无疑给冷战加过油,虽然只起次要作用。冷战这场冲突主要是由与均势有关的战略原因驱动的,这种战略原因又被超级大国间严重的意识形态分歧强化。而且,这种强大的意识形态分歧似乎确实对塑造中美未来关系起不了多大作用,中美安全竞争似乎不会像美苏竞争那样可怕。

但这只是好的一方面,坏的一方面是另一种叫民族主义的意识形态可能会加剧中美之间和中国与邻国之间的竞争。民族主义是地球上最有力的政治意识形态,它认为现代世界分成很多独特的社会群体叫做民族,各个民族都希望有自己的国家。这不是说每个民族都要单独有个国家,也不否认许多国家境内生活着不止一个民族。

每个民族的成员都有强烈的群体忠诚感,实际上,对民族的忠诚往往压倒了所有其他形式的身份认同。民族的大部分成员一般认为他们属于一个独一无二的团体，其历史英雄辈出，波澜壮阔，跌宕起伏。但人们不仅只为本民族骄傲，还把它和其他民族比较，特别是那些人们常常接触、相当了解的民族。

有时一个民族不仅觉得自己比其他民族优越，而且最后还厌恶其他民族。我把这种现象叫极端民族主义（hypernationalism），也就是相信其他民族不仅低劣，而且危险，所以必须严厉对待，甚至残酷对待。在这种情况下，对"他者"的轻蔑和仇恨席卷整个民族，造成用暴力消除威胁的强大动机。极端民族主义换言之也就可以成为战争的强大动力。

极端民族主义的主要原因之一是安全竞争激烈，这种竞争倾向于导致有关各民族国家的人民相互妖魔化（demonize）。有时领导人将极端民族主义作为威胁夸大战略的一部分，这个战略是要让公众警惕他们在其他情况下可能不会完全认识到的危险。在另一些情况下，极端民族主义自下而上泛起，主要是因为安全竞争中固有的卑鄙行为经常导致民族国家的普通公民鄙视敌对民族国家的几乎一切。大的危机就更能火上浇油。

当代中国，从 1949 年毛泽东对国民党取得决定性胜利到 1976 年他去世，共产主义和民族主义这两股强大力量携手合作，塑造了中国社会日常生活的方方面面。但毛泽东去世之后，中国领导人更加倚重民族主义来保持群众支持政权[57]。

但若是认为民族主义只是领导层为了保持民众效忠国家而推广的一种宣传，那就错了。事实上，许多中国公民自主选择了热情接受民族主义观念。学者葛小伟（Peter Gries）说："20 世纪 90 年代中国出现了一种真正大众的民族主义，不应当将其混同于国营或官办的民族主义。"[58]当代中国的民族主义如此强大，就是因为它既是自上而下的现象，又是自下而上的现象。

民族主义在中国近年来不仅力量增长，内容也发生重要变化。毛泽东时期，民族主义强调中国人民在巨大困难面前的力量。中国人民被塑造成奋起抗战，最后战胜日本帝国的英雄战士。葛小伟解释说："这种'英雄'或'胜利者'的民族叙事首先服务于共产党革命者 20 世纪三四十年代寻求动员群众支持的要求，后来又服务于人民共和国 20 世纪 50—70 年代国家建设的目标……新中国需要英雄。"[59]

但这种自豪的说法最近25年来却大半被抛弃掉了,取而代之的是将中国描绘成世界其他大国侵略的受害者。特别是大力强调中国人所说的"百年国耻",也就是从1839年到1842年第一次鸦片战争到1945年第二次世界大战结束的一百年。[60]这期间的中国被描绘为一个国力衰弱但仍然人杰地灵的国家,饱受贪婪的大国欺凌,灾难深重。洋鬼子当中有日本和美国,据说这两国欺负中国一次不落。

中国作为无助受害者的主题当然不是中国民族主义思想的唯一线索。也有不少正面故事。比如中国人都为强调儒家文化优越而倍感自豪。但今天中国民族主义思想的核心,还是强调百年国耻的叙事,葛小伟注意到这种叙事"造就了今天中国与西方互动的方式"[61]。确实,"对中国军队来说,雪耻仍然是关键任务"[62]。

已有证据表明,中国对美日挥之不去的仇恨能加剧危机,严重损害中美和中日关系。1999年科索沃战争中美国误炸中国大使馆,大部分中国人认为这就是强国又一次伤害中国、侮辱中国的例子。这次事件导致中国国内大规模游行示威,反美情绪高涨。2001年美国一架侦察机在南中国海上空撞下一架中国军用飞机,中国人的反应也相似。2012年到2013年中日围绕钓鱼岛及其附属岛屿的归属问题发生摩擦,点燃了中国各地反日示威的烽火,有些示威中还有暴力。

将来安全竞争加剧,只会加重中国对美日的敌意,并很可能变为民族主义的急性发作。[63]当然,这就又会反过来加剧安全竞争,增加战争的可能性。归根到底,意识形态冷战时起作用,将来在亚洲也会起作用。但意识形态的内容不同,中国的民族主义和亚洲其他国家有可能产生的极端民族主义,将要取代共产主义和自由资本主义的争执。但即使如此,未来几十年间中美关系的主要动力仍然会是现实主义逻辑,而不是意识形态。

能不能和平崛起

我说中国不能和平崛起,便有许多种说法反驳之。实际上对未来中美关系表示乐观的观点中有两种比较流行:其一基于一种文化理论,其支持者称中国的儒家文化可以让迅速发展的中国避免与邻国和美国进行激烈的安全竞争。另一种说法建立在常见的自由主义经济相互依存理论的基础上。该说法认为,冲突不大可能发生是因为亚洲主要国家及美国的经济都交织在一起,所以若是开战,就威胁到了对它们都极其重要的繁荣。但仔细考察,就发现这两种理论都不能为避免亚洲将来出现问题提供坚实的基础。

儒家思想是否和平

中国人中间特别流行一种观点,说中国能够和平崛起,是因为其文化深受儒家影响。他们说儒家思想不仅讲道德、讲和谐,而且明确禁止侵略邻国,但却强调自卫。按照这种观点,中国历史上一直按照儒家原则行事,不像欧洲各大国、日本或美国那样发动进攻战争追求霸权,并基本遵循现实主义原则行事。中国相比之下一直礼待别国,不事征伐,行王道而非霸道。[64]

中国学者和政策制定者都津津乐道于这种说法。不少中国学者喜欢它是认为其可以替代主要的国际关系理论,据说这些理论都是欧洲中心论(Eurocentric theory),所以碰到中国的高等文化,便不足道。儒家思想明明是中国中心论。比如李鑫(Xin Li)和沃姆(Verner Worm)写道:"中国文化提倡道德力量而非军事力量,尚王道而不尚霸道,主张以德服人。"[65]阎学通大概是在西方最有名的中国国际关系理论家,他认为:"中国崛起让世界更文明……儒家思想核心在'仁'……这一概念使中国历代统治者行仁政……而非霸道……中国概念'仁'可以影响国际规范,让国际社会更文明。"[66]

但这种关于儒家思想的理论有两个问题。首先它没有反映中国漫长历史上历代统治者实际的国际政治言论和国际政治思想,也就并没有准确描述千百年来的中国战略文化。更重要的是,少有历史证据表明中国一直按儒家思想的原则行动。相反中国过去的表现就和其他大国一样。

中国文化中的儒家传承可以追溯两千余年,这无疑是重要的。但正如学者江忆恩(Alastair Iain Johnson)指出,对中国国际政治思维起作用的还有另一脉更有力的传承。江忆恩将其叫做"战备范式"（parabellum paradigm），发现它"特别重视用赤裸裸的暴力解决安全冲突"[67]。江忆恩强调该范式"对行为的预测，和用简单结构权力政治模型做出的预测无大区别"。这就是江忆恩为什么可以把战备范式一词和文化现实主义一词互换使用，而文化现实主义正是江忆恩著作的名字。江忆恩还有一个论点至关重要，那就是儒家思想和文化现实主义"在中国传统战略思想中的地位绝不是独立但平等的，战备范式基本压倒了儒家思想"[68]。

上文中一直假设儒家思想绝对和平，不提倡为任何理由发动战争。这并不符合事实。阎学通明确指出，儒家思想强调道德，并不代表排除用战争作为治国手段。事实上儒家思想还规定中国应该在别国做出中国领导人认为是不道德的行为时发动正义战争。他写道："有人说孔孟提倡'非战'，反对一切战争。其实孔孟并不反对一切战争，而只反对非正义战争，他们支持正义战争。"[69] 他又进一步说："孔子认为靠教人遵守仁义的规范还不能毕竟全功，所以他认为国君无道，可以以战争方式惩治。"[70]

当然，这样为战争辩护很有操作的余地。因为学国际政治的学生差不多都知道，各路国家领导人和政策制定者都很能想出一套办法，说敌国的行为不正义或道德堕落。

历史学家孔华润（Warren Cohen）在他关于公元前20世纪以来中国对外政策的研究中写道："中国人建立其帝国时，就和欧洲人、日本人、美国人建立帝国时一样傲慢残忍。"[71] 政治学家许田波（Victoria Tin-bor Hui）表示如果回顾中国对外政策，就会发现"强权而不是'王道'占主要地位"[72]。她注意到"中国有史以来军事冲突无数，光从儒家思想出发难以理解"[73]。

许许多多其他学者也所见略同。比如王元纲（Yuan-Kang Wang）就写道："儒家文化不曾限制中国人使用武力，中国千百年来一直实践权力政治，其表现和世界历史上其他大国大致一样……中国领导人偏好用武力解决对中国安全的外部威胁，国力越强，姿态就越好斗，若是没有系统性或军事性限制，就制定扩张性的战争目标。"[74] 最后，历史学家方德万（Hans van de Ven）写道："只要是对中国历史感一点点兴趣的人，都不能不发现近几个世纪中国战争能力确实强大……很明显，中国的历史事实上至少跟欧洲历史一样暴力。"75

可能有人虽然会承认中国过去大概只是拿儒家思想装装门面的,但还是争辩说中国近年来真的大彻大悟,现在要采纳和平的世界观,并拒绝均势逻辑。但少有证据表明发生了这种变化。中国问题专家们也没少发现现实主义在中国仍大行其道。柯庆生(Thomas Christensen)就表示:"中国很可以算作冷战后世界上坚强的权力政治堡垒。"

总而言之,说中国是个与众不同、弃现实主义逻辑而按儒家原则行事的大国,并无多少根据。能找到的绝大部分证据都表明中国有追求相对权力最大化的丰富历史,而且也没有什么理由认为中国将来不会这么做。

多赚钱,少打仗

说中国能和平崛起,大概多是根据经济相互依存理论。这种观点由两部分组成。其一说中国经济与其潜在对手包括日本和美国的经济不可分割。这不仅意味着中国与其贸易伙伴要靠彼此来维持繁荣,而且繁荣也靠这些国家间的和平关系。若是相互开战,交战各方便要遭受灾难性经济后果。这就相当于经济层面上的确保相互摧毁。76

其二现代国家的主要目标是繁荣。今天的大众希望领导人带来经济发展,领导人做不到就可能被赶下台。有些情况下国内还会大乱,危及政权本身。这种致富的必要性使理性的领导人都不会发动战争。确实,即使是有关国家之间的安全竞争大概也会和缓些,这不仅是因为领导人希望专注于增进本国财富,也是因为激烈竞争有意外导致战争的危险。在经济相互依赖的国家组成的世界里,领导人明显会回避冲突,怕冲突不仅会结束繁荣,也会结束自己的政治生涯。

不能说经济相互依赖对促进和平完全没有作用。领导人确实十分关心国家繁荣,在特定情况下这种关心也就有助于减弱其可能的战争欲望。但关键问题在于这种考虑能不能在很多种情况下都对政策制定者有决定性影响。换言之就是经济相互依赖的影响是否重大到能作为中国及其潜在对手间长期和平的坚实基础。我认为,说对共同繁荣的关切能在中国越变越强时保持亚洲和平,很值得怀疑。

归根到底,经济考虑和政治考虑冲突,往往政治优先。国家安全问题上当然如此，因为安全领域总攸关生存问题，而生存问题重于繁荣问题。就像之前强调过的，不生存，也就无所谓繁荣。在这一点上值得注意的是，欧洲列强1914年之前经济相互依赖程度便相当高，还十分繁荣。但仍然发生了第一次世界大战，对导致该冲突负主要责任的德国一心要阻止俄国强上加强，同时还试图称霸欧洲。政治在这个重要的例子中就压倒了经济。

民族主义影响所涉及的问题时，政治也倾向于压倒对繁荣的关切。考虑一下中国在台湾问题上的立场。中国领导人强调台湾一旦宣布"独立"，就要进行战争，即使他们相信后续的冲突会损害中国经济。当然，民族主义处于中国考虑台湾问题的核心，这个岛被认为是神圣领土。人们可能也注意到历史上内战很常见，几乎每一次开战之前交战各方经济都高度相互依赖。但最后政治考虑影响还是更大。

还有三个理由来质疑经济相互依赖能在越来越强大的中国面前维持亚洲和平。首先，该理论靠永久繁荣才能成立，但谁也保证不了不会有贸易战或经济大危机来打破这个假设。[77] 比如可以考虑一下现在的欧元危机是怎样严重打击许多欧洲国家经济的。而且即使没有严重的全球经济衰退，个别国家也可能遭遇严重经济问题，这就可能导致该国的处境变为即使发动战争，经济上也没什么可以损失的，兴许还有利可图。例如1990年8月伊拉克不顾两国经济联系紧密，入侵了科威特，关键原因之一就是当时科威特生产原油超过石油输出国组织（OPEC）组织配额，压低了伊拉克原油利润，伊拉克经济不堪承受。

另一个质疑经济相互依赖理论的理由，是有时国家开战，是期望战胜能带来很大的经济和战略利益，而且这种预期利益要大于相互依赖关系受损导致的预期损失。比如南中国海海底自然资源丰富几为共识。但中国和其邻国在谁控制这片大水体上多有分歧。虽然这种情况不大可能，但可以想象中国更加强大后用军事力量控制南中国海，便可以开发其海底，助力中国经济增长。

最后一个质疑这种和平理论的原因是相互依赖的各国有时可以在打仗的同时又避免付出沉重的经济代价。首先国家可以只选定一个对手，制定巧妙的军事战略，迅速取得决定性胜利。事实上，大部分国家开战时都认为自己能够速胜，不过并不总能实现而已。[78] 但一旦成功，经济代价便一般不大，因为作战对手只有一个，又很快取得胜利。[79]

战争的经济代价在国家卷入多国持久战时最大，两次世界大战时就是如此。但领导人不会让自己的国家陷入持久战，而希望避免持久战。而且上文谈到，核武器使中国极不可能到头来打第二次世界大战式的常规大战。事实上亚洲可能爆发的任何战争都可能是目标有限、手段有限。在这种情况下，战争的经济代价也可能有限，所以也就并不严重威胁交战各方的繁荣。打赢一场小规模战争甚至还可能增进国家繁荣，中国若得以控制南中国海，便可能如此。

而且大量证据表明，相互交战的国家也经常并不断绝经济关系。换言之，国家战时会与敌人贸易，主要因为各方都认为这种交往有利可图。杰克·利维（Jack Levy）和凯瑟琳·巴比里（Katherine Barbieri）是研究战争中经济关系的两位一流专家，他们就写道："很明显，与敌人的贸易频繁发生，足以否定认为战争会严重并系统扰乱敌对各方间贸易的传统观点。"而且他们还补充道："旨在民族独立或支配全球的全面战争（all-out war）和更有限的战争一样，其中也有与敌人的贸易。"[80] 简言之，一国可能与一个和自己经济相互依赖的对手作战，且不威胁本国繁荣。

鉴于所有这些原因，很难确信经济相互依赖能在今后数十年里充当亚洲和平的坚实基础。但这并不否认经济相互依赖可能在特定情况下制止战争。

结　　论

我所描绘的中国继续崛起的后果并不美好。确实，这幅图景就是令人丧气。我希望自己能讲述更给人以希望的亚洲和平前景。但事实上国际政治就是危险的事情，任多大的善良愿望，也不能缓和亚洲或欧洲有潜在霸主走上前台时要发生的激烈安全竞争。况且很有理由认为中国最终会追求地区霸权。

但应当注意,尽管要理解周围颇为复杂的世界,必须寻求社会科学理论帮助,但理论本身作为工具却仍然相当简陋。即使是最好的理论,解释过去、预测未来的能力也有限。这就意味着所有理论都要遇到能打破其主要预测的现实事例。既然我所描绘的图景灰暗,那就让我们期盼如果中国变得特别强大,其实际后果会否定我的理论,证明我预测错了。

注　释

1. 看好中国崛起的著作有:Michael Spence, *The Next Convergence: The Future of Economic Growth in a Multispeed World* (New York: Farrar, Straus and Giroux, 2011); Arvind Subramanian, *Eclipse: Living in the Shadow of China's Economic Dominance* (Washington, DC: Peterson Institute for International Economics, 2011); Linda Yueh, *China's Growth: The Making of an Economic Superpower* (New York: Oxford University Press, 2013)。持相反观点的文献有:Timothy Beardson, *Stumbling Giant: The Threats to China's Future* (New Haven, CT: Yale University Press, 2013); Michael Beckley, "China's Century? Why America's Edge Will Endure," *International Security* 36, No. 3 (Winter 2011—12), pp. 41—78; Michael Pettis, *The Great Rebalancing: Trade, Conflict, and the Perilous Road Ahead for the World Economy* (Princeton, NJ: Princeton University Press, 2013), chap. 4。

2. Thomas Hobbes, *Leviathan*, ed. C. B. Macpherson (London: Penguin, 1985), p. 97.

3. 政策制定者不能只是很确定知道别国的意图,而必须完全确定。这个问题上没有犯错误的余地,就是因为一旦判断错误,可能国难临头。比如说要是别国阴谋侵略,还认为对方意图温和,就有亡国的危险。因为国家认为生存高于一切,这种险各国便冒不起。

4. 1861年到1865年美国南北战争期间英国的做法就是这种逻辑起作用的好例子。英国严肃考虑了站在南部邦联一边进行干涉,但终未实行,大部是因为与欧洲其他大国的关系比西半球这件事情更重要。参见 Brian Holden Reid, "Power, Sovereignty, and the Great Republic: Anglo-American Diplomatic Relations in the Era of the Civil War," *Diplomacy and Statecraft* 14, No. 2 (June 2003), pp. 45—76.

5. 引自 Adam Tooze, *The Wages of Destruction: The Making and Breaking of the Nazi Economy* (New York: Penguin, 2008), p. 469.

6. Barton Gellman, "Keeping the U. S. First: Pentagon Would Preclude a Rival Superpower," *Washington Post*, March 11, 1992.

7. George W. Bush, *The National Security Strategy of the United States of*

America (Washington, DC: White House, September 2002).

8. Raymond L. Garthoff, "Handling the Cienfuegos Crisis," *International Security* 8, No. 1 (Summer 1983), pp. 46—66.

9. Tania Branigan, "China Lambasts US over South China Sea Row," *Guardian*, August 6, 2012; Jason Dean, "China Warns U.S. to Stay Out of Regional Disputes," *Wall Street Journal*, June 23, 2011; Andrew Jacobs, "China Warns U.S. to Stay Out of Islands Dispute," *New York Times*, July 26, 2010; Edward Wong, "Beijing Warns U.S. about South China Sea Disputes," *New York Times*, June 22, 2011.

10. 引自 *NIDS China Security Report 2012* (Tokyo: National Institute for Defense Studies, December 2012), p. 29。另见 Chico Harlan, "South Korea and U.S. Send Message to North Korea with Drills in Sea of Japan," *Washington Post*, July 26, 2010; Peter Lee, "South Korea Reels as US Backpedals," *Asia Times online*, July 24, 2010; Ben Richardson and Bill Austin, "U.S.-South Korea Drills to Avoid Yellow Sea amid China Concern," *Bloomberg Businessweek*, October 13, 2010; Michael Sainsbury, "Don't Interfere with Us: China Warns US to Keep Its Nose Out," *Australian*, August 6, 2010。两年后, 2012 年 6 月, 华盛顿号航空母舰到黄海例行演习, 中方不曾抗议。

11. Robert D. Kaplan, *The Revenge of Geography: What the Map Tells Us about Coming Conflicts and the Battle against Fate* (New York: Random House, 2012), chap. 11.

12. M. Taylor Fravel, *Strong Borders, Secure Nation: Cooperation and Conflict in China's Territorial Disputes* (Princeton, NJ: Princeton University Press, 2008).

13. V. Natarajan, "The Sumdorong Chu Incident," *Bharat Rakshak Monitor* 3, No. 3 (November-December 2000); Harsh V. Pant, "While Delhi Dithers, Beijing Gets Adventurous," *Wall Street Journal*, April 29, 2013; Ely Ratner and Alexander Sullivan, "The Most Dangerous Border in the World," *Foreign Policy*, May 4, 2013; Ajai Shukla and Sonia Trikha Shukla, "Shadow on the Line," *Business Standard*, May 3, 2013.

14. 关于青藏高原和可能的水资源战争的讨论请见: Brahma Chellaney, "The Water Hegemon," *Project Syndicate*, October 14, 2011; Brahma Chellaney, *Water: Asia's New Battleground* (Washington, DC: Georgetown University Press, 2011); Jean-Pierre Lehmann and Nina Ninkovic, "The Tibetan Plateau: The World's 21st Century Water Battleground," *Globalist*, July 11, 2013。

15. Michael C. Desch, *When the Third World Matters: Latin America and United States Grand Strategy* (Baltimore, MD: Johns Hopkins University Press, 1993), chaps. 4—5.

16. Martin Tolchin, "U. S. Underestimated Soviet Force in Cuba during¹ 62 Missile Crisis," *New York Times*, January 15, 1992; Mark N. Katz, "The Soviet-Cuban Connection," *International Security* 8, No. 1(Summer 1983), pp. 88—112; Norman Polmar, "The Soviet Navy's Caribbean Outpost," *Naval History Magazine* 26, No. 5, October 2012.

17. 中国大约一半原油靠进口,进口原油中大约一半来自海湾,也就是说海湾地区原油占中国进口原油约四分之一。根据美国能源信息管理局(EIA)的说法,到 2035 年中国大约四分之三的原油要靠进口。其中约 54% 来自海湾,参见 Andrew S. Erickson and Gabriel B. Collins, "China's Oil Security Pipe Dream: The Reality, and Strategic Consequences, of Seaborne Imports," *Naval War College Review* 63, No. 2(Spring 2010), pp. 89—111; Keith Johnson, "U. S. Oil Boom Spotlights China's Persian Gulf Dependence," *Wall Street Journal*, June 26, 2012; David Schenker, "China's Middle East Footprint," *Los Angeles Times*, April 26, 2013; Toh Han Shih, "Beijing 'to Increase Reliance on Middle East Oil,'" *South China Morning Post*, June 10, 2013; U. S. Energy Information Administration(美国能源信息管理局), *Analysis: China*, September 2012。

18. Erickson and Collins, "China's Oil Security Pipe Dream."

19. 如果发生冲突,中国穿过这三道海峡中任意一道都有很大困难,而穿过海峡对控制往返海湾产油区的航线至关重要。中国海军很难战胜美国,打通马六甲海峡,因为美国的亲密盟友新加坡扼守该海峡两岸。中国战略家管这叫"马六甲困境"。中国要通过穿过印度尼西亚的龙目海峡和巽他海峡也有很大问题,因为美国和印度尼西亚关系也很好。而美国与澳大利亚关系密切,后者靠近这两个海峡,一旦开战,必然帮助美国控制海峡。

20. 下面这本书很好地探讨了印度洋和阿拉伯海地区地缘政治,指明了中国在这些水域用兵将要遇到的困难: Robert D. Kaplan 的 *Monsoon: The Indian Ocean and the Future of American Power*(New York: Random House, 2010)。中国海军未来大概会主要关注两大战区,其一即西太平洋,也就是东海、南中国海、黄海,其二是印度洋加上阿拉伯海。中国在西太平洋作战条件更好,主要因为该海域濒临的中国大陆部分可以充当出动火箭炮、导弹、潜艇和飞机的平台。但在印度洋和阿拉伯海投射力量就难得多,因为上述大陆部分远离这些水体,无法充当力量投射平台。而且鉴于出岛链的三个主要海峡通道如本章注释 19 所言不通,中国海军力量战时很难穿过东南亚进出印度洋。

21. 中国国内广泛支持建设强大海军,详见 Robert S. Ross, "China's Naval Nationalism: Sources, Prospects, and the U. S. Response," *International Security* 34, No. 2(Fall 2009), pp. 46—81。但陆伯彬认为中国海洋政策雄心勃勃,不是出于战略理由而只是由于民族主义等国内政治因素,这一点我并不同意。另见 James R. Holmes and Toshi Yoshihara, *Chinese Naval Strategy in the 21st Century: The Turn to Mahan*(London: Routledge, 2008); Edward Wong, "China Na-

vy Reaches Far, Unsettling the Region," *New York Times*, June 14, 2011; Edward Wong, "Chinese Military Seeks to Extend Its Naval Power," *New York Times*, April 23, 2010。中国尽管有兴趣建立远洋海军,但应当记住中国主要是大陆国家,陆上力量仍然是其军事力量的主要部分。参见 Ross, "China's Naval Nationalism: Sources, Prospects, and the U.S. Response"。但美国分析人士与政策制定者倾向于关注中国海军多过陆军,主要是因为难以想象中美在亚洲大陆大规模陆战。但这并不否认两国可能发生海上冲突,也确实可能打小规模陆战。

22. 引自 Shirk, *China*, p.105. 也可参见 Zheng Bijian, "China's 'Peaceful Rise' to Great Power Status," *Foreign Affairs* 84, No.5(September/October 2005), pp.18—24; Aaron L. Friedberg, *A Contest for Supremacy: China, America, and the Struggle for Mastery in Asia*(New York: Norton, 2011), chap. 6; Avery Goldstein, *Rising to the Challenge: China's Grand Strategy and International Security*(Stanford, CA: Stanford University Press, 2005)。中国知名决策顾问郑必坚不遗余力宣传中国能够和平崛起。

23. Nick Bisley, "Biding and Hiding No Longer: A More Assertive China Rattles the Region," *Global Asia* 6, No.4(Winter 2011), pp.62—73; Christopher Hughes, "Reclassifying Chinese Nationalism: The *Geopolitik* Turn," *Journal of Contemporary China* 20, No.71(September 2011), pp.601—620; Alastair Iain Johnston, "How New and Assertive Is China's New Assertiveness?" *International Security* 37, No.4(Spring 2013), pp.7—48; Suisheng Zhao, "Foreign Policy Implications of Chinese Nationalism Revisited: The Strident Turn," *Journal of Contemporary China* 22, No.82(July 2013), pp.535—553.

24. Yafei He, "The Trust Deficit: How the U.S. 'Pivot' to Asia Looks from Beijing," *Foreign Policy*, May 13, 2013; Kenneth Lieberthal and Wang Jisi, "Addressing U.S.-China Strategic Distrust," Monograph No.4(Washington, DC: John L. Thornton China Center, Brookings Institution, March 2012); Nathan and Scobell, *China's Search for Security*, chap.4.

25. 引自"Naked Aggression," *Economist*, March 14, 2009, p.45。

26. "Beijing's Brand Ambassador: A Conversation with Cui Tiankai," *Foreign Affairs* 92, No.4(July/August 2013), p.16.

27. Ibid., p.17.

28. Zhao, "Foreign Policy Implications of Chinese Nationalism Revisited," p.536. 也可参见 Michael D. Swaine and M. Taylor Fravel, "China's Assertive Behavior, Part Two: The Maritime Periphery," *China Leadership Monitor*, No.35 (Summer 2011); James Reilly, *Strong Society, Smart State: The Rise of Public Opinion in China's Japan Policy*(New York: Columbia University Press, 2012)。江忆恩与赵穗生等大部分其他中国问题专家的看法都不同,认为 2009 年以来中国的做法和以前相比变化不大。虽然他承认人们对中国做法的看法变化很大。

参见"How New and Assertive Is China's New Assertiveness?"

29. 澳大利亚战略家休·怀特(Hugh White)倡导"亚洲协调"(Concert of Asia),即中美平起平坐。但他也意识到美国领导人执迷于首要地位,让他们自愿与中国分享权力难上加难。Hugh White, "Power Shift: Australia's Future between Washington and Beijing," *Quarterly Essay*, No. 39 (2010), pp. 1—74; Hugh White, *The China Choice: Why America Should Share Power*(Collingwood, AU: Black Inc., 2012).这并不是否认美国确实有可能被迫与中国分享亚洲权力,但即使分享也是激烈安全竞争的结果,而不是美国自愿接纳强大的中国。当然怀特知道崛起中的中国也会尽量追求首要地位,不会满足于和美国分享权力。

30. Thomas J. Christensen, "Posing Problems without Catching Up: China's Rise and Challenges for U. S. Security Policy," *International Security* 25, No. 4 (Spring 2001), pp. 5—40; Avery Goldstein, "First Things First: The Pressing Danger of Crisis Instability in U. S.-China Relations," *International Security* 37, No. 4(Spring 2013), pp. 49—89.

31. 20世纪60年代初中国核武器即将研制成功,美国认真考虑以预防性战争干预。但美国最终认为,战争的风险和代价超过了其预期收益,所以与有核武装的中国共处更明智。William Burr and Jeffrey T. Richelson, "Whether to 'Strangle the Baby in the Cradle': The United States and the Chinese Nuclear Program, 1960—64," *International Security* 25, No. 3(Winter 2000—01), pp. 54—99; Gordon Chang, "JFK, China, and the Bomb," *Journal of American History* 74, No. 4(March 1988), pp. 1289—1310.

32. David Alan Rosenberg, "'A Smoking Radiating Ruin at the End of Two Hours': Documents on American Plans for Nuclear War with the Soviet Union," *International Security* 6, No. 3(Winter 1981—82), pp. 3—38.

33. Dong Jung Kim, "Letting a Hegemonic Aspirant(Further) Rise? Maintenance and Abandonment of Economic Ties between Security Competitors,"Paper presented at the International Studies Association Annual Convention, San Francisco, April 2013.

34. 苏联横跨欧亚,也就有统治欧亚的危险。所以美国必须在两洲都建立制衡联盟。但中国国土全部位于亚洲,对欧洲大概不会有任何值得一提的威胁。欧洲大国也就大概不会积极遏制中国,而大致要保持中立,好对中国投资贸易。值得注意的是,美国冷战期间有时发现很难阻止欧洲盟国与苏联贸易,甚至在美国认为欧洲人在把可能有助于加强苏军的技术卖给苏联时也是一样。Michael Mastanduno, *Economic Containment: CoCom and the Politics of East-West Trade* (Ithaca, NY: Cornell University Press, 1992).

35. Robert Art, "The United States and the Rise of China: Implications for the Long Haul," *Political Science Quarterly* 125, No. 3 (Fall 2010), pp. 362—366.

36. Dong Jung Kim, "Realists as Free Traders: Britain's Economic Response to the German Challenge, 1896—1914," Working Paper, October 2013.

37. 所谓政权更替既可以针对一国的政治领导集体,也可以针对其根本政治制度。有时的目标是更换领导人但不变换政府结构;有时却要改变整个治理体制,也就是所谓独裁变民主,民主变独裁。

38. Lindsey O'Rourke, "Secrecy and Security: U. S.-Orchestrated Regime Change during the Cold War," Ph. D. diss., University of Chicago, 2013; Peter-Grose, *Operation Rollback: America's Secret War behind the Iron Curtain* (New York: Houghton Mifflin, 2000); John Knaus, *Orphans of the Cold War: America and the Tibetan Struggle for Survival* (New York: Perseus Books, 1999); Gregory Mitrovich, Undermining the Kremlin: America's Strategy to Subvert the Soviet Bloc, 1947—1956 (Ithaca, NY: Cornell University Press, 2000).

39. O'Rourke, "Secrecy and Security," p. 105.

40. 据世界银行统计,2011 年中国人口为 13 亿 4 413 万,同年美国人口为 3 亿 1 159 万 1 917。"Data: Population, total," *World Bank*, accessed June 30, 2013, http://data. worldbank. org/indicator/SP. POP. TOTL. 按联合国数据,2050 年中国人口将达到 13 亿 9 520 万,美国人口当时将达到 4 870 万。United Nation's Department of Economic and Social Affairs' Population Division, *World Population to 2300*, New York, 2004, p. 42. 今天中国内地的人均国民总收入如果赶上中国香港,那国民总收入就将达到 48.4 万亿美元,而美国现为 15.1 万亿美元。中国人均国民收入赶上韩国,国民总收入也能达到 28.1 万亿美元,接近美国的两倍。"Data: GNI, Atlas Method"和"Data: GNI per capita, Atlas Method," *World Bank*, *accessed June* 30, 2013, http://data. worldbank. org/indicator/NY. GNP. ATLS. CD, http://data. worldbank. org/indicator/NY. GNP. PCAP. CD. 2050 年美国国内生产总值预计达到 37.9 万亿美元。PwC, *The World in 2050: The Accelerating Shift of Global Economic Power*, January 2011, p. 7. 2050 年中国内地人均国内生产总值若赶上中国香港,就有 162.7 万亿美元,若赶上韩国,也有 150.3 万亿美元。2050 年预期人均国内生产总值参见 William Buiter and Ebrahim Rahbari, *Global Growth Generators: Moving beyond "Emerging Markets" and "BRIC*," Citigroup, February 21, 2011, p. 46。

41. 亚洲最可能与中国结盟的四国是柬埔寨、老挝、朝鲜和巴基斯坦,缅甸也可能到头来站在中国一边。

42. Stephen M. Walt, *The Origins of Alliances* (Ithaca, NY: Cornell University Press, 1987).

43. Hillary Clinton, "America's Pacific Century," *Foreign Policy*, No. 189 (November 2011), pp. 56—63.

44. 该观点的逻辑见 Albert O. Hirschman, *National Power and the Structure of Foreign Trade*, exp. ed. (Berkeley: University of California Press, 1980)。衡

量中国对地区内邻国经济影响的最佳指标大概是这些国家对华出口占国内生产总值的比例。根据 2012 年资料，对于这些贸易伙伴来说数字如下：澳大利亚6.2%；印度尼西亚2.9%；日本3.7%；韩国13.7%；马来西亚16.2%；菲律宾6.6%；新加坡44.7%；泰国14.8%；越南9.6%。"Exports of Goods and Services（% of GDP），"*World* Bank，accessed July 2，2013，http：//data. worldbank. org/indicator/NE. EXP. GNFS. ZS. 向中国大陆/香港出口的百分比数据来自"Exports—Partners（%），"*CIA World Factbook*，accessed July 2，2013，https：//www. cia. gov/library/publications/ the-world-factbook/fields/2050. html。

45. 应当注意，中国如成为地区霸主，就对邻国怎样表现有很大影响，特别是当关系到安全问题时。但这里的重点是崛起中的中国，虽然一定很强大，但还不是地区霸主。

46. 怀疑经济强制能起作用还有两个原因。首先大量证据表明国家能抵抗巨大的压力，不对强制者的要求屈服。Robert A. Pape，*Bombing to Win：Air Power and Coercion in War*（Ithaca，NY：Cornell University Press，1996）. 其次，在经济压力面前脆弱的国家可以改变其贸易和投资政策，"逃脱支配"。Hirschman，*National Power*，pp. v—xii，引文出自 p. ix。

47. David Brewster，"The India-Japan Security Relationship：An Enduring Security Partnership，" *Asian Security* 6，No. 2（May—August 2010），pp. 95—120. 印度在东南亚结交友邦以利制衡中国的情况参见 Pankaj Kumar Jha，"India's Defence Diplomacy in Southeast Asia，" *Journal of Defence Studies* 5，No. 1（January 2011），pp. 47—63。

48. Elisabeth Bumiller and Norimitsu Onishi，"U. S. Lifts Ban on Indonesian Special Forces Unit，" *New York Times*，July 22，2010. 也可参见 Robert Dreyfuss，"Containing China Is a Fool's Errand. Yet Obama's Deal with Indonesian Thugs Is Aimed at Exactly That，" *Nation*，July 23，2010；John Pomfret，"U. S. Continues Effort to Counter China's Influence in Asia，" *Washington Post*，July 23，2010。

49. "Singapore Changi Naval Base，" *GlobalSecurity. org*，February 16，2012；Anthony L. Smith，"Singapore and the United States 2004—2005：Steadfast Friends，" *Special Assessment：The Asia-Pacific and the United States 2004—2005*（Asia-Pacific Center for Security Studies，February 2005）. 也可参见 Marcus Weisgerber，"Singapore Will Now Host 4 Littoral Combat Ships，" *Navy Times*，June 2，2012。

50. Blaine Harden，"Japanese Prime Minister Yukio Hatoyama Resigns，" *Washington Post*，June 2，2010；"Japan Agrees to Accept Okinawa Base，" *UPI. com*，May 23，2010.

51. 更多亚洲国家开始制衡中国的证据见：Patrick Barta，"Neighbors Grow More Wary of China，" *Wall Street Journal*，January 13，2013；Patrick Barta，

"U. S. , Vietnam in Exercises amid Tensions with China," *Wall Street Journal*, July 16, 2011; Jackie Calmes, "Eying China, U. S. Expands Military Ties to Australia," *New York Times*, November 16, 2011; Martin Fackler, "Japan to Propose Closer Military Ties with South Korea," *New York Times*, January 4, 2011; Martin Fackler, "To Counter China, Japan and Philippines Will Bolster Maritime Coordination," *New York Times*, January 10, 2013; James Reilly, "Counting on China? Australia's Strategic Response to Economic Interdependence," *Chinese Journal of International Politics* 5, No. 4 (Winter 2012), pp. 369—394; Jay Solomon, Yuka Hayashi, and Jason Dean, "AsChina Swaggers, Neighbors Embrace U. S. ," *Wall Street Journal*, May 25, 2010; Craig Whitlock, "Philippines May Allow Greater U. S. Military Presence in Reaction to China's Rise," *Washington Post*, January 25, 2012。

52. Kaplan, *Revenge of Geography*, pp. 213—227; Daniel Twining, "The-Taiwan Linchpin," *Policy Review*, No. 177(February 2013); Alan M. Wachman, *Why Taiwan? Geostrategic Rationales for China's Territorial Integrity* (Stanford, CA: Stanford University Press, 2007).

53. Nancy Bernkopf Tucker and Bonnie Glaser, "Should the United States Abandon Taiwan?" *Washington Quarterly* 34, No. 4(Fall 2011), pp. 23—37.

54. Mastanduno, *Economic Containment*.

55. Barry R. Posen, *Inadvertent Escalation: Conventional War and Nuclear Risks* (Ithaca, NY: Cornell University Press, 1991).

56. Graham Allison and Robert D. Blackwill, *Lee Kuan Yew: The Grand Master's Insights on China, the United States, and the World* (Cambridge, MA: MIT Press, 2012), p. 38.

57. Suisheng Zhao, *A Nation-State by Construction Dynamics Of Modern Chinese Nationalism* (Stanford, CA: Stanford University Press, 2004), chap. 6.

58. Peter Hays Gries, *China's New Nationalism: Pride, Politics, and Diplomacy* (Berkeley: University of California Press, 2004), p. 20, 见第七章。对大众民族主义的详细探讨见: Reilly, *Strong Society, Smart State*; Zhao, "Foreign Policy Implications of Chinese Nationalism Revisited"。

59. Gries, *China's New Nationalism*, p. 48.

60. 极好地讨论了该现象的文献有 Zheng Wang, *Never Forget National Humiliation: Historical Memory in Chinese Politics and Foreign Relations* (New York: Columbia University Press, 2012)。另请参见 William A. Callahan, *China: The Pessoptimist Nation* (New York: Oxford University Press, 2010) Gries, *China's New Nationalism*; Zhao, "Foreign Policy Implications of Chinese Nationalism Revisited."

61. Gries, *China's New Nationalism*; Zhao, "Foreign Policy Implications of

Chinese Nationalism Revisited."

62. Callahan，*China*，p. 201.

63. 以下文献研究了地缘政治和民族主义在中国例子中的互动，很有意思：Hughes，"Reclassifying Chinese Nationalism"。

64. Yan Xuetong，*Ancient Chinese Thought*，*Modern Chinese Power*，ed. Daniel A. Bell and Sun Zhe，trans. Edmund Ryden（Princeton，NJ：Princeton University Press，2011），chap. 1.

65. 引自 Victoria Tin-bor Hui，"History and Thought in China's Traditions，" *Journal of Chinese Political Science* 17，No. 2（June 2012），p. 126。

66. Yan Xuetong，"The Rise of China in Chinese Eyes，" *Journal of Contemporary China* 10，No. 26（2001），pp. 37—38；Hui，"History and Thought"；David C. Kang，*China Rising*：*Peace*，*Power*，*and Order in East Asia*（New York：Columbia University Press，2007）；Yuan-Kang Wang，*Harmony and War*：*Confucian Culture and Chinese Power Politics*（New York：Columbia University Press，2011）.所谓中国深受儒家影响，"对待国际秩序就与在西方根深蒂固的体系大大不同"的说法是《论中国》一书中心主题之一，参见 Henry Kissinger，*On China*（New York：Penguin，2011），第一章，引文具体见第 16 页。应当注意，基辛格在该书第 457、458 页谈在中国崛起的背景下保持亚洲和平的前景时，并不太谈中国实施对外政策的独特方式及其对未来中美关系的可能影响。哈佛的汉学家费正清（John K. Fairbank）对在西方推广儒家思想导致"中国传统"（Chinese tradition）"极重和平"（pacifist bias）的观点起主要作用，参见"Introduction：Varieties of the Chinese Military Experience，" in Frank A. Kierman，Jr.，and John K. Fairbank，eds.，*Chinese Ways in Warfare*（Cambridge，MA：Harvard University Press，1974），pp. 1—26，引文具体见第 7 页。

67. Alastair Iain Johnston，*Cultural Realism*：*Strategic Culture and Grand Strategy in Chinese History*（Princeton，NJ：Princeton University Press，1995），p. xi.

68. Ibid.，p. 249.

69. Yan，*Ancient Chinese Thought*，p. 35.

70. Ibid.，p. 41.

71. Warren I. Cohen，"China's Rise in Historical Perspective，" *Journal of Strategic Studies* 30，Nos. 4—5（August—October 2007），p. 683.

72. Hui，"History and Thought，" p. 131.

73. Ibid.，p. 127.

74. Wang，*Harmony and War*，p. 181.

75. Hans J. van de Ven，"War in the Making of Modern China，" *Modern Asian Studies* 30，No. 4（October 1996），p. 737.

76. 以下是阐述经济相互依存论的经典著作：Norman Angell，*The Great Illusion*：*A Study of the Relationship of Military Power in Nations to Their Econom-*

ic and Social Advantage (London: William Heinemann, 1910); Stephen G. Brooks, *Producing Security: Multinational Corporations, Globalization, and the Changing Calculus of Conflict* (Princeton, NJ: Princeton University Press, 2005); Dale C. Copeland, "Economic Interdependence and War: A Theory of Trade Expectations," *International Security* 20, No. 4 (Spring 1996), 5—41; Richard N. Rosecrance, *The Rise of the Trading State: Commerce and Conquest in the Modern World* (New York: Basic Books, 1986)。

77. 这个因素导致肯尼思·华尔兹提出经济相互依存更可能带来冲突，而非和平。参见 Kenneth N. Waltz, "The Myth of National Interdependence," in Charles P. Kindelberger, ed., *The International Corporation* (Cambridge, MA: MIT Press, 1970), pp. 205—223。

78. John J. Mearsheimer, *Conventional Deterrence* (Ithaca, NY: Cornell University Press, 1983).

79. 可能有人说体系内其他经济相互依存的国家会努力防止这一对对手开战，因为怕发生的战争破坏中立国经济。但有学者发现，"战争加诸非交战国的代价往往被大大夸大了：事实上很多中立国还能从战争带来的经济变化中稍微获利"。参见 Eugene Gholz and Daryl G. Press, "The Effects of Wars on Neutral Counties: Why It Doesn't Pay to Preserve the Peace," *Security Studies* 10, No. 4 (Summer 2001), p. 3。

80. Jack S. Levy and Katherine Barbieri, "Trading with the Enemy during Wartime," *Security Studies* 13, No. 3 (Spring 2004), pp. 2, 7. 也可参见 Charles H. Anderton and John R. Carter, "The Impact of War on Trade: An Interrupted Time-Series Study," *Journal of Peace Research* 38, No. 4 (July 2001), pp. 445—457; Katherine Barbieri and Jack S. Levy, "Sleeping with the Enemy: The Impact of War on Trade," *Journal of Peace Research* 36, No. 4 (July 1999), pp. 463—479; Katherine Barbieri and Jack S. Levy, "The Trade-Disruption Hypothesis and the Liberal Economic Theory of Peace," in Gerald Schneider, Katherine Barbieri, and Nils Petter Gleditsch, eds., *Globalization and Armed Conflict* (Lanham, MD: Rowman & Littlefield, 2003), pp. 277—298。

附　录
阎学通对话米尔斯海默：
中国能否和平崛起？[*]

【译者按】　此次辩论本身展示了现实主义是丰富多彩的，中国崛起不会简单重复美国当年的扩张道路。不仅如此，米尔斯海默的推断显示出现实主义理论的根本局限性——忽视国内政治和历史文化因素。他所代表的美式思维典型印证了认识论的"镜像原理"——人们只是从自己熟悉的背景认识对方，思考的是别人，折射的是自己。这种镜像原理由于美国人的自以为是而更加差之毫厘谬以千里，在中国崛起问题上以己度人，才有了米尔斯海默中国非和平崛起说。习近平主席强调，中华民族的血液中没有侵略他人、称霸世界的基因。美国学者既不能按照自己的历史，也不能按照其他国家的历史来剪裁中国、杜撰中国。西方国际关系理论以民族国家视角看他国，有意无意忽视了中国本质上是文明型国家的本质。对此，牢记戴高乐的话非常有必要。他曾经说过，中国是个比历史还要悠久的国度。这样，问题不是中国能否和平崛起，而是美国能否接受中国和平崛起。美国人能否换种视角理解美国"绝不做老二"的心态和"山巅之城"的神话，中国能否实现从农耕、内陆、地区性文明向工业（信息）、海洋、全球性文明转型，不仅关系两国关系未来，也关系世界的和平与发

---

[*]　2013年11月2日，中美两位顶尖的现实主义国际关系理论家阎学通和米尔斯海默就"中国能否和平崛起"问题在清华大学展开激辩，芝加哥大学政治学教授罗伯特·佩普（Robert Pape）主持了辩论。译者经对话者授权将此次辩论的精彩部分作为本书附录，以飨读者。

展前景。我们有理由相信,经历两国的共同努力,中美新型大国关系不是选择,而是必须,因而完全可以期待。

以下是此次对话的节选。

米尔斯海默：今晚我们探讨的议题是中国能否和平崛起。相信在座的很多人都已经知道,我一直认为中国不能和平崛起。我认为,当我们面对一个严肃的议题时,绝不能没有理论支持,因为我们面对的议题实际上是一种理论上的假设,而我们又不能知道未来的事实。

讨论中国能否和平崛起,就是这样一种情况,面对这种假设,我们必须提出一套令人信服的理论,要做到令人信服,这套理论必须先能够合理解释过去发生过的和现在正在发生的类似问题。

我认为中国不能和平崛起,并非基于中国的文化因素或者国内政治因素等等,而是基于我们现行的国际政治体系。在这套体系中,无论中国还是美国,都要按照相同的规律处理国际事务。

那么,我所说的这套理论到底是什么?在当今无序的国际政治体系中,没有公认的更高权威,也不存在秩序的守夜人,没有国家真正清楚其他国家的真正意图,也没有国家能够100%确定其他国家不会攻击自己。这种情况下,唯一能做的就是最大限度地提升自身的相对实力,只有强大、有实力的国家在这一体制中才有可能生存下来。

比如说美国,有多少美国人晚上入睡前会担心加拿大、墨西哥或者危地马拉会攻击我们?答案是几乎没有人会这么想。为什么?因为相对于这些国家而言,美国太强大了。

在这样一种国际体系中,你能做到的是最大限度地提升自身实力,也就是说,一个国家首先要在一个地区称霸;其次,这个国家要确保没有其他国家能在这个地区称霸,也就是保证没有竞争对手的存在。美国现在已经在西半球称霸,未来还要确保除美国以外,没有国家能在东半球称霸,同美国竞争。

大家可能会质疑为什么在我的理论中如此强调没有竞争对手的存在。为什么对美国而言,确保德国不会统治欧洲、苏联不会统治欧洲、中国不会统治亚洲,如此重要?如果德国、苏联统治欧洲,中国统治亚洲,对于美国而言，就意味着接下来，这些国家的影响力将能够遍及全球。

美国统治着西半球，也面对着西半球的安全威胁，美国的影响力也借此遍布全球。

中国意识到美国在全球的存在，但中国并不乐于见到美国的军事基地建在自家门口，也不愿意看到美国的航空母舰开到黄海、开到台湾海峡去，更不愿意看到在自己的海岸线周围布满了美国的空军和陆军。中国乐于见到美国缠身于西半球的安全事务中，从而减少对亚洲的关注。

从美国的角度来看，也有着同样的逻辑。美国不希望中国将手伸向西半球，不希望中国插手波斯湾，美国希望中国能够忙于处理本地区的安全局势。这就意味着，美国希望看到亚洲还存在着除中国之外的其他势力，这样中国就没有精力向美国的后院发展。

中国不希望美国称霸世界，因为如果美国称霸世界，就会将手伸向中国的"后院"，这实际上也是美国现在正在做的，而且目前做得还不错，未来也会持续这样做。

那么，在这样一个没有更高权威可以依赖的国际政治体系中，一个国家若想生存下来，就必须最大限度地提升自己的实力。就像我小时候在纽约常常听到人们说的，做街区最壮也是最坏的家伙，因为只有这样，才没有人敢惹你。

美国的发展史充满扩张与征服，这是生存的必由之路，中国崛起也会如此。

回顾美国历史，美国于 1783 年从英国统治下独立。此时的美国由 13 个分布在大西洋沿岸的殖民地组成。在随后的 70 年中，美国开始了从大西洋通向太平洋的领土扩张，我们占领了大量北美印第安人的土地；和墨西哥开战，占领了现在美国西南地区的大片领土；1812 年美国入侵加拿大，随后又扩张到加勒比海。美国的发展历史充满了扩张与征服。

在成功进行领土扩张方面，近代史上没有任何一个国家能够像美国一样。1941 年 6 月 22 日，希特勒大举入侵苏联。在这之后的几个月中，希特勒频频提起德国也要像美国在北美一样在欧洲扩张领土。进入 20 世纪以后，在美国面前先后出现了四个潜在的竞争对手，德意志第二帝国、日本、纳粹德国，还有苏联。美国在这四个潜在竞争对手的瓦解过程中均扮演着关键角色。对于这些可能成为竞争对手的国家,美国保持"零容忍"的态度。而自冷战结束以后,美国所做的一切都是在试图保持其世界唯一超级国家的地位。

通过分析美国从 1783 年到现在的作为,我们总结出了上述理论,由此来分析中国未来变得越来越强大时,将会有何作为。我们这里谈论的并不是中国的今天和明天,我们讨论的是 10 年、20 年乃至 30 年以后的中国,那时中国的强大与今天的中国相比,不可同日而语。我们今天讨论的实际上就是那时的中国有可能怎么做。

在我看来,随着国力不断增强,中国要做的第一件事,一定是建立地区霸权。因为从中国的角度看,在亚洲称霸是理所当然也是势在必行的选择。中国人一定都记得在过去 200 年中,由于国力孱弱,中国是如何受到西方列强的欺辱。由于这段历史记忆,中国对"落后就要挨打"的逻辑深有感触,所以只要中国有选择,它一定想要做那个街区里最壮的家伙,它一定会选择做这个世界中最强的国家,而不是最弱的。试想一下,对于中国人而言,一个比日本强 50 倍的中国和一个比中国强 50 倍的日本,两者之间有何区别? 区别大了,没有一个中国人不想中国能比日本强大 50 倍。而如果中国想要比俄罗斯、印度和日本强大 50 倍,那中国就是想要成为这一地区最强大的力量。

难道这是因为中国是个"邪恶国家"? 还是中国痴迷扩张? 都不是。这是因为变强是中国在这一地区生存下来的最佳选择,也是中国确保自己免遭他国侵略的最佳选择。

我们再次将目光聚焦美国,我们的国家变得强大并非出于偶然。美国的缔造者们从一开始就希望建立一个强大的美国,因为只有这样才能最大限度地保障美国的安全。中国或早或晚都将意识到这一点。

中国要做的第二件事就是将美国逐出亚洲。如果我是中南海的国家安全顾问,我一定会说对中国而言,美国离亚洲越远越好,中国不喜欢美国堵在自家门口。在美国我们有门罗主义,1823 年,美国总统詹姆斯·门罗告诉欧洲列强,也许现在我们还没有强大到可以把你们赶出西半球,但终有一天我们强大起来,那时我们一定会将你们赶出去,让你们知道西半球不欢迎你们。门罗主义至今对美国仍有影响,如果中国触及美国在西半球的利益，美国仍然会不高兴。未来中国是否会有自己的门罗主义？当然有！当我还是个孩子的时候，就知道门罗主义给美国带来的好处，门罗主义为何不会有益于中国呢?！

当苏联试图把核弹带到古巴，美国很不高兴。同样，美国坐在中国家门口，还在中国的"后院"培植自己的力量，中国怎么会高兴？我认为面对这种情况，中国除了不高兴，还会选择。中国想要突破第一岛链、第二岛链的封锁，中国就会这么做，目的就是要在自家门口称霸，消除"后院"的其他竞争对手。这就是在我看来，中国强大以后会做的事情。

那么，接下来要思考的问题就是美国会怎么应对。理论和现实都清晰地告诉我们，美国对竞争对手毫不留情，美国会花大力气限制中国的实力增长，美国会像阻止德意志第二帝国、日本、纳粹德国还有苏联统治欧洲或是亚洲一样，阻止中国统治亚洲。

如果不是这样，美国重返亚洲战略的目的会是什么？中国不会相信美国的解释，即美国不会对中国的发展做出任何限制，这种解释是典型的美国式伪善，任何有理智的人都不会相信这套鬼话。这套战略的目的就是限制中国，而且中国越强大，美国对亚洲的重视就越高。中国为了自己的安全一定会将这种干涉主义赶出亚洲。这就是中国不断强大之后会发生的事情。战争是不可避免的吗？不是。战争是可能的吗？是的。开战将为这种摩擦局面画上句号。战争将有可能在台湾海峡、朝鲜半岛、南海或者就是钓鱼岛爆发。

当然，我所讨论的一切都是理论层面上的分析。大家都知道，没有任何一种社会科学理论是无懈可击的。我们在社会科学中所做的一切都是在试图解释这个复杂的社会发生的复杂的事情，尽量让这些复杂的事情看起来有道理。当人们想知道中国崛起以后会发生什么的时候，缺乏一套理论是不可能做出合理的预判的。理论总是将现实简单化，我们所关注的一些因素，往往都能够产生显而易见的影响力。所以像我一样的现实主义者在构建一套理论时，会更多关注实力对比、力量结构，而国内政治往往被忽略。但在现实政治中，国内政治也会时常产生影响，这就是为什么我的一些理论有时也是错的。在我看来，一个理论能够达到75%的正确率，只有25%的部分是错的，那这就是一个优秀的理论。如果今天我的理论中也有 25% 是错的,我希望中国不能和平崛起的那一部分预言属于这 25%。

谢谢大家。

阎学通:在我参加今天的辩论之前,有人问我,你和米尔斯海默,两个现实主义者之间在观念上如此接近,能有什么可辩论的呢? 不得不承认,作为现实主义者,我和米尔斯海默教授有很多共同的假定。

米尔斯海默教授刚刚向我们阐释他的理论推演。首先,在一个无序的世界中,所有国家都需要自保,因此,军事实力是最可靠的安全保障;我们不能确信他国的动机;所有国家的终极目标都是生存;所有国家都想最大限度地确保自己的安全;这就是为什么未来中美之间的安全困局是不能回避的现实。这一理论是建立在分析历史规律的基础之上。我想,在对此理论假定的理解上,我和米尔斯海默教授之间没有太大差别,这就是今天我们俩能够进行严肃而有意义的辩论的基础。我们不需要对这些理论假定进行辩论,我们要探讨的是在这些假定的基础上的逻辑分析和事实。

米尔斯海默教授的部分观点,我是赞同的。首先,无论是中国还是美国,都想成为世界的领导者。奥巴马总统清晰地阐明了美国的立场,美国绝不接受当世界第二。这就是说美国不会允许任何一个国家和它平起平坐。其次,任何一个国家在成为世界领导者之前必须先成为地区领导者,这也是一个不争的规律,这是客观顺序而不是策略选择。最后,无论是中国还是美国,都有诸多战略可供选择来维持或提升自己的地位。美国可以采取遏制、颠覆以及再平衡等手段,而中国可以选择韬光养晦,也可以选择承担更多国际责任,甚至是不回避战争。

以上是我们的观点相似之处,而接下来我要着重阐述我们之间的不同点。首先,在崛起战略的选择层面上,中国和美国有着不同的理解。相信大家通过米尔斯海默教授的讲解,已经十分了解美国在历史上是如何通过军事暴力手段获得如今超级大国而且是世界唯一超级大国的地位的。米尔斯海默教授认为美国的发迹史意味着中国若想崛起也没有其他战略可选择,中国将不得不沿袭美国的做法。显然,在我看来,在通向世界领导者的道路上,中国可以有很多的不同战略选择。

我们看到，在美苏争霸的冷战时期，美国对付苏联主要靠遏制战略。这显然不同于殖民时期，英国与法国争霸的做法。英法之间竞争的战略是看谁能拥有更多的殖民地。美国与苏联争霸时没有效仿英国争夺殖民地的战略，美国采取的是赢得更多盟友的战略。竞争的结果是，拥有更多盟友的美国赢得了冷战的胜利。

我想，如今中国可以不效仿美国，和当年美国可以不效仿英法是一样的。既然冷战时美国选择了不同于英法的战略争霸成功，今天的中国为什么就不能通过选择不同于美国的崛起战略，最终成为世界领导者呢？

实际上，《人民日报》2013 年 10 月 26 日刊发的习近平主席的讲话内容，明确阐述了中国的战略目标。习近平强调做好周边外交工作，是实现"两个一百年"奋斗目标、实现中华民族伟大复兴的中国梦的需要；要推进周边外交，为我国发展争取良好的周边环境。这和此前提出的为经济建设营造和平环境的目标已有不同。新战略强调营造友好的周边环境，使周边国家对中国的民族复兴持友好态度。这个外交战略还提出，建立三个次区域经济合作区：中亚丝绸经济之路带、东南亚的海上丝绸之路、南亚的中印缅孟经济走廊。中国提出了与周边国家建立命运共同体，扩大安全合作。

相信在座的人都听过我和其他一些学者就中美互信问题进行的讨论。在我看来，中美之间不需要互信，因为我不认为中美之间能够有互信，但我相信，中美之间有着共同利益、互补利益，也有冲突性的利益。基于共同利益和互补利益，中美可以开展积极合作；基于冲突性的利益，中美可以开展预防性合作。

习近平主席讲话提出要讲情谊和道义，这意味着中国将重视与邻国的友谊和认同。过去有一段时间，一些人认为在全球化时代，中国外交不需要区分敌友。事实上，中国也的确不区分朋友和敌人。现在中国开始强调对国家间友谊的重视，这意味着中国对友好的国家和不友好的国家将采取不同的态度。

最后，中国强调要让周边国家通过中国的发展获得实际的经济利益。中国愿意使周边国家通过中国的发展获得更多的经济利益。

所以说，中国的总体战略就是同邻国建立"命运共同体"关系。在我看来,"命运共同体"带给中国与邻国的友好关系远比经济自贸区、共同市场、军事同盟更为牢固和深入得多,因为命运共同体将加深中国同邻国在经济、安全、政治等多领域的一体化程度。

我和米尔斯海默教授的进攻性现实主义观点还有一处不同,就是对道义的理解。在进攻性现实主义看来,道义没有任何作用,但在我看来,道义十分重要。道义具有增强国力的作用,因为道义可以加强与邻国的友好关系,获得更多的国内支持。

由于人们对道义有着不同的理解,不同领导人也因此采取着不同的外交战略。对于进攻性现实主义而言,国力的基础是军事实力。对于道义实在主义而言,政治领导力是国力的基础。当然经济现实主义会把经济实力视作国力的基础。政治领导力的强弱决定了国家战略的选择。小布什比较喜欢采用军事手段解决问题,克林顿执政的美国对战争相对谨慎。中国弱的时候卷入的战争比强大后更多,中国越来越强,变得更加珍惜和平。我们应该注意到,自20世纪90年代起,中国没有卷入过世界任何一场战争。

回到我们今天的议题,中国能否和平崛起。作为一个现实主义者,我想说,没有人能够保证中国在崛起过程中不会被卷入到战争中去。也正是因为这个现实原因,习近平才提出了要有底线思维,同时强调深化军事斗争准备。但我又不像米尔斯海默教授那样悲观,过分担心中美之间发生战争的可能性。

在我看来,中美之间爆发战争的可能性很小。第一个原因是核武器。核武器既然能够阻止美苏直接开战,那么阻止中美直接开战的可能性也很大。核国家之间的战争已不仅仅是进行一场战争这么简单,它意味着人类的灭亡。

第二个原因是全球化。很多人都质疑,法德之间的经济相互依附(economic interdependence)并没能阻止两国间的战争,但很多人没有意识到当今的全球化已经和以往的经济双边相互依附互赖大不相同了。以往的经济双边相互依附加强了双方依附的敏感性和脆弱性,而全球化则是一方面加强了双方经济相互依附的敏感性,这意味着双方都要警惕发动战争所要付出的代价;同时,全球化减弱了经济相互依附的脆弱性,减少用军事手段维护市场的需求。例如，中国如果对日本实施经济制裁，打击日本经济，此时日本并非只能依赖中国市场，日本可以将自己的投资和贸易转向其他国家，全球化为日本资本和商品进入其他国家提供了便利。全球化实际上使得日本的经济抗制裁能力增强，日本没有必要在遭受中国制裁时，选择动用军事力量来保护在华利益。

我认为，中美之间的关系也是如此，即使两国相互制裁，两国也可以找到其他可替代的贸易和投资市场。所以我认为中美之间发生战争的可能性很小。但当我们讨论中国是否会和邻国发生战争时，我们首先要先对"和平崛起"进行定义。在我看来，和平崛起意味着中国不发动战争，但这绝不意味着当别人打我们时，我们因为坚持和平崛起的原则所以任你怎么打都不还手。中国一定会反击，中国从来不将反击看作是一种打破和平的行为，因为中国是先遭到攻击的。

最后我想说，在进攻性现实主义和道德实在主义之间另一大区别就是，对中国崛起过程所做的预测时间不同。米尔斯海默教授预测的是中国崛起在未来二三十年的事，而我只预测到 2023 年，也就是未来 10 年的事。

从某种意义上讲，我的理论所要经受的检验要比米尔斯海默教授的现实得多，毕竟他的理论要等二三十年以后才能等到最终检验，而我的则在十年内就得接受历史的检验。

谢谢大家。

米尔斯海默：我希望就以下三点回应阎教授精彩的讲演。

第一点，阎教授认为，中国未来的战略将着重于与邻国发展友好关系，在经济、安全等领域展开深入合作，中国期望通过这种方式减少冲突的可能性。我认为这是一种聪明的策略，值得中国尝试，但我也认为它最终一定会失败。

原因有三。首先，真正令中国周边国家和美国感到恐惧的是中国的能力。就像我之前所说的一样，没有任何一个国家能够确认其他国家的真实意图，尤其是当我们试图了解一个国家未来的意图时。而当我们试图预测一个国家的真实意图时，我们就会关注这个国家的能力。任何一个国家看到中国崛起后可能释放出的能力时,都会感到恐惧,无论中国说什么。巨大的中国将变得更强大,这是个不争的事实。

其次,中国的邻国最希望在现阶段给中国制造麻烦,因为等到中国强大了,很多事情就来不及了。事实上,就像阎教授所说的那样,自20世纪90年代起,中国没有卷入过任何一场战争、挑起任何一起争端,反而是菲律宾、越南还有日本这些邻国在不断制造麻烦,希望能够引起中国的过激反应。然而中国更偏好保持冷静,因为时间对中国更有利,随着时间不断推移,中国将变得越来越强大,最终会拥有哥斯拉一样的强大能力。当中国成了哥斯拉,就有能力支配这个世界。所以中国的策略就是只要集中精力谋发展,让时间解决一切就可以了。

但是中国周边国家的想法恰恰相反,它们更希望趁着中国还未崛起,美国仍然强大的时候解决它们同中国的问题。

最后我认为,试图做好人没用。所有国家都知道中国未来会强大,所有国家也都清楚中国对现在的周边安全局势不满意。中国因为台湾问题不高兴、因为钓鱼岛争端不高兴、因为中印划界问题不高兴、因为南海问题不高兴,中国不满意现行的国际政治游戏规则。中国有很多理由不高兴,当中国强大以后,就有能力改变这些规则。

基于上述三个原因,我认为,试图做好人没用,无论是邻国还是美国,都会越来越惧怕强大的中国。

第二点,阎教授提出中国以道义优先的外交思路,在我看来,这让中国显得更加危险。相信我,因为我就来自这样一个国家,美国是世界上道义感最强烈的国家。美国奉行的道义优先的外交原则使得我们陷入各种各样的国际纠纷之中,也让我们显得更具侵略性。美国的自由派相信,美国是独一无二的国家,美国人是上帝的选民,美国是山上屹立的城(City upon a hill)*,美国是其他国家的灯塔。道义始终站在美国的一边,我们

---

* 1630年马萨诸塞湾殖民地总督约翰·温斯罗普在布道时引用马太福音中的隐喻——"你们是世上的光。城立在山上,不能隐藏",提醒来到新世界的新英格兰清教徒要做世间的典范。此后,包括肯尼迪、里根等美国总统都在其执政的关键时期发表的演讲中引用这一比喻。这一比喻已成为美国例外论的代名词。——译者注

有权利也有责任统治这个世界。他们相信，美国有义务教导中国遵守基本的道义准则。

但对于一个真正的现实主义者而言，实际上，最应该避免的就是道义感，最应该避免的就是四处都要插一脚。因为现实主义者最懂什么是国际政治中最宝贵的价值，即避免战争。女士们、先生们，实际上真正的现实主义者都坚决反对美国介入越战、攻打伊拉克，反对美国的干涉主义。只有自由派们才会四处发动战争，宣讲道义。

所以当我从阎教授那里听到中国要开始讲道义了，我感到十分恐惧。

最后我想回应阎教授提出的有关核武器和全球化的观点。我认为这两个因素是对我的理论最有力的反驳。也许这最终会证明我的理论是错误的，而阎教授是正确的。但我仍想就这两点谈谈我的看法。

谈到核武器，冷战时期美苏都拥有足以彻底毁灭对方的核武器，这使得最终谁也不敢使用核武器。但核武器却使我们的安全局势更加紧张。尽管印巴都有核武器，但这并没有缓解印巴之间的紧张程度，反而是双方的军备竞赛愈演愈烈。我想强调的是，诚然核武器减少了战争发生的可能性，但与此同时也使地区安全局势更加紧张。

谈到核武器在阻止战争方面的实际作用，我们就要对比今天中国周边的地缘环境和冷战时期美苏的地缘环境。我们可以想象这两个时期中一旦发生战争，其结果将是大不相同的。核武器的存在阻止了足以毁灭对手乃至人类超大规模战争的发生。如果在冷战时期，美苏战争爆发了，那最终一定是第三次世界大战。但在今天，如果中美因为台湾海峡、钓鱼岛、朝鲜半岛或者南海等地缘纠纷打了起来，那将是一场有限战，这场战争不小也不大，不足以彻底摧毁对手。因为亚洲的地缘环境和各个势力的利益诉求决定了这一点，没有人愿意为了自己的地缘利益而付出彻底摧毁对方甚至全人类的代价，但也没有人愿意放弃自己的利益。

我们谈论经济相互依附与全球化，实际上就是在讨论政治与经济的关系。人们可以说经济利益高于一切，全球化与经济相互依附将带来世界和平，但我不信这一套。以台湾问题为例，中国政府明确表示一旦台湾宣布"独立"，中国政府绝不会坐视不管。尽管发动战争对发展中的中国而言代价巨大，但中国仍然会动用武力。原因就在于中国政府坚信政治利益高于经济利益。而未来十年,中日之间会就钓鱼岛问题达成和解吗?
这是绝不可能的,原因还在于对双方而言,政治利益远比经济利益更重
要。我并不是说经济一点作用都没有,但我们绝对不能低估政治,尤其是
地缘政治的影响力。就像第一次世界大战一样,战前没有人相信有人愿
意以破坏经济为代价发动战争,但战争还是发生了。

在阻止战争方面,我不会将赌注全压在核制衡与经济相互依附上,这
两个因素没有也不能减少地区安全的紧张局势。

阎学通:米尔斯海默教授清晰地回应了我所提出的几个观点。近来,
在我读了一些生态学的书以后,我意识到亨廷顿的文明冲突理论错在何
处。实际上,种内的竞争远比种间的竞争激烈得多。相信大家今天也都
看见了,现实主义者之间的争论远比现实主义与自由主义或建构主义之
间的争论激烈得多。因为我们太强大了,现实主义者认为其他学派无论
如何都赢不了现实主义,所以我们忽略其他学派,于是在现实主义内部的
竞争就激烈了。争什么呢? 我们争的是影响力。

亨廷顿错在他认为文明间的竞争和冲突将主导冷战后的国际政治。
近来在叙利亚发生的动乱否定了他的观点。伊斯兰文明内部不同教派的
斗争远比它和犹太教、基督教之间的冲突激烈得多。

回到我和米尔斯海默教授的辩论上来,首先邻国对中国的强大感到
恐惧,是毋庸置疑的,这是我们的共识。但问题是,在一个大家庭中,为什
么大哥的强大不会令小弟们感到恐惧呢? 这是因为他们之间有兄弟
关系。

第二,邻国给中国制造麻烦。它们一定会的,我认为它们这么做也是
有原因的。如果它们通过挑起争端从而可以从中国获得更多经济利益,
它们为什么不这么做呢?

第三,做好人也要分对谁。对敌人,友好永远不会起作用,但对朋友
和支持者是有作用的。在我看来,人都有自私的一面,如果你给对方经济
利益,又给对方安全保障,对方就会把你看成是自己的朋友。所以中国的
战略十分清晰,就是要让邻居通过中国的发展获益,而中国不会在经济上
占邻国的便宜,我相信这一做法是能转变邻国对中国的看法的。

　　第四，我想谈谈对道义的不同理解。我想米尔斯海默教授所介绍的美国对道义的理解和中国的不一样。美国人对道义的理解基于他们对基督教教义的认识，即如果你是正确的，所有其他人就应向你学习，跟着你走。而中国对道义的理解则是，如果别人想学习中国的文明和道德，我们欢迎；如果你乐于你自己的现状，我们不会干涉你。这就是孔子说的："来而不拒，不往教之。"

　　基于不同的文化基础，中美对"道义"的认识不同，这使我们走上了不同的发展道路。

　　最后，我们该怎么看待核武器和全球化的作用。我并不认为核武器本身能够起到阻止战争的作用，还需要确保相互摧毁战略。如果核国家放弃确保相互摧毁战略，那么谁都阻止不了核战争。这也是为什么论证这一原理的谢林教授获得了诺贝尔奖。

　　就像我们在最初讨论的一样，理论只能以发生过的历史事实为基础。而以往 60 多年的历史事实告诉我们，在阻止战争爆发上，核威慑战略是可靠的。印度和巴基斯坦拥有核武器之后，双方发生战争的危险下降了。诺贝尔奖委员会曾错把和平奖发给了奥巴马。我希望诺贝尔奖发给谢林没有错，希望谢林的理论是正确的。

　　对于经济利益不能阻止战争，这一点我 100% 认同米尔斯海默教授的观点。经济利益从来就不能阻止大国走向战争。人们幻想着大国会顾及自身经济利益而选择克制、不发动战争，但这仅仅是幻想。因此，我认为全球化弱化经济相互依附的脆弱性，更加减少了大国为经济利益而发动战争的动力。政治的作用是十分重要的，实际上，政治权力是发动战争的重要动因。如果中国不为战争做准备，那么邻国将更有动力挑衅中国。如果中国为战争做好准备，令自己的威慑战略在现实中更可靠，就会使地区争端出现的概率减小。我在《纽约时报》上发表文章称，如果国际社会期盼中国承担起更多责任，尤其是在安全领域的责任，中国就只能更加坚决。如果物质能力强大的中国政治上优柔寡断，中国对邻国还有什么诚信可言？谢谢大家。

译　后　记

　　米尔斯海默的《大国政治的悲剧》尚未成书，便为上海人民出版社慧眼识得，译介国内，而今已十载有余。十年间风云变幻，国际形势早已今非昔比，新情况新问题层出不穷，新版本书自然是题中之义。

　　本书新版新在重写了最后一章。众所周知，米尔斯海默进攻性现实主义要旨十年间无甚变化，他本人在本版序言中亦不讳言。可见其对待理论颇为严肃，并不盲目追求标新立异，良足称赞。

　　但理论虽然不变，现实却在变化，重点在于用理论研究什么问题。本书初版成书之际，国际形势尚不明朗。一方面东南亚金融危机余波未平，另一方面"9·11"事件之后美国群情激奋，反恐战争如火如荼。欧洲进一步深化联合看似开创了人类发展的新模式，广大的发展中世界却仍然在与发展问题抗争。而中国的未来虽然众说纷纭，但大都认为不管是中国要解决问题，还是要解决中国问题，或者是把中国当做问题解决都只是很久以后的事情，中国近期还远远起不了什么大作用。简言之，当时大多数人认为中国上一次震撼世界已经渐渐成为历史，而下一次似乎还遥遥无期。

　　当年气氛虽然如此，米尔斯海默的见解却有独到之处。《大国政治的悲剧》好就好在不仅提，而且是在国际政治理论框架下提出了中国问题。本书初版中"在 21 世纪早期，美国可能面临的最危险的前景是中国成为东北亚的潜在霸权国"[1]一语兀然耸立，大有"中国威胁论"之嫌，但米尔斯海默研究国际关系和中国问题的态度却与流行于世的"中国威胁论"著作不同。中国图霸威胁美国不是他预设的前提，而是研究的结果。米尔斯海默既然从历史中总结出了进攻性现实主义又再三验证以为无误，那也就必须尊重以进攻性现实主义研究当代世界得到的结论，不管这个结论是不是或像不像"中国威胁论"。

但正所谓"秦淮水榭花开早，谁知道容易冰消！眼看他起朱楼，眼看他宴宾客，眼看他楼塌了"，历史远远没有终结。西方一路高歌猛进，却是坐在火山口上，苏联解体不过二十几年，美欧就相继爆发经济危机，而且一发不可收拾。中国崛起挑战了西方政治、经济、文化，也就挑战了整个西方文明模式。这就给西方学术界提出了新任务、新问题，甚至也给形形色色的奇谈怪论创造了市场。传统的"中国威胁论"和"中国崩溃论"尘嚣至上。大西洋两岸遥相呼应，狼烟滚滚，种种怪现状足以让头脑不清醒的人晕头转向。

现实虽然光怪陆离，毕竟还有学术研究。中国崛起之际，米尔斯海默也做出了自己的理论回应。他重写《大国政治的悲剧》最后一章，使本书不光成为进攻性现实主义经典，也成为中美关系乃至未来国际政治的经典。十年间形势发展让米尔斯海默更加坚定了自己对未来中美关系的看法，并在书中不仅讨论了为什么中美必然敌对，而且预测了中美关系的远景和两国可能采取的策略。今天国际形势尚不明朗，这样做是需要勇气的。而本书新版内容并不限于中美关系和未来世界。米尔斯海默学富五车，前九章论进攻性现实主义可谓旁征博引，贯通古今。读本书不仅可以了解进攻性现实主义一家之言，更可丰富政治历史文化知识，定能一举多得。

米尔斯海默对未来中美关系乃至整个未来世界的态度，不胜悲观。但译者以为广大读者未必要与他同悲，因为未来世界如何，在于我们怎样行动。米尔斯海默所描绘的无政府世界中各国无路可逃，只有相互厮杀争霸，自古如此，今后亦然，似乎全无出路。世界若真永远如此，那中美关系乃至一切国家间的关系当然也如此。

但"人猿相揖别。只几个石头磨过，小儿时节。铜铁炉中翻火焰，为问何时猜得？不过几千寒热"。米尔斯海默所描述的世界特别是当代资本主义世界并非从来就有，亦不会千秋万代。正如同不少人津津乐道的所谓普遍人性和"理性人",不过是某一部分人的人性,而就连这个人性也还是其社会经济地位造成的,而不是什么永恒。明白了这一点,便不会对中国和人类的未来绝望,便知道希望何在。

世界面临着选择。西方现在的路走不通。虽然有人不停地说这条路虽走不通,别处却也无路可走,全人类只能永远停在死胡同里。但大部分人并不相信,而是开始思考世界向何处去。怀疑产生了,增长了,发展了,人们都把眼光望向中国。

如今中国实力地位如何,不光中外新闻众说纷纭,我们每个人也都有切身体会,特别是普通群众的体会最深刻而又准确,所以无须赘言。但问题在于中国向何处去,强大了之后怎么办。历史上罗马、英国、美国都曾经强大,但都走上了米尔斯海默指出的老路,其兴也勃,其亡也忽。它们打破了旧霸权,却没有打破一个旧世界,所以也只建立起了新霸权,而没能也不想建设一个新世界。兴,百姓苦,亡,百姓苦,不可以不以之为鉴。

中国面临着选择。走西方老路能够繁荣一时,但终不免于衰落。选择这条路不仅是选择失败,而且表明我们在历史面前当了逃兵,不仅不能也不敢开辟一条通向人类幸福的新路,而且惑于一时小利,贪图几代人的"强大",最终祸及人类。中国不可能脱离世界独善其身。所谓中国崛起,不仅仅是国家崛起,民族复兴,更是文明转型。[2]而且要通过中国文明转型推动人类文明转型,实现人类的自我进化。所以世界的未来如何,决不仅仅取决于中国的对外政策,而取决于中国未来要内外如一,建立什么样的国家,什么样的社会,什么样的文明。

说完书,再说译书。本书是学术著作,读者多是国际政治学者和研究者。但同是研究者,其中大概既有学术名家,又有初出茅庐的研究生和本科生,阅读水平和阅读兴趣当然就各不相同。而中国崛起,国人对国际关系兴趣渐浓,社会上一切关心世界未来的人都可能读本书,这就对译者提出了更高要求。

俗话说众口难调,译事并非易事。作为学术著作,译文必须原原本本呈现作者构建理论的依据,创造理论的逻辑,检验理论的方法,运用理论的结果。而且形式上还要做到英文有一句,译文有一句,英文有一段,译文有一段,以方便通过译文引用英文原文的读者。但在这个基础上,语言却要尽可能生动流利。因为凡是阅读就有效率问题,本书的读者不管是否专门研究国际关系,都希望掌握原文的意义而非字句,都希望读译文时感到自己是在读中文著作而不是英文译文。况且中英语言本来不同,译后能保留的至多是所谓整体风格,米尔斯海默的原文清楚明白,译文便也当如此,才算是再现了原文风貌。

所以译者翻译本版新增部分力求和谐流畅,除了真正的术语之外并不使用如今流行的"学术"词汇。有些英文特有的句子结构和表达方式若并不起特别作用,也就翻译成正常的汉语句子。原文中个别外国事物和历史事件读者可能不太熟悉,也在文中就近加注,以免读者被迫中断阅读查阅段末注释。还有其他措施,此处不再赘述。

但新版《大国政治的悲剧》能和原书同步与读者见面,有赖于我的博士生朱文熠完成卓越的第十章初译,术语、人名、地名等都沿袭初版。

上海人民出版社潘丹榕女士在本书初版时便曾认真审校书稿。而今新版面世,又蒙她仔细编辑,通力合作。第十章内容敏感,译者尽力照原样译出,相信读者自有评判。

王义桅

2014 年 5 月 13 日

于人大静园

注 释

1. [美]约翰·米尔斯海默:《大国政治的悲剧》,王义桅、唐小松译,上海人民出版社 2003 年版,第 543 页。

2. 王义桅:《海殇?——欧洲文明启示录》,上海人民出版社 2013 年版。

图书在版编目(CIP)数据

大国政治的悲剧/(美)米尔斯海默
(Mearsheimer, J.J.)著;王义桅,唐小松译.—修订
本.—上海:上海人民出版社,2014
(东方编译所译丛)
书名原文:The tragedy of great power politics
ISBN 978 - 7 - 208 - 12461 - 5

Ⅰ.①大… Ⅱ.①米… ②王… ③唐… Ⅲ.①国际政
治-研究 Ⅳ.①D5

中国版本图书馆 CIP 数据核字(2014)第 160703 号

责任编辑 潘丹榕 钱 敏
封面装帧 王小阳

大国政治的悲剧
（修订版）
[美]约翰·米尔斯海默 著

王义桅 唐小松 译

出 版 上海人民出版社
　　　　（201101 上海市闵行区号景路 159 弄 C 座）
发 行 上海人民出版社发行中心
印 刷 江阴市机关印刷服务有限公司
开 本 635×965 1/16
印 张 30
插 页 4
字 数 435,000
版 次 2014 年 9 月第 1 版
印 次 2025 年 1 月第 8 次印刷
ISBN 978 - 7 - 208 - 12461 - 5/D·2531
定 价 78.00 元

东方编译所译丛·世界政治与国际关系